제 3 판

新법학통론

최 완 진 저

세창출판사

이 도서의 국립중앙도서관 출판예정도서목록(CIP)은 서지정보유통지원시스템 홈페이지(http://seoji.nl.go.kr)와 국가자료종합목록 구축시스템(http://kolis-net.nl.go.kr)에서 이용하실 수 있습니다.(CIP제어번호: CIP2019029810)

제3판 新법학통론 서문

개정판 新법학통론을 출간한 지 벌써 5년의 세월이 흘러갔다. 정말 시간은 유수와 같이 빠르게 흘러감을 실감하게 된다. 본인은 2018년 2월 말로 정년을 맞아 38년간의 법학교수 생활을 마감하고 한국외국어대학교 법학전문대학원 명예교수로 추대되었다. 지나온 날을 반추해 보니 천학비재한 본인의 오늘날이 있기까지 여러모로 성원해 주신 은사님, 선후배 교수님을 비롯한 모든 분들께 감사하는 마음뿐이다.

이번 제3판에서는 각론 부분 중 법이 새롭게 제정된 부분과 개정된 내용을 소개·해설하고 개정법 조문과 일부 오탈자를 바로잡는 데 중점을 두었다. 앞으로도 독자 여러분의 성원과 기대에 부응하는 법학의 명품 기본안내서가 되도록 최선을 다할 생각이다.

이 자리를 빌려 20년이 넘는 오랜 시간 동안 이 책이 빛날 수 있도록 변함없이 아껴 주시고 성원해 주시는 세창출판사의 이방원 사장님과 임길남 상무님의 후의에 다시 한번 깊은 사의를 표하는 바이다.

2019년 7월
분당 심석 서재에서 저자 씀

新법학통론 서문

저자가 법과대학 교수생활을 처음 시작한 때가 1980년 봄이었으므로, 어언 33년의 세월이 흘렀다. 이제 저자도 어느덧 환갑을 지나 정년퇴임을 준비할 나이에 접어들었다. 정말 세월이 유수와 같음을 실감하게 된다.

원래 양수산 교수님의 저서였던 「법학통론」은 저자가 대학에 입학하여 법학에 입문하면서 처음 접하였으며, 법학에 대한 기초를 닦게 해 준 뜻 깊은 책이다. 1997년 봄 저자가 「법학통론」 공저자로 이름을 올릴 수 있었던 것은 오로지 은사님의 제자에 대한 배려와 깊은 사랑 덕분이었다. 이번에 저자가 「법학통론」 개정판인 「新법학통론」의 단독 저자가 된 것은 양 교수님께서 공저자를 극구 사양하셨기 때문이다. 부족한 제자로서 어느덧 팔순의 연세에 접어드신 스승님의 무한한 학은에 머리 숙여 감사드리며, 법학자로서 최선을 다하여 진력하라는 스승님의 무언의 뜻을 새삼 깨닫게 된다. 또한, 이번 기회를 통해 오랜 세월이 흐르고 판이 거듭되는 동안에도 한결같이 이 책을 사랑해 준 독자 여러분들께 깊은 감사의 뜻을 표하고자 한다.

이번에 새로 출간하는 「新법학통론」은 기존 「법학통론」 교과서의 기본 틀을 그대로 유지하였다. 즉 제1편 총론에서는 곧 법학을 전공하게 될 학생들을 위하여 법의 본질, 법의 목적, 법의 생성과 계통, 법의 연원, 법의 체계, 법의 효력, 법의 적용과 해석, 법학의 방법 등에 대하여 상세히 해설하였고, 제2편 각론에서는 교양으로 법학을 공부하는 학생들을 위하여 헌법, 행정법, 민법, 상법, 형법, 사회법, 소송법, 국제법 등 실정법의 각 분야에 대해서 알기 쉽게 서술하는 데 노력하였다. 또한 최근 개정된 민법과 상법의 중요한 내용을 빠짐없이 반영하였고 내용설명에 이어 case method 교육방식에 맞도록 사례문제를 삽입하여 독자들이 보다 쉽게 법학을 접할 수 있도록 하였다.

우리 법학 교육은 2008년 로스쿨제도의 도입으로 크나큰 변혁을 맞이하였다. 그러나 아무리 시대가 바뀐다 하더라도 법학 일반이론에 대한 기본지식과 정확한 이해는 모든 법학도들에게 필수적으로 요구되는 사항이다. 법학 기초에 대한 폭넓고 깊이 있는 공부가 전제될 때 비로소 전공심화 과목의 학습 성과를 극대화할 수 있을 것이다.

본서를 출간함에 있어서 변함없이 애써 주신 세창출판사의 이방원 사장님과 임길남 상무님의 후의에 대해서도 다시 한번 깊은 감사를 드린다. 또한 저자의 오늘이 있기까지 모든 면에서 이끌어 주시고 삶의 지표가 되어 주시는 나의 영원한 스승 양수산 교수님께 경의를 표한다. 앞으로도 독자들의 지속적인 성원과 관심을 기대한다.

2013년 7월
한국외대 법학전문대학원 연구실에서
저자 씀

차　　례

제1편 총　　론

제2편 각 론

新법학통론

제1편 총　　론

1 서 론

제1절 인간사회와 규범

Ⅰ. 인간과 사회

인간은 혼자서 고독하게 살아갈 수 없다. 사람이 서로 받쳐주고 있는 형상을 나타내고 있는 인(人)이라는 글자를 보아도 알 수 있듯이, 인간은 태어나서 죽을 때까지 서로 모여서 공동생활을 하면서 살아가게 되어 있다. 인간은 사회를 떠나서는 생활할 수 없고, 사회로부터 고립된 인간은 존재할 수 없다. 따라서 인간은 각자의 필요에 따라 서로 협력하고 타인과의 결합을 통하여 사회에서 정착을 하게 된다. 타인과의 관계없이 생활하는 인간은 단순하고 의제적인 존재에 지나지 않으며, 개개인은 고립되지 않은 서로 밀접한 관계에서 사회라는 테두리 안에서 공동생활을 영위하고 있는 것이다. 그래서 아리스토텔레스(Aristoteles)는 일찍이 "인간은 사회적 동물이다"라고 하였으며, 이 명제는 사람은 하나의 생명체인 동시에 사회적 공동생활을 영위하는 사회적 조직체의 일원으로서 인간의 사회성을 말한 것이다. 동물세계에 있어서도 일종의 사회성을 볼 수 있으나, 그것은 한낱 동물의 본능적인 야성적 군집성에 불과하다. 그러나 인간의 사회적 공동생활은 자유에 바탕을 둔 이성에 의하여 규율되는 공동체의식과 더욱 향상된 생활의 향유를 위한 목적의식에서 이루어진다는 데 그 특성과 가치가 있다.

법의 영역에서 말하는 인간은 '사회적 동물로서의 인간존재'를 의미하는 것이다. 이에 기르케(Gierke)의 "사람이 사람된 까닭은 사람과 사람과의 결합에 있다"거나, 하이데거(Heidegger)의 "사람의 존재는 타인과의 공존에 있다"라든가, 순자의 "사람은 힘에 있어서 소를 당할 수 없고 뛰는 데 있어서 말을 당할 수 없지만, 소나 말이 사람에게 이용되는 까닭은 사람의 군집생활, 즉 사회생활에 있다"라고 한 것 등은 모두 인간과 사회와의 불가분의 관계를 나타내고 있다고 하겠다. 이처럼 인간이 사회생활을 한다는 것은 인간의 본성인 것이다.

Ⅱ. 사회와 규범

인간은 사회(society)를 형성하면서 공동생활을 한다. 그런데 사회라는 것은 인간상호간의 사회관계의 복합체이다. 칸트(Kant)가 말했듯이 사람은 사회적 본성과 반사회적 본성이라고 하는 모순된 본성을 동시에 지니고 있다. 특히 다양한 욕망 속에서 반사회적인 이기심이 있음을 부인할 수 없다. 따라서 다수인의 사회에서는 필연적으로 각자의 이해가 충돌하게 되며, 이와 같은 이해의 충돌을 규율하지 않고 각자 마음대로 행동한다면 홉스의 이른바 "만인의 만인에 대한 투쟁"만이 있어 사회의 질서와 기능이 마비되어 사회는 존립할 수 없고, 약육강식의 무정부상태에 빠져버리게 된다. 여기에 인간은 각종의 반사회적인 이기심을 억제하여야 하며, 동시에 인간이 준수하여야 할 사회규범이 필요하게 되는 것이다. 규범은 인간이 사회생활을 함에 있어서 '하여야 한다' 또는 '하여서는 안 된다'는 가치기준을 인위적으로 창출한 것이며 이러한 점에서 규범은 당위성(Sollen)을 갖는다.

사회규범에는 법·관습·도덕·종교 등의 여러 가지가 있다. 개인의 자아의식이 희박하였던 고대사회에 있어서는 종교·도덕·관습 등과 같은 규범으로서도 사회의 질서를 유지할 수 있었으나, 사회가 진보·발달하여 그 규모가 확대되고 개인의식과 사회의식이 높아진 오늘날에 있어서는 단순한 사회규범이 아닌 법규범이 사회의 질서를 유지하는 데 가장 효과적이기 때문에, 법은 사회규범에서 분화하여 사회질서유지의 중심적 역할을 맡게 되었다. 그리하여 법은 사회의 성립요건으로서 법이 없는 국가사회는 존재할 수 없고, 모든 사회에는 반드시 그 사회의 특유한 법이 존재하며, 또한 법을 떠나서 사회를 생각할 수 없다. 특히 현대국가는 법치주의를 기본원리로 하고 있기 때문에 인간의 모든 행위는 모두 법과 직접적인 관계를 맺고 있다. 따라서 법과 사회는 필연적으로 불가분의 밀접한 관계에 있게 되어 "사회 있는 곳에 법이 있고, 법이 있는 곳에 사회가 있다"는 명제가 성립된다. 예링(Jhering)은 "법이란 사회생활의 조건이다"라고 하였고, 괴테(Goethe)는 "지옥에도 역시 법은 있다"라고 하였다.

※ A가 출생하면 신분법적 법률관계가 형성 ⇒ 대학 입학 후 전세방 구하는 경우는 민법의 임대차계약관계 형성 ⇒ 통학하기 위해 아침마다 버스 이용하게 되면 상법의 운송계약관계 형성 ⇒ 졸업 후 취직하면 근로관계 형성 ⇒ 결혼하면 민법상 혼인관계 형성 ⇒ A가 자녀를 출산하면 신분법적 법률관계 형성 ⇒ 사망하면 권리 · 의무 소멸한다.

제2절 법학의 필요성

Ⅰ. 법학에의 반감

옛 그리스인은 철학을 발전시켰고, 옛 로마인은 법학을 발전시켰다. 인류역사상 법학은 오랜 전통을 자랑하는 학문이다. 법학을 배운다는 것은 인간사회에서 바르게 사는 원리와 지식을 배우는 것이라고 말할 수 있으며, 법학을 가리켜서 "정의의 학문"이라고 부르는 이유가 여기에 있는 것이다.

그런데 오늘날 법학에 대하여 많은 사람들은 반감을 가지고 있다. 법학을 "빵을 위한 학문"이라고 비웃기도 하고, 법학을 공부하는 사람을 보고 "법학과 타산적 혼인을 한 자"라고 비웃기도 하며, 하이네(Heine)는 법학을 "가장 압제적 학문"이라 했고, 키르히만(Kirchmann)은 "법학은 학문으로서 가치가 없다"라고까지 말하였다.

우리는 법학에 대하여 너무 거창한 이상론적 기대를 걸 필요도 없고 그렇다고 법학을 단순히 기술적인 학문이라고 평가절하 할 필요도 없다. 인간은 피안적 생을 영위하는 동안에 절대적인 것, 영원한 것보다는 오히려 상대적인 것, 무상한 것에 강하게 지배되지 않을 수 없으며, 그 속에서나마 바른 것, 정의로운 것, 가치 있는 것을 찾으려는 노력이 법을 향한 노력이고, 그것을 학문화한 것이 곧 법학이라고 생각하면 큰 잘못이 없을 것이다. 특히 20세기에 들어와서 법학연구에 있어서 사회학과의 관련 속에서 법학의 '과학성'을 찾으려는 노력이 계속되고 있으며, 법학의 중요성이 강조되고 있다. 법률가는 모름지기 권위주의와 특권의식을 버리고, 정확한 법지식을 가지고 바르게 법을 운용하여 사회질서 유지에 봉사한다는 임무를 충실히 다함으로써 사회의 비난을 받지 않도록 하여야 할 것이다. 볼프(Wolff)의 표현대로 "법률가는 사랑스럽지는 않으나, 없을 수 없는 존재"인 것이다.

Ⅱ. 법학지식의 필요성

훌륭한 인격과 교양을 갖추고 성실하게 사는 사람을 보고, 그 사람은 "법 없이도 살 수 있는 사람"이라고 한다. 혹은 "건전한 상식을 가진 사람은 법에 위반하는 행위를 하지 않을 것이다"라고도 한다. 그러나 오늘의 복잡해진 산업사회에서는 훌륭한 인격자가 반드시 성실한 준법자라 할 수 없게 되었으며, 건전한 상식을 가진 자가 반드시 준법생활을 한다고도 할 수 없을 것이다. 법격언에 "법 위에 잠자는 자는 보호하지 않는다"라거나, "법의 부지(不知)는 용서받지 못한다"라는 말이 있다. 우리 문화시민은 아무리 인격자 또는 건전한 상식을 가진 자라 하더라도 누구나 기초교양의 일부로서 법에 대한 지식을 배워서 법의 정당한 보호의 혜택을 받아야 할 것이며, 법을 모르기 때문에 죄를 범하거나 불이익을 받는 일이 없도록 하여야 할 것이다. 따라서 법에 대한 지식을 넓힌다는 것은 현대인으로서 필수불가결한 요건이라 아니 할 수 없다. 우리의 일상생활에서 '사회의 생활조건'인 법이 얼마나 유익하고 필요한가를 살펴보기로 한다.

1. 사회질서유지에의 실익

우리는 법 없이는 하루도 편안히 생활할 수 없다. 이것은 물고기가 물을 떠나서 살 수 없는 것과도 같다. 그런데 인간은 절대로 준수해야 하는 법을 악용하여 사회질서를 어지럽히기도 한다. 사회질서를 유지하는 것이 법의 가치이고 목적이다. 영국의 법제사가 비노그라도프(Vinogradoff)는 "두 어린아이가 놀 때, 서로 지켜야 할 규칙이 없이 제각기 제마음대로 행동한다면, 두 아이는 노는 목적을 달성하지 못하게 된다"고 말하였다. 잠시동안 두 아이가 함께 노는 관계에 있어서도 질서유지를 위한 규칙이 필요하다면, 인간사회의 공동생활에 있어서 질서유지를 위한 법이 필요하다는 것은 두 말 할 필요가 없을 것이다.

따라서 사회의 존속과 발전을 위해서는 질서가 절대로 요구되는 것이다. '질서가 필요 없는 사회'는 생각할 수 없으며, 이러한 사회는 사회 자체를 부정하는 것이다. 괴테의 "무질서한 것보다 오히려 불평등한 것이 낫다"라는 말은 사회생활을 하는 데 있어서 질서가 얼마나 중요한가를 시사하는 것이다. 어쨌든 질서는 법의 생명이기 때문에 우리는 법을 알고 질서유지에 노력하여 건전한 사회를 이룩해야 하겠다.

2. 정당한 권리행사를 하고 수호하기 위한 실익

현대국가는 법치주의를 기본원리로 하는 민주국가이기 때문에, 개인의 사회생활은 곧 법률관계로 되어 법과 직접적인 관계를 맺고 있다. 법률관계는 권리나 의무의 관계를 의미하기 때문에 개인이 권리를 행사하고 의무를 이행하기 위해서는 기본적인 법지식을 가지고 있어야 한다. 그러나 우리에게 어떠한 권리가 주어져 있고 의무가 부여되어 있는가를 아는 사람은 많지 않다. 일반적으로 시민은 법지식이 부족하기 때문에 법이 자기에게 부여한 권리·의무를 잘 모르고 있다. 법은 법 위에서 잠자는 사람을 보호하지 않으며, 더욱이 법의 무지는 용서받지 못하는 것이어서 언제나 무죄가 되지 않음을 알아야 한다. 법이 개인의 권리를 명백히 보장하고 있을지라도 그것을 행사하지 않는다면 그 권리는 사장되고 만다. 자신의 권리를 외면하는 것은 자신의 의무는 물론 사회에 대한 의무를 다하지 못하게 되어 민주시민으로서의 권리를 스스로 포기하는 결과를 가져온다. 따라서 법에 관한 이해는 곧 사회에 대한 이해를 의미하며 문화시민으로서의 최소한의 의무라 하겠다. 주어진 권리를 국가나 개인으로부터 침해받아도 구제받지 못하고 가만히 있다면 문제가 아닐 수 없다. 우리는 침해당한 권리를 마땅히 보호·구제받을 수 있는 민사소송·형사소송·행정소송 등의 제도가 마련되어 있다는 것을 알아야 한다. 침해를 감수하는 사회는 민주주의의 기본이 확고해질 수 없을 것이다. 예링의 말처럼 "권리의 행사가 자기 자신을 위해서뿐만 아니라 사회공공에 대한 의무"라고 한다면 권리의 침해에 대한 구제도 마찬가지로 해석하여야 할 것이다. 따라서 자기의 권리를 수호・행사하고 또한 구제받기 위해서도 우리는 법을 알아야 하겠다.

3. 정의를 실현하는 데의 실익

인간의 이성에 의한 공동생활의 예지가 정의를 찾고, 이 정의를 실현하는 수단으로서 법이 필요하게 된다. 인간은 사회적 동물로서 정의를 추구하는 본성이 있다. 그러나 정의를 실현하는 데 있어서 법을 아는 사람과 모르는 사람과의 차이가 있다. 사회가 제멋대로 흘러갈 때 법을 아는 사람은 언제나 바른 방향으로 걸어가고 있는가를 묻는다. 정치가가 '어서 가자'고 하면 법률가는 '실수 없이 가자'고 한다. 이러한 면에서 라드브루흐는 "법학도의 고민은 젊은 신학도만이 이해할 수 있는 고민이다"라고 표현하기도 하였다. 우리 모든 인간은 법을 알고 이해하여 사회질서유지는 물론 사회정의의 실현에도 앞장서야 하겠다. 그럼으로써 우리는 행복을 누리고 복지국가를 구현할 수 있을 것이다.

4. 사회개량에의 실익

인간은 자기 자신의 인격완성뿐만 아니라 나아가서는 사회일반의 개량을 위해서도 노력하여야 하는데, 이 목적을 달성하는 데에도 법은 적합한 방법을 제시해 준다. 즉, 사회의 개혁이 혁명이나 쿠데타 등의 방법으로 이루어지는 경우를 제외하고는 입법에 의한 법률적 개량 또는 법률해석에 의하여 사회적 폐단이 시정되어 이상적 사회를 이룰 수 있다. 이것은 어떤 일정한 시기와 장소에 있어서의 정적인 사회생태만을 본다면 그다지 명백하게 나타나지 않으나, 상당한 장기간을 통하여 사회상태의 변천을 관찰한다면 법률제도의 개혁이 사회상태의 개량에 어떠한 영향을 주는가를 알 수 있다.

5. 학문상의 실익

사회과학을 광범위한 지반 위에서 종합적으로 고찰하기 위해서는 법학이 직접적으로 필요한 것은 말할 것도 없고, 그 밖의 다른 개개의 사회과학, 즉 경영학・경제학・회계학・무역학・정치학 등을 비롯하여 심지어는 인문과학이나 자연과학을 연구하는 데도 법학지식은 필요하다. 원래 여러 사회과학 중 가장 오래 전부터 발달하고, 가장 엄밀하게 연구된 것이 법학이다. 함무라비법전 이래 로마시대에 법 및 법학이 현저하게 발달된 것은 널리 알려진 사실이며, 또 중세에 있어서도 종교법으로서 독자적인 법학이 발달되었다. 이 시대의 법학은 모든 사회과학을 포함하고 있었으나 근세에 이르러 법학으로부터 독립되어 경영학, 경제학, 정치학, 사회학 등이 발달되었다. 그러므로 사회현상을 종합적으로 연구하기 위해서는 각 사회과학 상호간의 유기적 관련성에 착안하여야 한다.

세인들은 법학을 무미건조하고 비정서적이라고 비판한다. 설사 그렇다고 하더라도 법학은 인간사회의 참된 문명과 질서를 위해서 없어서는 안 될 경건한 학문임을 부정할 수 없다.

법학은 이 밖에도 각종 병폐의 근원과 이에 대한 대책을 찾는 데 일익을 담당하고 있다. 본래 학문으로서의 법학은 우선 처음에는 사회의 구조와 그 존재원리를 연구하고, 다음에 그러한 사회 속에서 각종 범죄·불법행위 등의 병적 현상이 생겨나는 원리를 연구하며, 그러한 사회적·병적 현상에 대한 예방책·구제책을 강구한다.

Ⅲ. 법학공부의 방법

법학이라는 학문은 너무 광범위하기 때문에 한 과목 안에 모두 함축하여야 한다고 하면 개별문제에 대하여 상세히 들어갈 여유가 없어지고, 반대로 한 문제 한 문제에 대하여 깊이 들어가면 그 분량이 너무 많아 하나의 교과서로써는 도저히 감당하기가 어렵게 된다. 그러므로 법학통론은 교과서에서나 강의에서나 이러한 양면을 잘 조정하여 피상적이 아니면서도 간단명료하게 법학을 안내하고 전체적인 이해를 하도록 도와주는 사명을 갖고 있다고 할 것이다. 특히 법학통론에서 중요한 것은 법학의 각 분야에서 쓰이는 법률용어들을 정확히 이해하는 일이다. 또한 법학통론은 법철학의 기초 위에 서는 것이므로 '법학통론'을 통하여 법적으로 사물을 생각하는 정신(legal mind)이 다져질 때 법학을 공부하는 바른 길을 걸을 수 있을 것이다.

일반사람들은 법학을 딱딱하고 무미건조하다고 한다. 법학은 논리성과 체계성이 있어 그렇게 느껴지기도 하지만, 법학은 반복·학습할수록 오히려 맛이 우러나는 학문이다. 법학에서 어느 한 가지 사실의 배후에는 수십, 수백의 인간에 관한 사실과 진실이 뒷받침되고 있기 때문에 법학에 대한 이해도가 깊어질수록 더욱 묘미를 느끼게 된다. 법학자들은 이러한 묘미 속에서 법학의 긍지를 느끼며 연구를 계속하는 것이다.

법학공부를 처음 시작하는 학생들의 가장 큰 관심은 효과적인 공부방법이다. 그러나 모든 사람에게 꼭 들어맞는 방법은 없다고 본다. 참고로 독일의 괴팅겐 대학의 민법교수인 우베 디데릭센(Uwe Diederichsen)의 저서 「민법총칙 입문」에서는 다음과 같은 법학공부를 위한 12가지 수칙을 제시하고 있다.

제1칙: 지금부터 공부를 시작하라.
제2칙: 한꺼번에 너무 많이 공부하려고 하지 말아라. 규칙적인 학습태도를 길러야 한다.
제3칙: 학습계획을 세워서 공부하는 것이 효과적이다.
제4칙: 법은 가치의 실현이다. 그러므로 법규의 의미를 탐구하여야 한다.
제5칙: 읽기와 듣기만으로 공부가 끝난 것이 아니고 학습성과를 점검하여야 한다.
제6칙: 이해되지 않는 부분은 참고문헌을 참조하거나 선배·저자·교수 등에게 질문하여 의문을 풀어야 한다. 질문하기를 싫어해서는 안 된다.
제7칙: 판례를 읽는 습관을 길러야 한다.
제8칙: 여러 교과서 중 최량의 하나(기본서)를 선택하여 반복하여 읽어야 한다.
제9칙: 기본서 이외의 저서에서 중요한 내용은 기본서의 해당 페이지에 써넣는다.
제10칙: 개념규정, 정의를 낱말 하나까지 암기하여야 한다.
제11칙: 배운 것을 기억하기 위해서는 계속 반복하여 공부하여야 한다.
제12칙: 동료, 선배들과 스터디그룹(study group)을 조직하여 정기적으로 토론하는 것이 바람직하다.

위에 든 12가지 수칙 이외에도 법학의 기초이론은 '민법총칙'에 있으므로, 민법총칙을 되풀이하여 읽을 것을 권장한다. 이와 같이 '계속 읽는다'는 것은 매우 중요하며 특히 법조문과 판례의 공부를 게을리해서는 안된다. 실정법학은 대체로 해석법학인 것이다. 따라서 조문 없이 해석법학이 성립할 수 없는 것이다. 그리고 판결의 근거 내지 이유 등을 면밀히 검토하여 '살아 있는 법학'에 접근해야 한다. 언제나 "무슨 뜻인가, 구체적으로 어떠한 경우를 지칭하는가, 왜 그렇게 하여야 하는가, 왜 그 곳에 위치하여야 하는가" 등을 스스로 생각하고 이해하여야 한다. 각자가 끊임없는 학문에의 정진을 통하여 자기 자신의 학습방법을 개발하여 학습능률과 성과를 계속 올려나가면 틀림없이 성공하는 날이 올 것이다. "법은 빛이다"라는 말과 같이 항상 열심히 공부하며, 법의 정신을 생각하면 진실로 법은 빛으로 다가올 것이라 믿는다.

2 법의 본질

제1절 법의 개념

법이 무엇이냐 하는 문제는 법학에 있어서 가장 근본적인 문제로서 옛날부터 많은 학자들에 의하여 그 해명이 시도되어 왔다. 독일의 철학자 칸트(Kant)가 "법학자들은 아직도 법의 개념에 관한 정의를 탐구하고 있다"고 말한 바와 같이 법의 정의를 설명하기란 그만큼 어려운 것이다. 학자에 따라 각기 학설이 다르며 오늘날에 있어서도 정설을 확립하지 못하고 있다. 그러나 현재의 유력한 학설에 의하면 법은 "인간의 공동생활에 있어서 행위의 준칙으로서 국가에 의하여 강제되는 사회규범" 또는 "법규범은 인간의 사회생활규범의 하나로서 국가권력을 비롯한 조직적인 사회력에 의하여 정치적으로 정립되며 강행되는 규범"이라고 할 수 있다.

Ⅰ. 법은 규범이다

인간은 사회적인 동물로서 사회 속에서 공동생활을 영위해간다. 이러한 공동생활에서 사람이 다른 사람의 존재를 무시하고 자기의 욕망만을 추구하게 된다면 여러 사람이 함께 산다는 것은 어렵게 되고 공동생활을 유지, 발전시킬 수 없게 될 것이다. 따라서 거기에는 자기의 행동이 남을 해치지 않고, 남도 자기와 같이 행동할 수 있도록 하여 다 같이 살 수 있게 하는 어떤 질서가 있어야 할 것이다. 이러한 질서를 유지하기 위해서는 사람들이 반드시 어떤 규칙(rule)에 따라 행동을 하여야 한다. 이 규칙은 사람들의 이기적인 욕구를 충족시키기 위하여 하고 싶은 대로 행동하라는 것이 아니라 마음대로 하고 싶더라도 사회의 질서를 유지하기 위하여는 "어떻게 하여야 한다"는 것을 요구하는 것이 된다. 이와 같이 일정한 가치적 목적에 도달하기 위하여 따르지 않으면 안 되는 의사와 행위의 절차 내지는 규칙을 규범(Norm)이라고 한다. 규범은 사회적인 공동목적을 달성하기 위하여 "～해서는 안 된다"(금지)라든가, "～하지 않으면 안 된다"(명령)라고 하는 것처럼 인간이 마땅히 해야 할 것을 정하는 당위(Sollen, ought to)의 법칙이다. 당위란 "마땅히 ～해야 한다"는 것을 의미한다.

그런데 질서는 사회에만 있는 것이 아니라 자연계에도 있다. 이 자연계를 지배하는 규칙을 자연법칙이라 한다. 자연법칙이라 함은 "해는 동쪽에서 떠서 서쪽으로 진다", "겨울이 가면 봄이 온다"는 것과 같이 사람의 의사와는 관계없이 객관적으로 인정되는 "사실상 그러하다"는 관계를 나타내고 있는 법칙을 말한다. 이러한 의미에서 이를 존재(Sein)의 법칙이라고도 한다. 또 자연법칙은 일정한 원인이 있으면 언제나 일정한 결과가 따른다는 뜻에서 인과의 법칙이라고도 한다. 또한 그 원인과 결과의 사이에는 전혀 예외가 없고 어김없이 그렇게 된다는 뜻에서 필연(Müssen)의 법칙이라고도 한다. 이와 같이 자연법칙에는 전혀 예외가 없으므로 만일에 예외적인 현상이 생긴다면 그것은 이미 자연법칙으로서의 생명을 잃어버리게 된다. 자연계의 모든 현상은 이러한 자연법칙에 따라 어김없이 움직여지고 있는 것이다.

마찬가지로 사회의 질서가 유지되기 위해서는 사람도 규범을 지켜야 한다. 규범은 사람이 마땅히 '～해야 한다'는 관계를 나타내는 당위의 법칙으로서 "사람을 죽여서는 안 된다", "남의 물건을 훔쳐서는 안 된다"등과 같이 사람에 의하여 사회적으로 설정된 목적달성을 위한 법칙으로서 그 실현여부는 알 수 없으나 실현되기를 기대하는 목적적인 법칙이며 목적과의 불일치에도 불구하고 타당한 법칙이다. 따라서 당위의 법칙에는 언제나 예외가 있을 수 있고, 위반이 있을 수 있다. 그러나 자연법칙은 일정한 인과율을 존재로 하여 표현되는 법칙이며, 어떠한 원인이 주어지면 어떠한 결과가 발생한다고 하는 필연의 법칙으로서 사실과 일치하기 때문에 타당한 법칙이다. 이와 같이 자연법칙은 존재의 법칙이며, 필연의 법칙이라는 점에서 당위의 법칙인 규범과 구별된다.

Ⅱ. 법은 정치적으로 조직된 사회의 규범이다

사회규범이란 사회생활을 가능하게 하는 규범이다. 따라서 사회 있는 곳에는 언제나 법이 있게 마련이다. 그런데 사회는 법 이외에도 도덕규범·관습규범·종교규범 등에 의하여 질서를 유지하고 있다. 그러나 이들 규범만으로는 규율할 수 없는 여러 가지의 이해관계가 충돌되기도 하고, 사회질서를 해하는 반사회적 행위가 일어나기도 한다. 그리하여 사회는 정치적인 통일이나 규율을 필요로 한다. 따라서 법은 이러한 대립이나 그것으로부터 발생하는 분쟁을 규율하고 반사회적인 행위를 제재하여 사회적 결합을 확보하고 강화하기 위한 규범이다. 이렇게 볼 때 도덕·관습·종교규범이 비정치사회에 존재한다고 하면 법은 정치적 조직사회에 성립한다고 하겠다. 오늘날 정치적 조직사회 중에서 가장 강력한 통일적 권력을 갖는 사회는 국가이다. 따라서 법은 국가라는 정치적으로 조직된 사회의 규범이라고 할 수 있다. 법을 사회학적으로 탐구한 파운드(Pound)는 "법은 정치적으로 조직된 사회의 강제력의 체계적 적용에 의한 사회통제"라고 하였다.

물론 법은 반드시 국가권력에 의해서만 시행되는 것은 아니고, 국가 이외의 조직적 사회력에 의하여 강제되는 사회적 규범도 역시 법이라 할 수 있다. 예컨대 국제사회의 조직적인 사회에서 적용되는 국제법이라든가 지방자치단체의 조례 또는 회사의 정관 등도 광의에 있어서 법이라고 할 수 있다.

Ⅲ. 법은 국가에 의하여 승인된 규범이다

법이 정치적으로 조직된 국가사회의 질서유지를 목적으로 하는 한 당연히 그 국가사회에 의하여 공동생활에 있어서의 행위의 준칙으로 승인되어야 할 것이 필요하다. 따라서 제정법이건 관습법이건 당해 국가사회의 중심권력에 의하여 승인되어야 한다. 이러한 승인에 의하여 비로소 법은 법으로서의 존재를 갖게 되며, 여기에 국가사회 구성원의 법적 인식 혹은 법적 확신이 가하여져 일반에 준수되어지는 것이다.

그러나 법이 법으로서 존재한다는 사실만을 가지고 곧 그 법의 내용이 그때의 사회구성원의 정의감이나 도덕심에 일치한다고 단정할 수는 없다. 바꾸어 말하면 법이 정의를 목적으로 하는 것임을 부인할 수는 없으나 법이기 때문에 모두 정당하다고 할 수는 없는 것이다. 가령 법의 내용이 사회구성원의 정의감이나 도의심에 배치된다 하더라도 그 법이 법으로서 국가가 인정하는 한 법임에는 틀림없다. 법의 역사를 보더라도 잔혹한 형벌법을 흔히 볼 수 있으며 소위 '악법도 법이다'라는 명제가 성립되어 법으로서 적용되는 것을 볼 수 있다. 왜냐 하면 법의 가치에 대한 판단은 사회구성원 각자의 개별적 판단이 아니고 정치적으로 조직된 국가권력에 의하여 행하여지는 가치판단이기 때문이다. 그러나 법의 역사는 악법과의 투쟁의 역사라고 말할 수 있으므로 사회 전체의 인정을 받지 못하는 악법은 유동하여 나가는 법의 흐름 속에서 점차 자취를 감추어 버리는 운명에 처하게 된다고 하겠다.

Ⅳ. 법은 국가의 중심권력에 의하여 강제되는 규범이다

법의 가장 전형적인 성격은 국가권력에 의하여 강제되는 규범인 점이다. 강제라는 것은 법의 준수를 강요하여 위법행위가 있을 때에는 예정된 어떤 결과가 실현되는 것을 말한다. 법이 국가권력에 의하여 실현되는 강제력을 갖지 못한다면 법으로서의 존재가치를 발휘할 수 없게 된다. 그러므로 법은 이에 위반하는 자에 대하여 권력적·물리적 강제력을 발동함으로써 스스로의 목적을 실현할 수 있다. 이것이 법의 본질적 요소이자 다른 사회규범과 구별되는 결정적인 요소이다. 강제에는 심리적인 것과 물리적인 것이 있다. 보통 법률은 심리적 강제에 의하여 그 준수·복종이 담보되어지나, 위법자에 대하여는 물리적 강제, 즉 강제집행 혹은 형벌 등에 의하여 그 준수가 확보되어진다. 강제를 법의 요소로 하는 점에 대하여 헌법·행정법·국제법 등에서는 강제성이 구체적으로 없다는 것을 지적하는 견해가 있다.

그러나 법에 강제력이 있다는 것은 법일반에 관하여 말하는 것이고 구체적으로 개개의 법규가 완벽한 강제력을 갖는 것은 결코 아니다. 바꾸어 말하면 법에 있어서 강제적 수단의 유무로 법의 존재가치를 인정할 수만은 없는 것이고, 법규범체계의 전체로서 강제성이 인정되어 있거나, 기대되어 있으면 강제력이 있는 법으로 이해하여야 한다. 즉 여기서의 강제를 꼭 구체적 강제수단으로 해석하지 말고 광의로 사회 실력일반에 의한 강제로 이해하여야 한다. 이와 같이 이해한다면 헌법·행정법·국제법도 특수한 형태이긴 하나 당연히 강제성이 있다고 할 것이다.

그리하여 토마지우스(Thomasius)는 "도덕규범은 내부적 평화를 위한 것이므로 강제할 수 없는 데 반하여, 법규범은 외부적 평화를 위한 것이므로 강제할 수 있다"고 하였고, 칸트은 "법과 강제기능은 동일하다"고 하였으며, 예링(Jhering)은 "강제는 법의 절대적 기준이다. 법적 강제력이 없는 법은 그 자체가 모순이며 불붙지 않는 불, 비추지 않는 등불, 빛이 없는 광선이다"라고 하였다. 또한 켈젠(Kelsen)은 법규범의 본질은 강제규범이라 하였고, 파운드 역시 "법의 본질은 강제성에 있다"고 하고, 동시에 "법은 사회의 여러 이익 사이의 충돌을 조정하고 통제하는 기능이 있다"라고 하였다.

Ⅴ. 법과 유사한 용어

1. 법 률

일반적으로 법과 법률은 같은 뜻으로 사용되고 있으나, 엄격한 의미에서 법과 법률은 서로 그 뜻이 다르다. 법과 법규범은 법 그 자체가 하나의 규범이므로 양자는 같은 뜻이라 하겠다. 법은 규범이고 규범이 아닌 법은 없기 때문이다. 그러나 법은 넓은 의미에서는 법일반을 말한다. 즉, 법률뿐만 아니라, 법규범 전체, 예컨대 대통령·국무총리·행정각부의 장이 발하는 명령을 포함하여 지방자치단체에서 제정되는 조례나 규칙 등과 판례·관습법·조리·사적 단체의 규칙 등을 총칭하지만, 법률은 엄격한 의미에서 입법기관인 국회의 의결을 거쳐 대통령이 공포한 것만을 말한다.

2. 법 규

법규는 법규범의 의미로 쓰이는 수가 있으나, 직접 국민의 권리·의무에 관한 사항을 규정한 법을 말한다. 때로는 성문법, 즉 제정법을 가리키는 경우도 있다.

3. 법 질 서

법질서란 개개의 법규범 그 자체를 의미하는 것이 아니라 개개의 법규범이 통일적으로 하나의 질서체계를 이루고 있는 상태를 말한다. 즉, 법질서는 통일적인 법규범의 체계를 의미한다.

4. 법 령

법령은 법률과 명령을 말한다. 경우에 따라서는 성문법 전체를 의미하는 것으로 사용되기도 한다.

5. 법 전

법전은 체계적으로 편제조직된 성문법규의 전체를 말한다. 헌법·민법·형법·상법·민사소송법·형사소송법 등의 6법전이 법률 중에서 가장 중요한 기본법이므로, 특히 이것들을 통틀어서 '6법'이라고 하며, 이들 법을 수록한 법전집을 보통 '6법전서'라고 한다.

제2절 법의 구조

모든 국가사회의 법질서는 각각 그 논리적 성격을 달리하는 행위규범·강제규범·조직규범으로 구성되어 있으며, 이를 검토함으로써 법의 본질은 보다 명확하게 될 것이다. 모든 법규범이 예외 없이 이 3가지 규범으로 구성되어 있는 것은 아니며, 보는 관점에 따라 행위규범 또는 강제규범으로 규정할 수 있는 복합구조의 관계에 있는 경우도 있다. 그러나 법은 행위규범·강제규범·조직규범의 3형태로 이루어진 복합체로서, 서로 관련을 맺으면서 국가의 조직과 작용을 규정하고 법질서를 유지하고 있다.

법의 실현을 위한 법규범의 구조를 보면 먼저 인간에게 행위규범을 지킬 것을 요구하고, 만약 그것이 지켜지지 않을 때에는 비로소 강제규범이 발동하게 된다. 그러므로 양 규범을 비교해 보면 행위규범이 제1차적 규범이고, 강제규범은 행위규범을 보장하는 수단이므로 제2차적 규범이라고 할 수 있다.

> 행위규범: 살인하지 말라
> 강제규범(제재규범): 사람을 살해한 자는 사형 · 무기 또는 5년 이상의 징역에 처한다 (형법 제250조)
> 조직규범: 살인범을 체포하여 형을 확정하고 집행하기 위해서는 법원조직법, 정부조직법 등이 필요하다.

Ⅰ. 행위규범(행위법)

법규범은 “채무를 이행해야 한다”라고 명령하는가 하면, “사람을 살인해서는 아니된다”라고 금지하기도 한다. 즉, “∼ 하여야 한다”, “∼ 하여서는 안 된다”라고 명령하거나 금지한다. 이러한 면에서 법규범은 사회생활에서 인간이 행할 바를 명령하거나 금지하는 것이므로 행위규범이라고 한다. 이 행위규범은 행위의 기준을 정하는 당위의 법칙이며 사회규범의 전형적 형태이다.

행위규범에 관한 한 법규범은 도덕규범이나 그 밖의 규범과 다를 바가 없다. 다만 도덕규범은 단순한 행위규범이며, 강제력이 없을 뿐이다. 예컨대 “너희들은 살인하지 말라” 하는 모세(Moses)의 십계는 도덕(내지는 종교)규범이다. 또한 “재산권의 행사는 공공복리에 적합하도록 하여야 한다”라는 헌법 제23조 2항의 규정은 법적 행위규범인 것이다.

Ⅱ. 강제규범(제재법, 제재규범)

법규범은 처음부터 강제력을 발휘하는 것은 아니다. 먼저 명령하거나 금지하였다가 그 명령에 불복하거나 그 금지에 위반하는 때에 비로소 강제력을 발휘하는 것이다. 즉, 경우에 따라 채무불이행자가 있으면 강제집행을 하며, 살인자에 대해서는 형벌을 가하게 된다. 예컨대 "사람을 살해한 자는 사형·무기 또는 5년 이상의 징역에 처한다"는 것은, "사람을 죽이지 말라"(형법 제250조 1항)는 도덕적 행위규범을 전제로 하여, 이에 대한 위반행위가 있는 경우에는 형벌을 가한다는 강제규범이다. 이런 면에서 법규범은 강제규범의 성격을 가진다. 즉, 강제규범은 행위규범을 위반하는 행위에 대하여 일정한 제재를 가함으로써 강제력으로 사회질서를 유지하려는 규범이다. 법규범에 의한 강제는 재판에 의하여 집행되므로 강제규범을 재판규범이라고도 한다. 이 규범의 특색은 일정한 법적 요건이 충족되면 일정한 법적 효과를 부여할 것을 선언한 가언적 명제라는 것과, 일정한 행위규범의 타당성을 당연히 전제한 것에 있다. 행위규범은 제재규범의 수반으로 인하여 강제규범의 특질이 뚜렷해지며, 또 제1차적인 규범인 도덕규범은 제재규범과 연결됨으로써 법규범화하게 되는 것이다.

그런데 제재규범은 한편으로는 일정한 행위를 명하면서, 다른 한편으로는 재판을 통하여 강제한다고 하는 행위규범과 강제규범의 복합체로 구성되어 있어서 이를 '법규범의 복합구조'라고도 한다. 이와 같이 법이 이중적 구조를 갖는 이유는 법의 실효성을 보장하기 위한 수단을 의미하는 동시에, 어떠한 행위를 하거나 또는 하지 않는 자는 일정한 처벌을 받을 것이라는 것을 미리 예고함으로써 일반인의 예측가능성과 안전성을 보장하여 주는 데 있다.

Ⅲ. 조직규범(조직법)

조직규범이란 국가·자치단체 등의 조직 또는 제도에 관한 사항을 규정하는 규범을 말한다. 즉 조직규범은 법규범의 제정·적용·집행을 담당하는 기관(예:국회, 법원, 행정관청 등)의 조직과 이 조직을 구성하는 기관에 일정한 권한을 부여하는 규범을 말한다. 조직규범은 국민 일반의 사회생활을 규율하는 것이 아니므로 행위규범과 구별되며, 또 위반행위에 대하여 직접 강제효과를 귀속시키지 아니하므로 강제규범과도 구별된다. 물론 국가·지방자치단체 등의 조직은 강제질서이며, 법원에서는 이에 의거하여 제재하여야 한다는 점에서는 조직규범도 강제규범과 같다고 할 수 있으나, 조직규범은 일반 국민에게 의무를 명하는 것이 아니라 직접적인 규율대상이 국가기관이라는 점에서 재판규범과 구별된다.

국가의 가장 기본적인 조직규범은 물론 헌법이지만, 헌법의 일반적인 규정을 위임받아서 다시 국가기관의 조직과 권한을 정하는 모든 법, 예컨대, 국회법·공무원법·정부조직법·법원조직법 등이 이 범주에 속하는 것이다. 요컨대 조직규범은 행위규범 및 강제규범과 결합하여 법규범 전체의 질서를 이루는 기본적 역할을 담당한다. 그러므로 법규범의 구조는 결국 조직규범, 행위규범, 강제규범의 3중구조를 이룬다.

Ⅳ. 법의 구성

법의 구성이란 법의 형식상의 구성을 말한다. 여기서의 법은 모든 성문법을 의미하며, 일반적으로 법은 전문·본칙·부칙의 3부분으로 구성된다.

1. 전　문(前文)

법의 전문이란 법의 본칙 앞에 있는 서문(序文)으로서 법의 한 구성부분이다. 일반적으로 헌법에는 전문이 있지만, 법률, 명령, 규칙 등에는 전문이 없는 것이 보통이다. 전문의 내용은 법마다 다르며 통일되어 있는 것은 아니나, 일반적으로 법의 제정유래, 제정취지, 기본목적·기본원칙 등을 선언하고 있다.

2. 본　칙(本則)

본칙이란 법의 실질적 구성부분으로, 그 법의 본질적 내용을 규정한 부분을 말한다. 법의 구성부분 가운데 전문과 부칙을 제외한 부분이 본칙에 해당한다. 전문이 없는 법은 있어도 본칙이 없는 법은 없다. 본칙은 또 다음과 같이 나누어진다.

(1) 篇·章·節·款·項

많은 조문으로 구성된 본칙은 공통된 내용의 조항을 묶어 몇 개의 편으로 구성하고, 다시 그 편 안에서 공통된 조항을 묶어 장으로 표시하고, 장을 다시 세분할 필요가 있는 경우에는 절로, 절은 다시 관으로, 관은 다시 항을 설치한다. 그러나 내용이 간단한 경우는 이들을 구별하지 않아도 무방하다. 이들에게는 그 내용에 따라 제목을 붙인다.

(2) 條·項·號

1) 본칙의 규정은 그 내용을 간명하게 표시하기 위하여 條라는 기본단위를 사용하며, 第1條에서부터 시작한다. 법의 내용이 지극히 간단한 경우는 條를 사용하지 않는 경우도 있다(예: 연호에 관한 법률, 실화책임에 관한 법률, 근로자의 날 제정에 관한 법률, 한글 전용에 관한 법률 등).

2) 項은 條의 하위단위로서 ①·②·③ …으로 표시한다. 모든 條가 項으로 나누어지는 것은 아니며 내용이 간명한 條는 項으로 구분되지 않는다(예: 민법 제1조는 항이 없으나 제2조는 2개항으로 구성되어 있다).

3) 號는 條 또는 項에서 사용되는 條 또는 項의 하위단위이며, 項만의 하위단위가 아니다(예: 헌법 제89조는 項없이 17개號가 규정되어 있으며 헌법 제111조는 1項에는 5개號가 규정되어 있으나 2項~4項에는 號가 규정되어 있지 않다).

4) 號를 다시 세분할 필요가 있을 때에는 가 나 다 …로 표시한다(예: 가사소송법 2조, 하도급거래 공정화에 관한 법률 2조, 외국인투자촉진법 2조 등).

5) 條에는 괄호 안에 표제를 붙이는 것이 일반적이다. 項의 경우는 부칙의 項에는 표제를 붙이는 경우가 있으나 본칙의 項에는 붙이지 않는다. 號의 경우는 어느 경우에나 붙이지 않는다.

(3) 본문(本文)과 단서(但書)

하나의 條·項 중의 문장이 구분되는 경우에 後段의 문장이 '그러나'(또는 '다만')로 시작되어 전단의 문장에 대한 예외를 규정하는 경우가 있다. 이러한 경우 '그러나' 이하를 단서라 하고 前段의 규정을 본문이라고 한다(예: 민법 제112조나 민법 제119조는 條에 단서가 있고 상법 제14조에는 1項에 단서가 있다).

(4) 제1문과 제2문

하나의 조문이 2개 이상의 문장으로 된 경우, 이들이 본문과 단서의 관계에 있지 아니하고 단순히 어떤 사항을 나열하고 있는 경우에 이들 문장을 구분하여 제1문과 제2문 등으로 부른다[예: 민법 제25조(관리인의 권한) 법원이 선임한 재산관리인이 제118조에 규정한 권한을 넘는 행위를 함에는 법원의 허가를 얻어야 한다. 부재자의 생사가 분명하지 아니한 경우에 부재자가 정한 재산관리인이 권한을 넘는 행위를 할 때에도 같다].

3. 부　칙(附則)

부칙은 본칙에 부수하여 법의 일부를 구성한다. 부칙에는 일반적으로 그 법령의 시행일, 경과조치(예: 민법부칙 10조, 1987년 개정 형사소송법 부칙 2항), 그 법령의 시행에 따라서 필요로 하는 다른 법령의 개폐조치(예: 형법 부칙 10조, 민사소송법 9조) 등에 관한 사항을 규정한다.

부칙의 내용이 많은 경우에는 이를 條로 구성하며(헌법, 민법, 형법 등), 그렇지 않은 경우에는 項으로 구성한다(예: 정부조직법, 변호사법). 부칙의 條나 項의 경우 표제를 붙이는 것이 일반적이다.

제3절 법과 타 규범과의 관계

Ⅰ. 법과 도덕

법과 도덕은 가장 가깝고 비슷한 상호관계를 가진 사회규범이다. 예컨대 "사람을 살해해서는 아니 된다"라든가, "부부는 서로 협력해야 한다"든가 하는 것 등은 법이 요구하는 바이며 동시에 도덕도 요구하는 바이다. 그런데 이처럼 양자는 상호의존하는 밀접한 관계에 있으면서도 그 성격이 다르기 때문에 때로는 대립이 생기고 모순이 나타나기도 한다. 따라서 법과 도덕의 관계를 명확히 선을 긋는 것은 지극히 어려운 문제이다. 이것은 '법이란 무엇인가'라는 문제와 더불어 법철학상의 근본문제의 하나이다. 예링은 이 문제를 '법철학에 있어서의 케이프 혼(Cape horn)'이라 하여, 이 문제의 어려움을 지적한 바 있다. 법의 개념을 명확히 파악하기 위하여 법과 도덕의 차이와 법과 도덕은 어떠한 관계에 있는가를 고찰해 보기로 한다.

1. 법과 도덕의 구별

고대에 있어서는 도덕도 종교와 같이 법과의 관념적 분화가 없었으며 종교적 관념과 혼동되었다. 그러나 사회의 공동생활이 복잡화·다양화됨에 따라 법은 도덕에서 분화되었다. 특히 근대국가는 법치주의를 채용하여 성문법제도를 완비하게 되고, 법이 국가 및 사회질서유지를 위해 절대적 기능을 담당하게 되자 법의 존재가 더욱 중요시되어 법과 도덕의 구별은 점차로 뚜렷하게 되었다. 그러나 많은 학자들은 이 문제에 대하여 견해의 대립을 보이고 있다.

(1) 자연법론자

로마시대에는 법과 도덕이 분리되었으나 울피아누스(Ulpianus)는 "법은 정의에서 나온 정(正)과 선의 기술"이라 하였고, 그 후 자연법론자들은 "자연법은 실정법을 초월한 영구불변의 인륜의 대도"라고 보기 때문에 법과 도덕을 구별하지 않았다. 현실계의 실정법은 이상계의 자연법이 반영된 것으로 보는 자연법론자의 입장에서 법은 자연법을 의미하고, 자연법은 도덕과 일치하는 것으로 본다. 자연법론자인 베키오(Vechio)는 법과 도덕의 동일성을 강하게 주장하였다.

(2) 법실증주의자

토마지우스(Thomasius)는 도덕적 선과 법적 정을 대립시켜 윤리는 선에 관한 것이고, 법은 正에 관한 것이며, 정은 선에 속하지 않는 것이라 하여 윤리학과 법학을 구별하였다. 그리고 그는 법은 인간의 외적 생활을 규제하는 것이고 도덕은 인간의 내면적 마음을 규율하는 것이라 하여 법과 도덕을 구별하였다. 그 후 칸트는 자연법론자이면서도 이 사상을 이어받아 개인주의적 윤리관을 배경으로 하여 외면적인 합법성과 내면적인 도덕성의 대립에 의하여 법과 도덕을 구별하였다. 또 영국의 분석법학자 오스틴(Austin), 독일의 법학자 메르켈(Merkel), 순수법학자 켈젠 등으로 대표되는 법실증주의학파에서는 법을 실정법에 국한하여 자연법의 존재를 부정하고 법과 도덕을 엄격히 구별하였다. 이와 같이 법실증주의자들은 법과 도덕을 준별한다.

2. 법과 도덕의 차이

(1) 내용상의 차이

1) 법은 사회생활규범이고 도덕은 개인생활규범이다. 이 설은 실천규범을 개인적인 것과 사회적인 것으로 나누어 법의 목적은 사회생활의 질서유지에 있는 데 비하여, 도덕의 목적은 개인의 인격완성에 있다는 것이다.

2) 법이 규율하는 대상은 외부적 행동이지만 도덕은 내부적 심리상태를 규율대상으로 한다. 이 설은 법률의 지배영역은 외계에 나타난 사람의 행동인 것이나, 도덕은 외계에 나타나지 않는 사람의 양심의 문제라고 하는 것으로, 이른

바 법의 외면성, 도덕의 내면성을 주장함으로써 양자의 본질적인 차이점을 인정코자 하는 설이다. 이 설의 대표자는 슈타믈러(Stammler)이다.

3) 법의 요청은 행위의 합법성이며, 도덕의 요청은 행위의 도덕성이다. 이 설은 칸트가 슈타뮬러의 수정론으로 제시한 것으로서 도덕은 규범에 적합한 심정까지 요구하는 데 반하여, 법은 규정에 적합한 행동만을 요구하는 데 그친다는 것이다.

4) 법은 타율성을 가지는 데 반하여, 도덕은 자율성을 가진다고 한다. 이 설은 칸트가 인간의 의사는 자유라는 개인주의적 도덕철학을 전제로 구별한 것으로서, 법은 외부로부터 강요당하기 때문에 지키는 데 반하여, 도덕은 외부에서 강요하지 않더라도 스스로 자각하여 실천하는 규범이라는 것이다.

5) 법은 경험적·상대적 규범이며, 도덕은 초경험적·절대적 규범이다. 이 설은 법은 특정한 입법자의 제정이나 혹은 사회적 관습 등의 경험적 사회사실에 기한 실증적 규범임에 반하여, 도덕은 초경험적·초사회적으로 존재하는 것으로 실증적 성격을 가지지 않는다고 한다.

6) 법은 권리·의무의 양면성을 가지나, 도덕은 의무의 일면성만을 가진다. 이 설은 법적 의무에는 이에 대응하는 권리가 있으나, 도덕적 의무에는 이에 대응하는 권리가 없다는 것이다.

7) 법은 법률·명령의 형식으로 문자로 표시하는 데 반하여, 도덕은 그러한 형식으로 표시되지 아니한다는 것이다.

8) 법은 현실을 바탕으로 하여 전체 사회구성원에게 행해지는 규범이므로 사회일반평균인을 대상으로 하여 보통 사람으로서는 누구나 할 수 있는 행위를 요구한다. 이에 대하여 도덕은 현실사회의 높은 이상화를 지향하는 규범이므로 보통 사람으로는 도저히 실천할 수 없을 정도로 높은 것이라고 한다. 예컨대 "원수를 사랑하라"는 도덕규범은 보통 사람이 실천하기 어려운 규범이므로 법과 도덕의 대상을 평균적 사회인을 기준으로 하여 구별한다.

(2) 기능상의 차이

1) 양자의 타당영역을 볼 때 선·악의 대립을 무한히 추구하는 도덕은 인간의 제1차적 사회라 할 수 있는 공동사회의 구성규범으로서 공동이해관계자 사이에 한하여 타당한 규범이다. 그러나 법은 일정한 입장에서 정·부정의 대립을 추구하는 것으로 이해를 달리하여 상호 대립하는 자의 관계에 대하여 평등

하게 타당한 규범이다.

2) 강행방법에서 볼 때 법은 국가권력에 의하여 강제되는 반면에, 도덕은 그 준수를 개인의 양심에 맡기고 있는 것이다. 토마지우스는 법은 강제 가능하고, 도덕은 인간의 내면적 심정을 규율하므로 양자는 차이가 있다고 한다. 따라서 법에 위반하면 국가의 제재력에 의하여 여러 가지의 방법으로 물리적 강제가 행하여지고, 도덕에 위반하면 사회적으로 비난의 대상은 될 수 있을지언정 처벌은 받지 않는다.

3. 법과 도덕과의 관계

(1) 내용상의 관계

내용면에 있어서 법과 도덕은 서로 중복된다. 형법상의 살인·상해·사기·강도 등의 대부분의 범죄는 동시에 도덕적으로도 용인될 수 없는 반윤리적인 행위이다. 또 민법상의 신의성실의 원칙(민법 제2조 1항), 공서양속의 규정(민법 제103조) 등은 도덕적 의무를 그대로 법의 내용으로 규정한 것이다.

그러나 모든 도덕이 법으로서 성립할 수는 없고, 또 법으로서 강행하는 것이 적당하지 아니할 경우도 있다. 예컨대 "부부는 서로 사랑해야 한다"또는 "자식은 부모에게 효도하여야 한다"라고 하는 도덕률은 법에 의해 국가권력으로 강행하는 데는 적당하지 아니하므로 법으로 되어 있지 아니하다.

또 법의 내용이 도덕으로 전화되는 경우가 있다. 본래 도덕과는 거리가 먼 기술적 법규가 오랫동안 준수되어 생활화된 결과 사회생활상의 도덕으로 바뀌는 경우이다. 예컨대 도시의 교통·보건상의 법규가 사회생활 속에 생활화되어 교통도덕으로 전화된 것을 볼 수 있다. 라드브루흐는 이것을 '도덕의 왕국에의 법의 귀화'라고 하였다.

(2) 효력상의 관계

도덕은 효력면에 있어서 개인의 양심 혹은 사회적 비난에 의하여 그 실효성이 뒷받침되고 있다. 그러나 법은 국가의 중심권력에 의한 외부적 강제로 실효성을 뒷받침하고 있다. 법에서 아무리 엄벌한다고 규정한다 하더라도 법규가 잘 준수되지 않는 이유는 국민의 도덕적 준법정신이 불건전하기 때문이다. 그러므로 법이 강제력만 가진다고 하더라도 법의 실효성은 보장되지 못하며, 항상 도덕의 뒷받침이 필요하다.

법과 도덕의 관계를 옐리네크(Jellinek)는 '법은 도덕의 최소한'이라 하여, 도덕 중에서 그 실현을 강제할 필요가 있는 것을 택하여 법으로 삼는다 하였다. 이와 반대로 슈몰러(Schmoller)는 "법은 최대한도의 도덕"이라 하여, 도덕규범 중 꼭 필요하다고 인정되는 것은 법으로 정립되어 강제성을 띠게 되므로 도덕은 최대한도로 유효성을 발휘하게 된다고 하였다. 이것은 법과 도덕의 관계는 보는 관점에 따라 다르나, 모두 양자의 밀접한 관계를 말한 것이다.

결론적으로 법과 도덕은 다 같이 인간의 공동생활에 관한 사회규범으로서 공공의 질서와 선량한 풍속을 유지한다는 공통된 목적과 사명을 가지고 있으므로 양자는 서로 의존・보완하여 올바른 사회적 가치의 실현에 이바지하여야 할 것이다.

Ⅱ. 법과 종교

종교는 어떠한 반증에도 동요됨이 없는 신념적 확신인 신앙을 기본원리로 하는 것으로서, 현세적인 정신적 안정과 저 세상에 있어서의 무한한 행복을 추구하는 신자의 수양교리인데, 이와 같은 종교의 사회성이라는 것은 종래 부정되고 또 무시되는 일이 때때로 있었다. 그러나 어떠한 종교이든 간에 역사적으로는 신앙공동체에 있어서의 사회단체로부터 발생하고 하나의 사회적 규범으로서의 기능을 하여왔기 때문에, 종교는 단순한 개인의식이 아니고, 사회규범으로서 고찰하지 않으면 아니 될 것이다.

종교는 초인격적인 신을 대상으로 하고 이에 대한 개인적인 중심적 신앙을 기초로 하여 절대자에 귀의하기 위하여 성립하는 규범이다. 종교와 법이 분화되어 있지 아니한 고대사회에서는 제정일치라는 것이 인정되어 종교적인 금기가 동시에 법적 규범으로 되었다. 특히 중세 서구에서는 기독교와 법이 혼합되어 종교가 최고권위의 가치기준이어서 평등사상・이자지급금지・혼인 등에 관한 종교적 계율이 교회법이라는 이름으로 일반사회를 규율하였다. 그러나 사회의 조직력의 발전, 특히 국가권력의 형성에 따라 법적 규범과 종교적 규범의 분화가 점차로 명확하게 되었다. 그리하여 정교분리가 이루어지고, 법은 일단 국가법을 의미하고, 교회법은 종교 내부에서만 적용되는 자치법으로서의 효력만 갖게 되었다.

1. 법과 종교의 차이

(1) 법은 조직화된 국가권력에 의하여 강행되는 데 반하여, 종교는 국가권력에 의하여 강제되지 아니하고 종교를 믿는 각 개인의 신앙을 바탕으로 하여 성립하고 존속하는 것이다.

(2) 법은 그 적용범위가 모든 국민에게 미치나, 종교는 신자들에게만 미친다.

(3) 법은 사회적 질서와 복리를 위해서 인간의 외부적 행위를 규율하는 데 비해, 종교는 인간의 영적 행복을 위해서 인간의 내부적 양심을 규율하는 것이다.

(4) 법은 보통 의무 있는 곳에 권리가 있으므로 양면성을 가지나, 종교는 초인격적인 신을 대상으로 하여 이에 봉사하는 것을 내용으로 하는 것이므로 종교상의 의무라고 하는 일면성만을 가진다.

(5) 법은 사회적 질서와 복리를 위주로 하고 종교는 인간의 영적 행복을 위주로 하는 한, 법은 사회를 구함으로써 개인을 구하고자 하는 것이고, 종교는 반대로 개인을 먼저 구함으로써 사회를 구하고자 하는 것이다.

(6) 법과 종교와의 차이는 그 내용에서 보면 상호 교차되는 면이 많으므로 도덕의 경우와 같이 그 차이를 양자의 타당영역과 강행방법에서 구하는 수밖에 없다. 즉, ① 기능적 측면에 있어 종교는 내세와 속세의 가치대립을 통하여 그 대립을 극복하고 현실긍정의 기능을 내포함에 반하여, 법은 일정한 입장에서 정·부정의 대립을 무한히 추구하는 것이다. ② 종교는 궁극에 있어 신이라는 절대자에 귀의한다는 일종의 신비적인 세계에의 몰입을 논하나, 법은 국가 중심권력을 통하여 현실적으로 강행되어진다.

2. 법과 종교와의 관계

(1) 내용상의 관계

내용면에 있어서 법과 종교는 서로 중복된다. 이는 발생적 측면에서 법은 본래 도덕 및 종교규범에서 분화되었고, 이후 법의 진화·발전에 부단히 종교규범이 영향을 미쳤다는 점, 그리고 종교의 정의관과 법에 있어서의 정의가 많은 부분에서 일치한다는 점 등에서 연유한다. 예컨대 모세의 10계명에서 나오는 "네 부모를 공경 부양하라"든가 "간음하지 마라" 또는 "도둑질하지 마라"라는 등의 규범은 법과 완전히 일치한다. 이러한 규범의 내용은 양자가 공통되므로 종교규범이 국가권력에 의하여 강제되면 그것은 동시에 법으로 된다.

(2) 효력상의 관계

오늘날 대부분의 국가는 국교를 부인하고 종교의 자유를 보장하고 있으므로, 한 국가의 종교규범의 체계가 통일되어 있다는 것은 기대할 수 없다. 그러나 적어도 공통된 종교규범체계 위에서는 종교의 지지를 받는 법은 그 효력이 강하고 준법도 확보될 수 있으나 그렇지 않은 법은 그 존립과 실효성의 기반이 약하다고 할 수 있다. 또한 종교적 신조 내지 신앙은 그 어떤 것보다도 강하므로 종교규범과 일치하는 법규범은 그 준수를 충분히 확보할 수 있다고 하겠다.

대법원 1997. 6. 27. 선고, 97도508 판결

종교의 자유는 인간의 정신세계에 기초를 둔 것으로서 인간의 내적 자유인 신앙의 자유를 의미하는 한도 내에서는 밖으로 표현되지 아니한 양심의 자유에 있어서와 같이 제한할 수 없는 것이지만, 그것이 종교적 행위로 표출되는 경우에 있어서는 그 대외적 행위의 자유이기 때문에 질서유지를 위하여 당연히 제한을 받아야 하며 공공복리를 위하여는 법률로써 이를 제한할 수 있다.

Ⅲ. 법과 관습

관습이란 한 사회내부에 역사적으로 발생하여 장기간 동안 계속 반복됨으로써 발생하는 일종의 사회규범이다. 원시시대에 있어서 사회가 부족・씨족의 상태에 있고 아직 국가의 발생을 보지 못하였던 시대에 있어서는 법・도덕・종교는 다 같이 습속이라는 관습의 원시적 형태로서 존재하였다고 할 수 있다. 그러나 사회의 진화와 더불어 국가가 발생하고 문화가 발달함에 따라서 분화과정을 이루었으니 오늘날에 있어서는 법과 관습은 완전히 분화되었다.

관습은 일정한 행위가 특정한 범위의 다수인의 사이에서 반복하여 행하여지는 데에서 성립한다. 따라서 관습(custom)은 습관(habit)과 구별된다. 습관은 반복하여 행해지는 행위가 개인적인 것이고, 각 개인에 따라 여러 가지로 다르겠으나, 관습은 사회적인 행위이고 이를 지키고 따라야 한다는 사회공통의 의식이 사회구성원 중에 발생하고 있는 것이다. 그러므로 관습에 위반하면 사회적 비난을 받는다. 이리하여 관습은 규범성을 띠게 되고 이른바 관습규범으로 된다.

1. 법과 관습의 차이

(1) 법이 인위적이며 강제적인 것과는 달리 관습은 도덕과 마찬가지로 자연발생적이며 비강제적이다. 그리고 관습은 역사적 전통을 기초로 하고 항상 사실적인 것을 토대로 하므로 그 핵심은 이상이 아니고 현실이다. 따라서 도덕에 비하여서는 물론이고 법에 비하여도 현실성이 더 농후하다. 뿐만 아니라 인위적인 법이나 양심의 산물인 도덕에 비하여 관습은 많은 사람의 동일한 행위가 계속 반복됨으로 인하여 이루어진 것이므로 합리성이 적다.

(2) 법과 관습과의 구별은 슈타믈러와 같이 자주성을 그 구별의 표준으로 하여 법은 복종자의 동의의 유무를 묻지 않으나, 관습은 임의의 자발적 복종에 기하여 효력을 갖는다고 하는 설이 있다. 그러나 양자를 자주성에 의하여 구별하기는 어렵다. 또한 법과 관습의 관련성을 보면, 관습이 법률의 내용을 형성하거나 또 그 기초나 소재를 형성하는 경우가 있으며, 법의 연원의 하나인 관습법은 관습을 실체로 하여 성립하는 것이고, 또 법은 어떤 때에는 관습에 의한 것을 규정하거나 혹은 관습을 고려하여 법률관계를 정할 것을 법규 중에 규정지우고 있는 것이다.

(3) 따라서 법과 관습과를 그 내용에 있어 구별하는 것은 곤란하며, 도덕·종교의 경우와 같이 기능적 측면에서 그 구별을 하여야 할 것이다. 즉, ① 타당영역에서 고찰할 때 법은 국가사회의 규범이나, 관습은 일부사회에 한하여 각각 관행으로서 성립하고 타당성을 가지는 것이다. ② 강행성에서 보더라도 관습이 구속력을 가지는 것은 일정한 행동이 기왕에 있어 오랫동안 관행되어진 사실에 유래하는 것이며, 이를 위반한 경우에는 그 사회에 속하는 자의 비난이 될 뿐 아무런 법률상의 효과를 가져오지 않는다. 이에 반하여 법은 현실적으로 국가의 중심권력에 의하여 강행되는 것이다.

2. 법과 관습과의 관계

라드부르흐가 지적한 바와 같이 관습도 법에 못지않게 자주적이므로 관습이 사회생활의 질서유지에 중요한 공헌을 하고 있는 것이 확신된 때에는 법의 내용으로 흡수되어 조직적·사회적인 힘에 의하여 강행된다. 관습이 발전하여 법적 가치와 일치될 때 불문율인 관습법이 생성되고 법과 관습은 융화된다. 따라서 관습이라 하더라도 국가권력에 의하여 강행되면 관습법이라는 법의 일종이 되고 법률행위 해석의 기준이 된다(민법 106조). 또한 성문법이 관습을 내용으로 하고 있을 경우에는 양자간에는 분명히 상관성이 있는 것이니, 우리나라의 민법 중에서 가족법은 그 대부분이 우리나라 민족의 재래의 관습을 많이 반영하고 있다.

제4절 법과 정치 및 경제

정치와 경제, 그 자체는 사회규범이 아니다. 그러나 이들 양자는 법과 서로 밀접한 관계가 있기 때문에, 법과 정치 및 경제와의 관계를 고찰하지 않으면 아니 된다.

Ⅰ. 법과 정치

법은 사회의 질서유지를 주목적으로 하므로, 법이 제1차적으로 규율하는 그 대상은 정치생활이다. 따라서 법은 1차적으로 정치와 결부되어 정치의 목적을 달성시킴과 동시에 정치의 이념을 실현하고자 한다. 그렇다면 정치란 무엇이냐 할 때, 사회생활의 통일성을 보장하는 기능이라고 말할 수 있다. 즉 정치란 이해를 서로 달리하는 다수인이 사회생활을 함에 있어서 그 행동이 일치되지 아니할 때, 하나의 통일성을 확보하고자 하는 것이다. 그런데 모든 정치수단은 공통된 통로인 법을 통하게 된다. 따라서, 학자에 따라서는 법과 정치는 아무런 관계가 없다고 주장하는 경우도 있기는 하나, 법과 정치는 불가분하게 결합되어 있음이 분명하다.

이와 같은 법과 정치 양자 중에서, 법이 우위에 있느냐 또는 정치가 우위에 있느냐 하는 문제에 있어서, 법의 우위를 주장하는 사상이 법치주의인데, 이 법치주의에 의하면 아무리 법이 정치에서 발생하였다고 하더라도 정치는 그 법의 구속을 면할 수가 없다고 한다. 다시 말해서 인류의 사회생활에 있어서는 무엇보다도 질서유지가 요청되는바, 이를 위해서 정치가 법을 제정한 것이나, 일단 법으로서 성립되면 법은 정치에 반작용하여 정치의 모체가 된다고 한다. 바꾸어 말하건대, 물론 정치라는 것은 국가 이외의 사회단체에도 존재할 수 있으나, 사회 중에서 가장 강력한 것이 국가이고, 또 국가는 정치를 그 주목적으로 하는 까닭에 정치라 하면 국가가 연상되고, 또 국가라 하면 정치가 연상되므로, 근대사회에 있어서는 정치는 국가에 의해서 행하여지는 것이 보통이다. 따라서 근대사회에 있어서 정치가 법에 구속된다는 것은 바로 국가를 법에 의해서 구속한다는 말이나 마찬가지이다. 여기에서 법치주의는 민주주의와 결합되며, 법치주의하에서는 통치자와 피통치자가 동일체가 되고, 법에 의하지 않는 정치는 불법이며, 또 법에 의하지 않는 권력은 폭력인 것이다.

이와는 달리 정치의 우위를 주장하는 사상은 정치주의인데, 이 정치주의에 의하면, 정치가 법에 의하여 억제당하고 구속을 받아서 그 본래의 기능을 발휘하므로, 법은 어디까지나 정치의 수단에 불과하여야 하고, 정치가 법의 구속을 받을 것이 아니라, 법이 정치에 추종하여야 한다고 한다. 다시 말해서 정치주의에 의하면, 정치의 이념과 법의 이념이 서로 상반될 때에는 법치주의를 그대로 행할 수 없다고 한다. 따라서 법치주의하에서 국가가 법의 구속을 받는 것과는 달리, 정치주의하에서는 국가는 법적 기구에 불과한 것이 아니라 법을 초월한 존재인 것이며, 결과적으로 정치주의는 법의 가치를 과소평가하고 정치의 만능을 믿는 독재주의의 사상을 유도하게 된다.

물론, 민주주의에서 독재주의로 전환할 때에 정치주의가 등장하는 것처럼, 보수주의에서 진보주의로 전환할 때에도 정치주의가 등장하는 것으로 보아, 법치주의는 민주주의이므로 옳고 정치주의는 독재주의이므로 부당하다고 간단히 속단할 수는 없다. 그러나 법은 원래 동요하는 정치로 하여금 무궤도적인 행동을 억제하도록 하고, 법적 궤도에 의하여 영위되는 정상적인 정치활동을 보장하는 것이니, 법이 정치의 우위에 있음으로써 정치가 법의 궤도에 의하여 움직이는 사회라야 질서 있는 사회이고, 또 이것이 바로 법과 정치가 일치된 사회로서 통일성과 안정성이 가장 확고한 사회인 것이다. 그러므로 정치는 어디까지나 법의 테두리를 벗어나지 않아야 되는 것이며, 법에 의하지 아니하는 정치란 그것이 아무리 국민복지를 위한 선의의 정치라고 하더라도 민주정치라고는 할 수 없으며 주권재민의 근본이념에 분명히 어긋나는 것이다.

Ⅱ. 법과 경제

위에서 고찰하여 본 바와 같이, 본래 법은 사회의 질서유지를 주목적으로 하는 규범이므로, 법이 제1차적으로 규율하는 그 대상은 정치생활이다. 그러나 사회생활이라는 것은 정치생활로서 그치는 것이 아니다. 왜냐 하면 정치라는 것은 하나의 수단에 불과할 뿐이고, 정치는 정치가 아닌 다른 생활에 봉사하는 것을 목적으로 하는 까닭이다. 바꾸어 말하면 정치생활이라는 것은 다른 생활을 영위하기 위한 하나의 터전을 제공할 뿐이지, 정치생활 그 자체가 사회생활의 목적은 아니다. 그런데 정치가 봉사하고자 하는 다른 생활 가운데 하나가 경제생활이며, 이 경제생활은 가장 핵심적인 비중을 차지하는 것으로서, 인류생활의 대부분이 경제생활인 것이다.

따라서 자유주의적 법사상에 의하면 법은 이와 같이 정치를 규율함으로써 이미 간접적으로 경제생활을 규율하는 것이므로, 법이 또 다시 직접적으로 경제생활을 규율할 필요는 없게 될 것인데, 자유주의라 함은 본래 국가의 기능을 최소한으로 축소시키는 반면에 국민의 자유활동의 범위를 최대한으로 확대시키고, 국가의 법이 부득이하여 정치에 관여한다고 하더라도 최소한도에서 그쳐야 하고 경제생활과 같은 정치생활 밖의 영역에는 법이 개입할 여지가 없다고 한다. 그러므로 이와 같은 자유주의사상에 의하면 법과 경제는 서로 무관한 것으로서, 경제는 국가와는 관계없이 법의 테두리 밖에 서게 될 것이다.

따라서 법과 경제가 형식적으로는 서로 무관한 듯 하더라도 실질적으로는 법이 경제생활을 규율하는 것으로서, 법과 경제생활은 서로 밀접한 관계가 있는 것이니, 법과 경제간에는 아무런 관계가 없다고 하는 것은 법과 경제를 형식적으로만 고찰한 결과이다.

그러나 법의 목적이 제1차적으로 정치적 질서를 유지하고자 하는 것이기는 하나, 정치란 그 자체에 목적이 있는 것이 아니라, 다른 목적을 위해서 봉사하고자 하는 것이므로 법이 정치적 질서를 유지하고자 한다는 것은, 결과적으로는 바로 다른 목적 그 자체를 위해서 봉사하는 것이나 다를 바가 없다. 그 외에도, 이와 같이 법과 경제의 관계가 밀접하다고 하면 법과 경제 중 어느 것이 우위에 있느냐 하는 내용론이 또 문제가 되는데, 소위 유물사관에 의하면 법은 이데올로기에서 경제의 지배상에 있으며, 경제를 사회의 하부구조로 보고 법은 그 하부구조 위에 서서 경제가 움직이는 대로 따라가는 상부구조에 불과하다고 한다. 바꾸어 말하면 모든 사회적 문물의 기초는 경제이고 법이니 도덕 또는 정치 등 경제 이외의 것은 경제토대 위에 건립된 상부구조에 불과한 것이니 법은 경제에 의하여 규정되고 경제의 변천에 따라서 변하는 것이라고 한다.

그런데 그와 같은 유물사관에 대해서 슈타믈러(Stammler)는 신랄한 비판을 제기하였는데, 그의 주장에 의하면, 모든 대상은 형식과 소재로서 성립되며, 형식은 대상으로 하여금 대상이 되게 하는 논리적 전제이고 소재는 형식과 결부되어야 비로소 그 대상의 내용을 형성하는 것이므로, 형식은 소재를 제약하는 것인데, 법은 인류의 공동생활의 형식이고, 경제는 인류의 공동생활의 소재로서, 양자의 결합관계는 형식과 소재의 관계이니, 법은 경제를 제약하나 경제가 법을 제약할 수는 없다고 한다,

또 켈젠도 순수법학의 입장에 서서, 유물사관을 비판하여 주장하기를, 유물사관이 법이나 도덕 또는 정치를 하부구조인 경제의 상부구조에 불과하다고 하는 것은, 인간이 바로 물질이고 생산력이며 생산과정 이외의 아무 것도 아닌 새로운 인종이 생존하는 세계를 전제로 하는 것이며, 주체성 없는 경제, 즉 물질은 법과 정치를 규정할 수 없다고 하였다.

그러나 대부분의 경우 법이 경제적 목적을 위해서 제정되고 있는 현실을 부인하고 전적으로 법이 경제를 규제한다고 주장하는 견해에도 문제점이 없지 않다. 숙고하여 보건대 경제적 목적을 이탈한 법이란 악법이 아니면 허공에 뜬 법으로서 실현성이 없는 법이고, 또 법의 궤도를 이탈한 경제란 발달된 사회에서는 존재할 수 없는 것이니, 법은 경제적 목적을 달성하는 데 충실하여야 하고, 반면에 경제는 법에 의해서 질서 있게 영위되지 않으면 아니 된다. 말하자면 법이 경제에 대해 지배력을 발휘할 때도 있고, 또 법이 경제에 의한 지배에 좌우될 때도 경우에 따라서는 있는 것이다.

3 법의 목적

제1절 법의 목적(이념)의 개념

Ⅰ. 법의 목적의 의의

법의 목적 혹은 이념이란 법은 무엇을 위해서 존재하는가, 법은 왜 있는가 하는 문제이다. 다시 말해서 법의 이념은 법의 근원에 존재하면서 법의 형성이나 실현의 지표가 되는 것, 즉 법의 존재근거를 말한다. 결국 법의 목적 혹은 이념은 법의 개념에 내재한 보다 근원적인 것을 말하며, 법의 개념이 외형적인 문제라면 법의 이념(목적)은 그 근원에 관한 내용적인 문제라고 할 수 있다. 법은 맹목적으로 존재하는 것이 아니라, 무엇인가의 이념과 가치를 실현하기 위해 존재한다. 그러므로 법의 목적을 탐구하는 것은 법의 생명을 알게 되는 것이다.

그런데 법의 목적에는 크게 두 가지 의미가 내포되어 있다. 그 첫째는 입법자가 그것에 의하여 달성하려고 하는 목적을 들 수 있다. 이것은 다시 개개의 법률의 목적과 일반의 목적으로 나누어진다. 전자의 예로는 법률 첫머리에 "이 법률은 …을 목적으로 한다"라는 것과 같이 입법의 목적을 명시하는 경우이고, 후자의 예로는 개개의 실정법의 목적 이외에 마르크스(Marx)주의 법이론에 있어서 법은 계급지배를 위한 강제장치라고 하는 것과 같다. 둘째로 법의 목적은 법이 그 실현을 위하여 봉사해야 할 기본적인 가치 내지 궁극의 사명, 바꾸어 말하면 개개의 모든 법이 공통적으로 가지고 있는 법 본래의 보편적 이념을 구명하는 것이다. 법의 목적이라 하면 보통 이를 말하며, 여기서는 이를 검토하기로 한다.

Ⅱ. 법의 목적에 관한 학자들의 견해

법의 목적 또는 이념의 문제는 법철학의 사명이며 현대법학의 과제로서 오래 전부터 많은 법학자들에 의하여 논의되어 왔으나, 아직껏 정설은 없다. 법의 목적에 관한 주요 견해를 살펴보면 다음과 같다.

(1) 플라톤(Platon)과 아리스토텔레스(Aristoteles)는 "정의를 원칙으로 하는 도덕생활의 실현에 있다"고 하였다.

(2) 루소(Rousseau)는 "개인의 자유와 평등을 확보하고 이를 발전시키는 데 있다"고 하였다.

(3) 칸트(Kant)는 "도덕적인 개인 인격의 확보에 봉사하는 데 있다"고 하였다.

(4) 피히테(Fichte)는 "민족의 유지·발전에 있다"고 하였다.

(5) 벤담(Bentham)은 "최대다수의 최대행복의 증진에 있다"고 하였다.

(6) 예링(Jhering)은 "모든 법은 목적의 소산이며 목적이야말로 법의 창조자이다. 따라서 사회 전체가 공존할 수 있는 질서를 확립하기 위한 사회생활조건의 보장이 법의 목적이다"라고 하였다.

(7) 파운드(Pound)는 "법에 의하여 보호가 요청되는 여러 가지 이익과 요구의 존재를 전제로 하는 근본원칙, 즉 특정한 때와 장소에 있어서의 문화의 법적 공리"라고 하였다.

(8) 베버(Weber)는 어느 질서가 그 질서의 준수를 확보하고 또는 그것을 위반한 자에게 제재를 가하려는 의도를 가지고 물리적 또는 심리적 강제를 가하는 일단(강제기구)에 의하여 유지될 가능성이 있을 때 거기에 법의 목적이 있다고 하였다.

(9) 슈타믈러(Stammler)는 법의 이념은 "자유로이 의욕하는 사람들의 공동체"라고 하였다.

(10) 코잉(Coing)은 법의 이념을 “법의 형성에 있어서 결부되어 있는 도덕적 가치의 총체”라 하고, 이러한 법이념의 핵심으로 정의, 인간의 인격적 존엄성, 신뢰성을 들고 있다.

(11) 라드브루흐(Radbruch)는 법의 이념으로 정의·합목적성·법적 안정성을 주장하였다.

제2절 정 의

Ⅰ. 정의의 의의

법과 정의는 고래로부터 불가분의 관계에 있는 것으로 생각되어 왔다. 그러나 모든 법에 공통되는 목적으로 정의(justice, Gerechtigkeit)를 드는 데에 이설이 없다. 정의는 인간과 사회와의 관계에 있어서 이상적 상태로서 인간이 추구하여야 할 가치기준이라 할 수 있다. 즉, 정의는 특정한 가치에서 나오는 것이 아니며, 사회질서의 이상화(理想化)를 목표로 한다. 따라서 정의는 바른 것이며, 바르지 않은 것은 법이 아니다. 전통적으로 정의는 ‘인간의 인간에 대한 정당한 관계’ 또는 ‘각자에 그의 몫을 가지게 하는 것’이라고 한다. 그러나 ‘정의가 무엇이냐’에 대하여는 많은 법학자들이 다양한 주장을 하고 있다.

Ⅱ. 정의에 관한 학설

(1) 고대 그리스의 피타고라스(Pythagoras)는 사물은 數로서 성립되고 정의도 數에 의하여 이루어진다고 하여 정의의 논리적 필연성을 강조하였다.

(2) 고대 그리스의 철학자 트라시마코스(Thrasymachos)는 강자의 이익을 정의로 보고 정의와 권력을 동일시하였다.

(3) 최초의 이상주의철학자 플라톤은 정의를 인간의 이성에서 발견하려고 하였다. 그는 덕을 지혜·용기·절제·정의의 넷으로 나누고, 정의의 본질이란

공동생활에서 분수를 지키는 것이라 하였다. 즉, 정의란 각 계층 사이의 정당한 관계이며, 이를 지킴으로써 이성이 지배하여 각자의 직분을 다하고 하층계급도 이성의 지휘를 따르도록 하려는 것이다. 그는 정의야말로 최고의 덕이라 하고 "자기 자신의 것을 행하라"는 명제를 제시하였다.

(4) 법학자 울피아누스(Ulpianus)는 '각자에게 그의 몫을 주는 것'을 정의라 하였다. 이것은 각자가 모든 것을 요구하는 권리를 갖는다는 것이 아니고, 타인도 그에 상응하는 정도의 권리를 갖는 것을 의미한다.

(5) 플라톤의 제자인 아리스토텔레스는 정의를 사람이 준수하여야 할 최고의 덕이라 하고, 동시에 정의는 단순한 개인의 덕이 아니고 각자가 타인과의 관계에서 실현하여야 할 사회적 덕이라 하고, 정의에는 평균적 정의(절대적 평등)와 배분적 정의(상대적 평등), 그리고 일반적 정의가 있다고 하였다.

1) 평균적 정의 평균적 정의는 인간은 인간으로서 동일한 가치를 가지고 있는 것이므로 평등하게 다루어져야 한다고 하는 형식적 평등의 원리이다. 따라서 매매·노동에 있어서 급부에 상응한 반대급부가 행해져야 하고 혹은 손해와 보상, 범죄와 형벌 등은 '같은 것은 같은 방법으로'(idem per idem)의 원칙에 의하여 균형을 취해야 한다는 것이다.

2) 배분적 정의 배분적 정의는 전체와 그 구성원 사이의 관계를 조화하는 정의로서, 단체생활에 있어서 각인은 제각기 상위한 능력과 가치를 갖고 있음을 전제로 그 가치의 차이에 따른 취급을 하여야 한다고 하는 실질적 평등의 원리를 말한다. 예컨대 능력 있는 자에게는 많은 급여를 준다든가, 부유한 자에게는 많은 세금을 부과한다든가, 가난한 사람에게는 면세한다든가 하는 것이다.

3) 일반적(법률적) 정의 일반적 정의는 사회에 있어서 개인권리의 상호적 존중을 규정하고 개인이 단체의 일원으로서 단체에 대하여 의무를 다하는 것을 뜻한다. 일반적 정의는 모든 사람에게 요구되는 필요한 모든 조치, 즉 덕을 시행할 의무의 내용이 법에 의하여 규정되기 때문에 법적 의무라고 한다. 그런데 평균적 정의를 실현하는 것은 동시에 일반적 정의가 요구하는 것이다. 예컨대 국가가 위기에 처했을 때 순직하는 것은 이런 정의의 개념에 부합하는 것으로 이 의무는 단체에 대한 의무를 규정하는 것이다.

이와 같은 아리스토텔레스의 정의론에 의하면 민법, 상법과 같은 사법은 평등한 개인과 개인과의 관계를 규율하는 것이므로 평균적 정의에 입각한다고 할 수 있으며, 이에 대하여 형법, 세법과 같은 공법 혹은 노동법·경제법·사회보장법과 같은 사회법은 배분적 정의에 입각한 것이라 할 수 있다. 역사적으로 보면 봉건시대의 신분제의 사회는 배분적 정의가 지배했었으나, 시민법원리에 입각한 시민사회는 평균적 정의가 지배한 사회였다. 그런데 독점자본주의의 단계에 와서는 독점, 권리의 남용, 공해 등이 점차 많이 나타남으로써 시민법원리를 수정하는 이념으로서 또 다시 배분적 정의가 등장하게 되었다. 이른바 '시민법으로부터 사회법으로'라는 변화가 일어났던 것이다. 아리스토텔레스의 정의론은 개인주의와 단체주의의 양측면을 고려하고 그 이념의 조화를 도모한 것으로서, 오늘날 사회적 정의론에 많은 영향을 주었다.

(6) 로마의 신학적 자연법론자인 아우구스티누스(Augustinus)는 정의를 사랑으로 보았다. 한편 중세 로마의 신학자 토마스 아퀴나스(Thomas Aquinas)는 Aristoteles의 정의론을 신학적으로 보완하여, 정의에는 일반적 정의와 특수적 정의가 있다고 하여, 일반적 정의는 지상의 모든 덕을 정의에 포함시키고, 특수적 정의는 배분적 정의와 평균적 정의로 분화된다고 하였다.

(7) 현대 법철학자인 라드브루흐는 아리스토텔레스의 정의론에 따라 정의를 평균적 정의와 배분적 정의로 구분하였다. 평균적 정의는 병렬관계에 있는 정의로서 사법(私法)상의 정의이고, 그 본질은 재화(財貨)들 사이의 절대적 평등이라 한다. 배분적 정의는 상하관계에 있는 정의로서 공법상의 정의이고, 그 본질은 인격들을 취급하는 비례적 평등이라 하였다. 평균적 정의는 평등한 개인 상호간의 정의이므로, 그 전제로서 우선 배분적 정의가 적용되어 당사자를 평등한 입장으로 만들어 주어야 한다고 주장하였다. 따라서 배분적 정의가 정의의 근원적 형태이고 법의 가치기준이며 입법의 목적이라 하였다.

(8) 미국의 법학자 파운드는 법을 정치적으로 조직된 사회에 있어서 힘의 체계적 사용을 통하여 행해지는 사회통제라고 정의하고, 정의는 이러한 사회통제를 통하여 인간의 이상적 관계를 실현·유지하는 것이라고 하였다. 즉, 정의는 인간의 욕구·욕망·기대의 총체를 가능한 한 조화시키고 조종하는 것이라고 하였다. 그리고 그는 19세기의 개인주의적 정의로부터 오늘날의 사회적 정의로의 변천을 들고 있다.

(9) 서독의 법철학자이며 법사학자인 코잉은 법이념을 정의, 인간의 인격

적 준엄성 및 신뢰·신의·신용·성실성 등으로 나누고, 이 가운데 정의가 가장 중요하다고 하였다.

그는 정의에 관하여 ① 개인의 인격에 관계되는 "정직하게 살아라", ② 타인의 인격에 관계되는 "누구도 해하지 말라", ③ "각자에게 그의 몫을 주라"의 세 가지 원리를 인정한다. 이것은 결국 "자기와 타인의 인격을 존중하고 그리고 모든 인격을 평등하게 대하라"라는 기본적 가치원리로 공식화된다. 이러한 기본적 가치원리로부터 정당한 법형성을 위한 세 가지 원리가 성립된다. 즉, 평등질서상태에서의 평균적 정의, 복종상태에서의 보호적 정의, 공동체상태에서의 배분적 정의가 그것이다.

Ⅲ. 정의의 내용

1. 상대적 정의

정의라는 것은 추상적인 이념형식이므로, 예컨대 "각자에게 그의 몫을 가지게 한다"라는 표현으로 정의를 구현한다고 하더라도 각자의 재능이라든가, 각자의 가치·공죄(功罪)의 대소경중을 결정하는 기준은 누구에 의하여 어떻게 정하여지겠는가라는 정의의 실질적인 내용에 있어서 영구불변의 보편적인 것(절대적 정의)을 찾을 수는 없고, 결국 역사적·경험적인 사회의 변천에 따라 일정하지 않는 상대적인 면이 있다. 예컨대 현대법에서 노예제도를 인정한다면 기본적 인격을 무시한 것으로 정의에 반하나, 고대사회에서는 정의에 반하는 것으로 생각하지 않았다. 또 사(士)·농(農)·공(工)·상(商)의 신분적 차이를 인정하는 것은 오늘의 사회에서는 정의에 반하지만 봉건시대에서는 조금도 정의에 반하는 것으로 여기지 않았다.

이와 같이 정의의 개념은 역사적·민족적·계급적 기타 사회적으로 제한을 받아 여러 가지로 달라지는 것이고, 보편적·절대적인 실질성을 갖고 있는 것이 아니라 인간이 그 실질화를 위하여 노력하는 목적이라 할 수 있다. 인간의 노력의 목표는 인간의 존엄과 가치의 실현에 있다. 인간의 존엄과 가치는 대내적으로 개성의 이상적 완성, 대외적으로 인간관계 및 사회상태의 이상적 실현을 통하여 추구된다. 여기서 개성의 가치기준은 眞·善·美이고 인간관계 및 사회상태의 가치기준은 정의이다.

2. 자유 · 평등 · 평화

정의의 개념이 상대적이라 하여 정의의 이념을 부정할 수는 없다. 무릇 인간이 공동생활을 하고 있는 한, 거기에는 다 함께 의욕하고 추구하고 또 그 실현을 꾀하려고 노력하는 목표가 일반적으로 보편화되고 추상화된 것이 있어야 할 것이고, 이러한 것 없이 인간은 도덕과 문화를 생성해 나갈 수 없다. 인간이 추구하여야 할 공통의 목표인 추상적 개념이 사회적 이념이라고 한다면 법에 있어서는 정의가 그 이념이 되는 것이다. 따라서 정의의 내용은 절대적 · 종합적 가치이어야 한다. 정의는 인간적 가치와 사회적 질서를 조화시키기 위하여 평등, 자유, 평화라는 구체적 요소로 구성되며, 공정한 질서의식과 인간의 양심과 양식에 반할 수는 없다. 이러한 의미에서 법은 정의로서 나타나며, 정의는 실천적 · 목적적 이념이고, 사회적 · 실질적 가치기준이 되는 것이다. 이와 같이 정의의 내용은 자유 · 평등 · 평화인데, 그 핵심적 내용은 평등이다.

(1) 자　　유

자유는 모든 외적 속박 내지 제약으로부터 해방되어 독립한다는 것을 의미한다. 이러한 자유는 인간이 인간으로서 갖는 자유가 아니라 인간이 사회구성원(국민)으로서 갖는 자유이다. 인간의 역사는 자유의 전개과정이라고도 할 수 있다. 오늘날 이러한 자유를 위한 노력은 생활의 모든 영역에 걸쳐 있다. 즉, 정신적 활동을 포함한 순수한 사생활의 영역뿐 아니라, 정치 · 경제 · 사회 · 문화의 제 생활영역에서 자유의 보장이 요구된다. 이 중에서 정치적 자유는 모든 자유의 기반으로서 오늘날 가장 중요한 자유라고 할 수 있다.

(2) 평　　등

평등은 사회구성원(국민)과 구성원(국민) 사이에 그 가치에 있어서 차별을 인정하지 않는 것이다. 근대시민사회의 성립기에 있어서의 평등은 자유주의의 번영으로서 당연히 '기회의 평등' 내지 '출발점에 있어서의 평등'만을 의미하였다. 그것은 인간의 자주적 · 창의적 능력을 확신하여 출발에 있어서 기회를 균등히 하여 주고 각인의 자유에 방임하면 자율조화적으로 공공의 복리와 개인의 행복이 실현되리라고 예견한 데서 연유하는 것이었다. 그러나 19세기 이후 경제적 강자와 약자가 대립하고 사회모순이 확대됨으로써 시민사회의 이상이 깨어지자, 이러한 종래의 평등관은 단지 '형식적 평등'에 불과한 것이라고 반성하고, 새로운 평등관을 정립하게 되었다. 즉 개인의 자유로운 정치·경제·사회·문화적 활동을 허용하는 자유주의를 기조로 하면서도 사회적·경제적 약자를 보호하며 인간다운 생활을 영위할 수 있도록 국가가 적극적인 개입·조치를 취함으로써 각인의 '생존의 평등' 내지 '결과에 있어서의 평등'을 꾀하려는 것이 강조되었다. 이것은 출발에서부터 결과에 이르기까지 줄곧 약자의 경쟁력을 보완해 주는 것을 의미한다. 이와 같이 추구되는 평등을 '실질적 평등'이라 하며, 오늘날 평등의 의의는 바로 이것이다. 오늘날 평등의 실현이 요구되는 영역은 인간의 모든 생활영역이다. 즉, 정치·경제·사회·문화의 제 영역이다.

(3) 평　　화

평화는 단체(국가)와 단체 사이, 단체와 개인(국민) 사이, 개인과 개인 사이에 있어서 대립·갈등 및 분쟁이 없는 상태요, 동시에 그러한 교란상태를 이성적으로 해소하는 것을 말한다. 전자의 의의에서의 평화는 정적인 관점에서의 평화이며, 목적으로서의 평화로서 영구평화를 의미하고, 후자의 의의에서의 평화는 동적인 관점에서의 평화이며, 수단으로서의 평화로서 질서를 의미한다. 영구평화는 교란이 야기되지 않는 것이며, 질서는 야기된 교란을 평화롭게 해소하는 것이다. 이러한 평화는 각인이 인류로서, 국민으로서, 가족의 구성원으로서 그리고 각국이 국제사회의 성원으로서의 숙명을 용인하고, 개체(個體)는 단체(團體)를, 단체는 개체를 그리고 한 단체는 다른 단체를 상호 승인하며, 각자는 자기의 권리를 의무로서 승인하고 자기의 의무를 권리로서 주장하여 권리와 의무가 조화된 직분을 다함으로써 실현된다. 따라서 평화는 협동을 기반으로 하는 공존공영의 이념이다.

(4) 자유, 평등, 평화의 관계

평화는 자유와 평등의 전제조건이다. 즉, 진정한 자유와 평등은 평화 속에서만 보장된다. 무질서 속에서는 자유의 상호침해가 자행될 것이고, 전장에서는 외적으로부터의 자유의 유린이, 국가로부터의 자유의 징발이, 타인의 자유침해에 대한 구제의 유예가 있을 것이다. 또한 무질서 속에서는 침해의 평등이 있을 뿐이고, 전장에서는 공포와 고난의 평등이 있을 뿐이다. 따라서 자유와 평등은 평화를 위한 노력이어야 한다. 여기에 평화를 위한 자유와 평등의 제약의 필요성이 있는 것이다.

한편 평화는 자유와 평등을 위한 노력이며 의지이다. 진정한 평화는 자유와 평등을 전제요건으로 한다. 자유 없는 평화는 노예들의 평화요, 평등 없는 평화는 사람과 가축의 평화다. 그리하여 자유와 평등이 없는 평화는 이른바 '묵석의 평화'라고 불린다. 따라서 평화는 자유와 평등을 기반으로 하는 평화이어야 하고, 그렇지 않은 평화는 무기력한 자, 혹은 비겁한 자의 평화로 전락할 가능성이 있다. 여기에 자유와 평등을 위한 투쟁의 정당성이 있다.

3. 합 법 성

파스칼(Pascal)은 "힘없는 정의는 효력이 없는 것이며, 정의 없는 힘은 압제"라고 하여 정의와 힘의 결합을 주장하였다. 법도 정의와 합치될 때 법으로서의 가치가 나타나는 것이다. 따라서 정의에 반하는 법은 악법인 것이다. 정의는 현실사회에서 질서 자체를 의미하게 되어 '합법성'을 중요한 내용으로 한다. 따라서 정의는 합법적 정의를 의미하기도 한다.

제3절 합목적성

Ⅰ. 합목적성의 의의

법이 정의만 지향한다고 할 경우에 실제 적용에 있어서는 불합리한 결과가 나타날 수도 있다. 그러므로 법에 있어서 구체적인 정당성을 실현시킬 수 있는 두 번째의 법의 이념 내지 가치가 필요하게 된다. 그것이 바로 합목적성이다. 합목적성이란 법이 그 가치관에 구체적으로 합치되는 것을 말한다. 법은 본질적으로 국가의 의사이고 동시에 하나의 제도이다. 따라서 법의 목적은 국가의 목적과 직결되기 때문에 법의 합목적성은 국가의 목적에 의해 결정된다. 또 법의 목적은 사회적 · 정치적 · 사상적 배경에 의해 구체적 내용이 결정되는 것이므로 정의가 법의 내용을 일반화하는 데 반하여, 합목적성은 법을 개별화하는 경향이 있다. 따라서 법의 합목적성은 법이 요구하는 가치관에 따라 법의 목적을 현실화하는 데 있다.

오늘날 인간은 개인의 권리나 자유를 본위로 하는 개인성과 공공의 복지라는 단체적 가치를 추구하는 단체성의 양면성을 띠고 있으며, 이것은 서로 대립관계에 있다. 즉, 사익과 공익의 대립·모순관계의 조화를 모색하는 것은 법의 합목적성을 통해서 가능한 것이다.

Ⅱ. 합목적성의 내용

라드브루흐는 "합목적성은 도덕적 선이다"고 하였다. 합목적성은 법에 의하여 추구하여야 할 도덕적 최고의 선을 의미한다. 라드부르흐는 이 도덕적 선을 세 가지의 가치체계로 구분하였다. 즉, 개인가치·단체가치·작품가치의 어느 것을 목적으로 하느냐에 따라 개인주의·초개인주의·초인격주의로 나누었다.

1) 개인주의에서는 개인의 복지 또는 개인의 문화적 사명에 봉사하는 것이 법의 목적이며, 초개인주의에서는 국가를 하나의 단체로 보고 개인은 국가의 일부분이라 하여, 개인이 이에 봉사하는 것을 법의 목적으로 보는 것이며, 초인격주의는 학문이나 예술, 즉 문화를 위한 것이 법의 목적이라 한다.

2) 개인주의에 있어서는 합리적 개인주의의 요청으로서 자유·민주주의의 가치가 평가되고, 초개인주의에서는 다수의 이익보다도 국가를 중요시한다. 여기에 법률만능주의사상이 나오기 쉽다.

3) 이러한 세 가지의 가치체계는 서로 대립관계에 있으며, 어떤 입장으로 보는 것이 합목적적인가는 상대적이기 때문에 각자의 신념과 확신의 문제로 귀착한다.

제4절 법적 안정성

Ⅰ. 법적 안정성의 의의

법적 안정성이란 인간이 법에 따라 안심하고 생활할 수 있는 상태, 즉 법에 의하여 보호되는 사회생활의 질서와 안정을 말한다. 법 전체는 사회 전체의 질서를 형성하고, 사회질서의 유지라는 것은 법의 목적이고 이념이기도 하다. 즉, 사회질서를 유지하는 것이 법의 가치이고 이러한 가치가 있기 때문에 법이 우리들에게 필요한 것이다. 만일 법이 간신히 사회질서를 유지할 수 있을 뿐일 경우에는 법적 안정성은 적고 법으로서의 가치도 약하다. 라드브루흐는 법의 과제는 무엇보다도 먼저 법적 안정성이라 하였고, 괴테도 "무질서한 것보다 오히려 불평등한 것이 낫다"라고 말하고 있다. 질서야말로 인간사회에 있어서 안정성과 상호교섭의 최저의 기준이며, 인간의 번영과 문화창조의 출발점이다. 질서는 법의 생명이며, 따라서 법은 질서의 안정을 제1차적인 목표로 삼되, 그 질서는 선(善) 내지 정의의 기준에 비추어 정당하다고 판단되는 것이어야 한다.

Ⅱ. 법적 안정성의 요건

법적 안정성은 '법에 의한 안정'이 아니라 '법 자체의 안정'을 의미한다. 법의 안정성이 보장되면 나아가서 사회질서의 안정성도 보장되기 때문이다. 만약 법 자체가 자의적으로 적용된다면 사회질서는 유지될 수 없어 혼란에 빠져 법의 실효성은 보장되지 못한다. 따라서 법의 실효성을 확보하기 위하여는 법적 안정성이 전제되어야 한다. 라드브루흐는 법적 안정성을 유지하기 위하여는 다음과 같은 요건이 필요하다고 한다. 즉, ① 법의 내용이 명확해야 하고, ② 법이 함부로 자주 변경되어서는 안 되고, ③ 법의 실행은 실제로 확실히 행해져야 하며, ④ 법은 국민의 의식에 맞아야 한다.

Ⅲ. 법적 안정성의 요구

법적 안정성의 요구는 성문법의 발달을 가져 왔고, 법률해석학에 있어서 개념법학의 우위성을 가져오게 하였다. 그러나 여기서 유의할 것은 법적 안정성은 다른 이념인 정의와 합목적성은 전혀 고려하지 않는 즉, 법의 내용에 관한 이념이 아니라 법의 기능에 관한 이념이라는 것이다. 즉, 사회 전체의 질서를 형성하고 유지하는 것은 법의 기능이라는 것이다. 사회생활은 끊임없이 진전하므로 법질서를 지나치게 고정시키면 법은 사회생활과 유리되고 정의의 본질에 반하는 결과를 초래한다. 그러므로 사회의 발전에 순응하고 사회의 진전과 정의의 요구에 따라 변화할 수 있는 정도의 탄력성을 법에 부여하는 것이 오히려 법적 안정성을 유지할 수 있을 것이다.

제5절 법이념의 상호관계

Ⅰ. 법이념의 상호모순관계

라드브루흐는 법의 이념인 정의·합목적성·법적 안정성은 서로 연관되면서 또 서로 모순된다고 보았다. 즉, ① 정의가 일반화하는 경향이 있는 데 대하여, 합목적성은 개별화하는 경향이 있고, ② 정의나 합목적성이 이념적인 것인데 대해, 법적 안정성은 실정성을 요구하고, 이 실정성은 실력, 즉 사실로부터 나오는 것이기 때문에 이념과 모순된다. ③ 법적 안정성은 법질서의 정립이라는 법의 기능에 관한 이념인 데 대하여, 정의나 합목적성은 법의 내용에 관한 법이념이다. ④ 법적 안정성은 법의 형식에 중점을 두고 있으나, 정의나 합목적성은 주로 법의 실체에 중점을 두고 있다. 따라서 법적 안정성은 사회질서의 유지를 위해 법의 내용이 비록 정의나 합목적성에 부합하지 않더라도 강제성을 요구하고 자기 고집을 하게 되므로 법적 안정성과 정의·합목적성의 사이에 모순·갈등이 생긴다. 또 ⑤ 정의와 합목적성이 다 같이 법의 내용에 관한 것이라 하지만 합목적성이 인간의 목적에 이바지하는 공리성을 띠는 데 대하여, 정의는 윤리성이라고 하는 각기 다른 가치관념을 바탕으로 하기 때문에 이 양자 사이에도 모순이 생긴다.

그런데 이들 각 이념은 상호모순 속에서 대립적 관계를 필연적으로 이루어 '악법도 법인가'라는 문제가 제기된다. 괴테가 지적하였듯이 우리는 무질서 속에서 편안할 수 없는 것이므로 비록 악법이라 하더라도 이에 따르게 되는 것이다. 특히 라드브루흐는 법질서의 유지가 정의나 합목적성보다 중요한 것이므로,

법에 있어서 "정의나 합목적성은 법의 제2의 과제이나 법적 안정성, 즉 질서·평화는 제1의 과제이다"라고 하여 법적 안정성의 기능을 중요시하였다.

Ⅱ. 법이념의 상호간의 적용관계

법이념의 상호관계는 곧 법의 개념과 가치를 결정하게 되어 정의·법적 안정성·합목적성은 서로 긴밀한 관계에 있게 되어 그 상호간의 적용문제가 제기된다. 라드브루흐는 상대주의이론에 입각하여 이러한 모순은 학문적인 보편타당성의 원리로서는 해결할 수 없고, 실천적·주관적으로 해결할 수밖에 없다고 한다. 즉, 자연법을 중요시하는 시대에는 정의의 이념이 최고의 가치기준이 되고, 경찰국가시대에는 합목적성의 이념이, 법실증주의 시대에는 법적 안정성의 이념이 특히 강조된다고 한다. 또한 법체계에 있어서도 형법에서는 정의의 이념이, 행정법에서는 합목적성의 이념이, 그리고 민법이나 소송법에서는 법적 안정성의 이념이 강하게 작용한다고 한다.

Ⅲ. 법이념의 조화관계

법에 있어서의 정의와 합목적성 그리고 법적 안정성은 서로 대립하고 모순된다 하더라도 법이 존재하는 한 이념으로서 영속할 것이다. 특히 실정법은 그 시대의 정치와 관련되는 경우가 많다. 예컨대 정치적으로 보수파와 진보파가 있는 경우 보수파는 정의라고 하는 것이 진보파에서는 정의로 생각되지 않는 경우가 있다. 따라서 보수파가 만든 법률은 진보파에서 볼 때는 악법이 된다. 그러나 설사 악법이라도 이를 지키는 것은 법적 안정성을 유지하는 것이 된다.

이렇게 보면 법이 없는 상태보다는 있는 편이 좋은 것이지만 각인이 스스로 정의로 믿는 바에 따라 행동하면 법의 혼란을 가져와 법적 안정성을 잃게 된다. 한편 법적 안정성만을 강조하다 보면 합목적성이나 정의를 중요시하는 입장에서는 인간의 자유를 구속하는 진보가 없는 사회로 되기 쉽다. 또 근래 문제되고 있는 동성동본의 금혼(민법 제809조)에 있어서 유림측에서는 민법의 규정은 우리의 윤리질서를 규정한 것이므로 이를 개정하거나 폐지하는 것을 반대하면서 법적 안정성을 들고 있다. 이에 대하여 여성단체 등의 비교적 진보적 성격을 가진 측에서는 이 규정은 인간의 존엄과 양성의 평등이라는 정의에 위배된다고 주장한다. 특히 헌법 제36조 1항에서 "혼인과 가족생활은 개인의 존엄과 양성의 평등을 기초로 성립되고 유지되어야 하며 국가는 이를 보장한다"고 규정하고 있기 때문에 민법의 이 규정은 헌법에 반하는 것이라 하여 무효라는 주장이 있다. 이러한 경우 입법기관은 정의의 실현이냐, 전통의 유지와 안정성의 확보냐 하는 문제를 해결하여야 할 것이다.

따라서 무엇이 정의이고, 무엇이 합목적성이며, 무엇이 법적 안정성인가 하는 것은 시대와 장소에 따라 상대적으로 결정할 수밖에 없을 것이다. 그러나 이러한 세 이념은 법이 진실로 추구해야 할 당위적인 목표이므로 이들이 조화되도록 하는 것이 중요한 과제라 할 수 있다. 라드브루흐는 "목숨을 지키려는 자는 목숨을 버릴 것이요, 목숨을 버리려는 자는 목숨을 지킬 것이다"라는 성서의 구절을 인용하면서, 법의 세 가지이념이 서로 조화하는 가운데 법의 생명은 유지·발전되어 간다고 주장하였다.

4 법의 생성과 계통

제1절 법의 생성

Ⅰ. 서 설

원시시대에 있어서는 법과 기타 사회규범이 분화・발달하지 못하였기 때문에 당시의 사회를 지배한 사회규범은 습속(習俗)이라는 일종의 관습이었다. 이 때의 습속은 신비한 영적인 힘에 의하여 지배되는 종교적 색채가 강한 원시적 법이었다. 이러한 원시적 습속에는 토템(Totem)・터부(Taboo)・복수・탈리오(Talio) 등이 있었다.

1. 토 템(Totem)

토템은 본래 아메리카 토인의 토어(土語)이었으나 지금은 사회학상의 용어로 쓰고 있다. 원시사회에서는 동・식물과 같은 자연물 중의 어떤 것을 그 사회에 속하는 사람들의 조상이라 믿고 그것을 그 사회의 상징으로 삼았다. 또한 이들은 그 동식물의 정령(精靈)을 함께 받고 있다하여 서로 정신적으로 강하게 결합되어 있었다. 이런 제도를 토테미즘(totemism)이라 하고 그 동식물과 같은 자연물을 토템이라 한다.

그리고 자기들의 토템은 절대로 죽여서는 아니 되고 먹어서도 아니 된다.

동일 토템에 속하는 남녀는 결혼하여도 아니 된다. 이렇게 하여 그들 사회에서는 그 동식물은 보호되고 근친결혼도 금지되는 원시적 법이 생성하였던 것이다.

2. 터 부(Taboo)

터부는 신의 벌에 의하여 제재를 받게 되는 사회적 금기(禁忌)이다. 터부란 원래 태평양 군도의 폴리네시아(Polynesia)족의 토어로서 영어의 prohibit에 해당하는 말인데 사람들이 손을 대어서는 아니 되는 신성하고 청정한 대상을 말한다. 예를 들면 동리 밖 성황당을 지나갈 때 침을 뱉고 돌 하나를 던지지 아니하면 부정을 탄다고 생각할 뿐 아니라 동리 전체에 재앙을 몰고 온다고 하여 터부를 범하지 않으려고 하였다.

터부의 대상은 나무(이를 터부나무라고 한다)라든지 바위라든지 추장의 신체 및 거소와 같이 그 사회에서 자동적으로 생성되든지 아니면 추장이 선언 또는 표시함으로써 결정된다. 이러한 금기를 범하였을 때에는 그에 대한 벌이 법적인 것이 아니라 자연적으로 질병 기타 재난 등의 신벌(神罰)을 받는다고 믿었다. 이러한 신벌은 터부를 범한 사람은 물론 그 사람의 육친·동족·소속집단에까지 내려진다고 믿었다. 그러므로 터부를 범한 사람이 있는 경우에는 그 자를 희생시킴으로써 신벌이 그 집단 등에 미치지 아니하도록 하였다.

터부는 일종의 신앙으로서 원시인 특유의 사유에 기초하여 성립한 원시종교적 습속규범이다. 이와 같이 터부를 범하면 아니 된다고 함으로써 사회생활에 있어서 질서유지의 역할을 담당하였던 것이다. 이리하여 터부는 후에 자연숭배·정령숭배의 대상으로 하는 토템사상으로까지 진전되어 이것 외에도 혼인·출산·목축·경작 등과 같은 일상생활의 전반에 걸쳐 엄격하게 행하여졌다.

3. 복 수(revenge)

복수라고 하는 것은 신체 또는 재산에 피해를 받은 자 또는 그 친족이 가해자 또는 그 친족에 대하여 동일한 가해 또는 살상을 가하는 것을 말한다. 복수는 원시사회에서는 토템·터부와 함께 당시의 사회질서를 유지하는 수단이었다. 성서의 출애급기 제21장에 "생명은 생명으로, 눈은 눈으로, 이는 이로, 손은 손으로, 발은 발로, 데운 것은 데움으로, 상하게 한 것은 상함으로, 때린 것은 때림으로 갚을지니라"고 하는 말씀은 고대 유대인의 원시생활에 있어서 복수의 전형적인 모습이다. 이와 같이 '눈에는 눈으로, 이에는 이로'(eye for eye, tooth for tooth)라는 탈리오의 법칙(Lex Talionis)은 양 당사자의 손해를 균등하게 함으로써 파괴된 질서를 회복하고자 하는 일종의 제재라고 할 수 있다. 탈리오의 법칙은 모세의 법전, 함무라비 법전, 로마의 12표법 등에서 볼 수 있다.

이러한 복수는 후에 혈족복수와 부락복수라는 단체복수로 발전되었다. 예컨대 혈족단체의 일원이 살상당하였을 때에는 혈족단체의 전원이 가해자뿐만 아니라 그가 속한 혈족단체원에 대해서도 동일한 보복을 가하기도 하고, A부락인이 B부락의 가축을 죽였으면 B부락인이 A부락을 습격하여 그 가축을 도살 또는 빼앗아 가기도 하였다.

복수를 무제한하게 허용하는 경우 공동체의 자멸을 초래할 위험이 있으므로 복수의 제한에 대하여 특별한 배려를 하는 것이 히브리법계에 있어서 인정된 도둔읍(挑遁邑)이다. 도둔읍이란 가해자인 죄인이 신성불가침의 장소로 피해오면 복수를 면한다는 일종의 피난처(city of refuge)이다. 고조선, 삼한시대의 제사지역인 소도(蘇塗)도 여기에 속한다. 이 피난처로 도피한 죄인을 보호할 것인가의 여부는 도둔읍의 장로가 결정하였으므로 이 곳으로부터 재판이 시작되었다고 한다.

복수는 타인으로부터 해를 받았을 때에 복수하고자 하는 마음이 생기는 본능적 심리와 피해자를 대신하여 복수를 하여 주는 것이 도리이며, 인정에도 합치되고 한편으로는 장래의 침해에 대한 위하적 예방도 되어 서로 자성자제(自省自制)함으로써 원시사회의 질서유지에 큰 도움이 되었다.

Ⅱ. 사력의 공권력화

복수나 배상이 사적 방법으로 이루어졌을 때 이를 사적 제재 또는 사력구제라고 한다. 그러나 원시사회가 발전함에 따라 사회생활은 조직적으로 통일되어 사회의 중심권력은 특히 국가라고 하는 정치단체로 이전되고 국가의 공권력에 의하여 종래의 터부와 복수와 같은 사적 구제에 대신하여 배상제도와 형벌제도를 확립하여 감으로써 법치국가의 형태로 발전하게 되었다.

고대사회에서는 차금을 반환하지 아니하면 대주 자신이 사력에 의하여 차주의 가재도구를 빼앗고 심지어는 차주 또는 그 가족을 노예로 삼는 일까지 있었으나 오늘날은 재판에 의하여만 처벌 또는 배상하게 하도록 하고 있다. 이를 공권력제재 또는 공권력구제라고 한다. 재판제도도 고대 미개사회에 있어서 신의(神意)로 시비선악을 판단했던 신탁재판(oracle)에서 서양의 결투재판을 거쳐서 오늘날의 재판제도에 이르렀다.

이와 같이 법은 원시사회에서 터부・복수 등의 금기(禁忌) 내지 금제(禁制)를 기초로 한 사적 제재가 사회생활이 복잡해지고 발달하여 감에 따라 국가권력에 의한 제재 내지 재판으로 공권력화하여 온 것을 알 수 있다.

Ⅲ. 법의 발전

법은 고대로부터 현대에 이르기까지 사회생활의 복잡・다양화와 각 시대와 국가의 문화의 진전에 따라 형성・발전되어 왔다.

1. 고대사회의 법

고대법의 특질은 무력적인 통일국가에 있다. 이것은 지배적 혈족단체의 이상에 기초한 것이며 그 수장은 단체원에 대하여 무제한의 권력을 가졌다. 또한 모든 사람들은 그 생활의 대부분을 가부(pater familias)의 전제적 지배하에 보내며 독립하여 법적 책임의 주체가 될 수 없었다.

이 시대에는 함무라비법전(Code of Hammurabi), 마누법전(Code of Manu), 모세의 계율(Decalogue of Moses) 등과 같이 종교적・관습적・도덕적인 요소가 혼합되어 있는 상태에서 사회가 규율되고 있었다. 그 후 로마의 12표법(law of 12 table, Lex duodecim tabularum)이 시민법(ius civile) 및 만민법(ius gentium) 등으로 진행하면서 불완전하지만 법이 종교, 관습, 도덕에서 분화되어 성문법 위주로 변천되었다.

2. 중세사회의 법

중세에 들어서면서 부족국가가 성립하여 부족법이 특수한 발달을 하였다. 부족법은 봉건제도에 의하여 대신되는 봉건법이라 할 수 있다.

당시 영주들은 토지를 영유하고 이것을 은급(恩給)으로 하여 봉사하는 신하를 얻어 영민의 농업적 경제력에 의하여 자기들의 정치적 영향력을 행사하였다. 여기서 군주와 가신, 영주와 농노라는 주종관계의 고정적·계급적 사회는 각처에 침투되고 봉건 영주의 분립에 기초한 사회적 불안은 종교의 부흥과 종교단체의 권위를 불러일으킨 결과가 됨으로써 교회법 또는 종교법이 봉건법으로 되어 중세사회에 큰 역할을 담당하였다.

한편 이 시대에 상공업이나 업자단체가 공동으로 영업을 독점하는 소위 상인길드(Kaufmannsgilden)의 발생을 보게 된다. 이들은 길드법 또는 상인계급 단체법 등의 상사에 관한 자주법규를 제정하였고, 이것이 발전하여 도시법을 형성하기에 이르렀다.

그 결과 이 시대의 법은 사회적·신분적 차별을 반영함으로써 탄력성을 결여하여 지나치게 형식에 치우친 경향이 있다.

3. 근대사회의 법

근대에 들어오면서 상공업이 현저하게 발달하여 중세의 봉건적 속박을 타파하고 근대시민사회가 등장하였다.

이에 새로이 발생한 경제적·사회적 질서를 확립하기 위하여 지금까지 영주에게 분할되어 있던 정치적 권력을 국왕의 수중에 집중하고 또한 직접 국민을 통치할 수 있는 왕권에 의한 통일국가가 형성된다.

이 시기에는 봉건사회의 영주의 신분적 지배와 촌락공동체적 규제 및 승려나 귀족의 봉건적 신분 등은 지양되고 산업자본주의 사회를 기반으로 하는 시민계급이 등장하고, 자유·평등을 누리는 개인의 신분을 획득한 시민계급은 봉건적 신분의 예속으로부터 해방됨에 따라 그 요구와 이상을 실현할 수 있는 법을 요구하였다.

문예부흥이나 종교개혁 등의 자아의 각성에 따른 자유주의, 개인주의를 배경으로 하여 불합리하고 숙명적인 봉건적 잔재 내지 절대주의 권력을 타파하기 위하여 시민계급 스스로의 정치권력 조직인 근대국가를 확립하였다.

근대 시민국가의 법도 이러한 사상적 배경과 영국의 명예혁명·미국의 독립선언·프랑스의 인간과 시민의 권리선언 등의 영향으로 절대주의의 자의적인 지배를 배제하고 개인의 생명·자유·재산이 보장되는 자유민주국가의 법으로 정착되기에 이르렀다.

이와 같이 근대 시민국가의 법은 자의적인 권력을 배제하고 법치주의에 의한 법에 따른 지배를 요구하며, 의회중심의 대의제도, 권력분립을 통치조직의 기본원리로 채택하고, 국가는 어디까지나 질서유지자로서 시민의 인권을 보장할 역할을 해야 함과 동시에 사법에 있어서는 사적 자치를 기본으로 하는, 요컨대 의무본위의 법으로부터 권리본위의 법으로, 국가본위의 법으로부터 개인본위의 법으로 발전된 것이 그 특징이라 하겠다.

4. 현대사회의 법

자본주의가 진전함에 따라 빈부의 차이는 점점 커져 갔고, 노동자와 자본가의 대립은 격화해 갔으며, 인간 개개인을 구체적으로 보면 결코 자유·평등한 인격이 아니라는 것이 명백해져 갔다.

추상적 인격자가 아니라 구체적인 인간에게 실질적인 자유와 평등을 보장하여 인간다운 생존을 실현하는 것과 단지 개인의 행복이나 이익의 추구가 아닌 사회공동의 행복과 이익을 추구하는 '공공의 복리'가 현대법의 새로운 지도원리로 등장하게 되었다. 즉 자본주의 체제의 수정과 체제유지를 위한 다양한 이념이나 이상의 출현에 따른 보안체제의 수정확립과 자유인격의 실현을 위한 공공복리 정착을 추구해야 하는 과제들을 안고 있다.

또한 대기업의 발전과 관련하여 공해방지문제 및 소비자보호의 문제와 중소기업의 육성이라는 과제가 대두되고 있다. 법은 한편으로는 제도요 기술이면서, 다른 한편으로는 정신과 사상의 산물로서 무엇보다도 그 체계성과 합리성·보편성·문화성을 다함께 추구하는 규범이다. 법은 라우프스(Adolf Laufs)가 지적한 바와 같이 경제적 성장·정신·문화적 자극·종교적 충동·정치적 목적 등 다양한 복합적 요인에 의하여 발전하는 것이 사실이다.

요컨대 인류의 문화사는 권력의 무한한 지배로부터 인간이 실질적인 자유, 평등과 행복을 추구하기 위한 방향으로 부단히 전진·발전되어 왔으며 사회질서의 안전과 유지 및 정의의 실현을 위한 노력을 앞으로도 경주하여 나갈 것이다.

제2절 법의 계통

Ⅰ. 서 설

법은 인종과 더불어 발전하여 왔다. 즉, 한 민족이 국가를 이루어 고유한 문화와 특성을 지니며 발달하였듯이, 법도 그 민족의 문화와 특성과 유기적으로 관계되어 발달해 온 것이다. 따라서 법은 각 민족마다 그 문화에 상응하여 독특한 특색을 지니게 된다. 그런데 한 국가·민족의 문화는 다른 국가·민족에 영향을 주며, 서로 교통하고 때로는 융합되기도 한다. 이에 따라서 법문화(legal culture, Rechtskultur)도 상호간에 영향을 미치며, 나아가 수 개 민족에 공통된 특색을 띤 하나의 법문화권이 형성되기도 한다. 이와 같이 수개국 또는 수개민족의 법이 법의 계수(reception, Rezeption)에 의하여 동일한 법계의 영역에 속하는 경우에, 이러한 것을 법계(legal system, Rechtssystem) 또는 법의 계통이라고 한다.

법계는 그 자체의 특색을 지니고 그의 법문화권에서 발전해 나아가는 것이 일반적이지만, 때로는 한 법계가 다른 법계에 흡수되어 사라지는 경우가 있는가 하면, 이집트법계나 헤브라이법계와 같이 그 법계를 생기게 한 민족과는 관계없이 사라지는 경우도 있고, 또 로마법계와 같이 그 법계가 생성한 민족과는 관계없이 지금까지 존속하는 경우도 있다. 이러한 현상을 가리켜 '법계의 보편화 현상'이라고 한다. 그리고 오늘날과 같이 국제간의 교통·통신의 발달로 국가교류가 성행하는 경우에 있어서는 법계는 서로 영향을 주고받아 그 특색이 퇴색되어 해상법과 같은 분야에서는 세계법적 경향을 띠기도 한다. 이를 '세계법화 현상'이라고 한다.

오늘날 세계에는 여러 법계가 존재하고 있다. 이들은 모두 독특한 전통과 특징을 가지고 있지만 지역적으로나 학문적으로 또 이제까지 세계법률문화 발전에 가장 공헌이 컸고 또한 중요한 법계라고 한다면 역시 대륙법계와 영미법계라고 하겠다.

참고로 우리나라의 법계는 로마, 게르만법계를 근본으로 하는 대륙법계에 속하지만 영미법계의 영향을 상당히 많이 받고 있다.

Ⅱ. 대륙법계

1. 대륙법계의 의의

대륙법계(continental law)는 독일 · 프랑스를 중심으로 하는 유럽대륙에서 생성 · 발달한 법계이다. 대륙법은 로마법(Roman law)계와 게르만법(Germanic law)계를 근간으로 구성되어 있으며, 근대국가의 성립과 더불어 형성되었다. 대륙법계는 영미법계의 불문법주의와는 달리 성문법을 중심으로 되어 있어 이론성 · 논리성이 우수하다. 로마법은 주로 법조법 · 도시법 · 상인법인 데 대하여, 게르만법은 주로 민중법 · 농촌법 · 농민법이라 할 수 있다. 또 로마법은 성문법주의, 논리적인 체계, 공 · 사법의 구분, 개인주의의 사상을 나타내고 있는 데 대하여, 게르만법은 관습법주의, 상징주의, 공사법의 융합, 단체주의사상 등을 그의 특색으로 하고 있다. 또한 대륙법계는 프랑스법계와 독일법계로 분류할 수 있다. 프랑스법계는 개인주의 · 자유주의를 나타내는 데 비하여, 독일법계는 게르만 고유법계인 요소가 다분히 포함된 단체주의적 사상을 나타내고 있다.

2. 로마법과 게르만법

(1) 로 마 법

로마법은 B.C. 753년 도시국가 형태로 시작한 로마의 초기부터 12표법의 편찬, 시민법과 만민법, 유스티니아누스(Justinianus)의 이른바 로마법대전이 완성되기까지의 1300년에 걸쳐 생성 · 발전된 법이다. 로마법대전은 12세기에 이르러 이탈리아의 볼로냐(Bologna)대학에서 일어난 주석학파나 후기주석학파에 의하여 대륙법계의 제국에 계수되어 당시 유럽제국의 실정법으로 적용되다가, 그 후 각국의 고유법과 융합되어 점차적으로 보편화된 대륙법으로 발전하였다. 이와 같이 로마법은 대륙법의 기초가 되었다. 특히 근세 독일에서는 로마법이 독일보통법(Gemeines Recht)으로 계수되어 적용되고 보통법학이라는 것이 생기게 되고, 각 지방의 고유법(Landrecht)이 보충적으로 적용되었다. 그러나 로마계수법은 너무나 개념적 · 추상적인 경향으로 기울어 로마법의 실제적인 정신과는 상당히 거리가 있었다. 그것은 로마법의 계수가 민중의 요망에 의한 것이 아니라 당시 지배계급의 이익을 위하여 이루어졌다는 점과도 관련이 있다. 그 후 1900년에 독일민법의 시행과 더불어 로마계수법은 사라졌다. 로마법은 로마제국의 멸망 후에도 유럽의 법질서를 지배하였을 뿐만 아니라 아직도 유럽법사상의 뿌리를 이루고 있다. 예링은 "로마법을 통하여 로마법 위에"라고 말하여 법학에 있어서 로마법연구의 중요성을 강조한 바 있다.

(2) 게르만법

게르만법은 게르만민족의 고법을 말한다. 게르만은 부족법이 나온 후에는 주로 관습법이 지배하였다. 그 후 13세기에 접어들면서 관습법을 기초로 한 사찬에 의한 법률문서가 편찬되기 시작하였다. 그 대표적인 것이 레프고(Repgow)의 법서인 작센슈피겔(Sachsenspiegel)이며, 작센(Sachsen)지방에서는 법전과 같은 효력을 가졌고, 이것이 독일의 다른 법전편찬의 기초가 되었다. 그 후 1495년부터 로마법을 계수함으로써 외국법계수시대가 되면서 게르만법의 로마법화 현상이 나타나 게르만법은 큰 변혁을 가져왔다. 유럽 최초의 체계적인 법전인 1794년의 프로이센 一般란트법, 1804년의 프랑스민법전(나폴레옹 법전) 및 1896년의 독일민법전 등이 그 영향하에 제정된 것이다.

3. 대륙법계의 특징

(1) 성문법주의

영미법은 판례법주의이나 대륙법은 성문법주의이다. 이것이 양 법계의 특징이고 또한 본질적인 차이점이라고 할 수 있다. 대륙법제국은 1794년의 프로이센 일반 란트법전을 효시로 하며 각기 법전을 가지고 있다. 일반적인 법전편찬의 동기를 보면, ① 법의 분열을 지양하고 통일된 법체계를 가지려는 국민적 여망을 실현하고자 하는 것이다. 특히 불문의 관습법이 주요법원을 이루고 있는 점을 고려한다면 확실하고 통일된 법을 원하는 국민적 여망의 대두는 이해할 수 있으며, 이 여망에 응해 주는 것은 바로 법전의 편찬이었던 것이다. ② 혁명의 영향도 들 수 있다. 즉, 성공적 혁명가들은 그들이 수행한 혁명을 법전 속에 각인함으로써 그들의 승리를 견고히 하려고 한다. ③ 후진국은 선진국과 어깨를 나란히 하기 위하여는 선진국의 문물을 빨리 흡수할 필요가 있었다. 이러한 동기에서 탄생한 법전들은 거의가 모방에 불과하다.

(2) 개념주의와 체계적 성격

대륙법은 세련된 일반 제개념으로 세워진 법체계이다. 대륙에서의 개념의 발달은 실정법학의 공적이다. 수세기 동안의 로마법에 관한 연구를 통하여 대륙의 법학자들은 그들의 도구인 제개념을 연마하고, 이들 개념을 상호조직적으로 연결함으로써 일관·정서된 체계를 이루었다. 여기서 생각할 수 있는 모든 법률사건을 이론적 조작에 의하여 재결(裁決)한다는 것이 원리적으로 가능하게 된다. 이리하여 개념법학이 성립하였던 것이다.

대륙법은 법전이 그 근간을 이루고 있으며, 법전은 그 성격상 체계적이어야 하고, 또한 완전무결하여야 한다. 대륙법의 모든 영역과 부분은 빠짐없이 과학적인 연구와 음미를 받았으며 공식화되어 있다. 연마된 법학적 일반 제 개념을 조직적·논리적으로 쌓아 올라감으로써 훌륭한 체계를 이루고 있는 것이 대륙법의 큰 특징인 것이다. 이러한 체계적 방법을 완성한 것은 19세기 후반의 보통법학이었다.

(3) 로마법의 영향

영미법과 대륙법은 로마법과 게르만법이 융합하여 이루어진 것이다. 그러나 영미법은 게르만법적 요소를 기조로 삼고 있으나 대륙법은 로마법적 요소가 압도적이다.

(4) 배심제도의 부인

대륙법계에서는 사실문제에 관하여 법률문외한인 배심이 판단하도록 하는 배심재판제도를 인정하지 않는다.

Ⅲ. 영미법계

1. 영미법계의 의의

영미법계(Anglo-American law)란 영국과 미국을 중심으로 하는 법계로 대륙법계에 대립되는 법계이다. 따라서 영미법은 영국법과 미국법이 그 근간을 이루고 있다. 중세에 영국으로 건너간 게르만법의 1분파가 오늘날 세계적 2대법계의 하나로 등장하게 된 것은 하나의 경이라 할 수 있다. 그것은 영국의 뛰어난 법적·정치적 소질이 발전성과 적응성을 지닌 생명력 있는 실용적인 법을 창조해냈고, 그들의 국력이 크게 신장하였기 때문이다. 영국법은 미국에 계수되어 다시 독립된 미국법으로 나타났다. 영미법에서는 법질서의 조직화·일반화보다 구체적인 사실을 존중하고 개개 사건의 판례로 이루어진 판례법이 중심이 되어 있다. 대륙법에 있어서 법관은 법전의 해석자에 불과하지만 영미법에서는 법발전의 담당자 역할을 한다.

2. 영국법과 미국법

(1) 영 국 법

영국에서는 윌리엄 1세가 노르만왕조를 수립하여 강력한 중앙집권적 봉건제도를 갖기 위한 정책으로 법을 통일하기까지는 게르만부족법의 영향을 받았다. 영국법의 통일은 보통법재판소와 판례법의 보급에 공헌한 일종의 법률학교인 법조원(Inns of Court) 및 순회재판소의 활동에 의하여 강화되었으며, 보통법재판소에서 취급된 보통법(common law)은 오늘날에 이르기까지 영국법의 주요부분이 되고 있다. 보통법은 영국 고래의 관습을 기초로 삼아 수세기에 걸친 판결에 의하여 성립·전개된 법체계로서 재판관이 만든 법, 즉 판례법이다. 보통법은 사회적 관행의 계속성을 중요시하고 또 판례법주의, 법의 지배, 배심재판 등을 내용으로 성립·발전하였다.

이와 같이 보통법은 판례법 체계형식을 취하였기 때문에 판례집인 연서(Year Books)가 영국의 가장 중요한 법원이다. 특히 보통법은 법의 강인성 때문에 로마법의 영향을 배제하였다.

그러나 보통법이 시대의 요청에 적응하지 못하고 점차 탄력성을 잃게 되자 보통법재판소와 대립하는 형평법재판소가 생기게 되었다. 형평법재판소는 권리개념보다는 양심에 중점을 두고 도덕적 색채가 농후하며, 지나친 엄격성을 완화하고 선례에 구애됨이 없이 구체적 타당성을 존중하고, 재판관의 자유재량권이 인정되어 공정하다고 믿어지는 원칙을 적용하여 재판이 행해졌다. 이 형평법재판소에서 수립한 법과 그로부터 발달한 법을 형평법(equity)이라고 하며, 보통법과 더불어 法源이 되었다. 형평법재판소는 보통법의 결함을 보정하였으나 그 후 보통법재판소와 대립하게 되었다. 이와 같은 두 재판소 사이에 분쟁이 발생하게 되자 1873년에 재판소법(Judicature Act)을 제정하여 통일된 재판소가 설립되었다. 이로써 보통법과 형평법은 통일된 재판소에 의하여 적용되었으며, 양자가 저촉될 경우에는 형평법을 우선하여 적용하였다. 오늘날 영국에서는 상당수의 성문법이 제정되어 있으나 아직도 보통법이 영국법의 근간을 이루고 있다.

(2) 미 국 법

미국은 보통법과 형평법 등의 영국법을 계수하였으나, 1861년~1865년의 남북전쟁에 이르는 미국법의 형성기에 있어서는 反英감정으로, 특히 루이지애나(Louisiana)주 등 많은 주에서는 프랑스법을 계수하여, 결국 대륙법도 미국법에 영향을 주었다. 대륙법계의 성문법의 영향으로 법전편찬이 활발해지고, 미국인의 진취적인 성격과 정치·경제적 여건에 따라 미국법은 독자적인 법을 서서히 발전시켜 나갔다. 미국에서는 입법부우위의 영국에 비하여 사법부우위의 전통이 세워짐과 함께 판례법의 확립과 정비가 촉진되었으며, 19세기 후반에는 연방과 각 주법원의 수많은 판례를 조직화한 판례집이 발간되었다. 이와 같이 판례법을 중요시함에 따라 제정법에 대한 판례법우위의 법사상이 생기게 되었다. 특히 사법부의 위헌입법심사라든가, 법조인양성의 특이성, 실용주의철학에 의한 법철학의 발전 등은 미국법의 특색을 이루는 동시에 미국법계의 기반이 되고 있다. 그리하여 법의 연구에 있어서도 이념적·관념적인 것보다 실용적·분석적 방법을 취하고 있다.

3. 영미법계의 특징

(1) 판례법주의

판례법주의(principle of precedent)란 구체적 사건에 대하여 내린 법원판결에 대하여 법적 구속력을 인정하고 그것을 제1차적인 법원으로 하는 법체제이다(구체적 사건을 판결함에 있어서 판결의 근거가 된 법규범이, 즉 법이라는 것이다). 따라서 장래 법원(하급 또는 동급법원)이 이와 동일한 내용을 가진 사건을 재판할 경우에는 이에 따라야 한다는 것이다. 이와 같이 판례법주의는 필연적으로 판례구속의 법리를 수반하게 된다.

(2) 법의 지배

법의 지배(rule of law)의 원리(또는 법지상주의)란 누구든지(그것이 비록 국가기관이라 하더라도) 모두 사법재판소에 의해서 확립된 통상의 법에 의하여 지배되고 또 법의 위반에 대해서도 통상의 법에 의해서만 처벌될 수 있다는 주의이다. 바꾸어 말하면 사람에 따라 법의 적용을 달리하지 아니하고 또한 누구도 법 이외의 지배, 즉 사람의 지배나 권력의 지배를 받지 아니하며, 무엇이 법이냐 하는 판정권은 오직 행정부로부터 독립된 사법재판소만이 가진다는 것이다.

영국에는 법의 지배라는 원칙과 함께 국회주권이라는 또 하나의 공법상의 대원칙이 명예혁명을 계기로 하여 확립됨으로써 국회가 제정한 법은 모든 것을 구속하도록 되었으며, 비록 사법재판소라 하더라도 국회제정법의 적용을 거부할 수 없게 되었다. 따라서 영국에 있어서의 사법권의 우위란 다만 행정부에 대한 우위에 그치는 것이다. 그러나 미국에 있어서는 법의 지배 내지 사법권의 우위의 사상이 철저하여 입법에 대한 사법심사제, 즉 입법부가 제정한 법에 대해서도 법원은 그것이 헌법에 위반된 것인가 아닌가를 심사할 수 있다. 만일 헌법위반이라고 판단되는 경우에는 이를 무효로 하고 그 적용을 거부하는 제도(즉, 위헌입법심사제도)를 채용하고 있다. 그리하여 미국에 있어서의 사법권의 우위는 행정권에 대한 우위일 뿐만 아니라 입법권에 대한 우위이기도 하다.

(3) 배심재판

대륙법과는 달리 영미법계는 보통법재판소의 재판방법으로서 배심재판(trial by jury)제도를 채택하고 있다. 이는 재판관과 일반시민으로부터 선출된 배심원들의 협력에 의하여 재판하는 제도이며, 영미에 있어서는 배심에 의하여 재판을 받을 권리가 국민의 기본적 인권의 하나로 되어 있다. 이러한 배심제도는 일반적으로 법률문제는 법률전문가인 재판관이 판단하고, 사실문제는 법률문외한인 배심원이 결정하도록 하는 방식에 의해서 운용된다.

(4) 보통법과 형평법과의 대립

영미사법이 보통법(common law)과 형평법(equity)의 2개의 법체계로 대립되고, 이 양자의 조화에 의해서 발전되어 왔다는 사실은 대륙법과 다른 영미법이 가지는 또 하나의 현저한 특색이다. 보통법과 형평법은 각기 별개의 재판소에 의해서 발달되어 온 판례법이지만, 형평법은 보통법의 엄격성을 완화시키기 위하여 생긴 보통법의 추가 내지는 보충법이라고 할 수 있다.

5 법의 연원

제1절 서 설

법의 연원 또는 법원(source of law, Rechtsquelle)이라 부르는 용어는 여러 가지 의미로 사용되고 있다. 즉 ① 법을 제정하는 힘을 법원이라고 하여 신·군주·국민 또는 국가 등을 말하기도 하고, ② 법을 구성하는 재료를 법원이라고 할 때는 종교·도덕·관습·판례·조리·학설 등을 말하기도 한다. ③ 법률지식을 얻는 자료를 법원이라고 하여 법전·판결록·저서·논문 등을 말하기도 하고, ④ 법이 존재하는 형식을 법원이라고 할 경우에는 성문법과 불문법을 들기도 한다. 오늘날 널리 사용되고 있는 법원이란 뜻은 법의 존재형식을 의미하고 있다. 법원은 그 표현형식에 따라 성문법과 불문법으로 나누어지며, 이들 법원 사이에는 그 효력면에 있어서 서로 상위 또는 하위의 종속관계의 법질서를 구성한다.

제2절 성 문 법

성문법(written law, geschriebenes Recht)이란 문서의 형식을 갖추고 일정한 절차와 형식에 따라서 권한 있는 기관이 제정·공포한 법을 말하며 제정법이라고도 한다. 법의 진화과정을 존재형식의 측면에서 보면 불문법에서 성문법으로 이행되어 왔다. 어느 정도의 제정기술을 필요로 하는 성문법의 등장은 사회의 문화적 수준이 향상되던 무렵에서 가능한 것이다. 오늘날 성문법이 법의 연원 가운데서 가장 중요한 지위를 차지하게 된 것은 인간의 법적 사고의 발전에서 나오는 정신적·문화적인 소산이기 때문이다. 사회생활이 복잡하여짐에 따라 개인이 준수하여야 할 법규범을 명시함으로써 법의 통일·정비가 이루어져 생활의 안정을 유지할 수 있다. 또한 국가에 대해서 개인의 기본권을 보장하여야 할 정치적 요청에서 성문법의 필요성을 가져왔으며 이것은 곧 성문법 제도의 장점이 된다. 따라서 현대국가는 법질서에 있어서 성문법을 기본으로 하고 있으며, 불문법국가인 영국에서도 불문법주의를 보완하기 위하여 성문법이 요청되고 있다.

성문법의 주요부분을 이루는 것은 국가가 제정한 법령이고, 국가는 이를 통하여 권력을 행사하기 때문에 근대국가에 있어서는 성문법에 다른 법원보다 우월한 지위를 인정하고 있다. 성문법이 법질서 속에서 차지하는 중요성은 각국에 따라서 반드시 동일한 것은 아니다. 영·미에 있어서는 연혁적으로 불문법을 원칙으로 하고 성문법의 범위는 넓지 않으나, 대륙법계제국, 즉 독일·프랑스 등은 성문법을 원칙으로 한다. 또한 우리나라를 포함하여 중국·일본 등도 성문법국가에 속한다.

성문법은 법규범을 성문화함으로써 그 내용이 고정성을 지니게 되어 변화하는 사회사정의 현실에 신속히 적응하지 못하는 결점을 갖는다. 또한 성문법은 입법자의 의사를 반영시키는 데 용이하므로 입법자가 자의에 빠지는 경향이 있으며, 국민의 법적 확신과 사회적 기반을 무시하여 성문법 만능주의를 가져올 우려가 있다. 일반적으로 성문법주의는 ① 법의 통일·정비로 법적 질서를 안정화시키고, ② 법의 의미와 내용이 명확하여 법을 구체적으로 시행하기에 적합한 장점이 있는 반면에, ① 법의 경화로 유동적인 사회실정에 적응하기 어렵고, ② 입법의 기술화로 말미암아 법에 대한 이해가 어렵다는 단점도 아울러 가지고 있다. 이와 같은 성문법주의의 장·단점은 거꾸로 불문법주의의 단·장점이 된다. 성문법에는 헌법·법률·명령·자치법규 및 국제조약 등이 있으며, 이러한 모든 법질서는 헌법을 정점으로 하여 구성되어 있다.

Ⅰ. 헌　　법

헌법(constitution, Verfassungsrecht)이란 국가의 조직 및 작용에 관한 국가의 근본법으로서 이른바 '규칙 중의 규칙'(norma norumarum)의 성질을 갖는 국가의 최고의 기본법이다. 따라서 헌법은 법률·명령은 물론 국가기관의 행위보다 상위에 있으며 또한 이들 효력의 근거가 된다. 헌법은 국가의 최상위 규범이므로 그 개정은 일반법률의 개정보다 엄격한 절차를 요하는 것이 일반적이다(헌법 제128조). 특히 헌법은 국가의 통치질서를 규범화한 것으로서 개인의 기본권과 국가의 통치권력과의 관계를 주요내용으로 하고 있기 때문에 헌정의 운영에서 헌법의식이 필수적 전제이다.

헌법이 성문형식을 취한 경우를 성문헌법이라 하여 우리나라를 포함한 대부분의 국가가 이에 속한다. 또한 영국과 같이 단일헌법전을 갖지 않은 불문헌법 국가도 있다.

Ⅱ. 법　　률

법률(statute, Gesetz)은 넓은 의미에서 법 일반을 말하는 것이나, 좁은 의미에서는 입법기관인 국회에서 제정하는 성문법을 뜻하며, 행정부나 사법부에 의해 제정되는 법규와 구별된다. 법률은 헌법의 하위에 있으므로 헌법에 위배되면 무효가 된다. 또한 법치국가에 있어서는 국민의 기본권에 관한 사항은 법률로 정한다. 입법권은 국회에 속하므로 국회는 유일한 입법기관인 것이다. 법률의 제정은 법률안의 제출, 의결 및 공포의 3단계를 거치게 된다. 법률안의 제출은 국회의원과 정부가 할 수 있으며(헌법 제52조), 국회에서 법률안이 의결되면 정부에 이송되어 15일 이내에 대통령이 공포한다. 법률안에 이의가 있을 때에는 대통령은 위의 기간 내에 이의서를 붙여 국회로 환부하고 그 재의를 요구할 수 있으며, 법률은 특별한 규정이 없는 한 공포한 날로부터 20일을 경과함으로써 효력을 발생한다(헌법 제53조 참조).

Ⅲ. 명　령

명령(order, Verordnung)은 국회의 의결을 거치지 않고 행정기관에 의해 제정되는 성문법이다. 국회의 의결을 요하지 않으며 제정권자가 행정기관이라는 점에서 법률과 상이하다. 또한 명령은 형식적 효력에 있어서 법률의 하위에 있는 것이므로 명령에 의하여 헌법 또는 법률을 개폐하지 못한다. 단 법률적 효력을 가진 긴급명령(Notstandsverordnung)은 예외가 된다. 명령은 보는 관점에 따라 다음과 같이 분류된다.

1) 제정권자를 표준으로 하여 대통령령 · 총리령 · 부령
2) 수권의 근거를 표준으로 하여 위임명령 · 집행명령
3) 법률에 대한 관계를 표준으로 하여 비상명령 · 긴급명령 · 위임명령
4) 규정상의 내용을 표준으로 하여 집행명령 · 독립명령

여기서는 1)의 표준에 의한 명령을 중심으로 설명하기로 한다. 대통령령은 헌법 제75조에 의하여 대통령령으로써 위임명령과 집행명령을 발할 수 있다. 전자는 법률이 범위와 기준을 정하여 명령에 위임하는 경우에, 그리고 후자는 법을 현실적으로 집행하기 위하여 각각 발하는 명령인 것이다. 총리령과 부령은 각각 국무총리 또는 행정각부의 장이 자기의 사무에 관하여 법률 또는 대통령령의 위임 또는 직권으로 발하는 명령인데(헌법 제95조), 이에는 위임명령과 직권명령이 있다. 이상의 각 명령의 형식적 효력은 대통령령이 총리령과 부령의 상위에 있는 반면에 총리령과 부령은 동등한 것이다.

법률 · 시행령 · 시행규칙　예컨대, 헌법 제38조에서 "모든 국민은 법률이 정하는 바에 의하여 납세의 의무를 진다"는 규정에 의하여 국세기본법이 제정되어 있고, 이를 집행하기 위하여 대통령령으로서 국세기본법 시행령이 있으며, 이 밑에 구체적으로 시행하기 위한 세부적인 입법으로 기획재정부령인 국세기본법 시행규칙이 있다.

Ⅳ. 규 칙

헌법은 권력분립의 이념에 따라 입법부와 사법부 및 중앙선거관리위원회에 각각 규칙의 제정권을 부여하고 있다. 즉 국회는 그 자율권에 의하여 법률에 저촉되지 않는 범위 안에서 의사와 내부규율에 관한 규칙을 제정할 수 있다(헌법 제64조). 따라서 의사규칙과 내부규칙은 국회 안에서만 효력을 가지는 것이나, 그 효력은 국회의원에게만 미치는 것이 아니라 국회 안에 들어오는 모든 사람에게 적용되는 법규로서의 효력을 갖는다. 또한 대법원은 그 규칙제정권에 의하여 법률에 저촉되지 않는 범위 안에서 소송절차, 내부규율, 사무처리에 관한 규칙을 제정할 수 있으며(헌법 제108조), 중앙선거관리위원회는 법령의 범위 안에서 선거관리·국민투표관리 또는 정당사무에 관한 규칙을 제정할 수 있다(헌법 제114조 6항).

규칙의 개념 일반적으로 규칙이라고 할 때 다음과 같은 뜻으로 사용된다. 첫째, 행정기관의 내부질서와 공법상 특별권력관계를 규율하기 위하여 제정되는 행정규칙을 의미한다. 규칙, 훈령, 지시, 예규, 통첩, 규정, 수칙 등으로 표현된다. 둘째, 그 법적 성질이 법규명령인 것으로는 국회규칙, 대법원규칙, 중앙선거관리위원회규칙, 감사원규칙 등이 있다. 셋째, 자치법규로서의 규칙이 있다.

Ⅴ. 자치법규

자치법규는 지방자치단체가 법령의 범위 내에서 제정한 자치에 관한 규정이다. 지방자치단체는 헌법이 보장한 자치입법권에 의해 조례와 규칙을 제정할 수 있다. 조례는 지방자치단체가 법령의 범위 내에서 그 사무에 관하여 지방의회의 의결을 거쳐 제정하는 것이며(지방자치법 제15조), 규칙은 지방자치단체의 장이 법령 또는 조례가 위임한 범위 내에서 그 권한에 속하는 사무에 관하여 제정한 자치법규를 말한다(지방자치법 제16조).

Ⅵ. 조약 · 국제법규

조약(treaty)은 문서에 의한 국가간의 명시적 합의를 말하여, 협정(agreement), 약정(arrangement), 협약(convention), 규약(covenant), 헌장(charter), 규정(statute), 의정서(protocol), 결정서(act), 선언(declaration), 합의서(agreed minute), 교환공문서(exchange of note), 잠정협정(modus vivendi), concordat(로마교황이 체결하는 조약) 등의 명칭으로도 불린다. 그러나 의회의 동의 없이 행정부만에 의하여 체결되는 행정협정(executive agreement)은 넓은 의미의 조약의 일종이나 조약과는 성질이 다르다. 행정협정은 조약이나 법률에 의하여 수권된 사항을 정한다든가 조약을 시행하기 위하여 필요한 세부적 사항을 행정부가 단독으로 의회의 동의 없이 체결하는 것이다.

조약은 대통령에 의해 체결되고, 국회의 동의를 얻어 대통령이 공포함으로써 그 효력이 발생한다(헌법 제6조 1항). 또한 국제관습법(customary international law)이란 법적 구속력을 가진 국제관행을 말하는데 조약과 함께 국제법을 구성한다. 조약의 국내법과의 효력의 우열관계에 관하여는 국제법우위설 · 국내법우위설 등으로 학설이 갈리나, 헌법 제6조 1항에서 "헌법에 의하여 체결 · 공포된 조약과 일반적으로 승인된 국제법규는 국내법과 같은 효력을 가진다"로 규정하고 있어, 국제조약과 일반적으로 승인된 국제법규는 국내법과 동일한 효력을 갖는다.

※ 우리나라는 포로에 관한 제네바 협약에 가입하고 있지 않으나, 동 조약의 국내적 효력을 인정하고 있다. 이는 우리나라가 국제평화유지에 적극 노력할 것을 헌법 전문에 선언하고 있는데 이러한 입장에서 동 조약을 국제관습법으로서 인정하고 있는 것이다.

조약의 명칭 조약의 명칭 중 어느 것을 사용할 것인가는 조약체결 당사국간의 합의에 의해 결정되나 명칭의 실제적 사용에 있어서 약간씩은 의미가 다르다. agreement는 treaty보다는 약한 공식적인 표현이고, arrangement는 agreement보다도 공식적인 의미가 약하고, convention은 agreement 보다도 특수한 것을 가리키며, protocol은 convention보다도 제한적으로 사용된다. 일반적으로 양자 간의 조약에는 agreement, 다수당사자 간의 조약에는 convention을 사용하는 경향이 있다.

제3절 불 문 법

불문법(unwritten law, ungeschriebenes Recht)이란 문장으로 표현된 제정법이 아니고 실제상 관행으로 존재하는 법원을 뜻한다. 불문법에는 관습법·판례법·조리 등이 포함되며 일정한 입법기관의 제정절차를 거치지 않고 발생한 법이기 때문에 비제정법이라고 한다. 법의 생성과정을 보면 불문법으로부터 성문법주의로 발달하여 왔지만, 오늘날 성문법국가에서도 불문법은 일반적으로 성문법의 보충적 효력을 가지고 있다. 그러나 변화하는 복잡한 사회에서 성문법만으로 대응한다는 것은 법의 적용에 많은 문제점과 결함이 필연적으로 나타나게 되어 현대와 같은 입법만능시대에도 불문법의 법원성이 중요시되고 있다. 고정적인 성문법과 유동적인 사회생활 사이의 간격을 줄이기 위해서는 법해석의 방법과 법의 개정을 통하여 법운용은 신축성을 보일 수도 있으나, 거기에는 한계가 있고 번잡한 절차를 필요로 하기 때문에 성문법만으로 이에 대처한다는 것은 사실상 어려운 것이다. 그리하여 입법상의 제정절차를 거침이 없이 불문법이 형성되는 것은 필연적이라 하겠다.

Ⅰ. 관 습 법

1. 의 의

관습법(customary law, Gewohnheitsrecht)이라 함은 국가의 입법기관에 의하여 제정된 것이 아니고, 사회생활 속에서 관습이 반복하여 행하여져서 일반인이 법적 확신 내지 인식을 가짐으로써 법적 가치를 얻는 불문형식의 법을 말한다. 따라서 국가의 입법행위에 의하여 제정되는 성문법과 다른 기반을 가지고 있다. 관습은 다만 하나의 관행으로서 특정한 사람들에 의해 행해지고 있는 한에 있어서는 아직 사회규범의 일종에 지나지 않는다. 그러나 국가가 관습을 법원으로서 인정함으로써 강제력을 갖는 경우에는, 그것은 단순한 관습이 아니고 법으로서의 관습, 즉 관습법이 되는 것이다. 관습법은 사회생활 가운데 단순한 사회적 사실로서 존재하는 사실인 관습(Verkehrssitten)과 구별하여야 한다. 이 사실인 관습은 법질서의 구성부분이 되지 못하여 법적효력이 없으므로 법률행위의 해석상 의미를 갖는 데 불과하다. 따라서 관습을 지키지 않을 때에는 도덕에 위반하였을 때와 같은 사회의 비난의 대상이 될 뿐이다. 예컨대 혼인신고가 없는 사실혼의 경우도 관습법상 혼인으로서의 요건을 구비하여야만 사실혼으로서 보호를 받는다.

사 실 혼 사실혼은 우리 민법이 법률혼주의를 채택하고 있으므로 사실상 사회적으로 혼인관계에 있더라도 혼인신고를 하지 않았기 때문에 법률상의 혼인으로 인정되지 않는 부부관계를 말하며 내연이라고도 한다. 따라서 혼인의 모든 요건을 구비하였다 하더라도 혼인신고가 없는 한 사실혼이다. 사실혼은 법률상 혼인으로서의 효력을 인정받지 못하지만, 판례는 어느 정도까지 혼인의 예약으로서의 효력을 인정하고 있다. 특히 근로기준법시행령 제44조(유족의 범위 등), 공무원연금법 제3조 제1항 제2호에서는 사실상의 처에게 법률상의 혼인에 준하는 효과를 인정한다.

2. 관습법의 근거

관습법이 법으로서의 효력을 가지는 근거에 관하여는 관행설·법적 확신설·국가승인설 등이 있다.

(1) 관 행 설

이 설은 특정사항에 관하여 동일한 행위가 오랫동안 관행된 사실이 곧 관습법으로서 성립되는 근거가 된다고 한다. 독일의 사법학자인 치텔만(Ernst Zitelmann, 1852~1923)에 의하여 주장되었다. 이 학설은 관행인 사실 자체를 바로 법이라고 보고, 관습법과 그 내용을 이루는 관습을 혼동하여 관습이 법으로서 인정되는 근거를 밝히지 못하였다.

(2) 법적 확신설

이는 관습법이 성립하기 위해서는 국가의 승인과 관계없이 관습이 오랫동안 반복되어 일반인이 법적 확신을 가짐으로써 가능하다고 주장하는 설로서, 사실인 관습은 이 확신의 표현이며 인식근거에 불과하다고 한다. 이 설은 사비니(Friedrich K. Savigny, 1779~1861), 라반트(Paul Laband, 1838~1918) 등의 역사법학파에 속하는 법학자들의 주장이다. 관습이 관습법으로 되는 근거를 국민이 관습법이라고 확신하는 그 신념 속에서 구하려 하지만, 그것이 법으로서의 효력을 갖는 이유에 대한 설명으로는 타당하지 않다. 왜냐 하면 일정한 관습이 일반국민의 법적 확신을 얻고 있다는 사회심리적 사실만으로써 관습이 법으로서의 구속력을 가진다고 할 수 없기 때문이다.

사비니의 이른바 '민족의 법적 확신(Rechtsuberzeugung)', 즉 법적 의식이 있다고 해도 그것은 입법의 자료는 될지언정 그것이 곧 관습법의 성립의 기초가 된다고 할 수는 없을 것이다. 법은 국민 사이에 자연발생적·역사적·경험적으로 성립하는 것이라고 이해하는 역사학파의 견해에 찬동할 때 이 설은 가능할 것이다.

(3) 국가승인설

이 설은 독일의 형법학자 빈딩(Karl Binding, 1841~1920)이 주장한 것으로서, 일정한 관습의 내용을 국가가 법으로 승인함으로써 관습법이 성립한다고 주장한다. 무릇 법이란 사회생활의 필요로부터 생기고 국가가 이를 인정함으로써 존재하는 것이다. 이 점에 있어서는 성문법과 관습법 사이에 차이가 없다. 다만, 법으로 인정하는 형식에 있어서 법은 국가의 입법이라는 적극적인 창조적 형식을 거쳐서 인정되는 것인 데 반하여, 관습법은 국가가 사회의 관행에 의하여 정해진 규범에 대하여 불문적·묵시적 승인이라는 형식을 거쳐서 인정되는 데 서로 차이가 있음에 불과하다. 관습은 비록 국가에 의하여 승인을 받지 않더라도 존재한다고 하나 국가가 그것을 부인하는 한 법으로서 성립할 수 없는 것이다. 따라서 관습법의 법으로서의 구속력은 그 근거를 국가의 승인에서 구함이 타당하다고 하겠다.

3. 관습법의 성립요건

관습은 다음의 요건을 구비하여 국가의 승인을 얻음으로써 비로소 관습법으로서 성립된다.

1) 관습법의 실체가 되는 사실적인 관습이 존재하여야 한다. 일정한 사항에 대하여 같은 행위가 다수인에 의하여 반복·계속될 때 이것이 곧 규범화되어 관습이 존재하게 된다.

2) 관습의 내용이 법규범으로서의 의식을 갖는 법적 가치를 가져야 한다. 관습의 내용을 존중하여 준수하는 것이 국가공동생활의 질서유지와 그 발전을 위하여 필요한 것이어야 한다.

3) 관습이 공공의 질서와 선량한 풍속인 공서양속(公序良俗)에 반하지 않아야 한다. 공서양속에 반하지 않는 것은 국가사회의 법질서에 위배되지 않고 사회의 건전한 일반적 도덕관념에 어긋나지 않음을 의미한다. 법이 국가 공동사회의 유지와 발전을 목적으로 존재하는 까닭에 관습법이 법으로서 성립하기 위하여는 이에 어긋나지 말아야 함은 물론이다.

4) 관습이 법령의 규정에 의하여 인정되거나 또는 원칙적으로 법령에 규정이 없는 사항에 관한 것이라야 한다. 법령에 명문규정이 있는 경우는 법령과 상위한 관습이 있을 경우에는 그 관습에 의하도록 명시한 경우에 한한다. 예컨대 민법 제224조의 저수·배수 시설의 설치비용에 있어서 관습에 의한 비용부담의 결정과 같은 것이다.

4. 관습법의 효력

(1) 사실인 관습과의 관계

민법 제106조는 사실인 관습에 관하여 "법령 중의 선량한 풍속 기타 사회질서에 관계없는 규정과 다른 관습이 있는 경우에 당사자의 의사가 명확하지 아니한 때에는 그 관습에 의한다"라고 규정한다. 따라서 어떤 관습이 있고 당사자가 그 관습과 반대되는 의사를 표시하지 않는 한, 또는 당사자의 의사가 불명확할 때에만 법적 효력을 갖고 관습에 따라 해석된다. 사실인 관습과 관습법과의 차이는 다음과 같은 점에 있다. 첫째, 관습법은 당사자의 의사와 관계없이 법규로서의 효력을 가지지만 사실인 관습은 당사자의 의사를 해석하는 기준이 되어 법률행위의 내용을 결정함으로써 비로소 효력을 가진다. 둘째, 관습법은 강행법규는 물론 비록 임의법규라 하더라도 법령에 규정되어 있는 사항에 관하여 존재할 수 있으나, 사실인 관습은 법률행위의 해석을 통하여 임의법규를 개폐할 수 없는 것이 원칙이다. 이렇듯 관습법과 관습은 상이하지만 실제에 있어서 양자는 그 구별이 용이하지 않다. 특히 사적 자치가 인정되는 범위 내에서는 사실인 관습도 임의법규에 우선하여 해석의 기준이 되므로 이 양자를 구별하는 실익은 적다고 하겠다.

(2) 관습법과 성문법과의 관계

성문법이나 관습법은 다 같이 국가의 법으로서 이론상 그 사이에 우열이 있을 수가 없다. 그러나 실제로 입법정책적 측면에서 그 차별이 발생하고 관습법은 성문법에 대하여 보충적 효력을 갖는 것이 원칙이다.

1) 보충적 효력　로마법에서는 관습법에 우월한 효력을 인정하여 성문법을 개폐할 수 있는 효력을 인정하였으나, 근세에 와서 국가권력의 조직화로 말미암아 불문법인 관습법은 경시되었다. 그러나 19세기에 이르러 역사법학파의 주장으로 법원으로서의 관습법의 중요성이 인식된 결과, 1896년의 독일민법전과 1907년의 스위스민법전에서는 관습법에 성문법을 보충하는 효력을 명문화하였다. 우리 민법 제1조는 "민사에 관하여 법률에 규정이 없으면 관습법에 의하고, 관습법이 없으면 조리에 의한다"고 규정하고 있으며, 상법 제1조에는 "상사에 관하여 본법에 규정이 없으면 상관습법에 의하고…"라고 규정하고 있어, 관습법은 성문법에 대하여 보충적·제2차적 효력을 갖는다. 그러나 형법에 있어서는 죄형법정주의의 원칙상 관습법의 효력이 인정되지 않는다.

2) 법률변경적 효력　관습법이 보충적 효력의 범위를 넘어서 성문법에 대한 변경적(개폐적) 효력까지도 인정되어, 성문법 규정과 다른 내용의 관습법이 존재하는 경우가 있다. 상법 제1조는 "상사에 관하여 본법에 규정이 없으면 상관습법에 의하고 상관습법이 없으면 민법의 규정에 의한다"고 규정하여 상관습법이 민법에 우선하여 적용됨을 인정하여 상관습법의 민법에 대한 보충적 효력과 변경적 효력을 아울러 인정하고 있다.

Ⅱ. 판 례 법

1. 의　의

판례법(judge-made law, case law, Judikaturrecht)이란 법원의 판례를 통해서 형성되는 불문의 규범을 뜻한다. 즉 법원의 판결 그 자체가 판례법이 되는 것이 아니라, 법원의 동일한 취지의 판결이 반복됨으로써 판례를 법원으로 인정하는 경우에 성립되는 불문법이다. 판례와 관습법은 그 개념과 기원이 상이하게 구성되어 있으나, 동일한 종류의 사건에 대하여 동일한 내용의 선례가 반복됨으로써 사회의 관행이 규범화되어 결국 판례에 의해서도 불문의 관습법이 성립될 수 있는 것이다. 따라서 판례와 관습은 불문법을 성립시키는 데 있어서 다 같이 밀접한 관계에 있는 것이다.

2. 판례법의 법원성

불문법주의인 영미법에서는 판례는 재판의 단순한 판결이 아니라 그 자체가 곧 판례법으로서 법원이 된다. 즉 영미법은 판례법이 제1차적 법원이 되는 판례법주의이기 때문에 구체적 사건에 대한 법원의 판결이 정립한 법적 원칙이 곧 법이 된다. 따라서 법원이 사건을 재판하는 경우에 이미 나와 있는 판례에 의해 필연적인 구속을 받게 되는 선례구속의 원칙(doctrine of stare decisis) 내지 선례존중의 원칙에 따르는 것은 필연적이다. 영국의 보통법 질서는 이러한 판례의 집적이다.

이에 반하여 대륙법계에서는 성문법주의를 채용하여 법원의 판결은 다른 판결에 구속받지 않을 것을 원칙으로 하기 때문에 판례법이 법원으로 될 수 있느냐 하는 문제가 제기된다. 법원이 일반적으로 법의 정립에 관하여 영향을 미칠 수 있는 어떠한 형식적 근거를 인정하지 않는 법제하에서는 판례는 오직 법규의 해석을 위한 자료에 불과할 것이다. 성문법국가에 있어서는 판례는 영미법에서와 달리 법원으로서의 법규범적 효력은 부정되고, 실정법 해석에 있어서 사실상 해석의 기준이 되는 효력을 갖는 데 그칠 것이다. 그러나 판례는 성문법에 비하여 구체적 사실의 판단에 대한 가치기준이기 때문에 특정한 사실에 관한 한 판례의 법적 구속력은 성문법보다 강한 것이다. 그리하여 같은 사건에 대하여 동일한 내용의 판결이 있을 것이라는 예측 아래 사회의 행위는 규율받게 된다. 법적으로 구속력이 없는 판례도 사실상 구속력을 갖게 됨으로써 결국 법의 적용은 판례를 통하여 법의 정립을 가져온다. 따라서 판례법이 성문법에 대해 수정적·보충적 작용을 하는 경우가 적지 않은 것을 볼 때 판례법의 법원성은 확고해지는 것이다. 법관은 헌법과 법률에 의하여 그 양심에 따라 독립하여 심판할 수 있기 때문에(헌법 제103조) 판례의 법적 구속력이 제도적으로 보장되어 있지 않다. 그러나 판례는 사회질서를 구성하는 행위규범적 효력이 강한 까닭에 법원은 법적 안정성을 위해 특별한 사정이 없는 한 선례인 판례를 변경하기 어려운 것이다. 따라서 하급심에서 상급법원의 판례를 존중하게 되어 성문법 국가에서도 판례는 사실상의 구속력을 갖는다고 할 수 있다.

Ⅲ. 조 리(條理)

조리(law of nature, Natur der Sache)라 함은 사물의 합리적 · 본질적 법칙 즉, 사물필연의 도리를 말한다. 조리는 이성에 의하여 승인된 사회 공동생활에 있어서의 본질적인 이치를 가리키며 실정법 질서의 존재와 그 가치의 기초가 된다. 이는 사회통념 · 경험법칙 · 공서양속 · 신의성실의 원칙 · 법의 일반원칙 · 정의 · 자연법 등으로 표현되기도 하나, 일반적으로 합리성과 구체적으로 타당성이 있는 가치를 그 내용으로 한다 하겠다. 본래 사회생활관계는 복잡하고 변화하는 것이기 때문에 아무리 치밀하게 성문법이 갖추어지고, 관습법 · 판례법이 발달한다 하더라도 사회가 필요로 하는 모든 법률관계를 남김없이 규정한다는 것은 사실상 불가능하다. 따라서 법원은 특정한 구체적 사건에 적용할 법규가 없다는 이유로 재판을 거절할 수 없음은 물론(헌법 제27조 1항 참조), 또한 법관은 법에 의해서만 재판을 하여야 하는 것이므로(헌법 제103조), 법의 흠결을 보충하여 재판을 하지 않을 수 없는 것이다. 그리하여 조리의 법원성을 명시적으로 규정한 입법례가 많다.

스위스민법 제1조는 성문법이나 관습법이 모두 없는 경우 "법관은 자기가 입법자라면 법규로서 제정하게 될 것에 의하여 재판하여야 한다"고 규정하였다. 또한 오스트리아민법 제7조와 같이 법전에 흠결이 있을 때에는 '자연법적 원리'에 따르라는 입법례가 있다. 우리 민법 제1조는 "민사에 관하여 법률에 규정이 없으면 관습법에 의하고 관습법이 없으면 조리에 의한다"고 규정함으로써 조리의 법원성을 명문으로써 인정하고 있다.

6 법의 체계

제1절 서 설

인간생활을 규율하는 법률은 단순한 조문의 집합체가 아니라 법규범의 통일체로 이루어졌는데, 이것을 법의 체계(legal system, Rechtssystem)라고 한다. 법은 법이 실증적으로 제정법화되었느냐의 여부에 따라 자연법과 실정법으로 나눌 수 있고 실정법은 국내법체계와 국제법체계로 대별할 수 있다. 국내법은 다시 법의 성질·체계·적용범위·내용·효력 등에 따라 ① 공법·사법·사회법, ② 일반법·특별법, ③ 실체법·절차법, ④ 강행법·임의법, ⑤ 원칙법·예외법, ⑥ 고유법·계수법, ⑦ 조직법·행위법 등으로 분류할 수 있다.

제2절 실정법의 분류

Ⅰ. 국내법과 국제법

국내법은 한 국가에 의하여 인정되어 그 국가에 적용되는, 국가와 국민 또는 국민과 국민 상호간의 권리·의무관계를 규정하는 법인 데 반해, 국제법

(international law, VÖlkerrecht)은 국제사회에 통용되는 국가 상호간의 권리·의무와 국제기구에 관한 법을 가리킨다.

국제법이 국가의 대외문제를 다루는 국제사회단체의 법이라면 국내법은 국가의 대내문제를 다루는 국가사회단체의 법이라고 할 수 있다. 국제법은 국제사회에 있어서 관행·관습·규칙과 국가간에 준수를 약속한 계약조항들과 관련되어 있다. 국제법의 법원으로서는 조약 기타 국가간의 협약이나 국제법원의 판결 및 UN에서 형성된 법 등을 들 수 있다.

국제법과 구별해야 할 법으로는 국제사법이 있다. 국제사법은 한 국가의 국민과 외국인과의 법률관계를 정하는 데 있어서 자국법을 준거법으로 하느냐 아니면 외국법을 적용하느냐를 정하는 법이므로 국제법이 아니고 국내법에 속한다.

Ⅱ. 공법·사법·사회법

1. 공·사법의 구별에 관한 학설

로마법은 일찍부터 법을 공법과 사법으로 구별하여 체계화하였다. 그로부터 법학에서는 집요하게 공법과 사법의 2분체계가 논의되어 왔다. 그러나 그 구별의 표준에 관하여는 학설이 구구하여 아직 정설이 없다.

다만 중요한 것을 살펴보면 다음과 같다.

(1) 이 익 설

법이 보호하는 이익을 표준으로 하여 공익의 보호를 목적으로 하는 것을 공법, 사익의 보호를 목적으로 하는 것을 사법이라고 하는 견해이다. 이익설을 주장한 대표적인 학자로는 옛 로마의 법학자 울피아누스를 들 수 있다. 그러나 실제로 국가의 실정법은 이익설이 주장하는 바와 같이 공익만을 위하고 사익의 보호만을 규정한 것은 거의 없다. 법은 원래 국가·사회생활에 관한 규범이므로 공익의 실현과 함께 공익에 반하지 않는 범위에서 사익의 보호를 위한 규정이 있겠고 반면 사익의 보호와 아울러 공익의 실현도 목적으로 하고 있음이 사실이다. 예를 들면 대표적 공법인 헌법이 보장하는 각종의 자유권 등은 국가적 이익과 불가분의 관계에 있는 반면 개인적 이익의 기본이 된다. 그리고 민법상의 등기제도, 친족, 상속 등에 관한 법규는 개인적 이익의 보호에 관한 것인 동시에 국가적 이익에도 깊이 관련된다.

(2) 주 체 설

법률관계의 주체를 표준으로 공법과 사법을 구별하려고 하는 설인데, 국가 기타 공법인이 법률관계의 주체로서 규율하는 법을 공법이라고 하고, 사인 상호 간의 관계를 규율하는 법을 사법이라고 한다. 옐리네크(Georg Jellinek, 1851~1911)가 주장한 견해이다. 그러나 이 설은 왜 국가 기타의 공법인에 대하여 법인 상호간의 관계와 다른 취급을 하는가를 명확히 설명하지 않고 있다. 가령 국가 기타 공법인과 사인 간에 매매·임대차 등의 사적 거래를 맺을 경우에도 사법인 민법의 규정에 의하여 규율되는 것은 일반적으로 인정되어 있다.

(3) 법률관계설

법률관계의 성질을 표준으로 하여 공법과 사법을 구별하려고 하는 설인데, 권력·복종의 관계, 상하불평등의 관계, 즉 종적·수직적인 생활관계를 규율하는 법이 공법이고, 사인간의 평등·대등의 관계, 횡적·수평적인 생활관계를 규율하는 법은 사법이라 한다. 그러나 이 설에 의하면 국제법은 공법인데도 국가 간의 평등한 관계를 규율하는 것이기 때문에 사법으로 간주되는 모순이 생긴다. 또 민법의 친족관계는 평등·대등한 관계로 볼 수 없기 때문에 친족법을 공법이라 해야 하는 모순이 나타난다.

(4) 생활관계설

인간의 생활을 국가생활관계와 사회생활관계로 나누고, 전자를 규율하는 법을 공법이라고 하고, 후자를 규율하는 법을 사법이라 한다. "인간이 국가의 구성원으로서의 자격에서 이용하는 법규범이 사법이다"고 푸흐타(G. F. Puchta)는 말하였다.

(5) 통치관계설

이 설은 인간의 생활관계를 통치관계와 비통치관계로 나누어, 국가의 통치권의 발동에 관한 관계를 규정하는 법, 즉 통치권의 존재, 통치권의 발동의 형식, 국가기관의 조직과 권한 등에 관한 법이 공법이고, 비통치관계를 규정하는 법이 사법이라는 설이다. 통치관계설이 오늘날의 통설적 견해이다. 공법은 국가권력이 직접 지배하고 규제하는 공적·정치적 생활관계에 관한 법이며, 사법은 국가권력이 일단 후퇴하고 간접적인 지배체제하에서 어느 정도의 사적 자치의 원칙을 용인하는 사적・경제적 또는 가족적 생활관계에 관한 법이라 할 수 있다.

그러나 이러한 많은 표준들에 의하여 공・사법을 구별하려고 하는 실익이 무엇인가 하는 물음이 제기되기도 한다. 한편 공・사법의 구별을 부정하는 학설도 등장하는데, 예컨대 프랑스의 공법학자인 레온 뒤기(Leon Duguit, 1859~1928)는 권리부인론, 개인주의법에 관한 비판과 함께 공・사법의 구별을 부정하였다. 또한 켈젠 역시 공・사법의 구별은 근대법학에 대한 정치의 침입을 옹호하는 이론이며, 법학의 순수성 또는 과학성을 해치는 것이라 하여 배격하였다. 라드브루흐는 공법과 사법의 구별은 선험적으로 이루어진다고 하였다. 그러나 이러한 선험적이라는 설명으로는 불충분하며, 오히려 아래와 같이 역사적・경험적 법의 발달과정에서 법의 체계를 이해해야 할 것이다.

2. 공・사법의 구별과 사회법

로마인들이 공・사법을 구별한 것은 소송을 합리적으로 수행하기 위해서였다. 로마법의 영향을 받기 이전의 게르만법에서는 공・사법의 구별을 몰랐다. 동양법에서도 공법에서 분리된 독립된 사법을 알지 못하였고, 사생활까지도 공법이 당연히 지배하는 것으로 받아들였다.

서양에서도 공・사법의 구별이 크게 부각된 것은 자본주의가 생성된 18, 19세기의 개인주의적・자유주의적 사회경제체제 아래서였다. 이 체제에서는 인간의 사적 자치(Privatautonomie)가 최대한 인정되고, 국가는 최소한 개인생활에 간섭을 해야 하는 것으로 생각되었다. 이리하여 법질서도 국가적 공법질서 외에 개인적 사법질서가 엄연히 존재하는 것으로 인식되었다.

그러나 자본주의가 고도화되면서 여러 가지 사회병리현상이 속출하게 되었다. 부익부 빈익빈의 부조리가 근대시민법의 사적 자치라는 미명 아래 팽배해 갔다. 그래서 20세기에 들어서면서 국가가 다시금 적극성을 띠고 사회적 강자는 누르고 약자는 떠받치는 법적 조치를 취하지 않으면 안 되었다. 이것을 일반적으로 사법의 공법화경향이라고도 하고, 전통적인 공・사법의 구별이 불분명하게 된 제3의 법역으로서의 사회법(Sozialrecht)의 등장이라고도 말한다.

공법과 사법을 구별해야 할 필요성은 현실적으로 사법제도에서도 남아 있다. 프랑스나 독일 등 이른바 대륙법계의 국가에서는 사법재판소(Tribunal judiciare)와 계통을 달리하는 행정재판소(Tribunal administrative, Verwaltungsgericht)가 있어서 민사사건과 형사사건 이외의 행정사건을 관할하게 되어 있기 때문에 이 법원들의 관할권을 배분하기 위하여도 공법과 사법의 구별이 필요하다.

그런데 영국, 미국과 같은 영미법계의 국가에서는 이러한 의미의 행정재판제도는 원칙적으로 두지 않으며, 모든 법률상의 쟁송은 종국적으로 사법재판소의 관할에 속하기 때문에 대륙법계 국가에서처럼 공·사법의 구별이 절실하게 요청되지 않는다.

우리나라의 법은 대체로는 대륙법계에 속한다고 할 수 있지만 영미법계처럼 행정재판제도를 실시하고 있지 아니하고 행정사건도 사법재판소에서 재판하게 되어 있으며 행정법원이 제1심 법원이 된다. 그러나 행정소송사건의 범위는 정해야 하기 때문에 우리나라 행정소송법 제1조는 공법상의 권리·의무관계에 관한 소송만이 행정소송사건에 속한다고 규정하고 있다. 이것은 공법과 사법의 구별을 전제로 하고 있다고 할 것이다.

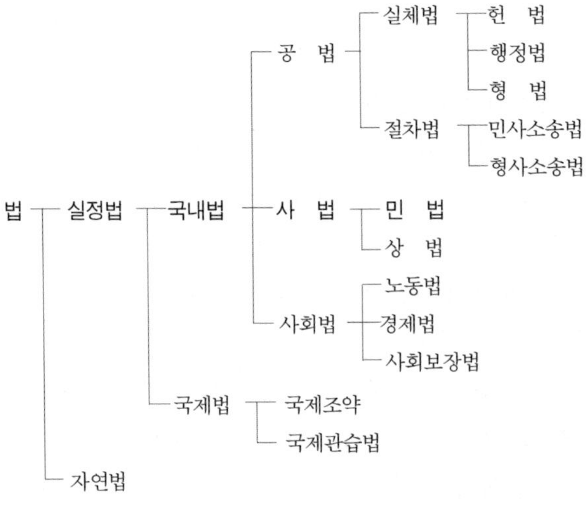

라드브루흐는 근대법에서 현대법에로의 발전을 '개인주의법에서 사회법에로'(vom individualistischen zum sozialen Recht)라는 표어로 설명한 바 있다. 자본주의사회는 사회주의자들이 예언하듯이 붕괴되는 것이 아니라, '황금알을 낳는 오리'로서 자체 속에 수정원리와 대체재를 포괄하면서 계속 발전해가고 있다. 각국은 복지국가(Wohlfahrtsstaat)를 이념으로 기업과 근로자의 이해를 조절하며,

'소유와 이용의 조화'를 꾀하고, 독점기업의 횡포를 억제하려고 애쓰게 되었다.

이러한 사명을 띠고 나타난 사회법은 어디까지나 자본주의의 부분적 모순을 수정하기 위한 법이지 자본주의의 부정을 의미하는 사회주의법은 아니다. 사회법은 근로자들에게 '인간다운 생존'(menschenwürdiges Dasein)을 보장하기 위하여 사법 중에서 일부를 특별히 분리하여 발전시킨 것이다. 사회법이란 개념도 넓은 것이기 때문에 일반적으로 그 속에 노동법(Arbeitsrecht), 경제법(Wirtschaftsrecht), 사회보장법(Sozialversicherungsrecht)을 포함하는 것으로 이해되고 있다.

Ⅲ. 일반법과 특별법

일반법(general law, gemeingültiges Recht)과 특별법(special law, Spezialrecht)과의 구별은 법의 효력범위가 일반적·보편적 사항에 대한 것인가 또는 특수적인 것인가를 기준으로 하여 법을 분류한 것이다. 일반법은 사람, 사항, 장소에 대하여 일반적으로 넓은 효력범위를 갖고 적용되는 법을 가리키고, 특별법은 특수적인 좁은 사항에 국한된 효력범위를 갖는 법을 말한다. 일반법과 특별법을 구별하는 실익은 법의 적용순위에 있어서 특별법은 일반법에 대하여 우선적으로 적용된다는 점에 있다. 이것은 '특별법은 일반법에 우선한다'(Lex speciales derogat legi generali)고 하는 특별법 우선의 원칙으로 법적용상 중요한 원칙이다. 또 이와 관련하여 일반법은 넓게, 특별법은 좁게 해석하여야 한다는 원칙이 있다. 양자의 구별을 인(人), 장소, 사항에 적용되는 것으로 나누어 살펴본다.

1. 인적 범위를 기준으로 한 구분

법의 효력이 국민 전체에 미치는 법을 일반법이라고 하고, 어떤 특정된 직업이나 신분을 가진 자에게만 미치는 경우에 이를 특별법이라 한다. 민법, 형법은 일반법인 데 대하여, 국가공무원법이나 군인사법은 국가공무원이나 군인에게만 적용되는 특별법이다.

2. 장소적 범위를 기준으로 한 구분

법이 국가의 모든 영역에 걸쳐 효력을 미치는 경우에 이를 일반법이라 하고, 국가영역의 일부에만 효력을 미치는 경우에 이를 특별법이라 한다. 예컨대 지방자치법은 전국에 효력을 미치는 일반법이고, 서울특별시조례는 서울특별시라는 제한된 지역에서만 효력을 미치는 지역적 특별법이 되는 것이다.

3. 사항을 기준으로 한 구분

일정한 사항 전반에 걸쳐 효력이 미치는 법을 일반법이라 하고 특정한 사항에만 효력이 미치는 법을 특별법이라 한다. 민법은 민사에 관한 일반법이고 상법은 민사 중 특히 상사에 한하여 효력을 미치는 민사에 관한 특별법이다.

Ⅳ. 실체법과 절차법

1. 의 의

실체법(substantive law)이란 권리, 의무의 실체, 즉 권리, 의무의 종류·변동·효과·내용 등에 관하여 규정하는 법을 가리키고, 절차법(adjective law)이란 권리·의무의 실질적 내용을 실현하기 위한 절차에 관하여 규정하는 법을 말한다. 헌법, 형법, 민법 등은 실체법에 속하고, 형사소송법, 민사소송법, 가사심판법, 비송사건절차법 등은 절차법에 속한다. 절차법 가운데는 직접 소송에 관한 것과 그렇지 않은 것이 있는데, 민사소송법, 형사소송법 등은 전자에 속하고 부동산등기법, 호적법 등은 후자에 속한다. 사법은 대체로 거의 실체법이고 사회법은 실체법과 절차법의 성질을 아울러 포함하고 있는 경우가 많다.

2. 실체법과 절차법과의 관계

실체법은 이를 운영할 절차법이 있음으로써 법을 적용할 수 있기 때문에 양자의 관계는 실체법이 목적인 데 대하여, 절차법은 수단을 의미하며 상호 불가분의 관계에 있다. 실체법은 절차법이라는 수단을 통하여 가능한 것이기 때문에 절차법의 적용에 있어서 신중을 기하여야 한다. 특히 범죄소추에 있어서 실체적 진실발견이라는 실체법의 적용도 중요하지만 개인의 권익과 인신보호를 위해서는 절차적 과정의 중요성이 더욱 강조된다. 영미법에서 적법절차(due process of law)조항을 활용하고 있는 것이나, 행정법상 행정절차(administrative procedure)가 발달하고 있는 것은 우리에게 시사하는 바 크다. 법원은 실체법과 절차법이 서로 저촉되는 경우에는 실체법에 의하여 재판을 하여야 하며, 실체법이 존재하지 아니하더라도 재판을 거절할 수 없지만, 절차법이 없을 때는 재판을 할 수 없는 것이 원칙이다. 또한 실체법이 개정되면 그것은 법률불소급의 원칙이 적용되는 데 반하여, 절차법이 개정되면 실체법의 운용방식을 변경하는 데 불과하므로 새로운 절차법을 적용하는 것이 원칙이다.

V. 강행법과 임의법

1. 의 의

강행법(imperative law, zwingendes Recht)이란 당사자의 의사여부를 묻지 않고 그 적용이 강요되는 법을 가리키고, 임의법(dispositive law, nachgiebiges Recht)이란 당사자가 법에 규정된 바와 다른 의사를 표시하지 않는 경우에 한하여 적용되는 법을 말한다. 즉 당사자의 의사에 의하여 법의 적용을 배제할 수 있느냐의 여부에 따른 법의 분류이다. 헌법・형법・소송법 등 공법규정의 대부분은 강행법에 속하고, 이에 대하여 민법・상법 등 사법분야에는 임의법이 많다.

일반적으로 선량한 풍속, 사회질서, 공공의 복리, 국민의 의무에 관한 규정은 강행법으로 되어 있고 사인 상호간의 권리에 관한 규정은 임의법으로 되어 있다. 그러나 강행법과 임의법과의 구별은 반드시 공법과 사법과의 구별과 들어맞는 것은 아니다. 예컨대 민사소송법은 공법에 속하지만, 그 가운데 제1심의 재판관할에 관하여 당사자의 합의에 의하여 관할법원을 정할 수 있는 것으로 하고 있는 규정(민사소송법 제26조)은 임의규정이다. 반대로 민법은 사법이지만 그 중에서도 ① 무능력제도에 관한 규정(민법 제5조 이하), ② 물권의 종류, 내용에 관한 규정(민법 제185조), ③ 부동산의 물권변동에 관한 규정(민법 제186조), ④ 채권 중의 고용에 관한 규정(민법 제655조 이하), ⑤ 친족, 상속에 관한 규정(민법 제826조 이하, 제909조 이하, 제1,000조 이하) 등은 강행규정이다.

2. 강행법과 임의법의 관계

어떤 법규가 강행법인가 임의법인가의 구별에 관하여는 법조문 중에서 이를 밝힌 경우, 예컨대 "당사자의 특별한 의사가 없으면"(민법 제468조의 변제기전의 변제)이라든가, "다른 의사가 없으면"(민법 제473조의 변제비용의 부담)이라고 규정한 경우에는 임의법이라고 할 수 있다. 그러나 이와 같은 규정이 없는 경우에는 그 규정이 강행법인가 임의법인가의 판별은 법의 해석에 있어서 중요한 의미를 갖는다.

법률규정의 목적, 내용, 성질 등을 종합적으로 검토하여 당해 법규가 주로 공익을 목적으로 하고 있는가 아니면 사익을 도모하고 있는가에 따라 의미를 구체적으로 고찰하여 판정하여야 할 것이다. 강행법규인가 또는 임의법규인가 하는 구별의 실익은 당사자가 법규의 내용과 상이한 의사표시나 행위를 한 경우에 각각 그 효력을 달리하는 데 있다. 즉 의사표시 기타의 행위가 임의법규의 내용과 상이한 때에는 유효하거나(민법 제105조) 또는 적어도 불법한 것이 되지 않는다. 그러나 그것이 강행법규에 위반한 것인 경우에는 무효이거나(민법 제103조 참조), 취소할 수 있고(민법 제5조 2항), 또는 일정한 제재를 받게 된다(민법 제97조, 상법 제622조 이하).

그런데 강행법은 효력적 규정(능력규정)과 제한적 규정(단속규정 · 명령규정)으로 나눌 수 있다. 양자는 다 같이 일정한 행위를 금지하는 규정이지만 법규위반의 효력 자체가 부인되느냐 또는 오직 제재만이 따르느냐에 의한 구별이다. 효력적 규정은 그 내용이 법률상의 능력에 관한 것으로서 이에 위반한 행위를 무효로 하는 규정이고, 제한적 규정은 이에 위반한 행위를 반드시 무효로 하는 것이 아니라 유효를 인정하나, 위반행위를 한 자에 대하여 일정한 제재를 가하는 것이다.

한편 임의법은 보충규정(ergänzendes Recht) 및 해석규정(auslegendes Recht)으로 나누어진다. 양자 모두 당사자의 불완전한 법률행위를 보완한다는 점은 같으나, 당사자의 의사표시가 결여되어 있는 경우에 법이 당사자가 통상 가지고 있는 의사를 중심으로 이를 보충하여 당사자의 의사에 상관없이 적용되는 것이 보충규정이고(민법 제133조, 제408조), 해석규정은 당사자의 의사가 존재하긴 하나, 그 의미가 불명확하여 의문이 있는 경우에 이를 결정할 것을 목적으로 하여 적용되는 것이다(민법 제398조 3항, 제436조).

개인주의 · 자유주의를 이념으로 한 근대 시민법에서는 사적 자치(Privat-autonomie)의 범위가 확대됨에 따라서 임의법의 영역이 크게 확장되었다. 그런데 개인의 생존권과 공공복지를 위한 사회입법이 활발하여진 오늘날에 와서는 다시 임의법의 영역이 축소되는 반면에, 강행법의 영역이 확장되는 경향을 나타내고 있다.

VI. 원칙법과 예외법

1. 의 의

원칙법(prinzipmässiges Recht)이란 어떤 특정된 사항에 대하여 일반적으로 적용되는 법을 말하며, 예외법(Ausnahmerecht)이란 원칙법에 대하여 예외를 인정함으로써 원칙법을 배제하여 적용되는 법을 말한다. 원래 원칙법의 규정은 보편적·추상적이기 때문에 이것을 모든 구체적인 사례에 일률적으로 적용한다면, 오히려 불합리한 결과가 발생될 경우가 있을 것이므로 이것을 조절하기 위하여 예외법을 두었다. 예컨대 민법 제3조의 "사람은 생존한 동안 권리와 의무의 주체가 된다"고 하는 규정은 원칙법이나, 민법 제1000조 3항의 "태아는 상속순위에 있어 이미 출생한 것으로 본다"고 하는 규정은 예외법이다. 동일한 하나의 법규 안에 원칙법과 예외법이 같이 포함되어 있는 경우도 있다. 즉 민법 제5조 1항에서 "미성년자가 법률행위를 함에는 법정대리인의 동의를 얻어야 한다"고 규정하여 미성년자의 행위능력을 일반적으로 제한하여 놓고, 그 단서에서는 "권리만을 얻거나 의무만을 면하는 행위는 예외로 한다"는 규정을 들 수 있는데, 대체로 법령 가운데의 '단서'는 예외법으로서의 성격을 갖는다.

출생과 사망의 시기 민법은 사람은 살아 있는 동안, 즉 출생한 순간부터 사망시까지 권리·의무의 주체가 된다(민법 제3조)고 규정하고 있어 그 출생과 사망의 정확한 시점이 문제가 된다. 출생의 시기에 관해서 로마법 이후로 논의의 대상이 되고 있으나, 아직껏 정설이 없어 민법과 형법이 그 시기를 달리 보고 있다. 사람의 출생의 시기에 관해서 진통설, 일부노출설, 전부노출설, 초성설, 독립호흡설 등이 있으나 민법은 출생이 완료되는 전부노출설이 통설인데 반하여, 형법은 영아살해죄(형법 제251조)에 대한 규정에서 분만 중 또는 분만 직후의 영아를 살해하는 것을 요건으로 하고 있어 출산이 시작되는 진통이 있는 순간부터 영아를 객체로 하고 있기 때문에 진통설이 통설이다.

한편 사망의 시기는 호흡이 멈추는 순간을 죽음의 순간으로 보고 있으나, 이른바 식물인간적인 상태에서는 두뇌의 활동이 멈추고 있어서 사망의 시기에 관해서 문제가 되고 있다.

2. 원칙법과 예외법의 관계

원칙법과 예외법을 구별하는 실익은 첫째 원칙법에 대해서는 유추해석이나 확장해석이 허용되지만, "예외법은 엄격히 해석하여야 한다"(Exceptio est strictissimae interpretationis)고 하는 해석상의 원칙이 있으므로 이 법을 확장해석하여서는 아니 된다는 점에 있다. 둘째, 원칙법의 거증책임은 원고 또는 청구자에게 있는 것이 원칙이나, 예외법을 적용하는 전제조건이 되는 사실의 거증책임은 피고 또는 피청구자에게 있는 것이 원칙이다.

이와 같이 원칙법과 예외법은 어떤 특정한 사항에 관하여 그 원칙과 예외를 정한 법이지만, 일반법과 특별법은 이보다 넓은 범위에 있어서 지역・사람 또는 사항에 관하여 효력범위를 정하고 있는 법이라는 점에서 차이가 있다. 따라서 원칙법과 예외법은 동일한 법령 중에서 또는 동일한 조문 중에서 구별되나, 일반법과 특별법은 각각 다른 법령과 법령 사이에서 구별되는 것이 일반적이다.

Ⅶ. 고유법과 계수법

고유법(indigenous law, heimisches Recht)은 국가, 민족 고유의 사회적・역사적 흐름 속에서 자연적으로 생성되어 온 법이고, 계수법(adapted law, rezipiertes Recht)은 타국에서 생성, 발달한 법률제도와 사상을 받아들여 이것을 자료로 하여 성립한 법이다. 이 때에 계수된 법, 즉 타국법을 母法(mother law)이라 하고, 그 계수법 자체를 자법(filial law)이라고 한다. 계수법에는 관습적 계수와 입법적 계수가 있다. 전자는 어떤 국가에서 발달한 법이 타국에 옮겨져 관습법으로 시행되는 경우로서, 1804년의 나폴레옹(Napoleon)민법전을 벨기에, 이태리 등이 계수한 경우이다. 후자는 입법수단으로서 타국법을 채용하는 경우로서 20세기에 이르러 세계 각국이 영・미・독・불의 헌법을 계수한 것이 그 예이다.

양자를 구별하는 실익은 법규가 어느 것에 속하느냐에 따라 법사학이나 법해석의 연구방법에 상당한 차이를 가져온다는 데에 있다. 그러나 계수된 법도 오랜 시일이 경과되면 국민생활 속에 토착화되어 계수법으로서의 성질이 상실되고 고유법으로서의 성격을 띠게 되므로 양법의 구별은 절대적이 아니고 상대적이 된다. 오늘날 세계가 좁아져 국제관계로부터 고립해서는 존재할 수 없기 때문에 타국법을 계수하는 것은 불가피하게 되어, 자국 고유의 법만을 고수하는 국가는 거의 없다. 법의 계수의 유명한 예로서는 독일에 있어서 로마법의 계수를 들 수 있고 우리나라에서는 일반적으로 독일법을 많이 계수하였다.

Ⅷ. 조직법과 행위법

조직법(Organisationsrecht)은 사회제도의 조직을 규율하는 법이고, 행위법(Geschäftsrecht)은 직접 사람의 행위 자체를 규율하는 법이다. 예컨대 국가의 근본조직을 규정한 헌법·행정법은 물론 법원조직법과 소송법 등은 대체로 조직법에 속하고, 민법, 상법, 형법 등은 사람의 법률생활에 의한 행동의 준칙을 규정한 것이므로 행위법에 속한다. 행위법과 조직법은 서로 밀접한 관계를 갖는데, 즉 행위법이 있으면 이를 실행하기 위한 조직을 구성하는 조직법이 필요하며 동시에 조직법이 정하여지면 이를 집행하기 위한 행위법을 필요로 한다.

7 법의 효력

제1절 서　　설

법은 사회생활을 지배하는 규범인 까닭에 법이 정립한 목적을 현실사회에 실현하는 데 가치가 있으며, 법의 이러한 실현력 내지 규범력을 법의 효력(validity of law, Geltung des Rechts)이라고 한다.

법은 스스로 효력을 갖기 때문에 생명이 있는 것이며 그 효력이 없다면 아무런 존재가치도 없는 것이다. 그러나 법규범이 사실상 실현되지 않는다 하여 즉시 그 존재의미를 상실하는 것이 아니라, 그 실현여부를 불문하고 법은 준수되어야 한다는 당위성은 내재되고 있는 것이다. 이것이 법의 실정성(Positivitat)이며 곧 법의 근거가 되어서 법은 실행되어야 한다는 강제성을 갖게 된다.

법은 현실사회에서 그것이 실현되어야 하는 타당성과 실효성이 합치될 때 본래의 효력을 갖는다. 이것을 법의 실질적 효력이라고 한다. 또한 실정법은 시간적・공간적・인적으로 한정된 범위 내에서 효력을 갖는 형식적 효력을 갖는다.

법의 효력에 관한 고찰은 법효력의 근거가 되는 이론을 중심으로 한 법의 실질적 효력과 법의 효력범위에 관한 형식적 효력의 측면에서 살펴보고자 한다.

제2절 법의 타당성과 실효성

Ⅰ. 의 의

국가에는 법을 정립·집행·적용하는 통치권이 존재하고 이러한 조직적인 국가권력에 의하여 법은 국가의 실정법으로서 실행된다. 실정법이란 사실상 효력을 갖는 법을 말하며, 법이 효력을 갖는다는 것은 법이 실제로 실행될 가능성을 의미한다. 이렇듯 법은 규범으로서 실현되어야 한다는 본질적 요소를 내재하고 있다.

이와 같이 법 자체가 실현되어야 한다는 당위성의 요구를 법의 타당성(Gultigkeit des Rechts)이라고 하며, 이는 법이 구속력을 가질 수 있는 법의 가치를 의미한다. 그러나 법은 규범으로서의 요구를 지니고 있는 것만으로써 실제로 효력을 가지는 법이 되는 것이 아니고, 사실상 사회생활에서 그 내용이 실현될 수 있는 힘을 갖추어야 한다. 이처럼 법이 사람들에 의하여 실제로 준수되는 것을 법의 실효성(Wirksamkeit des Rechts)이라고 한다. 즉 법이 강제규범으로서 국가권력에 의하여 보장받아 강행되는 것을 의미한다.

Ⅱ. 타당성과 실효성의 관계

법이 효력을 갖기 위하여는 규범적 타당성과 함께 사실적 실효성을 동시에 갖추어야 한다. 법의 이와 같은 이중적 구조성 가운데 그 어느 한쪽이라도 결여되는 경우에는 실정법으로서의 존립가치를 잃게 된다. 법이 타당성은 있으나 실효성이 없으면 사문화될 것이며, 이와 반대로 실효성은 있으나 타당성이 없으면 그것은 악법에 불과한 것이다. 나치스(Nazis)정권의 폭정을 목격한 라드브루흐(Radbruch)는 "악법에 복종하는 것은 범죄행위"라고 하였고, 야스퍼스(Karl Jaspers, 1883~1969)도 "나치스의 악법에 복종한 독일국민 전체가 범죄자"라고까지 극언을 하였다. 이것은 법의 실효성보다도 타당성을 중시하여 악법에 대한 거부와 아울러 저항권(Widerstandsrecht)을 강조한 것이다. 법의 이념이 곧 법의 존재이유이며 법의 효력의 최후의 근거라 한다면 법의 타당성은 법의 일반원칙에 부합되어야 할 것이다. 그러한 의미에서 악법의 강요는 자유민주주의에 대한 도전이며 시민적, 합의를 얻을 수 없는 것이다.

이렇듯 법의 타당성과 실효성은 법에 있어서 필수적 요건으로 사실상 서로 불가분의 관계로 결합되어 있는데도 불구하고 실제로 그 사이에 모순이 있는 것을 볼 수 있다. 특히 양자가 합치되지 않을 때 법의 가치에 의문을 제기하게 된다. 이에 관하여 켈젠(Kelsen)은 “법은 타당성만 가진다면 그 효력이 있으며 실효성까지 요구할 필요가 없다. 한 사람의 복종자도 없고 또 범죄인이 사실상 처벌받지 않는다 하더라도 법은 여전히 효력이 있는 것이다”라고 주장하였다. 즉 실정법이 규범으로서의 타당성을 가지고 있으면 법규의 적용은 실효성을 보장할 수 있는 가능성(Möglichkeit)이 있다는 것이다. 예컨대 내란죄(형법 제87조)나 외환의 죄(형법 제92조)는 평시에는 적용되지 않으나 내란이나 외환의 사태가 발생한 경우에는 형법규정이 그대로 적용될 가능성이 있기 때문에 법은 효력이 있다는 것이다.

바꾸어 말하면 법이 실효성을 보장받으려면 법 그 자체가 타당성이 있어야 하며 이것이 법의 본질이라 하였다. 실정법은 국가권력에 의해 국민을 위하여 제정되는 규범인 만큼 적어도 국민적 합의에 바탕을 두는 이념적 근거로서 법의 타당성을 갖추어야 한다.

저 항 권　　저항권은 국민의 기본적 인권을 침해하는 국가권력에 대하여 저항할 수 있는 권리로서, 미국의 독립선언 그리고 프랑스의 인권선언 중의 ‘압제에의 저항’(résistance à l’oppréssion) 형식으로 나타났다. 저항권은 실정법의 규정여부를 불문하고 국민주권의 원리에서 나오는 필연적인 자연법적 요청이다. 이것은 제2차 세계대전 후의 기본권 조항에서 다시 논의되고 있는바, 이는 합법을 가장한 독재자로부터 국민의 기본권을 보장하기 위한 제도적 장치라 하겠다.

제3절 법효력의 근거

Ⅰ. 법존립의 기초

법이 효력을 갖고 실행된다는 것은 하나의 행위규범으로서 현실사회에서 인간의 행위를 구속하게 됨을 의미한다. 법규범이 행위규범인 동시에 강제규범으로서의 복합적 성격을 갖는 것은 규범적 타당성이 있기 때문이다. 법은 어떠한 근거에 의해서 강행되는가. 즉, 법의 타당성의 근거에 관해서는 유사 이래 많은 논란이 있었으나 아직껏 법철학상의 어려운 문제로 남아 있다.

이에 관해서는 법의 타당성이 법에 선행하는 초월적인 것에서 유래한다고 하는 주장과, 법 자체가 갖고 있는 내재적인 타당성에서 근거한다고 하는 설로 대체로 양분되는바, 자연법론자들은 신의·자연에 두고, 역사학파는 민족에, 분석법학파는 명령에, 법실증주의자들은 상위규범의 위임에 법의 근거를 각각 둔다.

Ⅱ. 법의 근거에 관한 학설

1. 학설의 검토

법의 근거에 관한 학설 중 중요한 학설을 발생순으로 살펴보면 다음과 같다.

(1) 신 의 설

이 설은 절대적 존재로서의 신의 계시인 법은 보편타당성을 갖고 있는 까닭에 이에 절대적으로 복종하여야 한다는 것으로서, 법의 효력의 근거를 신의 의사에서 구한다. 법은 신앙심에 기인하는 심리적 강제, 즉 신벌의 제재에 의해 이행되어진다는 설로서 종교에 의해 뒷받침되었다. 오거스틴은 영구법(lex aeterna)은 신의 의사와 동일한 것이며 질서의 문란을 금지하는 신의 합리적 의지가 바로 영구법이라고 설명하고 있다. 또한 아퀴나스는 법을 영구법, 자연법, 인정법(lex human)으로 나누고, 영구법은 신의 이성으로부터 발생한 세계지배의

원리이며, 자연법은 영구법의 참여형태이고, 인정법은 자연법을 적용한 것이라고 하여 모든 법의 궁극적 기원을 이른바 신의 이성에서 구하고 있다.

이 설은 법의 근거를 신에서 구하기 때문에 신앙을 떠나서는 법은 존재할 수 없다는 것이 된다. 따라서 이 설은 과학적 논리가 없는 종교적 유물이라 하겠다.

(2) 자연법설

이 설은 법의 효력의 근거를 영구불변의 자연법에서 찾는다. 자연법은 인간 및 자연의 본성에 따른 법으로서 시대적·공간적 민족 등을 초월하여 존재하는 초실정법적인 규범으로서의 법이다. 따라서 자연법이 실정법에 대한 타당성의 근거 내지 기준을 마련해 준다는 것이며 자연법에 위배되는 실정법은 타당성을 갖지 못한다는 것이다. 자연법의 내용은 시대에 따라 해석을 달리하여 왔는데, 고대에 있어서는 자연적 질서를, 중세에 있어서는 신의 섭리를, 근대에 이르러서는 합리적인 인간의 본성 또는 이성을 나타내고 있다.

그러나 자연법학자들은 실정법의 효력을 시공을 초월하는 고차원적인 객관적 규범에서 찾아 법의 가치를 구하려고 하였으나, 자연법은 하나의 관념에 불과하여 실정법의 타당성을 그 자체에서 구하지 못하였다. 순수한 자연법이론은 켈젠이 지적한 것처럼 관념적·무정부주의적이라는 비난을 면하지 못할 것이며, 추상적인 가치의 자연법을 실정법의 타당성의 근거로 인정하기에는 객관적 근거가 희박하다 하겠다.

(3) 사회계약설

국가의 성립은 국민의 합의에 의한 것이기 때문에 법도 그 구성원인 국민의 의사의 표현이라는 사상은 18세기의 시민혁명의 이론으로서, 미국의 독립선언, 프랑스의 인권선언 등도 이러한 사상을 선언하고 있다. 이 설은 국가는 시민에 의한 사회계약에 의하여 성립되었다는 데서 법의 타당성을 구하고 있다. 그러나 실증적인 측면에서 볼 때 반드시 국가나 법이 사회계약에 의해 성립되었다고는 볼 수 없기 때문에 이 설은 하나의 가설에 불과하지만, 이론적 타당성을 추구하는 면에서는 사회계약설의 민주성은 높이 평가할 수 있다.

(4) 명 령 설

법의 본질을 통치권자인 국가의 명령이라고 보고 법의 타당근거를 명령의 발동에서 찾는다. 이 설은 오스틴(Austin)을 중심으로 하는 영국의 분석법학파에 의하여 주장된 것으로 블랙스톤(William Blackstone, 1723～1780)의 "도덕에 반하는 법은 무효이다"라는 주장에 반대하고 "악법도 법이다"라고 하여 국가 입법권의 절대성을 강조하여 자연법을 부인하였다. 그리하여 주권자의 명령을 거부하는 자에 대하여 제재를 가함으로써 법은 효력을 가질 수 있다고 보았다.

한편, 오스틴의 주권자명령설을 보충해서 사이델(M. Sydel)은 지배자의사설을 주장하였다. 즉 법은 국가 구성원의 공동생활의 질서를 유지하기 위하여 지배의지에 의해 정립된 실체이며, 이 지배의지는 국가 위에서 지배하는 실력행사를 의미한다는 것이다. 어떻든 명령설은 의식적으로 발달된 법제만을 그 대상으로 하고 통치자의 명령만을 법이라 하기 때문에 불문법은 물론 국제법도 법이 아닌 것이 된다. 또한 법적 타당성의 근거가 통치자의 명령이기 때문에 법을 준수한다고 설명할 뿐 법적 근거가 무엇인지에 대해서는 이론적 설명이 없다.

(5) 실 력 설

법을 실력의 발현으로 보고 법은 실력의 지지를 받음으로써 유효하게 행사할 수 있기 때문에 법의 근거를 지배자의 실력에서 찾으려 한다. "권력은 정당한 것이다(Might is right)", 또는 "실력은 법에 우선한다(Macht geht vor Recht)", "법은 약자를 지배하는 강자의 권리이다", "법은 승리자가 그 지위를 옹호하기 위해 만든 지배의 한계"라는 말들은 한결같이 강자가 약자를 지배하는 것은 실력이라고 하였다. 이는 실력에 법이 존재하는 기초가 있다는 뜻이다. 이 설은 권력설이라고도 하며 그리스의 소피스트학파(Sophist)에서 비롯되어 근세에 이르러 스피노자(Baruch Spinoza, 1632～1677)와 같은 일부 자연법론자, 메르켈(Adolf J. Merkel, 1836～1896), 오펜하이머(Franz Oppenheimer, 1864～1943) 등이 주장하였다.

한편 바쿠닌(Bakunin), 크로포트킨(Kropotkin) 등은 법은 계급적 지배수단으로서 지배계급이 국가권력과 결합하여 규범화한 것이라고 보았다. 이 설은 법에 있어서 실력적 요소만을 강조하여 그 실력의 당위성을 무시한 채 법과 힘을 동일시하여 법의 행사에 있어서 폭력과의 구별을 하지 못하고 있다. 실력설은 법의 현실적·외면적인 측면만을 파악하고 있을 뿐 그 내면적인 당위성을 설명하는 데는 충분치 않은 것이다.

(6) 역사법설

법을 자연적으로 발생하는 민족정신의 발현으로 보고, 법의 효력의 근거는 민족의 법적 확신에 있다는 설이다. 19세기 초 사비니가 비역사적 자연법사상에 대항하여 제시한 것으로서 푸흐타(Puchta, 1798～1848)에 의하여 완성되었다. 법은 언어와 마찬가지로 개인을 떠나 존재하는 민족의 역사, 사회상태 등에 따라 민족과 유기적인 관계를 갖고 자연적으로 발생, 생성하는 산물이지 결코 제정되는 것이 아니라고 한다. 즉 법은 만들어지는 것이 아니라 발견되는 것이며 관습법이 유일한 법원이라고 한다. 이 학설은 법을 국가의 형식적인 제정법만에 한정시키지 않고 법의 내용적・실질적 면을 강조하고, 법에 관하여 발생적・역사적 고찰을 행한 점에 큰 의의가 있다. 그러나 민족의 법적 확신이 결여되더라도 합리성의 목적에서 법을 제정하는 경우가 있는 것을 이 설은 설명하지 못하고 있다. 이 설은 법의 근거를 지나치게 민족의 신비한 역사적 확신에 구하고 있을 뿐 그 실체에 대한 과학적 설명을 하지 못하였다.

(7) 승 인 설

법은 국민이 사회생활의 규범으로서 행하여지는 것을 승인하기 때문에 지켜야 한다는 것이다. 즉 법은 각자가 자유를 포기하고 자신을 속박하려는 데서 발생하는 것으로서, 그것이 각자의 의사에 따른 것이기 때문에 준수되어야 한다는 것이다. 이 설의 대표자인 비얼링(Ernst R. Bierling, 1814～1919)은 "법의 효력의 근거는 일반인이 법에 대하여 승인하는 정신적 지지에 있다"고 하였으며, 그 승인은 강제적 승인・비자발적 승인・비의욕적 승인 등도 포함한다고 한다. 그런데 강제된 승인도 승인으로 본다는 것은 반대의 의사도 승인으로 인정하는 모순에 빠진다. 법은 사회구성원인 개인 각각의 승인에 의해서 성립되는 것이 아니라, 개인의 임의성을 배제하고 강행성을 그 본질로 하기 때문에 법의 승인과 법의 존립과는 직접적인 관련이 없는 것이다.

(8) 사회의식설

사회는 그 결합을 유지하기 위하여 그 구성원간에 공통된 사회의식이 있어야 하며, 그 사회의식의 내용이 법이라고 한다. 이 설에 의하면 법은 사회의식의 표현이며 형성된 사회의사라고 한다. 따라서 사회의식의 내용이 되는 법은 개인의 의사를 구속하고 준수되는 것이라고 주장한다. 그런데 승인설의 경우에는 법의 승인을 반대하는 자에 대해서 법이 구속력을 가진다고 하는 근거가 빈약하게 되나, 사회의식설에 따르면 이러한 결함은 해결된다. 그러나 어떤 의사가 사회의 공통적인 의사로 성립되는지가 확실치 않으며 또한 그 의사가 법의 기초가 된다고 하는 것은 지나친 의제라는 비판을 받는다.

(9) 여 론 설

이 설은 법을 창조하는 힘은 여론이라고 하여 법의 근거를 여론에서 찾았다. 다이시(Albert V. Dicey, 1835~1922)는 영국에서는 전통적으로 입법이 여론에 의해서 형성되는 사실을 살피어 여론이야말로 법의 근거이며 법창설의 원천이라고 한다. 그는 여론이란 "일정한 법을 유익하다고 인정하는 동시에 해롭다고도 인정할 수 있는, 사회에서 통용되는 신념이다"라고 정의하고, 무릇 사회제도는 사회의 신념과 감정으로 이루어지는 보편적인 의지, 즉 여론에 의존한다고 하여 이를 입법의 근거와 법의 효력근거로서 인정하였다. 그러나 보편적인 다수의 신념도 소수의 여론에 압도되어 법을 제정할 힘이 없을 때, 그것은 법의 규범적 타당성의 근거가 될 수 없다.

즉 여론이 다수의 신념을 얻어 반드시 법의 효력의 근거가 되는 것은 아니다. 여론 자체가 진실성을 지니기 위하여는 민주적 방법에 의해서 민의를 반영하여야 한다. 한편, 헤겔(Hegel)은 이 점을 중시하여 여론의 배후에 존재하는 객관적인 이념이나 보편적 의사를 법의 효력근거라고 하였다.

(10) 법단계설

순수법학자인 켈젠의 법단계설(Stufentheorie des Rechts)에 의하면 국가의 법규는 평면적으로 병존하는 것이 아니라, 입체적으로 상하의 단계적 질서를 이루면서 하나의 법질서를 구성하고 있다는 것이다. 즉 법질서의 단계구조는 상위의 법에서부터 하위의 법으로 구성되어 있어서, 하위규범은 상위규범의 위임을 받아 정립되어야 비로소 하위규범의 타당성이 인정된다는 것이다. 바꾸어 말하면 실정법질서는 제1위인 근본규범(Grundnorm) → 헌법 → 법률 → 명령 → 처분의 순서로 상하의 위계적 질서를 이루고 있다고 한다. 따라서 실정법의 타당성의 근거를 근본규범이라는 가설에서 찾는 것이며, 이 설을 근본규범설이라고도 한다. 켈젠이 말하는 근본규범이란 '법을 제정할 수 있는 최고 권위의 소재를 가리키는 국가의 정치적 근본원리'이다.

그런데 근본규범에 정치성이 내포되고 있는 한 상위단계의 법전체가 역시 정치성을 띠게 되는 것은 필연적이다. 이는 정치로부터 법의 이른바 순수성(Reinheit)을 지키려는 켈젠의 의도와는 모순된다. 이 설은 헌법보다 우위에 있는 근본규범이 무엇인지에 대해서 설명이 없어 지나친 형식적 논리라는 비판을 받는다.

2. 결 어

이와 같이 여러 가지 학설들을 검토하였으나 각 학설은 법의 근거에 관해서 일면적 고찰에 치우쳐 있어 법의 규범적 타당성의 근거를 제시하기에는 충분치 않은 것을 볼 수 있다. 법이 현실사회에서 그 규정대로 실현되기를 요구하는 것은 법에는 사회적 규범으로서의 목적이 내재하고 있기 때문이다. 바꾸어 말하면 사회의 요구가 법을 통해서 실현될 수 있는 것이기 때문에 법이 타당성을 갖는 것이다. 그리하여 예링은 "목적은 전체 법의 창조자이다"고 하였고, 또한 라드브루흐도 법에 있어서 구체적인 가치기준은 그 목적에 있다는 것을 주장하였다.

법의 가치는 법이 실현하려고 하는 목적의식이다. 따라서 법의 목적의식이 법의 존재이유인 동시에 법의 효력의 최종적 근거가 되는 것이기 때문에 목적이 없는 법은 존재의미가 없는 것이다. 법률마다 각각 그 고유의 목적을 갖고 있다고 하더라도 그 배후에는 보편적인 법의 일반원리가 법질서의 불가결한 전제조건인 까닭에 법의 일반적인 이념이 곧 법의 타당성의 근거가 될 것이다.

제4절 법의 형식적 효력

실정법은 특정한 사회에 적용되는 까닭에 법의 효력은 일정한 한계를 갖는다. 법의 효력의 범위는 시간적·장소적·인적인 3가지 측면에서 고찰할 수 있다.

Ⅰ. 법의 시간적 효력

(1) 법의 시행

제정법의 효력은 시행일로부터 폐지일까지 계속된다. 이 기간을 법의 시행기간 또는 유효기간이라 한다. 법은 이 기간 안에 발생한 사항에 대해서만 적용되는 것이 원칙이다. 법은 시행에 앞서 '공포'하여야 한다. 공포는 법의 성립과 그 내용을 국민에게 주지시키기 위한 것이다. 특별한 규정이 없는 한, 법은 공포한 날로부터 20일을 경과함으로써 효력이 발생한다(헌법 제53조 7항).

공포일로부터 시행일까지의 기간을 법의 주지기간이라 한다. 그러나 법에 따라서는 따로 시행일을 정하는 경우도 있다. 민법(법률 제471호)은 1958년 2월 22일에 공포되어 1960년 1월 1일부터 시행되었으므로 거의 2년간의 주지기간을 두었다. 재산 및 가족생활에 걸친, 중요하고 방대한 법률이므로 국민일반에게 충분히 주지시킬 필요가 있었기 때문이다. 이에 반하여 공포한 날부터 시행한다고 규정한 법도 있다. 1961년 12월 4일 개정된 근로기준법은 그 부칙에 공포일로부터 시행한다고 규정하였다. 또 시행은 그 시행지역 전반에 걸쳐 동시에 시행하는 것이 원칙이나(同時施行), 때로는 지방에서는 중앙으로부터의 거리를 참작하여 시행일을 달리할 수 있다(異時施行).

(2) 법의 폐지

법이 구속력을 잃는 것을 폐지라고 한다. 법의 폐지에는 다음의 두 가지가 있다.

1) 명시적 폐지 첫째, 법령이 그 시행기간(유효기간)을 정해 놓을 경우엔 그 기간의 종료로 그 법령은 당연히 폐지되고, 폐지 후에는 폐지 전의 사실에 대하여 제재를 가할 수 없다. 여기에 중요한 예외로서 한시법이란 것이 있다. 둘째, 신법에서 명시규정으로 구법의 일부 또는 전부를 폐지한다고 규정한 때에는 구법은 당연히 폐지된다.

2) 묵시적 폐지 동일한 사항에 관하여 신법과 구법이 모순·저촉될 때에는 그 저촉의 한도에서 구법은 묵시적으로 당연히 폐지된 것으로 본다. 국가의사는 통일적이어야 하기 때문이다. 여기에서는 "신법은 구법을 깨뜨린다"는 원칙이 지배한다.

(3) 법률불소급의 원칙

법은 시행기일 이전에 발생한 사항에 대해서는 적용되지 아니하고, 시행 후에 생긴 사항에 대해서만 적용됨을 원칙으로 한다. 이것을 법률불소급의 원칙이라고 한다. 이 원칙이 성립된 이유는 만약에 법의 소급효를 인정하면 행위시에 적법하였던 행위가 후에 적법하지 않게 되어 법적 생활이 극히 불안정하게 될 우려가 있기 때문이다. 형법 제1조 1항과 같이 "범죄의 성립과 처벌은 행위시의 법률에 의한다"고 명시적으로 규정하고 있는 경우뿐만 아니라 명시적인 규정이 없더라도 이 원칙은 모든 법분야에서 준수되어야 한다.

그러나 이 법률불소급의 원칙은 절대적인 것은 아니다. 소급효를 인정하는 것이 적당할 때에는 입법으로써 소급효를 규정하면 예외가 인정된다.

1) 사후법 제정금지의 원칙 이것은 행위시에는 범죄로 되지 않는 것이 사후에 제정된 법률에 의하여 범죄가 될 수 없다는 이유에서 사후법의 제정이 금지된다는 원칙이다. 이것은 죄형법정주의의 내용을 이룬다.

2) 기득권 존중의 원칙 구법에 의하여 취득한 기득권은 신법의 시행으로 소급하여 박탈하지 못한다는 원칙이다. 자연법론자들이 개인의 재산권에 관하여 주장한 데서 유래한 것이며, 역사적으로 사유재산의 확립에 이바지한 이론이다. 그러나 이 원칙도 절대적인 것은 아니며 입법에서 제한할 수 있다.

3) 예외 신법이 오히려 관계자에게 유리하거나, 소급적용이 기득권을 침해하는 일이 없다거나 또는 기득권을 침해한다 할지라도 소급시킬 공익상의 필요가 있을 때에는 입법상 또는 해석상 소급효를 인정하는 경우가 있다(예: 형법 제1조 제2항. 형벌불소급의 원칙이 범인에게 불이익하게 소급되는 것을 금지하는 것이 본래의 뜻이기 때문에 소급하는 것이 이익이 될 때에는 소급하도록 한다).

(4) 경 과 법

법령의 제정, 개폐가 있었을 때 구법시행시의 사항에는 구법을 그대로 적용하고 신법시행 후의 사항에 대하여서는 신법을 적용하는 것이 원칙이다. 다만 구법시행시에 발생한 사항으로서 신법시행 뒤에도 계속 진행되고 있는 사항에 관하여는 구법과 신법 중 어느 것을 적용하는가가 문제가 된다. 이것을 해결하기 위하여 규정된 것이 경과법이며, 법령을 개폐할 때 명문으로 규정한다. 이것은 대개 본법의 부칙에서 규정하는 것이 보통이나(민법 부칙 제5조), 상법시행법과 같이 별도로 규정하는 경우도 있다.

Ⅱ. 법의 장소적 효력

법의 장소적 효력에 관하여는 다음과 같은 원칙들이 적용된다.

1) 속지주의 이것은 범죄인의 국적여하(내국인이건 외국인이건)를 불문하고 자국영토 안에서 발생한 일체의 범죄에 대하여 우리나라 법을 적용할 수 있다는 원칙이다. 헌법 제3조에 따르면 우리나라의 주권은 북한에도 당연히 미쳐야 하지만 사실상으로 현행법이 적용되지 못한다.

2) 속인주의   이것은 범죄지 여하를 불문하고(외국에서의 행위라도) 자국민의 범죄에 대하여 우리나라 법을 적용한다는 원칙이다.

3) 보호주의   이것은 범죄지 및 범죄인의 여하를 불문하고, 자국 또는 자국민의 법익을 침해하는 범죄에 대하여 우리나라 법을 적용할 수 있다는 원칙이다.

4) 세계주의   이것은 범죄에 대한 사회방위의 국제적 연대성이라는 견지에서 범죄인 및 범죄지 여하를 불문하고 일체의 반인류적 범죄에 대하여 우리나라의 법을 적용하여야 한다는 원칙이다.

우리나라 현행법은 속지주의를 기본원칙으로 속인주의 및 보호주의를 가미하고 있다. 속지주의만을 철저하게 고집한다면 국외에서 발생한 일체의 범죄에 대하여 우리나라 법을 적용할 수 없으므로, 속지주의 원칙을 보충하기 위하여 속인주의・보호주의를 가미하였다.

세계 각국이 채용하고 있는 입법주의는 일치하지 않고, 또 우리나라 현행법은 전술한 바와 같은 입법주의를 채용하고 있으므로, 외국에서 행한 범죄에 대하여 외국의 법과 우리나라 법이 경합되는 경우가 있을 것이다. 이 경우 외국에서 동일한 행위에 대하여 확정재판을 받은 자라 할지라도 다시 우리나라의 형법으로 처벌할 수 있다. 그러나 위의 원칙에 대하여는 약간의 예외가 인정된다.

지방자치단체가 제정한 조례와 규칙은 그 목적상 그 지방에 한하여 적용되며, 도시계획법(1962년 법률 제983호)은 도시에 한하여 적용된다.

Ⅲ. 법의 인적 효력

'사람에 관한 효력'은 법이 어떠한 사람에게 적용되는가 하는 문제이다. 법은 전술한 '장소' 및 '시'에 관한 효력이 미치는 범위 안에서는 원칙적으로 모든 사람에 대하여 적용된다.

따라서 법의 사람에 관한 효력의 문제는 결국 예외로서 법률의 적용을 받지 않는 사람에 관한 문제로 귀착된다. 이 예외로서는, 국내법상의 관계로서 적용을 받지 아니하는 자와, 국제법상의 관계로서 그 적용을 받지 아니하는 자를 구별하여 논할 수 있다.

(1) 국내법상의 예외

대통령은 내란 또는 외환의 죄를 범한 경우가 아니고는 재직 중 형사상의 소추를 받지 아니한다(헌법 제84조). 국회의원은 불체포의 특권이 있고(헌법 제44조), 또 국회에서 직무상 행한 발언과 표결에 관하여 외부에서 책임을 지지 아니한다(헌법 제45조). 이것은 대통령이나 국회의원이 임기 중에 안심하고 직무를 수행할 수 있도록 하기 위한 것이다. 법은 모든 국민에게 평등하게 제한 없이 적용되어야 할 터이지만, 특별법은 일정한 범위의 사람에게만 적용되는 경우가 있다.

가령 공무원법은 국가공무원에게만, 근로기준법은 사용자 및 근로자에게만, 미성년자보호법은 미성년자 및 그 친권자에게만 적용된다.

친족의 범인은닉

갑은 살인을 저지르고 지명수배를 받고 도피 중이던 아들 을을 지하실에 숨겨주었다. 경찰이 와서 을이 부모를 찾아왔는지 물을 때마다 갑은 을을 본 적이 없다고 거짓말을 하였는데, 갑의 이와 같은 행위는 처벌되는가?

▸ 벌금 이상의 형에 해당하는 죄를 범한 자를 은닉하거나 도피시키게 되면 범인은닉죄로 처벌받는다(형법 제151조 1항 참조). 다만 행위자가 범인과 친족 또는 동거하는 가족관계에 있어서 이러한 친족이 범인을 은닉 · 도피시키는 경우에는 혈연 · 인정 · 본능이라는 끈끈한 정서로 결합되어 있다는 것을 고려하여 처벌하지 않는다(형법 제151조 2항 참조).

(2) 국제법상의 예외

치외법권을 누리는 자는 국제법상 현재 체류하는 나라의 과세권, 경찰권, 재판권 등으로부터 면제되는 특권이 있는데, 이러한 특권을 누리는 자로는 외국원수, 대통령, 국왕, 외교사절(대사, 공사 기타) 및 그 가족과 수행원, 외국에 주재하는 군대, 외국 영해상의 군함의 승무원 등이 이에 속한다.

이 때에는 속지법주의가 배척되고 속인법주의가 적용된다. 한국에 주둔하고 있는 미군의 지위에 관하여는 가령 대한민국과 미국 사이의 상호방위조약 제4조에 의한 시설과 구역 및 대한민국에서의 합중국군대의 지위에 관한 협정(1967년 조약 232)에서 상세히 규정하고 있으며, 어느 정도 속지주의를 채택하고 있다. 또 참정권, 청원권, 병역의무 등 '헌법상'의 권리의무는 외국인에게는 인정되지 아니한다.

8 법의 적용과 해석

제1절 법의 적용

입법부에서는 법률을 제정하고, 행정부에서는 법률을 집행하며, 사법부에서는 법률을 적용(anwenden)한다. 오늘날 법규가 적용된다는 것은 재판과정에서 더욱 명확히 표시된다. 재판과정을 살펴보면 적용될 추상적 법규를 대전제로 하고, 사회에서 일어나는 구체적 사건을 소전제로 하며, 거기에서 판결이라는 결론을 이끌어 내는 '삼단논법(syllogism)'의 형식을 밟아서 법이 적용된다.

가령 "타인의 재물을 절취한 자는 6년 이하의 징역 또는 1000만 원 이하의 벌금에 처한다"(형법 제329조)는 법규를 대전제로 하고, A가 B의 재물을 절취했다는 사실을 소전제로 하여, 거기에서 판결로써 A를 3년 징역에 처한다는 결론을 이끌어내는 것이 절도죄에 관한 형법 제329조를 적용하는 단계인 것이다.

Ⅰ. 사실의 확정

법규를 적용하려면 먼저 소전제가 되는 사실을 확정해야 한다. 바꾸어 말하면 '절도'행위를 했다는 사실을(위에서 A의 절도행위) 확정하지 못하면 어떠한 법규를 적용할 것인지 결정하지 못할 것이다. 사실을 확정하는 데는 다음과 같은 방법이 있다.

1. 입 증

사실의 확정은 증거에 따른다. 재판에서 사실의 존부에 관하여 확신을 얻게 하는 자료가 증거이며, 재판관의 사실인정의 객관성을 담보한다. 특히 형사소송법상의 절차에서 당사자주의에 철저한 법정에서는 오로지 주장하는 당사자에게 거증책임이 있고, 직권주의 법제에서는 법관도 입증에 개입할 수 있다. 이것을 '입증책임' 또는 '거증책임'이라고도 한다.

2. 추 정

추정이란 어떠한 사실이 명확하지 않은 경우에 그 사실의 존부를 일단 가정하고 법률효과를 발생시키는 것을 말한다. 다시 말하면, 추정이란 어떠한 사실이 명확하지 않은 경우에 있어서 입증의 번거로움을 피하기 위하여 일반의 경우에 존재한다고 생각되는 상태를 기준으로 하고 우선 사실을 결정하여 거기에 일정한 법적 효과를 인정하는 것이다. 예를 들면 민법 제844조 1항에서 "처가 혼인중 포태한 자는 부의 자로 추정한다"고 규정하고 있는데, 그 자가 처의 불륜행위로 인한 타인의 자라는 것이 입증된다면 추정된 효과는 생기지 아니한다.

추정이란 어디까지나 잠정적인 것에 불과하므로 이와 다른 사실을 주장하는 자는 반증에 의하여 그 법률효과를 전복시킬 수 있다.

> **동시사망의 추정**
>
> 갑은 어머니와 아내, 아들 한 명을 두고 있었는데, 가족 모두가 해외여행을 가다가 비행기 폭발로 갑과 아들은 죽고 간신히 어머니와 아내만 살게 되었다. 이 경우 갑의 재산은 누구에게 상속되는가?
>
> ▸ 만일 아들이 갑보다 늦게 사망하였다면 갑의 유산은 아내만 상속하게 되고, 아들이 갑보다 먼저 사망하였다면 어머니와 아내가 공동으로 상속하게 된다. 그런데 이 사안에서 누가 먼저 사망하였는지가 분명하지 않는데, 이 경우에는 민법 제30조에서 "2인 이상이 동일한 위난으로 사망한 경우에는 동시에 사망한 것으로 추정한다"고 규정하고 있으므로, 갑과 아들이 동시에 사망한 것으로 하여 어머니와 아내가 공동으로 상속하게 된다.

3. 의　제(간주)

간주란 사실여하를 불문하고 법에 의하여 일정한 효과를 부여하는 것을 말한다. 즉 사실의 진부를 불문하고 그렇다고 일응 인정하는 것을 말하는데, 법문에서는 “본다”라는 용어를 쓰고 있다. 민법 제28조에서 “실종선고를 받은 자는 실종기간이 만료한 때 사망한 것으로 본다.”고 규정한 것이 한 예인데, 그것은 실종자의 법률관계에 결말을 지어주기 위하여, 실종선고를 사망으로 동일시하여 혼인의 해소, 상속의 개시 등의 효과를 생기게 하는 것이다. ‘간주 또는 의제’는 ‘추정’과 달라서 반증을 들어서 당장에 그 효과를 전복시키지 못하는 데 그 차이가 있다. 가령 실종선고를 받아서 사망으로 간주된 자가 생존하고 있음을 입증하더라도 그것만으로 당장에 선고의 효과가 전복되는 것은 아니며, 따로 선고의 취소를 위한 판결절차를 밟아야 한다(민법 제 29조). 이렇게 볼 때 사실의 확정에 있어서 추정보다 간주의 효력이 더 강함을 알 수 있다.

Ⅱ. 법의 발견

위에서 본 A의 절도사실이 증거로 확정되면 다음에는 그 사실에다 ‘적용’할 법을 발견해야 한다. 그런데 ‘법을 발견한다’는 것이 쉬운 일이 아니다. 사법상의 생활관계에서도 어떤 물건을 ‘빌려준다’, 또는 ‘빌린다’는 경우 빌리는 물건이 금전이나 미곡이면 소비대차가 되고, 대지나 가옥이면 임대차가 되며, 임대료를 물면 유상임차로 되고, 물지 않으면 사용임차로 된다.

법을 발견하려면 먼저 법의 의미내용을 명확히 알아야 한다. 그 의미내용이 분명하지 못한 법은 현실의 생활관계에 그대로 적용하기 어렵다. 따라서 법의 의미내용을 명백히 할 필요가 있으며, 이것이 바로 법의 ‘해석’이다. 이리하여 법관은 한편에서 사실을 확정한 다음에, 또 한편에서 법을 찾아내어 해석한 법을 사실에 적용하게 된다. 그러므로 사실의 확정과 법의 해석은 법의 적용을 통하여 연결되는 일련의 과정이다.

제2절 법의 해석

Ⅰ. 의 의

법의 해석이란 법규의 진의를 밝히는 것이다. 즉 법의 구체적 적용을 위하여 법규의 뜻을 체계적으로 이해하고, 법의 목적에 따라서 규범의 의미를 명확히 하는 논리적 작업을 말한다. 그런데 법에 내재되어 있는 이념과 정신을 객관화시키려는 이 법의 해석은 단순한 형식론적 방법을 넘어서 목적론적으로 해석될 것이 요구된다. 그러므로 각 법규가 가지고 있는 객관적 목적과 그 시대의 사회적 실정들을 고려해서 목적적·가치관계적으로 그 의미내용을 밝혀내지 않으면 안 된다.

Ⅱ. 해석의 방법

법의 해석방법으로는 유권해석과 학리해석이 있다. 유권해석이란 관청이 유권적으로 내리는 해석이고, 문제가 되는 것은 학리해석인데 이는 私人에 의한 해석 특히 법학자가 학설로서 전개한 법해석을 가리킨다. 이 해석은 국가권력의 뒷받침이 없으므로 그 자체로서는 하등 구속력이 없다. 그러나 시대의 권력으로 좌우되지 않고 순수한 학문적 견지에서 하는 해석이므로 일반여론에 대한 설득력도 그만큼 강하며 유권해석에 대하여도 영향력을 가지고 있다. 즉 학자의 법해석이 재판과 입법의 기초가 된다. 종래의 법학은 이런 종류의 해석에 주력을 기울여왔으며, 학리해석은 법학의 발전에 커다란 공헌을 했다.

1. 유권해석

(1) 입법해석

민법 제98조에서 '물건'이란 용어를 풀이하여 "본법에서 물건이라 함은 유체물 및 전기 기타 관리할 수 있는 자연력을 말한다"고 규정하는데, 이것은 동일한 법률 중에 법의 '해석규정'을 두는 예이다. 이것은 입법기관이 법을 제정하는 권한으로 해석규정을 두어서 해석을 꾀하는 것이다. 또 어느 경우에는 부속법규 같은 다른 법령에서 해석규정을 두는 예도 있다. 그것은 독립된 법규를 이루고 있으므로 '법규해석' 또는 '법정해석'이라 한다. 최근의 입법경향은 특히 선행하는 사회적 지반을 갖지 않은 신입법을 할 때 해석규정을 마련하는 경우가 있다. 또 입법기술적 조작상의 해석규정을 마련하는 경우도 있다. 예를 들면 노동조합법 제2조에서 '노동조합', 동법 제4조에서 '근로자', 동법 제5조에서 '사용자'의 의의 등을 각각 규정하고 있다. 입법해석은 법령 중에 해석규정을 설정하는 것이므로 본래적 의미의 법해석 방법과는 다르다.

해석규정도 역시 하나의 법규정이므로 이것도 또한 해석의 기준이 된다. 가령 민법 제18조 1항에 "생활의 근거가 되는 곳을 주소로 한다"고 규정하고 있는데, 이것도 역시 하나의 규정이므로 그 자체도 또한 해석의 대상이 된다. 즉 어느 곳을 '생활의 근거'로 하고 있다는 '정주의 사실'로 주소를 보느냐(실질주의·객관주의), 혹은 그 외에 다시 그 곳을 생활의 근거로 한다는 '정주의 의사'가 있어야 주소로 보느냐(의사주의·주관주의)의 해석이 문제가 된다. 여기에서 학설과 판례가 형성된다.

(2) 사법해석

사법기관인 법원에 의하여 행해지는 법의 해석을 사법해석이라고 하는데 보통 판결의 형식으로 이루어진다. 사법해석은 개별적으로 취급하는 당해사건에 관한 한 원칙적으로 최종적인 구속력을 가지므로 법해석으로 중요한 의의를 가진다. 사법해석은 입법해석과 같은 절대적인 구속력은 없으나, 하급법원은 상급심에서 자신의 판결이 파기되지 않도록 노력하게 될 것이기 때문에, 판결 특히 최고법원의 판결은 국민이나 법원에 대해 사실상의 구속력을 가진다. 또한 사법해석은 법원에서 하는 것이므로 '재판해석'이라고도 부른다.

(3) 행정해석

행정관청에서 법을 집행할 때, 또는 상급관청이 하급관청에 대한 훈령·지령 등을 내리면서 법을 해석하는 것을 말한다. 물론 행정관청은 최종 구속력이 있는 해석은 하지 못하며, 그릇된 해석에 따른 법집행으로 위법한 행정처분이 행해졌을 때는 최종적으로 법원의 해석으로 교정된다. 그러나 상급관청의 회답 등은 동일 계통의 하급관청에 대하여 사실상 구속력을 가지며 일반적인 경우에 있어서 그 행정행위가 취소되지 않는 한 공정력이 인정되므로 역시 행정해석도 사실상의 구속력이 있는 것이다.

2. 문리해석

이것은 법규의 문장의 의미를 하나하나 밝힌 후에, 다시 조문 전체문장의 구성을 검토하여 그 의미내용을 파악하는 해석 방법이다. 이것은 법을 해석함에 있어서 전단계적 방법이지만 경우에 따라서는 너무 여기에만 치중되면 법령의 진의를 파악하지 못하게 되므로, 문리해석은 목적해석의 절차적 방법으로서만 의의가 있다.

(1) 축소해석

법조문의 문구를 문리적으로 해석하여 법조문의 언어적 표현 자체보다 더 좁게 해석하는 것이다. 이것은 법조문의 언어적 표현을 제한하는 해석이므로 제한해석이라고도 한다. 가령 민법 제109조 1항에서 "의사표시는 법률행위의 내용의 중요부분에 착오가 있는 때에는 취소할 수 있다"고 규정하고, 동조 2항에서는 "전항의 의사표시의 취소는 선의의 제3자에게 대항하지 못한다"고 규정하는데, 이 경우의 '제3자'는 법조문의 언어적 표현대로 해석한다면 당사자 이외의 모든 제3자를 가리키는 것으로 되겠으나, 이 조문의 의미내용을 정확히 이해한다면 제3자의 범위를 한정하여 "당사자와 그 포괄승계인 이외의 자로서 착오에 의한 의사표시로 생긴 법률관계에 의거하여 새로운 이해관계를 가지게 된 자"로 좁게 해석되는 것이다. 또 형법 제329조의 절도죄의 객체인 '재물'에는 부동산은 포함되지 않는다고 하여 축소해석을 한다.

(2) 확장해석

법규의 문장의 의미를 확장하여 널리 이해하는 법의 해석의 한 방법이다. 문리해석에 의한 법문의 단순한 해석이 너무 좁아서 법규의 진정한 의도를 실현할 수 없을 때, 법문의 의미를 확장하여 널리 해석하는 태도이다. 예를 들면 형법 제257조의 '상해'에서 文句의 의미상으로만 본 생리적 장애에 국한하지 않고, 여성의 두발을 절단함으로써 외관상 손상을 초래한 경우에도 상해죄를 적용하도록 '상해'의 의미를 확장하여 해석하는 경우가 그것이다.

(3) 유추해석

어떤 사항을 직접 규정한 법규가 없는 경우에, 이와 가장 비슷한 사항을 규정한 법규를 적용하는 것, 즉 비슷한 갑·을 두 개의 사실 중 갑에 관해서만 규정이 있는 경우에, 을에 관해서도 될 수 있는 대로 갑에 근사한 결과를 인정하는 것이 유추이다. 예컨대 '권리능력 없는 사단'의 법률관계에 관해서는 민법에 규정이 없으므로 법인의 규정을 유추적용해야 한다고 해석하는 경우이다. 유추를 인정할 수 있는 실질적 근거는 동일한 법이유가 존재하는 점에 있다.

참고로 형법에서는 유추를 허용하지 않는다는 것이 해석상의 원칙이다. 형법에서는 죄형법정주의가 지켜지고 있으므로 피고인의 이익을 해하지 않기 위해 함부로 유추를 허용하지 못하는 것은 당연하다. 그런데 형법에서는 "의심스러울 때는 피고인에게 유리하게"라는 원칙이 인정되고 있다.

3. 논리해석

법규의 문자나 문장의 문법적 의미에 구애받지 않고 입법목적·사회적 요구 등을 참작하여, 또 입법자의 심리적 의사에 관계없이 법문의 논리적 추리에 의하여 행하는 법의 해석이다. 법규의 발생적·심리적·주관적 의의를 초월한 객관성의 보장에 이바지하기는 하지만, 과도한 형식논리의 편중은 '개념법학'의 폐단에서 보는 바와 같이 실제사회에 적합지 않은 모순을 발생시킨다.

(1) 비교해석

법규를 구법과 신법, 국내법과 국외법, 모법과 자국법 등과 같이 비교 대조하면서 해석하는 방법이다. 특히 외국법을 많이 수용한 나라에서는 그 모법과의 비교해석이 중요하다. 이것은 19세기 말부터 법의 사회화·세계화의 현상에서 유래하는 것으로서, 1900년에 살레이유(Salleilles)가 제창하여 조직된 '파리 비교법학회'를 계기로 본격적으로 성장하여, 오늘날 거대한 연구분야를 이루고 있다.

(2) 물론해석

법조문이 일정한 사례를 규정하고 있을 경우에 다른 사례에 관하여도 사물의 성질상 당연히 그 규정에 포함되는 것으로 판단하는 해석방법이다. 가령 자전거의 통행을 금지하는 게시판이 세워 있는 경우에는 오토바이도 물론 통행하지 못한다고 해석할 수 있다. 또 민법 제396조 과실상계의 규정에서 "채무불이행에 관하여 채권자에게 과실이 있는 때에는 법원은 손해배상의 책임 및 그 금액을 정함에 이를 참작하여야 한다"고 하였다. 이 규정 속에는 '과실'보다 더 중한 주관적 귀책사유인 '고의'는 물론 포함되는 것으로 물론해석을 할 수 있다. 그리고 물론해석은 법조문의 자구 속에 다른 사례가 당연히 포함되어 있다고 해석되는 데 반하여, 확장해석은 법조문의 자구 '밖에' 확장하여 해석한다는 점에서 서로 다르다.

(3) 반대해석

법문에 명시되지 않은 경우에는 그와 반대로 된다고 해석하는 방법을 말한다. 예를 들면 "부부의 일방이 일상의 가사에 관하여 부담한 채무에 대하여 다른 일방은 이로 인한 채무에 대하여 연대책임을 진다"고 하는 규정(민법 제832조)으로부터, 일상의 가사에 관하지 않는 한 연대책임이 없다고 해석하는 경우가 그 예이다. 반대해석은 현실적으로는 당연한 것처럼 보이지만 반드시 절대적인 것은 아니며, 반대해석의 정당성의 판단은 법의 일반적 목적에 의한 목적론적 해석에 맡기지 않으면 안 된다.

(4) 목적해석

법의 목적에 따라 행하는 해석의 한 방법으로 목적론적 해석이라고도 한다. 개개의 법규의 목적뿐만이 아니라 널리 법 전체의 목적이 고려되어야 하고, 제정당시의 목적뿐만 아니라 법적용시의 목적도 함께 고려하여야 한다. 목적해석은 논리해석이 막다른 골목에 부딪쳤을 때 헤어날 수 있는 방법이지만 잘못하면 목적 때문에 본래의 의미를 왜곡할 위험도 있다.

(5) 의사해석

입법 당시의 자료를 보고 입법자의 의사를 탐구하여 법규의 의미내용을 해명하는 해석이다. 그러나 입법에는 다수인이 참여하며, 때로는 그 의사가 서로 대립하는 경우가 있고, 입법 당시와 그 법을 적용할 당시의 사정이 서로 다를 수 있으므로 입법자의 의사해석에 반대하는 견해도 있다. 그러나 법안과 그 이유서, 국회의사록 등은 법해석의 중요한 자료가 될 수 있다.

(6) 보정해석

법문의 자구가 잘못되었다거나 표현이 부정확하다고 인정되는 경우에 그 자구를 보정한다거나 변경하는 해석인데, 변경해석이라고도 한다. 가령 민법 제7조에서 "법정대리인은 미성년자가 아직 법률행위를 하기 전에는 동의와 승낙을 취소할 수 있다"고 규정하였으나, 여기의 '취소'는 철회라고 보정하여 해석함이 좋을 것이다. 왜냐하면 '취소'는 일정한 원인에 의하여 의사표시의 효과를 소급적으로 소멸시키는데, 여기서는 법정대리인이 미성년자에게 준 '동의'나 '승낙'이 장래에 대해서만 그 효력이 생기지 않도록 막는 데 불과하기 때문에 '철회'라고 해석해야 한다. 입법자가 자구의 표현을 잘못하였느냐의 여부는 일반적으로 확실하지 못할 뿐만 아니라, 만약 보정을 인정한다면 법의 안정성을 해치게 된다는 이유에서 보정해석을 부인하는 견해도 있다. 보정해석도 법의 안정성을 해치지 않는 범위 안에서 해야 하므로 물론 일정한 한계가 있어야 한다. 즉 입법자의 법문의 표현이 명백히 잘못되었을 때, 확정적 학설에 명백히 위배될 때에 한하여 허용해야 할 것이다.

9 권리와 의무

제1절 법률관계

Ⅰ. 의 의

인간의 사회생활은 여러 가지 사회규범에 의해서 규율되어 사회질서가 유지된다. 그 중 법은 인간과 인간의 사회생활관계를 규율하고 그 법규범의 실현이 국가권력에 의하여 보장되는 것인데, 이와 같이 법의 규율을 받는 사회생활의 측면을 법률관계(Rechtsverhältnis)라 한다. 사람의 생활관계는 극히 복잡한 양상을 지니고 있으나, 그 모든 생활이 법의 규율을 받는 것은 아니다. 도덕, 종교, 윤리 등에 의하여 규율되는 생활관계, 즉 법의 지배를 받지 않는 생활관계도 많이 있고, 임대, 매매, 혼인 등과 같이 법의 규율대상이 되는 생활관계도 존재하는 것이다. 전자를 사실관계라 말하고 후자를 법률관계라 한다.

사회생활 가운데 어떠한 사항이 어느 정도의 법적 규제의 대상이 되는가는 그 시대적 상황 또는 문화적 발달의 정도에 따라 달라질 것이다. 법의 지배를 받는 법률관계는 권리와 의무의 관계로서 결합되어 있는 권리 대 의무의 관계로 나타난다. 이것은 한편에 있어서는 법에 의하여 보장되고 있는 일정한 생활이익을 향유하는 힘으로서의 권리와 이에 대응하여 상대방 측에는 일정한 작위 또는 부작위를 행하여야 할 법률상 구속으로서의 의무와의 관계로 나타나게 되는 것이다. 그리하여 법률관계는 법에 의하여 옹호되는 권리자와 법에 의하여 구속되는 의무자와의 관계로 나타난다. 따라서 권리가 있는 곳에는 그것에 대응하여 의무가 생긴다. 권리와 의무는 원칙적으로 하나의 법률관계의 양면을 이루고 있다.

이렇듯 인간의 사회생활관계는 법률관계로 표현되며, 법률관계는 권리의무로 이루어지고 있으므로 법과 권리는 밀접한 관계에 있다.

법과 권리의 어원 법과 권리와의 밀접한 관계는 우선 그 용어에서 나타난다. 즉 라틴어의 ius, 독일어의 Recht, 프랑스어의 droit, 이탈리아어의 diritto, 스페인어의 derecho, 슬라브어 pravo 등은 모두 법과 권리의 두 뜻을 함께 갖는다. 그것은 법이 객관적·일반적·추상적인 데 대하여, 권리는 주관적·특수적·구체적이란 점에 차이가 있을 뿐이기 때문이다. 그리하여 독일어나 프랑스어에 있어서는 Recht·droit에 각각 객관적·주관적이란 형용사를 부가하여 법과 권리의 뜻을 나타내게 된다. 즉 법은 객관적인 법(objektives Recht, droit objectif), 그리고 권리는 주관적인 법(subjektives Recht, droit subjectif)으로 표현한다.

Ⅱ. 연혁적 고찰

봉건제도하에서 일반 인민은 군주 또는 봉건영주에 대하여 무한한 의무만을 일방적으로 부담하는 신분적인 예속관계에 있었다. 따라서 개인의 인권존중이라는 관념이 없었기 때문에 양자간의 법률관계는 권리적 측면에서보다는 오로지 의무적 측면에서 규율되었다. 근세에 이르러 자연법학파의 대두에 따른 개인의 지위의 향상에 의하여 개인주의적 자유주의 정신과 민주주의 사상의 발달로 법률관계의 기본은 의무본위로부터 권리본위에로 이행을 보게 되었다. 즉 구제도하의 신분적 복종관계로부터 개인이 해방되고 개인의 권리의식이 강화됨에 따라 소유권의 절대적 보장, 계약자유, 과실책임을 중심으로 하여 법률관계가 이루어졌다. 그러나 지나친 자유주의와 개인주의를 기반으로 한 사회제도가 차츰 그 모순과 폐단을 드러내자 이에 대하여 반성을 하게 되었다.

20세기에 이르러 특히 복지국가 이념의 출현으로 개인중심적인 사상보다는 사회중심적인 사상이 강조됨에 따라 법률관계에 있어서 권리만능의 사상이 타파되고, 개인의 권리에 대하여 사회성·의무성을 요청하기에 이르렀다. Weimar 헌법이 '소유권은 의무를 부담한다'와 '인간다운 삶의 보장' 등을 최초로 규정함으로써 종래의 개인본위의 법사상으로부터 사회본위로 전환을 시도하였다.

이에 따라서 권리본위제도는 새로운 국면으로 전환되어 공동생활본위의 이른바 권리·의무의 융합이라는 새로운 이념이 등장하게 되었다. 이것은 물론 권리의 이념을 부정하는 것이 아니라 권리 속에 내재되어 있는 책임성을 강조하는 것이다. 그 결과 종래의 자연인에 대한 법적개념이 법 앞에 평등한 추상적 인격(Person)에 중점을 두어 형식적인 것에 치중하였으나, 오늘날은 법 앞에서 부당한 대우를 받지 않고 생존권을 누릴 수 있는 구체적인 인간(Mensch)의 구현으로 전환된 것이다. 이것은 개인의 존엄성과 가치를 존중함과 아울러 공공복지를 실현하려는 현대 법이념의 구체화를 위한 의지를 나타낸 것이다. 그리하여 우리 헌법도 제23조 2항에 "재산권의 행사는 공공복리에 적합하도록 하여야 한다"고 규정하였고, 이에 따라 민법 제2조에는 신의성실의 원칙과 권리남용의 금지를 규정하고 있다. 이렇듯 법률관계는 권리와 의무와의 발전과정의 측면에서 볼 때 의무본위시대에서 권리본위시대에로, 여기에서 다시 권리·의무의 융합의 시대로 전환되고 있는 것이다.

제2절 권 리

Ⅰ. 법과 권리

권리라는 것은 권익을 향유하도록 법에 의하여 주어지는 힘이므로 법이 존재하지 않고서는 권리는 존재할 수 없는 것이다. 따라서 법과 권리는 밀접 불가분의 관계로, 법질서의 주요 부분은 수많은 권리의 집합과 그 갈등으로 구성되었다고 해도 지나친 말이 아니다. 법질서는 보편적·추상적인 현상인 동시에 불특정다수인을 대상으로 하기 때문에 특정의 경우 이를 개별화·구체화하는 법률관계로 나타나게 되고 특정인을 위하여 권리가 부여된다. 그 때문에 권리는 객관적·추상적인 법의 주관적·구체적인 표현이라 할 수 있다. 권리의 문제는 법에 있어서 출발점이며 종점이 되는 것이다. 현대의 조직화된 사회에서는 개인의 사회적 생활이익은 제한되어 있어 권리는 항상 침해당할 위험 속에 있다.

Ⅱ. 권리에 대한 법사상적 배경

1. 자연법 이론의 권리관

18세기의 자연법사상은 권리를 가리켜 인간이 생래적으로 가지는 권리, 즉 자연권(natural rights, Narurrechte)이라고 하였다. 그것은 법 이전 또는 국가 이전에 향유하는 권리이므로 국가권력에 의해서도 이를 침해할 수 없는 신성불가침의 권리라고 한다. 즉 권리는 국가에 의해서 창설된 것이 아니라 국가에 의해서 초국가적 자연권으로서 확인·선언된 것이라는 것이다. 로크(John Locke, 1632~1704)는 자연상태에서 인간은 "자유와 독립을 균등하게 누리는 일정한 천부의 권리를 향유하며, 이 권리는 사회상태에 들어갈 적에 어떠한 약속을 가지고도 박탈하지 못하는 것이다"라고 하였다. 이어 1789년 프랑스의 인권선언은 "인간은 출생 및 생존에 있어서 자유와 평등의 권리를 가진다"고 선언하였다.

이렇듯 자연법사상에 바탕을 둔 천부인권의 사상은 미국의 독립과 프랑스 혁명의 지도이념이 되어 근대적 의미의 권리의 관념에 결정적 근거를 제시하였다.

2. 법실증주의의 권리관

권리는 법적인 개념이므로 국가의 실정법이 규정하여 보장하지 않는 권리는 존재할 수도 없으며 존재할 가치도 없다는 것이다. 법학의 대상을 오로지 실정법에 한정하고, 그것을 형식논리적으로 파악하려고 하는 법실증주의의 입장에서는 자연법을 부인하기 때문에 자연권의 존재도 인정하지 아니하였다. 따라서 국가 이전 또는 법 이전의 권리는 존재하지 않고, 국가에서 제정된 실정법에 의하여 인정될 때 비로소 권리가 존재하며, 주장할 수 있다고 한다. 권리는 실정법을 떠나서는 성립할 수 없으며, 권리를 국가내적인 것으로 보고 제정법에 의해서만 권리가 창설되고 보장된다는 것이다. 요컨대 권리는 국가나 법과 분리해서 생각한다면 무의미한 것이 될 것이며, 권리는 '법에 있어서의 권리'(Recht im Recht)라 한다.

Ⅲ. 권리의 본질

1. 학설의 검토

권리의 본질에 관하여는 여러 가지 학설이 있으나 그 중요한 것을 들면 다음과 같다.

(1) 의 사 설

의사설(Willenstheorie)은 의사를 권리의 본질이라고 보는 견해이며, 주로 18, 19세기의 사상을 그 기반으로 하고 있다. Kant나 Hegel은 '의사의 자유'가 권리의 본질이라고 하였고, 빈트샤이트(Bernhard Windscheid, 1817~1892)는 권리를 '의사의 힘'(Willensmacht) 또는 '의사의 지배'(Willensherrschaft)라고 설명하였는데, 이 학설이 후에 의사설의 대표적인 것이 되었다. 의사설에 의하면 권리주체가 되기 위하여는 의사주체가 되어야 하는데, 이렇게 본다면 유아나 심신상실자는 의사능력이 없으므로 권리를 가질 수 없게 된다. 그러나 태아에게 불법행위로 인한 손해배상청구(민법 제762조), 재산의 상속(민법 제1000조), 유증(민법 제1064조) 등의 경우에는 개별적으로 이미 출생한 것으로 보아 권리능력을 인정하고 있다. 그리하여 이 설은 의사능력이 없는 유아나 정신병자 등 의사무능력자의 권리를 부인하는 결과가 되어 이들이 권리를 가지는 사실을 설명치 못하는 결점이 있다.

(2) 이 익 설

의사설의 결함을 보충하여 나타난 것이 이익설(Interessentheorie)이다. 예링(Jhering)은 그의 목적법학의 이론에 입각하여 의사와 관련시켜서 권리의 본질을 찾는다는 것은 부당하다고 비판하여 권리를 '법률상 보호된 이익'(rechtlich geschutztes Interesse)이라고 하였다. 데른부르크(Heinrich Dernburg, 1829~1907)도 이 학설을 취하였다. 이익설에 의하면, 권리주체와 의사주체는 반드시 같을 필요는 없으므로 의사능력을 가지지 않는 유아나 정신병자도 권리주체가 될 수 있다고 하여, 이 점에서 의사설의 결점을 보충하였다. 그러나 이 학설에 의하면 권리주체와 수익주체는 언제나 같지 않으면 안 되게 되어 반사적 이익과 같은 것을 설명할 수 없게 된다. 예컨대 친권과 같이 권리자에게 아무 이익을 주지 않는 권리도 있고 또 관세법에 의하여 국내생산업자는 이익을 받으나 그것을 주장할 수 있는 권리자라고까지는 말할 수 없다. 이익설로는 이 점을 설명하지 못한다. 요컨대 이익이란 권리의 목적 또는 권리행사의 결과에 불과한 것이지 권리의 본질 그 자체는 아닌 것이다.

친 권 친권(right and duty of the parent, elterliche Gewalt)은 부모가 미성년인 자녀를 보호, 교양하고 그 재산을 관리하는 것을 내용으로 하는 권리·의무를 총칭한다. 이것은 법률상 권리로 되어 있으나 자녀를 훌륭한 시민으로 양육할 의무성이 강한 윤리적 특성을 지닌다. 친권은 자녀의 보호, 교양(민법 제913조), 거소지정(민법 제 914조), 징계(민법 제915조), 영업허락(민법 제8조), 혼인동의(민법 제808조) 등의 신분에 관한 권리, 의무와 재산의 관리 등을 포함한다.

(3) 의사이익설

의사이익설은 전술한 의사설과 이익설을 절충한 것이며, 권리의 본질은 이익의 보호를 위하여 법이 인정한 의사의 힘 또는 의사의 자유를 승인함으로써 보호되는 이익이라고 하는 것이다. 옐리네크 및 베커(Ernst Immanuel Bekker, 1827~1916)가 대표적인 주창자로 되어 있다. 이 설은 의사설과 이익설의 절충설이므로 결과적으로 그 양자의 결함을 그대로 지니고 있는 것이다.

(4) 법 력 설

법력설(rechtliche Machttheorie)은 생활이익의 충족을 위하여 부여된 법률상의 힘을 권리의 본질이라고 하며, 메르켈(Adolf Josef Merkel, 1836~1896), 레겔스베르거(Ferdinand Regelsberger, 1831~1910) 등에 의하여 주장된 것으로서 이익설을 다시 발전시킨 것이다. 법력설은 권리의 실질적 요소인 이익에다 형식적 요소, 특히 권리행사의 전제인 법률상의 힘을 결합시켜, 권리는 법익을 향유하기 위하여 법에 의하여 주어진 힘이라고 한다. 요컨대 권리란 특정한 이익을 위하여 특정인에게 주어진 법률상의 힘이라는 것이다. 따라서 보호받을 이익이 없이 권리는 발생하지 않지만 권리는 구체적인 이익이 있건 없건 간에 존재하게 된다. 이 설은 의사설과 이익설의 결점을 모두 보충하였으며 오늘날의 통설이다. 그리고 이 경우의 이익은 재산적인 이익에만 한하는 것이 아니라 인간의 사회생활에서 가지는 이익일반을 가리킨다. 따라서 이익 가운데는 재산적인 이익 이외에 생명, 신체, 자유, 명예, 정조, 신용 등은 물론 일조권, 환경권 등과 같은 비재산적인 이익도 포함된다.

Ⅳ. 권리의 개념

1. 권리의 의의

권리의 본질에 관한 학설 중 통설인 법력설에 따라 권리의 의의를 살펴보면 다음과 같다.

(1) 법에 의한 권리

권리는 법에 의하여 주어지는 것이므로 법이 존재하여야 비로소 권리가 있다. 따라서 법이 없는 곳에는 권리가 존재하지 아니하며, 법이 인정하지 않는 권리는 권리가 아니다. 법은 권리의 내용과 한계를 결정한다. 이런 의미에서 자연법학자가 주장하는 이른바 천부의 권리는 여기서 말하는 권리라고 말할 수 없다.

(2) 법률상의 힘으로서의 권리

권리는 법률상의 힘이다. 힘이라 함은 법정이익의 향유를 위해 필요한 행위를 할 가능성을 말한다. 법률상의 힘은 법률에 의해 주어지는 강제력으로 사실상의 힘인 권력과는 다르다. 권리는 힘 그 자체가 아니라 이익을 향유할 수 있는 수단이다. 따라서 권리자가 이익을 얻기 위해서는 힘의 발동, 즉 권리의 행사가 있어야 한다. "권리 위에 잠자는 자는 보호받지 아니한다"는 법언이 있듯이 권리는 스스로 행사할 때 보호를 받는다. 권리의 침해가 발생한 때에는 그것을 제거하기 위하여 권리의 보호를 청구할 수 있기 때문에 이 점에서 반사적 이익과 구별된다.

(3) 권익을 향유할 수 있는 권리

권리는 일정한 이익의 향유를 목적으로 한다. 권리는 특정한 이익을 특정인으로 하여금 법의 보호하에 누릴 수 있게 한다. 일정한 이익이라 함은 사회생활상의 이익으로서 보호의 가치 있는 이익(schützwürdiges Interesse)이면 재산적 이익은 물론 비재산적 이익도 포함한다. 권리는 이익 그 자체가 아니라 일정한 이익의 향유를 목적으로 한다.

2. 권리와 구별되는 개념

권리는 권원, 권능, 권한, 반사적 이익과 각각 구별하여야 한다.

(1) 권 원

권원(title)은 어떤 법률적 또는 사실적 행위를 하는 것을 정당화하는 근거, 즉 법률상의 원인을 말한다. 예컨대 어떤 물건을 직접 자기가 사실상 지배하지 않더라도 언제든지 이를 지배할 수 있는 법률적 근거로서의 소유권이 이에 해당한다.

(2) 권 능

권능(Befugnis)은 권리 중에 포함된 개개의 작용을 말한다. 예를 들면 소유권자는 사용의 권능, 수익의 권능, 처분의 권능을 가지는데, 이러한 권능도 때로는 사용권, 수익권, 처분권이라고도 한다. 권한과 같은 뜻으로도 쓰이나 일반적으로 권리의 내용인 개개의 기능을 말한다. 예컨대 민법 제211조에서는 "소유권자는 법률의 범위 내에서 그 소유물을 사용·수익·처분할 권리가 있다"고 규정하고 있는데, 소유권은 그 권리의 내용으로서 목적물을 사용할 권능, 수익할 권능, 처분할 권능이 있는 것이다. 그러나 혼동하지 말아야 될 점은, 한 개의 권리가 있으면 그로부터 여러 가지 권능이 나오는 것이지, 몇 개의 권능이 합하여 한 개의 권리를 이루는 것이 아닌 점이다.

(3) 권 한

권한(competence, Kompetens)은 공법상 또는 사법상의 법인 또는 단체의 기관이 법령·정관 등에 의하여 행할 수 있는 사무의 범위 또는 한계를 말한다. 예컨대 공무원의 권한, 대통령의 권한이라든가 회사사장의 권한, 법인의 기관의 권한이라는 것 등이 있다. 국가 또는 지방자치단체의 기관에 대해서는 직권, 직무 등이라고 부르기도 한다.

(4) 반사적 이익

반사적 이익(reflective interests, objektives Reflexrecht) 또는 반사권이라는 것은 어떠한 법규가 권리를 부여하였기 때문에 받는 이익이 아니라, 법규가 사회 일반을 대상으로 하여 정한 규정의 반사적 효과로서 받는 간접적인 이익이다. 바꾸어 말하면 법규 실시의 결과 그 반사로서 일정한 이익을 누릴 뿐 개인은 그것을 권리로서 청구할 수 없는 권리를 말한다. 예컨대 국가 또는 공공단체가 공원을 조성하게 되면 개인은 그 곳에서 휴식을 취하는 등의 이익을 누리지만 개인은 공원의 조성을 요구할 수 없는 것과 같다. 또한 수산업법에 의하여 수산자원이 보호됨으로 인하여 어민이 이익을 얻는 것은 반사이익에 불과하므로, 만약에 관계관청이 직무수행을 불충실하게 하여 어민들이 받는 이익이 감소되더라도 그 권리를 주장하지 못한다.

V. 권리의 분류

권리는 여러 가지 표준에 의하여 분류될 수 있으나, 그 중 일반적인 분류방법은 공법과 사법과의 이원적 체계의 구별에 대응하는 공권, 사권 및 사회권으로의 분류이다. 권리에 관한 이론적 전개는 사법분야에서 발달하고 그 후에 공법분야에도 미쳤기 때문에, 전자에 있어서의 권리의 분류는 후자의 경우보다 한층 정밀하고 체계적이다.

1. 공 권(公權)

공권이란 공법관계에 있어서 당사자의 어느 한 편이 가지는 권리를 말한다. 공법을 국제법과 국내법으로 분류하는 데 대응하여 공권도 국제법상의 공권과 국내법상의 공권으로 나눈다.

(1) 국내법상의 공권

국내법상의 공권은 국법상의 공권이라고도 말하며, 국가, 공공단체 및 개인이 공법관계에서 갖는 권리 특히 통치관계에서 가지는 권리이다. 이 권리에는 국가 및 공공단체가 지배자로서 국민에 대하여 가지는 국가적 공권과 국민이 국가 또는 공공단체에 대하여 가지는 개인적(국민적) 공권이 있다.

1) 국가적 공권 국가적 공권이란 국가나 공공단체가 지배자로서 국민에 대하여 명령, 강제할 수 있는 권리로서 지배자의 권리인 특색을 갖는다. 이 권리는 본래 국가가 자체의 존립을 위하여 가지는 것이나, 일정한 범위 내에서 국가로부터 위임을 받아 공공단체가 가지는 경우도 있다. 국가적 공권은 작용을 기준으로 하여 입법권, 행정권, 사법권 등으로 나뉘고 또한 권리의 목적을 표준으로 하여 행정조직권, 재정권, 형벌권, 경찰권, 공기업권 등으로 분류되고 또한 권리 내용에 따라 명령권(하명권), 강제권, 형성권, 공법상의 물권 등으로 구분된다.

2) 개인적 공권　　개인적(국민적) 공권이란 국민이 국가에 대하여 가지는 기본적 권리이고 헌법에 의하여 보장되는 인권을 의미한다. 이 권리는 기본권의 내용에 따라 ① 인간의 존엄과 가치, 행복추구권, ②평등권, ③ 자유권적 기본권, ④ 생존권적 기본권, ⑤ 청구권적 기본권, ⑥ 참정권 등으로 분류된다.

(2) 국제법상의 공권

국제법상의 공권이란 국가가 국제법상의 주체로서 가지는 권리로서, 국제사회에서 한 국가가 자기의 존립을 위하여 타국에 대하여 가지는 권리를 말한다. 이것은 독립권, 평등권, 자위권, 자존권, 교통권 등으로 분류된다.

2. 사　권(私權)

사권이란 사법상의 권리, 즉 사인 상호간의 재산과 신분관계에서 인정되는 권리를 말한다. 또한 사권관계는 국가 또는 공공단체가 통치관계를 떠나서 사인과 대등한 지위에서 행위를 하는 경우에 국가, 공공단체와 국민 간에도 존재한다. 사권은 다음과 같이 분류된다.

(1) 사권(私權)의 내용에 따른 분류

1) 인 격 권　　인격권(Persönlichkeitsrecht)은 권리자 자신과 분리할 수 없는 인격적 이익의 향수를 내용으로 하는 권리로서, 생명, 신체, 자유, 명예, 정조 등의 보호를 목적으로 하는 권리가 이에 속한다. 인격권은 금전적 평가를 할 수 없는 것이고, 또한 인격을 떠나서는 의미가 없으므로 거래의 목적이 될 수 없다.

2) 신 분 권　　가족법상의 특정한 지위에서 생기는 신분권(Statusrecht)에는 친족권과 상속권이 있으며 신분과 존립을 같이하는 일신전속적인 권리이다. 친족권은 부모와 자, 부부, 친족과 같은 일정한 신분적 지위에 따라 발생하는 권리이다. 예컨대 친족, 후견인이 가지는 권리, 배우자가 가지는 권리인 부양청구권 등이 있다. 상속권은 상속개시 후 일정한 신분관계로 말미암아 상속인의 지위를 취득함으로써 발생하는 권리로서 재산상속권이 있다.

3) 재 산 권　　재산권(Vermögensrecht)은 경제적 이익을 그 내용으로 하는 권리이다. 이것은 권리자의 인격이나 신분과는 관계없이 금전적 가치를 목적으로 하고, 권리 그 자체도 금전적 가치를 지니는 권리이다. 재산권에 속하는 주된 것으로는 물권・채권・무체재산권이 있다.

- 사권의 분류
  - 내용에 따른 분류
    - ① 인격권
    - ② 신분권
    - ③ 재산권
    - ④ 사원권
  - 작용에 따른 분류
    - ① 지배권
    - ② 청구권
    - ③ 형성권
    - ④ 항변권
  - 효력범위에 따른 분류
    - ① 절대권
    - ② 상대권
  - 이전성에 따른 분류
    - ① 일신전속권
    - ② 비전속권
  - 독립성에 따른 분류
    - ① 주된 권리
    - ② 종된 권리

(가) 물권(dingliche rechte, Sachenrecht) 물권은 권리자 자신이 일정한 물건을 직접 지배해서 이익을 얻는 배타적 권리인바, 민법이 정하는 물권에는 점유권과 소유권이 있고, 용익물권으로서 지상권·지역권과 전세권이 있으며, 담보물권으로서 유치권과 질권·저당권 등의 8종이 있다.

(나) 채권(Forderungsrechte) 특정인(채권자)이 다른 특정인(채무자)에 대하여 일정한 급여(Leistung)를 요구하는 권리이다. 물권은 대세권인 데 대하여, 채권은 대인권이므로 양자가 경합할 때에는 물권이 채권보다 우선한다.

(다) 무체재산권 저작, 발명 등의 정신적·지능적 노작에 의한 창조에서 오는 사회적 이익을 독점적으로 이용하는 것을 내용으로 하는 권리로서, 특별법으로 보호되고 있는 특허권, 실용신안권, 디자인권, 상표권, 저작권 등이 이에 속한다.

4) 사 원 권 단체의 구성원이 그 구성원(사원)의 자격으로서 단체에 대하여 가지는 권리를 총괄하여 사원권이라고 한다. 주식회사의 주주의 권리, 비영리사단법인의 사원의 권리 등이 이것이다.

(2) 사권(私權)의 작용에 따른 분류

1) 지배권(Herrschaftsrecht) 권리의 객체를 직접 배타적으로 지배하는 권리이다. 지배권은 권리의 실현을 위하여 타인의 협력이 불필요하고, 직접 자기의 의사로써 실현할 수 있는 권리이며, 국가공권력의 도움이 필요 없는 점에 있어서 청구권과 다르다. 지배권은 대내적으로는 직접 지배권을 행사하고 대외적으로는 배타적 권리를 지닌다. 이에는 물권·무체재산권 등이 있다.

2) 청구권(Anspruchsrecht) 특정인(채권자)이 다른 특정인(채무자)에게 일정한 행위를 요구할 수 있는 청구적인 작용을 내용으로 하는 권리이다. 청구권에는 물권적 청구권, 채권적 청구권이 있으나 그 중 가장 전형적인 것은 채권이다.

3) 형성권(Gestaltungsrecht) 권리자의 일방적 의사표시에 의하여 법률관계의 형성, 즉 발생, 변경, 소멸을 일어나게 하는 권리이다. 이에는 취소권(민법 제140조 이하), 추인권(민법 제143조 이하), 친생부인권(민법 제846조) 등이 있다. 형성권은 새로이 법률관계를 형성하는 점에서 지배권과 다르고, 또 타인의 행위를 개재시키지 않는 점에서 청구권과 다르다.

4) 항변권(Einrede) 타인의 청구권 행사에 대하여 그 청구를 거절할 수 있는 작용을 하는 권리이다. 보증인의 최고 및 검색의 항변권(민법 제437조), 쌍무계약에 있어서 동시이행의 항변권(민법 제536조) 등이 이에 속한다. 이는 상대방에게 청구권이 있음을 부인하는 것이 아니라, 그것을 전제하고 다만 그 행사를 배척하는 것이다.

보증인의 최고 및 검색의 항변권 채권자가 보증인에게 채무의 이행을 청구하였을 경우, 보증인은 채무자가 변제능력이 있는 사실 및 그 집행이 용이한 것을 증명하여 먼저 주채무자에게 청구할 것을 요구하는 권리를 최고의 항변권이라 한다. 또한 이러한 경우, 주채무자에 대하여 먼저 강제집행할 것을 청구할 수 있는 보증인의 항변권을 검색의 항변권이라 한다.

(3) 사권(私權)의 효력범위에 따른 분류

1) 절대권(absolutes Recht) 절대권은 특정한 상대방이 없고 일반인을 의무자로 하여 모든 사람에게 주장할 수 있는 권리라는 데서 대세권이라고도 한다. 인격권, 물권, 친권, 무체재산권 등의 지배권이 이에 속한다.

2) 상대권(relatives Recht) 상대권은 특정인을 의무자로 하여 그에 대해서만 주장할 수 있는 권리라는 점에서 대인권이라고도 한다.

(4) 사권(私權)의 이전성에 따른 분류

1) 일신전속권(höchstpersönliches Recht) 일신전속권은 권리자에게만 전속되어 권리자로부터 분리할 수 없는 성질의 것으로서, 권리의 享受 또는 행사가 그 권리를 가지는 자의 일신에 전속하는 권리이다. 인격권이나 신분권이 이에 속한다.

2) 비전속권(übertragbares Recht) 비전속권은 권리자로부터 분리할 수

있는 성질의 권리로서, 일신전속권과 달리 타인에게 상속이나 양도가 가능하다. 대체로 신분권, 인격권은 일신전속권이고 재산권은 비전속권이다.

(5) 사권(私權)의 독립성에 따른 분류

1) 주된 권리(Hauptrecht)　이는 다른 권리에 대하여 종속관계에 있지 않고 완전히 독립된 권리이다. 예컨대 원본채권, 요역지소유권 등이 이에 속한다.

2) 종된 권리(Nebenrecht)　이는 다른 권리의 효력을 담보하거나 또는 증가시키기 위하여 그 권리에 종속하는 권리이다. 예컨대 원금채권에 대한 이자채권, 요역지소유권에 대한 지역권 등이 이에 속한다.

3. 사 회 권

사회권은 사회법상의 권리이다. 사회법이 공법, 사법의 혼합적 · 중간영역적인 지위에서 성립되어 있는 관계로 사회권도 공권, 사권의 혼합적 성질을 띠고 있다. 따라서 사회권은 국가에 대하여 존립하거나 개인에 대하여 존립하기도 하고 또는 국가와 개인의 양자에 대하여 존립하는 경우가 있다. 사회권은 생존권적 기본권이라고도 말하는바, 현대복지국가에서는 국가가 적극적으로 국민의 생존을 위한 여러 조건을 보장할 의무가 있고, 국민은 국가에 대하여 적극적으로 생존을 위한 근로의 기회, 생활비의 제공 등을 요구할 수 있다는 것에 바탕을 두고 있다. 우리 헌법상의 교육을 받을 권리(제31조 1항), 근로의 권리(제32조 1항), 근로자의 단결권 · 단체교섭권 및 단체행동권(제33조), 인간다운 생활을 할 권리(제34조 1항), 생활무능력자의 국가의 보호를 받을 권리(제34조 5항), 국가로부터 혼인 및 가족생활과 보건을 보호받을 권리(제36조) 등이 이에 속한다.

제3절 의　무

Ⅰ. 의무의 개념

의무(duty, Pflicht)는 자기 의사와는 관계없이 일정한 작위 또는 부작위(Unterlassung)를 강제당하는 법률상의 구속을 의미한다. 권리가 법률상의 힘이며 그 내용이 특정한 권익인 데 반하여, 의무는 법률상의 구속이며 그 내용은 특정한 불이익이다. 권리가 특정인에게 주어지고 있다면 반드시 이에 대응하는 의무가 따르게 된다. 예를 들면 물건을 판 매도인은 대금을 청구할 권리가 있는 데 반하여, 물건을 산 매수인은 대금을 지불할 의무를 지닌다. 그러나 권리(權利)와 의무(義務)는 반드시 대응하는 것은 아니다. 권리가 대응하지 않는 의무도 있고, 의무가 대응하지 않는 권리도 있다. 민법 제755조에 의한 감독의무 같은 것은 전자(前者)의 예(例)이고 후자의 예로서는 민법상의 취소권 같은 것을 들 수 있다. 그리고 헌법상 근로의 권리를 갖는 국민은 동시에 근로의 의무도 부담하는 것처럼 권리를 가진 자에게는 의무가 수반되고 의무를 부담하는 자에게는 권리가 인정되기도 한다.

의무의 개념과 구별되어야 할 것으로서 책임(Haftung)이 있다. 의무가 자기의 의사와 관계없이 일정한 작위 또는 부작위를 하여야 할 법률상의 구속인 데 비하여, 책임은 의무위반으로 말미암아 형벌·강제집행·손해배상 등의 제재를 받게 되는 기초이다. 즉 의무는 책임을 수반함으로써 그 구속성이 확보되는 의무의 담보이다.

그런데 의무가 책임을 수반하지 않는 경우, 즉 책임 없는 의무가 존재한다. 예컨대 소멸시효완성 후의 채무에 관하여는 채무는 존재하는데도 불구하고 채권자는 소권(訴權)을 가지지 않는다. 이러한 채무를 자연채무(Schuld ohne Haftung, obligatio naturalis)라고 일컫는다.

Ⅱ. 의무의 분류

의무는 권리와 대응관계에 있으므로 의무를 다음과 같이 분류할 수 있다.

1. 공의무(公義務)와 사의무(私義務)

공의무는 공적·정치적·국가적 생활관계에 있어서의 일정한 법적 구속을 말한다. 공의무는 국내법상의 공의무와 국제법상의 공의무로 나누어진다. 사의무는 사법관계에 있어서 존립하는 의무로서 사권에 대응한다.

2. 적극적 의무와 소극적 의무

적극적 의무와 소극적 의무는 의무의 내용을 표준으로 한 분류이다. 적극적 의무는 어떤 행위를 할 것을 내용으로 하는 의무로서 법의 명령규정에 의거하여 발생한다. 이를 작위의무라고도 하는데 금전채무, 물건의 반환의무 등이 이에 속한다. 또 소극적 의무는 어떤 행위를 하지 않을 것을 내용으로 하는 의무로서 법의 금지규정에 의거하여 발생하며 부작위의무라고도 한다. 예컨대 물권불가침의 의무 등이 이에 속한다. 한편, 소극적 의무의 내용이 되는 부작위에는 단순부작위와 수인(受忍)이 있다. 수인이란 개인이 일정한 행위를 하는 것을 참아 이의를 제기하지 않을 의무를 가리키는바, 이것을 수인의무(Duldungspflicht)라고도 한다. 예컨대 매연 등의 방조물이 이웃 토지의 통상의 용도에 적당한 것인 때에는 이웃 거주자는 이를 수인할 의무가 있다(민법 제217조 2항).

제4절 권리 · 의무의 주체와 객체

Ⅰ. 권리 · 의무의 주체

1. 의 의

권리 · 의무의 주체란 권리 · 의무가 귀속하는 법률관계의 주체를 뜻한다. 즉 권리를 행사하고 의무를 이행할 수 있는 법위의 사람인 인격체를 말한다. 봉건제도가 존재하였던 시대에는 노예는 인격자로 인정되지 아니하였으나 오늘날 모든 인간은 성, 연령, 빈부 등의 구별 없이 모두 평등하게 법적 인격자로 인정되어 법률행위에 있어서 주체가 된다. 그러나 권리능력이 인정되는 자, 즉 권리의무의 주체가 될 수 있는 자는 반드시 인간에만 한하는 것이 아니고, 독자적인 사회생활을 영위하는 사람의 단체 또는 재산의 집단도 법적 인격자로서 권리능력이 인정되고 권리의무의 주체가 될 수 있다. 법적인 인격체는 자연인(natural person, natürliche Person)과 법인(legal person, juristische Person)을 포함한다. 따라서 법문에서 "～한 자"라고 표시되는 법적 인격체는 대개 자연인뿐만 아니라, 법인도 포함되는 것으로 해석된다.

2. 자연인과 법인

(1) 자 연 인

권리・의무의 주체가 될 수 있는 지위 또는 자격을 권리능력(Rechtsfähigkeit)이라 한다. 민법 제3조는 "사람은 생존하는 동안 권리와 의무의 주체가 된다"라고 규정하여, 권리능력 평등의 원리를 선언함과 아울러 권리능력은 출생에서 사망에 이르기까지를 그 존속기간으로 할 것을 밝히었다. 권리・의무의 주체가 단독으로 완전히 유효한 법률행위를 할 수 있는 자격을 행위능력(Geschäftsfähigkeit)이라 한다. 행위능력은 사물을 판단할 수 있는 정신능력, 즉 의사능력(Willensfähigkeit)을 전제로 하여 책임을 질 수 있는 능력을 말한다. 민법은 행위능력이 없는 자, 즉 미성년자, 피한정후견인, 피성년후견인 등을 제한능력자로 규정하여 이들을 보호하고 있다(민법 제5조~제14조).

성인의 시기 모든 국민은 20세가 되면 법률이 정하는 바에 의하여 선거권을 갖는다(헌법 제24조). 또한 민법은 만 19세에 달하지 않은 자를 미성년자로 규정(민법 제4조)하였고, 18세가 된 사람은 부모나 미성년후견인의 동의를 받아 약혼할 수 있고, 만 18세가 된 사람은 혼인할 수 있다고 규정하였다(민법 제801조, 제807조). 특히 민법은 성년의제를 도입하여 미성년자가 혼인을 한 때에는 성년자로 본다(민법 제826조의2). 그러나 형법은 14세가 되지 않은 자의 행위는 형사미성년자라 하여 벌하지 않는다(형법 제9조)고 규정하였다. 이렇듯 법은 사회인으로서의 연령을 각각 달리 규정하였다. 혼인연령에 관한 각국의 입법례를 보면 다음과 같다. 미국・중국・일본 등은 남자 18세 여자 16세, 프랑스는 남자 18세 여자 15세, 독일은 남자 21세 여자 15세, 영국은 남녀 각 16세, 필리핀은 남자 16세 여자 14세, 스리랑카는 남자 16세 여자 12세, 인도네시아는 남자 18세 여자 15세, 네팔은 남자 16세 여자 11세로 혼인연령이 규정되어 있다.

(2) 법 인

법인이라 함은 자연인이 아니면서 권리・의무의 주체로 인정된 자를 말한다. 법인은 자연인 고유의 권리・의무에 관계되는 것을 제외하고는, 자연인과 동일하게 사회적 실재로서 자기 고유의 목적과 작용을 가지고 권리・의무의 주체로서 사회적 활동을 한다. 법인에는 일정한 목적과 조직하에 결합된 사람의 단체인 사단법인(Verein)과, 일정한 목적을 위하여 바쳐진 일단의 재산인 재단법인(Stiftung)이 있다. 또한 법인의 종류는 공법인과 사법인으로 크게 나눌 수 있는데, 이를 그림으로 나타내면 아래와 같다.

- 법인
  - 공법인
    - 국가
    - 공공단체(지방자치단체)
  - 사법인
    - 사단법인
      - 비영리사단법인(적십자)
      - 영리사단법인(회사)
    - 재단법인
      - 비영리재단법인(학교재단)
  - 특수법인(한국은행)

Ⅱ. 권리 · 의무의 객체

권리 · 의무의 객체란 권리 또는 의무의 목적으로서 지배되는 대상을 말한다. 권리 · 의무의 객체에는 생명, 신체, 물건, 자유는 물론, 사람의 행위, 명예, 정조, 비밀, 발명, 고안, 저작 등 인간의 정신적 산물이 있다. 민법상 물건이라고 하는 경우에는 유체물 및 전기 기타 관리할 수 있는 자연력, 예컨대 열, 광, 원자력 등을 말한다(민법 제98조).

제5절　권리의 행사와 그 제한

Ⅰ. 권리행사의 의의

권리의 행사란 권리자가 권리를 주장하여 권리의 내용을 실현하려는 행위, 말하자면 권리의 내용인 이익을 향유하려는 행위를 말한다. 권리의 행사는 권리자의 자유에 속하는 것이기 때문에 권리를 행사하건 행사하지 아니하건, 또는 이를 포기하건 모두 권리자의 자유이다. 다만 "권리 위에서 잠자는 자는 권리자로서 보호할 가치가 없다"는 예링의 말처럼 일정한 불이익을 가져오기 때문에 소멸시효에 있어서와 같이 간접적으로 권리의 행사를 강제하는 경우가 있다. 그런데 권리의 행사는 권리의 주장(Geltendmachung des Rechts)과는 다르다. 권리의 주장은 권리의 존재에 관하여 다툼이 있거나 또는 권리의 행사가 방해당할 염려가 있을 경우에 특정인에 대하여 그 권리의 존재를 인정케 하려는 행위이다. 즉 권리의 주장은 당장에 권리의 내용을 실현하려는 것이 아니고, 권리 자체가 존재하는 것을 타인으로 하여금 승인시키려고 하는 것이므로 본질적으로는 권리의 행사와 구별된다.

Ⅱ. 권리행사의 방법

권리의 행사는 그 내용에 따라 그 행사방법도 각기 다르다.

1. 지배권의 행사

지배권은 물권이나 무체재산권 등과 같이 특정의 객체를 직접 지배할 수 있는 것을 내용으로 하는 권리이므로, 물건을 사용・수익・처분한다든지 저작물이나 특허발명품을 복제하는 등 사실상 이익을 누리는 방향으로 행사되는 것이 보통이다.

2. 청구권의 행사

청구권은 특정인에 대하여 일정한 행위를 청구하는 것을 내용으로 하는 권리이므로, 금전의 지급이라든지 물건의 인도를 요구하는 등 현실적으로 급여를 이행할 것을 청구하고, 또 그 결과를 수령하는 형식으로 행사되는 것이 보통이다. 그 청구에는 원칙상 특별한 방식을 필요로 하지 않는다.

3. 형성권의 행사

형성권은 권리자의 일방적인 의사표시에 의하여 법률관계를 변동시킬 수 있는 권리이므로, 타인의 행위에 동의를 한다든지 법률행위를 취소한다든지 계약을 해제, 해지하는 등 현실적으로 일방적인 행위를 함으로써 행사되는 것이다. 그리하여 그 일방적 행위도 ① 취소권, 추인권, 선택권, 해제권 등과 같이 법률행위인 경우도 있고, ② 최고권과 같이 준법률행위인 경우도 있으며, ③ 또 어업권, 입어권(入漁權), 사광채취권(砂鑛採取權) 등 이른바 물권취득과 같이 사실행위인 경우도 있다.

4. 항변권의 행사

항변권은 의사의 통지로써 어떤 자에 대하여 그 청구권의 행사를 거절함으로써 이루어진다.

Ⅲ. 권리행사의 제한

1. 제한의 필요성

권리의 행사는 권리자의 자유에 속하고 또 그 범위 내에서는 원칙적으로 제한이 없다. 일찍이 로마법 시대부터 "자기의 권리를 행사하는 자는 누구에 대하여도 불법을 행하는 것이 아니다"라든가, "자기의 권리를 행사하는 자는 누구도 해하지 아니한다"(Qui jure suo utitur, nemini facit injuriam) 등의 법격언은 사권의 행사는 자유로이 할 수 있다는 원칙을 표현한 것이다. 그리하여 권리본위의 개인주의적 시민법하에서는 권리를 행사하는 것은 권리자의 자유이며, 또 권리행사의 결과 비록 타인이 불이익을 입는 일이 있더라도 그 권리행사는 불법이 아니라는 원칙이 확립되어 있었다.

그러나 개인본위, 권리본위를 바탕으로 한 근대시민법은 20세기적 사회, 경제사상의 변천에 영향을 받아 권리에 내재되어 있는 권리의 사회성, 책임성을 강조하기에 이르렀다. 권리는 그의 상호적 승인이 있기 때문에 권리로서 존재할 수 있는 것이므로 권리행사의 자유는 절대적 자의일 수는 없는 것이다. 권리행사의 자유는 다른 권리의 행사와의 접촉에서 일정한 한계가 있어야 한다. 따라서 권리의 사회적 책임성이 자각되어 권리행사의 정당성을 요구하게 되었다. 법의 목적이 사회의 질서유지를 통한 사회전체의 발전에 있는 한, 권리행사는 공공복리에 적합할 때 허용될 수 있다. 이것은 권리의 절대적인 자유에 대한 수정이라는 형식으로 현실화되어 사익과 공익의 조화를 이루게 된다. 우리 헌법은 "재산권의 행사는 공공복리에 적합하도록 하여야 한다"(헌법 제23조 2항)라고 규정하여 권리행사의 공공복리에 대한 적합성을 선언하였다.

이어 민법은 제2조 1항에서 "권리의 행사와 의무의 이행은 신의에 좇아 성실히 하여야 한다", 동조 2항에서 "권리는 남용하지 못한다"라는 규정을 두어 권리행사에 관한 일반적인 원칙을 명시하고 있는바, 이를 신의성실의 원칙(Treu und Glauben, bonne foi)이라 한다. 이것은 독일 민법 제266조에서 "권리의 행사는 개인에게 손해를 가하는 것만을 목적으로 하는 때에는 이를 허용하지 아니한다"는 규정이라든가, 스위스 민법에 "권리의 명백한 남용은 법률의 보호를 받을 수 없다"(동법 제2조)라는 규정에 따른 것이다. 이렇듯 우리 민법이 규정한 권리행사의 제한규정에는 신의성실의 원칙과 권리남용금지의 원칙이 있다.

2. 신의성실의 원칙

민법 제2조 1항이 규정한 신의성실은 사법분야의 지도이념으로서 모든 사람은 사회공동생활의 일원으로서 서로 상대방의 신의를 배반하지 않도록 성실하게 행동하여야 한다는 원칙이다. 이것은 역사적이며 경험적인 법이념이므로 사회의 가치관, 윤리관에 따라 결정된 것이지만, 궁극적으로는 판례를 통하여 사회생활의 합리성과 타당성의 원칙에 기준하여 그 내용이 결정된다고 하겠다. 권리의 행사가 이 원칙에 어긋나는 경우에는 권리의 남용이 되고, 의무의 내용이 이에 반하는 경우에는 의무불이행의 책임을 지게 된다. 신의성실의 원칙에서 파생된 것으로 사정변경의 원칙과 실효의 원칙이 있다.

(1) 사정변경의 원칙

"계약은 지켜야 한다"(pacta sunt servanda)는 원칙에 의하여 계약행위는 준수되어야 한다. 그러나 법률행위의 성립 당시에 당사자가 예견하지 않았거나 또는 예견할 수 없었던 중대한 사정변화가 후일 발생하는 경우에 본래의 계약대로 이행하는 것은 당사자에게 부당한 것이다. 따라서 이 원칙은 신의성실의 원칙상 당사자가 그 내용을 변경할 것을 상대방에게 청구하거나 또는 해제할 수 있다는 것이다. 시설변경청구권(민법 제218조 2항), 지상권에 있어서의 지료증감청구권(민법 제286조), 증여계약해제청구권(민법 제557조), 임대차에 있어서의 차임증감청구권(민법 제628조) 등이 그 예이다.

(2) 실효의 원칙

이것은 권리자가 권리를 포기한 것으로 인정할 만한 행위를 한 경우 또는 오랫동안 권리를 행사하지 않은 경우와 같이, 권리의 행사가 없는 것으로 믿을 만한 정당한 사유가 있었기 때문에 새삼스럽게 권리를 행사하는 것이 신의성실의 원칙상 인정될 수 없는 경우에 있어 그 권리의 행사를 허용하지 않는다는 원칙이다. 이것은 게르만법상의 '불행사로 인한 권리상실'의 제도라든지. 영미법상의 금반언(estoppel)의 원칙과 같은 취지이다. 예컨대 상표를 등록한 권리자가 전혀 사용하지 않고 있는 동안에 타인이 그 상표를 등록하지 않고 사용하여 일종의 점유상태를 이룩한 후에는, 먼저의 등록상표권자는 미등록의 상표 사용자에 대해 사용금지를 청구하지 못한다는 것이다.

금반언의 원칙 이 원칙은 자신의 과거주장과 상반된 주장을 금지하는 영미법상의 원칙으로서 등기, 날인증서, 행위에 의한 금반언 등이 있으나 표시에 의한 금반언이 중요하다. 즉 타인이 상대방의 표시를 믿고 행동한 경우에 상대방은 후에 자기의 표시가 진실에 반하였다는 이유로 이를 번복할 수 없다는 원칙으로 거래안전을 위해 중요한 작용을 한다(민법 제452조; 상법 제24조, 제39조).

> **대법원 1992. 11. 10. 선고, 92다20170 판결**
>
> 토지가 학교의 교사부지로 사용되는 사정을 알면서 양수한 후 20년간 인도청구를 하지 않은 경우에 부당이득반환청구는 가능하나, 토지 자체의 인도청구는 신의성실의 원칙상 허용될 수 없다.

3. 권리남용금지의 원칙

(1) 의 의

권리의 남용(Rechtsmissbrauch)이란 외형적으로는 권리의 행사인 것처럼 보이나 실제로는 권리행사의 사회성, 공공성에 어긋나기 때문에 신의성실의 원칙에 적합한 권리의 행사로서 인정될 수 없는 행위를 말한다. 민법 제2조 2항은 권리남용금지를 민법의 지도이념으로 선언하고 있을 뿐 그 요건이나 효과는 규정하지 않고 있다. 그러나 권리의 행사가 사회생활상의 통념상 허용될 수 없을 정도로 타인에게 손해를 줄 것을 목적으로 하는 등 신의성실의 원칙에 위배되면 권리남용이 될 것이다.

(2) 효 과

민법은 권리남용의 효과에 대해서 일반적인 조항은 두지 않았으나 권리행사의 종류 및 그 결과에 따라 다음과 같이 그 효과가 발생한다.

1) 권리침해의 배제를 청구하는 청구권이 남용이 되면 민법 제216조 이하의 상린관계의 규정에서 많이 볼 수 있듯이 그 청구권의 효력이 부인된다.

2) 권리의 행사가 남용으로 인정되는 경우에는 위법한 행위로서 손해배상

의 책임을 지게 되거나 법률효과가 발생하지 않는다.

3) 권리남용이 심한 경우, 예컨대 민법 제924조 친권남용에는 권리를 박탈 당하기도 한다.

상린관계 상린관계(Nachbarschaft, servitudes legales)란 인접하고 있는 부동산 소유자 또는 이용자 상호간에 있어서 자기의 부동산의 이용관계를 조절하기 위하여, 서로 그 기능을 일정한 범위까지 양보, 협력할 것으로 규정하여 공동생활의 안전과 발전을 유지하는 제도이다. 사회생활에 있어서 소리, 연기, 진동 등의 공해가 인지에 파급될 경우가 있으나 어느 정도까지는 상린자는 인용의무를 갖지만 정도를 넘으면 권리의 남용이 된다. 민법이 규정한 각종의 상린관계 규정에는 인지사용권(민법 제216조), 매연 등에 의한 인지에 대한 방해금지(민법 제217조), 상수와 하수의 이용관계(민법 제218조, 제221조~230조), 경계표, 담 등의 설치문제(민법 제237조~239조). 토지탐굴 제한(민법 241조), 차면시설의무(민법 제243조), 지하시설 등의 제한(민법 제244조) 등이 있다.

토지재산권에 대한 규제 토지이용의 문제가 심각하지 않았던 시대에는 토지이용의 규제는 민법상의 상린관계에 의한 사법적 규제에 의하여서도 가능하였다. 그러나 토지의 물적 특수성 예컨대 토지의 영구성, 불파괴성, 부동불변성에서 오는 토지재산권의 안전하고 높은 가치성으로 말미암아, 토지재산권이 재산권의 중심적 지위를 차지하게 되어 토지재산권의 문제는 사회적·경제적인 중요문제로 등장하였다. 더욱이 국토가 비좁은 상황에서 오는 토지의 한계성으로 인하여 토지재산권에 대하여 공법적 규제를 시행하기에 이르렀다.

그리하여 토지문제는 토지관계에서 발생하는 권리·의무관계의 대립을 조정하는 데 그치지 않고, 국가가 도시계획, 토지의 이용, 보존, 개발계획, 국토의 종합적인 개발 등의 적극적인 계획행정을 전개함으로써 한정된 국토의 토지이용을 거시적·전체적 차원에서 종합적으로 다루게 된다. 따라서 종래의 토지 소유권의 개념을 수정하여 현대적인 토지이용권 중심주의에로 지향하는 것은 필연적인 사회·경제적 요청이다. 토지이용의 효율화 그리고 국토의 종합적인 보존·개발을 위하여 다른 재산권과는 달리 토지에 대하여 토지의 공개념을 논의하기에 이르렀다. 최근에 이르러 각국은 제한된 토지의 효율적인 이용의 극대화를 위하여 토지재산권의 사용, 수익, 처분에 대하여 다른 재산권에 비하여 공익적 측면에서 강력한 규제를 하고 있다. 우리나라도 농지, 산지, 초지에 대하여는 각종의 농업법규에 의해서, 그리고 기타의 토지에 대하여는 국토의 계획 및 이용에 관한 법률, 도시계획법 등의 특별법에 의해서 사익보다 공공복리를 우선하여 국토보존과 토지의 효율적인 이용을 강구하고 있고, 특히 토지에 대한 투기행위를 억제하고 있다.

제6절　권리·의무의 변동

Ⅰ. 권리·의무의 변동의 의의 및 종류

권리·의무의 변동은 권리·의무의 발생, 변경, 소멸을 말한다. 법은 권리, 의무의 관계로 이루어져 있기 때문에 사회생활은 이러한 관계가 끊임없이 규율되는 과정이라 할 수 있다. 권리·의무의 변동인 권리의 발생, 변동, 소멸을 권리·의무의 주체의 측면에서 보면 권리·의무의 취득, 변경, 상실로 된다.

1. 권리·의무의 취득

권리·의무의 취득이란 특정한 권리 또는 의무가 어떤 법적 원인에 의하여 특정한 새로운 주체에게 귀속되는 것을 말한다. 권리·의무의 취득은 다음과 같이 분류할 수 있다.

(1) 절대적 취득(원시취득)

절대적 취득은 권리 또는 의무가 어떤 사실에 의하여 종전의 권리 또는 의무와는 관계없이 특정한 주체에게 귀속되는 것을 말한다. 절대적 취득은 타인과는 상관없이 독립해서 취득하는 것이기 때문에 前主의 권리는 당연히 소멸한다. 예컨대 새로 집을 지어 그 소유권을 취득하는 경우 또는 무주물 선점·유실물 습득의 경우 또는 혼인 등에 의한 친족상의 권리·의무의 발생 등이 이에 속한다.

유실물 습득　　타인의 유실물을 습득한 자는 경찰서에 제출하여야 한다. 유실물의 반환을 받은 자는 습득물의 보관비, 기타 필요한 비용 및 물건 가액의 5/100에서 20/100의 범위 내에서 보상금을 습득자에게 지급하여야 한다.

이 청구액은 1개월 이내에 청구하여야 한다. 관리자가 있는 선박, 차량, 건물 등에서 유실물을 습득한 자는 선박, 차량, 건물 등의 점유자와 보상금을 절반으로 나눈다(유실물법 참조).

(2) 상대적 취득(승계취득)

상대적 취득이란 어떤 법적 원인에 의하여 이미 발생한 권리·의무가 그 본질적인 변화 없이 다만 그 주체를 달리하는 것을 말한다. 예컨대 매수인이 매도인의 소유권을 취득한다든가, 상속인이 피상속인의 권리를 취득하는 것 등이다.

2. 권리·의무의 변경

권리·의무의 변경은 그 본질을 변경하는 것이 아니라 권리·의무를 그 동일성을 유지하면서 그 주체·객체·작용 등 형태에 관하여 변경하는 것이다.

3. 권리·의무의 상실

권리·의무의 상실이란 특정한 권리·의무가 어떤 법적 원인에 의하여 그 주체로부터 분리되어 없어지는 것을 말한다. 권리·의무의 상실에는 권리·의무가 그 주체로부터 이탈하여 누구에게도 귀속되지 않고 소멸해 버리는 절대적 상실과, 권리·의무 자체가 완전히 없어지는 것이 아니라 다른 주체에게로 이전하는 상대적 상실로 분류된다.

Ⅱ. 권리·의무의 변동의 원인

권리·의무는 법이 그 변동원인으로서 정한 사실이 발생할 경우에 발생, 변경 또는 소멸하는 것이다. 권리, 의무의 변동을 법률효과(Rechtserfolg)라 하고, 이러한 법률효과를 발생시키기 위하여 필요한 사실의 총체를 법률요건(juristischer Tatbestand)이라고 한다. 법률요건은 법률효과에 대하여 원인이 되며, 법률효과는 법률요건에 대하여 결과가 되는 것이다. 그리고 법률요건을 구성하는 개개의 사실을 법률사실(juristische Tatbestand)이라고 한다.

다시 말하면, 법률상의 효과를 발생케 하는 데 필요한 법률사실의 전체를 법률요건이라 한다. 예컨대 계약은 어떠한 청구권, 즉 법률효과를 발생케 하는 하나의 법률요건이고, 계약을 성립시키는 청약과 승낙은 각각 법률사실이라고 할 수 있다. 법률요건은 채무면제(민법 제506조)와 같이 한 개의 법률사실로 이루어지는 경우도 있다. 법률사실은 단순한 자연적 사실과 사람의 정신작용의 발동인 행위로 분류된다.

1. 자연적 사실

권리의 변동은 자연적 사실에 의하여도 발생한다. 자연적 사실이란 홍수·화재·출생 등과 같이 사회적 또는 물리적·자연적으로 나타나는 사실로서 사람의 정신작용과는 아무런 관계가 없다. 법률상 효과를 발생하는 자연적 사실이 발생하면 곧 법률사실의 일부가 된다.

2. 행 위

행위란 사람의 정신작용 가운데 법률상의 효과를 생기게 하는 법적 개념이다. 행위는 사람의 의사를 전제로 하여 성립하며 이를 내용으로 하는 것이다.

(1) 작위와 부작위

행위에는 작위와 부작위(Unterlassung)가 있다. 작위는 적극적·동적 행위인데 반하여, 부작위는 소극적·정적 행위를 뜻한다. 예컨대 타인의 집에 침입하는 것은 작위이고 주인의 퇴거명령에 응하지 않는 것은 부작위이다. 부작위는 행위가 요구됨에도 이에 응하지 않는 것으로, 즉 작위의 의무가 있을 때 성립하고 단순한 무위는 부작위가 아니다.

(2) 적법행위와 위법행위

행위에는 적법행위와 위법행위가 있다. 적법행위는 법규에 위반하지 않고 이에 적합하게 함으로써 일정한 효과를 발생하는 행위를 말한다. 적법행위에는 효과의사의 정신작용을 요소로 하는 법률행위와 사람의 의사행위에 효과의사가 따르지 않는 관념의 표시를 내용으로 하는 준법률행위(geschäftsähnliche Handlung)가 있다. 여기에는 의사의 통지, 확인, 공증, 수리 등이 있다. 한편 법률상 허용되지 않는 행위, 즉 법규에 위반함으로써 일정한 법률상의 효과를 발생하는 위법행위가 있다. 위법행위에는 헌법위반, 행정법상의 월권행위, 무허가행위, 형법상의 범죄행위, 민법상의 불법행위(tort, unerlaubte Handlung), 채무불이행, 탈법행위, 노동법상의 부당노동행위 등이 포함된다.

불법행위 개인의 권익에 대한 침해행위는 민사적 책임과 형사적 책임을 아울러 지게 한다. 그런데 민법상 고의 또는 과실로 인한 위법행위로 타인에게 손해를 가한 자는 그 손해를 배상하여야 한다(민법 제761조). 즉 법률이 허용할 수 없는 손해를 받은 피해자는 그 손해를 전보하기 위하여 가해자에게 불법행위로 인한 손해배상을 청구할 수 있다. 민법은 이 외에도 무과실책임을 인정하여 특수한 불법행위, 즉 ① 책임무능력자를 감독하는 자의 책임(민법 제755조), ② 피용자의 행위에 대한 사용자의 책임(민법 제756조), ③ 공작물을 점유 또는 소유하는 자의 책임(민법 제758조), ④ 동물의 점유자의 책임(민법 제759조), ⑤ 공동불법행위(민법 제760조) 등을 규정하였다. 또한 근로기준법은 재해전보(동법 제8장), 자동차손해배상보장법은 손해배상(동법 제3조), 광업법은 광해배상(동법 제7장) 등을 각각 규정하였다.

제7절 권리의 구제

Ⅰ. 권리의식

우리 민족은 오랫동안 혈연적·지연적 유대를 통한 연대의식 속에서 상부상조의 미덕을 자랑으로 하면서 살아왔기 때문에, 사회에서의 인간관계는 인정본위의 온정주의와 유교적인 체면주의를 강조하였다. 그리하여 이것이 사회생활의 도리로 굳어 정면대립의 의식이 약하고 때로는 그러한 의식을 기피하려고 하였다. 이 결과 자기의 권리와 의무를 분명히 해서 상호간의 이해관계의 갈등을 합리적으로 해결하는 논리적 자세가 체질화되지 못하였다.

생활관계가 곧 권리의무의 관계라는 법적 측면의 인식이 부족하여 권리의무의 주체로서, 대등한 인간 대 인간의 권리의식이 보편화되지 않아 개인의 권리행사가 활발치 못하였다. 또한 우리는 법을 주로 통치의 수단으로만 이해하였고 개인의 권익을 옹호하는 방패로서의 인식이 철저하지 못하였다. 그리하여 만인은 법 앞에 평등이라는 관념이 부족하였고, 실제로 법의 평등한 적용이 아니라 차별적으로 법이 적용되는 경향이 있어 법적 소외감을 가져오기도 하였다. 즉 법은 있어도 이에 따른 권리를 위한 투쟁은 활발치 못한 것이 사실이었다. 대립된 당사자 사이의 분쟁이 있을 때 공정하게 정면으로 승부하기보다는 인정이라든가, 막후의 영향력을 통해 문제를 해결하는, 이른바 법적 해결 이외의 방법을 모색하는 경향이 많았다.

오늘날 복잡하게 얽힌 현대생활에서 이와 같은 접근방법으로는 법률문제에 있어서의 이해의 대립을 해소시킬 수 없는 것이다. 이것은 궁극에는 법에 대한 불신만 초래하게 되어 공정하여야 할 법률문제에 있어서 비정상적인 해결책이 정상적이 되는 그릇된 가치관을 가져와 건전한 법률생활의 형성을 저해하게 된다.

자기의 정당한 권리의 주장은 결코 상대방에게 피해를 주는 것만은 아니다. 권리의 주장이 각 개인을 통해 실현될 때 법적 안정이 유지될 수 있고 정의가 구현될 수 있는 것이다. 이러한 뜻에서 권리의 행사는 사회구성원으로서의 의무이기도 한 것이다. 권리와 의무의 조화를 통해서 사회질서를 유지하고 발전하는 것이 이상적이지만, 그것은 권리의 인식이 확고한 사회를 전제로 해서 가능한 것이다. 권리의식이 투철하지 못한 사회에서는 오히려 권리의 제한이나 권리의 부정이라는 역기능을 가져올 우려가 있다는 점에 주의하여야 한다. 권력측에는 오히려 권리의 과잉행사에 대한 규제가 부족한 것을 보게 되며, 거꾸로 비권력측에서는 규제의 과잉과 권리행사의 부족현상이 보인다. 권리의 사회적 책임성의 문제는 일반적으로 강자에 의한 그 남용이 주된 문제이고, 오히려 약자에게는 권리의식을 강화하는 것이 필요하다고 하겠다. 오히려 권리의식이 빈약하고 권리에 대한 주장이 미숙한 사회에서는 권리에 대한 의식을 강조할 필요가 있을 것이다. 권리에 대한 개인적 의식이 투철할 때 그에 따른 책임성이 요청되는 것이다. 모든 사람에게 권리의 의식이 없이는 법치주의는 성립될 수 없는 것이다. "권리는 그냥 주어지는 것이 아니라 찾아지는 것"이라는 법언이 있듯이 권리를 법에 의해서 보장받을 때, 법은 사회규범으로서 인정되고 법의 생활화를 이룰 수 있는 것이다. 법치주의는 권리의 침해에 대한 방어적 수단을 적절히 행사할 수 있어야 가능한 것이고 또 지켜지는 것이다.

Ⅱ. 권리의 침해에 대한 구제

1. 개 설

권리는 현실적으로 보장될 수 있는 힘이 있어야 그 존재가치가 있는 것이다. 따라서 권리에는 권리의 침해에 대한 사전적인 예방조치와 실제로 나타나는 침해의 배제 및 사후의 구제절차가 완전히 보장되어 있어야 한다. 권리침해에 대한 구제는 국민의 확고한 권리의식에서 출발한다. 개인에 대한 권리침해는 여러 가지 양상으로 나타나며 그 구제방법도 일률적이 아니다. 권리의 구제방법은 권리에 대한 침해양상에 따라 다르게 대처될 것이다.

권리의 구제는 국가권력에 의한 기본권침해에 대한 구제와 개인에 의한 권리침해에 대한 법적 구제로 나눌 수 있다. 또한 국가의 공권력에 의한 권리구제 이외에 피해자 스스로 자력행위에 의한 구제도 예외로서 인정되고 있다.

2. 기본권 침해에 대한 구제제도

기본권은 원래 국가권력으로부터의 부당한 침해를 배제하여 그 본연의 자유와 권리를 누리는 것이다. 따라서 기본권의 침해에 대한 구제는 기본권을 보장하기 위한 기본권의 문제로서 헌법이 이를 명시하고 있다(헌법 제2장). 국가권력이 국민의 기본권을 침해하는 경우에는 작위에 의한 경우와 부작위에 의한 경우가 있다. 작위에 의한 침해는 입법부가 위헌입법을 한다든가, 행정부가 기본권을 침해하거나 또는 사법부가 오판을 하는 등 적극적 행위에 의하여 국민의 기본권을 침해하는 것을 말한다.

이에 대하여 부작위에 의한 침해는 입법부가 헌법이 요청하는 입법을 하지 않는 경우와 행정부가 헌법이 요청하는 복지행정을 하지 않는다든가, 사법부가 재판을 지연시켜서 국민의 기본권을 소극적으로 침해하는 것을 말한다. 기본권을 구제하기 위한 제도로는 사법적 구제가 주된 구제방법이며 가장 효과적인 최종적 방법이다.

우리 헌법은 기본권의 구제수단으로서 청원권(헌법 제26조), 형사보상청구권(헌법 제28조), 국가배상청구권(헌법 제29조), 손실보상청구권(헌법 제23조 3항), 행정쟁송제도(헌법 제107조 2·3항) 등을 규정하고 있다. 이 외에도 사전적 구제(prior relief), 즉 예방적 구제로서 행정절차(administrative procedure, Verwaltungsverfahren), 호민관제도(Ombudsman) 등에 의해서 구제가 가능하다. 그러나 기본권을 침해하는 국가의 공권력 행사에 대하여 모든 실정법적인 구제수단을 강구하여도 기본권을 보장할 수 없는 경우에 저항권을 행사할 수 있을 것인가가 문제된다. 우리 헌법에는 이에 관한 규정이 없으나 서독기본법은 그 개정헌법 제20조 4항에서 초실정법적 자연법상의 권리주장인 국민의 저항권을 인정하였다.

행정절차 넓은 의미의 행정절차란 행정작용에 관한 계통적 과정을 총칭하나, 여기서 말하는 행정절차란 행정청이 행정에 관한 제1차적 결정을 함에 있어서 요구되는 일련의 이해당사자와의 교섭과정을 뜻한다. 즉 행정절차는 행정행위를 실행하기 전에 거쳐야 할 대외적 사전절차이다. 행정절차는 행정작용의 민주화·적정화·능률화 및 행정작용에 대한 사전적 권리구제를 위해 필요한 절차이다. 이것은 대륙법계 국가보다는 영미법계, 주로 미국에서 발전을 보았으며, 우리나라에서도 시행되고 있다.

Ombudsman 옴부즈만은 호민관제도 또는 행정감찰제도라고 불리어지며, 1809년 스웨덴에서 처음으로 제도화된 후 스칸디나비아제국, 영국, 미국, 서독, 뉴질랜드에서 도입하여 그 가치가 높이 평가되고 있다. Ombudsman은 법령이 행정기관에 의하여 적정하게 집행되고 있는지의 여부를 조사하고, 필요하다고 인정되는 경우에 시정조치를 권고하는 외에, 개인으로부터 부당한 행정작용에 대한 민원이 제기된 경우에 이의 시정을 권고하는 것을 주요 임무로 하는 의회에 소속된 공무원을 의미한다. Ombudsman제도는 청원을 더욱더 효과적으로 운영하기 위한 개인의 권리보호 제도이다.

3. 개인에 의한 권리침해에 대한 구제

사익의 침해에 대한 구제방법에는 형법상의 구제와 민법상의 구제가 있으며, 이들은 가해자에 대한 서로 다른 별개의 책임추궁이다. 개인에 의하여 권리가 침해당한 경우에 피해자는 국가공권력에 의해 위법행위의 배제를 청구할 수 있다. 형법상의 권리의 침해에 대한 구제는 고소·고발로부터 시작된다. 고소는 범죄로 인한 피해자 또는 일정한 고소권자가 범죄사실을 수사기관인 검찰·경찰 등에 신고하는 것이며, 범인 및 고소권자 이외의 제3자가 소추를 구하는 것을 고발이라 한다. 한편 민법상의 구제로서 누구든지(원고) 특정인(피고)을 상대로 하여 자기주장의 법률적 당부에 관하여 법원의 심판을 청구할 수 있다. 이를 민사소송에 있어서 소의 제기라 하며, 민사상의 손해배상·위자료 또는 특정한 사항(예컨대 사죄광고, 인도청구 등)의 청구로써 권리를 보호할 수 있다.

4. 자력행위에 의한 구제

법은 본래 개인의 직접적인 자력행위에 의한 자구행위를 인정치 않으나, 권리의 침해를 구제하기 위하여 법적인 구제를 기대할 여유가 없는 부득이한 경우에 이를 적법한 것으로 인정하고 있다. 사법절차에 의하지 않고 스스로 자력을 행사하는 것은 소송제도가 완비된 근대사회에 있어서는 급박한 경우의 예외적 조치로서만 허용된다. 자력행위에 의한 권리구제는 자기방어의 본능이며, 또 이익보전의 합리적 조치로서 법이 예외로 인정하나 그 요건은 엄격하지 않으면 안 된다. 자력에 의한 구제는 형법상 구제와 민법상 구제로 나눌 수 있다.

(1) 형법상 자력구제

형법은 현재의 부당한 침해를 방어하기 위한 행위는 정당방위(self-defence, Notwehr)로 인정하고, 또한 현재의 급박한 위난을 피하기 위한 행위를 긴급피난(necessity, Notstand)으로서 각각 인정하여 상당한 이유가 있는 때에는 처벌하지 않는다(형법 제22조). 이들은 급박한 상황에 대처하는 긴급행위의 일종으로서 형법상 위법성이 조각된다. 또한 법정절차에 의하여 청구권을 보존하기 불가능한 경우에 그 청구권의 실행불능 또는 현저한 실행곤란을 피하기 위한 상당한 이유가 있는 행위는 자구행위(self-help, Selbsthilfe)(형법 제23조)로서 인정하여 벌하지 않는다.

정당방위 형법상 정당방위는 자기 또는 타인의 법익에 대한 현재의 급박하고 부당한 침해를 방위하기 위한 방어행위를 말하고 상당한 이유가 있을 때에는 벌하지 아니한다. 따라서 상당한 이유를 기준으로 과잉방위와 오상방위로 구분하게 된다. 정당방위는 긴급피난과 같이 위기에 직면한 자가 이를 모면하기 위한 긴급행위이나, 침해자에게 반격을 가하는 부정(不正) 대 정(正)의 관계에 있다는 점에서 정(正) 대 정(正) 관계에 있는 긴급피난과 차이가 있다.

(2) 민법상 자력구제

민법은 사권 일반에 관한 자력구제를 인정치 않고, 오직 점유자에게만 일정한 경우에 자력방위권과 자력탈환권을 인정하였다. 민법 제209조 1항에서

"점유자는 그 점유를 부정히 침탈 또는 방해하는 행위에 대하여 자력으로써 이를 방위할 수 있다"라고 규정하였고, 동조 2항에서 "점유물이 침탈되었을 경우에 부동산일 때에는 점유자는 침탈 후 즉시 가해자를 배제하여 이를 탈환할 수 있고, 동산일 때에는 점유자는 현장에서 또는 추적하여 가해자로부터 이를 탈환할 수 있다"라고 규정하였다.

10 법학의 방법

제1절 법해석학

법학이란 법을 고찰의 대상으로 하는 학문인데, 사회규범으로서의 법 특히 그 중에서도 성문법은 일반적인 의미내용을 가진 규정으로서 성립되어 있다. 이와 같은 법이 사회질서유지라는 자기임무를 다하기 위해서는 그 의미내용을 밝혀내는 것이 무엇보다도 필요하다. 왜냐 하면 성문법의 규정 가운데는 의미가 명확하지 않으므로 경우에 따라서는 그 의미가 여러 가지로 해석될 수 있는 것도 있으므로, 성문법이 제정되었다는 것만으로는 아직 그 법이 실제로 아무 지장 없이 운영될 수 있는 완성된 법이라고 할 수는 없기 때문이다. 법해석학(Jurisprudenz)이라 함은 법의 구체적 적용을 위해서 현행 실정법질서의 규범내용을 체계적으로 이해하고, 법의 목적에 따라서 규범의 의미를 명확히 하는 이론적·기술적 조작을 하는 실용적인 법학을 말한다. 바꾸어 말하면, 실정법규의 의미를 밝혀내고, 다시 그 의미를 확장하여 법질서를 체계화시키는 일을 하는 법학을 법해석학이라고 한다.

일부 사람들 중에는 법해석학의 학문성이 희박하다고 생각하는 경향이 있다. 법해석학의 학문성을 의심하는 사람들은 법해석학의 대상이 실정법만을 위주로 하는데, 바로 그 실정법이 허무하여 학문적 대상으로서 무가치하기 때문에, 법해석학은 직업적 기술에 불과할 뿐 학문적인 가치는 없다고 주장한다. 즉 법해석학의 대상인 실정법의 제정이 입법자의 자의에 의해서 움직이는 점과 그 실정법의 해석이 너무나 기계적이거나 또는 해석하는 사람의 자의에 의해서 좌우되기 쉽다는 것을 이유로 해서, 그와 같은 실정법을 대상으로 하여 해석하는 법해석학은 학문으로서의 가치가 없다고 한다.

그러나 이와 같은 주장에 대립하여 법해석학의 학문성을 방위하는 사람도 또한 적지 않다. 라드브루흐(Radbruch) 같은 사람은, 법학의 대상을 실정법에 두고 법학은 법의 객관적 의미, 즉 이상화된 입법자의 의사를 연구하는 것이지, 법의 주관적 의미, 즉 해석자가 실제로 거기에서 발견한 사상을 연구하는 것이 아니라고 주장하였다. 좌우간 법의 규범성을 강조하는 입장에 있는 사람들은 엄밀한 의미의 법학은 법규범 그 자체를 대상으로 하는 법해석학만이라고 하여, 이와 같은 견해가 지금까지 법학계의 지배적인 견해로 되어 옴으로써, 법학이란 원래 주로 법해석으로서 발달되어 왔으며, 오늘날에 있어서도 법학이라고 할 때는 대체로 법해석학을 의미하고 있음이 사실이고, 우리가 대학에서 배우는 헌법학, 형법학, 상법학 등은 이러한 법해석학의 일부에 지나지 않는 것이다.

그런데 법이 사회생활의 질서를 유지시키기 위해서는, 먼저 성문법의 의미를 정확히 정해 놓은 다음에, 그 성문법의 해석을 엄밀한 논리의 법칙에 따라서 일관시킴으로써, 그때 그때 사정에 따라서 해석논리의 법칙이 동요되는 일이 없도록 하지 않으면 아니된다. 왜냐 하면 아무리 훌륭하게 성문법을 정비해 놓더라도, 만약에 법의 운영을 담당하는 행정관청이나 법관의 호악(好惡)에 의해서 법이 함부로 움직여지는 경우에는 법의 안정성이라는 것은 기대할 수 없게 되고, 또 결과적으로 법이 그 본래의 임무를 다할 수 없게 되기 때문이다. 따라서 질서유지상 성문법규를 가장 충실하게 사례에 적용하는 해석이론의 정비가 요망되는데, 법규를 대전제로 하고, 사건을 소전제로 하고서 필연적인 결론으로서 판결을 끄집어냄으로써, 법규로부터 벗어나는 해석을 할 여지가 없도록 하는 입장에 서서 성문법을 해석해 나가는 법해석학을 개념법학(Begriffsjurisprudenz)이라고 하는데, 개념법학이란 말하자면 실정법을 흠결 없는 완결적 근거로 보고 오로지 형식논리적으로 도출된 결론만을 위주로 법률문제를 처리하고자 하는 것이다.

이와 같은 개념법학은 근대초에 있었던 자유주의사상을 이론적인 근저로서 가지고 있는 것으로서, 원래 이 자유주의사상은 인간의 자유와 권리를 보장하기 위해서는 영구불변할 성문법체계를 구축함으로써 국가권력의 남용을 방지하지 않으면 아니된다고 하였는데, 이와 같은 시대적인 요청에 따라서 웅대한 성문법 체계가 이루어진 다음에 그 성문법이 이상적인 법으로서 높이 평가를 받으려면, 해석에 의해서 법규의 의미를 움직이는 일이 없도록 하는 것은 당연한 일이었으므로, 개념법학은 이와 같은 그 당시의 시대적인 요구에 따라서 발달했던 것이며, 19세기 이래로 유럽대륙의 성문법국가에 있어서 법해석학의 유력한 하나의 경향이었다.

그러나 개념법학이 실정법의 완전성을 믿는 것과는 달리, 성문법이란 어디까지나 사람이 만든 것이므로 제정될 때 이미 결점이나 불비한 점이 있을 수가 있고, 또 비록 제정당시에는 완벽에 가까운 성문법이었다고 하더라도, 시대가 바뀌고 사회가 달라짐에 따라서 사회실정에 맞지 않는 불합리한 점이 생길 수도 있는 것이다. 만약에 이와 같은 경우에도 사회의 변천을 도외시하고 구태의연하게 성문법의 엄격한 적용만을 고집해 나간다면, 그 유동발전에 대한 적응성을 결여하는 중대한 결함이 생겨서, 법이 인류의 사회생활을 올바르게 규율할 수 없게 될 것이 분명하다. 그러므로 경우에 따라서는, 법조문의 표현에 정면으로 어긋나는 해석이 아닌 한, 되도록 법규의 의미를 신축성 있게 해석함으로써, 폭넓은 규범의미의 범주 내에서 소위 살아있는 법을 발견하여, 그것으로서 사회관계를 규율해 나갈 것이 요망된다. 이와 같은 요망에 따라서, 법을 꼭 규격에만 맞추어서 해석하려고 하는 개념법학의 방법을 시정하여, 법의 사회질서유지상 필요로 하는 경우에는, 어느 정도 법규의 의미를 변경해서 해석을 내리는 것이 불가피하다고 하는 것이, 19세기 말부터 20세기 초에 걸쳐서 형성한 반개념법학의 법사상이자, 세계적으로 큰 영향을 미치어 법의 해석에 일대전기를 만든 자유법론(Freirechtslehre)의 주장이다.

개념법학과 자유법론은 법해석상의 지도원리를 각각 두 개의 다른 각도에서 파악하고 있는 것이다. 비록, 실정법을 자족적이고 흠결 없는 완결적인 것으로 보고 여기에서 오로지 형식논리적으로 도출된 결론만을 위주로 법률문제를 처리하려는 태도는 개념법학의 가장 큰 결함으로 지적되고 있고, 또 자유법론에 대해서는, 법규의 개념구성을 경시하고 법관에게 지나친 자유재량을 인정함으로써 법의 운영을 주관적 감정에 위탁하여 법적 안정성을 해하여 법학의 논리학적 과학성까지도 부인한다는 뜻에서 감정법학이라고 하는 비난 내지 경고가 가하여지고 있는 것도 또한 사실이다.

그러나 개념법학은 법체계 자체의 안전성을 강조하고 있으며, 자유법론은 현실생활에 대한 법체계의 적응성을 요구하고 있는 면에서, 양자는 비록 전부의 진리를 남김없이 내포하고 있는 것은 아니지만, 각각 진리의 일면을 포섭하고 있는 것이 또한 사실이다. 따라서 법해석학을 올바른 길로 이끌기 위해서는, 개념법학과 자유법론 중 그 어느 한쪽에만 치우쳐서는 아니된다. 성문법체계의 안전도 물론 필요하지마는, 현실적인 요망을 도외시해서도 아니된다. 바꾸어 말하면 성문법을 골격으로 하여 사회의 질서를 유지시켜 나간다고 하는 것도 중요하지마는, 살아 있는 사회생활의 요구도 또한 잊어서는 아니된다. 이러한 의미에서 개념법학만을 고집해서는 아니되고 또 무조건 자유법론에만 가담해서도 아니되는 것이다.

제2절 법사회학

사회의 실천생활이 법규범대로 행하여지고 있는 경우에는, 사회생활 사실을 탐구해 나가는 일은 별로 중요한 의미를 가지지 않을 것이다.

그러나 실제에 있어서는 훌륭한 성문법이 존재하고 있음에도 불구하고, 그것이 제대로 적용되지 않고 성문법과는 다른 생활이 사실상 행하여지고 있는 경우가 허다하다. 즉 성문법에 의해서 마땅히 규율되어야 될 것임에도 불구하고, 그 성문법은 아무런 역할도 못하는 가운데 그 성문법과는 상이한 규범의미를 가지고 있는 도덕관념이나 경제사정 등에 따라서 습관적으로 규율되고 있는 사회적 사실이 많이 있다.

그와 같은 경우에는 그 실태를 조사하여, 어째서 그와 같은 간격이 생겼는가를 밝히고, 또 그 간격을 메우기 위해서는 어떠한 조치를 취할 것이냐 등을 연구해 볼 필요가 생긴다. 법사회학(Rechtssiologie)이란 실증적으로 법적 사실생활을 탐구해 나가는 법학의 제2부문을 말함이다.

해석법학이 성문법규를 실제생활에 적용하기 위해서는 그 성문법규를 여하히 해석할 것이냐 하는 것을 연구하는 규범학인 것과는 달리, 법사회학은 법과 대응해 있는 사회생활의 사실관계를 지배하는 법칙은 어떠한 것인가를 연구하는 사실학인 것이다. 뿐만 아니라 법해석학이 국가의 제정법만을 법이라 하고, 그 법이 재판을 통해서 적용되며 국가에 의해서 강제되도록 논리적 조작을 하는 것이 법을 연구하는 길이라고 하는 것과는 달리, 법사회학은 국가의 제정법보다 살아 있는 법(lebendes Recht)의 발견에 치중하여 그 법을 재판이 아니라 사회생활 그 자체를 통하여 적용되고, 또 그 법이 국가에 의한 강제가 아니라, 사회 그 자체의 보장에 의하여 저절로 준수될 수 있도록 하기 위해서, 논리적 조작이 아니라 관습과 같은 것의 실태조사를 하는 것이 법의 연구방법이라고 한다.

그러나 법사회학이 실정법을 적대해서는 아니 된다. 실정법과의 유기적인 관련 속에서 살아 있는 법을 발견함으로써 실정법에 바른 지침과 해석을 주어, 실정법이 사회생활을 올바르게 규율하도록 실정법에 협력을 하는 데에만 법사회학의 의미가 있는 것이다. 만약에 법사회학이 실정법을 완전히 떠날 때에는, 법사회학은 사회학이 되고 말 것이며, 실정법을 보완하기 위한 법사회학은 법해석학이나 다를 바가 없는 하나의 실천적 공작이요, 학문성은 부인되고 말 것이다.

그러므로 법사회학이 법학이 되고자 하면 법해석학에 봉사하는 역할밖에는 못하는 까닭에, 법사회학이 법해석을 제쳐 놓고 자신만이 진정한 법학이라고 할 수 있는 근거는 없는 것이다.

정부수립 이후 우리나라에서는 헌법을 비롯하여 수많은 입법이 민주주의이념에 입각하여 이루어졌다. 그러나 법에 담겨진 민주주의이념이 우리의 실제생활 속에서 얼마만큼이나 실현되고 있는지 의문이다. 우리나라는 선진제국에 비하여 민도가 낮은 것이 사실이며, 특히 농촌과 지방에 아직도 봉건의 잔재가 뿌리박고 있어서 민주주의를 목표로 하는 입법과 실제생활 간에 거리가 생길 것이 짐작된다.

따라서 현실이 그렇다면 법과 실제생활이 보조를 맞추도록 하기 위해서는 국민의 사실생활을 향상시키도록 함이 옳으나, 때에 따라서는 반대로 성문법의 규정에 우리나라 실정에 맞지 않는 무리가 있다고 생각되는 경우에는 성문법을 개정해서, 성문법의 내용을 살아있는 사회생활의 사실에 접근시킴으로써, 법으로 하여금 현실을 따라가도록 하지 않으면 아니 된다. 좌우간 어떤 경우이든 간에 국민생활의 실태를 정확히 파악하지 않고서는 아니 되므로, 법사회학에 관한 많은 연구가 기대된다.

그런데 법사회학이라는 것은 실태조사를 주로 하는 학문이기 때문에 그 연구는 개개인의 학자가 서재에만 앉아서 혼자 사색하고 구상하는 식으로만 되는 것은 아니다. 법사회학에 관한 연구는 많은 인원이 동원되어 조직적인 공동연구의 형태로 하지 않으면 아니 된다. 따라서 법사회학에 관한 연구를 효과적으로 행하기 위해서는 다액의 비용과 막대한 시간 및 효과적인 연구인력이 필요한바, 우리나라에서는 그와 같은 선결문제가 해결되지 않아서 법사회학에 관한 연구가 활발하지 못한 상태에 있다.

법의 이론적·실증적 연구는 현대의 법적 사실현상을 대상으로 할 수도 있다. 그러나 법사회학의 연구대상은 현대의 법적 사실현상에 한하며, 여러 민족이나 여러 국가의 과거의 법적 사실현상을 연구하는 일은 법사학(Rechtsgeschichte)의 임무에 속한다.

제3절 법 철 학

법을 연구함에 있어서 우리는 항상 법이란 무엇이며, 법학의 지도이념은 어떤 것으로서 확립할 것이냐 하는 근본문제에 당면하게 된다. 법철학(Rechtsphilosopie)이란 이와 같은 법의 근본문제를 연구하는 것으로서 말하자면 법의 본질을 추궁하고, 법의 이상 또는 이념을 명확히 하고, 나아가 법학의 방법론을 확립하는 것을 임무로 한다.

바꾸어 말하면 사회생활의 사실이 아니라 그 사실을 규율할 법을 연구대상으로 하는 법철학은 그러한 법의 본질을 탐구하고, 또 다음에는 그러한 법이 가져야 할 이념을 제공하는 것을 과제로 한다. 따라서 헌법학·형법학·민법학·상법학 등과 같이 법의 일부 특수분야만을 연구하고자 하는 것이 아니라, 법전반에 걸쳐서 법이란 도대체 무엇이며 법의 목적이 무엇인가를 정확히 파악하고, 입법의 방향을 바르게 세워, 법의 해석을 옳게 지도해 나가고자 하는 것이 법철학이다.

위에서 말한 법사회학이 인류의 사회생활 속에서 법과 대응해 있는 사실현상에 대한 연구를 그 임무로 함으로써, 그 연구의 성과는, 실정법과의 유기적인 관련 속에서 실정법에 올바른 지침을 주어, 실정법이 사회생활을 올바르게 규율하도록 실정법에게 협력을 하는 방법을 통해서, 법해석학을 위해서, 특히 자유법론을 지도원리로 하는 법해석학을 위해서 봉사한다는 것은 이미 통찰하여 본 바와 같으나, 법이란 본래 한편으로 인류의 사회생활 속에 깊이 뿌리박고 있음과 동시에 또 한편으로는 인간존재의 이념의 세계와도 깊은 관계를 맺고 있는 것이다.

따라서 법사회학이 사실의 면에서 법해석학을 원조하므로 그 필요성이 인정되는 것과 마찬가지로, 법해석학을 이념의 면에서 지도하므로, 올바른 법해석을 하도록 가치척도를 제시하여 주는 법철학도 또한 필요하게 되는데, 법이 가질 수 있는 이념을 올바르게 확립하기 위해서는 우선 먼저 그와 같은 이념을 지니고 나갈 법의 본질부터 밝혀 놓지 않으면 아니 되는 것이다.

제4절 법 사 학

법사학(legal history, Rechtsgeschichte)은 법제사 또는 법제사학이라고도 하며, 법적 사실을 역사적으로 고찰하여 인간의 법생활의 역사를 구명하는 것을 목적으로 하는 학문이다. 법사학은 단순히 과거에 있어서의 법자료를 체계적으로 정리하고 그 발전과정을 추구하는 데 그치는 것이 아니라, 그 시대에 있어서의 법과 사회생활과의 관계를 명백히 함으로써 현재의 법을 구명하여야 한다. 즉 현재의 법을 바르게 이해하고 그 미래를 전망하려면 현존의 법질서가 생성·발전·개폐해온 과정을 역사적으로 고찰하지 않으면 안된다.

법사학은 이러한 목적을 위하여 과거의 법적 사실을 역사적 발전의 측면에서 동적으로 파악하려는 것이다. 이러한 법사학의 연구결과는 법정책학, 법사회학, 법해석학 등의 연구에 중요한 자료를 제공하고 그 발전에 기여하게 된다. 법사학이 법학의 연구대상으로 확고한 지위를 얻은 것은 사비니에 의한 역사법학파의 성립 이후부터이다.

법사학은 널리 역사학적 측면에서는 역사현상을 특히 법적인 관점에서 고찰하는 것이다. 이런 의미의 법사학에는 법제사·법사상사·법철학사 등이 포함된다.

첫째, 법제사는 각 국민이 각 시대에 가졌던 법제사를 역사적으로 고찰하는 학문이며 로마법제사, 게르만법제사, 한국법제사 등으로 개별화된다. 서양법사학 중에서 로마법사학은 특별한 법으로 취급되며 독자적 학문분야로 되어 있다. 또 최근에는 법을 사회와 문화 전체 중에 자리하게 하여 그 역사적 전개를 고찰하는 법문화사와 법사회사 등이 중요한 연구분야로 되어 있다.

둘째, 법사상(legal thought)이란 법질서의 형성에 관해 이를 움직이는 사상이며 법학자는 그것을 이론적으로 구성하여 표현하려고 노력한다. 이러한 법질서의 형성 · 진화 또는 소멸에 영향을 미치는 법사상에 관해 역사적으로 연구하는 학문을 법사상사라고 한다.

셋째, 법철학사란 법철학을 역사적으로 고찰하는 학문을 말한다. 법사학의 과제는 한 국가 혹은 민족의 법질서와 법사상이 어떻게 생성 · 발전 · 소멸되어 왔는가를 역사적 · 사실적으로 분석 · 파악함으로써 현재의 법질서와 법사상을 입체적 · 동적으로 이해하고 미래적 전망까지 가늠해 보는 데 있다 할 것이다.

제5절 비교법학

비교법학(comparative jurisprudence, vergleichende Rechtswissenschaft)은 국가 또는 민족에 있어서 고유의 법제도에 대한 비교연구를 목적으로 하는 학문이며 법이 지리적 · 민족적 · 문화적 산물인 사실에 비추어 법의 역사적 연구의 발달과 함께 성립한 학문이다. 비교법학은 각 국가 또는 각 민족의 법의 역사가 아니고 개개의 법제도에 있어 일반적 공통적인 진화과정의 원칙을 그의 연구대상으로 한다. 비교법학에 관하여 법과학의 독립된 한 분과로 보는 견해와 법해석학 · 법사회학 · 법정책학 · 법사학의 각 특성을 포함하는 공통적인 방법론이라는 이유로 독립된 분과로서는 타당치 않다고 보는 견해의 대립이 있다. 그러나 비교법의 연구가 법학분야에서 일반적으로 그 존재를 인정받게 된 19세기 후반 이래로 비교법을 법학에 있어서 독립된 부문이며 독자성을 지닌 과학으로 인정하는 추세이다.

비교법학자들은 다음과 같은 것을 지적하면서 비교법학의 가치를 평가하고 있다. 첫째, 법의 해석에는 여러 가지 방법이 있지만 비교법적 해석은 비교적 새로우면서도 대단히 중요한 법해석의 한 방법이 된다. 또한 비교법학의 목적은 자국법의 보다 진전된 해석 못지않게 새로운 법을 제정하거나 법을 개정하는 데 도움이 된다. 어떠한 국가이든 입법을 할 때 다른 선진제국의 경험을 이용하는 것이 바람직하기 때문이다.

둘째, 비교법학의 가장 중요한 궁극적 목적은 법, 특히 그 중에서도 사법을 국제적으로 통일하는 데 있다. 이것은 비교법학자의 이상이며 최종목표이기도 하다.

셋째, 비교법학은 법의 일반이론(모든 법제도·법사상·법문화 등에 공통된 보편적인 법개념 내지 일반적인 법원칙)의 발견을 목적으로 한다. 법의 일반원칙은 선험적 연구를 통하여도 얻을 수 있지만 비교법적 연구를 통하여 경험적으로도 탐구할 수 있는 것이다. 또한 비교법학은 법의 계수에서 중요한 기여를 한다.

新법학통론

제2편 각　　론

1 헌　법

제1절 국　가

Ⅰ. 국가의 개념

국가란 어떤 것이냐에 관하여 오늘날 수많은 학설이 대립되고 있으나, 그 중에서 가장 널리 채택되고 있는 개념에 의하면, 국가란 일정한 영역에 거주하고 있는 국민이 통치권에 의하여 통제·조직된 단체를 말한다. 이로써 볼 때 국가의 개념에는 국민·영역·통치권이란 3요소가 있음을 알 수 있다. 그러면 국가의 구성요소인 3요소에 대하여 설명하기로 한다.

1. 국　민

국민(Staatsvolk)이라 함은 국가를 이루고 있는 사람을 말한다. 이국민이란 말은 국가를 구성하는 사람들을 총칭하여 말하기도 하고, 그 한 사람 한 사람을 두고 말하기도 한다. 그런데, 특정한 국가의 국민이냐 아니냐 하는 것은 어디까지나 그 나라의 국적을 갖고 있느냐 않느냐에 따라서 결정되는 것이므로 그 국가 안에 살고 있는 사람이라고 해서 전부가 그 나라의 국민인 것은 아니다. 따라서 국민이란 말은 민족이란 말과 반드시 일치하는 것은 아니다.

민족이란 것은 법적 개념이 아니라 혈연을 기초로 하여 같은 언어·문화를 가지는 사람들의 집단을 의미하는 것이다. 미국이나 소련과 같이 여러 민족이 한 국민으로서 한 국가를 이루고 있는 경우도 있고, 유태인들은 같은 민족이면서도 오랫동안 한 국민이 되지 못하고 여러 국가에 분산되어 살다가 근래에 와서 이스라엘이 독립되면서 같은 국민이 되기는 하였으나 아직도 이스라엘 국민인 유태인의 수는 전세계의 유태인의 총수에 비하면 대단히 적은 수에 불과하다. 우리나라는 같은 민족으로 구성된 국가로서 국민과 민족이 대체로 일치하나, 외국인도 우리나라 국적을 취득하면 한민족은 아니더라도 우리나라의 국민이 되므로 우리나라도 국민과 민족이 꼭 일치하는 것은 아니다.

2. 영 역

영역(Staatsgebiet)이라 함은 국가의 통치권이 원칙적으로 미치는 공간을 말한다. 인류의 단체에는 그 단체원들이 일정한 장소에 모여 사는 지역단체와 단순한 사람의 결합인 사회단체가 있으나 국가는 전자인 지역단체이다.

영역은 영토·영해 및 영공으로 이루어진다. 영토는 영역을 구성하는 토지를 말하고, 영해는 영토를 둘러싸고 있는 일정한 수역을 말하는데, 영해의 범위에 관하여는 해안으로부터 3해리 이내라고 하는 것이 국제법상 오랜 정설이 되어 왔으나 근래에는 더 확장하려는 경향이 있다(어느 나라의 영해에도 속하지 않는 영역을 공해라고 한다). 영공이라 함은 영토 및 영해의 상공을 말한다.

3. 통 치 권

(1) 통치권의 개념

국가는 그가 가지는 목적을 달성하기 위하여 여러 가지 권력을 가지는데, 이와 같은 권력을 총괄하여 통치권(Staatsgewalt)이라고 부른다.

(2) 통치권의 내용

통치권은 그 형식적 내용에 따라 입법권·행정권 및 사법권의 셋으로 나누는 외에 실질적 내용에 따라 자주조직권·영토고권·대인고권 및 국제법에 의한 권한 등으로 분류할 수 있는데 실질적 내용에 관한 설명을 하자면 다음과 같다(형식적 내용에 의한 입법권 및 사법권에 관한 설명은 뒤로 미루기로 한다).

1) 자주조직권　　국가는 다른 의사에 의존함이 없이 국가 자체의 의사결정방법에 의하여 자주적으로 자기의사를 결정하는 것이다. 따라서 국가의 통

치조직도 자주적으로 결정한다.

2) 영토고권 국가는 그 영토 내에 있는 외국인을 포함한 모든 사람과 물건을 지배하는 권력을 갖는다. 이것을 영토고권이라고 한다. 그러나 이 영토고권은 국내법과 국제법에 의해 제한을 받는다. 따라서 사유재산제도를 인정하는 국가에서는 토지나 또는 다른 물건에 대한 지배권은 사인이 소유하므로 국가도 사인과 마찬가지로 그 물건을 소유하지 않는 한, 그 물건에 대한 지배권을 가지지 않는 것이 원칙이고 또 영역내에 있는 사람일지라도 치외법권을 가진 사람에 대하여는 지배할 수 없다.

3) 대인고권 국가는 국내에 있든 국외에 있든 자국민을 지배하는 권력을 갖는데 이것을 대인고권이라고 한다. 그러나 국외에 있는 자국민의 경우에는 그 나라의 영토고권과 충돌되므로 그와 같은 경우에는 국제법의 제한을 받는다.

4) 국제법에 의한 권한 국가는 이 밖에도 외국과의 조약 또는 일반 국제법에 의하여 특별한 권한을 가질 수 있다. 전쟁점령지에 대한 권리, 신탁통치구역에 대한 권리, 조차조약에 의하여 가지는 조차권, 보호조약에 의하여 가지는 피보호국에 대한 권리 등이 그 예이다.

(3) 통치권과 주권과의 관계

통치권을 때에 따라서는 주권이라고도 하는데, 이것은 주권이라는 말이 여러 가지 뜻으로 사용되는 까닭이다. 용어상의 혼란을 없애기 위해서 통치권과 주권과의 관계를 분명히 파악하여 보기로 한다.

첫째로, 주권이라고 할 때에는 대내적으로는 최고이고 대외적으로는 독립된 권력을 의미한다. 대내적으로 최고라 함은 국내에 있어서는 최고성을 가져, 그보다 더 높은 권력이 없다는 뜻이고, 또 대외적으로 독립이라 함은 다른 국가로부터 간섭이나 지배를 받지 아니한다는 뜻이다. 국제법상 이러한 독립성을 완전히 가지고 있는 국가를 주권국이라 하고 종속국·피보호국 등은 이런 의미의 주권을 가지고 있지 않으며 이를 반주권국이라고 한다.

둘째로, 주권이라고 할 때는 국가의사의 최고적 결정권을 말한다. 이러한 의미의 주권은 통치권의 근본적 연원을 의미하는 것이며, 통치권 자체를 말하는 것은 아니다. 예를 들면, 국가주권이라고 할 때의 주권은 이런 의미의 주권이며, 국민주권이라 함은 모든 국가의 의사나 권력이 국민으로부터 연원해 나온다는 말이다.

주권은 때에 따라서는 통치권 또는 국가권력과 같은 뜻으로 사용되기도 한다. 주권이 한반도에 미친다고 할 때의 '주권'이 그 예이다.

이와 같이 주권이란 대체로 세 가지 뜻으로 쓰이는데, 용어상의 혼란을 막기 위해서는 통치권과 같은 뜻으로는 쓰지 않는 것이 좋고 첫 번째의 의미의 주권은 주로 국제법상에서 문제가 되며 헌법상에서는 대개 두 번째 뜻으로 많이 쓰이는데 어쨌든 통치권이란 주권에서 연원해 나온 것임을 알 수 있다.

Ⅱ. 국가의 형태

국가조직이 어떠한 형태를 갖느냐 하는 것이 국가의 형태에 관한 문제인데 이 국가조직의 형태는 대체로 두 가지 관점에 의하여 국체와 정체로 분류되고 있다.

1. 국 체

국체(Staatstform)라 함은 본래는 주권의 소재를 기준으로 하여 본 국가형태로서, 주권을 군주 1인이 갖고 있는 군주국(Monarchie)과 국민이 주권을 갖고 있는 공화국(Republik)으로 분류되어 왔다. 그러나 오늘날에는 군주 한 사람이 주권을 갖고 있는 군주국이란 거의 존재하지 않으므로 주권의 소재에 따라 국체를 분류한다는 것은 무의미한 일이므로 오늘날 국체라고 할 때는 다만 제도상 군주가 있느냐 없느냐가 기준이 되어 군주제도가 있는 국가를 군주국이라 하고 군주제도가 없는 국가를 공화국이라고 한다.

종전 후 일본헌법에 있어서와 같이 천황제를 존치하면서 주권이 국민에게 있음을 규정함으로써 군주국이면서도 주권이 국민에게 있도록 한 것은 국민주권의 원리가 군주국에까지 침투한 결과이며, 영국 같은 나라에서는 군주는 주권을 가지고는 있지만 그 주권을 행사함에 있어서는 일정한 제한을 받는다.

군주제도가 없는 국가형태인 공화국에는 주권이 소수 귀족에게 있는 귀족공화국, 노농계급에 있는 계급공화국, 국민전체에 있는 민주공화국 등이 있는데, 귀족공화국은 현대문명국에서는 찾아볼 수 없고 오늘날에는 민주공화국이 일반적이다. 우리나라 헌법은 제1조 1항에서 "대한민국은 민주공화국이다"라고 규정함으로써 국호와 함께 국체를 선언하였으며, 제1조 2항에서 대한민국의 주권은 국민에게 있다고 규정함으로써 이를 구체화하였다.

2. 정　체

정체(Regierungsform)라 함은 통치권 행사에 따라 분류되는 국가 형태를 말하는데, 위에서 말한 국체가 비교적 고정적이고 항구적 성질을 가지고 있어서 혁명에 의해서 변동되는 것임에 반하여, 정체는 혁명에 의하지 않고도 변동될 수 있다. 이 정체는 직접정체와 간접정체, 전제정체와 제한정체, 민주정체와 독재정체 등으로 구별된다.

(1) 직접정체와 간접정체

주권자가 원칙적으로 직접 통치권을 담당하고 발동하는 정체를 직접정체라고 한다. 중세기의 절대군주주의하에서 이 정체를 택한 외에, 일부 스위스의 주 같은 데에서만 이 예를 찾아볼 수 있다.

간접정체라 함은 주권자가 통치권의 담당과 발동을 독립된 다른 기관에 맡기는 것을 원칙으로 하는 정체를 말한다. 공화국에 있어서는 이 간접정체가 원칙이며, 특히 민주공화국은 이 정체를 취하지 않는 나라가 없을 정도인데, 이 간접정체를 택한 나라에서는 국민은 대통령·국회의원과 같은 통치권 행사자를 직접이든 간접이든 선출만 하고 그 선출된 대표기관들이 통치권을 행사한다.

그런데, 민주공화국에 있어서도 국가에 따라 차이는 있으나 국민표결·국민발안·소환 등의 제도를 택함으로써 간접정체에 직접정체제도를 가미시킨 점에서 보면 혼합정체를 택하고 있다고 말할 수 있다.

(2) 전제정체와 제한정체

이것은 종래의 군주국에 있어서의 정체의 구별인데, 전제정체라 함은 주권자인 군주가 자기 의사대로 자유로이 통치권을 행사하는 정체를 말한다. 중세기의 군주국들은 동양에 있어서나 서양에 있어서나 모두 전제정체를 가진 전제군주국들이었는데, 여기에서는 일반국민은 전혀 국정에 참여함이 없이 다만 예속적인 지위를 가졌으며, 관리들은 국민의 종으로서가 아니라 군주의 종으로서 국민을 지배하는 기관에 불과하였는데 현대에 있어서는 이와 같은 전제군주국은 거의 존재하지 않는다.

제한정체라 함은 주권자인 군주 한 사람의 의사만으로서가 아니라 독립된 국가기관을 참여시키면서 통치권을 행사하는 정체를 말한다. 귀족회의를 가진 귀족국가에서 이와 같은 제도의 예를 찾아 볼 수 있다. 이 제한정체의 대표적인 예로는 통치권을 입법·행정·사법의 3권으로 나누어 각각 독립된 기관에 맡기고, 그 가운데의 입법기관은 일반국민이 선거한 대표자로서 조직하여 통치권의 행사에 참가하게 하는 근세의 영국의 입헌정체를 들 수가 있다.

(3) 민주정체와 독재정체

이것은 공화국에 있어서의 정체의 구별인데, 민주정체라 함은 일반국민의 의사에 의하여 통치권이 행사되는 정체이다. 오늘날 국민주권 국가에 있어서는 헌법은 물론이고, 그 밖의 법률 등도 국민의 의사를 반영하여 제정하고, 국민은 자기의사에 의하여 제정한 헌법과 법률에 복종하게 되니, 이것은 결국 국민이 자기 의사에 스스로 복종한다는 자율주의가 실시되는 정체를 말한다. 그러나 민주정체라 하더라도 인구가 많고 영역이 광대한 현대국가에 있어서는 국민 전체가 통치권의 행사에 참여한다는 것은 어려운 일이므로 대표기관을 통하여 간접적으로 통치권의 행사에 참여하는 간접민주정체가 원칙이고 직접민주정체는 다만 예외적으로 이용되는 수가 있을 뿐이다.

독재정체라 함은, 군주국이 아닌 공화국의 국체에 속하는 국가에 있어서 통치권을 담당하고 있는 일부 국민이 일반국민의 의사를 무시하고 실력으로써 국민을 타율적으로 지배하는 정체를 말한다. 과거의 소련 및 그 위성국가들과 과거 제2차대전 당시의 나치스 독일과 파시스트 이탈리아에 있어서 이 독재정체의 예를 찾아볼 수 있다.

제2절 헌법의 개념과 종류

Ⅰ. 헌법의 개념

국가단체를 규율하는 법 중에서 가장 기본적인 법규범인 헌법(Verfassung)은 시대의 발전에 따라 변천되어 왔다. 따라서 헌법이라는 말은 여러 가지 뜻으로 쓰이는데, 그 상이한 개념을 파악하여 보면 다음과 같다.

1. 고유의 의미의 헌법

국가의 조직을 규율하는 대원리의 전체를 헌법이라고 한다. 이와 같은 의미의 헌법은 국가가 존재하는 이상 필연적으로 수반하는 것이며, 모든 국가는 국민되는 자격, 요건, 영역의 범위, 국가의 통치조직・작용 등을 규정하는 이와 같은 의미의 헌법을 가지고 있다. 이러한 고유의 의미의 헌법은 성문법 아니면 불문법으로 존재하며, 또 헌법전뿐만 아니라 보통의 법령의 형식으로도 존재할 수 있다.

2. 근대적(입헌주의적) 의미의 헌법

근대적 의미의 헌법이라고 할 때는 근대에 이르러 입헌주의적 원리를 채택한 국가의 기본법을 말한다. 이런 의미의 헌법은 ① 국민의 국가권력에 대한 지위보장, 즉 국민의 기본권에 관한 규정과 ② 그것을 보장하기 위한 삼권분립제의 채택에 관한 규정을 포함하고 있는 것이 특색이다. 1789년 프랑스의 인권선언에서 "권리의 보장이 확립되지 않고 권력의 분립이 확립되지 않은 사회는 헌법을 가진 것이 아니다"라고 말한 것은 이것을 뜻한다.

3. 형식적 의미의 헌법

형식적 의미의 헌법이란 국가의 기본법 중에서 '헌법'이라고 이름붙여 만든 성문화된 법, 즉 한 법전의 형식으로 된 성문헌법을 말한다.

이와 같은 형식적 의미의 헌법은 일반법률보다 그 효력면에 있어서 우월한 지위를 가지며, 또 그 개정방법에 있어서도 다른 일반법률보다 엄격한 절차를 필요로 한다. 우리나라에는 「대한민국헌법」이라는 형식적 의미의 헌법이 있으며, "영국에는 헌법이 없다"는 말은 이와 같은 형식적 의미의 헌법이 없다는 말이다.

Ⅱ. 헌법의 종류

헌법은 다음과 같이 여러 종류로 나눌 수 있다.

1. 제정주체에 따른 분류

(1) 민정헌법

국민의 의사에 의해서 제정된 헌법을 말한다. 국민주권원칙에 입각한 것으로서, 1787년의 북미합중국 헌법, 1791년의 프랑스헌법이 그 대표적인 예이다.

오늘날 대부분의 헌법은 여기에 속한다.

(2) 흠정헌법

군주 한 사람의 의사에 의하여 제정된 헌법이다. 이것은 군주주권원칙에 입각한 것이며, 1890년의 일본헌법이 그 예이다. 그러나 오늘날에는 국민주권원칙의 확립으로 그 예를 보기 힘들다.

(3) 협약헌법

군주주권원칙과 국민주권원칙의 타협의 산물로, 군주와 국민과의 협약에 의해 성립된 헌법이다. 영국의 대헌장(Magna Carta)이 그 대표적인 예이다.

(4) 국약헌법

여러 국가간의 의사의 합치에 의해 제정된 헌법을 말한다. 이것을 조약헌법이라고도 하며 북미합중국 헌법, 스위스 헌법 등이 그 예이다.

2. 개정의 난이에 따른 분류

(1) 경성헌법

개정의 절차가 일반법률의 개정절차보다 특히 엄격한 헌법을 말한다. 국가의 기본법인 헌법의 개정을 가능한 한 제한하려는 것이 그 목적인데, 오늘날의 헌법은 대체로 경성헌법이다.

(2) 연성헌법

헌법개정에 특별한 개정절차를 필요로 하지 않고 일반 법률의 개정절차로써 개정할 수 있는 헌법을 말한다. 1848년의 이탈리아 헌법과 영국헌법 등이 그 예이다. 그러나 연성헌법이라고 해서 꼭 자주 개정된다는 것은 아니다.

3. 성문·불성문에 따른 분류

(1) 성문헌법

성문화된 형식적 헌법전을 말하는데, 오늘날 영국을 제외한 세계 각국은 대개 이 성문헌법을 가지고 있다. 그러나 이와 같은 성문헌법을 가진 국가에도 불문적 관습헌법이 부분적으로 존재한다.

(2) 불문헌법

성문화된 헌법전을 가지지 않은 국가의 헌법을 말하는데, 영국의 경우가 그 전형적인 예이다. 그러나 이와 같은 불문헌법의 나라에도 헌법에 해당하는 성문법이 전무하지는 않으니, 다만 통일적인 헌법전이 없다는 데 불과하다.

제3절 대한민국헌법 개요

Ⅰ. 헌법의 제정과 개정경과

1. 헌법의 제정

2차 대전이 일본의 항복으로 끝난 후 미·소공동위원회가 열렸었으나 미국과 소련간의 의견대립으로 결렬된 채, 1948년 2월 27일, 국제연합소총회의 결의에 의하여 가능한 지역 내에서 국제연합 임시한국위원단의 감시하에 1948년 5월 10일에 총선거를 실시하여 198명의 제헌국회의원이 선출되었다. 동년 5월 31일에는 국회를 구성하고, 헌법제정사업에 착수하여 같은 해 7월 12일 「대한민국헌법」이 드디어 국회를 통과하였고, 며칠 후인 7일 17일에 당시의 이승만 국회의장이 공포하여 공포된 날로부터 실시된 것이다.

2. 개정경과

1948년 7월 17일에 시행된 우리나라 헌법은 그 후 몇 차례의 개정을 겪었다.

(1) 제1차 개헌

이 개헌은 정치파동을 겪은 후 국회측과 정부측이 제출한 양 개정안을 절충하여, 1952년 7월 4일에 있었는데 출석의원 166명 중 가 163표, 기권 3표로 통과되었다. 이것을 '발췌개헌'이라고 한다. 그 주된 내용은 ① 국회의 양원제, ② 대통령과 부통령의 직선제(이전에는 국회에서 선거하였음), ③ 내각책임제의 요소 강화[1] 등이다.

(2) 제2차 개헌

1954년 11월 29일에 있었는데 국회재적위원 203명 중 가 135표, 부 60표, 기권 7표, 결 1명이었다. 이것이 세칭 '4사5입 개헌'이다. 그 주된 내용은 ① 초대대

1) 국회에 국무위원불신임권을 주고 국무회의 임명에 있어서 국무총리에게 제청권을 주었다.

통령의 3선제한의 폐지,[2] ② 주권의 제한 및 영토의 변경에 대한 국민투표제의 채택, ③ 내각책임제의 요소의 삭제(국무총리제 및 국무원불신임제의 폐지) 등이다.

(3) 제3차 개헌

4·19 학생의거 후 1960년 6월 15일에 있었는데 재적의원 218명 중 가 208표, 부 3표, 결 7명의 압도적인 다수로 가결되었다. 이를 '제2공화국 헌법'이라고도 한다. 그 개정의 내용은 대단히 광범위한데, 그 중에서 중요한 것으로는 ① 종래의 대통령중심제를 떠나 순수한 내각책임제로의 전환, ② 국민의 기본권보장의 강화, ③ 대법원장 및 대법관을 선거제로 하고, ④ 헌법재판소를 신설한 것 등을 들 수 있다.

(4) 제4차 개헌

1960년 11월 29일에 있었는데 민의원 재적의원 234명 중 출석의원 200명, 가 191표, 부 1표, 무효 6표, 기권 2표로 가결되고 참의원에서 재적의원 58명 중 출석의원 52명, 가 44표, 부 3표, 무효 2표, 기권 3표로 가결되었다. 그 중요 내용은 3·15 부정선거관련자의 처벌, 반민주행위자의 공민권제한, 부정축재자의 처리 등을 위하여 특별법을 제정할 수 있다는 것을 헌법부칙에 규정한 것이었다.

(5) 비상조치법의 제정

1961년 5월 16일에는 군사혁명이 일어나 군부가 정권을 장악하고, 같은 해 6월 6일에 「국가재건비상조치법」(군사혁명정권의 기본질서를 규정한 것이었음)을 공포하였다. 그러나 이것은 기존헌법을 모두 폐지하지는 않고 비상조치법과 저촉되는 부분의 효력만을 정지시켰으므로 혁명정부하의 헌법은 비상조치법과 이 비상조치법에 저촉되지 않는 헌법규정을 합한 것이었다.

(6) 제5차 개헌

혁명정부는 민정이양에 앞서 헌법심의위원회를 조직하고 이에 의해 작성된 개헌안을 1962년 11월 5일에 발의·공고한 후, 12월 6일 국가재건최고회의 의결을 거쳐(재적위원 25명 중 찬성 22표, 결 3명), 12월 17일 국민투표에 붙여 헌법으로 확정시키고,[3] 12월 26일에 공포하여 1963년 12월 17일부터 시행토록 하였다. 이것이 제5차 개헌인 셈이나, 헌법의 전조문에 걸친 전면적 개정이었을 뿐

2) 당시의 이승만 대통령에게 계속 집권할 수 있는 기회를 주고자 하였다.

3) 국민투표 결과는 총유권자 12,142,789명 중 투표자 10,585,998표, 찬성 8,339,333표, 반대 2,008,801표, 무효 237,864표.

만 아니라 구헌법의 헌법개정절차에 의한 것이 아닌 점으로 보아, 이론적으로 말하자면 헌법개정이 아니라 새 헌법의 제정이라고 볼 수 있다. 그 개정된 주요 내용을 보면, ① 헌법전문의 개정,[4] ② 기본권 보장의 강화, ③ 정당조항의 구체화, ④ 단원제 국회로의 환원, ⑤ 대통령제의 정부형태, ⑥ 사법부의 권한강화, ⑦ 헌법개정에 국민투표를 하도록 한 것 등이다.

(7) 제6차 개헌

1969년 10월 21일 국민투표에 의해 제6차에 걸쳐 헌법이 개정되었다. 그 내용을 볼 것 같으면 가장 핵심되는 것으로서 ① 대통령의 계속 재임은 3기에 한하도록 한 것(과거에는 1차에 한하여 중임할 수 있었다) 이외에 ② 국회의원의 수를 150명 이상 250명 이하의 범위 안에서 법률로 정하도록 한 것(과거에는 150명 이상 200명 이하로 되어 있었음), ③ 국회의원은 법률이 정하는 공사의 직만을 겸할 수 있도록 한 것,[5] ④ 대통령에 대한 탄핵소추는 국회의원 50명 이상의 발의와 재적의원 3분의 2 이상의 찬성을 얻도록 함으로써 대통령의 경우에는 탄핵소추를 더욱 엄격히 한 것[6] 등이다.

(8) 제7차 개헌

1972년 11월 21일 국민투표에 의해 헌법이 또 다시 개정되었는데, 이로써 제7차에 걸쳐 헌법이 개정되었다. 개정된 내용의 특색을 살펴볼 것 같으면 ① 조국의 평화적 통일을 성취하기 위하여 헌법전문에다 그 취지를 내걺과 동시에 새로운 헌법기관으로 통일주체국민회의를 설치하고 여기에서 간선된 6년 임기의 대통령에 대하여 명문으로써 조국의 평화적 통일을 위한 성실한 의무를 지우고 있는 점이다. ② 이 밖에도 특기해야 할 점은 국회해산권과 통일주체국민회의가 선출하는 국회의원(그 정수의 3분의 1) 후보자의 일괄추천권 등을 대통령에게 부여함으로써 대통령의 권한이 평화적 통일과업을 수행하기에 알맞게 강화되었고, ③ 헌법위원회란 새로운 헌법기관을 설치하여 법률의 위헌심사권과 탄핵사건 및 정당의 해산에 관한 사항을 심판하게 하고 있고, ④ 국민투표사항

4) 4·19의거와 5·16혁명의 이념을 헌법의 정신적 기반으로 첨가하였다.

5) 그 전에는 국회의원은 대통령, 국무총리, 국무위원, 지방의회의원, 기타 법률이 정하는 공사의 직을 겸할 수 없었다.

6) 대통령 이외의 다른 사람들에 대해서는 국회의원 30명 이상의 발의, 재적의원 과반수의 찬성을 필요로 하였다.

을 증설하여 대통령이 발의하는 국가의 중요한 정책에 대하여 국민이 표결권을 행사할 수 있도록 하였으며, ⑤ 국회의원정수의 3분의 1을 통일주체국민회의로 하여금 간선케 하고, 국회가 가지는 국무총리와 국무위원에 대한 해임결의권을 강화하는 반면, 국회회기의 대폭 제약과 정기국정감사권을 폐지함으로써 국회의 대정부감독기능을 가감·조정하고 있는 점 등이다.

(9) 제8차 개헌

1980년 10월 22일의 국민투표에 의해서 제8차 헌법개정이 이루어짐으로써 제5공화국헌법이 확정되었는데, 제5공화국헌법안의 주요 골격은, ① 평화적 정권교체의 보장과 장기집권방지, ② 선거인단에 의한 대통령간선제, ③ 대통령의 지위 및 권한의 상대적인 축소조정, ④ 행정과 입법권 간의 효율적인 균형, ⑤ 사법권의 독립강화 등으로 요약될 수 있다.

(10) 제9차 개헌

국회에서 헌정사상 최초로 여당과 야당의 합의에 의해서 발의되어 의결된 개헌안이 1987년 10월 27일의 국민투표에 의해서 확정되었다. 제9차 개헌에 의해서 이루어진 현행헌법은 대통령직선제를 채택한 것이 핵심적인 특색으로 되어 있다.

Ⅱ. 헌법의 구조

현행 대한민국헌법은 전문과 본문 10장 130조 및 부칙 6조로 구성 되어 있다. 전문은 우리 헌법의 기본정신을 선언하고 있는 것인데, 체제상 조문형식으로 되어 있지는 않다. 본문 중 제1장 총강은 국호·국가형태 등을 비롯한 대한민국의 구성과 대한민국의 기본성격을 규정하고 있다.

제2장 "국민의 권리와 의무"에는 국민의 기본권과 기본적 의무에 관한 규정이 있고, 제3장에는 국회에 관한 규정, 제4장에는 정부에 관한 규정, 제5장에는 법원에 관한 규정이 있으며, 제6장과 제7장 그리고 제8장에는 각기 헌법재판소, 선거관리, 지방자치에 관하여 규정하여 있고, 제9장 "경제"에는 대한민국의 경제체제에 관한 규정, 그리고 제10장에는 헌법개정의 절차에 관한 규정이 있다.

Ⅲ. 헌법의 기본원칙

1. 조국의 평화적 통일의 지향

과거의 우리 헌법은 통일방향에 관해 명문규정을 두지 않았으나 남북대화가 시작되고 평화적이며 선의의 경쟁시대에 접어든 오늘의 내외 정세에서 통일방향에 일대전환을 단행, 평화적 통일에의 지향을 제도적으로 정립하지 않으면 안 되게 되었다. 따라서 현행 대한민국헌법은 전문에서 "조국의 평화적 통일"을 분명히 하여 우리들의 통일염원을 헌정의 지표로 제시하였다. 그리고 제4조에서 "대한민국은 통일을 지향하며, 자유민주적 기본질서에 입각한 평화적 통일정책을 수립하고 이를 추진한다"고 규정하였고, 또 대통령은 그 취임선서에서 "조국의 평화적 통일과 국민의 자유와 복리의 증진 및 민족문화의 창달에 노력하여 대통령으로서의 직책을 성실히 수행할 것"을(제69조) 다짐할 뿐 아니라 대통령의 책무를 규정하는 대목에서 "대통령은 조국의 평화적 통일을 위한 성실한 의무를 진다"(제66조 3항)고 명시하였다.

따라서 평화적 조국통일은 현행 대한민국헌법의 핵심이며 기본정신임을 알 수 있다.

2. 국민의 기본적 인권보장

대한민국헌법은 그 전문에서 "정치・경제・사회・문화의 모든 영역에 있어서 각인의 기회를 균등히 한다"고 선언하고 있으며, 헌법 제11조에서 "모든 국민은 법 앞에 평등하다. 누구든지 성별・종교 또는 사회적 신분에 의하여 정치적・경제적・사회적・문화적 생활의 모든 영역에 있어서 차별을 받지 아니한다"라고 명시함으로써 평등권을 보장하고 있고, 헌법 전문에 "우리들과 우리들의 자손의 안전과 자유와 행복을 영원히 확보한다"고 함으로써 자유권을 보장한다는 원칙을 선언하였을 뿐만 아니라 헌법상에 자유권에 관하여 구체적으로 규정하고 있다. 이 밖에도 헌법 전문에 "국민생활의 균등한 향상을 기한다"고 선언함으로써 자유주의뿐만 아니라 국민의 실질적인 자유・평등을 확보하기 위하여 경제적 민주주의까지도 채택하고 있다.

3. 권력분립제도

오늘날 입헌주의 국가들은 대체로 국민의 자유와 권리를 보장하기 위하여 권력분립제도라는 통치조직을 채택하고 있다. 권력분립이란 입법·행정·사법의 3종의 국가작용의 존재를 전제로 하여, 이들 입법·행정·사법의 3권을 분립하는 한편, 이들 상호간에 서로 억제하여 권력과 권력의 균형을 보지함으로써 그 목적을 달성하려는 제도이다. 대한민국헌법은 제40조에서 "입법권은 국회에 속한다"고 규정하였고, 제66조 4항에서 "행정권은 대통령을 수반으로 하는 정부에 속한다"고 함으로써 이 권력분립제도를 채택하고 있다.

4. 국제평화주의

대한민국헌법은 그 전문에서 "밖으로는 항구적인 세계평화와 인류공영에 이바지 한다"고 함으로써 국제평화주의를 선언하였다. 또 헌법의 여러 조문상에도 이것이 구체적으로 규정되어 있는데, 첫째로 제5조 1항에서 "대한민국은 국제평화의 유지에 노력하고 침략적 전쟁을 부인한다"고 함으로써 국제평화를 깨뜨리는 침략적인 전쟁을 부인하였다. 그런데 이것은 우리나라가 타국에 대해 침략적인 전쟁을 하는 것을 부인한 것뿐이지 우리나라가 타국으로부터 침략을 받을 때 자위를 위하여 방위하는 전쟁을 하는 것까지 부인하는 것은 아니다. 이 밖에도 제5조와 동일한 평화정신에 입각한 제6조 1항은 "헌법에 의하여 체결·공포된 조약과 일반적으로 승인된 국제법규는 국내법과 같은 효력을 가진다"고 규정함으로써 국제법을 존중하고 이를 준수하겠다는 것을 분명히 하였으며, 제6조 2항은 "외국인은 국제법과 조약이 정하는 바에 의하여 그 지위가 보장된다"고 규정함으로써 외국인에게 부당한 차별대우를 하는 배외주의를 금지하고 있다.

제4절 국민의 권리의무

Ⅰ. 국민의 기본적 권리

1. 서 설

보통 권리라고 할 때는 법 이전부터 당연히 있었던 것이 아니라 법이 부여한 힘, 즉 '법률상의 힘'을 말한다. 그러나 이와는 달리 여기에서 말하는 국민의 기본적 권리 또는 기본권이라는 것은 보통의 권리와는 달리 사람이 날 때부터 갖는 천부적인 권리라는 뜻이다. 물론 이 국민의 기본적 권리는 역사적·사회적 소산인 것이므로 무엇이 국민의 기본적 권리냐 하는 것은 국가에 따라 또는 같은 국가라도 시대에 따라 다를 것이다. 대한민국헌법 제10조는 "모든 국민은 인간으로서의 존엄과 가치를 가지며, 행복을 추구할 권리를 가진다. 국가는 개인이 가지는 불가침의 기본적 인권을 확인하고 이를 보장할 의무를 진다"고 규정함으로써 국민의 권리를 보장하는 근원을 명시하였고, 또 이 밖에도 이에 관하여 구체적으로 규정하고 있다. 본장에서는 우리나라 헌법의 규정에 따라 평등권, 자유권적 기본권, 생활권적 기본권, 참정권, 기본권보장을 위한 기본권으로 나누어 약술하기로 한다.

2. 평 등 권

우리나라 헌법 제11조 1항에 "모든 국민은 법 앞에 평등하다. 누구든지 성별·종교 또는 사회적 신분에 의하여 정치적·경제적·사회적·문화적 생활의 모든 영역에 있어서 차별을 받지 아니한다"고 규정되어 있는데, 여기에서 말하는 "모든 국민은 법 앞에 평등"이라 함은 법을 제정(입법)하거나, 법을 집행(행정)하거나, 법을 적용(사법)함에 있어서 평등하게 다루어져야 한다는 뜻으로서, 이것은 입법·행정·사법의 모든 기관을 구속한다.

그런데 헌법 제11조 1항은 성별·종교·사회적 신분에 의한 불평등한 취급을 금지하고 있으나, 이 세 가지만이 차별금지의 사유라는 것은 아니고 다만 중요한 사유라고 해서 예시하고 있는 것이므로, 그 밖에도 예를 들면 인종·언어·정치적 신조 등에 의한 차별도 당연히 금지한다는 뜻이다. 여기서 말하는 성별에 의한 차별금지란 남녀의 성별에 의한 차별을 금지하고 남녀를 법률상 동일하게 대우하는 남녀평등의 원칙을 말하는 것이다. 종교에 의한 차별금지는 종교를 믿거나 믿지 않거나 또는 어느 종교를 믿든 간에 차별을 하여서는 안된다는 뜻이고, 사회적 신분이란 사회생활에 있어서 다소 연속적으로 차지하고 있는 지위, 예를 들면 귀화인·전과자·노동자 등 또는 출생에 의하여 결정되는 지위·신분, 즉 귀족의 자손을 말한다.

이와 같이 우리나라에서는 모든 국민은 모든 생활에 있어서 차별대우를 받지 아니하므로 과거의 귀족제도나 노예제도와 같은 사회적 특례계층의 제도는 일절 인정되지 아니하며, 어떠한 형태로도 이를 창설할 수 없고(제11조 2항), 훈장이나 기타의 영전도 그 받는 자에게 영예를 줄 뿐이지 아무런 특권도 주지 아니하며, 그 영전의 세습도 금지된다(제11조 3항).

판례

군복무가산점에 대한 위헌결정

(헌법재판소 전원재판부 1999.12.23. 98헌마363)

1. 헌법 제39조 제1항에서 국방의 의무를 국민에게 부과하고 있는 이상 병역법에 따라 군복무를 하는 것은 국민이 마땅히 하여야 할 이른바 신성한 의무를 다하는 것일 뿐, 그러한 의무를 이행하였다고 하여 이를 특별한 희생으로 보아 일일이 보상하여야 한다고 할 수는 없는 것이므로, 헌법 제39조 제2항은 병역의무를 이행한 사람에게 보상조치를 취하거나 특혜를 부여할 의무를 국가에게 지우는 것이 아니라, 법문 그대로 병역의무의 이행을 이유로 불이익한 처우를 하는 것을 금지하고 있을 뿐인데, 제대군인지원에 관한 법률 제8조 제1항 및 제3항, 동법 시행령 제9조에 의한 가산점 제도는 이러한 헌법 제39조 제2항의 범위를 넘어 제대군인에게 일종의 적극적 보상조치를 취하는 제도라고 할 것이므로 이를 헌법 제39조 제2항에 근거한 제도라고 할 수 없고, 제대군인은 헌법 제32조 제6항에 규정된 "국가유공자 · 상이군경 및 전몰군경의 유가족"에 해당하지 아니하므로 이 헌법조항도 가산점제도의 근거가 될 수 없으며, 달리 헌법상의 근거를 찾아볼 수 없다.

2. 전체여성 중의 극히 일부분만이 제대군인에 해당될 수 있는 반면, 남자의 대부분은 제대군인에 해당하므로 가산점제도는 실질적으로 성별에 의한 차별이고, 가산점을 받을 수 있는 현역복무를 하게 되는지 여부는 병역의무자의 의사와 관계없이 징병검사의 판정결과, 학력, 병력수급의 사정에 따라 정해지는 것이므로 가산점제도는 현역복무나 상근예비역 소집근무를 할 수 있는 신체건장한 남자와 그렇지 못한 남자, 즉 병역면제자와 보충역복무를 하게 되는 자를 차별하는 제도이다.

3. 평등위반 여부를 심사함에 있어 엄격한 심사척도에 의할 것인지, 완화된 심사척도에 의할 것인지는 입법자에게 인정되는 입법형성권의 정도에 따라 달라지게 될 것이나, 헌법에서 특별히 평등을 요구하고 있는 경우와 차별적 취급으로 인하여 관련 기본권에 대한 중대한 제한을 초래하게 된다면 입법형성권은 축소되어 보다 엄격한 심사척도가 적용되어야 할 것인바, 가산점제도는 헌법 제32조 제4항이 특별히 남녀평등을 요구하고 있는 "근로" 내지 "고용"의 영역에서 남성과 여성을 달리 취급하는 제도이고, 또한 헌법 제25조에 의하여 보장된 공무담임권이라는 기본권의 행사에 중대한 제약을 초래하는 것이기 때문에 엄격한 심사척도가 적용된다.

4. 가. 제대군인에 대하여 여러 가지 사회정책적 지원을 강구하는 것이 필요하다 할지라도, 그것이 사회공동체의 다른 집단에게 동등하게 보장되어야 할 균등한 기회 자체를 박탈하는 것이어서는 아니 되는데, 가산점제도는 아무런 재정적 뒷받침없이 제대군인을 지원하려 한 나머지 결과적으로 여성과 장애인 등 이른바 사회적 약자들의 희생을 초래하고 있으며, 각종 국제협약, 실질적 평등 및 사회적 법치국가를 표방하고 있는 우리 헌법과 이를 구체화하고 있는 전체 법체계 등에 비추어 우리 법체계 내에 확고히 정립된 기본질서라고 할 '여성과 장애인에 대한 차별금지와 보호'에도 저촉되므로 정책수단으로서의 적합성과 합리성을 상실한 것이다.

나. 가산점제도는 수많은 여성들의 공직진출에의 희망에 걸림돌이 되고 있으며, 공무원채용시험의 경쟁률이 매우 치열하고 합격선도 평균 80점을 훨씬 상회하고 있으며 그 결과 불과 영점 몇 점 차이로 당락이 좌우되고 있는 현실에서 각 과목별 득점에 각 과목별 만점의 5퍼센트 또는 3퍼센트를 가산함으로써 합격여부에 결정적 영향을 미쳐 가산점을 받지 못하는 사람들을 6급 이하의 공무원 채용에 있어서 실질적으로 거의 배제하는 것과 마찬가지의 결과를 초래하고 있고, 제대군인에 대한 이러한 혜택을 몇 번이고 아무런 제한 없이 부여함으로써 한 사람의 제대군인을 위하여 몇 사람의 비(非)제대군인의 기회가 박탈당할 수 있게 하는 등 차별취급을 통하여 달성하려는 입법목적의 비중에 비하여 차별로 인한 불평등의 효과가 극심하므로 가산점제도는 차별취급의 비례성을 상실하고 있다.

다. 그렇다면 가산점제도는 제대군인에 비하여, 여성 및 제대군인이 아닌 남성을 부당한 방법으로 지나치게 차별하는 것으로서 헌법 제11조에 위배되며, 이로 인하여 청구인들의 평등권이 침해된다.

5. 헌법 제25조의 공무담임권 조항은 모든 국민이 누구나 그 능력과 적성에 따라 공직에 취임할 수 있는 균등한 기회를 보장함을 내용으로 하므로, 공직자선발에 관하여 능력주의에 바탕한 선발기준을 마련하지 아니하고 해당 공직이 요구하는 직무수행능력과 무관한 요소를 기준으로 삼는 것은 국민의 공직취임권을 침해하는 것이 되는 바, 제대군인 지원이라는 입법목적은 예외적으로 능력주의를 제한할 수 있는 정당한 근거가 되지 못하는데도 불구하고 가산점제도는 능력주의에 기초하지 아니하고 성별, '현역복무를 감당할 수 있을 정도로 신체가 건강한가'와 같은 불합리한 기준으로 여성과 장애인 등의 공직취임권을 지나치게 제약하는 것으로서 헌법 제25조에 위배되고, 이로 인하여 청구인들의 공무담임권이 침해된다.

3. 자유권적 기본권

(1) 서　　설

자유권이란 국가권력에 의해 자유가 불법하게 침해되었을 때 그 침해의 제거를 주장할 수 있는 권리를 말하는데, 근대 여러 나라의 헌법은 이에 관한 여러 규정을 두고 있으며, 우리나라 헌법도 이러한 여러 나라의 헌법을 본따서 이에 관한 규정을 두고 있다. 그런데 우리가 유의하여 두어야 할 것은 대한민국헌법 제37조에 의하면 국민의 자유는 헌법에 일일이 열거되어 있지 않더라도 존중하여야 하며, 국민의 자유와 권리를 제한하는 법률의 제정은 국가안전보장·질서유지 또는 공공복리를 위하여 필요한 경우에 한할 뿐만 아니라 제한하는 경우에도 자유와 권리의 본질적인 내용을 침해할 수 없도록 되어 있으므로, 헌법에 열거되어 있지 않은 국민의 자유라고 해서 법률이 아닌 행정권에 의하여 함부로 침범할 수는 없는 것이다. 자유권에 관한 헌법상 여러 규정에 관해 설명하면 다음과 같다.

(2) 신체의 자유

신체의 자유란, 법률에 의하지 아니하고는 체포·구속·수색·압수 또는 심문을 받지 아니하며, 법률과 적법한 절차에 의하지 아니하고는 처벌·보안처분 또는 강제노역을 받지 않을 권리를 말한다(제12조 1항). 그런데 이와 같은 신체의 자유는 모든 자유권 중에서 가장 기본이 되는 것이니, 만약에 이것이 보장되지 아니하는 경우에는 거주이전의 자유나 통신의 자유와 같은 다른 자유권은 존속할 여지가 없게 된다. 우리나라 헌법은 이와 같은 중요한 신체의 자유를 보다 효과적으로 보장하기 위하여 상세한 규정을 두고 있으니 이를 고찰하여 보면 다음과 같다.

1) 영장제도 국가기관이 국민을 체포·구속·수색하거나 국민의 소지품을 압수하려면, 적법한 절차에 따라 검사의 신청에 의하여 법관이 발부한 영장을 제시하여야 한다(제12조 3항). 이와 같이 사전영장제도를 원칙으로 하나, 때에 따라서 이 원칙을 고수하는 경우에는 국가기관이 사법권을 행사하는 데 지장을 줄 수 있으므로 현행범인 경우와 장기 3년 이상의 형에 해당되는 죄를 범하고 도피 또는 증거인멸의 염려가 있는 경우에는 예외적으로 사후에 영장을 청구할 수 있다(제12조 3항 후단).

2) 변호인의 조력 형사사건에 있어서 피의자는 법률적 지식이 박약하므로 법률적 지식을 가진 사람의 도움 없이는 자기에게 유리한 방어수단을 강구하기 어렵다. 헌법 제12조 4항 전단에 "누구든지 체포·구속을 당한 때에는 즉시 변호인의 조력을 받을 권리를 가진다"고 규정하고 있는 것은 이와 같은 취

지에 입각한 것이다. 따라서 수사의 필요상 가족의 면회는 허용되지 않더라도 변호인과의 접견은 막을 수 없다. 그러나 이와 같은 규정만으로는 빈곤이나 기타의 사정으로 인하여 변호인을 구할 수 없는 자에게는 별로 도움이 되지 않을 것이므로 다시 그 후단에서 "다만, 형사피고인이 스스로 변호인을 구할 수 없을 때에는 법률이 정하는 바에 의하면 국가가 변호인을 붙인다"고 규정하여 국선변호인제도도 채택하고 있다.

사례 甲은 국가보안법 위반 혐의로 국가정보원에 의해 구속되었다. 며칠 후 甲은 면회실에서 자신의 변호인인 乙을 접견하게 되었는데, 접견할 때 국정원 소속수사관이 참여해 甲과 乙 사이의 대화내용을 듣고 때로는 그것을 기록하기도 했다. 이에 대해서 甲은 접견시 수사관의 참여나 기록이 헌법 제12조 제4항이 보장한 변호인의 조력을 받을 권리를 침해한 것으로서 위헌이라는 취지의 결정을 구하는 헌법소원심판을 청구했다. 甲의 청구는 받아들여질 수 있는가?

〈해설〉

이 사례와 같이 접견을 할 때 수사관이 가까이서 감시하면서 대화내용을 듣거나 녹취하거나 사진을 찍는 등 불안한 분위기를 조성한다면 변호인의 활동은 방해될 수 밖에 없고 이는 변호인의 조력을 받을 권리나 진술거부권을 보장한 헌법정신에 반하는 일이다. 따라서 변호인과의 자유로운 접견은 신체구속을 당한 사람에게 보장된 변호인의 조력을 받을 권리의 가장 중요한 내용이어서 국가안전보장·질서유지·공공복리 등 어떤 명분으로도 제한될 수 있는 성질의 것이 아니다. 따라서 甲의 주장은 정당하며, 접견시 수사관의 참여나 기록 등의 행위는 헌법 제12조 제4항의 변호인의 조력을 받을 甲의 권리를 명백히 침해한 것이다. 이는 비단 수사기관에서뿐만 아니라 교도소나 구치소에서 교도관 등 관계공무원이 접견에 입회해서 대화를 듣거나 기록하는 경우에도 마찬가지로 적용된다.

3) 적부심사　　원래 피의자가 수사를 받을 때에는 구속하지 않고 수사하는 것이 원칙이고, 불구속으로 수사해서는 안 될 특별한 이유가 있을 때에 한하여 구속하는 것이다. 헌법 제12조 6항은 "누구든지 체포 또는 구속을 당한 때에는 적부의 심사를 법원에 청구할 권리를 가진다"고 규정하고 있는데, 여기에서 적부심사라 하는 것은 그러한 특별한 이유가 있는가를 심사하는 것이다.

4) 고문·자백의 금지　　헌법 제12조 2항은 "모든 국민은 고문을 받지 아니하며, 형사상 자기에게 불리한 진술은 강요당하지 아니한다"고 규정하고 있

는데, 여기에서 형사상 불리한 진술이란 유죄판결의 기초가 되는 사실이나 양형상 불리한 사실 등의 진술을 말하는데, 아무리 범죄를 범하였다는 혐의가 농후하더라도 증거 없이는 처벌할 수 없는 것이므로 증거를 얻기 위해 수사기관이 피의자에 고문을 하여 범죄사실을 자백하게 하는 것을 방지하려는 데 그 목적이 있다. 그리고 이를 뒷받침하여 헌법 제12조 7항은 “피고인의 자백이 고문·폭행·협박·구속의 부당한 장기화 또는 기망 기타의 방법에 의하여 자의로 진술된 것이 아니라고 인정될 때 또는 정식재판에 있어서 피고인의 자백이 그에게 불리한 유일한 증거일 때에는 이를 유죄의 증거로 삼거나 이를 이유로 처벌할 수 없다“고 규정하여 고문폐지의 실효를 거두기 위하여 자백의 증거력을 제한하고 있다.

5) 그 밖의 규정 　　헌법상에는 이 밖에도 신체의 자유를 보장하기 위한 규정으로서 모든 국민은 행위시의 법률에 의하여 범죄를 구성하지 아니하는 행위로 소추되지 아니한다는 형벌불소급의 원칙(제13조 1항 전단), 동일한 범죄에 대하여는 거듭 처벌을 받지 아니하는 일사부재리의 원칙(제13조 1항 후단), 모든 국민은 자기의 행위가 아닌 친족의 행위로 인하여 불리한 처우를 받지 아니한다는 연좌제의 금지(동조 3항), 상당한 이유가 없는 한 형사 피고인이 공개재판을 받을 권리(제27조 3항), 형사피의자 또는 형사 피고인으로서 구금되었던 자가 법률이 정하는 불기소처분을 받거나 무죄판결을 받을 때는 법률이 정하는 바에 의하여 국가에 보상을 청구할 수 있는 형사보상청구권 등에 관하여 규정하고 있다(제28조).

(3) 거주·이전의 자유

헌법 제14조는 “모든 국민은 거주·이전의 자유를 가진다”고 규정하고 있는데, 이것은 국내 어느 곳에라도 주소·거소를 정할 수 있으며, 또 어떠한 곳으로라도 여행을 하거나 주소·거소를 이동할 수 있는 자유와 국외로 이주하거나(국적이탈 포함), 국외로부터 국내로 귀환하는 자유를 말한다.

(4) 직업선택의 자유

헌법 제15조에 의하면 “모든 국민은 직업선택의 자유를 가진다”고 규정되어 있는데, 이 직업선택의 자유는 국민이 자기가 원하는 직업을 스스로 선택할 수 있는 자유를 말하는 것으로서 여기에는 그 선택한 직업에 종사하는 자유, 즉 영업의 자유가 포함된다.

(5) 주거의 자유

헌법 제16조는 "모든 국민은 주거의 자유를 침해받지 아니한다. 주거에 대한 압수나 수색을 할 때에는 검사의 신청에 의하여 법관이 발부한 영장을 제시하여야 한다"라고 규정하여 주거의 안전과 평온을 침범당하지 아니할 자유를 보장하고 있다. 여기에서 '주거'라 함은 주택뿐만 아니라 사람의 주거에 적합하다고 볼 수 있는 건조물 일체를 포함하며(사무실, 여관방 등), 침입이란 거주자나 점유자의 의사에 반하여 허가 없이 들어가는 것을 말한다.

(6) 사생활의 비밀과 자유

헌법 제17조는 프라이버시의 권리를 명백히 하기 위하여 "모든 국민은 사생활의 비밀과 자유를 침해받지 아니한다"고 규정하고 있다. 여기에서 말하는 프라이버시의 권리는 ① 인격의 부당한 공개 또는 부당한 시인, ② 대중의 정당한 관심을 갖지 않는 사적 사항을 공개하는 것, ③ 통상적인 감정을 가진 사람을 모욕하거나 정신적 고통 또는 치욕을 갖게 하는 정도로 사적인 활동에 개입하는 것 등으로부터 자유스러워야 한다는 권리를 뜻한다.

(7) 통신의 자유

헌법 제18조는 "모든 국민은 통신의 비밀을 침해받지 아니한다"고 규정하여 통신의 자유를 보장하고 있다. 통신에는 우편・전신・전화・소포・기타 모든 우편물이 포함되며, 통신의 비밀을 보장한다는 것은 통신사무에 종사하는 국가기관이 우편물의 내용을 뜯어보지 못한다는 것과 직업상 지득한 사실을 타인에게 누설하지 못한다는 것이다.

사례 甲은 A주식회사의 노동조합위원장이며, 상급단체인 노동조합연맹의 부위원장으로 노동조합에 상근하는 노동조합 전임자이다. 그런데 언제부턴가 사무실은 물론 집에서 사용하는 전화기의 감이 떨어져 불편을 겪게 되었다. 처음에는 전화기가 고장인가 해서 수리를 맡겨 보았지만 전화기 점검을 한 후에도 상태가 좋아지지 않았다. 그래서 甲은 전화국에 연락해 집과 사무실의 전화선을 점검해 달라고 요청했고 전화국에서 직원이 나와 전화회선을 점검하게 되었다. 그런데 점검을 마치고 전화국 직원이 하는 말이 누군가 甲의 집과 사무실의 전화에 대해 도청장치를 설치해 놓고 도청을 해왔다는 것이며 전화기의 감이 떨어진 것도 도청 때문이었다고 말했다. 과연 도청장치를 제거하고 나니까 전화기의 감이 예전처럼 좋아진 것을 확인할 수 있었다. 이에 격분한 甲은 전화국의 고위 관계자를 찾아가 그 영문을 물어본 결과 최근에 인근 경찰서에서 도청장치를 설치하겠다는 협조의뢰 공문이 왔고 이에 응해 설치된 것이라고 해명했다. 甲은 어떤 법적 대응책을 강구할 수 있을까?

〈해설〉

甲은 노동자들이 근로조건의 개선과 향상을 목적으로 결성한 노동조합의 위원장으로서 활동하고 있으므로, 특별히 범죄를 계획하거나 실행하고 있다고 믿을 만한 사유가 없다. 게다가 甲의 전화에 대한 도청은 단순히 경찰서의 협조의뢰 공문에 전화국 관계자가 응함으로써 이루어졌을 뿐 검사나 사법경찰관의 청구에 의해 법원의 허가를 받아서 이루어진 것도 아니다. 그러므로 甲의 전화에 대한 도청은 통신비밀보호법이 정한 요건에 해당하지 않는 위법한 도청에 해당하고, 이로 인해 甲은 단순히 전화통화에 불편을 느낀다는 사실을 넘어 자신의 노동조합 활동과 관련된 사항은 물론 사적인 통화 내용까지도 경찰 당국에 의해 청취당해 왔으므로 사생활의 비밀과 자유가 심각하게 침해되었다고 말할 수 있다. 따라서 甲은 통신비밀보호법 제14조에 따라서 도청을 자행한 경찰관서장과, 아무런 법적인 근거도 없이 이에 협조해 도청을 도운 전화국 관계자를 형사 고소해서 처벌할 수 있다. 한편 甲은 도청이라는 불법행위에 의해 사생활의 비밀이 침해되는 등 심각한 정신적 피해를 입었으므로, 민법 제750조에 의거해서 이들을 상대로 정신적 피해의 배상을 청구하는 손해배상청구소송을 제기할 수 있다.

(8) 종교의 자유

헌법 제20조는 “모든 국민은 종교의 자유를 가진다. 국교는 인정되지 아니하며 종교와 정치는 분리된다”고 규정하여 종교의 자유를 보장하고 있다. 그런데 이 종교의 자유에는 ① 협의의 종교의 자유, 즉 종교선택의 자유, 개종의 자유 등과 ② 종교적 행위의 자유, 즉 종교적 의식에의 참·불참의 자유, ③ 종교적 결사의 자유, 즉 종교단체를 조직할 자유 등이 포함된다.

(9) 양심의 자유

헌법 제19조는 “모든 국민은 양심의 자유를 가진다”고 규정하고 있다. 따라서 국민이 각기 자기중심에 생각하는 바는 자유이며, 이것을 강제당하지 않을 뿐만 아니라 자기중심의 생각을 발표하도록 강제당하지 아니한다. 만약에 사람이 자기중심에 생각하는 바가 외부로부터 강요된다든가 또는 자기중심의 생각을 발표하도록 강제당한다면 학문과 예술의 자유 같은 정신적 자유는 존재할 수 없게 될 것이다.

사례 여호와의 증인 신도인 어머니가 종교상의 신념 때문에 의사의 최선의 치료방법으로 권유한 수혈을 거부하고 방해하여 그 딸이 사망하였다. 이런 경우 종교의 자유를 주장할 수 있는가?

〈해설〉

본 사례의 경우 대법원에 따르면, 여호와의 증인 신도인 어머니가 종교적 신념 때문에 딸에게 수혈을 거부하고 방해하여 그 딸이 사망한 경우 유기치사에 해당한다고 하였다(대법원 1980.9.24.선고, 79도1387 판결). 생명권과 종교의 자유권이 충돌하는 경우, 생명권은 절대적 기본권이며 생명의 박탈은 본질적 내용의 침해에 해당하기 때문에 이익형량의 원리에 따라 딸의 생명권이 우선한다.

(10) 언론・출판・집회・결사의 자유

헌법 제21조 1항의 규정에 의하여 모든 국민은 법률에 의하지 아니하고는 언론・출판・집회・결사의 자유를 제한받지 아니한다. 여기에서 언론・출판의 자유라 함은 일체의 사상표현의 자유를 말하는 것으로서, 연설과 저작・인쇄・간행 등에 한하지 않고, 기타 모든 수단에 의한 사상표현의 자유가 포함된다. 현대 민주국가에 있어서는 특히 정부를 비판하는 언론과 출판을 필요로 하므로, 이것은 대단히 중요한 자유라고 할 수 있다.

집회란 여러 사람이 특정의 목적을 위하여 일반적으로 일정한 장소에서 회동하는 것을 말하며, 결사란 여러 사람이 공동목적을 위하여 계속적・조직적으로 결합하는 것을 말한다. 특정한 공동의 목적 내지 주의를 여러 사람의 협력에 의하여 달성할 수 있다는 점에서 볼 때, 이 집회・결사의 자유는 정당정치를 기반으로 하여 다수결의 원칙이 지배하는 현대민주국가에 있어서 없어서는 아니 될 중요한 자유인 것이다.

언론・출판에 대한 허가나 검열과 집회・결사에 대한 허가는 인정되지 아니하고(제21조 2항), 통신・방송의 시설기준과 신문의 기능을 보장하기 위하여 필요한 사항은 법률로 정한다(제21조 3항). 그러나 헌법 제21조 4항은, 언론・출판은 타인의 명예나 권리 또는 공중도덕이나 사회윤리를 침해하여서는 아니 된다고 규정함으로써, 그 제한표준을 정하고 있으며 언론・출판이 타인의 명예나 권리를 침해하였을 때에는 이에 대한 피해의 보상을 청구할 수 있도록 되어 있다.

(11) 학문과 예술의 자유

헌법 제22조 1항에 의해 모든 국민은 학문과 예술의 자유를 가진다. 여기에서 말하는 학문과 예술의 자유는 연구의 자유뿐만 아니라, 연구결과를 발표하며 교수하는 자유도 포함되며 여러 사람이 공동으로 연구・발표하기 위한 집회·결사까지도 포함된다. 또 헌법 제22조 2항은 "저작자·발명가·과학기술자와 예술가의 권리는 법률로써 보호한다"고 규정하고 있는데, 이것은 학문과 예술의 분야에 종사하는 사람들을 보호함으로써 학문과 예술의 자유를 실질적으로 보장하여 문화발전을 도모하려는 데 그 목적이 있다.

(12) 재산권의 보장

헌법 제23조는 "모든 국민의 재산권은 보장된다. 그 내용과 한계는 법률로 정한다. 재산권의 행사는 공공복리에 적합하도록 하여야 한다. 공공필요에 의한 재산권의 수용·사용 또는 제한 및 그에 대한 보상은 법률로써 하되, 정당한 보상을 지급하여야 한다"고 규정하고 있다.

여기에서 모든 국민의 재산권이 보장된다는 말은 국민이 권력에 의한 침해를 받음이 없이 재산을 소유할 수 있는 자유를 가진다는 뜻이다. 그런데 본래는 재산권을 신성시하면서 누구에 의해서도 침해당하지 않는 절대적인 권리로서 무제한 인정하였는데, 이 결과 유산자는 자기가 소유하고 있는 재산을 기반으로 더욱 부유해지고 무산자는 더욱 빈곤하게 됨으로써 빈부의 차가 격심해져서 여러 가지 사회적 폐해를 야기하였다. 그리하여 오늘날에 와서는 재산권의 사회화가 요청되어 재산권에 대한 제한이 불가피하게 되었다. 우리나라 헌법이 재산권의 내용과 한계는 법률로 정하도록 하였고, 그 행사는 공공복리에 적합하도록 하여야 된다고 한 것과, 또 공공의 필요가 있을 때에는 국가는 재산권을 수용·사용·제한할 수 있다고 한 것은 그와 같은 세계적인 사조에 입각한 것이다.

4. 생활권적 기본권

(1) 서 설

위에서 언급한 바와 같이 재산권을 신성시하여 무제한 인정한 결과 자본주의 발달에는 도움이 되었으나 여러 가지 경제적·사회적 폐단, 특히 빈부의 차가 격심해져서 국가는 생활능력이 약한 자를 위해서 인간다운 생활을 할 수 있도록 적극적인 방책을 강구하지 않으면 안 되게 되었다. 이리하여 헌법상에 국민이 인간다운 생활을 할 수 있도록 국가에 대해 적극적으로 어떤 행위·보호·또는 급부를 청구할 수 있는 생활권적 기본권을 보장하게 되었다. 그러나 유의하여야 할 점은 국가가 소극적으로 가만히 있으면 보장될 수 있는 자유권과는 달리, 이 생활권적 기본권은 법률제정과 같은 국가권력의 작용이 있어야 비로소 실현되는 것이므로 이 권리를 구체화하는 법률의 제정 없이는 비록 헌법에 일련의 규정이 있더라도 공허한 것이 되고 만다.

우리나라 헌법에서 이에 관한 규정으로는 교육을 받을 권리, 근로의 권리, 노동자의 단결권 · 단체교섭권 · 단체행동권, 인간다운 생활을 할 권리, 환경권, 혼인의 순결과 보건을 보호받을 권리 등이 있다.

(2) 교육을 받을 권리

우리나라에서는 모든 국민은 능력에 따라 균등하게 교육을 받을 권리를 가지는데(제31조 1항), 여기에 "능력에 따라 균등하게 교육을 받을 권리"라 함은 개개인의 재질을 전제로 교육의 기회균등을 보장받을 권리를 말하는 것이며, 모든 국민에게 똑같이 교육을 받게 한다는 뜻은 아니다. 따라서 학교의 입학시험 같은 것은 위헌이 아니다. 이와 같이 교육을 받을 권리를 보장함은 국민에게 문화면에 있어서 인간다운 생활을 보장하기 위함인데, 헌법은 모든 국민이 그 보호하는 자녀에게 적어도 초등교육과 법률이 정하는 교육을 받게 할 의무교육제를 규정하고 있으며(제31조 2항), 의무교육은 무상으로 하고(제31조 3항), 국가는 학교교육 외의 여러 형태의 교육을 망라한 의미로서의 평생교육을 법률이 정하는 바에 따라 진흥하여야 한다(제31조 5항). 또 그 밖에도 학교 교육 및 평생교육을 포함한 교육제도와 그 운영, 교육재정 및 교원의 지위에 관한 기본적인 사항은 법률로 정하도록 하였고(제31조 6항), 교육의 자주성 · 전문성 · 정치적 중립성 및 대학의 자율성은 법률이 정하는 바에 의하여 보장하도록 하고 있다(제31조 4항).

(3) 근로의 권리

헌법 제32조 1항 전단은 "모든 국민은 근로의 권리를 가진다"라고 규정하고 있다. 그러나 여기서 말하는 근로의 권리란 실업자가 국가에 대하여 일자리를 달라고 요구하고, 그것이 불가능하면 상당한 생활비를 청구할 수 있는 권리를 말함은 아니고, "국가는 사회적 · 경제적 방법으로 근로자의 고용의 증진과 적정임금의 보장에 노력하여야 하며, 법률이 정하는 바에 의하여 최저임금제를 시행하여야 한다"고 규정하고 있는 제32조 1항 후단과 결부시켜 볼 때, 이것은 다만 실업자가 있을 때에는 국가는 근로기회를 확보하기 위해 강력한 조치를 취함으로써 국민의 인간다운 생활을 보장하도록 국가가 노력하여야 한다는 뜻에 불과하다.

그리고 구직난이 격심한 오늘날 근로조건 곧 근로시간과 휴게시간 및 고용시간 및 해고방법, 그리고 보수와 그 지불방법 등을 기업주와 근로자의 계약에 방임하면 약자인 근로자에게 불리하므로 근로조건의 기준 등 인간의 존엄성을 보장하도록 법률로 정하도록 하였고(제32조 3항), 생리적 약자인 여자와 소년의 근로는 특별한 보호를 받도록 하였으며(제32조 4항, 5항), 국가유공자・상이군경 및 전몰군경의 유가족은 법률이 정하는 바에 의하여 우선적으로 근로의 기회를 부여받는다(제32조 6항).

(4) 근로자의 단결권・단체교섭권・단체행동권

헌법 제33조 1항은 "근로자는 근로조건의 향상을 위하여 자주적인 단결권・단체교섭권 및 단체행동권을 가진다"고 규정하고 있다. 여기에서 말하는 단결권이란 사용주와 대등한 입장에 서서 근로조건의 유지・개선을 위한 교섭을 하기 위하여 단체(노동조합)를 조직할 권리이고, 단체교섭권이란 그와 같은 단체의 대표자가 사용주와 교섭하는 권리이며, 단체행동권이란 근로조건의 유지・개선을 위하여 파업・태업・시위운동을 할 수 있는 권리이다. 그런데 이와 같은 권리를 인정하는 것은, 경제적 약자인 근로자는 사용주가 일방적으로 제시하는 근로조건을 따르지 않으면 고용계약을 체결할 수 없는 수가 많으므로 근로자의 지위를 향상시켜 사용주와 대등한 위치에 이끌어 올려줌으로써 그들의 이익을 보호해 주려는 것이다. 다만 공무원인 근로자는 국법상 특별권력관계에 있으므로 법률이 정하는 자에 한하여 단결권・단체교섭권 및 단체행동권을 가진다(제33조 2항).

(5) 인간다운 생활을 할 권리

헌법 제34조 1항은 "모든 국민은 인간다운 생활을 할 권리를 가진다"고 규정하고 있는데, 인간다운 생활이란 헌법 제10조에 규정된 "인간으로서의 존엄과 가치"를 유지할 수 있는 생활을 의미하는 것이므로 "인간다운 생활을 할 권리"는 결국 헌법 제10조의 내용을 경제생활면에서 구체화한 것으로서 모든 생활권적 기본권의 이념적 출발이라고 볼 수 있다. 그러나 국민이 인간다운 생활을 할 권리를 갖는다고 해도 이것만으로 국민이 국가에 대해서 생활보장을 요구할 수 있는 청구권을 갖는 것은 아니며, 다만 입법자에 대하여 장래의 정책적 지침을 지시한 것에 불과하기 때문에 국가는 이를 위하여 구체적으로 노력하여야 한다.

이러한 인간다운 생활을 보장하기 위하여 헌법은 "국가는 사회보장·사회복지의 증진에 노력하여야 한다"는 것과(제34조 2항), "생활능력이 없는 국민은 법률이 정하는 바에 의하여 국가의 보호를 받는다"(제34조 5항)는 것을 규정하고 있는데, 생활능력이 없는 자는 생활보호법이나 국가유공자 등 예우 및 지원에 관한 법률 등에 의해서 구체적으로 보호를 받고 있다.

(6) 환 경 권

헌법 35조는 "모든 국민은 건강하고 쾌적한 환경에서 생활할 권리를 가지며, 국가와 국민은 환경보전을 위하여 노력하여야 한다"고 규정하고 있는데, 이것이 환경권에 관한 것으로서, 환경권이란 양질의 환경에서 건강한 생활을 영위할 수 있는 권리를 말한다. 본래 여기에서 말하는 환경에는 자연환경·사회환경·문화재산보호까지 포함되는 포괄적인 개념인데, 이와 같은 환경의 쾌적한 분위기에서 국민이 살아야 한다는 권리를 말한다.

(7) 혼인의 순결과 보건을 보호받을 권리

헌법 제36조는 "혼인과 가족생활은 개인의 존엄과 양성의 평등을 기초로 성립되고 유지되어야 하며, 국가는 이를 보장한다. 국가는 모성의 보호를 위하여 노력하여야 한다. 모든 국민은 보건에 관하여 국가의 보호를 받는다"고 규정함으로써, 혼인의 순결과 보건을 보호받을 권리에 관해서 규정하고 있다. 혼인의 순결이란, 남녀평등을 기본으로 한 남녀의 자유로운 합의에 의한 일부일처를 원칙으로 하는 혼인의 성립과 존속을 의미하므로 축첩·강제결혼 등은 인정되지 아니한다. 그리고 국민의 보건에 대한 국가의 보호란 국민이 건강하게 인간다운 생활을 할 수 있도록 국가가 노력하여야 한다는 것을 말한다.

5. 참 정 권(정치권)

(1) 서　　설

참정권이란 국민이 국정에 참여할 수 있는 권리(지위)를 말한다. 학자에 따라서는 참정권은 본래 군주의 정치에 참가하는 것을 의미하고, 현재는 주권이 국민에게 있으므로 국민은 남의 일에 참가하는 것이 아니고 자기일을 스스로 하는 것이므로 참정권이란 말보다 '정치권'이라는 말이 더 적당하다고 주장하는 학자들도 있다. 그런데 오늘날 국민주권 국가에 있어서는 국민 전체가 직접 정치에 참여할 수 있는 직접민주정치가 이상적일지도 모른다. 그러나 인구가 적은 나라에서는 몰라도 인구가 수천만 이상에 달하는 나라에서는 직접민주정치란 도저히 불가능하다. 그래서 이에 대한 해결책으로서 등장하는 것이 국민에 의해 선출된 대표자가 정치에 참여하는 간접민주정치인데, 그렇다고 해도 국민이 가진 권리의 전부를 대표자에게 맡기는 것은 아니고, 그 중 일부는 여전히 국민 자신이 갖고 있다.

이리하여 국민이 정치에 참여하는 방법에는 두 가지가 있으니, 국민이 다른 국민의 대표자가 되어 정치에 참여한다는 것과(예: 공무담임권), 국민이 자신에게 남겨 둔 권리를 행사함으로써 참여하는(예: 선거권, 헌법개정의 제안과 국민투표) 두 가지 방법이 있다.

(2) 선 거 권

헌법 제24조는 "모든 국민은 법률이 정하는 바에 의하여 선거권을 가진다"고 규정하고 있다. 따라서 대한민국 국민은 대통령, 국회의원 등을 선거할 권리를 가지는데, 구체적으로 누구를 선거하며, 어떻게 선거하느냐 등은 법률에 의하여 규정된다.

(3) 공무담임권

헌법 제25조는 "모든 국민은 법률이 정하는 바에 의하여 공무담임권을 가진다"고 규정하고 있다. 여기에서 공무라 함은 행정부의 직무만을 의미하는 것이 아니라 입법권・사법권・지방자치단체, 그 밖의 모든 공공단체의 직무를 포함하는 것으로서 공무담임권이란 그러한 국가기관에 피선되거나 취임할 수 있는 권리를 말한다. 그러나 이것은 국민 개인에게 자격 여하를 불문하고 직접 공무에 취임하는 권리를 부여하는 것은 아니고, 법률의 규정에 따라서 선거에 당선된 자, 일정한 자격이 있는 자, 일정한 시험에 합격한 자 등만을 공무에 취임할 수 있도록 하는 것은 물론 가능하다.

(4) 국민투표권

헌법 제72조는 대통령에게 외교・국방・통일・기타 국가안위에 관한 중요정책 결정에 관하여 국민투표에의 발의권을 부여하고 아울러 국민에게 이에 대한 국민투표권을 규정하고 있으며, 헌법개정의 절차에 있어서도 국회재적의원 과반수의 찬성 또는 대통령의 제안으로 국회의 의결을 걸쳐, 국민투표에 의해서 확정되도록 규정하고 있는데(제130조 2항, 3항), 이와 같은 국민투표권도 참정권에 속한다.

6. 기본권 보장을 위한 기본권

(1) 서　　설

위에서 설명한 평등권 · 자유권적 기본권 · 생활권적 기본권 · 참정권 등을 국민이 기본권으로서 잘 누릴 수 있게 하려면 이것을 보장하는 여러 가지 수단 · 방법이 있어야 한다. '기본권을 보장하기 위한 기본권'이란 이와 같이 기본권을 보장하기 위하여 헌법상 특히 인정된 권리를 말하는데, '청원권', '재판을 받을 권리', '형사보상청구권', '공무원의 불법행위로 인한 손해배상청구권', '범죄피해자의 구조청구권' 등이 있다.

(2) 청 원 권

모든 국민은 법률이 정하는 바에 의하여 국가기관에 문서로 청원할 권리를 가진다(제26조 1항). 청원이란 국민이 국가기관에 대하여 그 희망을 진술하는 것을 말하는데, 여기에서 말하는 국가기관이란 국회와 정부를 비롯한 모든 행정기관과 법원까지도 포함된다. 청원사항으로는 재판에 간섭하거나 국가원수를 모독하는 것이 아닌 한, 피해의 구제, 공무원의 비위를 시정, 공무원에 대한 징계나 처벌의 요구, 법률의 개폐 등 공공기관의 권한에 속하는 것이면 무엇이든 상관없다. 그리고 국민이 청원을 하면 국가도 청원에 대하여 심사할 의무를 지고(제26조 2항), 그 결과를 반드시 청원인에게 통지하여야 한다(청원법 참조).

(3) 재판을 받을 권리

모든 국민은 재판을 받을 권리를 가지고 있는데 여기서 말하는 재판을 받을 권리는 ① 정당한 재판을 받을 권리와 ② 신속한 재판을 받을 권리를 뜻한다.

'정당한 재판을 받을 권리'라 함은(제27조 1항), 형사재판이든 민사재판이든 또는 행정재판이든 간에 헌법과 법률에 정한 법관이 법률에 의하여 하는 재판을 말하며, 여기에는 적극적으로 그와 같은 정당한 재판을 요구할 수 있는 권리와, 소극적으로는 그와 같은 정당한 재판이 아니면 받기를 거부할 수 있는 권리의 두 가지 의미를 포함하고 있다. 그런데 이와 관련하여 문제가 되는 것은 군사법원 같은 것인데, 군사법원은 본래 군인 · 군속을 재판하기 위하여 두는 특별법원이며, 법관이 재판을 하는 것이 아니다. 따라서 군사법원의 일반국민에 대한 재판관할권은 제한되어 있으니 군인 또는 군무원이 아닌 국민은 대한민국의 영역 안에서는 중대한 군사상 기밀 · 초병 · 초소 · 유독음식물공급 · 포로 · 군용물에 관한 죄 중 법률이 정한 경우와, 비상계엄이 선포된 경우를 제외하고는 군사법원의 재판을 받지 아니한다(제27조 2항).

그리고 헌법 제27조 3항에 의해서 모든 국민은 신속한 재판을 받을 권리를 가지며, 특히 형사피고인은 상당한 이유가 없는 한 지체 없이 공개재판을 받을 권리를 가지는데 국가의 안전보장 또는 안녕질서를 방해하거나 선량한 풍속을 해할 염려가 있을 때에는 공개를 하지 않는 것이 좋으므로 헌법은 예외를 규정하여 그와 같은 때에는 법원의 결정으로 공개하지 아니할 수 있도록 하였다(제109조 단서).

(4) 형사보상청구권

그 밖에도 형사피고인은 유죄의 판결이 확정된 때까지는 무죄로 추정되도록 헌법 제27조 4항은 규정하고 있다. 형사피의자 또는 형사피고인으로서 구금되었던 자가 법률이 정하는 불기소처분을 받거나 무죄판결을 받았을 때 법률이 정하는 바에 의하여 국가에 정당한 보상을 청구할 수 있는 권리가 형사보상청구권이다(제28조). 이 형사보상청구권은 형사피의자 또는 형사피고인으로서 구금되었던 자가 가지는 청구권이므로 구금되었다가 기소유예·기소중지처분을 받은 피의자와 구금되지 않고 불구속으로 기소되어 무죄판결을 받은 자는 여기에 포함되지 아니한다(형사보상법 참조).

(5) 공무원의 불법행위로 인한 손해배상청구권

공무원의 직무상 불법행위로 손해를 받은 국민은 법률이 정하는 바 에 의하여 국가 또는 공공단체에 정당한 배상을 청구할 수 있다(제29조 1항 전단). 그러나 공무원의 불법행위로 인하여 국가 또는 공공단체가 손해배상을 하였을 때에는 그 공무원 자신의 책임은 면제되지 않으며(제29조 1항 후단), 공무원에게 고의 또는 중과실이 있는 경우에는 국가 또는 공공단체는 당해 공무원에 대하여 대내적으로 구상권을 가진다. 다만, 군인·군무원·경찰공무원·기타 법률이 정한 자가 전투·훈련 등 직무집행에 관련하여 받은 손해에 대하여는 법률이 정한 보상 이외에 국가나 공공단체에 공무원의 직업상의 불법행위로 인한 배상은 청구할 수 없다(제29조 2항).

(6) 범죄피해자의 구조청구권

헌법 제30조는 "타인의 범죄행위로 인하여 생명·신체에 대한 피해를 받은 국민은 법률이 정하는 바에 의하여 국가로부터 구조를 받을 수 있다"고 규정함으로써 범죄피해자를 보호해 주고 있다.

Ⅱ. 국민의 기본적 의무

1. 서　　설

국민은 여러 가지 의무를 지고 있는데, 이러한 국민의 의무는 일반적 의무와 개별적 의무로 크게 나누어 볼 수 있다. 일반적 의무라 함은 헌법을 비롯하여 국가의 법령을 준수하여야 할 의무를 말하는데, 이것은 국가는 국민 전체를 위한 법질서에 의한 정치단체라는 본질에서 나오는 것이다. 그런데, 이와 같은 국민의 일반적 의무는 당연한 것이기 때문에 우리나라 헌법은 아무런 규정도 두고 있지 않으며, 다만 제2장에서 국민이 지고 있는 개별적 의무에 관해서만 규정하고 있다. 우리나라 헌법이 규정하고 있는 개별적 의무는 특히 중요한 것 네 가지로서, 납세의 의무, 국방의 의무, 교육의 의무, 근로의 의무 등이다.

2. 납세의 의무

헌법 제38조는 "모든 국민은 법률이 정하는 바에 의하여 납세의 의무를 진다"고 규정하고 있다. 납세란 국가경비를 조달하기 위한 재산의 제공을 말하는데, 국가를 유지하기 위하여는 많은 경비가 필요하고, 이 경비의 중요한 재원이 조세이므로 국민이 이것을 부담해야 한다는 것은 당연한 일이다. 그러나, 이것은 국민의 재산보장과 관련성이 있으므로 행정부의 일방적 자의적인 세금부과를 금하고 의회가 제정하는 법률에 의하여야 한다. 이것을 조세법률주의라고 한다.

3. 국방의 의무

헌법 제39조는 "모든 국민은 법률이 정하는 바에 의하여 국방의 의무를 진다. 누구든지 병역의무의 이행으로 인하여 불이익한 처우를 받지 아니한다"고 규정하고 있다. 국방의 의무는 이전에는 이를 협의로 해석하여 병역의 의무만을 의미하는 것으로 생각하였으나, 오늘날과 같이 고도의 복잡한 전쟁에 있어서는 예를 들어 방공과 같이 국가가 국방상 필요하다고 인정하여 법률로써 규정하는 기타 다른 의무도 여기에 포함된다. 국토가 외적에 의해서 유린당하여서는 국가가 존립할 수 없으므로 모든 국민이 국방의 의무를 지는 것은 타당하다.

4. 교육의 의무

헌법 제31조 2항은 "모든 국민은 그 보호하는 자녀에게 적어도 초등교육과 법률이 정하는 교육을 받게 할 의무를 진다"고 규정함으로써 교육의 의무를 지우고 있는데, 이것은 국민의 교육정도가 낮으면 민주정치의 실현이 불가능할 뿐만 아니라 국민의 교육정도를 향상시켜 문화국가를 이룩하려는 데 그 목적이 있다. 또 헌법은 자력이 없어 이 의무를 이행할 수 없는 어린이 보호자가 있을 것이므로 의무교육은 무상으로 하도록 하고 있다(제31조 3항).

5. 근로의 의무

헌법 제32조 2항의 규정에 의하여 모든 국민은 근로의 의무를 지고 있는데, 이 근로의 의무란 말하자면 국가가 공공 필요에 의하여 국민에게 근로할 것을 명하는 경우, 이에 복종하여 근로하여야 할 의무를 의미한다.

그런데, 우리나라 헌법은 국가는 근로의 의무의 내용과 조건은 민주주의원칙에 따라 법률로 정하도록 하고 있으므로(제32조 2항 후단) 비상시나 천재지변 등과 같이 불가피한 경우에만 이 근로의 의무를 부과함이 타당하며, 구소련에서의 강제노동과는 큰 차이가 있는 것이다.

제5절 통치기구

Ⅰ. 삼권분립과 정부형태

1. 삼권분립

오늘날 입헌정체를 택하고 있는 나라에서는 이미 앞에서 말한 바와 같이 삼권분립을 통치조직의 기본원칙으로 하고 있다. 삼권분립이란 국가권력을 입법권·행정권 및 사법권으로 나누고, 입법권은 국민의 대표자로서 구성되는 국회에 맡기고, 국회에서 제정되는 법률을 집행하는 행정권은 정부에 소속시키고, 그리고 법률을 구체적인 사건에 적용하여 재판을 하는 사법권은 법원이 행사하도록 하여, 삼권을 서로 억제하게 함으로써 국가권력의 남용을 방지하여 국민의 자유와 권리를 보장하려는 데 그 목적이 있다.

그러나 현대에 있어서는 이와 같은 삼권분립에 대해 여러 가지 비판이 있다. 원래 삼권분립제도는 군주가 국가권력을 장악하고 있던 시대에 군주의 국가권력으로부터 입법권과 사법권을 분리시켜 각기 국회와 법원에 부여함으로써 군주의 권력을 약화시켜 국민의 자유를 보장하려는 목적에서 나온 것이나 오늘날 국민주권국가에 있어서는 국가의 임무는 국민의 복리향상을 위하여 보다 적극적으로 활동하는 데 있으므로 삼권분립의 원칙은 오늘날에는 적합하지 않은 점이 있다. 뿐만 아니라 삼권분립제도는 국가권력을 입법권·행정권·사법권으로 분류하고 있으나 이와 같은 삼권은 본래 통일적인 국가권력의 일면에 불과하며 삼권이 각각 서로 무관계하게 독립할 수 없는 것으로서, 만약에 삼권이 서로 무관계하게 행사되거나, 각부가 반목하게 되는 경우에는 국가권력이 마비될 것인데, 국가권력의 통일성 유지에 관한 방안제시를 못하고 있는 점 등이 비판되고 있다.

그러면 오늘날에 있어서는 이 삼권분립의 원칙을 폐기할 것인가? 누가 국가권력을 장악하든 간에 그 권력이 남용될 염려가 있고, 또 국민의 자유와 권리가 보장되어야 한다는 것이 여전히 요청되는 한, 권력의 집중을 억제하려는 삼권분립제도는 유지되어야만 한다. 현대 민주국가에 있어서는 입법·행정·사법의 삼권이 상호 독립을 유지하면서 필요할 때에는 서로 협조하게 하거나, 특히 정당으로 하여금 교량적 역할을 시킴으로써 입법권과 행정권을 서로 협조하게 하면서 위에서 말한 바와 같은 난점을 해결함과 동시에 삼권분립제도를 유지하고 있다.

2. 정부형태

입법부와 행정부가 삼권분립제도하에서 국가권력을 어떻게 분담하고, 이 두 기관이 어떠한 관계를 갖느냐에 따라 정부형태가 달라진다. 정부형태는 나라에 따라서 다르지만, 가장 핵심이 되는 것으로는 미국의 대통령제와 영국의 의원내각제(내각책임제)를 들 수 있다.

(1) 대통령제

대통령제의 내용을 볼 것 같으면, 대통령과 국회의원은 국민에 의해서 직접 선거되고, 대통령은 임기 동안 국회로부터 불신임결의를 당하지 않고, 또 국회도 대통령으로부터 해산당하지 않으며, 대통령은 행정권을 직접 담당하는 행정권의 수반이고, 대통령제하에 있어서의 내각은 다만 대통령의 자문기관에 불과하다. 뿐만 아니라 각부장관은 국회의원을 겸할 수 없으며, 국회에 출석하여 발언할 수도 없고 정부는 법률안 제출권도 없으니, 말하자면 대통령제는 엄격한 삼권분립에 입각한 정부형태이다.

대통령제의 장점은 대통령의 임기중 정국이 안정되어 국책의 계속성이 보장되며, 국회가 다수결로써 경솔한 행동을 하는 것을 억제하여 소수자의 이익을 보장할 수 있다는 점이다. 단점으로는 정치수준이 낮은 나라의 경우, 대통령의 권한이 강대해져서 독재화될 가능성이 많은 점과 입법부와 행정부의 삼위일체적인 강력한 정치력을 발휘할 수 없는 점 그리고 입법부와 행정부가 서로 대립하였을 때 이를 해결할 방도가 없어서 국정이 마비될 우려성이 있는 점 등을 들 수 있다.

(2) 의원내각제(내각책임제)

영국에서 발달한 의원내각제는 서독 · 일본 등 많은 나라에서 채택되고 있는데, 물론 나라에 따라서 차이는 있으나 대개 다음과 같다. 국가의 원수인 군주 또는 대통령은 국정에 초연한 존재로서 직접 행정에 관여하지 않으며, 직접 행정을 담당하는 기관은 내각이다. 내각의 성립과 존속은 국회의 신임에 의존하므로 내각은 국회의 다수당으로 구성되고 국회가 불신임결의를 할 경우에는 내각은 총사직하여야 하고, 내각이 국회의 해산권을 갖는 경우에는 내각은 국회를 해산하여 새로이 총선거를 하게 할 수 있다. 뿐만 아니라 내각은 국회의원을 겸할 수 있고, 국회에 출석하여 발언할 수도 있으며, 정부도 법률안제출권을 갖는다.

의원내각제의 장점은 내각의 성립과 존속이 국민의 대표기관인 국회에 의존하고 있기 때문에 민주적 요청에 가장 적합하고, 내각이 국회에 책임을 지므로 책임정치를 할 수 있으며, 국회와 내각이 대립되었을 때 불신임결의권 · 국회해산권 · 국가원수의 중재를 통하여 신속히 해결할 수 있고, 내각은 국회를 모체로 하므로 삼위일체가 되어 강력한 정치를 할 수 있는 점 등이다.

단점으로서는 군소정당이 난립하는 경우 정국안정을 기하기 어렵고, 또 내각이 국회의 의중을 살펴서 연명하려 하므로 국민을 위한 강력한 정치가 어려울 뿐만 아니라, 국회의 다수당과 내각이 합작하게 되면 횡포에 의하여 소수자의 이익이 위태롭게 되며, 국회가 정권을 획득하기 위한 정쟁의 장소가 되기 쉬운 점 등을 들 수 있다.

(3) 우리나라 정부형태

우리나라는 처음에 의원내각제의 요소를 가미한 대통령제를 채택하였다가, 4·19 후 제2공화국 헌법은 순수한 의원내각제를 채택하였고, 제3공화국 헌법에서는 다시 대통령제로 복귀하였으며, 유신체제하에서는 대통령제이면서도 구헌법에 있어서보다 대통령의 권한이 훨씬 강화된 제도로서 프랑스의 현행 제5공화국 헌법상의 제도와 비슷한 제도를 채택하고 있었다. 제8차 개헌 이후의 현행제도를 살펴볼 것 같으면, 국무회의는 의원내각제하의 내각과는 달리 대통령의 정책결정에 있어서 심의기관의 역할을 함에 불과하므로 대통령은 그 의결에 구속을 받지 않을 뿐만 아니라, 대통령은 국회에 대해서 아무런 책임도 지지 않는다. 그러나 의원내각제적 요소가 전혀 없는 것은 아니다. 즉 대통령이 국무총리를 임명할 경우에는 국회의 동의를 요하고, 정부도 법률안제출권을 가지며, 국무총리와 국무위원은 국회에 출석하여 발언할 수 있고, 국회는 국무총리·국무위원을 해임건의할 수 있다.

Ⅱ. 국 회

1. 국회의 지위

현대 민주국가에 있어서의 본질적 요소인 국회는 정부형태로서 대통령제를 취하느냐 또는 의원내각제를 취하느냐에 따라 그의 지위에 차이는 있으나, 우리나라 국회의 지위에 대하여 고찰해 보면 다음과 같다.

(1) 국민의 대표기관

첫째로 국회는 국민의 대표기관이다. 그러나 이 말은 국회와 국민간에 법적인 위임관계가 존재한다는 뜻은 아니고, 다만 국회의 의결은 국민의 의사로 간주된다는 의미에 불과하다. 왜냐 하면 국회의 권한은 헌법에 의하여 부여되는 것이며, 국회의원이 일단 선출되면 국민은 직접 국회의 활동에 대해 간섭할 권한이 없을 뿐만 아니라, 국회의원은 자기행위의 결과에 대해 국민에게 사후보고를 해야 할 의무도 없기 때문이다.

(2) 입법기관

국회는 입법기관이다. 그러나 국회만이 입법권을 독점하고, 다른 기관은 입법에 관여할 권한이 전혀 없다는 뜻은 아니다. 법률안제출권은 정부도 갖고 있다. 대통령은 법률안거부권과 공포권을 가지며, 또 대통령은 대통령령을, 국무총리와 각부 장관은 각각 총리령과 부령을 발할 수 있고, 지방자치단체는 조례와 규칙을 제정할 수 있으며, 대법원과 중앙선거관리위원회가 규칙제정권을 갖는 것 등은 국회 이외의 다른 기관이 입법에 관여하는 예이다.

(3) 국정감시기관

국회는 국정감시기관이다. 즉 국회는 국정을 감시하고 비판하는 기능을 가진다. 다시 말하자면 국회는 국무총리 또는 국무위원에 대하여 해임건의를 하거나 탄핵소추권, 입법에 관한 권한, 재정에 관한 권한, 각종의 동의권·승인권 등을 통하여 행정부와 사법부를 감시하고 비판할 수 있다.

2. 국회의 구성

(1) 국회의 형태

국회의 형태에는 단원제와 양원제의 두 형태가 있는데, 단원제란 국회가 일원만으로 구성되는 형태를 말하며, 이를 일원제라고도 한다. 우리나라도 현재 이 단원제를 채택하고 있는데, 이러한 단원제는 안건을 신속히 처리하고 비용을 절약할 수 있는 장점이 있는 반면에 국사를 경솔·부당하게 처리하고 국회의 전제를 가져올 우려성이 있다는 점에서 단점 또한 없지 않다.

양원제는 국회가 이원으로 구성되는 형태를 말한다.[7] 이러한 양원제의 장점으로서는 하원의 의결을 재고할 기회가 있기 때문에 하원의 경솔과 과오를 피할 수 있고, 국회의 전제를 피할 수 있을 뿐만 아니라 상원이 정부와 하원의 중재자의 역할을 할 수 있기 때문에 국회와 정부간의 충돌을 완화할 수 있는 점 등을 들 수 있다.

반면에 단점으로서는 국회의사가 지연되고 경비가 많이 들 뿐만 아니라, 국회의 책임소재가 불분명하고 국회를 둘로 분리하므로 행정부에 대한 국회의

7) 현재 서독의 국회형태는 양원제가 아니라 단원제임에 주의할 것. 서독에서는 Bundestag만이 국회이고, Bundesrat는 국회가 아니라 입법을 함에 있어서의 하나의 협조기관에 불과하다.

지위가 저하될 우려성이 있는 점을 들 수 있다.

(2) 국회의원

1) 정수와 임기　　국회는 국회의원으로 구성되는데, 국회의원의 수는 법률로 정하되 200인 이상으로 한다(제41조 2항). 국회의원의 임기는 4년이다(제42조).[8)]

2) 국회의원의 특권　　국회의원에게는 마음놓고 소신껏 일을 할 수 있게 하기 위해서 다음과 같은 특권이 인정된다.

㈎ 불체포특권　　국회의원은 현행범이 아닌 한, 회기중 국회의 동의 없이 체포 또는 구금되지 아니하며, 회기 전에 체포 또는 구금된 때에도 현행범이 아닌 한 국회의 요구가 있으면 회기중 석방된다.

㈏ 면책특권　　국회의원은 국회에서 직무상 행한 발언과 표결에 관하여 국회 외에서 책임을 지지 아니한다.

3) 국회의원의 선거

㈎ 선거의 기본원칙　　국회의원은 국민의 보통·평등·직접·비밀선거에 의하여 선출된다. ① 보통선거라 함은 제한선거에 대립되는 말로서 일정한 연령에 달한 사람이면 재산·납세·교육 등에 의하여 차등을 두지 않고 누구에게나 선거권을 주는 제도이다. ② 평등선거란 차등선거에 대립되는 말로서 국민의 선거권의 가치에 차이를 두지 않는 선거제도로서 특정인에게는 투표권을 1개 주고 타인에게는 투표권을 2개 주는 것은 이 평등선거의 위반이 된다. ③ 직접선거는 간접선거에 대립되는 말로서 선거인이 국회의원을 직접 선거하는 제도이며, ④ 비밀선거는 공개선거에 대립되는 말로서 선거인이 누구에게 투표하였는지 모르게 투표하도록 하는 제도이다.

㈏ 선거권과 피선거권　　모든 국민은 헌법과 법률이 정하는 바에 의해서 선거권과 피선거권을 가진다. 선거권자는 법률이 정하는 바에 의하며(제24조), 피선거권자는 대통령은 40세 이상, 국회의원은 25세 이상의 자이다(공직선거법 제16조 1항, 2항).[9)]

㈐ 선 거 구　　선거의 단위가 되는 지역인 구획을 선거구라고 하는

---

8) 유신헌법하에서는 국회의원의 임기는 6년이었으며, 다만 통일주체국민회의가 선거한 국회의원의 임기는 3년이었다.

9) 피선거권자의 연령에 관해서는 공직선거법을 참조할 것.

데 선거구를 나누는 데는 소선거구제와 대선거구제가 있다. 소선거구제는 선거구를 좁게 획정하여 1선거구에서 1인의 국회의원을 선출하는 제도이고, 대선거구제는 선거구를 넓게 획정하여 그 선거구에서 여러 명의 국회의원을 선출하는 제도이다. 대선거구제의 장점으로는 사표가 적으며, 부정선거의 우려성이 적고 인물선택의 범위가 넓어지는 점 등을 들 수 있고, 단점으로는 군소정당이 출현하여 정국의 불안을 초래할 우려성이 있고 선거구역이 커서 선거비용이 많이 드는 점 등을 들 수 있다(소선거구제의 장단점은 대선거구제의 장단점을 반대로 생각하면 된다). 우리나라는 현행 헌법상 국민이 직접 국회의원을 선거하는 경우 선거구제는 법률로 정하여질 것이다.

㈑ 당선자 결정방법 　　선거에서 당선자를 결정하는 방법으로서는 다수대표제·소수대표제·비례대표제 등이 있다. 다수대표제는 다수표를 얻은 자 1인만을 당선인으로 하는 제도이고, 소수대표제는 득표순에 따라 수인을 당선인으로 하는 선거제도인데, 다수대표제는 소선거구제와 결합하며 다수당에게 유리하고, 소수대표제는 대선거구제와 결합하며 소수당에게 유리하다. 비례대표제는 정당의 존재를 전제로 하여 정당의 득표수에 비례하여 국회의원을 선출하는 제도인데, 다수대표제와 소수대표제의 단점을 시정하기 위해서 고안된 것으로서 대선거구제와 결합한다. 우리나라에서는 현행 헌법상 국회의원의 선거구와 비례대표제 기타 선거에 관한 사항은 법률로 정하도록 되어 있다.

3. 국회의 권한

국회가 가지고 있는 권한은 입법에 관한 권한, 재정에 관한 권한, 일반국정에 관한 권한, 대내적 권한 등으로 나눌 수 있다.

(1) 입법에 관한 권한

1) 법률제정권 　　헌법 제40조는 "입법권은 국회에 속한다"라고 규정하고 있다. 따라서 국회는 법률제정권을 가지는데, 이것은 국회가 가지는 여러 가지 권한 중에서 가장 중요한 권한이다. 법률의 제정절차는 다음과 같다.

헌법 제52조에 의해 국회의원과 정부는 법률안을 제출할 수 있다. 국회의원이 법률안을 제출하려면 국회의원 일정수 이상의 찬성을 얻어야 하고, 정부가 법률안을 제출하는 경우에는 국무회의의 심의를 거쳐야 한다(제89조 3호).

법률안이 제출되면 의장은 이것을 소관상임위원회에 회부하고, 소관상임위원회의 심사가 끝나면 본회의에 붙일 필요가 없다고 결정하여 폐기하지 않는 한, 법제사법위원회에 회부하여 체계와 자구에 대한 심사를 거친 후 본회의로 넘어간다. 본회의에서는 질의와 토론을 거쳐 표결을 하게 되는데, 재적의원 과반수의 찬성으로 의결하고, 가부동수인 때에는 부결된 것으로 본다.

국회에서 의결된 법률안은 정부로 이송되어 15일 이내에 대통령이 이를 공포하여야 하는데(제53조 1항), 공포된 법률은 특별한 규정이 없는 한 공포한 날로부터 20일을 경과함으로써 효력을 발생한다(동조 7항). 그러나 대통령이 법률안에 대하여 이의가 있을 때에는 정부로 이송된 후 15일 이내에 이의서를 첨부하여 국회로 환부하고 그 재의를 요구할 수 있다(동조 2항). 이것이 이른바 대통령의 법률안거부권이다. 환부된 법률안은 국회의 재의에 붙여 재적의원 과반수의 출석과 출석의원 3분의 2 이상의 찬성으로 다시 의결되면 그 법률안은 법률로서 확정된다(동조 4항).

만약에 대통령이 정부에 이송된 법률안을 공포하지도 않고 국회로 환부하지도 않으면 그 법률안은 법률로서 확정되며, 확정된 후 5일 이내에 대통령이 공포하지 아니하면 국회의장이 공포한다. 국회의 재의결에 의하여 확정된 법률도 정부에 이송된 지 5일 이내에 대통령이 공포하여야 하며, 공포하지 않으면 이 때에도 국회의장이 공포한다.

2) 헌법개정권　　국회는 헌법개정의 제안과 의결을 할 수 있는데, 보통의 법률안을 제출할 때와는 달리 이 헌법개정의 제안은 국회의 재적의원 과반수 이상의 찬성을 요하며(또는 대통령이 제안할 수도 있다), 제안된 헌법개정안은 20일 이상의 기간 이를 공고하여야 하며, 국회는 헌법개정안이 공고된 날로부터 60일 이내에 이를 재적의원 3분의 2 이상의 찬성을 얻어 의결하여야 한다. 국회에서 통과된 헌법개정안은 의결된 후 30일 이내에 국민투표에 붙여 국회의원 선거권자 과반수의 투표와 투표자 과반수의 찬성을 얻어 확정된다.

3) 기타 입법에 관한 권한　　위에서 말한 권한 이외에도 국회는 대통령의 비상조치에 대한 승인권과 조약체결, 비준에 대한 동의권을 갖는데, 그것은 조약 중에는 국민의 권리와 의무에 관계되는 사항이 많을 뿐만 아니라 체결·공포된 조약은 국내법과 같은 효력을 갖기 때문이다.

(2) 재정에 관한 권한

1) 예산심의확정권　　국회는 헌법 제54조 1항에 의하여 예산안을 심의

하여 확정하는 권한을 가지고 있는데, 예산이란 한 회계년도에 있어서의 세입과 세출의 예정계획서를 말한다. 정부는 예산안을 편성하여 회계년도 개시 90일 전까지 국회에 제출하고, 국회는 회계연도 개시 30일전까지 이를 의결하여야 한다.

만약에 부득이한 사유로 새로운 회계연도가 개시될 때까지 의결을 못한 때에는 정부는 국회에서 예산안이 의결될 때까지 유지·운영비와 법률상 지출의무가 있는 경비, 그리고 이미 예산상 승인된 계속비 등을 세입의 범위 내에서 전년도의 예산에 준하여 지출할 수 있다. 그런데 국회가 예산안을 심의 확정함에 있어서 정부의 동의 없이는 정부가 제출한 지출예산 각항의 금액을 증가하거나 새 비목을 설치할 수 없다.

2) 기타 재정에 관한 권한 　　국회는 예산심의확정권 이외에도 ① 국채모집에 대한 동의권(기채동의권), ② 예산외 국가부담이 될 계약체결에 대한 동의권, ③ 예측할 수 없는 예산 외의 지출 또는 예산초과지출에 충당하기 위한 예비비에 대한 의결권 및 그 지출에 대한 승인권 등을 가지고 있다.

(3) 일반국정에 관한 권한

1) 국정조사권 　　국회는 헌법상의 제반권한을 실질적으로 확보하고 효과있게 행사하기 위하여 국정을 조사할 권한을 갖는다. 즉, 헌법 제61조에 따라서 국회는 국정을 감사하거나 특정한 국정사안에 대하여 조사할 수 있으며 이에 필요한 서류의 제출, 증인의 출석과 증언이나 의견의 진술을 요구할 수 있다.

2) 탄핵소추권 　　국회는 탄핵소추권을 가지고 있는데, 탄핵소추의 대상은 대통령·국무총리·국무위원·행정각부의 장·헌법재판소 재판관·법관·중앙선거관리위원·감사원장·감사위원, 기타 법률이 정한 공무원이며, 이들 공무원이 그 직무수행에 있어서 헌법이나 법률에 위배하였을 때 탄핵의 소추를 의결할 수 있다.

탄핵소추의 발의는 국회재적의원 3분의 1 이상으로써 하며, 그 의결은 국회재적의원 과반수의 찬성으로 한다. 단, 대통령에 대한 탄핵소추는 국회재적의원 과반수의 발의와 국회재적의원 3분의 2 이상의 찬성이 있어야 한다. 탄핵소추가 있으면 헌법재판소가 심판을 하는데(헌법재판소란 참조), 탄핵결정의 효과는 공직으로부터 파면함에 그치나, 이에 의하여 민사상이나 형사상의 책임이 면제되지는 않는다.

3) 해임건의권　　국회는 국무총리 또는 국무위원에 대하여 그 해임을 건의할 수 있다(제63조 1항), 이 해임건의를 함에는 재적의원 3분의 1 이상의 발의에 의하여 재적의원 과반수의 찬성을 요한다(동조 2항).

4) 기타 일반국정에 관한 권한　　국회는 그 외에도 일반국정에 관한 여러 가지 권한을 가지고 있는데, ① 선전포고 및 국군의 해외파견과 외국군대의 국내주류에 대한 동의권, ② 국무총리·국무위원의 국회출석·답변요구권, ③ 일반사면에 대한 동의권, ④ 국무총리 임명에 대한 동의권, ⑤ 대법원장 임명에 대한 동의권, ⑥ 계엄해제 요구권 등이 그 예이다.

(4) 대내적 권한

국회는 그 밖에도 대내적으로 여러 가지 권한을 가지고 있는데, 이것은 국회의 자율적 권한이라고 한다. ① 법률에 저촉되지 않는 범위 내에서 의사와 내부규율에 관한 규칙을 제정할 수 있음을 내용으로 하는 '규칙제정권', ② 의원의 자격을 심사하고 의원을 징계할 수 있음을 내용으로 하는 '의원의 신분에 관한 권한'(의원을 제명하려면 재적의원 3분의 2 이상의 찬성을 요한다), ③ 의장·부의장의 선거, 위원회의 조직, 각종 직원의 임명 등에 있어서의 자율권인 '내부조직권', ④ 원내의 질서를 유지하기 위하여 의원, 방청인, 기타 원내에 있는 자에 대하여 명령을 하고 실력으로써 그 명령을 강제할 수 있는 '내부경찰권' 등이 그 예이다.

Ⅲ. 정　부

1. 정부의 개념

정부란 국가의 통치작용 중에서도 행정권의 귀속체만을 뜻하는 개념이지만, 그 의미상의 범위에 관해서는 견해가 대립되고 있다. 즉, 행정권의 수반인 대통령만을 정부의 뜻으로 보는 견해, 행정권을 행사하는 모든 행정기관을 포함하는 것으로 보는 견해, 대통령·국무회의 및 행정각부 장관을 포함하는 중앙행정관청만을 의미하는 것으로 보는 견해 등이 있었다. 현행 헌법상에 있어서는 정부는 중앙행정관청을 종합하는 개념으로서, 대통령·국무회의·행정각부의 3자를 포함하는 개념으로 규정되어 있다.

2. 대 통 령

(1) 대통령의 지위

1) 대통령의 헌법상의 지위 대통령의 헌법상의 지위는 정부형태가 대통령제냐 또는 의원내각제냐에 따라서 다른데, 우리나라에 있어서는 헌법 제66조 4항에서 "행정권은 대통령을 수반으로 하는 정부에 속한다"고 규정되어 있고, 동조 1항은 "대통령은 국가의 원수이며, 외국에 대하여 국가를 대표한다"고 규정하고 있는 것으로 보아, 대통령의 지위에는 행정권의 수반으로서의 지위와 국가원수로서의 지위의 두 가지가 있다.

행정권의 수반이라는 의미에서 대통령은 국무총리·국무위원을 임면하며, 명령을 제정하고 법률안을 제출하며 또 국무회의의 의장이 되는 등 직접 행정의 실권을 장악하고 있다. 국가원수로서의 대통령은 국가적 지도의 최고책임자이며, 대통령은 입법·행정·사법의 조정적 기능의 중립적 권한을 행사함과 동시에 국가의 운용을 좌우하는 중요한 사항을 결정하는 국가적 권력을 행사한다. 현행 헌법에 있어서는 대통령이 국가의 중요정책을 국민투표에 의해서 결정할 것을 발의할 수 있는 권한(제72조) 등이 그 예이다.

2) 대통령의 선거 대통령은 국민의 보통·평등·직접·비밀선거에 의하여 선출하는데, 최고득표자가 2인 이상인 때에는 국회의 재적의원 과반수가 출석한 공개회의에서 다수표를 얻은 자를 대통령당선자로 한다. 대통령후보자가 1인일 때에는 그 득표자가 선거권자 총수의 3분의 1 이상이 아니면 대통령으로 당선될 수 없다. 대통령으로 당선될 수 있는 자는 국회의원의 피선거권이 있고 선거일 현재 연령이 40세에 달한 자이어야 한다.

3) 대통령의 임기 대통령의 임기는 5년이며[10] 중임할 수 없다(제70조).

4) 대통령의 권한대행 대통령이 궐위되거나 사고로 인하여 직무를 수행할 수 없을 때에는 국무총리, 법률이 정한 국무위원의 순서로 그 권한을 대행한다(제71조). 그러나 궐위된 경우 후임자를 선거할 때까지가 비록 단시일이라고 하더라도 국민이 선출하지 않은 국무총리나 국무위원이 그 권한을 대행하는 것은 비판의 여지가 있다.

5) 대통령의 특권 대통령은 내란 또는 외환의 죄를 범한 경우를 제외

10) 유신헌법하에서는 대통령의 임기가 6년이었으며 중임할 수 있었다.

하고는 재직 중 형사상 소추를 받지 아니하는데(제84조), 이것은 대통령의 국가원수로서의 지위를 보장하기 위함이다. 그러나 재직 중의 범행에 대하여 퇴직 후에는 소추받을 수 있으며, 재직 중이라도 탄핵소추나 민사에 관하여는 소추를 받을 수 있다.

(2) 대통령의 권한

위에서 말한 바와 같이 대통령은 행정권의 수반인 동시에 국가원수로서의 지위도 갖고 있다. 따라서 그의 권한도 정부수반으로서 가지는 권한 및 국가원수로서 가지는 권한으로 분류할 수 있다.

1) 정부수반으로서의 행정적 권한

(가) 법령집행권　헌법상의 명시적인 규정은 없으나 대통령은 행정권의 수반으로서 법령을 집행하는 권한을 가진다. 행정의 중심이 법령집행에 있으므로 비록 헌법상에 명문화되어 있지는 않더라도 이것은 해석상 당연한 결과이다.

(나) 외 교 권　대통령은 조약을 체결·비준하고 외교사절을 신임·접수 또는 파견하며, 선전포고와 강화를 하는 권한을 가지는데(제73조), 조약과 선전·강화, 기타 중요한 외교정책에 관한 것은 국무회의의 심의를 거쳐야 하고, 특히 중요한 조약의 체결·비준과 선전포고는 국회의 동의를 얻어야 한다.

(다) 국군통수권　대통령은 헌법과 법률이 정하는 바에 의하여 국군을 통수하는 권한을 가지는데(제74조), 국군통수권이란 국군의 최고사령관으로서 국군을 지휘·통솔할 수 있는 권한을 말한다. 그런데 군사에 관한 중요사항은 국무회의의 심의를 거쳐야 하고(제89조 6호), 국군을 외국에 파견하는 데는 국회의 사전동의가 있어야 하며(제60조 2항), 국군의 조직과 편성은 법률로 정한다(제74조 2항). 본래 군통수방법에는 두 종류가 있는데, 하나는 군정과 군령을 구별하는 통수권 독립주의이고, 다른 하나는 양자를 일원화하는 일원주의이다. 우리나라는 후자를 택하고 있다.

(라) 계엄선포권　대통령은 전시·사변 또는 이에 준하는 국가비상사태에 있어서 병력으로 군사상의 필요 또는 공공의 안녕질서를 유지할 필요가 있을 때에는 법률이 정하는 바에 의하여 계엄을 선포할 수 있는데, 이것이 대통령의 계엄선포권이다(제77조 1항), 그런데 계엄에는 비상계엄과 경비계엄의 두

가지가 있으며(동조 2항), 계엄의 효력은 그 종류에 따라서 다르다. 비상계엄이 선포된 때에는 법률이 정하는 바에 의하여 영장제도, 언론·출판·집회·결사의 자유, 정부나 법원의 권한에 관하여 특별한 조치를 할 수 있다(동조 3항). 계엄을 선포한 때에는 대통령은 지체 없이 국회에 통고하여야 하고(동조 4항), 국회가 재적의원 과반수의 찬성으로 계엄의 해제를 요구한 때에는 대통령은 이를 해제하여야 한다(동조 5항).

㈒ 공무원임면권 대통령은 헌법과 법률이 정하는 바에 의하여 공무원을 임면할 권한을 가진다(제78조). 즉 대통령은 선거에 의하여 선출되는 공무원을 제외한 모든 공무원을 임면할 수 있는 권한을 가지는데, 반드시 헌법과 법률에 따라야 되며, 법률로서는 국가공무원법·교육공무원법 등이 있다. 그런데 대통령은 모든 공무원을 반드시 스스로 임면하는 것이 아니며, 하부기관에 위임하여 임면케 하는 경우도 많다.

㈓ 정당해산제소권 정당의 목적이나 활동이 민주적 기본질서에 위배될 때에는 대통령은 정부를 대표하여 헌법재판소에 그 정당의 해산을 제소할 수 있다(제8조 4항). 즉 정당의 해산은 정부가 일방적으로 할 수는 없고, 다만 해산의 제소권을 가질 뿐 정당의 해산은 헌법재판소의 심판이 있음으로써 비로소 이루어진다.

2) 정부수반으로서의 입법적 권한

㈎ 대통령령제정권 대통령은 법률에서 구체적으로 범위를 정하여 위임받은 사항과 법률을 집행하기 위하여 필요한 사항에 관하여 대통령령을 발할 수 있는데, 전자를 위임명령이라 하고, 후자를 집행명령이라고 한다(제75조). 양자의 차이는 전자가 새로운 의무를 과할 수 있으나 후자는 과할 수 없는 데 있다.

㈏ 기타 입법에 관한 권한 대통령은 이 밖에도 입법에 관계되는 권한으로서 법률안제출권, 법률안거부권, 헌법개정의 발의·공고·공포권, 국회에 대한 의견발표권 등의 권한을 가지고 있다.

3) 국가원수로서 가지는 권한

㈎ 긴급명령권 대통령은 내우·외환·천재·지변 또는 중대한 재정·경제상의 위기에 있어서 국가의 안전보장 또는 공공의 안녕질서를 유지하기 위하여 긴급한 조치가 필요하고 국회의 집회를 기다릴 여유가 없을 때에 한

하여 최소한으로 필요한 재정·경제상의 처분을 하거나 이에 관하여 법률의 효력을 가지는 명령을 발할 수 있으며, 국가의 안위에 관계되는 중대한 교전상태에 있어서 국가를 보위하기 위하여 긴급한 조치가 필요하고 국회의 집회가 불가능한 때에 한하여 법률의 효력을 가지는 명령을 발할 수 있다(제76조 1항, 2항).

그러나 여기에서 말하는 긴급명령은 다른 방법으로는 도저히 난국을 극복할 수 없으리만큼 사태가 급박하여 급속한 조치를 할 필요가 있다고 판단되는 때에 한하는 것이기 때문에 유신헌법하의 긴급조치에서 볼 수 있었던 예방조치는 인정될 수 없고 위기가 실제로 발생하여 그것을 극복하기 위한 진압조치만이 인정된다. 대통령이 긴급명령을 한 때에는 국회에 보고하여 승인을 얻어야 하며, 승인을 얻지 못한 때에는 그 때부터 그 조치는 효력을 상실하게 된다(동조 3항, 4항), 그뿐만 아니라 긴급명령은 그 목적을 달성할 수 있는 최단기간 내에 한하여야 한다.

(나) 국민투표회부권　　우리나라의 현행 헌법은 대통령으로 하여금 필요하다고 인정할 때에는 외교·국방·통일·기타 국가안위에 관한 중요한 정책을 국민투표에 붙일 수 있도록 함으로써 대통령에게 국민투표회부권을 부여하고 있다(제72조).

(다) 영예수여권　　대통령은 법률이 정하는 바에 의하여 훈장, 기타의 영전을 수여할 수 있는데(제80조), 이것도 대통령이 국가원수의 지위에서 행사할 수 있는 권한이다.

(라) 사 면 권　　대통령은 소송법상의 절차에 의하지 아니하고 형의 선고의 효과의 전부 또는 일부를 소멸시키거나, 형의 선고를 받지 아니한 자에 대하여는 공소권을 소멸시킬 수 있는데, 이것이 대통령의 사면권이다(제79조 1항).

(마) 대법원장임명권　　대통령은 국회의 동의에 의하여 대법원장을 임명하여, 대법원장의 제청으로 국회의 동의를 얻어 대법관을 임명한다(제104조 1항, 2항).

4) 대통령의 권한행사방식　　대통령은 이와 같이 여러 가지 권한을 가지는데, 그 권한을 행사함에 있어서는 일정한 절차를 밟아야 한다.

대통령의 국법상의 행위는 군사에 관한 것도 포함하여 문서로써 하여야 하며, 이 문서에는 국무총리와 관계 국무위원의 부서가 있어야 한다(제82조).

부서란 대통령의 서명 뒤에 붙여서 서명하는 것을 말하는데, 국무총리와 관계 국무위원의 책임의 소재를 명백히 하려는 취지에 입각한 것이다. 또 대통령이 헌법 제89조에 열거되어 있는 바와 같은 중요한 권한을 행사할 때에는 국무회의의 심의를 거쳐야 한다. 뿐만 아니라 대통령이 일정한 권한을 행사할 때에는 국회의 동의나 승인을 요하는 경우가 있다.

이 밖에도 대통령은 국가안전보장에 관련되는 대외정책·군사정책과 국내정책을 수립하거나, 과학기술의 창달·진흥을 위하여 필요한 때에는 국무회의의 심의에 앞서서 각각 국가안전보장회의나 해당 자문기관의 자문을 얻을 수 있다(제91조, 127조). 그러나 두 기관이 자문기관이기 때문에 이 자문기관의 자문을 거치지 아니하고 이러한 사항을 바로 국무회의의 심의에 붙여도 위헌은 아니다.

3. 국무회의

(1) 국무회의의 지위

헌법 제88조 1항은 "국무회의는 정부의 권한에 속하는 중요한 정책을 심의한다"고 규정함으로써 국무회의가 심의기관임을 명시하고 있는데, 심의기관이라는 것은 의결기관과 자문기관의 중간적 성격을 가진 것으로서 의결기관과 같이 대통령이 그 의결에 법적 구속을 받지 않을 뿐만 아니라 자문기관과 같이 자문에 붙이느냐의 여부가 대통령의 임의에 맡겨져 있지도 않은 것을 말한다.

따라서 우리나라의 국무회의는 의원내각제에 있어서의 내각과 다르고 미국의 대통령제하의 내각과도 다른 하나의 이질적인 제도이다. 구체적으로 어떠한 사항이 국무회의의 심의를 거쳐야 할 것이냐 하는 것은 헌법 제89조에 규정되어 있다.

(2) 국무회의의 구성

국무회의는 대통령·국무총리와 15인 이상 30인 이하의 국무위원으로 구성한다(제88조 2항). 국무회의의 의장은 대통령이 되고, 부의장은 국무총리가 된다(제88조 3항), 국무총리는 국회의 동의를 얻어 대통령이 임명하고(제86조 1항), 국무위원은 국무총리의 제청으로 대통령이 임명한다(제87조 1항). 군인은 현역을 면한 후가 아니면 국무총리로 임명될 수 없고(제86조 3항), 국무위원에도 임명될 수 없다(제87조 4항).

(3) 국무총리

우리나라에 있어서의 국무총리는 의원내각제하의 국무총리와는 근본적으로 다르며, 심의기관인 국무회의의 부의장으로서 대통령을 보좌하는 지위(제88조 3항)와 집행기관으로서 대통령의 명을 받아 행정각부를 통할하는 지위(제86조 2항)에 있음에 불과한데, 한편으로는 국무 위원의 임명을 제청하거나(제87조 1항) 국무위원의 해임을 대통령에게 건의하는(제87조 3항) 등 독자적인 지위에서 행사할 수 있는 권한도 갖고 있다.

(4) 국무위원

국무위원은 대통령·국무총리와 함께 국무회의의 구성원인데, 국무회의에 의안을 제출하고, 그 심의에 참가하는 등 많은 권한을 가지고 있다. 그런데 행정각부의 장관은 국무위원 중에서 임명되므로(제94조), 국무위원은 대부분 행정각부의 장을 겸하고 있다. 그러나 모든 국무위원이 반드시 행정각부의 장이 되는 것은 아니며, 행정각부의 장을 겸하고 있지 않은 국무위원은 무임소국무위원이라고 한다.

4. 대통령의 자문기관

대통령의 자문기관으로서 국가원로자문회의(제90조), 국가안전보장회의(제91조), 민주평화통일자문회의(제92조), 국민경제자문회의(제93조) 등이 있다. 국가원로자문회의는 국정의 중요한 사항에 관한 대통령의 자문에 응하기 위하여 국가원로로 구성되고, 국가안전보장회의는 국가안전보장에 관련되는 대외정책·군사정책·국내정책의 수립에 관하여 국무회의의 심의에 앞서 대통령의 자문에 응하는 기관이다. 민주평화통일자문회의란 통일정책의 수립에 관한 대통령의 자문에 응하기 위한 기관이며, 국민경제자문회의는 국민경제의 발전을 위한 중요정책의 수립에 관하여 대통령의 자문에 응하기 위한 기관이다.

5. 감 사 원

감사원은 국가의 세입·세출의 결산, 국가 및 법률이 정한 단체의 회계검사와 행정기관 및 공무원의 직무에 관한 감찰을 하기 위하여 대통령 소속하에 있는 기관이다(제97조). 따라서 이 감사원은 그 직무상으로 보아 과거의 심계원과 감찰위원회를 통합한 것으로서, 원장을 포함한 5인 이상 11인 이하의 감사위원으로 구성되고(제98조 1항), 원장은 국회의 동의를 얻어 대통령이 임명하되 1차에 한하여 중임할 수 있고(동조 2항), 감사위원은 원장의 제청으로 대통령이 임명하며 그 임기는 4년으로 한다(동조 3항).

그 밖에 감사원의 조직 · 직무범위 · 감사위원의 자격 · 감사대상 공무원의 범위, 기타 필요한 사항은 법률로 정한다(제100조).

Ⅳ. 법 원

1. 사법권의 독립

입법 및 행정에 대하여 법규를 적용하여 권리관계를 확정하고 또는 어떤 사항의 적법 · 위법을 판단함으로써 구체적 쟁송을 해결하는 국가작용이 사법이며, 이와 같은 국가작용을 행사하는 권한을 사법권이라고 하는데, 현대 문명국가는 모두 이 사법권을 독립된 법원으로 하여금 행사케 하고 있다. 그런데 국민이 권리뿐만 아니라 법을 지키고 유지하기 위해서는 법원의 사법권행사는 공정하게 다루어지지 않으면 안 된다.

'사법권의 독립'이라 함은 공정한 재판을 보장하기 위하여 ① 사법기관인 법원을 입법부와 행정부로부터 독립시키고, ② 법관의 재판을 독립시키며, ③ 사법부 인사를 독립시키고 보장하는 것을 말한다.

우리나라 헌법 제101조 1항이 "사법권은 법관으로 구성된 법원에 속한다"고 규정하고 있고, 동조 2항이 "법원은 최고법원인 대법원과 각급법원으로 조직된다"고 규정하고 있는 것은 사법권을 입법부 · 행정부와 독립된 법원에 맡긴다는 것을 뜻하므로 입법부나 행정부는 사법권을 행사할 수 없고 독립된 사법기관인 법원만이 행사할 수 있다. 헌법 제108조에 의해서 대법원이 법원내부의 규율과 사무처리에 관한 규칙을 자율적으로 제정할 수 있도록 한 것도 이와 같은 취지에 입각한 것이다.

"법관은 헌법과 법률에 의하여 그 양심에 따라 독립하여 심판한다"고 헌법 제103조가 규정하고 있는데, 이것은 법관이 재판에 있어서 헌법과 법률에만 구속당할 뿐 입법부나 행정부의 어떠한 세력의 영향도 받지 아니함은 물론이고, 사법부 내에서도 상급법원이나 소속법원의 장으로부터도 재판에는 절대로 간섭받지 않음을 말한다. 이와 같이 법관의 재판을 독립시키는 것을 사법의 물적 독립이라고 한다.

그 외에도 사법권의 독립을 보장하는 가장 유효한 방법의 하나는 법관의 인사의 독립이니, 이것을 사법의 인적 독립이라고 하는데, 법관의 인사가 법원 외에서 취급되는 경우 그 영향이 직무상에 미치는 것을 피하기 위함이다.

2. 법원의 조직

(1) 법원의 종류

우리나라에 있어서 법원은 최고법원인 대법원과 각급법원으로 조직되며(제101조 2항), 대법원과 각급법원의 조직은 법률로 정하도록 되어 있는데(제102조 3항), 이와 같은 헌법상의 규정에 의하여 제정된 법률이 법원조직법이다. 이에 의하면 법원에는 대법원, 고등법원, 특허법원, 지방법원, 가정법원, 행정법원이 있으며, 지방법원과 가정법원에는 지원을 둘 수 있다.

대법원은 최고법원이며 대법원에 대법관을 두고 법률이 정하는 바에 의하여 대법관이 아닌 법관을 둘 수 있다. 또 대법원에 부를 둘 수 있다.

고등법원은 대법원의 바로 하위에 있는 제2심법원이며 판사로써 구성되는데, 고등법원에는 민사부・형사부・특별부를 두고, 그 심판권은 판사 3인으로 구성된 합의부에서 행한다.

지방법원은 제1심법원이며, 민사부・형사부를 두고 그 심판권은 보통은 단독판사가 행하지마는, 합의재판을 요하는 경우에는 판사 3인으로 구성되는 합의부에서 행한다.

가정법원은 가사심판과 조정 및 소년보호사건을 전문적으로 처리하는 것을 목적으로 하는 법원인데, 가정법원의 심판권도 지방법원의 경우와 같이 일반적으로 단독판사가 행하지만 합의재판을 요할 때에는 판사 3인으로 구성되는 합의부에서 행한다.

(2) 법 관

1) 법관의 자격 헌법 제101조 3항은 "법관의 자격은 법률로 정한다"고 규정하고 있는데, 그 규정에 따라서 법원조직법은 제46조에서 법관의 자격을

규정하고 있다.

2) 법관의 임명 대법원장인 법관은 대통령이 국회의 동의를 얻어 임명하고(제104조 1항), 대법관은 대법원장의 제청에 의하여 국회의 동의를 얻어 대통령이 임명하며(제104조 2항), 그 밖의 모든 법관은 대법관회의의 동의를 얻어 대법원장이 임명한다(동조 3항).[11)]

3) 법관의 임기 대법원장인 법관의 임기는 6년이며 중임할 수 없고(제105조 1항), 대법관의 임기는 6년이되 법률이 정하는 바에 의하여 연임할 수 있고(동조 2항), 그 밖의 모든 법관의 임기는 10년이고 이들도 법률이 정하는 바에 의하여 연임이 가능하다(동조 3항). 그리고 법관은 법률이 정하는 연령에 달하면 정년 퇴직된다(제105조 4항). 나라에 따라서는 법관을 종신관으로 하고 있는 나라도 없지 않으나, 우리나라 헌법이 이와 같이 법관의 임기는 10년으로 제한한 것은 법관의 임기를 종신으로 함으로써 생기는 법관의 보수화를 방지하려는 데 있다.

4) 법관의 신분보장 헌법 106조 1항은 "법관은 탄핵·금고 이상의 형의 선고에 의하지 아니하고는 파면되지 아니하며 징계처분에 의하지 아니하고는 정직·감봉 기타 불리한 처분을 받지 아니한다"고 규정함으로써 법관의 신분보장을 분명히 하고 있다. 그러나 법관이 중대한 심신상의 장해로 직무를 수행할 수 없을 때에는 법률이 정하는 바에 의하여 퇴직하게 할 수 있다(제106조 2항).

3. 법원의 명령·규칙심사권

최고의 효력을 가진 법은 헌법이고, 그 다음이 법률, 그리고 명령·규칙이 이에 따르는데, 하위의 법은 상위의 법과 어긋나서는 아니 된다. 그러나 현실적으로는 하위법이 상위법에 위반되는 경우가 있을 수 있다. 만약에 법원이 재판을 할 때 이와 같이 상위법에 위반되는 하위법을 그대로 적용한다면 헌법상에 보장된 국민의 기본권은 무의미하여질 것이 분명하다.

그러면 하위법이 상위법에 위반되는지의 여부를 누가 심사하느냐 하는 것이 문제가 된다.

---

11) 유신헌법하에서는 대통령이 모든 법관을 임명하였다.

제5차개헌 이전에는 법원은 명령이나 규칙이 헌법이나 법률에 위반되는 여부를 심사할 수 있었을 뿐 법률의 위헌여부는 다른 기관(처음에는 헌법위원회, 제3차개헌 후 헌법재판소)이 심사하였으나, 제5차개헌에서는 모두 법원이 하도록 하였었다. 즉 법률이 헌법에 위반되는 여부가 재판의 전제가 된 때에는 대법원이 이를 최종적으로 심사할 권한을 가졌었고, 명령·규칙·처분이 헌법이나 법률에 위반되는 여부가 재판의 전제가 된 때에도 대법원이 이를 최종적으로 심사하였다.

그러나 제7차개헌 이후에 유신헌법 하에서는 위헌법률심사는 또다시 법원의 권한 외의 것이 되는 것이고, 다만 명령·규칙·처분이 헌법이나 법률에 위반되는 여부가 재판의 전제가 된 때에 한해서 대법원이 이를 최종적으로 심사할 권한을 가졌었는데, 현행 헌법도 제107조 1항에서 "법률이 헌법에 위반되는 여부가 재판의 전제가 된 경우에는 법원은 헌법재판소에 제청하여 그 심판에 의하여 재판한다"고 규정하고 있고, 또 동조 2항에서 "명령·규칙 또는 처분이 헌법이나 법률에 위반되는 여부가 재판의 전제가 된 경우에는 대법원은 이를 최종적으로 심사할 권한을 가진다"고 규정하고 있다.

그런데 여기서 주의하여야 할 점은 아무리 명령이라 하더라도 공포되는 대로 일일이 법원이 이를 심사하는 것은 아니다. 헌법 제107조 2항에 규정하고 있는 바와 같이 법원이 구체적 사건을 심판함에 있어서 심판의 기준이 될 명령이나 규칙이 헌법이나 법률에 위반되느냐 하는 것이 문제가 될 때에 비로소 심사를 하는 것이다.

그리고 대법원이 최종적으로 심사할 권한을 가진다는 것은 하급법원도 이와 같은 심사권을 가지나 만약에 하급법원의 심사결과에 대해 불복이 있는 경우에는 상급법원에 상소할 수 있으므로 결국은 대법원에 의해서 최종적으로 확정된다는 뜻이다.

Ⅴ. 헌법재판소

위헌심사권의 주체는 법률심사를 통한 입법부의 통제기능이므로 권력분립의 원칙에 입각하여 볼 때 마땅히 독립되어야 한다. 그러나 어떠한 방법으로 독립시키느냐 하는 것은 입법례에 따라서 다르다. 우리나라는 한때 미국식의 사법권 우위국가제에 입각한 위헌심판제를 채택함으로써 위에서 말한 바와 같이 법원이 위헌심사권을 행사하였는데, 현행 헌법은 대륙식인 독립된 국가기관으로서의 헌법재판소식 위헌심판제를 채택하였다.

헌법재판소는 9인의 재판관으로 구성하며, 대통령이 임명하되(제111조 2항) 재판관 중 3인은 국회에서 선출하는 자를, 3인은 대법원장이 지명하는 자를 임명하고(동조 3항), 헌법재판소의 장은 국회의 동의를 얻어 재판관 중에서 대통령이 임명한다(동조 4항). 헌법재판소 재판관의 임기는 6년이며 법률이 정하는 바에 의하여 연임할 수 있고(제112조 1항), 재판관은 정당에 가입하거나 정치에 관여할 수 없다(동조 2항).

헌법재판소의 관할권은 법원의 제청에 의한 법률의 위헌여부심판 외에 탄핵심판과 정당의 해산심판 등 헌법재판권을 갖는데(제111조 1항), 헌법재판소에서 법률의 위헌결정·탄핵의 결정·정당해산의 결정 또는 헌법소원에 관한 인용결정을 할 때에는 재판관 6인 이상의 찬성이 있어야 한다(제113조 1항).

2 행 정 법

제1절 서　　설

Ⅰ. 행정법의 개념

행정법(Verwaltungsrecht)이란 행정권의 조직과 작용에 관한 공법을 총칭하여 말한다. 다시 말하면, 행정법이란 국가기관과 그 상호간의 관계 및 국가기관과 국민과의 관계를 규율하는 국내법 중에서 헌법을 제외한 공법의 전부를 말한다. 따라서 행정법은 국내법이란 점에서 국제법과 구별되며 공법이란 점에서 사법과 구별되는데, 같은 공법이면서도 헌법은 국가의 기본법이므로 입법과 사법에 관한 기초적 원칙 외에 행정에 관한 기본적 원칙을 정한 법임에 대하여, 행정법은 그 세목을 정하는 법이라고 할 수 있다.

Ⅱ. 법치주의의 원칙

행정법의 기본원칙 중에서 가장 중요한 원칙은 법치주의의 원칙이다. 본래 행정이라는 관념은 권력분립의 원칙[12]과, 권력분립의 원칙을 조직원리로 삼는 법

12) 통치권을 입법, 사법, 행정으로 나누고, 이 삼권을 각각 독립된 기관에 맡겨야 한다는 원

치주의의 원칙이 세워진 후에 생긴 것이므로 법치주의는 행정법이 성립되고 또 발달하는 데 있어서 전제가 되어 온 것이다. 따라서 행정법이란 법치행정을 의미하지 않을 수 없으며, 법치주의와 행정법은 서로 긴밀한 관계를 가지고 있는 것이다. 행정법의 기본원리로서의 이 법치주의 원칙의 구체적인 내용을 살펴보면 다음과 같다.

첫째로 행정법은 법률에 의거하여야 한다. 따라서 행정은 국회에서 제정한 법률의 규정에 위반해서는 안 되므로 국회의 입법권에 의하여 제정되는 법률은 정부가 행하는 행정보다 우위를 차지하며, 법률은 국회의 입법권에 의하여 제정되는 것이므로 국민의 권리와 의무에 관하여 새로운 규율을 하는 것은 국회만이 할 수 있고, 법률에 규정이 없는 사항에 관하여 행정을 하여서는 안 된다. 이리하여 법률에 위반되는 행정행위나 법률에 근거가 없는 행정행위는 위법이며, 무효 또는 취소할 수 있는 행정행위가 된다.

둘째로 이 법치주의의 원칙은 행정이 법규에 근거할 것을 요구할 뿐만 아니라, 위법·부당한 행정행위로 인하여 개인의 권익이 침해되었을 경우에 그것을 구제할 수 있는 수단을 또한 요청하고 있다. 왜냐하면 그와 같이 개인의 권익이 침해되었을 경우에 대한 보장이 있어야만 옳은 법치행정이 이루어질 수 있기 때문이다. 법치주의의 원칙을 보장하는 수단에는 행정조직 내부의 감독권의 작용에 의하는 것과 재판기관의 판결에 의하는 경우로 구분되는데 결정적으로는 독립된 지위를 가진 재판기관에 의한 행정의 사법적 보장에 의해서 보장을 받는다.

Ⅲ. 공법관계의 특성

국가 또는 공공단체와 그 상대방인 국민과의 법률관계인 행정상의 법률관계에는 본래 공법관계인 경우와 사법관계인 경우가 있다. 그러나 사법관계인 경우에 있어서는 국가도 개인과 동일한 지위에 서게 되며, 사법인 민법이나 상법

칙을 말한다. 따라서 행정행위가 위법이라고 해서 복종하지 아니할 수 없으며, 그 구제는 행정쟁송을 통하여 해결할 수 있다. 그러나 행정쟁송을 제기하더라도 그것으로 인해서 행정행위의 효력이 정지되지는 않고 원칙적으로 일단 그대로 집행된다.

의 적용을 받으므로 행정법상의 고찰에서 제외된다. 따라서 행정법상에서 고찰 대상이 되는 것은 공법관계뿐인데, 국가 또는 공공단체가 법률상 우월한 지위에 서게 되므로 사법관계와는 상이한 특성들을 가지고 있다.

1. 행정행위의 공정력

국가나 공공단체의 행위, 즉 행정행위에는 공정력이 있다. 행정행위는 사법행위와는 달리 권한을 가진 기관에 의하여 취소되거나 무효로 확인되기 전에는 적법하고 유효한 것으로 추정을 받으며, 국민이 그 효력을 부정할 수 없다. 이것을 행정행위의 공정력이라고 하며 행정행위의 특성 중의 하나이다.

2. 행정상의 강제집행

공법관계에 있어서는 국민이 그 의무를 이행하지 않을 경우에는 행정기관이 행정상의 강제수단으로서 그 의무를 강제할 수 있다. 따라서 사법관계에 있어서와 같이 법원에 제소하여 강제집행을 청구할 필요 없이 행정기관 자신이 바로 강제집행할 수 있음이 보통이다. 그러나 이러한 행정상의 강제집행도 물론 법에 근거가 있는 경우에만 가능하다.

3. 권리 · 의무의 상대성

사법관계에 있어서는 개인과 개인은 서로 이해를 달리하며, 일방의 권리는 타방의 의무인 것이 원칙이나, 공법관계에 있어서의 권리와 의무는 국가가 가지는 것이든 개인이 가지는 것이든 사법관계에 있어서와는 달리 공공복리를 향상하거나 사회질서를 유지하기 위한다는 점에서 서로 대립 아닌 공통성을 가지고 있으므로 공권은 동시에 의무라는 상대성을 가지며 일반적으로 포기할 수 없는 것이 원칙이다.

4. 행정쟁송

행정법관계에 있어서는 국가 측에서 쟁송을 제기하는 경우는 없고, 국민만이 국가의 행위에 대하여 불복하는 경우에 쟁송을 제기할 수 있다. 뿐만 아니라 사법관계의 쟁송에 대하여는 그 당사자가 누구이든 간에 민사소송절차에 의하여 법원이 소송을 심리하는 데 반하여 행정법에 관한 쟁송절차는 그와 다르다. 즉 먼저 행정기관에 심판 또는 이의신청을 하여야 하고(심판전치주의), 그 절차를 밟아서도 아직 불복일 때에 비로소 법원에 제소할 수 있게 하였으나, 현행법은 임의적 전치주의를 취하여 예외적 행정심판전치제도를 채택하고 있다(그러나 각국에 따라 제도상의 차이가 있음에 주의할 것).

Ⅳ. 공법상의 특별권력관계

국가는 일반적 통치권에 의하여 모든 개인에 대하여 명령하고 강제하는 권리를 가지는 외에, 특별한 법률원인에 의하여 국민에 대하여 일정한 범위 내에서 명령하고 강제할 수 있는 권리를 가지며 국민은 이에 복종하여야 되는 경우가 있다. 전자를 일반적 권력관계라 하고, 후자를 특별권력관계라고 한다. 국가공무원이 국민으로서 국가의 통치권에 복종하는 이외에 국가공무원으로서 국가의 특별한 권력에 복종하며 여러 가지 제약을 받는 것이 그 예이다.

특별권력관계에 있어서는 개인에 대한 국가의 지배력이 강화되는 데 반하여 개인의 자유권이 특별한 제한을 받게 되므로 그 성립은 법률의 규정에 의하든가(죄수의 수감·징병소집해당자의 입대 등), 또는 상대방의 동의를 필요로 하는데(공무원의 임명·국립대학교의 입학 등), 어느 경우이든 일단 이 관계가 성립되면 공법상의 특정 목적을 위하여 필요한 한도 내에서 포괄적인 명령·강제에 복종하여야 한다. 뿐만 아니라 이 명령·강제는 일일이 법률의 규정에 의하지 않더라도 할 수 있는 것이니, 여기에는 “법률에 의한 행정의 원칙”이 배제되는 것이다.

이 특별권력관계에서 인정되는 권력에는 명령권[13]과 징계권[14]이 있다. 그러나 이 권력은 무제한하게 행사할 수 있는 것은 아니고, 특별권력관계라는 것이 원래 특정목적을 위하여 인정되는 것이므로 그 특별권력도 그 목적에 의하여 제한을 받는다. 즉 그 권력은 사회통념상 합리적이라고 인정되는 범위에서 그쳐야 한다.

---

13) 공무원에 대하여 직무상의 명령을 발하는 것.

14) 공무원이나 국립대학 학생에 대한 징계.

제2절 행정조직

Ⅰ. 서　　설

행정조직법은 행정을 담당하는 기관인 행정주체(국가・공공단체)의 조직에 관한 법이다.

행정권을 담당하는 기관인 행정권의 주체는 꼭 국가만인 것은 아니다. 행정이 국가의 통치권의 한 작용이라는 면에서 본다면, 물론 국가에 행정의 원천이 있는 것이지만 국가는 자신의 조직을 통하여 직접 행정을 하는 외에 지방의 행정에 관하여는 이를 일정한 범위를 정하여 지방자치단체나 기타 다른 공공단체에 일임한다. 국가가 직접 행하는 행정을 국가행정이라 하고, 지방자치단체 등의 공공단체가 자신의 사무로서 행하는 행정을 자치행정이라고 한다. 따라서 행정조직법의 체계는 국가행정조직과 자치행정조직의 두 가지로 분류할 수 있다.

근대의 중앙집권적 국가에 있어서는 모든 행정이 국가행정이어야 하는 것으로 생각되었다. 그러나 민주주의사상이 발달함에 따라 국가권력이 점차 분산되고, 반면에 자치행정의 범위가 확대되어 왔다. 현대에 있어서는 대체로 국가 전체의 이해와 관련되는 사무, 즉 국방・외교・통화・우정 등은 국가행정으로 하고, 지방의 특수한 사정과 관계있는 것이거나 전국적인 통일성을 필요로 하지 않는 사무는 자치행정으로 함이 좋다는 것이 일반적 견해이다. 그러나 자치행정의 실행가능성은 지방공공단체가 그 재정적 부담을 할 수 있느냐의 문제와 직결된다는 점에 주의해야 한다.

Ⅱ. 국가행정조직

1. 국가행정기관

국가의 행정사무를 담당하게 하기 위하여 국가에 의하여 설치된 국가 자신의 행정기관이 국가행정기관이다. 그런데 국가행정기관은 관할사무취급의 법적 형식에 의하여 행정관청 · 보조기관 · 자문기관 · 의결기관 · 집행기관 · 감사기관 등으로 나누어 볼 수 있다.

(1) 행정관청(=행정청)

1) 행정관청의 의의 행정관청이라 함은 국가의 의사를 결정하여 이를 외부에 대하여 표시할 권한을 가진 행정기관을 말하는데, 국가의 행정기관 중에서 가장 중요한 것이다. 이 행정관청이 표시한 의사는 국가의 의사이고, 행정관청의 행위는 국가의 행위로서의 효과를 갖는다. 따라서 행정관청이란 사무를 보는 건물이나 장소를 의미함이 아니라 사람인 국가공무원을 의미하는 것이다.

그러나 모든 국가공무원이 행정관청인 것은 아니다. 국가공무원 중에서 장관과 같이 스스로 국가의사를 결정할 수 있는 공무원만이 행정관청이고, 차관이나 국장은 스스로 국가의사를 결정하는 기관이 아니기 때문에 행정관청이 아니라 행정관청을 보좌하는 기관에 불과하다.

2) 행정관청의 종류 행정관청은 그 조직 또는 권한의 차이에 따라서 여러 가지로 분류할 수 있다.

㈎ 단독제관청과 합의제관청 그 구성원의 수에 따른 구별로서, 단독제관청은 한 사람이 의사결정권을 갖는 관청이고(행정자치부장관 · 외교통상부장관 등), 합의제관청은 여러 사람의 합의에 의하여 의사를 결정하는 관청(선거관리위원회 등)인데, 대부분의 관청은 단독제관청이고 합의제관청은 드물다.

㈏ 중앙관청과 지방관청 그 관할구역이 전국적이냐 또는 지방적이냐 하는 데 따른 구별로서 중앙관청은 그 권한이 전국에 미치는 관청이고(각 부장관), 지방관청은 그 권한이 한 지방에만 미치는 관청(도지사)이다.

㈐ 보통관청과 특별관청 그 권한이 미치는 사항에 따른 구별로서, 그 권한이 일반사항에 미치는 관청을 보통관청(도지사 등)이라 하고, 그 권한이 일부에만 미치는 관청을 특별관청(지방철도국장 등)이라고 한다.

3) 행정관청의 권한 행정관청이 법률상 유효하게 국가행위를 할 수 있는 범위를 권한 또는 관할이라고 하는데, 행정관청의 권한의 근거와 범위는 법률에 의하여 결정된다. 이와 같이 행정관청의 권한은 일정하므로 행정관청의 권한내의 행위는 취소되지 않는 한 국가 자신의 행위로 인정되어 유효하며 기관 자체가 폐지되거나 또는 기관의 지위에 있는 개인이 경질되더라고 그 행위

의 효과에는 아무런 영향이 없고, 또 권한 외의 행위는 국가의 행위로서의 효력을 가지지 못하므로 무효이다.

뿐만 아니라 각 관청의 관할은 일정하므로 각 관청은 다른 관청의 관할을 침범하여서는 아니 되며, 만약에 두 관청 간에 관할의 한계에 관하여 다툼이 있을 때에는(이것을 '주관쟁의'라고 함), ① 양 관청 위에 공동의 상급관청이 있는 경우에는 그 상급관청이 재결하고, ② 양 관청의 상급관청이 서로 다를 때에는 양쪽의 상급관청의 협의에 따라서 해결하며, ③ 협의가 잘 이루어지지 않을 때에는 국무회의에서 해결한다(헌 제89조 11호).

4) 상급관청과 하급관청과의 관계　　행정관청은 행정의 통일을 기하기 위해서 상하복종의 계층으로 구성되어 상급관청이 그 주관사무에 관하여 하급관청의 활동을 지휘·감독하는 권한을 가지며, 하급관청은 상급관청의 명령에 복종하지 않으면 아니 되는 것을 특징으로 하는데, 이와 같은 상급관청의 하급관청에 대한 감독에는, 위법 또는 부당한 행정행위가 있기 전에 그것을 예방함을 목적으로 하는 적극적(예방적) 감독과 불법 또는 부당한 행정행위를 교정함을 목적으로 하는 소극적(교정적) 감독의 두 가지가 있다.

(2) 보좌기관

보좌기관이란 스스로 행정에 관한 국가의사를 결정하여 외부에 표시할 권한은 없고, 다만 행정관청에 예속하여 관청의 의사결정과 그 집행의 준비적 또는 보조적 역할을 하는 기관을 말한다. 각부장관 밑에 있는 차관·국장·과장 등의 공무원이나 각 도의 국장·과장 등의 공무원 등이 그 예이다.

그러나 보좌기관에 관청의 사무를 위임하거나 또는 보좌기관이 법률상 당연히 관청을 대리하는 경우에는 그 범위 내에서 보좌기관도 행정관청의 지위를 가진다.

(3) 집행기관

행정관청의 명에 의하여 실력으로써 국가의 행정의사를 집행함을 임무로 하는 기관을 집행기관이라고 한다. 경찰관리·소방관리·세무공무원 등이 그 예이다.

(4) 자문기관

자문기관이란 행정관청의 자문에 응하여 또는 자진하여 의사결정에 참고될 의견을 행정관청에 제공함을 임무로 하는 기관을 말한다. 행정각부에 설치되는 위원회 · 심의회 등이 그 예이며 합의제인 것이 보통이고, 공무원만으로 혹은 민간인만으로 조직하거나 또는 양자를 합하여 조직한다. 이 자문기관은 스스로 국가의 의사를 결정할 수 있는 권한은 없으며, 또 행정관청이 자문기관의 의사에 법적으로 구속되지 않는다는 점에서 의결기관과 다르다. 그러나 중지를 집결할 수 있고 공평한 판단을 기하며, 관청의 의사결정을 신중하게 하기 위하여 이 자문기관은 중요시되고 있다.

(5) 의결기관

의결기관이란 다수결의 형식으로써 국가의 행정의사를 결정하는 합의제의 행정기관을 말한다. 의결기관은 국가의 행정의사를 결정할 수는 있으나 그것을 외부에 대표할 수는 없다는 점에서 행정관청과 구별되고, 국가의 의사를 결정할 수 있다는 점에서 위에서 말한 보조기관이나 자문기관과 구별된다. 이 의결기관의 의결은 행정관청을 구속하며 행정관청이 유효하게 국가의 의사를 표시하는 요건이 된다. 의결기관으로서는 소청심사위원회 같은 것을 들 수 있다.

(6) 감사기관

행정기관의 사무 특히 그 회계사무를 검사하고 그 비위를 적발 · 시정함을 임무로 하는 기관을 감사기관이라고 하며, 감사원이 그 대표적인 예이다. 물론 감독권에 의하여 상급기관이 하급기관의 사무취급의 적부를 감시할 수도 있으나, 감시의 성질상 그것을 동일한 조직체 내의 감독관계에만 맡기지 않고 독립된 다른 기관에 의하게 한다면 더 효과적이라 할 수 있다.

2. 중앙행정기관과 지방행정기관

국가행정기관은 그 권한이 전국에 미치는 중앙행정기관과 그 권한이 일부 지역에만 미치는 지방행정기관으로 나눌 수 있다.

(1) 중앙행정기관

1) 대 통 령 대통령은 행정조직의 정점에 위치하며 행정조직권을 갖는 최고행정기관이다.[15)]

---

15) 원래 대통령은 헌법에 의하여 규정된 헌법적 기관이라는 의미에서 대통령에 관한 취급은 행정법에서 논하기보다는 헌법에서 논하는 것이 원칙이나, 내각책임제와는 달리 우리나라에 있어서는 대통령은 대통령제의 결과로서 행정부의 실권자이므로 행정법에서도 대통령을 취급한다. 대통령의 지위와 권한에 관하여는 제2편 제1장을 참조할 것.

2) 국무회의　　국무회의는 정부의 권한에 속하는 중요한 정책을 심의하기 위한 헌법상의 기관인데, 심의기관에 불과하고 의결기관이 아니므로 어떠한 의미로도 행정관청은 아니다.

3) 국무총리　　국무총리는 대통령을 보좌하는 기관이고 행정관청인데, 행정에 관하여 대통령의 명을 받아 행정각부를 통할하는(헌 제86조 2항) 면에서 보면 행정각부장관보다 우월한 지위에 있는 상급행정관청이고, 또한 행정각부에 분속시키는 것이 부적당한 사무를 국무총리 소관사무로 하고 있는 면에서 보면 각부장관과 동렬의 중앙행정관청으로서의 지위를 가진다.

4) 행정각부　　정부에 행정각부를 두는데, 행정각부는 대통령과 대통령의 명을 받은 국무총리의 통할하에 정부의 권한에 속하는 행정사무를 집행하는 가장 일반적인 중앙행정기관이다. 행정각부에는 관청인 장관 1인을 두며, 그 밑에 차관・국장・과장 등의 보조기관을 둔다. 이외에도 행정각부 외에 있으면서 행정각부장관에 소속하는 중앙행정기관으로서 청, 즉 국세청・전매청・조달청・수산청・철도청・특허청과 외국, 즉 문화재관리국 등을 두는 일이 있는데, 이러한 기관의 장은 행정관청인 각부장관의 보조기관이 아니라 그 자신이 독립된 중앙행정관청의 지위를 갖는다.

(2) 지방행정기관

일부지역에 대하여만 그 권한이 미치는 지방행정기관에는 보통지방행정기관과 특별행정기관의 두 가지가 있다.

1) 보통지방행정기관　　보통지방행정기관이란 특정한 중앙행정관청에만 소속되지 아니하고, 그 관할구역 내에서 널리 각 중앙행정관청의 주관사무를 관장하는 지방행정기관을 말하는데, 이 보통지방행정기관은 대부분이 국가행정기관이면서 동시에 지방자치단체의 집행기관인 이중적인 지위를 가지고 있다. 서울특별시장・부산광역시장・도지사 및 시장・군수 등이 이에 속한다.

2) 특별지방행정기관　　특별지방행정기관은 특정한 중앙행정관청에 소속하여 그 관청이 맡고 있는 사무에 관하여만 권한을 가지고 있는 지방행정기관이다. 지방국세청・세관・체신청・지방방송국・지방철도청 등이 이에 속한다.

Ⅲ. 자치행정조직

1. 서 설

자치행정은 위에서 이미 언급한 바와 같이 지방자치단체 등의 공공단체가 자신의 사무로서 행하는 행정을 말하는데 일정한 지역을 나누어서 지방 단위로 행한다는 뜻에서 지방자치라고도 한다. 그런데 이와 같은 자치행정은 여러 가지 장점을 가지고 있으니, ① 정치적으로 중앙에 정변이 있더라도 분란을 어느 정도 면할 수 있고, ② 각 지방의 미세한 점에 관하여는 그 지방의 주민이 타인보다 더 사정에 통한다고 볼 수 있으므로 그 지방 주민의 자치에 맡겨야만 실효를 거둘 수 있다는 점 등이 있으므로 현대에 있어서는 모든 민주국가가 이 자치행정을 필요로 하고 있다.

2. 공공단체

공공단체란 자치행정의 주체로서 국가로부터 그 존립목적이 주어진 법인을 말한다. 이 공공단체는 공법인 또는 자치단체라고도 하며, 지방자치단체 · 공공조합 · 영조물법인의 세 종류가 있다.

(1) 지방자치단체

지방자치단체란 일정한 지역과 그 지역내에 거주하는 모든 주민[16]을 구성요소로 하는 공공단체를 말하며, 이를 지방자치단체 또는 지방공공단체라고도 부른다. 지방자치단체는 보통지방자치단체와 특별지방자치단체로 나눌 수 있다. 보통지방자치단체는 그 사무가 보편적인 성격을 가진 지방자치단체이며 서울특별시 · 광역시 · 도와 시 · 군 · 자치구가 바로 그것이다. 이에 대하여 특별지방자치단체는 그 사무가 특수한 성격을 가진 지방자치단체를 말하는데, 여기에는 시 · 군 · 자치구조합이 있다.

지방자치단체가 담당하는 사무에는 고유사무(자치사무)와 위임사무의 두 가지가 있다. 고유사무는 지방자치단체가 그의 존립목적을 실현하기 위하여 처리하는 사무이고, 위임사무는 국가 또는 상급자치단체로부터 위임받아 처리하는

---

16) 내국인이냐 또는 외국인이냐를 막론하고 연령이나 행위능력 여하에 상관없이 그 지역 내에 주소를 가진 모든 사람을 뜻한다.

사무를 말한다.

지방자치단체의 기관으로서는 의결기관과 집행기관이 있다. 지방의회는 그 자치단체의 의사를 결정하는 의결기관이고, 서울특별시장·부산광역시장·도지사·시장·군수 등은 그 자치단체의 일반사무를 집행하는 집행기관이다.

지방자치단체의 권한으로서는 자치입법권·자치조직권·자치행정권·자치재정권 등을 들 수 있다.

(2) 공공조합

공공조합은 일정한 자격을 가진 자를 구성요소로 하는 인적 단체로서 자치행정권이 인정된 공법상의 사단법인을 말하며 이를 공사단이라고도 한다. 사람을 구성요소로 하는 인적 단체라는 면에서는 사법상의 사단법인과 같으나, 그 설립이 최종적으로 국가의 의사에 의하여 결정된다는 면에서 보면 다르다. 상공회의소·농업협동조합 등이 이에 속한다.

(3) 영조물법인

영조물법인은 특정한 국가목적을 수행하기 위해 제공된 인적·물적 결합체로서 공법상 법인격을 취득한 영조물을 말한다. 현대국가에 있어서 국가의 인격과 별개로 영조물에 법인격을 부여하는 이유는 그 사업의 성질상 독립성을 필요로 하는 경우에 그것을 보장하기 위한 제도라는 점에 있다. 한국은행·한국조폐공사 등이 이에 속한다.

Ⅳ. 공 무 원

1. 공무원의 개념

공무원이라는 말은 여러 가지 뜻으로 쓰인다. 가장 광의로는 국가 또는 지방자치단체의 공무를 담당하는 자를 총칭한다. 따라서 의원·법관·국립학교교사 등이 모두 이에 포함된다. 그러나 보통은 국가나 공공단체의 공무를 담당·집행하는 기관구성자로서 국가나 공공단체와 특별한 공법상의 근무관계를 맺고 있으므로 그 신분이나 지위에 있어서 일반국민과는 다른 특별한 법적 취급을 받는 자를 칭한다. 그러나 공무원이라는 말은 더 협의의 뜻으로 쓰이기도 한다.

어쨌든 이러한 공무원은 어떤 의미의 공무원이든 간에 온 국민을 위한 봉사자이며, 국민에 대하여 책임을 지는 지위에 있다(헌 제7조 1항).

2. 공무원의 종류

(1) 국가공무원과 지방공무원

국가공무원은 국가에 소속되고 국가에 대하여 근무의무를 지는 공무원을 말하며, 지방공무원은 지방자치단체에 소속되고 그 자치단체에 대하여 근무의무를 지는 공무원을 말한다. 국가공무원으로서 지방자치단체의 사무를 담당하거나, 또는 지방공무원으로서 국가의 사무를 담당하는 경우에 있어서도 본래 누구에게 속하며 또 누구에게 대하여 근무의무를 지느냐 하는 것이 분명한 한 이 구별은 변함이 없다.

(2) 별정직공무원과 일반직공무원

국가공무원은 그 지위의 정치성 여하나 또는 기타 다른 이유에 의하여 별정직공무원과 일반직공무원으로 나눌 수 있다. 별정직공무원이란 선거에 의하여 취임하는 공무원이나 국무위원 등과 같이 그 직무에 정치성을 많이 띠고 있는 공무원, 법관이나 군인·교원 등과 같이 특수직에 속해 있기 때문에 특별한 법적 취급을 할 필요가 있는 공무원 등을 말하는데, 별정직공무원은 법률에 특별한 규정이 없는 한 국가공무원법의 적용을 받지 아니한다. 일반직공무원이란 별정직공무원을 제외한 모든 공무원을 말한다.

3. 공무원의 임명

공무원관계의 발생요인으로서는 임명·선거와 같이 쌍방의 합의에 의한 공법상의 쌍방행위나 군인의 경우와 같이 법률의 규정에 의하여 국가의 일방적 행위로써 강제적으로 공무를 담당하게 하는 경우도 있는데 이 중에서 임명이 가장 일반적인 것이며, 공무원으로 임명되려면 결격사유가 없고, 공개경쟁시험에 합격하여야 함을 원칙으로 한다.

여기에서 말하는 결격사유란, ① 피성년후견인 또는 피한정후견인, ② 파산선고를 받고 복권되지 아니한 자, ③ 금고 이상의 실형을 선고받고 그 집행이 종료되거나 집행을 받지 아니하기로 확정된 후 5년이 지나지 아니한 자, ④ 금고 이상의 형을 선고받고 그 집행유예의 기간이 끝난 날부터 2년이 지나지 아니한 자, ⑤ 금고 이상의 형의 선고유예를 받은 경우에 그 선고유예기간 중에 있는 자, ⑥ 법원의 판결 또는 다른 법률에 의하여 자격이 상실 또는 정지된 자, ⑦ 징계로 파면처분을 받은 때부터 5년이 지나지 아니한 자, ⑧ 징계로 해임처분을 받은 때부터 3년이 지나지 아니한 자 등의 경우로서 이와 같은 자들은 공무원으로 임명될 수 없다(국가공무원법 제33조 1항).

또 공개경쟁시험에 합격하여야 한다 함은 고시임용을 말하는 것으로서, 일반직공무원의 신규임용에 있어서는 이 고시임용이 원칙이다(국공법 제28조 1항). 그러나 특정의 경우에는 특별채용시험에 의하여 특별임용을 할 수도 있는데, 이와 같은 특별임용을 할 수 있는 경우는 법률로써 제한되어 있다(국공법 제28조 2항).

4. 공무원의 권리와 의무

(1) 공무원의 권리

공무원은 신분상, 재산상 다음과 같은 권리를 갖는다.

신분상의 권리란 신분보장을 받을 권리를 말하는데, 일반직공무원은 형의 선고, 징계처분 또는 국가공무원법에 정하는 일정한 사유에 의하지 아니하고는 그 의사에 반하여 휴직·정직 또는 면직당하지 아니한다. 별정직공무원의 경우에는 특별히 강력한 신분보장을 하는 경우와 신분보장이 전혀 없는 경우가 있다. 법관은 탄핵 또는 금고 이상의 형의 선고에 의하지 아니하고는 파면되지 아니하며, 징계처분에 의하지 아니하고는 정직·감봉 기타 불리한 처분을 받지 아니하나, 국무위원·차관·대사·공사 등은 전혀 신분보장이 없다.

재산상의 권리란 보수를 받을 권리를 말하는데, 여기에는 봉급·가족수당·본인 또는 부양가족에 대한 보상·연금 등이 있다.

(2) 공무원의 의무

공무원의 의무는 ① 직무상 요구되는 의무, ② 직무의 내외를 막론하고 요구되는 의무, ③ 신분상 요구되는 의무 등으로 나누어 볼 수 있다.

직무상 요구되는 의무에는 전력을 다하여 그 공무를 수행하며 성실히 법령을 준수할 것을 내용으로 하는 '집무의 의무', 소속장관의 직무상의 명령에 복종하여야 할 '복종의 의무', 국민 전체의 봉사자로서 친절·공정히 집무하여야 할 '친절·공정의 의무' 등이 있다.

직무의 내외를 막론하고 요구되는 의무로서는 그 직무를 수행함에 있어서 최대한으로 국가의 이익을 도모하고 불이익을 방지한다는 것을 내용으로 하는 '충실의 의무'와 직무상 지득한 비밀을 누설하지 않을 것을 내용으로 하는 '비밀 엄수의 의무'가 있다.

또 신분상 요구되는 의무로서는 '품위유지의 의무'를 들 수 있다. 공무원의 품위를 손상케 하는 원인에는, 영리를 목적으로 하는 업무에 종사하는 경우라든가, 증여 또는 향응을 받는다든가, 방탕 · 주벽 등 여러 가지를 들 수 있는데, 공무원은 이와 같은 일로 인하여 공무원으로서의 품위를 떨어뜨려서는 아니 된다.

제3절 행정작용

Ⅰ. 서 설

행정작용이란 입법 또는 사법작용에 대하여 행정기관이 행정상의 목적을 달성하기 위하여 행하는 일체의 활동(법률적 · 사실적 행위)을 말한다.

그런데 이와 같은 행정작용에 관한 법이 발달하게 된 것은 법치주의가 확립된 데서 온 것이며, 전제정치에 있어서 행정기관은 상급관청의 명령을 준수할 의무가 있었을 뿐이었고, 행정기관이 권력을 남용한 경우에도 국민은 거기에 대항하지 못하였다. 그러나 입헌정치에 있어서는 행정기관은 법에 의거하여 권력을 행사하여야 함을 내용으로 하는 법치주의가 확립됨으로써 행정작용에 관한 법도 생기게 되었다.

행정작용은 그 구별의 표준 여하에 따라서 여러 가지로 구분되는데, 그중에서도 특히 행정작용의 목적에 따라 공공의 안녕질서를 유지함을 목적으로 하는 경찰행정과 적극적으로 국민의 복리나 문화를 증진함을 목적으로 하는 보육행정을 포함한 내무행정, 외국과의 교섭을 목적으로 하는 외무행정, 재력을 유지 관리하며 또 재력획득을 위하여 국민에게 경제적 부담을 과함을 목적으로 하는 재무행정, 사법권행사의 준비 및 실행을 목적으로 하는 사법행정 등으로 나눌 수 있다.

Ⅱ. 행정행위

1. 행정행위의 의의

행정행위라는 용어는 학자에 따라 여러 가지 의미로 사용되나 통설에 의하면 행정행위란 구체적인 경우에 법을 집행하기 위하여 행정기관이 공권력의 발동으로서 행하는 공법상의 법률적 행위를 말한다. 다시 말하면 행정작용 중에서 사실행위, 사법상의 행위, 입법행위 등을 제외한 것이므로, 구체적인 경우에 있어서의 행정기관에 의한 공법적 의사표시나 정신작용의 표현에 의하여 법률효과가 발생하는 행위를 말함인데, 이와 같은 뜻의 행정행위는 행정처분이라고 말할 수도 있다.

2. 행정행위의 종류

행정행위는 구별의 표준 여하에 의하여 여러 가지로 구분할 수 있는데, 그 중에서 중요한 것을 살펴보면 다음과 같다.

(1) 기속행위와 재량행위

기속행위란 행정기관이 자유로운 재량을 가짐이 없이 다만 법규의 내용을 그대로 집행 실현하는 행정행위(조세부과 같은 것)이고, 재량행위란 행정기관이 무엇이 공익에 적합한 것이냐를 어느 범위까지 자유로이 판단해서 행하는 행정행위(특허 같은 것)이다. 그런데 재량행위는 다시 기속재량과 자유재량으로 나눌 수 있는데, 기속재량을 그르치는 행위는 위법이고, 자유재량을 그르치는 행위는 위법은 아니고 다만 부당한 행위가 된다.

(2) 법률행위적 행정행위와 준법률행위적 행정행위

행정행위를 그 내용에 따라서 분류한 것인데, 법률행위적 행정행위는 의사표시[17]를 그 요소로 하고 그 의사표시의 내용에 의하여 법률적 효과가 발생하는

---

17) 의사표시란 일정한 법률적 효과를 목적으로 하여 그 효과를 발생시키려고 하는 의사의 표시를 뜻한다.

행위이며, 준법률행위적 행정행위는 판단·인식 등의 정신작용의 표시를 그 요소로 하여 그 법률적 효과는 의사의 내용에 의함이 아니라 직접 법규에 의하여 발생하는 행위이다.[18)]

(3) 쌍방적 행정행위와 독립적 행정행위

쌍방적 행정행위란 상대방의 협력(동의 또는 신청)을 요하는 행정행위이고, 독립적 행정행위는 그와 같은 상대방의 협력을 필요로 하지 않고 직권으로서 행하는 행정행위이다. 공무원을 임명함에 있어서 피임명자인 상대방의 동의를 필요로 하고, 인가나 허가 등을 함에 있어서 상대방의 신청을 필요로 하는 것을 쌍방적 행정행위의 예로 들 수가 있다. 그러나 이와 같은 쌍방적 행정행위는 공법상의 계약과는 상이하다. 쌍방적 행정행위에 있어서의 상대방의 협력은 행정행위의 효력을 낳게 하기 위한 요건에 불과하며 행정행위와 대등한 관계에서 이루어지는 의사표시는 아니다.

3. 행정행위의 내용

행정행위는 그 내용에 따라 다음과 같이 여러 가지로 분류된다.

(1) 법률행위적 행정행위

1) 명령적 행위

(가) 하 명 특정한 행위(작위·부작위·급부·수인)를 명하는 행정행위를 말하는데, 작위·급부와 같이 적극적 행위를 요구하는 것을 특히 '명령'이라 하고, 부작위와 같이 어떤 행위를 금하는 것을 '금지'라고 한다.

(나) 허 가 일반적으로 금지된 행위를 특정인에 대하여 그 금지를 해제하는 행정행위를 말한다. 음식점영업허가가 그 예이다.

(다) 면 제 일반적으로 부과되어 있는 의무를 특정인에 대하여 해제하는 행정행위이다. 병역면제·조세의 면제 등이 그 예이다. 면제가 허가와 다른 점은 허가가 금지의 해제, 즉 부작위의무의 해제를 뜻하는 데 대하여, 면제는 작위·급부·수인의 의무를 면제하는 데 있다.

---

18) 법률행위적 행정행위와 준법률행위적 행정행위에는 구체적으로 어떠한 것이 있느냐 하는 데 관해서는 다음에 나오는 '행정행위의 내용'란을 참조할 것.

2) 형성적 행위

(가) 특 허 특정인의 이익을 위하여 일정한 권리 또는 권한을 설정하는 행정행위이다. 광업권이나 어업권 등의 설정이 그 예이다. 특허가 허가와 다른 점은 허가는 일반적으로 금지되어 있는 일을 해제함으로써 본래 가지고 있는 자유를 특정인에게 회복시켜 주는 데 불과하나 특허는 본래는 가지지 아니하는 권리를 특정인을 위하여 새로이 설정하는 데 있다.

(나) 인 가 이것은 하나의 보충행위로서 당사자의 법률적 행위가 국가의 동의가 없으면 유효하게 될 수 없는 경우에 이에 대하여 동의를 하여 그 효력을 완성케 하는 행정행위이다. 사립학교의 설립인가나 법인설립의 인가 등이 그 예이다.

(2) 준법률행위적 행정행위

1) 확 인 특정한 법률관계 또는 법률사실의 존재여부를 공적으로 판단하여 선언하는 행정행위(예를 들면 당선인의 결정・공적 시험에 있어서의 합격・불합격의 결정 등)를 말한다.

2) 공 증 특정한 법률관계 또는 법률사실의 존재를 공적으로 증명하는 행정행위(면허증의 교부・주민등록표 등본 등의 교부)를 공증이라고 한다.

3) 통 지 특정인이나 또는 불특정다수인에게 특정한 사실을 알리는 행정행위(납세의 독촉・귀화의 공고 등)를 통지라고 한다.

4) 수 리 타인의 행위를 유효한 것으로서 받아들이는 행정행위(신고서・원서 등의 수리)를 수리라고 한다.

Ⅲ. 행정벌과 행정강제

행정벌과 행정강제는 행정법상의 의무위반이나 의무불이행에 대한 제재인데, 행정벌은 과거의 의무위반에 대한 제재이고 행정강제는 앞으로 의무를 실현하기 위한 강제인 점이 다르다.

1. 행 정 벌

행정법상의 의무위반에 대하여 일반통치권에 의거하여 과하는 벌을 행정벌이라고 한다. 그런데 이와 같은 행정벌은 과거의 비행에 대한 제재라는 점에서 앞으로의 의무의 이행을 강제하기 위한 집행벌[19]과 다르고, 일반통치권에 의거하여 과하는 벌인 점에서 특별권력관계에 의거하여 군인・공무원 등에 대해서 과하는 징계벌과 구별되며, 행정법상의 의무를 위반한 데 대한 제재인 점에서 반사회적・반도덕적 행위에 대한 제재인 형사법상에 규정된 형벌과 구별된다.

행정벌에는 '행정형벌'과 '질서벌'이 있다. 행정형벌이라 함은 행정벌로서 형법에 규정된 형벌인 징역・금고・자격상실・자격정지・벌금・구류・과료・몰수 등의 형을 과함을 말한다. 질서벌이라 함은 행정법상의 의무위반에 대한 제재로서 형법에 규정된 형벌 이외의 벌인 과태료를 과함을 말하는데, 이 질서벌은 언제나 금전벌이며 행정형벌의 경우와는 달리 이 질서벌에는 형법총칙과 형사소송법이 적용되지 않는다.

2. 행정강제

행정상의 목적을 달성하기 위하여 사람의 신체나 재산에 대하여 행정기관이 실력을 써서 행정상 필요한 상태를 실현시키는 작용을 행정강제라고 하는데, 여기에는 「행정상의 강제집행」과 「행정상의 즉시강제」의 두 가지가 있다. 그런데 이 양자는 국민의 신체의 자유와 재산권에 대한 중대한 제한이므로 부득이한 경우로 국한되어야 할 것이다.

(1) 행정상의 강제집행

행정상의 강제집행이란 행정법상의 의무를 이행하지 않는 자가 있는 경우에 강제수단으로서 그 의무를 이행시키거나 또는 이행된 것과 동일한 상태를 실현케 하는 작용을 말하는데, 여기에는 다음과 같은 것들이 있다.

1) 대 집 행 의무자가 그 의무를 이행하지 않는 경우에 행정기관이 의무자를 대신하여 스스로 의무자의 행위를 하거나 또는 타인으로 하여금 그것을 행하게 하고 그 비용을 의무자로부터 징수하는 것을 말한다. 그런데 이와 같은 대집행은 그 의무가 작위의 의무로서 타인이 대신하여 할 수 있는 대체적 성질을 가진 의무(예컨대 위법한 건물의 파괴 또는 가옥의 청결 등)에만 적용되며, 대집행을 할 때에는 사전에 의무의 이행기관을 정하여 만약에 그 기간 내에 의

---

19) 다음에 설명할 행정상의 강제집행란을 참조할 것.

무를 이행하지 않으면 대집행을 한다는 뜻을 서면으로 의무자에게 계고하는 것이 원칙이다(행정대집행법 참조).

2) 집 행 벌　　집행벌이란 행정법상의 일정한 부작위의무(예컨대 길가에서 물건을 팔지 못할 의무)나 타인이 대신하여 할 수 없는 작위의무(예컨대 예방주사를 맞을 의무)를 이행하지 않을 때에 그 이행을 강제하기 위하여 과하는 금전벌로서 상당한 기간 내에 의무를 이행치 않으면 일정한 과태료를 과할 것을 계고하고 그 기간 내에 의무를 이행하지 않는 경우에 과한다. 이와 같이 의무자에게 심리적 압박을 가함으로써 앞으로의 의무이행을 강제하려는 집행벌에 관한 일반법은 없으며 건축법상 이행강제금(제80조), 농지법상 이행강제금(제62조) 등 개별법에 규정되어 있다.

3) 직접강제　　행정법상의 의무불이행이 있을 때에 의무자의 신체 또는 물건에 실력을 가하여 직접 의무이행과 동일한 상태를 실현하는 행정상의 강제집행수단을 직접강제라고 한다(예; 해산명령을 받은 군중을 실력으로 해산시키는 경우). 이와 같은 직접강제에 관한 일반적 규정은 없고 출입국관리법, 도로교통법 등 개별법에서 예외적으로 인정된다.

4) 행정상의 강제징수　　이것은 공법상의 금전지급의무(예; 세금을 낼 의무)를 의무자가 이행하지 않을 때에 행정기관이 강제수단을 써서 그 의무가 이행된 것과 동일한 상태를 실현시키는 것을 말한다. 그런데 이와 같은 강제징수를 하려면 그 전제로서 독촉을 하여야 하는데, 독촉이란 납부기간이 경과하여도 그 의무를 이행하지 않는 자에게 기한을 정하고, 그 납부를 서면으로 최고하는 동시에 그 지정기일이 경과할 때까지 납부하지 않으면 재산압류를 할 것을 계고하는 행위이다.

(2) 행정상의 즉시강제

행정상의 즉시강제란 가택수색·압수·강제수용·교통차단 등과 같이 긴급한 장해제거상 필요하고, 미리 의무를 명할 시간적 여유가 없거나 또는 성질상 사전에 의무를 명해서는 그 목적을 달성하기 어려울 때에 사람의 신체 또는 재산에 대하여 직접 실력을 가하여 행정상 필요한 상태를 실현시키는 것을 말함이다(경찰관직무집행법 참조).

제4절 행정구제

행정기관의 위법 또는 부당한 행정작용의 시정을 요구하거나 행정작용으로 인해서 발생한 재산상 손해의 전보를 요구하는 절차를 총칭하여 행정구제라고 하는데, 다음과 같은 것들이 있다.

Ⅰ. 행정상의 손해배상

국가 또는 공공단체의 위법한 행정작용으로 타인에게 손해를 끼쳤을 때 그 손해를 배상하는 제도를 말한다. 헌법 제29조 1항에 의하면, 공무원의 직무상 불법행위로 손해를 받은 국민은 국가 또는 공공단체에 배상을 청구할 수 있다고 규정하고 있으며, 이 규정을 구체화한 국가배상법도 동법 제2조 1항에서 "국가나 지방자치단체는 공무원이 직무를 집행하면서 고의 또는 과실로 법령을 위반하여 타인에게 손해를 입힌 때에는 이 법에 따라 그 손해를 배상하여야 한다"고 규정함으로써 행정상의 손해배상제도를 인정하고 있다.

Ⅱ. 행정상의 손실보상

국가 또는 공공단체의 적법한 공권력의 행사로 인하여 타인에게 특별한 재산상의 손해를 가했을 경우에, 국가 또는 공공단체가 법률의 규정에 의하여 그 손해를 보상하는 것을 말한다. 이 행정상의 손실보상제도는 "공공필요에 의한 재산권의 수용·사용 또는 제한 및 그에 대한 보상은 법률로써 하되, 정당한 보상을 지급하여야 한다"는 헌법 제23조 3항의 규정과도 부합되는 것으로서 사유재산 존중의 원칙상 당연한 제도이다.

Ⅲ. 행정쟁송

행정쟁송이란 위법 또는 부당한 행정작용에 대하여 그것을 시정케 함으로써 개인의 권리를 구제하려는 제도로서 권익을 침해당한 자가 쟁송을 제기하면 일정한 기관이 그것을 재결하고 결정하는 등의 형식을 취하고 있는데 여기에는 행정심판, 행정소송 등이 있다.

1. 행정심판

행정심판이란 행정법상의 법적 분쟁을 행정기관이 심리・재결하는 모든 행정쟁송을 말한다. 현행 행정심판법은 행정기관의 위법 또는 부당한 처분의 취소 또는 변경을 구하는 취소심판, 행정기관이 한 처분의 효력의 유무 또는 존재 여부에 대한 확인을 구하는 무효 등 확인심판, 행정기관의 위법 또는 부당한 거부처분이나 부작위에 대하여 일정한 처분을 하도록 하는 의무이행심판 등의 종류를 규정하고 있다. 그러나 이와 같이 위법 또는 부당한 행정처분의 재심사를 그 처분청이나 직근상급행정기관이 하는 것은 제도상으로 볼 때 합리성이 결여된 제도라고 하지 않을 수 없다.

2. 행정소송

행정소송이란 위법한 행정처분으로 인하여 권리를 침해당한 자가 법원에 대하여 정식의 소송절차에 의한 판결을 요구하는 쟁송형식을 말한다.

그런데 이와 같은 행정소송은 행정심판을 제기할 수 있는 경우에는 우선 그 절차를 밟은 후, 그 결정이나 재결에 대하여도 불복인 때에 비로소 제기할 수 있다. 이것을 심판전치주의(1996년 이후 임의적 행정심판전치주의를 취하고 있음)라고 한다. 행정소송은 부당한 행정처분에 대하여는 제기할 수 없고, 다만 위법한 행정처분에 대하여 제기할 수 있으며 또 행정기관에 의한 구제가 아니라 법원에 의한 구제이며 정식의 재판절차에 의하는 점 등에 있어서 위에서 말한 행정심판과 다르다. 행정소송에 있어서는 원칙적으로 위법행정처분을 한 행정청을 피고로 하고, 피고의 소재지를 관할하는 행정법원을 제1심법원으로 하며(다만 중앙행정기관 또는 그 장이 피고인 경우의 관할법원은 대법원 소재지의 행정법원으로 한다) 대법원이 최종심을 행한다. 출소기간은 제한되어 있다.

사례 甲은 주거지역에서 연탄공장 설치허가를 받아 운영하고 있다. 그런데 인근지역 주민들은 이 연탄공장으로부터 발생하는 분진과 소음 등으로 피해를 보고 있다. 이에 주민들은 乙을 대표로 선임해 그 연탄공장 설치허가를 취소해 달라는 취지의 행정소송을 제기하였다. 乙은 이 지역이 주거지역임에도 불구하고 甲의 연탄공장이 건축법상의 규제를 따르지 않았으므로 위 공장의 설치허가는 취소되어야 한다고 주장했다. 이에 대해 이 소송에 이해관계인으로 참가한 甲은 乙 등 인근지역 주민들은 연탄공장 설치허가의 취소를 구할 법률상 이익이 없으므로 청구가 각하되어야 한다고 주장했다. 甲의 주장은 타당한가?

〈해설〉

행정소송법 제12조는 소송의 대상인 처분 등의 취소 또는 변경을 구할 법률상 이익이 있는 자가 제기할 수 있다. 이 규정에 따르면 당해 처분 등의 직접 상대방뿐만 아니라 제3자라도 당해 처분 등의 취소 변경을 구할 법률상 이익을 가진 경우에는 취소소송의 원고가 될 수 있다. 반대로 처분 등의 직접 상대방이라고 하더라도 자기의 법률상 이익과 관계없는 자는 원고가 될 수 없다. 결국 가장 문제가 되는 것은 '법률상 이익'이다.

종래 법원은 이 사례와 같은 경우, 주거지역에서 건축법상 건축물에 대한 제한 규정이 있음으로 인해서 현실적으로 어떤 이익을 받고 있더라도, 이는 그 지역 거주의 개인에게 보호되는 개인적 이익이 아니고 다만 공공복리를 위한 건축법상의 제약의 결과로서 생기는 '반사적 이익'에 불과하다고 해서 지역주민들이 공장의 허가 취소를 구할 법률상 이익이 없다고 보았다. 즉 종래의 법원 판례에 따르면 甲의 주장은 타당하다고 할 수 있다.

그러나 대법원은 이후 판례를 변경했다. 즉 "주거지역 내에서 일정한 건축을 금지하고 또 제한하는 것은 공공복리의 증진을 도모하는 데 그 목적이 있는 동시에 주거지역 내에 거주하는 사람의 주거의 안녕과 생활환경을 보호하고자 하는 데도 그 목적이 있다. 따라서 주거지역 내에 거주하는 사람이 받는 이익은 단순한 반사적 이익이나 사실상의 이익이 아니라 법률에 의해 보호되는 이익이다"라고 했다. 즉 대법원의 새로운 판례에 따르면 乙은 위 연탄공장의 설치허가 취소를 구할 법률상의 이익이 있는 자로서 적어도 이런 측면에서는 乙의 청구는 적법하다.

3 민 법

제1절 서 론

Ⅰ. 민법의 의의

법을 크게 두 가지로 나누어 공법과 사법으로 분류함은 오래 전부터 내려오는 전형적인 분류방법이다. 총론에서 이미 검토하여 본 바와 같이 그 구별의 표준이 무엇이냐는 매우 어려운 문제여서 아직 정설이 없으나 대체로 우리의 생활관계를 국가의 주권자이며 통치권의 객체인 국민으로서의 생활관계와 국가나 공공단체를 전제로 하지 않는 인류로서의 생활관계로 양분하여 전자를 규율하는 법을 공법이라고 하고 후자를 규율하는 법을 사법이라고 할 때 민법은 후자에 속하므로 사법이다.

그러나 민법만이 사법인 것은 아니다. 경제생활이 복잡하지 않았던 시대에는 민법만으로써 우리의 인류로서의 생활관계를 규율하는 것이 가능하였으나 자본주의의 발달과 함께 대기업이 성행되고 있는 오늘날에 있어서는 인류로서의 생활관계 전부를 민법만으로 규율할 수는 없다. 그러므로 사법은 보통 사람으로서의 생활관계를 규율하는 일반사법과 상사관계를 규율하는 특별사법으로 양분되어 인류로서의 생활관계를 규율하게 되었다. 민법은 이 중에서 전자에 속하는 일반사법이다(여기에 반해서 상법은 특별사법이다).

Ⅱ. 민법의 법원

민법의 법원에는 성문법 · 관습법 · 조리가 있다. 성문법 중에서 가장 기본적인 것은 민법전이며 일정 때부터 조선민사령 제1조에 의해 일본민법전이 우리나라에 의용되었다. 이 일본민법전은 해방후 과도정부시대를 거쳐 건국 후에도 다년간 계속하여 효력을 가졌었다. 현행 신민법전은 1958년 2월 22일 법률 471호로 공포되어 1960년 1월 1일부터 시행되었으며 전문 1118조 및 부칙 28조로 된 방대한 민법전으로서 총칙 · 물권 · 채권 · 친족 · 상속의 5편으로 구성되어 있다.[20][21] 이 밖에도 민법전에 규정하는 사항을 보충하기 위한 특별법으로서 부동산등기법 · 유실물법 · 신원보증법 · 「가족관계의 등록 등에 관한 법률」 등 여러 성문법이 있다.

Ⅲ. 민법의 지도원리

1. 근대민법의 지도원리

조선민사령에 의해서 의용되었던 일본민법전인 구민법전은 19세기 말의 독일민법전(Bürgerliches Gesetzbuch)을 모방하여 제정되었던 것이며, 개인자유의 사상을 본위로 하고 있었고, 다음과 같은 기본원칙을 채택함으로써 그 목적을 달성코자 하였다. 이것을 근대민법에 있어서의 지도원리라고 한다.

(1) 소유권절대의 원칙

근대시민사회에 있어서 인간은 생활의 궁극적인 보장을 자기의 사유재산에 두었다. 다시 말하면 개인생활의 안전 여부는 사유재산의 보장 여하에 달려 있으므로 소유권절대의 원칙을 제1의 원리로 채택하여 소유권은 침범을 당하지 않는 절대적인 권리로서 자기 마음대로 행사할 수 있을 뿐만 아니라 국가라 할

---

20) 민법전의 편찬방식에는 독일식인 판덱텐식과 프랑스식인 인스치치오네스式 두 가지가 있는데, 판덱텐식의 경우에는 총칙이 존재하는 것이 특징이며, 우리민법은 독일식을 따르고 있는데, 제2편과 제3편의 위치만이 서로 바뀌어 있다.

21) 물권편과 채권편을 재산법이라 하고, 친족편과 상속편을 신분법이라고 하였었는데 근래에는 가족법이라는 말을 많이 쓰고 있다.

지라도 간섭할 수 없도록 하였었다.[22)]

(2) 계약자유의 원칙

이 계약자유의 원칙은 소유권절대의 원칙의 제2단계로서 재산권의 새로운 취득의 자유까지도 보장하려는 데 그 목적이 있었다. 재산권을 새로이 취득하는 길은 물론 여러 가지가 있겠으나 주로 법률행위를 통하여 이루어지는 것이며 그 중에서도 특히 계약이 대표적이므로 계약을 당사자의 자유의사대로 체결할 수 있게 함으로써 이미 취득한 재산권을 보호하는 데서 한 걸음 더 나아가 새로운 취득까지도 보장하여 시민의 재산권을 충실히 보호코자 하였다.[23)]

(3) 과실책임의 원칙

이미 취득한 재산권을 보호하고 또 재산권의 신취득까지 보장하더라도 그것만으로 시민의 생활이 꼭 보장된다고 볼 수는 없을 것이다. 왜냐하면 한 개인이 사회의 구성원으로서 자기의 권리를 행사하면서 사회생활을 하자면 때에 따라서는 타인에게 손해를 끼치는 수가 있을 것이다. 만약에 이와 같은 때에 행위자에게 고의도 과실도 없는 경우에까지 손해배상의 책임을 지운다면 안심하고 자기의 권리를 행사할 수가 없을 것이므로 자기의 고의나 적어도 과실에 의하여 행한 행위에 대해서만 책임을 지고, 자기의 고의도 과실도 없이 일어난 일에 대하여는 책임을 지지 않음을 내용으로 하는 과실책임의 원칙(이것을 자기책임의 원칙이라고도 한다)을 근대민법은 제3의 원리로 채택하였다.

2. 현대민법의 지도원리

근대초기의 민주주의의 법적 표현이었던 근대민법상의 지도원리는 자본주의제도의 법적 지주가 되어 자본주의경제를 발전시키는 데 공헌한 바 컸으나, 내재적인 모순성으로 인해 이러한 지도원리는 개인에게 형식적인 자유와 평등만을 주었고, 자유경쟁을 하도록 방임하는 것만으로는 국민생활이 안정될 수 없으므로 국민의 균등한 생활향상을 위해 오늘날 국가는 후견적인 역할을 하게 되었다. 따라서 현대민법은 개인본위에서 사회본위로 모든 원칙을 수정하게 되었으므로 현대 민법상에서는 다음과 같은 수정된 지도원리를 찾아볼 수 있다.

---

22) 이 원칙을 사유재산존중의 원칙이라고도 한다.

23) 이것을 법률행위자유의 원칙이라고도 한다.

(1) 소유권상대의 원칙

개인자유의 사상하에 각 개인은 부자가 되기 위하여 경쟁을 하다보니 빈부의 차이는 점차 커져서, 그 차이가 상당한 정도에 이르면 부자는 있는 재력을 발판으로 하여 점점 더 큰 부자가 되고 경제적 약자는 부자의 재력에 압도당하게 된다. 이러한 상황에서 빈부의 차는 격심하게 되어 소유권절대의 원칙은 경제적 강자만을 위하는 것이 되고 말았으므로 국민생활의 균등한 발전을 위하여 현대민법은 소유권을 과거와 같이 소유주를 위한 절대적인 것이 아니라, 사회전체의 이익에 어긋나지 않는 한도 내에서 행사하도록 하였다. 헌법 제23조 2항의 "재산권의 행사는 공공복리에 적합하도록 하여야 한다"는 규정은 이 원리를 본받은 것이고, 민법 제211조의 "소유자는 법률의 범위 내에서 그 소유물을 사용·수익·처분할 권리가 있다"고 규정한 것은 헌법상의 일반원칙을 구체화한 것이다. 이 원칙을 소유권상대의 원칙이라 한다(또는 소유권공공의 원칙이라고도 한다).

(2) 계약공정의 원칙

근대민법상에서 재산권의 새로운 취득의 자유를 보장하기 위하여 계약자유의 원칙을 인정하였으나 빈부의 차가 심한 여건하에서는 경제적으로 약한 자는 경제적 강자가 제시하는 조건을 계약을 체결하기 위해서는 싫든 좋든 간에 받아들이지 않으면 안 되므로 내용이 공정하지 못한 계약이 많았다. 따라서 현대민법에 있어서는 사회질서에 반하는 계약뿐만 아니라 자유경쟁의 결과로 심히 공정성을 잃은 계약까지도 보호하지 않음으로써 기왕에 생긴 불평등을 조정하여 국민생활의 균등한 향상을 꾀하고 있다.[24] 신민법 제104조는 이와 같은 계약공정의 원칙을 채택하여 불공정한 법률행위를 무효라고 규정하고 있다.

(3) 무과실책임의 원칙

과실책임의 원칙하에서와는 달리 권리행사로 인한 타인에 대한 손해발생에 관하여 권리자에게 고의나 과실이 없는 경우에도 손해배상의 책임을 지도록 하는 원칙을 말한다.[25] 만약에 시민생활에 있어서 과실책임만을 인정한다면 인력으로는 피할 수 없는 위험을 당했을 때 경제적 강자인 기업체는 책임을 면하게

24) 계약자유의 원칙하에서도 공서양속에 반하는 법률행위는 무효이다.

25) 文句上으로 볼때는 배상이라고 하는 것보다 보상이라고 함이 더 적합하다.

되고 일반인이나 그 기업체에서 일을 하는 경제적 약자인 근로자는 손해를 보게 되므로 균등한 국민생활을 끝까지 실현하기 위하여는 상호부조의 사상에 입각하여 피해자의 생활보장을 필요로 하는 만큼 무과실책임의 원칙이 요망된다. 그러나 민법상의 사용자의 손해배상(제756조)을 비롯하여 근로기준법에서 근로자의 업무상 재해에 대하여 사용자의 일부 무과실책임을 인정하고 있을 뿐 민법상에서 아직 일반원칙으로 확립된 것은 아니지만, 앞으로 민법상의 지도원리로서 확립될 수 있을 것이다.

제2절 총　　칙

총칙은 민법 전체에 공통되는 원칙이며, 권리의 주체, 권리의 객체 및 권리의 변동에 중대한 관계가 있는 사유 등을 내용으로 한다. 그러나 가족법(친족·상속편)에는 총칙의 규정이 적용됨을 배척하는 특별규정이 많다.

Ⅰ. 신의성실의 원칙과 권리남용금지의 원칙

민법 제2조 1항은 권리의 행사와 의무의 이행은 신의에 좇아 성실히 하여야 한다고 규정하고 있고, 또 동조 2항은 권리는 남용하지 못한다고 규정하고 있다. 전자를 신의성실의 원칙 또는 신의칙이라고 하고, 후자를 권리남용금지의 원칙이라고 한다.

신의성실이란 권리자와 의무자는 서로 상대방의 신뢰를 배반하는 결과가 안 되도록 성실하게 행동해야 됨을 뜻한다. 따라서 이에 위반하여 상대방의 신뢰가 배반되는 가운데 사인간(私人間)에 법률행위 같은 것이 이루어지면 그와 같은 행위는 정당한 법률행위로 인정받을 수 없게 된다. 권리남용이란, 외형상으로는 권리의 행사인 것처럼 보이지만, 실질적으로는 권리의 사회성에 반하기 때문에 인정될 수 없는 경우를 말하는 것으로서, 권리가 남용될 때에는 권리행사로서의 효과가 발생되지 않음은 물론이려니와, 이로 인해서 타인이 손해를 입었을 때에는 그 손해까지도 배상을 하여야 된다.

그런데 신의성실의 원칙과 권리남용금지의 원칙은 반드시 나누어져서 적용되는 것은 아니고, 실제적으로는 2개의 원칙이 병행하여 적용되는 경우를 많이 볼 수 있으며, 또 민법분야에서만 적용되는 원칙이 아니라 사회의 모든 거래관계에 있어서 광범위하게 적용되는 원칙이다.

Ⅱ. 권리의 주체

1. 서 설

권리를 향유하고 의무를 부담하는 자를 권리의 주체(또는 권리의무의 주체)라고 하며, 권리의 주체가 되는 것은 자연인[26]과 법률이 인정한 법인이다.

이와 같은 권리의무의 주체가 될 수 있는 지위 또는 자격을 '권리능력'(Rechtsfähigkeit)이라 부른다. 그러나 권리의 주체가 될 수 있는 자는 동시에 의무의 주체가 되는 것이므로 엄격히 말하면 권리의무능력이라고 함이 더 적합할 것이다.

사례 4촌 이내의 친족이 전혀 없는 맹인인 甲은 결혼도 하지 않고 오로지 자신의 눈이 되어준 진돗개와 둘이서 살아왔으나, 甲이 최근 건강검진 결과 암에 걸린 것으로 밝혀져 그 동안 자신이 모은 재산을 달리 상속받을 사람도 없어서, 자신이 죽고 나면 그의 눈이 되어준 개에게 모든 재산을 남기겠다는 유언을 하였다. 이러한 유언은 유효한가?

〈해설〉

甲의 이러한 유언은 무효이다. 왜냐하면, 개는 권리를 가질 수 있는 자격이 없기 때문이다. 이러한 권리를 가질 수 있는 자격은 오로지 사람(자연인, 법인)만이 가지게 된다.

2. 자연인(Natürliche Person)

(1) 만인평등의 권리능력

자연인은 출생과 동시에 당연히 권리능력을 가진다. 출생신고 같은 절차 없이 출생한 사실만으로서 족하며 어느 시점부터 출생한 것으로 볼 것이냐에

---

26) 사람을 의미하며, 법인과 구별하기 위하여 특히 자연인이라 한다.

대하여는 학설이 구구하나, 태아가 모체로부터 완전히 노출된 순간부터 출생한 것으로 보는 설(전부노출설)이 통설이다.

권리능력은 사망과 동시에 소멸한다. 그러나 실종선고에 의하여도 권리능력은 소멸한 것으로 본다. 실종선고라 함은 생사불명인 채 장기간을 경과하여 돌아올 가망성이 없는 자에 대하여 법원의 선고에 의해서 사망한 것으로 보는 제도이다.

오늘날에 있어서 모든 자연인은 계급・신분・종교・연령・성별 등에 의해 차별을 받지 아니하고 평등하게 권리능력을 가진다.

사례 아버지 甲이 A가 일으킨 교통사고로 사망하였는데, 그에게는 자녀 乙과 丙을 포태한 처 丁이 있었다. 이러한 경우에 법률관계는?

〈해설〉

A는 불법행위를 한 것이므로 甲의 상속인들에게 손해배상을 하여야 한다. 이 때 상속권자로는 배우자인 丁과 그 자녀인 乙 및 뱃속에 있는 태아 丙도 상속권자가 된다. 이는 태아도 상속에 관하여는 이미 출생한 것으로 본다는 민법 제1000조에 의해 권리능력을 가지기 때문이다.

(2) 행위능력(Geschäftsfähigkeit)

모든 자연인은 평등하게 권리능력을 가지므로 초등학교학생이나 정신병자도 권리능력을 가진다. 그러나 자기의 행위의 결과를 판단할 수 있는 정신능력(이를 의사능력이라고 함)이 없는 자의 행위는 무효이다.

자기 단독으로 유효한 법률행위를 할 수 있는 능력을 '행위능력'이라고 하며 행위능력을 가지지 못한 자를 '제한능력자'라고 한다.

(3) 제한능력자

민법이 규정하는 제한능력자에는 미성년자, 피성년후견인 및 피한정후견인이 있다.

1) 미성년자　미성년자란 만 19세 미만자를 말한다. 미성년자의 법률행위는 법정대리인(친권자 또는 친권자가 없을 때에는 후견인)이 대리하여 해 주거나, 미성년자 자신이 법률행위를 할 때에는 법정대리인의 동의를 얻어야 하며, 법정대리인의 동의 없이 미성년자가 단독으로 한 법률행위는 취소할 수 있다.

그러나 예외적으로 다음과 같은 경우, 즉 권리만을 얻거나 의무만을 면하는 행위,[27] 법정대리인이 범위를 정하여 처분을 허락한 재산의 처분행위, 법정대리인으로부터 허락을 얻은 특정영업에 관하여는 법정대리인의 동의 없이도 단독으로 유효하게 법률행위를 할 수 있다.

사례 미성년자 甲은 유흥비를 마련하기 위하여 자신의 컴퓨터를 중고 컴퓨터상 乙에게 처분하고자 하니, 乙이 甲의 성년여부를 묻자, 甲의 그의 부모로부터 컴퓨터에 대한 처분 동의서를 받았다고 하며, 위조한 동의서를 乙에게 제시하였다. 그래서 乙이 이를 매수하였다. 그런데 그 후 甲의 아버지 丙이 이 사실을 알고 乙에게 와 동 컴퓨터를 돌려달라고 하자, 乙은 이를 거부하였다. 乙의 주장은 정당한가?

〈해설〉

원래 미성년자가 단독으로 행한 행위는 그 법정대리인이 취소할 수 있다. 그러나 이러한 미성년자의 취소권이 부인되는 예외적인 경우가 바로 제한능력자가 능력에 관한 속임수를 사용한 경우이다. 이때 능력에 관한 속임수는 자신이 능력자인 것으로 보이기 위해, 주민등록증이나 가족관계등록부등본을 위조한 경우뿐만 아니라, 미성년자나 피한정후견인이 그 법정대리인의 동의서를 위조한 경우에도 속임수가 된다. 따라서 사례에서는 甲의 법정대리인 丙은 甲의 행위를 취소할 수 없다.

2) 피성년후견인　　　정신적 제약으로 사무를 처리할 능력이 지속적으로 결여된 사람에 대하여는, 가정법원은 일정한 자의 청구의 의해 성년후견개시의 심판을 하는데, 그 심판을 받은 자를 '피성년후견인'이라고 한다. 성년후견의 원인은 질병, 장애, 노령 그 밖의 사유로 인한 정신적 제약으로 사무를 처리할 능력이 지속적으로 결여된 경우이다. 정신적 제약이 아닌, 신체적 장애만으로는 이에 해당하지 않는다. 가정법원이 성년후견개시의 심판을 하려면 본인 등 일정한 자가 가정법원에 그 청구를 하여야 하며, 가정법원이 직권으로 하지는 못한다. 그 심판을 할 때에는 본인의 의사를 고려하여야 한다. 피성년후견인이 단독으로 한 법률행위는 성년후견인이 취소할 수 있고, 다만 일용품의 구입 등 일상생활에 필요하고 그 대가가 과도하지 아니한 법률행위는 피성년후견인이 단독으로 할 수 있다. 또한 가정법원은 피성년후견인이 단독으로 할 수 있는 법률행

27) 예를 들면 대가 없이 받는 증여, 채무면제의 청약을 승낙하는 행위.

위의 범위를 정할 수 있고 일정한 자의 청구에 의해 그 범위를 변경할 수 있다. 가정법원의 성년후견개시심판이 있는 경우에는 그 심판을 받은 사람의 성년후견인을 두어야 하고, 성년후견인은 피성년후견인의 법정대리인이 된다. 종전의 한정치산·금치산제도는 정신적 능력의 제약을 이유로 한 것이었는데, 이러한 점은 성년후견인제도와 같다.

3) 피한정후견인 정신적 제약으로 사무를 처리할 능력이 부족한 사람에 대하여는, 가정법원은 일정한 자의 청구에 의해 한정후견개시의 심판을 하는데, 그 심판을 받은 자를 '피한정후견인'이라고 한다. 한정후견의 원인은 질병, 장애, 노령 그 밖의 사유로 인한 정신적 제약으로 사무를 처리할 능력이 부족한 경우이다. 이러한 점에서 그 능력이 지속적으로 결여된 상태인 성년후견과 구별된다. 가정법원이 한정후견개시의 심판을 하려면 본인 등 일정한 자가 가정법원에 그 청구를 하여야 하며, 가정법원이 직권으로 하지는 못한다. 그 심판을 할 때는 본인의 의사를 고려하여야 한다. 가정법원은 피한정후견인의 정신적 제약의 상태에 따라 한정후견인의 동의를 받아야 하는 범위(예: 부동산 거래, 예금거래 등)를 탄력적으로 정할 수 있고, 일정한 자의 청구에 의해 그 범위를 변경할 수도 있다. 동의가 필요한 행위를 피한정후견인이 단독으로 한 경우 한정후견인은 이를 취소할 수 있다. 다만, 일용품의 구입 등 일상생활에 필요하고 그 대가가 과도하지 아니한 법률행위는 피한정후견인이 단독으로 할 수 있다. 가정법원의 한정후견개시의 심판이 있는 경우에는 그 심판을 받은 사람의 한정후견인을 두어야 한다. 그런데 민법은, (성년)후견인은 피후견인의 법정대리인이 된다고 정하면서도, 한정후견인에 대해서는 "가정법원은 한정후견인에게 대리권을 수여하는 심판을 할 수 있다"고 규정하여, 한정후견인을 당연한 법정대리인으로 취급하지 않는다.

4) 피특정후견인 정신적 제약으로 일시적 후원 또는 특정한 사무에 관한 후원이 필요한 사람에 대하여는, 가정법원은 일정한 자의 청구에 의해 특정후견의 심판을 하는데, 그 심판을 받은 자를 '피특정후견인'이라고 한다. 특정후견의 경우에도 정신적 제약을 원인으로 하는 것이므로 성년후견이나 한정후견과 본질적으로 다른 것은 아니다. 즉 성년후견이나 한정후견의 요건을 충족하는 경우에도 특정후견의 제도를 이용할 수 있다. 가정법원이 특정후견의 심판을 하려면 본인 등 일정한 자가 청구를 하여야 하고, 또 본인의 의사에 반해서는

할 수 없다. 특정후견은 지속적인 것이 아닌 일시적인 것이거나 특정한 사무에 관한 것이므로, 개시와 종료를 별도로 심판할 필요는 없고, 특정후견의 기간이나 사무의 범위를 정하면 족하다. 가정법원은 피특정후견인의 후원을 위하여 필요한 처분을 명할 수 있다. 이때 가정법원은 기간이나 범위를 정하여 특정후견인에게 대리권을 수여하는 심판을 할 수 있다. 한정후견인과 마찬가지로 특정후견인은 피특정후견인의 법정대리인으로 취급되지는 않는다.

5) 제한능력자의 상대방 보호 제한능력자가 한 법률행위는 제한능력자 본인 또는 그의 법정대리인이 이를 취소할 수 있다. '취소할 수 있는 것'이므로 반드시 취소를 하여야 하는 것은 아니고, 또 취소를 하지 않으면 그 행위는 그대로 유효한 것으로 된다. 그러나 취소한 경우에는 소급해서 절대적으로 무효가 된다. 그런데 상대방이 사기 또는 강박을 행하여 그 법률행위를 취소하는 때에는, 그것은 상대방에 의해 초래된 것이므로 상대방의 지위가 불안해진다는 것을 고려할 필요는 없다. 그러나 제한능력자와 거래한 상대방은 제한능력자의 보호제도로 인해 피해를 보는 측면이 있어 그의 지위가 불안해지는 문제가 있기 때문에, 상대방의 지위를 특별히 고려할 필요가 있다. 이러한 요청에서 민법은 아래와 같은 세 가지 특칙을 정하고 있다. 즉 민법은 제한능력자의 상대방을 보호하기 위해 「최고권」·「철회권과 거절권」·「제한능력자의 속임수」의 세 가지를 규정한다.

사례 甲은 乙을 능력자인 줄로 알고 대리인으로 선임하였으나, 나중에 알고 보니 乙은 피한정후견인선고를 받은 자이었다. 甲은 어떻게 하여야 하는가?

〈해설〉

사례에서는 일응 甲이 乙에게 대리권을 부여한 행위는 완전 유효하다. 다만 甲은 乙을 능력자인 줄 알고 대리인으로 선임하였으므로, 이를 동기의 착오를 이유로 취소할 수 있다. 다만 이 경우 乙이 甲의 대리인으로서 이미 행한 행위의 효력은 소멸하지 않는다. 왜냐하면, 대리인은 능력자임을 요하지 않기 때문이다. 한편 甲은 乙에 대한 수권행위를 철회할 수 있는 것은 물론이다.

3. 법인(Juristische Person)

(1) 법인의 의의 및 종류

법인이란 자연인이 아니면서 법에 의하여 권리능력이 인정된 자를 말하며, 법인은 公法人과 私法人으로 크게 분류할 수 있다. 공법인이란 국가와 공공단체(지방자치단체, 공공조합 등)를 말하며, 사법인에는 사단법인과 재단법인이 있다.

이 중에서 공법인인 국가와 공공단체는 사법의 규율을 받지 아니하며, 사법인만이 사법의 규율을 받는다.

사단법인(Verein)은 2인 이상의 자연인의 결합을 요소로 하여 성립하는 법인으로서 설립자가 정하여 놓은 자치법규인 정관에 따라 그 목적인 사업을 운영한다. 사단법인에는 영리를 목적으로 하는 영리사단법인(회사, 은행 등)과 영리를 목적으로 하지 않는 비영리사단법인(적십자사 등)이 있는데 비영리사단법인만이 민법의 규율을 받고, 영리사단법인은 상법의 규율을 받는다.

재단법인(Stiftung)은 일정한 목적을 위하여 기부된 재산을 요소로 하여 성립되는 법인이며 사단법인과는 달리 사람이 구성요소가 되는 것은 아니다. 설립자인 재산을 기부한 자가 작성한 자치법규인 정관에 규정된 목적과 조직에 따라서 대표자가 목적인 사업을 운영한다. 재단법인은 학교나 고아원 등과 같이 비영리법인에 한하며 민법의 규율을 받는다.

(2) 법인의 기관

법인은 자연인과는 달리 신체를 갖고 있지 않으므로 법인이 활동을 하기 위하여는 신체를 가진 어떤 자연인의 활동을 법인의 활동으로 취급함이 필요하다. 이와 같이 어떤 자연인의 활동이 법인의 활동으로 취급받을 때에 그 자연인을 법인의 기관이라고 칭한다.

법인에는 다음과 같은 기관이 있다.

1) 이　　사　　　이사는 사단법인과 재단법인의 필수기관으로서 대내적으로는 법인의 사무를 집행하며 대외적으로는 법인을 대표한다. 대표한다함은 그의 행위가 법인의 행위로 취급된다는 뜻이다. 이사가 여러 명 있을 경우에도 각자가 단독으로 법인을 대표할 수 있음이 원칙이나 정관 또는 사원총회의 결의로 이를 제한할 수 있다. 그러한 제한은 등기를 하지 않으면 제3자에게 대항하지 못한다.

2) 사원총회　　　사원총회는 전사원으로서 구성되는 사단법인의 최고필수

의 의사결정기관이다. 재단법인에는 사원이 없으므로 사원총회가 있을 수 없다. 사원총회는 이사보다 상위의 기관이며 이사는 사원총회의 결의를 집행한다. 사원총회의 결의절차는 정관에 규정이 있으면 정관에 의하고, 정관에 특별한 규정이 없고 사원총회에서도 특별한 결의를 한 바가 없으면 사원 과반수의 출석과 출석사원 과반수의 찬성으로 결의한다.

3) 감 사 감사는 법인의 재산상황과 이사의 업무집행상황을 감사하는 기관이다. 법인은 정관이나 사원총회의 결의로써 감사를 둘 수 있으며 필수기관이 아니고 외부에 대하여 법인을 대표할 권한이 없다.

Ⅲ. 권리의 객체

권리가 미치는 대상을 권리의 객체라고 한다. 민법총칙에서는 권리의 객체에 관한 일반적 규정을 두지 않고, 다만 물건에 관한 규정만을 두었다. 그러나 물건은 권리의 객체로서는 가장 주가 되는 전형적인 것이다.[28]

1. 물건의 의의

민법상 물건이라 함은 유체물 및 전기 기타 관리할 수 있는 자연력을 말한다. 유체물이란 고체, 액체, 기체와 같이 공간의 일부를 점하고 사람의 5관으로 지각할 수 있는 유형적 존재물을 말하며, 관리가능한 자연력이란 전기·열·광선·원자력 등과 같이 인공적으로 지배할 수 있는 자연력이다.

유체물이라도 태양·달·별 등과 같이 사람이 지배할 수 없는 것은 여기에서 말하는 물건은 아니며, 권리의 주체인 사람의 신체도 유체물이지만 물건은 아니나, 모발·혈액 등은 신체에서 분리된 후에는 물건이 되고, 반대로 의족 같은 것은 원래는 물건이나 인체에 부착시킨 다음에는 신체의 일부로 인정된다.

2. 물건의 종류

민법의 규정에 의하면 물건은 동산과 부동산, 주물과 종물, 원물과 과실로

---

28) 물건만이 권리의 객체인 것으로 착각하지 말 것.

분류되고, 이 밖에도 학설상으로, 단일물·합성물·집합물, 융통물과 불융통물, 가분물과 불가분물, 소비물과 비소비물, 대체물과 부대체물, 특정물과 불특정물 등으로 분류된다.

(1) 동산과 부동산

부동산(unbewegliche Sache)이란 토지와 그 정착물을 말한다. 토지란 그 구성부분인 지중의 토사와 암석 등을 포함하는 관념을 말하고, 정착물이라 함은 건물·수목 등과 같이 계속적으로 토지에 부착되어 사용되는 물건을 말한다. 동산(bewegliche Sache)은 부동산 이외의 모든 물건을 말한다.

(2) 주물과 종물

어떤 물건의 소유자가 그 물건의 상용을 위하여 자기 소유의 다른 물건을 거기에 부속시켰을 때, 그 부속물을 종물이라고 하고, 부속을 시킨 원래의 주된 물건을 주물이라고 한다. 가옥과 덧문, 시계와 시계줄, 가방과 열쇠 간의 관계 등이 그 예이다. 종물의 처분은 당사자간에 특약이 없는 한 주물의 처분에 따른다.

(3) 원물과 과실

어떤 물건에서 수익물이 나올 때, 그 수익물을 과실이라 하고, 그 수익을 낳는 물건을 원물이라고 한다. 과실은 천연과실과 법정과실로 분류된다. 천연과실이란 과수의 열매, 달걀, 우유 등과 같이 물건의 용법에 따라 사용함으로써 천연적으로 수취되는 과실이고, 법정과실이란 이자, 집세 등과 같이 원물을 타인에게 사용시킨 대가로 받는 과실이다.

Ⅳ. 법률행위

1. 법률행위 서론

(1) 권리의 변동

사람의 생활관계 중에서 법의 규율을 받는 생활관계를 '법률관계'라고 하는데 이것은 도덕관계나 종교관계와 대립되는 것이며 권리의무관계를 의미한다. 그러나 사람의 생활관계라는 것은 항상 유동·변화하는 것인 만큼 법률관계인 권리의무관계도 변동하는 것이다. 이것을 권리의무의 변동 또는 권리의 변동[29] 이라고 한다. 이와 같은 권리의 변동은 권리의 발생·변경·소멸을 말한다.

(2) 법률효과 · 법률요건 · 법률사실

그와 같은 권리의 변동은 무질서하게 일어나는 것이 아니라 일정한 원인이 있음을 요한다. 이 원인을 법률요건이라고 하고, 그 법률요건을 갖추었을 때에 법이 인정하는 권리의 변동을 법률효과라 한다. 뿐만 아니라 법률요건을 분석하여 보면 1개 또는 수 개의 어떤 사실로 구성되어 있는 것이니 그 법률요건을 구성하는 사실을 법률사실이라고 한다. 예를 들면 A가 자기의 금반지를 5만 원에 B에게 팔기로 B와 매매계약을 체결하였다고 한다면 그 매매계약이 법률요건이며, 그 계약에 기하여 A는 B로부터 금반지값 5만 원을 받을 권리가 생기고 B는 A로부터 금반지를 인도받을 권리가 발생한다. 이 때의 A와 B의 권리의 발생이 법률효과이다. 또 그 매매계약이라는 법률요건은 A가 B에게 "나의 금반지를 5만 원에 사시오"라고 청약을 하는 의사표시와, B가 A에 대하여 "그럽시다"라고 승낙을 하는 의사표시, 즉 두 개의 의사표시로 구성되어 있으니 이 두 개의 의사표시가 법률사실이다.

(3) 법률행위의 의의

그러면 법률행위란 도대체 무엇이냐 할 때 법률행위란 사법상 일정한 효과의 발생을 의욕한다는 의사의 표시인 '의사표시'를 구성요소로 하는 사법상의 법률요건이라고 말할 수 있다. 매매계약, 재단법인설립행위, 혼인, 유언 등이 그 예이다.

(4) 법률행위의 분류

법률행위는 여러 면에서 분류할 수 있는데 중요한 것을 들면 다음과 같다.

1) 단독행위 · 계약 · 합동행위 　법률행위의 요소인 의사표시의 태양에 따른 구별인데 단독행위란 표의자 한 사람의 의사표시로 성립되는 법률행위(예: 채무면제, 유언 등)이며, 계약은 서로 대립하는 2개 이상의 의사표시의 합치로써 이루어지는 법률행위(예: 매매계약, 도급계약 등)이고, 합동행위란 방향을 같이하는 2개 이상의 의사표시의 합치로써 성립되는 법률행위(예: 사단법인 설립행위)이다.

2) 요식행위 · 불요식행위 　의사표시의 형식에 의한 구별로서 요식행위는 의사표시가 서면의 작성과 같은 일정한 형식을 갖춤을 요하는 법률행위(예: 혼인, 유언, 입양 등)이고, 불요식행위란 그러한 형식을 필요로 하지 않는 법률행

---

29) 단순히 권리의 변동이라 함은 권리본위의 입장에서 한 표현이다.

위이다. 법률행위 자유의 원칙하에서는 불요식행위가 원칙이나 당사자로 하여금 행위에 신중을 기하게 하고, 행위의 존재와 권리의 범위를 명확히 할 필요가 있는 경우에 한하여 예외적으로 요식행위임을 요한다.[30)]

2. 의사표시

(1) 서 설

의사표시의 의의는 위에서 언급한 바와 같이 사법상 일정한 효과의 발생을 의욕한다는 의사를 발표하는 행위라고 하였거니와, 그 의사표시가 행하여지는 심리적 경과를 보면, 먼저 일정한 법률효과의 발생을 의욕하는 의사(효과의사)를 결정하고, 이 효과의사를 외부에 발표하고자 하는 의사(표시의사)를 가지고, 효과의사를 외부에 발표하는 행위(표시행위)를 한다는 세 단계로 나눌 수 있다.

이와 같은 과정을 거쳐서 의사표시의 상대방은 표시행위(언어·문자·동작 등)를 통하여 표의자의 효과의사가 무엇이냐를 판단하게 된다. 그러나 경우에 따라서는 표의자의 효과의사가 정확하게 표시되지 못하여 표의자의 진정한 효과의사와 표시행위를 통하여 상대방이 판단하는 효과의사가 일치하지 않는 경우가 있다. 이와 같은 경우를 '의사와 표시의 불일치'라고 한다. 또 이 경우와는 다른 경우이지만 외부로부터 사기나 강박을 당하여 진정한 자유로운 의사표시라고 할 수 없는 의사표시를 하는 경우가 있는데 이것을 가리켜 '하자 있는 의사표시'라고 한다.

의사와 표시의 불일치나 하자 있는 의사표시에 있어서 법률상 의사표시의 효과가 어떻게 발생할 것이냐에 관하여 민법은 다음과 같이 규정하고 있다.

(2) 의사와 표시의 불일치

비진의표시, 허위표시, 착오의 3가지 경우가 있다.

1) 비진의표시(심리유보) 표의자가 고의로 진의가 아님을 알면서 하는 의사표시[31)]를 말한다. 그와 같은 표의자는 보호할 필요가 없으므로 비진의표시는 원칙적으로 표시한 그대로 효과가 발생한다. 다만 예외로 상대방이 그 표시가 진의가 아니라는 것을 알았거나, 또는 보통의 주의를 하면 알 수 있었을 때

30) 요식행위가 원칙이라고 착각하는 초보자가 많음에 주의할 것.

31) A가 B에게 자기의 물건을 증여할 의사는 없으면서도 허세를 부리기 위해 증여하겠다고 말하는 경우.

에는 무효이다. 그러나 무효가 되는 경우에도 비진의표시임을 모르는 선의의 제삼자에 대하여는 무효라고 주장을 하지 못한다.

2) 허위표시(통정허위표시) 표의자가 상대방과 통정하여 진의 아닌 의사표시를 하는 경우이다(예: A가 B에게 자기의 책을 맡기면서 매도한 것처럼 허위의 매도계약서를 꾸미는 경우). 허위표시는 당사자간에는 무효이다. 그러나 선의의 제3자(허위인 줄 모르고 B로부터 그 책을 산 자)에 대하여는 무효라고 주장할 수 없다.

사례 甲은 채무를 많이 지고 있는 자로서 그의 채권자로부터 강제집행을 면하기 위하여 그 소유 부동산을 乙과 합의하에 허위로 매매계약서를 꾸며 소유권이전등기를 하였다. 이러한 경우 甲乙 간의 행위의 효력은?

〈해설〉

위의 사례에서 甲과 乙은 진정으로 매매를 하고자 하는 의사의 합치 없이 허위의 매매계약을 체결하고 소유권이전을 하였으므로 이는 민법 제108조에 따라 당사자 사이의 매매는 언제나 무효이다. 그러나 이러한 통정허위표시의 사실을 제3자가 입증하기는 곤란하다. 따라서 이 경우 甲의 채권자들은 보호하기 위해서 민법은 이러한 경우 채권자들이 甲乙 간의 법률행위를 취소할 수 있는 길을 열어주고 있다. 즉 제406조(사해행위에 대한 취소권)에 의하면, 甲의 채권자들은 乙이 목적물을 취득할 당시에 甲의 채권자들을 해한다는 사실을 알고 있었다는 사실만 입증하면, 乙에게로 이전된 목적물을 甲에게로 반환시켜 채권을 확보할 수 있게 한다. 물론 甲乙이 공모했다는 사실을 입증할 수 있으면, 민법 제108조에 의해 문제를 해결할 수도 있다.

3) 착 오 내심의 효과의사와 표시된 내용이 일치하지 아니함을 표의자 자신이 모르고 한 의사표시의 경우이다(예: 1000원이라고 쓴다는 것이 잘못되어 10000원이라고 오기한 경우). 법률행위의 내용의 중요부분에 착오가 있었을 때[32]에는 표의자는 그 의사표시를 취소할 수 있다. 그러나 표의자에게 중대한 과실이 있는 때에는 취소하지 못한다. 또 취소되더라도 그러한 사정을 모르는 선의의 제3자에 대하여는 취소의 효과를 주장할 수 없다.

---

32) 착오가 없었더라면 표의자나 보통 일반 사람이라면 아무도 그러한 의사표시를 하지 않았으리라고 생각될 때.

> **사례** 甲은 乙에게 비디오에 관한 통신판매를 하였는데, 甲은 실수로 1,000,000원으로 적어야 할 가격을 100,000원으로 잘못 표시하였다. 그런데 乙은 동봉된 지로용지로 100,000원을 甲에게 은행을 통하여 입금시키고, 계약의 유효를 주장한다. 어떻게 하여야 하는가?

〈해설〉

甲은 그의 착오로 인하여 100만원으로 표시하여야 할 것을 10만원으로 잘못 표시한 것이므로 표시상의 착오를 한 것이다. 따라서 甲은 그 가격표시의 잘못이 계약의 중요부분에 관한 것이며, 자신에게 중과실이 없음을 입증하여 그 매매계약을 취소할 수 있다. 다만, 상대방인 乙이 100만원으로 동의할 때에는 그 계약은 완전유효하다.

(3) 하자 있는 의사표시

사기(고의로 사람을 기망하여 착오에 빠지게 하는 행위) 또는 강박(위법으로 해악을 가할 것올 고하여 공포심을 일으키게 하는 행위)에 의한 의사표시를 말한다. 그러한 의사표시는 취소할 수 있다. 그러나 의사표시가 취소되더라도 그러한 사정을 모르는 선의의 제3자에 대하여는 취소의 효과를 주장하지 못한다. 뿐만 아니라 상대방(B) 있는 의사표시에 있어서는 표의자인 A에 대하여 상대방인 B는 사기나 강박을 하지 않았으나 제3자인 C가 A에게 사기나 강박을 함으로써 A가 B에게 어떤 의사표시를 한 경우에는 B가 C의 A에 대한 사기나 강박의 사실을 알았거나 알 수 있었을 때에 한하여 의사표시를 취소할 수 있다.

> **사례** 동네에서 유명한 깡패인 甲이 乙에게 와서 말하길, 乙의 집을 甲에게 팔지 않으면, 甲은 乙의 외동딸을 가만두지 않겠다고 협박을 하므로, 어쩔 수 없이 乙은 甲에게 자신의 집을 매각하였지만, 억울한 생각에 잠을 못 이룬다. 어떻게 하면 되는가?

〈해설〉

甲이 乙에게 乙의 딸에게 해악을 끼치겠다고 고지하여 어쩔 수 없이 乙이 집을 매각한 것이므로, 이는 강박에 의하여 의사표시를 한 경우에 해당한다. 따라서 乙은 강박으로부터 벗어난 날로부터 3년 내 그리고 매매가 있은 때로부터 10년 내에 매매를 취소할 수 있다. 이 경우, 乙에 대한 강박의 정도가 乙의 의사결정의 자유를 완전히 제압할 정도로 강한 경우에는 그 자체로서 무효인 법률행위가 되기도 한다.

3. 대 리

(1) 대리의 의의와 대리권의 발생

대리란 대리인이 본인을 대신하여 제3자(상대방)에게 의사표시를 하거나 또는 상대방으로부터 의사표시를 수령함으로써 법률효과가 직접 본인에게 귀속되는 제도이다. 대리의 경우에는 보통의 경우와는 달리 행위자와 법률효과의 귀속을 받는 자가 다른 데에 특색이 있다.

대리인은 대리권을 가져야 하며, 대리권은 법정대리의 경우에는 본인과 대리인 간에 일정한 관계가 있기 때문에(법률의 규정이나 법원의 선임에 의하여) 발생하고, 임의대리의 경우에는 본인의 수권행위에 의하여 발생한다.

(2) 무권대리

대리권이 없는데도 대리인이라고 자칭하고 의사표시를 한 경우를 무권대리라고 하며 본인의 추인을 얻지 못하는 한, 자칭대리인 자신이 책임을 져야 한다.

그러나 본인과 자칭대리인 간에 특수한 관계가 있어서[33] 외관상 정말로 대리권이 있는 것처럼 보일 때에는 그 상대방을 보호하기 위하여 그 의사표시의 효과를 본인에게 귀속시키며 이를 표현대리라고 부른다. 표현대리도 무권대리의 일종이며 표현대리 아닌 무권대리를 협의의 무권대리라고 한다.

사례

甲의 처 乙은 그 남편의 부동산을 丙에게 처분하였다. 이 행위의 효력은 어떠한가?

〈해설〉

부부 사이에는 의식주와 같은 일상가사의 업무에 관하여는 서로 대리권이 있다. 이를 일상가사대리권이라고 한다. 그런데, 사례에서는 처가 남편의 부동산을 처분하였는데, 이러한 행위는 통상의 가사행위는 아닌 것이다. 즉 일상가사의 범위를 넘어선 행위를 한 것이다. 이러한 경우, 부부의 일상가사대리권과 같은 법정대리도 기초대리권이 될 수 있느냐에 대하여 다수설은 이를 긍정하여, 상대방인 丙이 乙에게 대리권이 있음을 믿은 데 정당한 사유가 있는 경우에는 상대방을 표현대리로 보호한다. 그러나 이는 부당하다. 왜냐하면 민법 제126조의 표현대리란 기본적으로 대리권의 범위

---

33) 본인이 제3자에게 대하여 자칭 대리인인 타인에게 대리권을 수여함을 표시하였으나 실제로는 수여하지 않았을 때와, 진정한 대리인이 권한 외의 행위를 하였을 때, 또는 대리권이 소멸된 후임에도 불구하고 대리행위를 한 경우 등이다.

가 불분명한 경우에 문제가 되는 것인데, 법정대리에 있어서 대리인의 대리권 범위는 수권법규에 의해 명확하게 정해지기 때문이다. 따라서 아무리 부부 사이라고 할지라도 일상가사의 업무를 벗어나는 행위를 할 때에는 당연히 대리권을 받아서 대리행위를 하여야 하며, 그렇지 않으면 무권대리가 된다고 보아야 할 것이다.

4. 무효와 취소

법률행위는 정상적인 상태하에서는 당사자가 의욕한 대로 법률효과가 발생한다. 그러나 때에 따라서는 의욕한 대로의 법률효과의 발생이 저지된다. 이에는 무효와 취소라는 두 가지가 있다.

(1) 무 효

무효란 법률행위의 불성립과는 달리 법률행위로서 성립은 되었지만 그 행위가 성립하던 당초부터 당연히 법률효과가 발생하지 못하는 것으로 확정된 것이며 비진의표시,[34] 허위표시, 강행법규에 반하는 법률행위 등이 그 예이다.[35]

(2) 취 소

취소할 수 있는 법률행위란 법률행위로서 성립되었을 뿐만 아니라 취소권자가 취소를 하기 전에는 일단 유동적이나마 법률효과가 발생하지만, 취소의 의사를 표시하면 법률행위 당시에 소급하여 법률효과가 소멸되는 것을 말한다. 제한능력자의 법률행위, 착오, 사기, 강박에 의한 법률행위 등이 그 예이다.

5. 조건과 기한

사법상 자치가 허용되어 법률행위의 자유가 인정되므로 당사자는 그 법률행위로부터 발생할 효과를 제한할 수 있다. 이와 같이 법률행위에서 발생할 본래의 효과를 임의로 제한하는 것을 법률행위의 부관이라고 하며 이에는 조건과 기한이 있다.

---

34) 단, 상대방이 그 표시가 진의가 아니라는 것을 알았거나, 보통의 주의를 하면 알 수 있었을 때.

35) 초보자들은 법률행위의 불성립과 법률행위가 무효인 경우를 혼동하는 수가 많으므로, 이에 주의할 것.

(1) 조 건

조건이란 법률행위의 효력의 발생 또는 소멸을 장래의 불확실한 어떤 사실의 성부에 의존시키는 부관이다. 조건에는 정지조건과 해제조건이라는 두 가지가 있다. 정지조건이란 법률행위의 효력이 즉시 발생하지 않고 있다가 조건이 성취되면 비로소 효력을 발생하게 하는 부관(예: 입시에 합격하면 100만 원을 주겠다 하는 경우)이고, 해제조건이란 법률행위의 효력이 즉시 발생하지만 조건이 성취됨으로써 그 효력이 소멸케 되는 부관(예: 매월 20만 원씩 장학금을 주되 성적이 A학점이 못 되면 중단하겠다 하는 경우)이다.

(2) 기 한

법률행위의 효력의 발생 · 소멸 · 채무이행 등을 장래 도래할 것이 확실한 사실의 발생에 달리게 하는 부관이다. 기한에는 확정기한과 불확정기한이 있는데 확정기한이란 "내년 7월 17일"이라는 경우와 같이 그 시기가 확정되어 있는 경우이고, 불확정기한이란 "초설이 내릴 때"라는 경우와 같이 도래할 것은 확실하나 그 시기가 확정되지 아니한 경우를 말한다.

사례 甲은 乙에게 甲의 개가 죽으면 乙에게 개집을 주겠다고 약속하였다. 그런데 개집을 갖고 싶었던 乙은 甲의 개를 독살하였다. 이러한 경우 乙은 甲에게 개집을 달라고 요구할 수 있는가?

〈해설〉

모든 생명체는 당연히 죽는다. 따라서 「개가 죽으면」이라는 부관은 장래 발생할 것이 확실한 사실이므로 이는 기한이다. 그런데 그 사실이 언제 일어날지는 불확정하므로 이를 불확정기한이라고 한다. 그런데 사례에서 乙은 그 부관의 성취를 위하여 신의칙에 반하는 행위를 하였다. 그런데 민법에는 조건의 성취에 관하여 부정한 행위를 한 때에는 조건이 불성취로 의제하는 규정(민법 제150조)을 두고 있으나, 기한에 관하여는 이러한 규정을 두지 않고 있다. 그러나 이 경우에도 민법 제150조를 유추적용 하여야 할 것이다. 따라서 乙은 甲에게 개집을 달라고 요구할 수 없다.

V. 기　　간

기간이란 어느 시점으로부터 어느 시점까지의 계속된 시간의 구분을 말한다. 일시적인 시점인 기일 및 법률행위의 부관과는 상이하다. 기간의 계산방법은 법령, 재판상의 처분 또는 법률행위에서 정하여지나, 만약 정한 바가 없으면 민법 제156조 이하의 규정에 의한다.

Ⅵ. 시　　효

시효라 함은 일정한 사실상태가 일정한 기간 계속되었을 때 그 사실상태가 진실한 권리관계와 일치하느냐의 여부에 구애됨이 없이 그 사실상태를 그대로 권리관계로 인정하려는 제도를 말한다.

시효에는 취득시효와 소멸시효의 두 가지가 있다. 취득시효란 타인의 물건을 일정기간 점유함으로써 그 물건에 대한 권리를 취득하는 시효이고, 소멸시효란 자기의 권리를 일정기간 행사하지 않음으로 인하여 그 권리를 상실하게 되는 시효를 말하는데 소멸시효는 민법 총칙편에 규정되어 있으나 취득시효는 물권편에 규정되어 있다.

시효는 '일정한 사실상태의 계속'을 요건으로 하므로 그 상태가 중단되면 시효도 중단되는 것이고, 중단된 상태가 다시 나타나면 그 때부터 새로운 시효기간을 계산한다.

제3절 물　　권

Ⅰ. 물권의 의의

물권이란 특정한 물건을 직접 지배하여 배타적으로 이익을 받는 권리이다. 이것을 분설하면 다음과 같다.

첫째로, 물권은 물건을 직접 지배하는 권리이다. 직접지배란 채권(예: 채무자로부터 일금 5만원을 받을 권리)과 같이 채무자의 급부행위를 통해서가 아니라 타인의 행위를 기다릴 필요 없이 객체에 대하여 직접적으로 지배를 미칠 수 있음을 의미한다.

둘째로, 물권은 배타적 권리이다. 배타적 권리란 동일물 위에 동일내용의 수개의 물권이 중복하여 성립할 수 없는 권리(예컨대, A의 소유물인 책에 대하여 B가 중복하여 소유권을 가질 수 없다)라는 뜻이다.

셋째로, 물권은 특정의 독립된 물건에 대한 권리이다. 특정물이란 막연하게 '사과 한 상자' 하는 식으로 관념상 정하여진 물건이 아니라 목적물이 현존하고 특정되어 있는 물건을 말하며, '독립된' 물건임을 요한다는 말은 물건의 일부나 물건의 집합물에는 한 개의 물권이 성립하지 못한다는 뜻이다(이와 같은 내용을 가리켜 一物一權主義라고 부른다).

Ⅱ. 물권의 종류

1. 서 설

물권의 종류는 법률이나 관습법에서 정하는 것 이외에는 창설할 수 없고, 법률이나 관습법이 인정하는 물권에 대하여도 법률이나 관습법이 인정하는 것과 다른 내용을 당사자가 약정하지 못한다. 이것을 물권법정주의라고 한다.

이 원칙하에서 현행민법이 규정하는 물권에는 점유권 · 소유권 · 지상권 · 지역권 · 전세권 · 유치권 · 질권 · 저당권 등이 있다. 이 중 지상권 · 지역권 · 전세권을 용익물권이라 하고, 유치권 · 질권 · 저당권을 담보물권이라고 하므로 물권은 결국 점유권 · 소유권 · 용익물권 · 담보물권으로 4분류되는데, 용익물권과 담보물권은 타인의 소유권의 내용의 일부를 일시적으로 제한하는 것이므로 이를 타물권 또는 제한물권이라고 한다. 이 밖에도 법률상 규정은 되어 있지 않으나 양도담보라는 것이 있다.

2. 점 유 권

점유권이란 물건을 사실상 지배함을 뜻하는 점유를 법률요건으로 하고 생기는 권리를 말한다. 지배할 정당한 권리가 있느냐 없느냐는 불문한다.

만약 외형적인 사실상의 지배를 옳다고 인정하지 않고 서로 정당한 권리만을 한없이 주장하면 사회질서가 파괴될 것이므로 사실상의 지배를 일단 권리라고 인정하여 보호함으로써 사회질서를 유지하고자 하는 데에 점유제도의 존재이유가 있는 것이다. 그러므로 점유자가 점유물에 대하여 행사하는 권리는 적법하게 보유한 것으로 추정하여 점유자의 지위를 일단 정당화시킨다.

3. 소 유 권

소유권은 물권 중에서 가장 강력하고도 중요한 권리로서 물건을 사용·수익·처분 기타 어떠한 방법으로든지 물건을 지배할 수 있는 권리이다. 예를 들면 가옥을 소유하고 있는 자는 그 가옥에 자기가 직접 거주하든가, 적당한 값에 그 가옥을 타인에게 임대를 하든가, 또는 매도할 수도 있다.

물론 후에 설명하듯이 소유권은 제한물권에 의하여 일시적으로 제한을 받는 일이 있더라도 그 제한물권은 반드시 일시적인 것이고 그 제한물권이 없어지면 소유권은 당연히 원만한 상태로 돌아오는 탄력성을 가지고 있다. 뿐만 아니라 소유권은 존속기간을 예정하지 않으며 목적물이 멸실될 때까지 존재하고 그대로 방치하더라도 소멸시효에 걸리지 않는 항구성을 가지고 있다.

사례 甲은 乙로부터 부동산을 매수하는 계약을 체결하고 매매대금을 전부 지급한 후, 등기에 필요한 서면을 모두 인도받았고, 나아가 목적물도 인도받아, 현재 그 부동산 위에 거주하고 있다. 그런데, 甲은 乙로부터 목적물의 소유권을 이전받지는 않고 이를 차일피일 미루다, 매수한 지 15년이 경과하여 버렸다. 그런데, 乙은 등기가 아직 자신에게 남아있음을 이유로 그 부동산을 자신의 것으로 주장한다. 乙의 주장은 정당한가?

〈해설〉

우리 법에 의하면 부동산의 소유권은 법률행위에 의한 거래에서는 등기를 하여야만 이전된다. 그런데, 甲이 아직 등기를 하지 않았다면, 甲은 아무리 매매대금을 전부 지급하였다고 하더라도, 소유권자는 아니다. 이때 甲이 乙에게 주장할 수 있는 권리는 소유권을 이전해 달라고 청구할 수 있는 청구권뿐이다. 이 청구권의 법적인 성질은 채권이다. 따라서 일반적인 채권은 10년간 행사하지 않으면 소멸하므로, 사례에서 甲은 매매계약을 체결한 지 이미 15년이 경과하였으므로, 乙에 대한 등기청구권도 행사하지 못하는 것이 원칙이다. 그런데, 오랫동안 우리나라 사람들은 등기를 신속하게 하지 않는 습성이 있었다. 왜냐하면 한일합병 이후에 적용되었던 일본 민법에 따르면 등기 없이도 소유권이 매수인에게 이전된다고 하고 있었기 때문이었다. 그래서 매매계약만 체결하고 등기를 이전하지 않는 일반인들을 특별히 보호해 줄 필요성이 대두된 것이다. 그래서 우리 대법원은 등기청구권은 원칙적으로 채권으로 소멸시효의 대상이 되나 다만 매수인이 매매목적물을 인도받은 경우에는 시효제도의 존재이유에 비추어 다른 채권과는 달리 소멸시효에 걸리지 않는다고 판시하고 있다(大判 1976.11.6.78다148).

따라서 설례에서 甲은 乙에게 여전히 등기청구권을 행사하여 소유권 이전을 받을 수 있다.

4. 용익물권

타인의 물건을 일정한 범위 내에서 사용·수익할 수 있는 권리를 용익물권이라고 한다. 소유권에 포함된 여러 가지 권능 중에서 사용과 수익의 권능을 일시적으로 타인에게 맡긴 것이 용익물권이다.

(1) 지 상 권

지상권이란 타인의 토지에 건물 기타 공작물(교량, 터널 등 지상·지하에 설치하는 온갖 시설)이나 수목을 소유하기 위하여 그 토지를 이용하는 권리(예컨대, A가 가옥을 건축하기 위해 토지의 소유자인 B와 지상권설정계약을 체결하고 그 토지를 이용하는 경우)이다. 그러나 이 지상권은 그 내용이 임대권보다 훨씬 강해서 지주에게 불리하기 때문에 토지소유자는 지상권의 설정을 거부하므로 타인의 토지를 이용하는 방법은 대개의 경우 임대차계약에 의하여 달성되고 지상권은 거의 이용되지 않는 것이 현실정이다.

(2) 지역권(地役權)

일정한 목적을 위하여 타인의 토지를 자기토지의 편익에 이용하는 권리를 지역권이라고 한다. 이 때 편익을 받는 토지를 요역지라 하고, 편익을 제공하는 토지를 승역지라고 한다. 요역지인 A지에 들어가기 위하여 승역지인 B지를 통행한다든가, 승역지인 B지를 통하여 요역지인 A지에 인수(引水)하는 것 등이 그 예이다.

(3) 전 세 권

전세권이란 전세금을 지급하고 농경지 이외의 타인의 부동산을 점유·사용·수익한 후, 그 부동산을 반환시에는 그 부동산 전부에 대하여 후순위권리자, 기타 채권자보다 전세금의 우선변제를 받는 권리이다. 이 전세권은 우리나라 도시에서 행하던 채권인 가옥전세의 관습을 신민법상에서 물권화한 것인데, 전세권의 내용은 대개 임차권의 형식으로 이루어지므로[36] 지상권과 같이 실제로 이용되는 경우는 적다.

5. 담보물권

담보물권이란 일정한 물건을 채권의 담보로 제공하는 것을 목적으로하는 물권을 말한다.

(1) 유 치 권

타인의 물건이나 유가증권을 점유한 자가 그 물건이나 유가증권에 관하여 발생한 채권이 변제기에 있는 경우에는 변제를 받을 때까지 그 물건이나 유가증권을 유치할 수 있는 권리를 유치권이라고 한다. 예를 들면 A가 B의 카메라를 수선하는 경우에는 수선대금을 받기 전에는 A는 그 카메라를 내주지 않을 수 있는 권리를 갖는다. 이 유치권은 당사자 간의 계약에 의하여 발생하는 권리인 질권이나 저당권과는 달리 법률상 당연히 발생하는 법정담보물권이다.

(2) 질 권

질권이란 채권의 담보로 채무자 또는 제3자로부터 받은 동산이나 재산권을 점유하고 채무자가 채무를 변제하지 않을 때에는 그 물건을 처분(원칙적으로 경매에 의함)하여 그 대금으로부터 다른 채권자보다 우선적으로 그 채권의 변제를 받을 수 있는 권리이다. 예를 들면 A가 B에게 시계를 담보로 잡고 돈을 꾸어 주었을 때, B가 A에게 꾸어간 돈을 안 갚는 경우에는 A는 그 시계를 경매하여 B의 다른 채권자인 C나 D에 우선하여 그 대금으로부터 자기의 꾸어 준 돈을 받아낼 수 있다.

(3) 저 당 권

저당권이란 채권자가 채무자 또는 제3자가 점유를 이전하지 아니하고 채무의 담보로 제공한 부동산에 대하여 다른 채권자보다 우선변제를 받을 수 있는 권리를 말한다. 예를 들면 A가 B에게 가옥을 담보로 잡고 돈을 꾸어 준 경우에

---

36) 왜냐하면 가령 A가 B에게 가옥을 빌려주는 경우에는 임대차계약으로도 가능한 데, 임차권은 채권이므로 소유자에게는 유리하나 임대권자에게는 불리하므로 가옥소유자는 자기에게 비교적 유리한 임대차의 방법을 택하기 위해 전세권의 방법을 피하는 까닭이다.

채무자인 B는 그 가옥을 계속하여 사용·수익하나, 변제기에 임하여 B가 채무의 이행을 하지 않을 때에는 채권자인 A는 그 가옥을 경매하여 그 대금으로부터 다른 채권자에 우선하여 변제를 받을 수 있는 권리이다.

(4) 양도담보

담보로 제공하려는 권리 자체를 채권자에게 양도하였다가 일정한 기간 내에 변제를 하면 그것을 다시 반환시킬 수 있는 담보제도를 양도담보라고 한다. 예를 들면 A가 B에게 가옥을 담보로 하고 돈을 꾸어 줄 때, A가 그 집을 산 경우와도 같이 A의 것으로 등기이전을 하였다가 B가 채무의 이행을 하면 다시 반환하는 경우이다. 이 양도담보제도는 민법상에는 규정되어 있지 않으나, 판례와 학설에 의하여 유효한 것으로 되어 있으며, 질권이나 저당권의 경우와는 달리 경매라는 복잡한 환가절차를 피할 수 있으므로 특히 채권자에게 편리하여 실제적으로 많이 이용되고 있다.

Ⅲ. 물권의 변동

1. 물권변동의 의의와 요건

물권변동이라 함은 물권의 발생·변경·소멸을 말한다. 이와 같은 물권변동은 그 원인이 되는 법률요건을 갖추어야 하는데, 이에는 법률행위와 법률의 규정의 두 가지가 있다. 법률행위로 인한 물권변동은 직접으로 물권변동의 효과를 발생시킬 것을 내용으로 하는 법률행위[37]에 의하여 물권이 변동되는 것이고, 법률의 규정에 의한 물권변동이란 시효·혼동·무주물선점·유실물습득·매장물발견·첨부·상속·공용징수 등의 경우에 있어서와 같이 당사자의 의사를 묻지 않고 법률상 당연히 물권변동이라는 법률효과가 발생하는 경우를 말한다.

2. 물권변동에 있어서의 의사주의와 형식주의

물권변동을 일으키는 법률행위는 소유권의 이전이라든가 저당권의 설정과 같이 그 의사표시의 법률효과가 물권의 변동을 일으키는 것을 내용으로 함은

---

37) 계약인 것이 보통이나 유언과 같이 단독행위일 수도 있다.

물론이지만, 이 이외에 특별한 형식을 필요로 하느냐의 여부에 관하여 두 개의 주의가 대립되고 있다. 이것이 의사주의와 형식주의이다. 의사주의(프랑스 민법에서 채용한 것이므로 불법주의라고도 한다)란 물권변동을 일으키려고 하는 의사표시만 있으면 곧 물권변동의 효력이 발생하는 주의[38]이며 형식주의(독일민법에서 채용한 것이므로 독법주의라고도 한다)란 의사표시만으로는 아직 물권변동의 효력이 발생하지 않고 일정한 형식, 즉 부동산에 있어서는 등기, 동산에 있어서는 인도가 있음으로써 비로소 효력이 발생하는 주의이다. 예를 들면 A가 B에게 자기의 물건을 파는 경우, A와 B간의 매매계약 성립만으로써는 아직 소유권의 이전이 안 되고, 부동산의 경우에는 등기, 동산의 경우에는 인도를 하여야만 비로소 소유권은 A로부터 B에게로 넘어간다. 현행 한국민법은 독법주의를 계수하여 형식주의를 취하고 있다.

3. 등기와 인도

우리 민법은 형식주의를 취하였으므로 법률행위로 인한 물권변동에 있어서는 부동산의 경우에는 등기, 동산의 경우에는 인도를 하여야만 물권변동의 효력이 발생한다.

등기라 함은 등기공무원이 부동산에 관하여 등기능력이 있는 권리관계를 부동산등기부라는 공부에 기재하는 것을 말한다. 부동산의 소유권자가 누구이며 그 위에 누가 어떠한 권리를 가지고 있느냐 하는 것을 외부에 공시함으로써 거래의 안전을 꾀하는 제도이나, 현행 신민법상에 있어서는 등기에 공신력을 인정하지 않고 있다. 공신력을 인정하지 않는 제도하에서는 만약에 A의 소유인 가옥이 등기부상으로는 B의 소유로 잘못되어 있는 것을 C가 그 잘못된 등기부를 믿고 B로부터 그 가옥을 사더라도 C는 소유권을 얻지 못하고 오히려 A가 법에 의해 보호를 받는다. 그러나 공신력을 인정하는 제도라면, 그러한 경우에 등기부를 신뢰하고 거래를 한 C가 법에 의해 보호를 받으므로 C는 소유권을 취득한다.

인도라 함은 점유를 이전함을 말한다. 그러나 이와 같은 인도에는 양도인이 동산에 대한 현실의 지배력을 양수인에게 이전함을 뜻하는 '현실의 인도'뿐

---

38) 예를 들면 A가 동산이든 부동산이든 자기의 물건을 B에게 팔기 위해서 B와 매매계약을 체결하였다면 계약이 성립됨과 동시에 소유권은 A로부터 B에게로 넘어간다.

만 아니라 간이인도, 점유개정, 반환청구권의 양도 등의 방법이 있다. 간이인도란 양수인이 그 동산을 점유한 때에는 양도의 합의만으로 양도의 효력이 생기는 것이고,[39] 점유개정이란 당사자간의 계약에 의해 양도인이 점유를 계속하기로 정하는 것이며,[40] 반환청구권의 양도에 의한 인도란 제3자가 점유하는 동산의 소유권을 양도한 때에는 양도인이 제3자에 대하여 가지고 있는 반환청구권을 양수인에게 양도함으로써 인도한 것으로 보는 경우이다. 가령 A가 C에게 맡겨 놓은 시계를 B에게 파는 경우에는 B로 하여금 C로부터 시계를 찾아 갖도록만 하면 된다.

사례 甲은 乙에게 그의 부동산을 매도하는 계약을 체결하였으나, 매매대금의 전부를 받지 못하자, 소유권이전등기는 매매대금을 전부 받을 때, 이전해 주기로 하고 우선은 乙에게 가등기를 해주었다. 그런데 돈이 궁했던 甲은 그 목적물을 다시 丙에게 처분하여 소유권이전등기를 해버렸다. 그런데 그 후, 乙이 甲에게 잔대금을 지급하고 甲의 부동산은 자신의 것이라고 주장한다. 과연 甲의 부동산은 누구의 소유로 귀속될까?

〈해설〉

가등기는 본등기(소유권이전등기)가 아니고 장차 본등기를 하기 위한 예비등기에 불과하므로 가등기를 하여 준 소유자는 소유권을 잃는 것이 아니며 따라서 자신의 부동산에 대하여 가등기 이후에도 계속 처분할 수 있다. 그러나 가등기가 되어 있는 부동산은 가등기에 기하여서 후에 본등기가 행하여지면, "본등기의 순위는 가등기의 순위에 의하게 된다"(부동산등기법 제6조 제2항). 이로써 가등기는 본등기의 순위를 보전하는 효력이 있으며, 이때 주의할 것은 가등기에 기한 본등기가 행하여진 경우에 물권의 변동은 본등기를 하는 때에 발생하고 다만 그 순위가 가등기를 한 때를 기준으로 하여 결정된다는 것뿐이다. 그러므로 가등기가 행하여지기 전까지 丙이 부동산의 주인이지만 가등기에 기한 본등기가 행하여지면 순위에서 乙에게 밀리게 되므로 丙에 앞서서 乙이 그 부동산의 소유권을 우선 취득하게 된다.

---

39) 가령 A가 B에게 빌려준 시계를 B에게 파는 경우, 그 시계를 찾았다가 다시 B에게 인도해 줄 필요는 없다.

40) 예를 들면 A가 자기의 시계를 B에게 판 뒤 계속 임차하는 경우.

제4절 채 권

Ⅰ. 채권의 의의

채권이란 채권자인 특정인이 채무자인 특정인에 대하여 특정의 행위를 할 것을 요구할 권리이다. 이 때의 특정행위를 급부라고 하는데 급부의 내용은 재화 또는 노무를 제공한다는 적극적인 행위인 경우도 있고,[41] 일정한 행위를 하지 않는다는 소극적인 경우[42]도 있다.

채권은 물권과 같이 재산권을 이루지만 여러 면에서 차이점을 찾아볼 수가 있다. 첫째로 물권은 물건에 대한 직접지배권이나 채권은 채권자의 채무자에 대한 일정행위의 청구권에 불과하며, 둘째로 물권은 모든 사람에게 대하여 주장할 수 있는 권리이지만, 채권은 채무자인 특정인에 대하여만 주장할 수 있는 권리이고, 셋째로 물권의 종류와 내용은 물권법정주의에 입각하여 법률에 규정되어 있으나, 채권의 내용은 계약자유의 원칙에 의하여 위법이 아닌 한 당사자가 자유로이 정할 수 있는 점 등을 들 수 있다.

Ⅱ. 채권발생의 원인

민법상 채권발생의 원인으로서는 계약·불법행위·사무관리·부당이득의 네 가지가 있다.

1. 계 약

계약이란 서로 대립하는 두 개 이상의 의사표시의 합치로써 이루어지는 법률행위이며, 네 개의 채권발생의 원인 중에서 가장 중요한 의의를 갖는다. 서로

---

41) 예를 들면 매도인인 A가 매수인인 B에 대하여 대금을 지불하라고 요구한다든가, 사용자가 근로자에 대하여 계약내용대로 일을 해달라고 요구할 수 있는 권리.

42) 예를 들면 A가 B에게 대해서 경업을 하지 말도록 요구할 수 있는 권리.

대립하는 의사표시란 청약(예: "이 시계를 5만 원에 사시오" 하는 의사표시)과 승낙(예: "좋소! 그 값에 사겠소" 하는 의사표시)을 말한다.

민법은 채권각론상에 매매·교환·고용·도급 등 14종의 일반사회에서 널리 행하여지는 전형계약에 관하여 그 내용과 효력 등을 규정하고 있으나 이 전형계약에 관한 민법상의 규정은 대개 강행규정이 아니라 임의규정으로서 예시적인 것에 불과하므로 채권계약의 당사자는 민법에 규정된 종목과 내용대로의 계약을 체결할 수도 있고, 그와는 다른 종류와 내용의 계약을 체결할 수도 있다.

2. 불법행위

불법행위란 계약에 다음가는 중요한 의의를 갖는 채권발생의 원인으로서 고의 또는 과실로 인한 위법행위로 타인에게 손해를 가하는 행위를 말한다. 이 때에는 피해자는 가해자에 대하여 손해배상을 청구할 채권을 갖는다. 가령 불량자가 타인의 재산을 파괴한다든가, 자동차운전수가 사람을 치어서 살상케 한 경우 등이 그 예이다. 불법행위가 성립되기 위하여는 고의 또는 과실이 있어야 함이 원칙이나 근래에 와서는 과실이 없는 경우에도 책임을 져야 한다는 무과실책임의 원칙이 요망되고 있음은 전술한 바와 같다.

3. 사무관리

사무관리[43]란 법률상의 의무 없이 타인을 위하여 그 사무를 관리하는 행위를 말한다. 가령 주인의 여행 중에 집을 보아 주는 자가 장마로 인해 가옥의 일부가 붕괴되었을 때 더 큰 피해를 예방하기 위하여 그 가옥을 수리하여 주는 경우가 그 예이다. 그와 같은 때에는 관리자는 본인에 대하여 그 비용을 청구하는 채권을 가지게 된다.

4. 부당이득

부당이득은 법률상의 원인 없이 타인의 재산 또는 노무로 인하여 이익을 얻고 그로 인하여 타인에게 손해를 끼치는 것을 말한다. 예를 들면 채무자인 A가

---

43) 사무의 관리란 사무의 처리를 말하며, 보존·이용·개량 같은 관리행위뿐만 아니라 처분행위도 포함된다.

채권자인 B에게 차용금을 갚는다는 것이 B가 쌍둥이어서 착각을 일으켜 B와 얼굴이 똑같은 C에게 잘못 갚았다고 할 때, C는 법률상의 정당한 이유 없이 이익을 본 대신 A에게 손해를 끼치는 것이다. 그와 같은 때에는 손해를 본 자는 부당하게 이익을 얻은 자에 대하여 그 부당이익의 반환을 청구할 채권을 갖는다.

Ⅲ. 채권의 목적

채권의 내용인 채무자의 행위(작위・부작위), 즉 급부를 채권의 목적이라고 하며, 이와 같은 채권의 목적은 꼭 금전으로 산정할 수 있는 것임을 요하지는 않으며, 금전적 가치가 없더라도 채권자에게 이익을 부여하는 것이면(예: 거래의 가치가 없는 그림을 그려 받는 경우) 족하다. 또 채권의 목적에는 물권법정주의와 같은 제한이 없으므로 당사자의 의사에 의하여 자유롭게 이를 정할 수가 있으나, 그 채권의 목적이 성립하기 위하여는 ① 확정될 수 있어야만 하고, ② 실현가능하여야 하며,[44] 또 ③ 적법하여야 하고, 그리고 ④ 선량한 풍속기타 사회질서에 반하는 것이 아니어야 한다. 채권은 그 목적에 의하여 다음과 같이 분류할 수 있다.

1) 특정채권 : 특정물의 인도를 목적으로 하는 채권

2) 종류채권 : 목적물을 종류로만 지정한 채권(예: 백미 1가마를 급부할 채권)

3) 금전채권 : 일정액의 금전을 지급할 것을 목적으로 하는 채권

4) 이자채권 : 채권의 목적이 이자인 채권

5) 선택채권 : 수 개의 목적물 중에서 선택에 의하여 채권의 목적물이 결정되는 채권(예를 들면 갑마 또는 을우를 급부한다는 채권)

Ⅳ. 채권의 효력

이행기가 도래하면 채무자는 채무의 내용에 따른 행위를 하여야 한다. 이

44) 예컨대 태평양 한가운데에 떨어뜨린 바늘 한 개를 건져 준다는 경우 같은 것은 이론적으로는 가능할지 몰라도 사실상 불가능한 것으로 보아야 된다.

때 채무자가 채무의 내용을 실현하는 행위를 가리켜 변제라고 하는데, 변제가 있으면 채권은 그 목적을 달성하므로 소멸된다. 그러나 채무자가 임의로 변제하지 않는 경우에는 어떻게 하느냐. 채권자가 실질적으로 임의이행이 있는 것과 동일한 이익을 요구할 수 있는 채권자의 권능을 채권의 효력이라고 한다. 채권의 효력은 채권자와 채무자 간의 관계, 즉 대내적인 것과 채권자와 제3자와의 관계, 즉 대외적인 것으로 나눌 수 있다.

1. 채권의 대내적 효력

일반적으로 채권은 특정인이 다른 특정인에 대하여 특정의 행위를 청구할 수 있는 권리로 이해된다. 채권의 효력으로서, 채권자는 채무자에 대하여 일정한 행위 곧 급부를 청구할 수 있는 권능인 청구력이 있다. 또한 그 청구에 대응한 채무자의 채무이행으로서의 급여 또는 급부가 있으면 이를 받아 누릴 수 있는 권능인 급부보유력이 인정된다.

개인의 자유를 존중하는 사회에서는, 정당한 법률상의 이유나 원인 또는 이른바 권원, 즉 권능의 원인 내지 권리가 없이 다른 사람에 대해 어떤 행위를 해 달라고 요구할 수 없다. 또한 자기에게 잘못 전달된 다른 사람의 재물 또는 다른 사람이 모르고 자기에게 하는 행위를 시치미를 떼고 받아들여서도 안 된다. 권원이 없는데도 다른 사람에 대하여 한 요구 또는 다른 사람이 한 급부의 보유는 불법행위로 인한 손해배상책임 또는 부당이득으로 인한 반환의무의 원인이 된다.

그러나 채권은 채권자의 청구력과 급부보유력을 정당화하는 권원이 되는 것이다. 따라서 채권자가 채무자에 대해 채무의 이행을 청구해도 불법행위가 되지 않으며 채무자로부터 급부를 받아도 부당이득이 되는 것이 아니다.

(1) 채무불이행의 법률관계

채권은 권리로서 채무자의 행위로부터 이익을 얻는 것이 법적으로 보장되는 것이다. 그렇다면, 채무자가 채무의 이행을 제대로 하지 않아 그 불이행으로 말미암아 이익의 향유가 방해를 받는 경우 채권자를 보호하기 위한 권능도 또한 채권자에게 인정하여야 할 것이다.

따라서 법에서는 채무불이행의 종류에 따라 채권자에게 일정한 권능을 인정하고 있다. 또한 국가권력의 도움을 받아 채무의 현실적 이행을 강제할 수 있는 '소구력'과 '집행력'도 있다. 이들을 채무자의 '채무불이행의 경우의 효력'이라고 한다.

그런데 예외적으로 소구력과 집행력이 없는 채권도 있을 수 있는데, 그러한 채무를 '자연채무'라고 하고, 소구력은 있지만 집행력이 없는 채권에 대한 채무를 '책임 없는 채무'라고 한다. 이 양자를 포괄하여 '불완전채무'라고 부른다.

예를 들어, 돈을 빌린 채무자가 채권자에게 "내가 돈을 갚지 못하더라도 창피스럽게 소송을 걸지 말아 달라"라고 사정하여 채권자가 그렇게 하겠다고 승낙하였다면, 채무자의 돈 빌린 채무는 '자연채무'가 된다. 또한 채무자가 "내가 못 갚으면 소송을 해서 이겨도 내 재산에 대한 강제집행은 하지 말라"고 해서 채권자가 승낙한 경우에는 그 돈을 빌린 채무는 '책임 없는 채무'인 것이다.

참고로 다른 사람이 돈을 빌릴 수 있도록 자기의 물건을 질권이나 저당권의 목적물로 제공하여 담보물권을 설정해 준 사람, 이른바 물상보증인은 채무 없이 책임만 부담한다. 채무자는 돈을 빌린 자이며, 물상보증인은 채무자가 빌린 돈을 갚지 못하면 담보로 제공한 물건이 민사집행법에 의해 경매의 대상이 되기 때문이다.

민사소송법에서는 당사자가 신청하지 않은 사항에 대해 법원은 판결할 수 없다는 처분권주의가 인정되고 있다(민사소송법 제203조). 또 민사집행법에 의하면, 일단 강제집행의 절차가 개시된 강제집행을 하지 않기로 하거나 그 신청이나 위임을 취하한다는 취지의 화해조서의 정본 또는 공정증서가 집행법원에 제출된 경우에는 강제집행을 취소 또는 정지·제한하여야 한다(민사집행법 제49조·제50조). 이는 재산권을 권리자가 임의로 처분할 수 있기 때문이다.

1) 채무불이행의 유형 채무불이행은 채무자가 채무의 내용에 좇은 급부를 하지 않는 경우를 통틀어 일컫는 말이다. 채무불이행의 유형으로는, 이행지체·이행불능·불완전이행의 세 가지가 있다.

세 가지 중 어느 경우나 채무자에게 손해배상의 책임을 돌릴 사유, 이른바 귀책사유로서의 고의 또는 과실이 있는 때에는 그 손해배상의 책임이 발생한다. 고의와 과실은 심리상태를 의미하는 것으로, 고의는 의도적으로 채무를 이행하지 않는 경우이며, 과실은 채무의 이행을 제대로 할 수 있도록 기울여야 할 주의를 다하지 못하여 채무가 불이행되게 된 경우이다. 불법행위의 경우와 함께 채무불이행의 경우 고의·과실이 있어야만 손해배상책임을 인정하는 법률의 기본태도를 '과실책임의 원칙' 또는 '과실책임주의'라고 한다.

2) 이행지체 이행지체는 채무가 이행기에 있고 또 그 이행이 가능함에도 불구하고 채무자가 그의 귀책사유로 채무의 내용에 좇은 이행을 하지 않는 것을 말한다. '채무자 지체'라고도 한다. 채무이행의 확정한 기한이 있는 경우에는 채무자는 그 기한이 도래한 때로부터 지체책임이 있다(제387조 1항). 예컨대, 빌린 돈을 2014년 7월 1일에 지급하기로 약속한다면 금전채무는 그날이 지남으로써 즉 채권자의 청구 없이도 당연히 이행지체가 된다.

채무자는 이행지체의 책임으로, 채권자로부터 손해배상 곧 지연배상의 청구를 당하거나, 또는 계약의 해제를 당하는 불이익을 감수하여야 한다.

금전채권의 경우에는, 채권자는 실제로 손해의 증명을 하지 않더라도 지연이자의 형태로 지연배상을 청구할 수 있고, 또 채무자는 고의·과실 없이 불가항력으로 인하여 채무를 이행할 수 없었더라도 배상책임을 면할 수 없다.

3) 이행불능 이행불능이란 채권이 성립한 후에 채무자의 귀책사유로 그 이행이 불가능하게 된 경우를 말한다. 예를 들어, 소 한 마리의 매매계약을 체결한 후에 그 소가 없어져 버린 경우와 같이, 채권의 성립 후에 그 이행을 할 수 없게 된 것을 의미한다.

이행불능의 경우 채권자는 이행에 갈음하는 손해배상 곧 보전배상을 청구하거나, 또는 계약을 해제할 수 있다.

이행불능에서는 그 요건으로서 어느 경우에 불능으로 볼 것인지, 다시 말하여 이행불능으로 다루어지는 불능의 범위를 정하는 것이 중요하다. 불능의 분류 중에서 가장 중요한 것으로서, 예컨대 건물에 대해 매매계약을 체결하였는데, 그 건물이 계약체결 전에 이미 소실된 경우가 '원시적 불능'이고, 계약체결 후에 소실된 것이 '후발적 불능'이다. 이 중 법률행위가 무효로 되는 것은 원시적 불능에 한한다. 후발적 불능의 경우에는 매매계약은 유효하고, 다만 그 불능에 채무자의 귀책사유가 있는지 없는지에 따라 이행불능에 따른 채무불이행 책임 또는 쌍무계약에서의 위험부담의 문제로 처리된다.

4) 불완전이행 불완전이행은 채무자가 이행을 하였으나 그것이 채무의 내용에 좇은 것이 아닌 불완전한 경우를 의미한다. 예를 들어, 사과 1000상자의 인도채무를 지는 자가 900상자만을 인도하거나 혹은 그 인도한 사과 1000상자 중의 일부에 흠이 생긴 경우를 말한다. 불특정물에 관하여 채무자가 인도

한 물건이 이미 파손된 물건이었던 경우와 같이, 채무의 이행은 있었으나 그것이 불완전한 경우를 말한다. 이 경우 채무자가 다시 완전한 이행을 할 수 있는 때, 즉 이른바 추완가능한 때에는 이행지체의 문제로 처리하고, 그렇지 못한 추완불능이면 이행불능의 문제로 처리해야 할 것이다.

그러나 특정물매매의 경우와 같이 특정물을 인도할 채무의 경우에는, 불완전이행의 문제가 생기지 않고, 이른바 하자담보책임의 문제가 된다. 즉 유상계약에 관한 채무불이행의 경우에는, 채권자는 대금의 감액청구, 계약해제, 손해배상의 청구 등의 권리가 인정된다(제580조・제567조).

5) 수령지체　　채권이 내용을 정상적으로 실현하여 소멸하는 데에는, 채무자가 채무의 본래의 취지에 따른 이행 또는 변제를 할 뿐 아니라, 채권자 측에서도 협력 곧 변제의 수령을 하지 않으면 안 되는 경우가 많다. 채권자지체는 채무자가 이행을 지체하는 이행지체(채무자지체)에 대응하는 것으로서 채무자가 채무내용에 좇은 이행의 제공을 하였으나, 채권자가 수령 등 이행의 완료에 필요한 협력을 하지 않는 경우, 채권자가 그 수령 등의 지체에 따른 일정한 책임을 지는 제도이다. 채무자가 채무를 이행하는 데 채권자가 그 이행의 제공에 대해 수령을 하지 않으면 채무자는 법원을 통한 공탁(제487조 이하)의 방법으로 채무를 면할 수 있다.

그러나 채무의 성질이 이 방법에 적합하지 않을 수도 있다. 따라서 민법은 채권자에게 채권자지체 또는 수령지체의 책임을 지우고(제403조), 채무자가 변제의 제공을 한 때부터 채무불이행으로부터 생기는 모든 책임을 면한다고 규정하고 있다(제461조).

그리하여 채무자는 지연이자나 손해의 배상을 하지 않아도 되며, 담보물권의 실행을 당하거나 또는 강제집행을 받는 일이 없게 되는 것이다. 그러나 부작위채무의 경우는 채권자의 협력이 필요한 것이 아니므로, 이와 같은 문제는 일어나지 않는다.

(2) 강제집행에 의한 채무이행의 강제수단

채무불이행의 경우 이상과 같은 효력 외에, 채권자가 국가권력의 도움으로 채권의 내용을 실현하는 방법이 있다. 그 하나는, 민사소송법에 따라 법원에 호소하여 채무자로 하여금 채무를 이행할 것을 명하는 판결 곧 이행판결 또는 급부판결을 청구하는 것이다. 이를 법원에 소를 제기하는 방법으로 청구할 수 있는 효력이라는 뜻에서 '소구력'이라고 한다.

채권에 관한 '소구력'에 따라 이행판결이 있는데도 채무자가 여전히 이행을 하지 않는 때에는, 민사집행법에 따라 법원에 의하여 강제적으로 채무의 내용을 실현하도록 할 수 있다. 이를 강제집행이라고 하고, 이 방법에 의하여 채권자가 채권의 실현을 할 수 있는 권능이 '집행력'이다.

강제집행에 의한 채무이행의 강제수단으로는, 직접강제 · 대체집행 · 간접강제가 있다.

1) 직접강제　　직접강제는 돈을 지급한다든가 물건을 인도한다든가 하는 이른바 '주는 채무'에 관해서 집행관이 채무자로부터 그 물건을 받아내어 직접 강제적으로 이행을 실현하는 것을 말한다(제389조 1항 본문).

예컨대, 금전채무를 이행하지 않는 채무자의 재산을 강제적으로 경매하여 그 경락대금을 채권자가 받도록 하든가, 또는 채무자가 점유하고 있는 물건을 강제적으로 받아 채권자에게 인도하도록 하는 것이 이에 속하며, 구체적인 절차와 방법은 민사집행법에 자세히 규정되어 있다.

2) 대체집행　　채무의 내용이 채무자의 일신에 속하지 아니한 작위를 목적으로 하는 것, 즉 '하는 채무'로서 채무자 이외의 자가 하더라도 무방한 '대체적 작위채무'의 경우에는 대체집행이 인정된다. 건물의 철거, 단순한 노무의 제공, 물품의 운송 등이 그러하다. 이때 그 방법은 채무자의 비용으로 제3자에게 이를 하게 할 것을 법원에 청구하는 방식으로 한다. '하는 채무' 중에서 제3자가 대행하여도 목적을 달성할 수 있는 채무에 관하여, 채권자가 채무자로부터 비용을 받아내도록 해서 제3자에게 채무자 대신에 그 이행을 시킴으로써 채권의 내용을 실현하는 것을 말한다(제389조 2항, 민사집행법 제260조).

3) 간접강제　　간접강제는 본래의 채무를 이행하지 않으면 손해배상을 명함으로써 이를 통해 간접적으로 채무자의 자유의사를 압박 · 강제하여 본래의 채무의 이행을 실현시키는 방법이다(민사집행법 제261조). 예를 들어 증권에 서명할 의무, 주식에 명의개서를 할 의무, 재산목록의 작성의무 등이 이에 속한다. 그런데 '부대체적 작위채무'라고 하더라도 다음과 같은 것에는 간접강제가 허용되지 않는다. 즉 ① 채무자의 의사만으로 실현될 수 없는 채무(예컨대, 채무이행을 위해 과다한 비용이나 특수한 설비 또는 제3자의 협력을 필요로 하는 경우), ② 창작활동을 목적으로 하는 채무처럼 자유의사를 강제하면 채무의 내용에 좇은 급

부를 제대로 실현할 수 없는 채무, ③ 부부의 동거의무처럼 채무자의 자유의사를 강제하는 것이 인격존중의 이상에 반하는 채무 등이 그러하다. 이들 경우에는 채무불이행으로 인한 손해배상을 청구하거나 이혼 등의 다른 구제방법에 의할 수밖에 없다.

2. 채권의 대외적 효력

채권은 채무자에 대한 권리이고, 채권자가 채권의 실현성을 확보하는 데에는 궁극적으로 채무자의 재산 곧 이른바 책임재산이 근거가 된다. 따라서 채무자의 재산의 증감은 채권자의 중대한 관심사가 아닐 수 없다.

따라서 민법은 일정한 요건 아래 이러한 채무자의 재산의 충실·보전을 위해 채권의 효력이 채무자 이외의 제3자에게 미치는 것을 인정하고 있다. 이를 채권의 대외적 효력이라고 하며, 채권자대위권과 채권자취소권이 있다.

(1) 채권자대위권

채권자대위권은 채무자가 소극적으로 책임재산의 보전을 게을리하여 그 재산이 감소됨으로써 자기의 채권을 보존하지 못할 염려가 있는 경우 채권자가 채무자에 갈음하여 스스로 채무자의 권리를 행사할 수 있는 것을 말한다.

예컨대, A에 대하여 1억 원의 채무가 있는 B가 자기의 재산상태가 아주 나쁜데도 자기가 C에 대하여 가지고 있는 1억 원의 채권을 독촉해 받아내기 위한 추심을 하지 않고 방치하고 있는 경우(계속 방치하면 시효로 소멸한다), B에 대한 채권자 A는 B에 갈음하여 C로부터 그 1억 원을 추심할 수 있는 것이다(제404조·제405조). 채권자대위권 제도는 프랑스 민법의 규정을 본받아 이를 정한 구 민법을 우리가 수용한 것인데 독일민법과 스위스민법은 이를 인정하고 있지 않다.

금전채권에 관한 채권자대위권과 관련하여, 법원의 추심명령과 전부명령의 제도가 있다.

추심명령은 금전채권(채무자가 제3자에 대해 가진 채권)을 압류한 채권자 곧 압류채권자에게 대위의 절차를 취함이 없이 그 채무자(제3채무자)에 대한 채권의 추심을 할 권리를 부여하는 집행법원의 결정이다(민사집행법 제229조 2항).

전부명령은 채권자가 채무자의 채무자(제3채무자)에 대한 채권을 압류한 경우 압류채권자에 대한 채무자의 변제에 갈음하여 압류한 채무자의 제3채무자에 대한 채권(압류채권)을 압류채권자에게 이전시키는 집행법원의 결정을 가리킨다(민사집행법 제229조 3항).

예컨대, A가 B에 대한 1000만 원의 채권이 있는데 B가 이를 변제하지 않고 있다. 그런데 B는 C에 대해 1000만 원을 받을 채권을 가지고 있는 경우, A가 채무자 B의 C(B에게는 채무자, A에게는 제3채무자이다)에 대한 채권을 압류하였다면, A는 집행법원의 추심명령을 받아 C에 대해 B에 대한 채무를 자기에게 이행하라고 하여 변제를 받아 자기에 대한 B의 채무이행으로 취급할 수 있는 것이다. 이 경우에, C에 대한 B의 채권을 압류한 A가 C에 대한 채권자가 되게 하여 C로부터 바로 돈을 받아낼 수 있도록 하는 법원의 결정이 전부명령이다. 전부명령의 경우 그것으로 채무자의 제3채무자에 대한 채권이 압류채권자에게 귀속됨으로써, 채권자는 제3채무자의 자력의 감소·변동의 위험을 부담하여야 한다.

채권자대위권제도는 강제집행을 보완하는 것으로 그 효용성이 있다. 즉 강제집행을 하려면 집행권원이 있어야 하는데, 채무자가 제3채무자에 대해 채권을 행사하지 않아 소멸시효가 완성될 시기에 있는 경우에는 집행권원을 요하지 않는 채권자대위권을 행사하는 것이 편리하다.

(2) 채권자취소권

채권자취소권은 채무자가 채권자를 해하는 법률행위를 함으로써 무자력이 되어 채권의 만족을 줄 수 없는 경우, 채권자가 그 취소 및 원상회복을 법원에 청구할 수 있는 권리이다. 채권자대위권과 더불어 채무자의 책임재산의 보전을 위해 채권자에게 인정된 권리이다. 채무자가 적극적으로 책임재산을 일실시키는 것을 방지하기 위한 권리로, 채무자가 채권자를 해한다는 것을 알면서 한 법률행위를 채권자가 법원에 청구하여 취소할 수 있는 것을 말한다(제406조·제407조). 이를 '사해행위취소권'이라고도 한다.

그 요건은, ① 채무자에게 채권자를 해칠 의사가 있을 것, ② 채무자의 행위로 그 재산이 감소하여 변제가 곤란하게 될 염려가 있을 것, ③ 제3자가 이러한 사실을 알고 있을 것, ④ 취소원인을 안 날로부터 1년, 법률행위가 있은 날로부터 5년이 경과되지 않을 것 등이다.

예컨대, A에게 1억 원의 채무를 부담하고 있는 B가 자기의 유일한 재산인 시가 2억 원의 건물을 7,000만 원이라는 싼 값에 C에게 매각한 경우, 자기의 채권자 A에게 피해가 된다는 것을 알고, C도 그와 같은 사정을 알면서 그것을 매수하기로 하였다면 A는 B와 C간의 매매계약의 취소를 법원에 청구할 수 있는 것이다.

이러한 취소와 그에 따른 원상회복은 청구한 채권자에게만 효력이 미치는 것이 아니라, 모든 채권자의 이익을 위하여 그 효력이 있다(제407조).

V. 다수당사자의 채권관계

채권관계의 당사자인 채권자 및 채무자는 각각 한 사람씩 있는 것이 통례이나 경우에 따라서는 지급은 하나인데 이 지급에 관하여 복수의 채권자 또는 채무자가 관여하는 경우가 있다. 이와 같은 경우를 다수당사자의 채권관계라고 하며 이에는 다음과 같은 종류가 있다.

1. 가분(분할)채권관계

가분(분할)채권관계라 함은 채권의 목적물이 분할될 수 있는 경우를 말한다. 예를 들면, A, B, C 3인이 공동으로 쌀 1가마를 샀을 때에 대금을 지급하는 채무와 같은 것이다. 채권자가 수인인 때에는 이것을 가분채권이라 하고, 채무자가 수인인 때에는 가분채무라고 하는데 실제에 있어서는 가분채권보다도 가분채무가 발생하는 경우가 더 많다.

2. 불가분채권관계

채권의 목적물이 분할될 수 없는 경우를 불가분채권관계라고 한다. 예를 들면 A, B, C 3인이 D에 대하여 닭 1마리를 급부케 하는 채권을 가지는 경우(불가분채권)와 B, C, D 3인이 A에 대하여 텔레비전 1대를 급부할 채무를 부담하는 경우(불가분채무) 등이다. 채권자가 수인인 때(불가분채권)에는 각 채권자는 모든 채권자를 위하여 전부의 이행을 단독으로 청구할 수 있고, 채무자가 어떤 1인의 채권자에 대하여 이행을 한 때에는 모든 채권자에 대한 이행이 된다. 또 채무자가 수인인 경우(불가분채무)에 1인의 채무자가 전부의 이행을 하면 채권은 소멸되고 그는 다른 채무자에 대하여 구상권을 갖는다. 불가분채권관계는 목적물의 성질상 발생하는 경우와 당사자의 의사표시에 의하여 발생하는 경우가 있다.

3. 연대채무

연대채무란 수인의 채무자가 각각 독립하여 전부의 변제를 할 채무를 부담하는 경우를 말한다. 연대채무에 있어서는 채권자는 1인의 채무자에 대하여 전부 이행할 것을 청구할 수 있고, 채무자 전원에 대하여 동시에 또는 순차적으로 전부 이행할 것을 청구할 수 있다. 1인의 채무자가 변제를 하면 다른 채무자도 채무를 면하지만, 변제를 한 채무자는 다른 채무자들에 대하여 구상권을 갖는다. 이 연대채무에 있어서는 각 채무자의 채무가 독립하여 있으므로 주종의 차가 없으니 그만큼 연대채무가 보증채무보다 강력하다고 할 수 있다.

4. 보증채무

주된 채무자가 이행을 하지 않을 때에 이행의 책임을 지는 종적인 채무를 보증채무라고 한다. 이와 같이 보증채무는 종적인 작용을 하므로 주된 채무가 존재하지 않으면 보증채무도 성립하지 않고, 또 주된 채무가 소멸하면 보증채무도 따라서 소멸하게 되니, 이것을 보증채무의 '부종성'이라고 한다.

보증채무는 이 밖에도 주된 채무가 이행되지 않을 때에 비로소 보충적으로 이행되는데 이것을 보증채무의 보충성이라고 한다. 이 보충성 때문에 채권자가 보증인에 대하여 이행을 청구하였을 때에는 보증인은, ① 주채무자의 변제자력이 있는 사실 및 그 집행이 용이한 것을 증명하여 주채무자에게 먼저 청구하라고 하는 최고의 항변권과, ② 역시 주채무자의 변제자력 및 집행의 용이함을 증명하고 먼저 주채무자의 재산에 대하여 집행하라고 하는 검색의 항변권을 가진다.

Ⅵ. 채권양도와 채무인수

1. 채권양도

채권양도라는 것은 채권의 동일성을 변하지 않고 타인에게 양도함을 말한다. 채권은 원칙적으로 양도할 수 있으나 다만, ① 채권의 성질상 양도할 수 없는 때(예: 독일어 교사에게 독일어 학습지도를 시키는 채권)와 ② 당사자의 특약으로 양도를 금지한 때 및 ③ 법률상 양도가 금지된 채권일 때(예: 부양청구권)는 채권은 양도할 수 없다.

채권의 양도는 당사자(구채권자와 신채권자)간의 계약으로 할 수 있으나 그 양도의 방법은 채권의 종류에 따라서 다르다.

2. 채무인수

채무의 동일성을 유지하면서 그 채무를 타인에게 이전하는 것을 채무인수라고 한다(예: A에 대한 B의 채무를 C에게 이전하는 경우). 채무인수를 무제한으로 허용하는 경우에는 채권자를 해할 우려가 있으나, 채권자(A)・채무자(B)・인수인(C)의 3면계약에 의해 인수를 한다면 이를 금할 이유가 없으니 물론 가능하다. 이 밖에도 민법은, ① 채권자(A)와 인수인(C) 간의 계약으로써 하는 경우와,[45] ② 채무자(B)와 인수인(C)간의 계약(이 때에는 채권자인 A의 승낙을 요한다)으로써 하는 경우를 인정하고 있다.

Ⅶ. 채권의 소멸

채권의 소멸이라 함은 채권이 누구를 위하여도 존재하지 않게 되는 것을 말한다. 채권은 각종의 원인으로 소멸되지만 민법이 규정하는 것으로는 다음과 같은 7종이 있다.

1. 변 제

채무의 내용을 실현하는 채무자의 행위를 변제라고 한다. 변제가 있으면 채권은 그 목적을 달성하여 소멸된다.

2. 대물변제

대물변제라 함은 채무자가 채권자의 승낙을 얻어 본래 부담하였던 급부 대신에 다른 급부를 함으로써 채권을 소멸시키는 것을 말한다. 예를 들면 100만원이라는 금전급부에 대신하여 대형 에어콘 1대를 급부하는 경우이다.

---

45) 단, 이 때에는 구채무자인 B의 의사에 반할 수 없다.

3. 공 탁

공탁이란 채권자가 변제의 수령을 거절하거나, 이를 수령하는 것이 불가능하거나, 또는 변제자의 과실 없이 채권자를 알 수 없을 때, 변제자가 변제의 목적물을 채권자를 위하여 공탁소에 임치하고 채무를 면하는 것을 말한다. 그 효력은 변제와 동일하며 채권자는 나중에 공탁소로부터 맡겨 놓은 물건을 수령하게 된다.

4. 상 계

상계란 쌍방이 상호간에 동 종류의 채권을 가지고 있을 경우에, 즉 쌍방이 서로 채권자이고 채무자인 경우에 서로 현실의 변제를 하지 않고서 대립하는 채권・채무를 서로 같은 액수로 소멸시키는 것을 말한다. A가 B에 대하여 10만 원의 채무를 지고 있는데, B도 A에 대하여 7만 원의 채무를 지고 있다고 할 때, A가 B에 대하여 상계의 의사표시를 하면 양채권은 대등액에서 소멸하고 A의 B에 대한 3만 원의 채무만 남는다.

5. 경 개

구채무를 소멸시키고 신채무를 성립시키는 계약을 경개라고 한다. 예를 들면 20만 원의 채무를 쌀 1가마의 채무로 바꾸는 경우가 그 예이다. 대물변제에 있어서는 본래의 변제에 가름하는 급부가 현실로 행하여지는 반면에, 경개에 있어서는 구채무에 대신하여 다만 하나의 신채무가 성립함에 불과한 것이 대물변제와 다른 점이다.

6. 면 제

면제란 채권을 무상으로 소멸시키는 채권자의 단독행위이다. 면제를 채권자와 채무자 간의 계약으로 하게 하는 입법례(독일민법)도 있으나, 한국민법은 채무자의 승낙을 요하지 않을 뿐만 아니라 채무자의 의사에 반하여서도 할 수 있는 단독행위로 하였다. 그러나 계약으로써도 면제를 할 수 있음은 물론이다.

7. 혼 동

채권자의 지위와 채무자의 지위가 동일인에게 귀속하는 것이 혼동이다. 예를 들면 채권자인 회사가 채무자인 회사를 합병하거나 채무자가 채권자의 상속인이 되는 경우이다. 이와 같은 때에는 채권의 존재를 인정한다는 것은 무의미하기 때문에 채권은 소멸한다.

제5절 친　　족

Ⅰ. 서　　설

민법을 재산법(물권편과 채권편)과 가족법(친족편과 상속편)의 두 분야로 나눌 수 있다는 것은 전술한 바와 같거니와, 가족법은 재산법과 비교하여 볼 때 여러 가지 특색을 가지고 있다. 특히 가족법에 있어서는 윤리적 요소가 짙은 점을 들 수 있으니, 재산법이 어떤 목적을 위한 수단으로서의 인위적 결합체인 이익사회의 생활관계를 규율하는 법임에 반하여, 가족법은 다른 목적을 가지지 아니한 인간의 자연적 결합체인 공동사회의 생활관계를 규율하고 있는 까닭이다. 따라서 각국의 입법례를 살펴보면 재산법상에 있어서는 공통성이 있음에 반하여(꼭 같다는 것은 아니고, 비교적 가족법에 비하여 비슷한 점이 많다는 뜻임), 가족법은 그 나라 고유의 습속과 윤리를 기반으로 하기 때문에 각국의 입법례가 다양하다. 과거 일정시대에도 가족법 분야에 있어서만은 일본민법전을 그대로 이 땅에까지 강요하지 못하였고, 가족법은 일정시대 이래 현행 민법전이 시행되기 전까지 대부분 관습에 의하여 규율되어 온 것도 이 때문이다.

우리나라 가족법은 종래 우리나라 고유의 도덕과 관습을 반영한 법규라는 주장에도 불구하고, 가족법을 포함하고 있는 민법전(民法典)이 1958년에 제정된 이후 여자와 남자 사이의 평등 곧 「양성평등(兩性平等)」이나 「가족민주주의(家族民主主義)」의 이념을 충실히 실현하고 있지 못하다는 비판과 그것에 대한 개선 내지 개편의 논의가 끊임없이 있어 왔다.

그 결과, 가족법은 민법전 제정 이후 양성평등·가족민주주의 등의 실현을 뒷받침하기 위해 여러 차례의 개정이 있었다. 그중에서도 1990년과 2005년의 개정이 가장 특기할 개정으로 평가되고 있다.

Ⅱ. 친족관계

1. 친족의 의의

친족이라 함은 배우자, 혈족 및 인척을 말한다. 배우자란 혼인으로 인하여 결합된 남녀, 즉 부부관계를 말한다.[46] 혈족이라 함은 혈연이 있는 자로서 직계혈족과 방계혈족을 말하는데, 직계혈족이란 자기의 직계존속(부모・조부모 등)과 직계비속을 말하고, 자기의 형제자매와 형제자매의 직계비속, 직계존속의 형제자매 및 그 형제자매의 직계비속이 방계혈족이다. 인척이란 혈족의 배우자, 배우자의 혈족, 배우자의 혈족의 배우자를 말한다.

2. 친족의 범위

친족관계의 요소는 위에서 말한 바와 같이 자연적인 것이므로 친족의 범위는 무한히 확대될 수 있으므로 각국의 입법례를 볼 것 같으면 일정한 범위를 정하여 그 범위 내의 혈족을 친족이라고 한다. 우리나라 민법이 규정하는 친족의 범위는 외국의 경우보다 훨씬 넓으며, 다음과 같이 규정하고 있다.

1) 8촌 이내의 혈족[47]

2) 4촌 이내의 인척[48]

3) 배우자

Ⅲ. 가족의 범위와 자의 성과 본

배우자, 직계혈족 및 형제자매를 가족으로 하고, 직계혈족의 배우자, 배우

---

46) 부부의 경우 배우자의 지위에서 법률상의 효과가 발생하는 것이지 친족의 지위를 근거로 하여 법률상의 효과가 발생하는 일은 없기 때문에 특히 배우자를 친족의 일종으로 규정한 것은 적당하지가 않다.

47) 구 규정상에서는 부계혈족은 8촌까지를 혈족으로 규정하였으나, 모계혈족은 4촌까지만을 혈족으로 규정하였었다.

48) 구 규정상에서는 夫의 8촌 이내의 부계혈족, 夫의 4촌 이내의 모계혈족, 처의 부모를 인척으로 규정하였었다.

자의 직계혈족, 배우자의 형제자매 등도 생계를 같이 하는 경우에는 가족으로 한다.

자는 부의 성과 본을 따르는 것을 원칙으로 하고, 다만 부모가 혼인신고 시 모의 성과 본을 따르기로 협의한 경우에는 모의 성과 본을 따른다. 부가 외국인인 경우에는 모의 성과 본을 따를 수 있다.

부를 알 수 없는 혼인 외의 출생자의 경우에는 모의 성과 본을 따르고 혼인 외의 출생자가 인지된 경우 자는 부모의 협의에 의해서 종전의 성과 본을 계속 사용할 수 있다. 다만 부모가 협의할 수 없거나 협의가 이루어지지 않은 경우에는 자는 법원의 허가를 받아 종전의 성과 본을 계속 사용할 수 있다.

부모를 알 수 없는 기아 같은 경우에는 법원의 허가를 받아 성과 본을 창설하고, 추후 부모를 알게 된 때에는 부 또는 모의 성을 따를 수 있다.

자의 복리를 위하여 자의 성과 본을 변경할 필요가 있을 때에는 부, 모 또는 자의 청구에 의하여 법원의 허가를 받아 이를 변경할 수 있다. 자가 미성년자이고 법정대리인이 청구할 수 없는 때에는 민법 제777조의 규정에 따라 8촌 이내의 혈족이나 4촌 이내의 인척 또는 검사가 청구할 수 있다.

Ⅳ. 혼　인

1. 약　혼

(1) 약혼의 의의와 성립요건

약혼이란 장래 혼인할 것을 내용으로 하는 1남1녀간의 자유로운 합의를 말한다. 약혼은 어디까지나 혼인을 할 당사자간의 합의이기 때문에 당사자 아닌 주혼자 간의 합의인 정혼(현행법상 정혼은 무효임)과는 다르다.[49]

약혼이 성립되기 위하여는 일정한 형식은 필요 없으나, ① 혼인의 경우와 같이 양 당사자는 18세에 달해야 하며,[50] ② 미성년자인 경우에는 부모 또는 후견인의 동의를 얻어야 하고, ③ 금혼자간의 약혼이 아니어야 한다.

49) 약혼과 정혼을 혼동하지 않도록 주의할 것.

50) 약혼은 혼인보다 선행하는 것이므로 약혼연령은 혼인연령보다 어느 정도 낮추는 것이 입법론상 요망된다.

(2) 약혼의 효과

약혼에는 일반계약에 있는 바와 같은 강제이행의 청구권은 생기지 않는다. 즉 약혼을 하였다고 해서 얼마 후에 반드시 혼인을 해야 한다는 것은 아니다. 그러나 약혼해제의 사유에 해당하는 정당한 사유가 없음에도 불구하고 약혼을 해제한 때에는 당사자의 일방은 과실 있는 상대방에 대하여 이로 인한 손해배상을 청구할 수 있다. 이것은 정신상의 고통에 대한 위자료를 포함한다.

(3) 약혼해제의 사유와 방법

약혼은 위에서 말한 바와 같이 강제이행을 청구할 수 없는 것이므로 정당한 사유가 있는 한 언제나 해제할 수 있다. 우리 민법은 약혼해제의 사유로서 다음과 같은 것을 규정하였다.

1) 약혼 후 자격정지 이상의 형의 선고를 받은 경우
2) 약혼 후 성년후견개시나 한정후견개시의 심판을 받은 경우
3) 성병, 불치의 정신병 그 밖의 불치의 병질이 있는 경우
4) 약혼 후 타인과 약혼이나 혼인을 한 경우
5) 약혼 후 타인과 간음한 경우
6) 약혼 후 1년 이상 생사가 불명한 경우
7) 정당한 이유 없이 혼인을 거절하거나 그 시기를 늦추는 경우
8) 그 밖에 중대한 사유가 있는 경우

그리고 약혼의 해제는 상대방에 대한 의사표시로써 하며, 상대방에 대하여 의사표시를 할 수 없는 때에는 그 해제의 원인이 있음을 안 때에 해제된 것으로 본다.

2. 혼인의 성립

평생의 공동생활을 목적으로 하는 1남1녀간의 정당한 결합관계라고 할 수 있는 혼인이 성립되기 위하여는 형식적 요건과 실질적 요건을 구비하여야 한다.

(1) 형식적 요건

혼인성립의 형식적 요건이란 혼인신고를 말하는 것으로서 우리 민법은 법률혼주의를 채용하여 혼인은 「가족관계의 등록 등에 관한 법률」이 정한 바에 따라서 신고함으로써 효력이 생긴다고 규정하였다. 즉 혼인은 혼인당사자 쌍방 및 성년자인 증인 2명이 연서한 혼인신고서를 당사자인 본인의 등록기준지 또

는 신고인의 주소지나 현재지의 시장・구청장 또는 읍면장에게 제출함으로써 성립한다. 따라서 결혼식을 거행하고 장기간 동거생활을 하더라도 혼인신고가 없으면 법률상의 혼인으로 인정되지 않으며(이것을 소위 사실혼이라고 한다), 반대로 결혼식을 하지 않더라도 신고만 하면 법률상 혼인이 성립된다.

(2) 실질적 요건

1) 당사자간에 혼인의사의 합치가 있을 것

2) 당사자가 혼인적령(18세)에 달할 것

3) 부모의 동의를 얻을 것. 부모 중 일방이 동의권을 행사할 수 없을 때에는 다른 일방의 동의를 얻어야 하며, 성년에 달하면 부모의 동의를 요하지 않는다.

4) 8촌 이내의 혈족(친양자의 입양전의 혈족을 포함한다) 사이에서는 혼인하지 못한다.

5) 6촌 이내의 혈족의 배우자, 배우자의 6촌 이내의 혈족, 또 배우자의 4촌 이내의 혈족의 배우자인 인척이거나 이러한 인척이었던 자 사이에서는 혼인하지 못한다.

6) 6촌 이내의 양(養)부모계의 혈족이었던 자와 4촌 이내의 양부모계의 인척이었던 자 사이에서는 혼인하지 못한다.

7) 중혼이 아닐 것

3. 혼인의 효과

혼인이 성립되면 다음과 같은 효과가 발생한다.

(1) 일반적 효과

1) 친족관계의 발생 혼인당사자는 배우자인 신분을 가지고 친족이 되며, 부와 처는 각각 상대방의 4촌 이내의 혈족과 인척이 된다.

2) 정조의무 부부는 서로 정조를 지킬 의무가 있다.

3) 동거・부양・협조의무 부부는 동거하며 서로 부양하고 협조하여야 한다. 동거란 이유 없이 별거하지 못함을 말하며, 동거장소는 부부의 협의에 따라 정하되, 협의가 이루어지지 아니하는 경우에는 당사자의 청구에 의하여 가정법원이 정한다.

4) 미성년자라 할지라도 혼인을 하면 성년으로 간주하게 된다.

(2) 재산상의 효과

1) 부부는 각각 자기의 재산을 보유하고 각자가 관리·사용·수익하되, 혼인성립 전에 특약을 한 때에는 그 약정에 의한다.

2) 부부의 어느 편에 속하는지 불분명한 재산은 부부의 공유로 추정한다.[51)]

3) 부부공동생활비는 당사자간에 특별한 약정이 없으면 부부가 공동으로 부담한다.

4) 부부는 일상가사(예: 가옥에서 쓸 식료품 구입, 기타 일용품의 구입)에 관하여 서로 대리권이 있고, 부부일방이 일상가사에 관하여 제3자와 법률행위를 한 때에는 다른 일방은 연대책임을 진다.

사례

(1) 중국 조선족 甲은 한국국적을 취득하기 위하여 乙과 혼인신고를 하였으나, 甲과 乙은 부부로 생활을 하지는 않았다. 이러한 경우 甲과 乙의 혼인의 효과는?

(2) 甲과 乙은 혼례식을 거행하고 10년간 동거하였으나 아직 혼인신고는 하지 않던 중 甲이 사망하였다. 이러한 경우 乙은 甲의 상속권을 가질 수 있는가?

〈해설〉

위 (1)의 사례에서 甲과 乙은 진정으로 부부관계를 형성할 의사를 갖고 혼인신고를 한 것이 아니라, 甲이 국적을 취득하기 위한 방편으로 혼인신고를 한 것이므로 그 혼인은 무효이다.

(2)의 사례에서는 甲·乙은 혼인신고를 하지 않았으므로, 甲과 乙이 아무리 오랫동안 동거생활을 계속하였다고 하더라도 이는 법률상 혼인이 아니며, 따라서 혼인의 효과인 상속권이 서로 발생하지 않는다.

사례

甲의 처인 乙은 중병이 들자 丙 의료원에 상당기간 입원치료를 받았으나 丙 의료원은 진료비를 아직 변제받지 못하고 있던 중 甲과 乙은 협의이혼을 하였다고 한다. 그런데, 乙에게는 현재 아무런 재산이 없어, 丙으로서는 乙에게서 치료비를 받을 수 없자, 甲에게 치료비를 지급하라고 청구한다. 甲은 치료비를 지급하여야 하는가?

〈해설〉

사례에서 의료비는 당연히 의식주의 범위에 속하므로, 일상가사업무에 속하는 것은 물론 부양, 협조의무의 범위내이다. 따라서, 이로 인해 발생된 채무에 대하여는 부부가

---

51) 구 규정상에서는 부부의 어느 편에 속하는지 불분명한 재산은 부(夫)의 재산으로 추정했었다.

연대하여 책임을 져야 한다. 또한 이미 甲과 乙이 이혼을 하였다고 하더라도, 그 채무의 발생이 혼인 당시에 이루어진 것이므로, 부부는 서로 연대책임을 져야 한다.

4. 이 혼

(1) 이혼의 의의

이혼(Ehescheidung)이란 부부쌍방의 생존 중에 혼인을 인위적으로 해소하는 것을 말함이다. 그러므로 부부 중 일방이 사망함으로써 혼인이 당연히 해소되는 것과는 근본적으로 구별된다. 본래 혼인이란 영속적인 공동생활을 목적으로 하는 1남1녀 사이의 결합이기 때문에 혼인의 본질과 관련하여 생각한다면 부부의 생존 중에 그 결합관계를 인위적으로 소멸시키는 것은 비정상적인 것임에 틀림이 없으나 부부관계가 이미 파탄이 났고 회복될 가망성이 없을 때에는 새로운 삶의 길을 터주는 것이 좋으므로, 오늘날에 있어서는 비록 그 법제도상의 차이는 있지만 거의 모든 국가가 법률로써 이혼을 인정하고 있다. 우리 민법상에는 협의이혼과 재판상이혼 두 가지가 있다.

(2) 파탄주의

오늘날에는 각국의 이혼법을 개관하건대 전반적으로 이혼원인과 관련하여 파탄주의(Zerrüttungsprinzip)가 대세를 이루게 되었다. 파탄주의는 혼인관계가 회복될 수 없을 정도로 파괴되었을 때에는 그 원인이 유책적이든 무책적이든 불문하고 혼인이 파탄이 났다고 보고 이혼을 허용하는 것을 내용으로 하는 것으로서, 이혼의 사유를 법률상 제한열거하여 규정하는 유책주의와는 달리, 혼인의 파탄이라는 추상적 이유만을 규정하는 일반조항(Generalklausel)을 통해 이를 법률상 규정하고 있다.

오늘날 이혼제도의 원칙인 파탄주의는 어쨌든 유책주의에 비해서 내용상에 있어서 이혼원인을 확장하는 것임이 분명하다. 파탄주의는 비록 종생을 목적으로 하여 1남1녀가 결합을 하였다고 하더라도 혼인관계가 파탄이 났고 회복될 가망이 없을 때에는 현실을 인정하여 이혼을 허용하는 것을 원칙으로 하기 때문에, 파탄주의하에 있어서는 유책주의하에 있어서 보다 이혼이 법률상 용이하게 허용되는 것만은 사실이다. 현행 우리 민법은 파탄주의를 원칙으로 하고 있는지 분명하지 않다. 그러나 파탄주의가 세계적인 조류임이 분명하다.

(3) 협의이혼

현행 우리 민법상의 협의이혼이란 배우자 쌍방의 합의로 혼인을 해소하는 것을 말하는데 그 원인은 묻지 않는다. 협의이혼이 성립되기 위하여는 ① 형식적 요건으로서 협의이혼을 신청한 자는 양육하여야 할 자가 있는 경우에는 이혼에 관해 가정법원의 안내를 받은 날로부터 3개월 경과 후, 그와 같은 자가 없는 경우에는 1개월간의 숙려기간 경과 후 가정법원의 확인을 받아 신고를 하여야 하고, ② 실질적 요건으로서 당사자간의 이혼의사의 합치와 피성년후견인인 경우에는 후견인의 동의가 있어야 한다.

(4) 재판상이혼

현행 우리 민법상의 재판상이혼은 법률상 정하여진 이혼사유가 있을 때 부부의 일방이 법원에 이혼을 청구하여 상대방의 의사에 반하여 할 수 있는 강제이혼을 말하는데, 재판상이혼 원인은 다음과 같다.

1) 배우자에게 부정한 행위가 있었을 때
2) 배우자가 악의로 다른 일방을 유기한 때
3) 배우자 또는 그 직계존속으로부터 심히 부당한 대우를 받았을 때
4) 자기의 직계존속이 배우자로부터 심히 부당한 대우를 받았을 때
5) 배우자의 생사가 3년 이상 분명하지 아니한 때
6) 기타 혼인을 계속하기 어려운 중대한 사유가 있을 때

사례

甲과 乙은 서로 사랑하여 혼인을 하였으나 결혼 후 급격히 애정이 식어 甲은 이혼을 하고자 하나 乙은 이에 불응한다. 이러한 경우 재판상 이혼이 가능한가?

〈해설〉

사례에서 부부간의 애정이 없다는 것은 때로는 기타 혼인을 계속할 수 없는 중대한 사유에 해당할 수는 있다(서울가정법원 1965.11.16, 65드639). 그러나 분명 애정이 없는데도 한쪽은 이혼에 반대할 경우, 이를 허용한다면 때론 당사자 일방에 의한 타방 배우자의 축출이혼을 허용하는 것과 같은 결론이 발생할 수도 있다. 따라서 부부간에 애정이 없다, 애정이 식었다는 것 자체만으로는 재판상 이혼사유가 된다고 볼 수 없고, 위에서 언급한 바와 같이 혼인관계의 심각한 파탄이 전제되어야 이혼이 가능하다고 볼 수 있다.

사례 남편 甲은 처 乙이 丙남과 불륜으로 인하여 가정을 돌보지 않자 이혼을 하기로 하였다. 그 동안 혼인생활 동안 마련한 재산은 모두 甲의 명의로 되어 있는바, 처 乙은 甲에 대하여 위자료를 요구하고 있다. 처 乙의 주장은 정당한가?

〈해설〉

위자료란 정신상 고통에 대한 손해배상인데, 남편 甲에게는 혼인파탄의 책임이 없으므로 위자료를 지급할 필요가 없으며, 오히려 남편 甲이 처 乙에게 혼인파탄의 책임을 물어 위자료를 청구할 수 있다. 나아가 甲은 혼인파탄에 가담한 제3자, 즉 丙에게 혼인파탄에 대한 고의가 있었던 경우에는 그에 대해서도 위자료 청구를 할 수 있다.

사례 甲남과 乙녀는 혼인을 하여 30년간 생활해 왔는데, 그 동안 乙녀는 자녀들 때문에 폭군과 같은 남편의 말에 순종하며 살아왔으나, 자녀들을 모두 출가시키고, 甲남이 대기업의 이사직을 물러나 명예퇴직하며 거액의 퇴직금을 받기로 하자, 이혼을 청구하며, 재산분할청구는 물론 甲남이 수령할 퇴직금의 분할도 동시에 청구하였다. 乙녀의 퇴직금분할청구는 정당한가?

〈해설〉

사례에서 문제는 퇴직금이 재산분할의 대상이 되는가 여부이다. 퇴직금은 분할의 대상이 되는 경우도 있고 그렇지 않는 경우도 있다. 즉 이혼시 이미 퇴직금이 확정되어 있고 그 수령도 확정되어 있는 경우는 분할의 대상이 된다. 즉 우리 판례상 퇴직금의 분할을 긍정한 사례를 보면 "퇴직금은 혼인중에 제공한 근로에 대한 대가가 유예된 것이므로 부부의 혼인 중 재산의 일부가 되며, 부부 중 일방이 직장에서 일하다가 이혼 당시에 이미 퇴직금 등의 금원을 수령하여 소지하고 있는 경우에는 이를 청산의 대상으로 삼을 수 있다(대판 1995.3.28, 94므1584)"고 하고 있다. 따라서 사례에서 만약 甲남이 퇴직하는 것이 명백하여 곧 퇴직금을 수령하는 것이 확정되어 있는 경우에는 분할의 대상이 된다.

V. 친 자

1. 친 생 자

자연적 혈연관계가 있는 친생자에는 법률상의 부부간에 출생한 자인가 아닌가에 따라 혼인 중의 출생자와 혼인 외의 출생자가 있다.[52]

(1) 혼인 중의 출생자

처가 혼인 중에 포태하여 출생한 부의 자를 말하는데, 혼인성립의 날로부터 200일 후, 또 혼인관계종료의 날로부터 300일 내에 출생한 자는 혼인 중에 포태한 것으로 추정한다. 따라서 처가 혼인 중에 포태한 부의 자는 출생당시 부모가 이혼을 한 경우라도 친생자의 추정을 받는 혼인 중의 출생자임에 반하여, 혼인 중에 출생한 자라도 처가 혼인 전에 포태하여 혼인이 성립된 날로부터 200일이 되기 전에 출생한 자는 혼인중의 출생자이기는 하나 친생자의 추정을 받지 않는 혼인 중의 출생자가 된다.

사례

甲남과 乙녀는 혼인한 지 5년이 되도록 아이가 없자 검진 결과 甲남에게 불임의 원인이 있는 것으로 밝혀져, 甲乙은 합의 하에 제3자의 정자를 제공받아 인공임신하기로 하고, 丙을 출산하여 그들 사이의 자녀로 출생신고를 하여 양육하던 중 甲乙의 혼인이 파국을 맞아 이혼을 하게 되었다. 그러면서 甲은 주장하길 丙은 자신의 피가 섞이지 않은 자녀이므로, 이혼시 乙이 그자를 데려가라고 하며, 나아가 甲과 丙 사이에는 친생자관계가 없으므로 부자관계도 해소하겠다고 한다. 甲의 주장은 정당한가?

〈해설〉

사례에서는 乙은 정자제공에 의한 인공수정, 즉 AID를 한 것이며 그것도 남편의 동의 하에 한 것이다. 그렇다면 그 자녀는 친생추정을 받는 혼인 중의 출생자가 된다. 그러면 그와 같은 친생추정을 받는 혼인 중의 출생자에 대하여 그 남편은 친생부인을 할 수 있을 것인가가 문제이다. 이에 대하여 우리 판례는, 부부가 합의하에 인공수정을 하여 자녀를 출산한 다음, 자녀를 잘 양육하다가 나중에 부부가 이혼을 하게 되어 남편이 그 자녀는 자신의 자녀가 아님을 이유로 친생부인의 소를 제기한 사례에 대해 남편의 동의 하에 출산한 인공수정자는 친생자추정을 받는 혼인중의 출생자로서 나중에 변심하여 친생부인권을 행사한다는 것은 신의칙에 반하여 친생부인을 할 수 없다고 판시한 바 있다.

(2) 혼인 외의 출생자

법률상의 부부가 아닌 남녀간에 출생한 자를 말한다. 즉, 무효혼의 당사자,

---

52) 혼인 중의 출생자를 혼인 중의 자 또는 적출자라고도 하며, 혼인 외의 출생자를 혼인 외의 자 또는 비적출자라고도 한다.

사실혼의 부부, 첩관계 등 모든 처 아닌 여자가 낳은 자 및 처가 혼인 중 낳은 자 중에서 그 친생이 부인된 자는 모두 혼인 외의 출생자이다.

(3) 준 정

법률상의 혼인관계에 있지 않는 부모 사이에서 출생한 자는 위에서 말한 바와 같이 일단 혼인 외의 출생자이나, 이와 같은 혼인 외의 출생자라도 후에 그 생부와 생모 간에 법률상의 혼인이 성립하면 혼인 중의 출생자인 신분을 취득하게 된다. 이것을 준정이라고 한다.

2. 양 자

(1) 양자제도의 변천

사실상 혈연이 연결되어 있지는 않으나 법률상 친자관계를 의제하는 이 양자제도는 가(家)의 단절을 방지하여 선조에 대한 제사를 계속시키려는 '가(家)본위의 양자'이었는데, 신민법은 이 가본위의 양자제도를 유지하면서 '양친본위의 양자'와 '양자본위의 양자'제도를 가미하여 오다가 1989년말 민법개정시 가본위의 양자제도를 폐지하였다.

그런데 최근의 구미 여러 나라의 양자법을 보면, 입양은 전적으로 子의 복리를 위해서만 인정된다는 것을 내용으로 하는 철저한 자(子)본위의 양자제도가 확립되는 단계에 이르렀다. 따라서 구미 여러 나라에서는 오늘날 양자법상에서 자의 복리를 구현하기 위해서 2개의 새로운 기본원리가 등장하게 되었는데 관청결정제도(Dekretsystem)와 완전양자제도(Volladoption)가 그것이다.

관청결정제도란 우리 민법에 있어서와 같이 입양을 양친과 양자 사이의 사적인 신분상의 계약에 의해서 성립되도록 하지 않고, 자의 복리를 위하여 법원이나 행정기관 같은 국가기관의 결정이나 허가에 의해서 성립되도록 하는 것을 뜻한다. 완전양자제도란 입양 후에는 양자는 생가 부모 및 그 혈족과의 관계를 존속시키지 않고 이를 단절시키며, 양자는 양친의 친생자와 마찬가지로 양가의 완전한 일원이 되도록 함으로써 입법례에 따라서는 파양까지도 인정하지 않는 것을 원칙으로 하는 양자제도를 말함이다.

(2) 입양의 요건

현행 우리 민법상에 있어서는 입양이 성립되려면 입양신고(형식적 요건)를 하여야 되는 외에 다음과 같은 실질적 요건을 갖추어야 한다.

1) 당사자간에 입양의사의 합치가 있어야 한다. 즉, 양친과 양자 사이에 입양에 관한 합의가 있어야 한다.[53]

2) 양친은 성년자이어야 하나, 남자 · 기혼 여부는 불문이고, 직계비속이 없음을 요하지도 않으며, 양자는 1인에 한하지 않는다.

3) 양자는 남자에 한하지 않으나, 양친의 존속이나 연장자가 아니어야 한다.

4) 배우자 있는 자가 양자를 할 때에는 배우자와 공동으로 하여야 하며, 배우자 있는 자가 양자가 될 때에는 다른 일방의 동의를 얻어야 한다.

5) 양자가 될 자는 부모의 동의를 얻어야 한다. 성년자도 동의를 요하며 부모가 없는 경우에는 직계존속이 있으면 그의 동의를 얻어야 한다. 특히 양자가 될 자가 성년에 달하지 못한 경우에는 부모 또는 다른 직계존속이 없으면 후견인의 동의를 얻어야 하며, 후견인이 동의를 함에 있어서는 가정법원의 허가를 얻어야 한다.

6) 후견인이 피후견인을 양자로 하는 경우에는 가정법원의 허가를 얻어야 한다.

(3) 입양의 효과

양자는 입양할 때부터 양친의 혼인 중의 출생자로서의 신분을 얻으며, 양친의 혈족인척에 대해 친족관계가 발생한다. 그러나 친생부모나 기타 혈족과의 친생관계가 소멸하지는 않으며, 이성양자는 입양을 하더라도 그 성이 변하지 않는다.

(4) 친양자제도의 도입

개정민법에서는 외국에서의 관청결정제와 완전양자제도를 모방하여 친양자제도를 새로이 도입하였다. 친양자를 하려는 자는 가정법원에 친양자입양의 청구를 하여야 한다.

3년 이상 혼인중인 부부로서 공동으로 입양함을 원칙으로 하며, 다만 1년 이상 혼인중인 부부의 일방이 그 배우자의 친생자를 친양자로 하는 경우에만 예외가 인정된다. 친양자로 될 자는 미성년자이어야 되고, 법정대리인의 입양승

---

53) 양자가 될 자가 15세 미만일 경우에는 법정대리인이 본인에 대신하여 승낙한다. 다만 후견인이 입양을 승낙하는 경우에는 가정법원의 허가를 받아야 한다.

락이 있음을 필요로 한다.

가정법원은 친양자로 될 자의 복리를 위하여 양육상황, 친양자입양의 동기, 양친의 양육능력 기타 사정을 고려하여 입양이 적당하지 아니하다고 판단되는 경우에는 청구를 기각할 수도 있다

친양자는 부부의 혼인중의 출생자로 보며, 친양자입양이 확정되면 친양자의 입양전의 친족관계는 종료된다. 다만 부부의 일방이 그 배우자의 친생자를 단독으로 입양하는 경우에는 배우자 및 그 친족과 친생자간의 친족관계는 존속된다.

외국의 입법 예를 보면 완전양자제도를 채택함과 동시에 종전의 양자제도는 폐지하고 있는데, 이와는 달리 우리나라에서는 종전의 양자제도와 친양자제도를 병용하고 있다.

3. 친　권

(1) 친권의 의의

친권이란 부모가 자를 보호・교양할 권리・의무를 말한다.

물론 친권을 권리라고 하더라도 자에 대한 지배권이나 부모의 개인적 이익을 위한 권리라고 보아서는 안 된다. 자를 건전하게 육성하는 것은 인간으로서 당연히 해야 될 도리이므로, 친권을 권리라고 하더라도 이것은 어디까지나 아무에게도 방해받음이 없이 부모로서의 의무를 다할 수 있는 권리를 의미하는 것으로 보지 않으면 안 된다.

(2) 친권의 법적 성질

자를 보호・교양할 수 있는 권리・의무를 내용으로 하는 친권은 가족성립의 핵심적인 요소가 되는 것이기 때문에 부모만이 갖는 천부적인 자연권으로서 법률에 의해서도 박탈할 수 없는 권리이며 포기할 수도 없고 양도할 수도 없는 권리로 보지 않으면 안 된다. 따라서 부나 모가 생존하고 있으면서도 친권을 행사하지 않게 되는 모든 경우에, 친권을 행사하지 않는 부나 모는 다만 친권의 행사가 정지당하고 있는 것일 뿐, 친권 자체는 계속해서 보유하고 있는 것으로 보아야 된다.[54)]

---

54) 친권의 법적 성질에 관해서는 梁壽山, 「親族相續法」, 1991년판, 423면 참조.

(3) 친권의 공동행사

미성년자인 자에 대한 친권은 부모가 공동으로 행사하되, 부모의 의견이 일치하지 않을 때에는 당사자의 청구에 의하여 가정법원이 이를 정하고, 부부의 일방이 친권을 행사할 수 없을 때에는 다른 일방이 이를 행사한다.[55] 친권을 행사할 수 없는 때라고 함은 사실상 행사할 수 없는 경우와 법률상 행사할 수 없는 경우를 말함이다. 사실상 행사할 수 없는 경우란 사망・중병・장기부재 등으로 인해서 사실상 불가능한 경우이고, 법률상 행사할 수 없는 경우란 친권상실선고・금치산선고・한정치산선고 등으로 인해서 법률상 불가능한 경우를 말함이다.

(4) 친권의 효력

친권의 내용은, 크게는 미성년자인 자를 보호하고 교양할 권리와 의무를 의미하는 것인데, 여기에서 말하는 보호란 주로 신체를 돌보아 주는 것이며, 교양은 정신의 발달을 도모하는 것으로서, 종합적으로 볼 때 친권자는 자를 정신적・육체적인 측면에서 건전한 인간으로 육성할 권리와 의무를 갖는다. 그 밖에도 미성년자인 자의 거소를 지정할 권리, 필요한 범위 내에서 스스로 자를 징계하거나 또는 법원의 허가를 얻어 감화 또는 교정기관에 이를 위탁할 권리 등이 친권의 내용에 포함되고, 친권자는 또한 법정대리인으로서 자의 재산에 대한 관리권과 대리권을 갖는다.

사례

A의 며느리는 아들이 살아있을 때 춤바람이 나서 방탕한 생활을 일삼아서, 아들이 며느리의 행실을 고쳐보겠다고 애쓰다가 그만 울화병으로 죽고 말았다. 그런데 아들이 죽자 며느리는 이제 한술 더 떠, 가정과 아이들을 돌보지 않는 것은 물론, 외간남자를 집에까지 끌어들이는 등 도저히 손자들의 교육을 위해서도 며느리의 행패를 더 두고 볼 수 없는 실정이 이르렀다. A는 며느리를 집에서 내보내는 것은 별 문제가 없을 것 같으나, 법적으로 며느리가 아이들의 친권자가 되어 있어서 문제가 될 것 같다. 며느리의 친권을 박탈할 수는 없을까?

---

55) 구 규정상에서는 원칙적으로 부(父)가 단독으로 친권자가 되었고, 부(父)가 사망하였거나 기타 사정으로 인해 친권을 행사할 수 없을 때에 한해서 모(母)가 친권자가 될 수 있었으나, 1977년 말 민법개정시부터 미성년자인 子에 대한 친권은 부모가 공동으로 행사함을 원칙으로 하되, 부모의 의견이 다를 때에는 부의 의견이 우선하도록 개정하였다가, 1989년 말에 다시 이와 같은 내용으로 개정되었다.

〈해설〉

친권자인 모가 부정한 행위를 저질렀다고 하더라도 곧 친권상실을 인정하는 것은 아니다. 왜냐하면 가능한 한 자녀는 그 어머니 밑에서 자라는 것이 자녀의 복리를 위해서 적당하기 때문이다. 즉 요컨대 자녀문제는 무엇이 자녀의 최선의 복리, 최대의 이익을 위하는 것인가의 표준에 따라 판단하여야 하며, 그것이 곧 우리 법원의 입장이다. 다만 위의 사례에서 친권자인 모의 부정행위가 현재에도 이어지고 있고 또 그 자녀들을 돌보고 있지 않은 등 어머니로서 행해야 할 최소한의 소임을 다하고 있지 못한 사정이 있고, 나아가 자녀의 재산을 임의로 처분할 가능성이 있다면, 가정법원에 청구한다면 친권상실의 선고가 내려질 가능성은 비교적 높다고 할 수 있다.

Ⅵ. 후 견

후견이란, ① 미성년자에게 친권자가 없거나 또는 친권자가 법률행위대리권 및 재산관리권을 행사할 수 없을 때와, ② 피성년후견 또는 피한정후견의 선고가 있을 때에 법률의 규정에 따라 후견인을 선정하여, 그 미성년자・피성년후견인・피한정후견인을 보호하여 주는 제도이다.

후견인의 임무는 피후견인의 법정대리인으로서 피후견인의 재산에 관하여 관리권과 대리권을 갖는 것이 주된 임무이며, 이 밖에도 미성년자의 후견인은 미성년자에 대하여 친권자와 동일한 권리의무(보호・교양, 거소지정, 징계 등)를 가지며, 피성년후견인의 후견인은 요양・감호의 의무가 있다.

후견인 이외에도 후견의 임무를 띤 기관으로 가정법원과 후견감독인이 있다. 후견인은 후견의 직무를 직접 행하는 집행기관이고, 가정법원과 후견감독인은 후견인에 대한 감독기관이다.

제6절 상 속

Ⅰ. 서 설

상속이란 어떤 사람(피상속인)의 사망을 원인으로 하여 그 사람의 재산에 대한 권리의무를 다른 사람(상속인)이 승계하는 것을 말한다.

상속에는 본래 제사상속・호주상속・재산상속의 세 가지가 있었는데, 우리나라 구관습법에 있어서는 이 중에서도 특히 제사상속은 선조의 봉사자의 지위를 승계하는 것이었으며, 봉사자는 호주인 것이 원칙이었으므로 이 제사상속을 기본으로 하여 호주상속과 재산상속이 수반하였다. 그러나 신민법은 제사상속은 도덕적인 문제로 미루고 호주상속과 재산상속만을 규정하고 있다가, 1989년말 민법개정시 호주상속은 호주승계로 그 개념을 변경하였고, 편제상으로도 이를 민법 제4편인 친족편에서 규정하고 있다가, 호주제도폐지와 동시에 폐지되었다. 현행법상에서는 상속이라고 하면 재산상속만을 의미한다.

Ⅱ. 상속의 순위

상속인이 되는 순위로서 다음과 같은 4단계가 있다.

1) 제1순위 　피상속인의 직계비속과 피상속인의 배우자이다. 자녀는 손자녀보다 선순위이고, 직계비속과 배우자의 경우에 대습상속이 인정된다. 직계비속간은 남녀・적서・연령의 차별 없이 공동상속인이 된다.

2) 제2순위 　피상속인의 직계존속이다. 직계존속간에는 부모는 조부모보다, 조부모는 증조부모보다 우선하며, 부모간・조부모간은 공동상속인이 된다. 배우자는 위의 제1순위에서 직계비속과 동 순위의 공동상속인이 되지만, 직계비속이 없는 경우, 단독상속을 못하고, 직계존속이 있는 한, 그 직계존속과 동순위의 공동상속인이 되며 직계존속이 없으면 단독상속인이 된다.

3) 제3순위 　피상속인의 형제자매이다. 형제자매가 수인인 때에는 공동상속을 하며, 형제자매가 상속하기 전에 사망한 경우에는 그의 직계비속과 배우자가 대습상속한다.

4) 제4순위 　피상속인의 4촌 이내의 방계혈족이다. 근친이 원친보다 선순위이며, 촌수가 같은 자들은 공동상속인이 된다.

제4순위의 상속인도 없는 경우에는 그 유산은 특별연고자에 대한 재산분여가 없는 한 국고에 귀속된다.

Ⅲ. 상 속 분

1. 상속분의 의의와 산정

상속분이란 각 공동상속인이 상속재산에 대하여 가지는 지분을 말한다. 상속분도 피상속인이 유언으로 지정하였을 때에는 그 지정에 따르고 유언이 없는 경우에는 다음 원칙에 의한다.

동순위의 상속인의 상속분은 균등할 것을 원칙으로 하되, 다만 배우자에 대해서는 예외가 인정된다. 즉 피상속인의 배우자의 상속분은 직계비속과 공동으로 상속하는 때에는 직계비속의 상속분의 5할을 가산하고 직계존속과 공동으로 상속하는 때에는 직계존속의 상속분의 5할을 가산한다.[56)]

2. 특별수익자의 상속분

공동상속인 중에 피상속인으로부터 재산의 증여 또는 유증을 받은 자가 있는 경우에 그 수익재산이 자기의 상속분에 달하지 못한 때에는 그 부족한 부분의 한도에서 상속분이 있다. 이와 같이 상속분을 산정함에 있어서, 상속인이 피상속인으로부터 받은 증여 또는 유증을 상속분의 선급으로 보고, 그 가액을 법정된 상속분의 일부 또는 전부로서 계산함으로써 이를 참작하도록 하고 있는데, 이것을 수증자 또는 수유자의 반환의무라고 한다. 이와 같이 법률상에서 증여나 유증을 받은 자에게 반환의무를 인정하는 것은, 그와 같은 증여 또는 유증의 가액을 참작하지 않으면 불공평한 결과가 되므로 상속인이 이중으로 이득을 취하는 것을 방지함으로써 공평을 기하려는 것이 그 취지이다.

3. 기여상속인의 상속분

기여분제도란, 피상속인이 상속이 개시된 때에 가지고 있던 재산의 가액에서 특별출연자인 기여상속인의 기여분을 공제한 것을 상속재산으로 보고 상속분을 산정한 다음에, 이 산정된 상속분에다 기여분을 가산한 액을 기여상속인의

---

56) 구 규정상에는 출가한 여자의 경우에 남자와 차등을 두어, 여자의 상속분을 남자의 상속분의 4분의 1로 했었다.

상속분으로 함으로써, 공동상속인 중에 상당한 기간 동거, 간호 그 밖의 방법으로 피상속인을 특별히 부양하거나 피상속인의 재산의 유지 또는 증가에 특별히 기여한 자가 있을 때에는 상속분의 산정에 있어서 이를 참작하는 제도를 말한다. 상속인이 피상속인의 가족원으로서 피상속인의 상속재산의 증가 또는 유지에 공헌한 바가 있다면 상속분산정에 있어서 그에 상당하는 액을 가산하는 것이 공평의 원리에 부합할 것이다.

Ⅳ. 상속의 승인과 포기

상속의 승인이란 상속인이 상속개시로 인해 생긴 재산승계의 효력을 확정짓는 것을 말하는데, 단순승인과 한정승인의 두 가지가 있다. 단순승인이란 상속인이 아무런 유보를 붙이지 않고 피상속인의 권리·의무를 승계하는 것이며, 한정승인이란 상속인이 상속받은 재산의 한도 내에서만 피상속인의 채무를 변제할 것을 유보하고 상속을 승인하는 것이다.

그리고 상속의 포기란 상속개시에 의하여 발생하는 효과를 상속개시시에 소급하여 소멸시킴으로써 상속인에게 재산상의 권리·의무가 승계되는 것을 거부하겠다는 의사표시를 말하는 것인데, 상속을 포기하면 상속인은 애당초 상속하지 않았던 것으로 된다.

그런데 상속인에게 승인을 할지 또는 포기를 할지, 또 승인을 한다면 단순승인을 할지 한정승인을 할지 상속인 본인에게 선택의 자유를 부여하고 있지만, 민법은 상속인이 상속개시 있음을 안 날로부터 원칙적으로 3월 이내에 승인 또는 포기를 하도록 하고, 그 기간 내에 결정을 하지 않은 경우에는, 단순승인 한 것으로 보지만, 상속인이 중대한 과실 없이 상속채무의 초과사실을 알지 못하고 단순승인을 하게 된 경우에는 그 사실을 안 날로부터 3월 내에 한정승인을 할 수 있다(특별한정승인).

Ⅴ. 특별연고자에 대한 상속재산의 분여

우리 민법은 제1057조의 2 제1항에서 “제1057조의 기간 내에 상속권을 주장하는 자가 없는 때에는 가정법원은 피상속인과 생계를 같이하고 있던 자, 피상속인의 요양간호를 한 자, 기타 피상속인과 특별한 연고가 있던 자의 청구에 의하여 상속재산의 전부 또는 일부를 분여할 수 있다”고 규정하고 있고, 동조 제2항은 “제1항의 청구는 제1057조의 기간의 만료 후 2월 이내에 하여야 한다”고 규정을 하고 있다. 이것이 특별연고자에 대한 분여제도이다.

본래 1989년의 민법의 일부개정 전에는, 상속인수색공고가 있은 후 공고기간 내에 상속권을 주장하는 자가 없는 때에는 상속재산이 국가에 귀속되도록 되어 있었다(1057조, 1058조). 그러므로 예컨대 부부생활을 정상적으로 하고 있으나 혼인신고를 하지 않은 사실혼부부나 입양신고가 되지 않은 사실상의 양자 등은 실질적으로는 피상속인과 가까운 사이이면서도 법정상속인이 아니라는 이유만으로 상속인이 없는 경우에 있어서까지 상속재산에서 한푼도 못받으면서 그 재산이 국가에 귀속되는 것을 보고만 있으라고 하면 너무 가혹하다는 비판이 많았다. 이와 같은 사정을 고려해서 개정가족법상에서는 특별연고자에 대한 분여제도를 신설하게 된 것이다.

그런데 주의해야 될 것은 특별연고자가 상속재산의 전부 또는 일부를 분여받는 것은 상속인으로서 상속을 받는 것이 아니기 때문에, 상속인의 경우에 있어서와는 달리 상속채무 등의 의무는 승계하지 않는 것이다.

그리고 상속인이 한 사람이라도 있는 경우에는 이 특별연고자에 대한 재산분여는 인정되지 않을 뿐만 아니라, 개정가족법상에서도 상속인의 범위가 축소되었다고는 하지만 아직도 4촌 이내의 혈족까지 상속인이 될 수 있으므로, 실제적으로 이 규정이 적용될 수 있는 경우는 적을 것이다.

Ⅵ. 유　　언

유언이란 유산의 처분이나 기타 법정사항에 관하여 자기의 사망시에 법률효과를 발생시킬 것을 목적으로 하는 상대방 없는 요식의 법률행위이다. 유언은 단독행위이므로 타인의 동의를 필요로 하지 않는다.

유언은 사망자의 의사를 존중하기 위하여 인정되는 것이므로 유언사항에 대해 적정한 판단능력이 있음을 요한다. 따라서 민법은 제한능력자에 관한 총칙편의 규정을 배제하고 특별규정을 두어 만 17세에 달한 자는 누구든지 유언을 할 수 있고, 미성년자나 피한정후견인뿐만 아니라 피성년후견인도 의사능력이 회복된 때에 한해 유언을 할 수 있도록 규정하고 있다.

유언의 방식에 관하여는, ① 자필증서, ② 녹음, ③ 공정증서, ④ 비밀증서, ⑤ 구수증서의 5종의 형식에 의한 유언에 한하여 효력을 부여하고 있다.

Ⅶ. 유 류 분

민법은 피상속인의 유언의 자유에 구애됨이 없이 일정한 범위의 상속인에게 상속재산 중의 일정액을 취득할 수 있도록 법적 보호를 해주고 있는데 이것을 유류분제도라고 한다.

민법상 이와 같은 제도를 인정하는 이유는, 만약에 피상속인이 생존 유가족의 생활상태를 잊고 유산을 전적으로 타인에게 유증하는 경우에는 사후에 부양가족의 생계유지에 큰 지장을 줌으로써 사회적인 폐단을 일으킬 우려가 있고, 또 한편 상속재산이란 피상속인의 독자적인 노력의 대가라기보다 유족들의 공헌으로 인한 산물이라고도 볼 수 있기 때문이다.

유류분의 비율은 유류분권리자에 따라서 다른데, 피상속인의 직계비속과 배우자는 그 법정상속분의 2분의 1이고, 피상속인의 직계존속과 형제자매는 그 법정상속분의 3분의 1로 하고 있다.

이 때 유류분은 피상속인이 남긴 전재산과 사망 전 1년 이내에 타인에게 증여한 재산을 합치고 여기에서 채무를 공제한 후에 계산한다. 따라서 사망 전 1년 이내에 재산을 받은 사람 중에서는 상속권자의 유류분을 채워 주기 위해 재산일부를 반환해야 되는 경우도 발생할 수 있다. 또한 당사자 쌍방이 유류분권리자에게 손해가 갈 것을 알면서 증여를 한 때에는 사망하기 1년 전에 받은 것일지라도 1년 이내의 경우와 같은 취급을 받는다. 유류분권리자는 이러한 증여사실이 있었던 것을 안 날로부터 1년이 경과하거나 또는 상속이 개시된 후 10년이 지난 후에는 반환청구권을 행사할 수 없다.

사례 甲이 사망하였는데, 甲은 상속재산으로 80억 원을 남겨 놓았고, 채무가 20억 원이 있었으며, 사망한 날로부터 1년 이내 친구에게 증여한 재산이 30억 원이었는데, 甲의 상속인으로는 처인 乙과 자녀로 丙, 丁, 戊의 3인이 있었다. 그런데 유품을 정리하다 보니 甲은 자신의 모든 재산을 A 유아원에 모두 유증한다는 유언서가 발견되었다. 이러한 경우 상속인인 乙, 丙, 丁, 戊는 얼마의 유류분권을 주장할 수 있는가?

〈해설〉

우선 확정해야 할 것은 총 상속가액이 얼마인가 하는 점이다. 따라서 남겨 놓은 상속재산 80억 원에 1년 이내에 친구에게 증여한 재산인 30억 원을 합한 것에다 채무 20억 원을 공제하면 결국 상속가액은 80+30-20억 원 해서 90억 원이 된다.

이를 상속인들의 법정상속분에다 유류분을 곱해서 생각해 보면

처乙과 세 자녀의 상속분은 각각 1.5 : 1: 1: 1 이므로 乙이 9분의 3, 나머지 세 자녀가 9분의 2씩 가지게 되는데, 상속인들이 피상속인의 배우자와 직계비속이므로 유류분은 법정상속분의 2분의 1이 된다. 따라서 乙은 18분의 3, 나머지 세 자녀는 각각 18분의 2씩 반환청구를 할 수 있다. 따라서 乙은 90억의 18분의 3, 즉 15억을, 나머지 자녀들은 각각 10억씩 반환청구할 수 있다. 물론 이들 네 사람 중 반환받기를 원하지 않는 사람은 유류분반환청구를 하지 않으면 된다. 이 때 유증을 받은 사람에게 즉 유아원으로부터 먼저 반환청구를 하여야 하고, 만약 부족액이 있으면 증여를 받은 자로부터 반환받을 수 있다.

4 상 법

제1절 서 론

Ⅰ. 상법의 개념

상법은 자본주의 경제의 상거래에 관한 법률로서 각 주체간의 이익을 조정하려는 것을 목적으로 하는 사법(私法)이다.

기업생활관계에 있어서 그에 특유한 상관습 내지 상관습법 등의 규범이 자연발생적으로 성립하게 되고, 또한 이를 규율하는 실정법이 제정되면 기업생활관계에 적합한 독자적 규범으로서 상법이 성립하게 된다. 기업생활관계도 사적인 경제생활의 영역에 속하므로 사적 생활관계의 일반법인 민법이 적용된다고 볼 수 있으나, 민법은 경제생활일반을 규율의 대상으로 하기 때문에 영리활동의 실현을 목적으로 하는 기업생활의 특수한 수요를 충족・반영할 수 없다.

상법에는 이론적・학문적으로 파악되는 영역과 국가의 입법작용에 의하여 정립된 상법전이 있는데, 전자를 실질적 의의의 상법이라 하고, 후자를 형식적 의의의 상법이라고 한다. 형식적 의의의 상법은 입법기술과 입법정책의 문제이므로 실질적 의의의 상법과 반드시 일치하지 않는다.

1. 실질적 의의의 상법

실질적 의의의 상법이라 할 때에는 '기업적 생활관계에 특유한 법규의 전체'를 말한다. 따라서 실질적 의의의 상법은 상법의 존재형식과는 관계 없이 기업생활관계를 통일적·체계적으로 파악할 수 있는 법역이다. 여기서 기업이라 함은 일정한 계획에 따라 계속적인 의도로 영리행위를 실현함을 목적으로 하는 독립된 경제단위를 말한다. 또한 상법은 기업생활관계에 '특유한' 법이기 때문에 기업생활관계에 관한 법규의 전체가 상법에 포섭되는 것이 아니고, 그 중에 특히 기업의 특유한 수요를 반영하는 것만이 이에 속한다. 예컨대 기업의 부동산매매와 같은 경제생활관계는 상법이 아니라 민법이 적용되는 것이다.

주의하여야 할 것은 상법은 기업의 사적인 생활관계를 다루기 때문에 사법적 규정이 중심이 되나, 사법질서의 실현을 보장하는 것을 목적으로 하는 공법적 규정도 실질적 의의의 상법에 포함된다는 점이다. 따라서 상법은 기업의 주체, 조직, 활동, 설비 및 기업과 관계된 사법적 규정이 주가 되나, 이와 관련된 공법적 규정을 포함한다. 실질적 의의의 상법이 상법학의 연구대상 범위이다.

2. 형식적 의의의 상법

형식적 의의의 상법은 '상법'이라는 명칭을 가진 제정법전, 즉 상법전을 말한다. 통일된 상법전을 가지고 있는 국가(독일, 프랑스 등 대륙법계의 국가)도 있으나, 각국의 연혁적인 사정이나 입법정책에 따라서 이를 가지지 않은 국가도 있고(영국, 북구 등) 민법전에서 상사관계가 규율되는 경우도 있다(스위스, 이태리 등). 그러나 상사 내지 기업관계는 이해관계자가 다수이며, 그 내용이 전문적·기술적 성격을 갖고 있으므로 법률관계의 처리에 관한 법적 안정성·명료성이 요청되고 있다. 따라서 법률관계의 처리규준으로서 명확한 성문법이 상법의 주요한 법원으로 되는 것이 세계적인 경향이다

우리나라의 상법전은 1962년 1월 20일에 법률 제1000호로 제정·공포되어 1963년 1월 1일부터 시행되어 왔으며, 1984년과 1991년, 1995년, 1998년, 1999년, 2001년, 2009년 및 2010년에 걸쳐 개정되었다. 먼저 1998년 개정에서는 기업의 구조조정을 제도적으로 지원하고 자본조달의 편의를 제공하며, 기업경영에 대한 감시제도와 기업경영자의 책임을 강화하고 기업경영의 투명성을 제고한다는 취지로써 ① 주식액면가 인하 및 주식분할제도 도입, ② 회사합병절차의 간

소화, ③ 회사분할제도의 도입, ④ 이사 수의 자율화, ⑤ 이사의 충실의무 신설, ⑥ 업무집행관여자의 책임, ⑦ 소수주주권의 행사요건 완화, ⑧ 주주제안제도의 신설, ⑨ 누적투표제의 도입, ⑩ 중간배당제도의 도입 등을 새로 규정하거나 보완하였다.

1999년 상법개정은 경제협력개발기구(OECD)에서 채택한 기업지배구조 가이드라인을 국내법에 반영한다는 취지로 이사회의 기능과 역할 강화를 통한 기업경영의 효율성 제고, 감사위원회의 도입을 통한 기업경영의 투명성 보장, 주주총회 및 이사회의 운영방법 개선에 역점을 두었다. 그 주요내용은 ① 이사회 운영방법의 개선(이사회 의사록의 기재사항의 정비 및 열람요건의 강화, 이사회 내의 위원회제도 신설), ② 감사위원회제도의 도입, ③ 주주총회의장의 질서유지권 신설, ④ 주식매수선택권제도의 도입, ⑤ 자기주식취득제한의 완화, ⑥ 간이소규모분할합병 인정, ⑦ 유한회사 관련규정의 정비 등이다.

2001년 상법개정은 기업경영의 투명성을 제고하고, 국제경쟁력을 강화하기 위하여 주주총회 결의사항을 확대하고 이사회제도를 개선하며 주주의 신주인수권을 강화하는 등 기업지배구조를 개선하고, 1인 주식회사와 유한회사의 설립을 허용하고 지주회사 설립을 위한 주식의 포괄적 교환·이전제도를 도입하여 기업의 구조조정을 지원하려는 것으로 되어 있다. 그 주요골자를 보면 ① 회사의 주가관리 등의 편의를 위하여 이익배당 한도 안에서 정기 주주총회의 특별결의에 의하여 주식을 매수하여 소각할 수 있도록 함, ② 지주회사 설립 등을 용이하게 하기 위하여 회사가 주식의 포괄적 교환 또는 이전에 의하여 다른 회사의 발행주식의 전부를 소유할 수 있도록 하는 제도를 도입함, ③ 회사경영의 중요사항에 대한 주주의 의결권 행사를 강화하여 회사영업의 중요부분을 양도하는 경우뿐만 아니라 회사영업에 중대한 영향을 미치는 다른 회사의 영업 일부의 양수에 대하여도 주주총회 특별결의를 얻도록 함, ④ 주식매수청구권 행사시 주식의 매수가액은 회사 또는 주식매수를 청구한 주주간의 협의가 이루어지지 아니한 경우에 종전에는 회계전문가에 의한 산정을 거친 후 법원에 매수가액 결정을 청구하도록 하였으나, 앞으로는 곧바로 법원에 매수가액의 결정을 청구할 수 있도록 함, ⑤ 이사회의 활성화를 위하여 이사회 결의사항의 범위를 구체화하고, 이사에게 회사의 업무에 관한 정보접근권을 강화하며, 이사로 하여금 업무집행상황을 3월에 1회 이상 이사회에 보고하도록 함, ⑥ 주주 외의 자에게 신주를 배정하는 경우에는 정관에 의하도록 하되 신기술의 도입, 재무구조의 개선 등 회사의 경영목적상 필요한 경우로 제한함으로써 주주의 신주인수권을 강화한 점 등이다.

2009년에는 창업절차를 간소화하고 기업경영의 IT화 지원내용을 담은 상법 일부개정법률(법률 제9746호)이 2009. 5. 28. 공포되었다. 2009년 개정은 법무부가 2005년부터 추진해온 창업절차 간소화 노력이 결실을 맺은 것으로 경제위기 극복을 위한 시급한 필요성을 인식하여 창업절차간소화 규정 등을 다른 상법 개정안과 분리하여 신속하게 처리하게 된 것이다. 2009년 상법개정의 의미는 ① 창업절차의 획기적 간소화, ② 소규모기업에 대한 과감한 규제개선, ③ 기업경영의 IT화 지원을 위한 녹색성장 구현의 세 가지로 요약될 수 있다. 창업절차 간소화 부분은 공포일인 2009. 5. 28부터 즉시 시행되었고, 기업경영의 IT화 지원부분은 공포일로부터 1년 후인 2010. 5. 29부터 시행되었다.

법무부는 2009년 1월 5일 「상법총칙 · 상행위편 개정안」을 국회에 제출하였고, 이 개정안은 2010년 4월 21일 국회본회의를 통과하였다. 이어서 2010년 5월 14일 「상법 일부개정법률」이 공포되었다. 이 법률은 6개월 후인 2010년 11월 15일부터 시행되었다. 또한 2011년에는 개정회사법(법률 제10600호)이 4월 14일에 공포되어 공포 후 1년이 경과한 2012년 4월 15일부터 시행되고 있다. 2011년 개정상법(회사편)의 취지는 ① 자유롭고 창의로운 기업경영을 지원하고, ② 투명한 기업경영으로 공정사회를 구현하여, ③ 국제기준에 맞게 회사 제도를 선진화하여 글로벌 경쟁력을 강화하는 데 있다고 볼 수 있다. 또한 기업경영의 투명성과 효율성을 높이기 위해 자금 및 회계관련 규정을 정비하고, 정보통신 기술을 활용하여 주식 · 사채의 전자등록제를 도입하였고 합자조합과 유한책임회사 등 다양한 기업형태를 도입함으로써 국제적 기준에 부합하는 회사법제로 재편하였다. 그리고 이사의 자기거래 승인 대상범위를 확대하고 이사의 회사기회 유용금지 조항을 신설하여 기업경영의 투명성을 높임으로써 활발한 투자여건을 조성하고 급변하는 기업경영환경에 기업이 적절히 대응할 수 있는 법적 기반을 마련하려는 것이다. 개정상법 회사편의 주요내용을 보면 첫째로, 개정상법 회사편은 자유롭고 창의로운 기업경영을 보장하기 위하여, ① 유한책임회사(LLC), 합자조합(LP) 같은 새로운 기업형태를 도입하였고, ② 의결권, 이익배당, 잔여재산 분배 등에 관하여 다양한 주식 발행을 허용하여 비전과 가치가 있는 기업은 투자자로부터 직접 자본을 쉽게 조달할 수 있도록 하였으며, ③ 준비금 제도와 사채발행절차를 완화하고, 이사 책임을 연봉액 기준으로 감면할 수 있게 하여 경영의 자율성을 최대한 보장하고 있다. 둘째로, 기업경영의 투명성을 제고하기 위하여, ① 이사 본인에게만 적용되던 자기거래 제한범위를 배우자 등 친인척 및 계열사로 확대하고, 이사의 2/3 이상의 동의가 필요하도록 요건을 강화하여 부당한 자기거래를 원천적으로 봉쇄하였고, ② 이사가 회사에게 유리한 사업기회를 친인척 등에게 몰아주지 못하도록 사업기회 유용금지 조항을 신설하였으며, ③ 기업의 의사결정과 업무집행을 분리하여 투명한 업무감독 시스템을 구축하는 집행임원제도를 도입하였고, ④ 일정한 규모의 상장회사는 준법지원인을 의무적으로 두도록 하여 준법윤리경영의 토대를 마련하였다. 셋째로, 국제기준에 맞게 기존 제도를 업그레이드하기 위하여, ① 올해부터 시행중인 국제회계기준(IFRS) 등 회계방식 변화에 발맞춰 공정·투명한 회계원칙을 준수하도록 명시하였고, ② IT강국 '디지털 코리아'의 명성에 걸맞게 전자주식·사채를 도입하여 전자유가증권거래를 가능하게 하였다.

상법은 제1편 총칙, 제2편 상행위, 제3편 회사, 제4편 보험, 제5편 해상, 제6편 항공운송으로 이루어져 있는 대법전이다.

우리나라 상법은 1962년 제정된 이후, 1984년, 1991년, 1995년, 1998년, 1999년, 2001년, 2007년, 2010년, 2011년에 걸쳐 여러 차례 개정이 이루어졌고, 특히 2011년 개정회사법은 법무부가 2005년 개정작업에 착수한 이래 장기간의 논의를 거쳐 250개 조문을 개정한 건국 이래 최대규모의 개정이다.

Ⅱ. 상법의 법원

상법의 법원은 실질적 의의의 상법의 존재형식을 말하는데, 그 종류로서는 상사제정법으로서의 상법전과 상사특별법령(예: 은행법, 보험업법, 자본시장육성에 관한 법률, 증권거래법, 독점규제법 등), 상사조약, 상관습법, 상사자치법(예: 회사의 정관, 증권거래소, 어음교환소의 업무규정 등)이 있다. 기업의 계속적·집단적·반복적 거래를 획일적으로 처리하기 위하여 작성된 약관에 대하여는 건전한 거래질서의 확립과 소비자를 보호하기 위하여 「약관의 규제에 관한 법률」이 적용된다.

상법 제1조는 "상사에 관하여 본법에 규정이 없으면 상관습법에 의하고 상관습법이 없으면 민법의 규정에 의한다"라고 규정하고 있다. 이는 상관습법의 민법에 대한 우선적 효력을 규정한 것이나, 상법의 모든 법원을 망라한 것은 아니다.

Ⅲ. 상법의 특성과 경향

1. 상법의 특성

기업생활관계에 특유한 법인 상법은 기업활동의 건전한 발전을 기본이념으로 하며, 이를 구현하기 위하여 크게 보아 기업의 유지와 활동 두 가지 면에서 각종의 제도와 규정을 두고 있다.

기업의 유지를 위한 제도로서는 ① 기업의 독립성, ② 자산의 충실, ③ 적자관리, ④ 금융의 원활화에 관한 각 규정을 내용으로 하는 기업의 존속 그 자체를 위한 제도와 ⑤ 기업유지의 소극적 방법으로서의 기업해소의 회피에 관한 제도 등이 있다. 우선 기업의 독립성을 보장하기 위하여는 기업이 그 구성원과 분리되어야 한다. 회사제도(제169조 이하), 상호(제18조 이하), 상업장부(제29조 이하) 등이 이에 해당한다. 기업의 물적 기초가 되는 자산의 충실을 위한 제도로서는 특히 주식회사에서의 자본에 관한 3원칙과 계산에 관한 규정 등을 들 수 있다.

적임자에 의한 회사경영과 인적 자원의 확보를 위한 제도로서는 주식회사의 이사회 제도, 지배인, 상업사용인, 기업보조자(대리상, 중개인, 운송인, 창고업자 등)에 관한 규정 등이 있다. 기업금융의 원활화를 위하여 상법은 주식회사에서의 수권자본제도를 비롯하여, 여러 종류의 주식과 회사채제도를 두고 있고, 또한 기업자금의 수요충족을 위하여 익명조합(제78조 이하), 선박공유(제753조 이하), 선박담보권(제861조) 등의 제도를 두고 있다. 기업유지의 소극적인 방법으로서의 기업해소를 방지하기 위한 것으로는 기업합병, 정관변경, 회사설립 무효의 소의 제기기간의 제한 등에 관한 규정이 있다.

기업활동의 측면에 있어서의 상법은 기업의 위험부담을 경감시키기 위하여 ① 회사제도, ② 보험(제638조 이하), ③ 공동해손(제832조 이하), ④ 회사사원의 유한책임, ⑤ 선박소유자의 책임제한(제746조, 제747조) 등을 규정하고 있다. 또한 기업활동의 원활화를 위하여 계약자유의 원칙을 기본으로 하고 있으며, 기업활동이 영리목적으로 동종행위가 비개성적으로 계속적·반복적·집단적·신속적으로 행하여지고 있는 기업활동의 특수성을 여러 규정에서 반영시키고 있다. 각종의 개입권(상법 제89조, 제107조, 제116조, 제117조, 제198조, 제397조)과 개입의무(제99조), 발기인의 인수납입담보책임(제321조) 등은 기업활동의 비개성적인 것의 표현이다.

기업활동에서의 간이, 신속한 계약체결과 이행을 위한 상법의 제도로서는 ① 상행위의 대리(제48조), ② 계약의 청약의 효력(제51조, 52조), ③ 매수인의 목적물 검사와 하자통지의무(제69조), ④ 매도인의 공탁권과 자조매각권(제67조), ⑤ 유가증권제도 등이다. 기업활동에 있어서는 신속성과 더불어 그 안전성이 강하게 요구되는데, 상법은 이를 위하여 ① 공시주의, ② 외관존중주의, ③ 엄격책임주의를 채택하고 있다. 공시주의의 표현으로는 상업등기(상호, 미성년자, 법정대리인, 지배인 등 9종)와 각종의 공고제도를 들 수 있다. 외관존중주의는 거래외관을 존중하여 이를 신뢰한 선의의 제3자를 보호함으로써 거래의 안전을 확보하게 되는데, 상법의 상호속용자의 책임(제42조), 명의대여자의 책임(제24조), 표현대표이사(제395조), 유가증권의 문언적 효력인정 등이 그 예이다. 엄격책임주의(책임의 가중)는 기업자의 책임을 무겁게 함으로써 거래안전을 보호하는데 상법은 상사채무의 연대성, 회사설립 관여자의 책임, 공중접객업자의 수탁물에 대한 책임 등에 관한 규정을 두고 있다.

한편 기업법으로서의 상법의 이념은 오늘날 기업, 특히 대기업은 정부 이외의 가장 강력한 힘의 소유자이고, 재산의 생산·유통·분배에 관여하고, 국민재산을 관리하고, 노동의 장소를 제공하고, 상품의 용역의 제공자이므로 공공에 이바지하여야 하며 기업의 사회적 책임(구성원인 사원, 종업원, 소비자와의 조화)을 완수하여야 한다는 것과 관련하여 이해하여야 한다.

2. 상법의 경향

오늘날 상법의 특징적인 경향으로서는 유동적·진보적 경향과 보편적·통일적인 경향을 들 수 있다. 상법은 시간적인 면에서 볼 때 시대의 변천과 경제의 발달에 따라서 부단한 진보를 계속하며, 공간적으로는 상거래의 합리주의와 세계경제의 발달로 각국의 상법이 통일화되는 경향을 볼 수 있다.

제2절 총 칙

Ⅰ. 상 인

1. 서

상인은 기업의 주체이다. 그런데 상법은 당연상인의 개념을 정함에 있어 “자기명의로 상행위를 하는 자”(제4조)라고 규정하고 있으므로 상인개념과 상행위개념은 밀접한 관계가 있다. 상인은 영업에 관한 권리의무의 법률상의 귀속주체이고, 상행위는 상인의 영업에 관한 권리의무의 변동원인으로 볼 수 있으므로 상인개념과 상행위개념은 상법상의 2대 기본개념이고, 민법의 인(人)과 법률행위에 대응하는 개념이다. 기업의 주체인 상인개념을 정하는 데에는 다음과 같은 3가지의 입법주의가 있다.

2. 입법주의

(1) 실질주의(상행위법주의 · 객관주의 · 상사법주의)

이는 실질적으로 특정한 행위를 상행위로 정하고, 이러한 상행위를 영업으로 하는 자를 상인으로 하는 주의이다(스페인 상법). 이는 상행위의 개념을 전제로 하여 상인의 개념을 끌어내는 입법주의이기 때문에 상행위법주의라고도 한다. 이 입법주의는 행위의 객관적 성질만을 강조하고 주체와 관련하여 파악하지 않으므로 주체와 관련하여 파악된 기업법으로서의 상법의 본질에도 맞지 않으며 또한 열거된 상행위의 종류와 내용은 고정적이므로 기업생활의 발전에도 부응하지 못하는 면이 있다.

(2) 형식주의(상인법주의 · 주관주의 · 상업법주의)

행위의 종류와 내용에는 관계 없이 형식적으로 상인적 방법에 의하여 영업을 하는 자를 상인으로 하는 입법주의이다(스위스 채무법). 이는 상행위의 개념을 전제로 하지 않고 상인의 개념을 끌어내는 입법주의이기 때문에 상인법주의라고도 한다. 이 입법주의는 영업의 시설이나 방식(상인적 방법)이 애매하여 상인의 범위와 한계가 불명확하게 되는 면이 있다.

(3) 절충주의

이는 실질주의와 형식주의를 절충하여 상인의 개념을 정하는 입법주의이다.

(4) 상법의 입장

제4조의 당연상인의 개념을 정하는 데 있어서 상행위를 전제로 하고 있으나, 상행위는 상법 제47조의 상행위이고 이는 행위의 객관적인 성질이 아니라 영업으로 하는 경우에만 인정된다는 점, 제5조에서는 이 상행위와는 관계없이 점포 기타 유사한 설비에 의하여 상인적 방법으로 영업을 하는 자를 상인으로 보는 점(의제상인)에서 볼 때 절충주의적 입법에 속하고 절대적 상행위를 인정하지 않는다는 점에서 볼 때 형식주의에 가까운 절충주의를 채택하였다고 볼 수 있다.

3. 상인의 종류

(1) 당연상인

자기명의로 상행위를 하는 자이다(제4조). 여기서 자기명의란 뜻은 '자기가 그 행위에서 생기는 권리·의무의 귀속의 주체가 된다'는 것이며, 상행위는 상법 제46조에서 한정적으로 열거된 22종의 상행위와 특별법(담보부 사채신탁법에 의한 제3자의 사채총액의 인수)에 의한 상행위를 말한다. 법률상 권리의무의 주체가 된다는 것은 행정관청에 대한 신고명의인이 되거나 납세의 명의자로 되는 것과 관계없다.

그런데 상법 제46조의 상행위는 영업으로서 하는 행위이어야 한다. '영업으로'라는 의미는 영리를 목적으로 일정한 계획에 따라서 1종 또는 2종 이상의 동종의 행위를 계속적으로 반복하는 것을 의미한다. 그러나 영리목적의 실현 여부, 이익의 사용목적은 묻지 않는다. 또한 영리목적의 판단은 단순한 주관적 의사가 아니라 사회적 통념에 의하여 판단한다. 따라서 변호사·의사·음악가 등의 행위는 행위의 성질상 영리성을 인정할 수 없다.

(2) 의제상인(형식상인)

당연상인만을 상인으로 한다면, 당연상인의 기초가 되는 기본적 상행위가 제한적으로 열거되어 있어 끊임없이 발전하는 기업생활관계의 수요에 응할 수 없게 된다. 그리하여 상법은 당연상인은 아니나, 일정한 요건을 갖추고 있는 자를 상인으로 의제하고 있다.

1) 설비상인　　상행위를 하지 않아도 "점포 기타 유사한 설비에 의하여

상인적 방법으로 영업을 하는 자"는 상인으로 본다(제5조 1항). 점포 기타 유사한 설비란 일반대중과 계속적으로 거래하기 위하여 개설한 장소적 설비를 말하고, 상인적 방법으로 영업을 한다는 것은 영업조직, 회계장부, 영업보조자 등을 활용하는 것을 의미하는데 이는 사회통념에 의하여 결정한다.

2) 민사회사　　상행위 이외의 영리를 목적으로 하는 회사를 민사회사라 한다. 민사회사는 상행위를 목적으로 하지 아니하나 회사의 성격상 이미 기업조직과 설비를 갖추고 있으므로 상인으로 보는 것이다. 그러나 상법은 회사를 상행위 기타 영리를 목적으로 하는 사단법인으로 규정하고 있기 때문에(제169조 참조), 민사회사와 상사회사를 구별하는 실익은 없다.

(3) 소 상 인

자본금액 1000만 원에 미달하는 상인으로서 회사가 아닌 자를 말한다(상법의 일부규정의 시행에 관한 규정 제2조). 여기서 자본은 영업자산액을 기준으로 한다. 소상인에 대하여는 지배인, 상호, 상업장부, 상업등기에 관한 규정이 적용되지 않는다. 주의할 것은 소상인에게는 위에 관한 상법의 규정이 적용되지 않을 뿐이라는 점이다. 예컨대 소상인도 상호를 사용할 수 있으나 상법적 보호가 주어지지 아니하므로 회사상호를 부당히 사용할 수 없고(제20조), 주체를 오인시킬 상호사용이 금지되며, 상호부정사용시 제재를 받는다. 또한 소상인도 상업장부를 작성·보존할 수 있으나 이에 대한 의무는 없다.

사례

甲은 다음과 같은 경우 상인이 되는가?

(1) 甲이 아내 乙의 이름으로 영업허가를 받아 목욕탕을 경영하는 경우
(2) 甲이 동생인 丙의 이름으로 목욕탕 영업을 하는 경우
(3) 甲이 결혼상담소를 차리고 상담에 응하는 경우
(4) 甲이 아내 乙과 함께 의류수선업을 하는 경우
(5) 甲이 미성년자로서 부모의 허락 없이 당구장을 하는 경우
(6) 甲이 점포를 열고 자신의 농장에서 수확한 농산물을 파는 경우
(7) 甲이 회사로서 농장을 경영하는 경우
(8) 甲이 변호사로서 법률사무소를 열고 변호업무를 하는 경우
(9) 甲이 주식회사 乙의 대표이사인 경우

〈해설〉

(1) 상인이다. 목욕탕을 경영함은 "공중이 이용하는 시설에 의한 거래"(상법 제46조 제9호)를 하는 것이며 이를 영업으로 한다면 기본적 상행위(상법 제46조)에 해당한다. 또한 이를 자기명의로 한다면 당연상인(상법 제4조)이다. 음식점 영업허가를 누구의 이름으로 받았는가의 문제와 상관없이 갑이 음식점영업으로 인한 권리를 취득하고 의무를 부담한다면 "자기명의"로 상행위를 하는 것이다.

(2) 단순히 丙의 이름을 차용하여 영업을 하고 있다면 甲은 영업상 자기를 표시하는 명칭으로서 丙의 이름을 사용하는 것으로 되어 자기명의로 상행위를 하는 자에 해당한다(이 경우 후술하듯이 丙은 명의대여자로서 甲의 영업상의 채무에 대해서 연대책임을 질 수 있다). 그러나 甲이 丙의 법정대리인이나 또는 임의대리인(예컨대 상업사용인)으로서 丙의 이름으로 영업을 한다면 甲이 아니라 丙이 자기명의로 상행위를 하는 것이다.

(3) 영리를 목적으로 하는가 여부에 따라 다르다. 즉 甲이 상담료나 소개료를 받는다면 점포 기타 유사한 설비에 의해 상인적 방법으로 영업을 하는 자로서 의제상인이 된다. 그러나 무료봉사를 하고 있다면 영리를 목적으로 하지 않으므로 상인이 될 수 없다.

(4) 오직 노임을 받을 목적으로 수선을 하고 있다면 상인이 아니다. 만일 종업원을 몇 명 거느리고 있다면 영리를 목적으로 한다고 볼 수 있고 따라서 상인이 된다. 그러나 소상인에 해당하는 경우가 많을 것이다.

(5) 미성년자가 법정대리인의 허락을 받지 않았다고 하더라도 자기명의로 상행위를 하는 한 상인이 된다. 다만 법정대리인의 동의 없이 한 거래행위는 취소할 수 있다.

(6) 의제상인이다. 그러나 점포 없이 행상으로 판매한다면 상인이 아니다.

(7) 회사는 무엇을 영업으로 하든 상인이다. 즉 회사는 언제나 상인이다(胎生的商人).

(8) 상인이 아니다. 변호사, 의사, 공인회계사, 세무사, 설계사, 예술가 등 자유직업인은 점포 기타 유사한 설비에 의해 그 활동을 하더라도 연혁적으로나 사회통념에 의해 영업을 하는 것으로 보지는 않는다.

(9) 주식회사 乙이 상인인 것은 물론이다. 그러나 甲이 乙회사의 대표기관으로서 乙회사의 이름으로 거래를 하고 있을 뿐이라면 甲은 상인이 아니다.

4. 상인자격의 득상(得喪)·영업능력

(1) 서

상인자격이란 권리능력자인 자연인과 법인이 상법 제4조 및 5조의 상인의 요건을 구비함으로써 취득하는 상인으로서의 자격을 말한다. 권리능력은 법이 부여하는 것이고, 상인의 자격은 사람의 의사에 의하여 취득하는 것이다.

상인자격을 취득한 경우에도 유효한 영업활동을 할 수 있는 능력을 갖추어야 하는데 이를 영업능력이라고 한다. 자연인은 행위능력에 제한이 있으므로 영업능력이 제한되나, 법인은 권리능력의 범위 내에서 전면적인 행위능력이 있으므로 영업능력이 문제되지 않는다.

(2) 자 연 인

자연인은 권리능력에 제한이 없으므로 연령 · 성별 · 행위능력 등의 여하를 불문하고, 상법 제4조 또는 제5조의 요건을 구비한 때 상인자격을 취득한다. 구체적인 취득시기는 상인이 되고자 하는 의사가 객관적으로 외부에 나타난 때이나, 우리 상법상 상인개념이 영업과 관련되는 점을 생각할 때 영업행위의 개시에 의하여 취득된다고 보아야 한다. 그러나 영업의 개시는 영업의 목적인 행위를 한 때가 아니라, 그 준비행위(점포의 구입, 영업자금 차입, 상업사용인 고용 등)를 한 때라고 봄이 타당하다. 종료시기는 당사자의 의사에 의하여 영업을 사실상 폐지하고 청산행위를 종료한 때이다.

민법상의 행위무능력자는 원칙적으로 영업능력이 없으므로 미성년자 · 한정치산자는 법정대리인의 허락이 있어야 영업을 할 수 있으며, 법정대리인이 대리할 수 있다. 금치산자는 자신이 유효한 영업행위를 하지 못하므로 후견인이 금치산자를 대리하여 영업을 하여야 한다.

(3) 법　　인

회사는 영리사단법인이기 때문에 설립에 의하여 상인자격의 취득이 인정되고, 청산사무의 종결시 상인자격을 상실한다. 학술 · 종교 · 자선 등의 공익사업을 목적으로 하는 비영리공익법인은 공익을 달성하기 위한 수단으로서 영업을 할 때 상인자격이 인정된다. 사법인(私法人) 가운데 농업협동조합 · 수산업협동조합 등과 같이 영리법인에도 공익법인에도 속하지 않은 구성원 상호간의 상호부조 또는 공동이익의 증진을 목적으로 하는 법인(중간법인)은 그 목적이 특별법에 의하여 특정되어 있고, 영리를 목적으로 하지 아니할 것이 요구되므로 상인자격이 부정된다(학설대립). 농지개량조합 · 농업진흥공사와 같이 법률상 그 목적이 특정되어 있는 특수 공법인은 상인이 될 수 없으나, 국가나 지방자치단체와 같은 일반적 공법인은 상인자격이 인정된다.

Ⅱ. 상인의 보조자

1. 서

상인이 영업규모를 확대함에 따라 물적 시설의 확대는 물론 인적 보조자가 필요하다. 상법은 상인을 보조하는 자로서 특정상인에 종속하여 그 기업조직의 내부에서 보조하는 자와 그 자신이 독립한 상인으로서 외부에서 보조하는 자의 두 가지를 규정하고 있다. 상업사용인은 전자에 속하고, 대리상·중개인·위탁매매인·운송주선인·운송인 등은 후자에 속한다. 상법은 상업사용인에 대하여는 총칙편에서, 대리상·중개인·위탁매매인·운송주선인·운송인 등의 독립보조상인에 대하여는 상행위편에서 규정하고 있다.

상업사용인은 그 대리권의 범위에 따라 ① 지배인, ② 부분적 포괄대리권을 가진 사용인, ③ 물건판매점포의 사용인으로 나누어진다.

2. 지 배 인

지배인은 특정상인에 종속하여 그 영업에 관한 재판상 또는 재판 외의 모든 행위를 할 수 있는 권한을 갖고 상시 계속적으로 대외적인 영업활동을 보조하는 자이다. 재판상의 행위는 영업주를 위하여 소송대리인이 되거나 소송대리인을 선임하는 행위를 말하고, 재판 외의 행위는 소송 외의 법률행위를 말한다.

지배인은 영업을 위한 모든 필요행위를 할 수 있으나, 영업 자체의 처분행위(영업의 폐지·양도 등)는 하지 못한다. 영업에 관한 것인가의 여부는 행위의 객관적 성질에 따라 결정하며 지배인의 주관적 의사는 묻지 않는다.

지배인인가의 여부는 실질적인 지배권의 유무에 따라 결정되므로, 지배권을 갖고 있는 한 붙여진 명칭과 상관없이 상법상의 지배인이다. 지배인의 선임과 종임은 등기사항이다.

지배인의 선임은 영업주 또는 지배인 선임의 권한이 수여된 대리인과의 대리권수여계약에 의하여 이루어진다. 그러나 지배인은 다른 지배인을 선임하지 못한다. 회사의 이사나 업무집행사원은 지배인을 겸할 수 있으나 직무의 성질상 감사와의 겸임은 허용되지 않는다(제411조, 570조). 지배인의 종임사유는 지배인의 사망·파산·금치산·위임계약의 해지·영업주의 파산 등이다. 주의할 것은 영업은 계속성이 보장되어야 하므로 본인의 사망은 지배인의 종임사유가 아니다(민법 제127조 1항과 구별).

지배권의 범위는 영업을 단위로 인정되므로 영업주가 수개의 영업을 가지고 수개의 상호를 사용하는 경우는 지배인의 권한은 각 상호에 한정된다. 그러나 지배인이 수개의 영업소의 지배인을 겸임하는 것은 허용된다.

이와 같이 지배인의 대리권은 포괄적으로 정형화되어 있으므로, 지배인의 대리권을 제한(거래의 종류, 시기, 상대방, 장소제한)하더라도 선의의 제3자에게 대항할 수 없다. 또 실제로 실질적인 지배권이 없으면서 외관상 지배권이 있는 것과 같은 명칭을 사용한 경우 선의의 제3자에 대한 관계에서는 재판 외의 영업활동에 관하여 지배인과 동일한 권한이 있는 것으로 본다(표현지배인). 이는 거래안전보호를 위한 상법상의 외관주의가 구체화된 제도이며, 여기에는 영업주임・지점장・영업소장・지사장 등이 포함된다.

3. 부분적 포괄대리권을 가진 사용인

영업의 특정한 종류 또는 특정한 사항에 관하여 재판 외의 모든 행위를 할 수 있는 권한을 위임받은 사용인이다(제15조). 지배인과 달리 영업 전반이 아니라 판매・구입・자재・경리 등과 같이 특정한 종류나 사항에 관하여 위임을 받은 사용인으로서 부장・과장・계장・주임 등이 이에 속한다. 영업주와 그 법정대리인・지배인은 부분적 포괄대리권을 가진 사용인을 선임할 수 있다. 또한 소상인도 이들을 선임할 수 있으나 그 선임과 종임은 등기사항이 아니다.

4. 물건판매점포의 사용인

물건을 판매하는 점포의 사용인은 점포의 물건판매에 관한 모든 권한이 있다(제16조 1항). 이는 물건판매점포에 근무하고 있는 사용인은 판매에 관한 권한이 부여되어 있는가의 여부와 관계없이 모두 선의의 제3자에 대한 관계에서는 대리권이 있는 것으로 봄으로써 거래안전을 기하기 위함이다. 이에는 해석상 공중접객업소의 사용인・은행창구직원도 포함되나, 외무사원은 제외된다.

5. 상업사용인의 의무

상업사용인의 영업주에 대한 의무는 고용계약과 위임계약에 의한 것이 있다. 전자에는 노무제공의무, 후자에는 선관주의의무(민법 제681조), 사무처리보고의무(민법 제683조), 취득물의 인도의무(민법 제684조) 등이 있다.

그러나 상법은 상업사용인이 대리권을 갖고 영업주를 위하여 대외적 활동을 하고 있어 영업주의 영업비밀에 대하여 정통하여 영업주의 이익을 해할 가능성이 있기 때문에 기본관계인 위임관계를 강화하여 경업피지의무와 특정지위취임금지를 규정하고 있다. 경업피지의무는 사용인은 영업주의 허락이 없으면 자기 또는 제3자의 계산으로 영업부류에 속하는 거래를 할 수 없는 것을 말한다. 영업부류에 속하는 거래는 이익충돌의 우려가 있는 행위이고, 경업피지의무는 근무시간 이외에도 인정된다.

특정지위취임금지는 사용인의 정력분산을 방지하기 위한 것으로서 사용인은 영업주의 허락 없이 영업주의 업종과 동종 또는 이종을 가리지 않고 회사의 무한책임사원, 이사, 또한 다른 상인의 사용인이 되지 못한다(제17조 1항).

사용인이 경업피지의무를 위반한 경우에, 영업주는 상업사용인이 사용인의 계산으로 위반거래를 한 것인 때에는 영업주의 계산으로 한 것으로 볼 수 있고, 제3자의 계산으로 한 것인 때에는 사용인에 대하여 위반거래로 인한 이득의 반환을 청구할 수 있다(탈취권 혹은 개입권이라 함)(제17조 2항). 또한 영업주는 이때 사용인에 대하여 고용계약 등을 해지할 수 있으며, 손해배상을 청구할 수 있다(제17조 3항).

Ⅲ. 영 업 소

영업소라 함은 상인의 영업활동의 중심이 되는 일정한 장소를 말한다. 여기서 영업활동의 중심이란 객관적으로 보아 영업에 관한 지휘·결정을 하고, 활동의 결과가 보고·통일되는 장소적 구심점을 말한다. 따라서 실행행위나 보조행위를 하는 장소, 예컨대 공장·창고는 영업소가 아니다. 일정한 장소란 시간적으로 계속성이 있는 일정한 공간을 말하므로 일시적인 매점은 영업소가 아니다.

상인이 수개의 영업소를 둔 경우에는 그 중 주된 영업소가 본점이고, 본점의 지휘·명령을 좇아 영업활동을 분담하는 것이 지점이다. 그러나 지점도 일정한 범위 내에서 독자적으로 대외적인 활동을 하여야 하며 이에 필요한 인적 조직을 구비하여야 한다. 따라서 이른바 분점・출장소・지사 등은 일선조직일 뿐 지점이 아니다. 또한 대리점은 독립상인인 대리상의 영업소이며 본인의 영업소가 아니다. 영업소는 ① 당사자간에 다른 의사표시가 없는 한 특정물 이외의 영업에 관한 채무이행의 장소, ② 어음 등 유가증권상의 채무의 이행과 보전의 장소, ③ 법원의 관할결정의 표준, ④ 상업등기소의 결정, ⑤ 소송서류의 송달장소가 된다.

Ⅳ. 상　　호

상호는 상인이 영업상 자기를 표창하기 위하여 사용하는 명칭이다. 상호는 상인의 명칭이므로 비상인의 명칭은 상호가 아니며, 소상인에게는 상호에 관한 규정이 적용되지 아니하므로 소상인이 영업상 사용하는 명칭이 있더라도 상법상 보호되지 아니한다. 또한 상호는 영업상의 명칭이므로 성명・아호・예명 등은 상호가 아니다. 자기를 표시한다는 것은 상호에 의한 행위의 효과가 귀속하는 권리의 주체인 상인을 표시하는 것이다. 상호는 명칭이므로 문자로 표시할 수 있어야 하고 호칭할 수 있어야 한다(기호나 도형 불가). 명칭은 외국어도 무방하나 외국문자에 의한 등기는 인정되지 않는다. 따라서 상호는 상인이 제조・판매하는 상품을 표시하기 위하여 기호 또는 도형으로 나타내는 상표(Trade Mark)나, 자신의 영업 또는 그 자체의 동일성을 표시하기 위한 영업표와는 구별하여야 한다.

상호의 선정은 자유이나, 회사가 아니면 상호에 회사임을 표시하는 문자를 사용하지 못하며(제20조), 회사의 상호에는 그 종류에 따라 합명회사, 합자회사, 주식회사 또는 유한회사의 문자를 사용하여야 한다(제19조). 또한 동일영업에는 단일의 상호를 사용하여야 한다(제21조 1항).

이와 같이 상호는 법률적으로는 영업주체인 상인을 표시하는 명칭이나, 사회경제적으로는 영업의 독립성과 동일성을 표시하여 그 명성과 신용의 바탕이 되므로 보호할 필요가 있다. 그리하여 상법은 누구든지 부정한 목적으로 타인의 영업으로 오인시킬 수 있는 상호의 사용을 금지하고 있다. 부정한 목적이라 함은 자기의 영업을 타인의 영업인 것처럼 일반인에게 오인시킬 의도를 가지고 상호를 사용하는 것을 말한다. 상호를 부정한 목적으로 사용하는 자에 대하여는 상호사용폐지와 손해배상청구(제23조 2항, 3항), 사죄광고(부정경쟁방지 및 영업비밀보호에 관한 법률 제6조)를 요구할 수 있으며, 먼저 등기한 상호이더라도 상대방의 부정목적을 입증하여 등기말소를 청구할 수 있다.

타인이 등기한 상호는 동일한 서울특별시・광역시・시・군에서 동종영업의 상호로 등기하지 못하며(제22조), 동일 또는 유사한 상호를 사용하는 자는 부정의 목적이 있는 것으로 추정한다(제23조 4항). 따라서 등기상호는 미등기상호보다 더 강한 보호를 받게 된다. 주식회사 또는 유한회사를 설립하고자 할 때, 회사가 상호나 목적을 변경하고자 할 때, 또는 본점을 이전하고자 할 때에는 상호의 가등기를 신청할 수 있으며, 상호의 가등기는 제22조의 적용에 있어서는 상호의 등기로 본다(제22조의2).

상호는 재산권으로서의 성격을 가지므로 양도・상속이 인정되나, 영업을 폐지하거나 영업과 함께 양도하는 경우에만 양도가 인정된다. 상호의 양도는 당사자 사이의 의사표시만으로 이루어지나 등기하지 않으면 제3자에게 대항하지 못한다(제25조 2항).

상법은 상호의 진실성을 확보하고, 명의를 신뢰한 거래의 상대방을 보호하기 위하여 명의대여자의 책임을 인정하고 있다(제24조). 명의대여라 함은 타인이 자기의 이름이나 상호를 사용하여 영업하는 것을 허락하는 것을 말한다. 명의대여는 명의인의 영업상의 신용・명성을 이용하여 자기의 영업을 유리하게 하거나, 영업면허를 가진 자가 그 자격을 필요로 하는 자에게 명의를 대여하여 자격을 이용하게 하는 데 이용되고 있다. 명의대여자는 자기를 영업주로 오인하여 거래한 선의의 제3자에 대하여 명의차용인과 연대하여 변제할 책임이 있다.

사례 甲은 대전에서 "대천해물탕"이라는 상호로 음식점을 경영하여 신용과 명성을 떨치던 중 서울로 진출하기 위해 1994년 10월에 그 영업을 상호와 함께 乙에게 양도하였고 乙이 같은 장소에서 영업을 하게 되었다. 甲은 서울로의 진출이 실패하자 1996년 3월 乙의 영업소 근처에서 "원조 대천해물탕"이라는 상호로 다시 음식점 영업을 시작, 4월에는 위 상호를 등기하였다. 이로 인해 매상이 감소한 乙은 甲이 그 상호로 영업을 하는 것은 부당하다고 지적하고 그 영업을 폐지할 것을 요구함으로써 甲과 乙 사이에 분쟁이 발생하자 甲은 그간의 사정을 잘 아는 丙에게 상호와 함께 영업을 양도하였고 丙은 1996년 10월 상호양수를 등기하고 영업을 계속하였다. 이 경우 乙이 丙을 상대로 그 상호의 사용폐지와 등기말소를 청구할 수 있는가?

〈해설〉

우선 영업양도인은 양수인에 대해 경업금지의무를 부담하므로(제41조) 그 위반에 대해 양수인은 영업의 금지와 손해배상을 청구할 수 있다. 다만 위의 설문에서 양수인 乙이 이를 따지고 있지 않은 것으로 보아서 경업금지의무를 배제하는 특약이 있지 않았나 생각된다. 상호전용권 문제에 관해서는 乙의 상호가 미등기 상호라 하더라도 상호양수를 등기한 丙에게 상호 사용금지 및 등기말소까지 청구할 수 있다.

상호전용권은 미등기상호의 사용자에게도 인정된다(서울고판 1977.5.26. 76나3276). 즉 타인이 "부정한 목적으로" 자기의 영업으로 오인할 수 있는 상호를 사용하고 "이로 인해 손해를 받을 염려가 있다면" 그 상호의 사용폐지 및 손해배상의 청구를 할 수 있다(상법 제23조 제2항, 제3항). 다만 상호를 등기한다면 상호전용권의 보호가 강화된다. 즉 상호를 등기한다면 손해를 받을 염려가 없어도 되고 또한 동일한 특별시·광역시·시·군에서 동종영업으로 타인이 등기한 상호를 사용하는 자는 부정한 목적으로 사용하는 것으로 추정된다(동조 제4항). 여기서의 부정한 목적이란 일반공중으로 하여금 자기의 영업을 상호권자의 영업으로 오인시켜 자기의 영업활동을 유리하게 전개시키려고 하는 의사가 있음을 가리킨다. 위의 설문에 따르면 甲이 乙에게 상호와 영업을 함께 양도한 후에(즉 상호에 결부된 상인과 영업의 신용 및 성가 등의 재산적 가치를 양도한 이후에) 인근에서 유사한 상호로서 동종영업을 재개한 사실이 인정되므로 甲에게 (또한 甲의 지위를 승계한 丙 역시) 부정한 목적이 있었음을 乙이 쉽게 입증할 수 있는 반면 甲이 상호등기를 하였더라도 乙은 자신에게 부정한 목적이 없었음을 쉽게 반증할 수 있다.

한편 부정경쟁방지법은 국내에서 널리 인식된 상호와 동일 또는 유사한 것을 사용하는 자가 있을 경우에는 이로 인하여 영업상의 이익이 침해되거나 침해될 우려가 있는 상호권자는 그 상호사용의 금지 및 예방은 물론 상호의 폐기, 간판의 제거 기타 필요한 조치를 함께 청구할 수 있으며, 고의·과실이 있을 때에는 손해배상청구도 가능하다(동법 제2조, 제4조, 제5조). 국내에 널리 인식된 것만이 요건이고 부정목적이나 등기가 그 요건이 아님을 유의할 필요가 있다.

V. 상업장부

기업이 국민경제에 있어서 중요한 자리를 차지하게 됨에 따라 기업의 경리로서의 상업장부제도는 단지 기업을 위한 사경제적 의의뿐만 아니라 국민경제적 의의를 지니게 되었다. 즉 상업장부의 양식 및 재산평가의 통일성과 그 기록의 진실성의 확보는 하나의 국민경제적 요청이 되었다.

상업장부는 모든 상인이 그 영업상의 재산 및 손익의 상황을 명백히 하기 위하여 상법상의 의무로써 작성하는 장부이다. 따라서 비상인, 예컨대 상호보험회사나 협동조합이 작성하는 장부는 상업장부가 아니다. 소상인은 상업장부에 관한 규정은 적용되지 않기 때문에 소상인이 작성하는 장부는 상업장부가 아니다. 또한 상업장부는 영업상의 재산 및 손익의 상황을 명백히 하기 위하여 작성하는 것이므로 주주명부나 사채원부는 상업장부가 아니다. 상업장부는 개인상인의 경우는 합리적 기업경영의 수단(계산적 기초)으로서 의미가 있고, 회사 특히 주식회사의 경우는 회사재산의 충실을 기함으로써 주주와 채권자이익의 보호에 중점이 있다. 또한 상업장부의 정확한 작성은 국가의 명확한 과세행정의 확립에도 도움이 된다.

상법상 상업장부에는 회계장부 및 대차대조표가 있다. 회계장부는 상인이 일상의 거래와 기타 영업상의 재산에 영향이 있는 사항을 기재하는 동태적 상업장부이고, 대차대조표는 일정한 시기를 기준으로 기업의 총재산을 자산・부채・자본의 과목으로 나누어 기업의 재무상태를 일목요연하게 나타내는 정태적 상업장부를 말한다. 현행상법은 대차대조표는 회계장부를 기초로 하여 작성할 것을 요구하고 있다.

회계장부의 작성방안에 관하여 상법은 일반적으로 공정・타당한 회계관행에 의하여 작성할 것을 규정하고 있다(제29조).

상인은 상업장부와 영업에 관한 중요서류를 장부폐쇄의 날로부터 10년간 보존하여야 한다. 다만 전표 또는 이와 유사한 서류의 보존기간은 5년이다. 장부와 서류는 마이크로필름 기타의 전산정보처리조직에 의하여 이를 보존할 수 있다(제33조).

Ⅵ. 상업등기

상업등기는 상법의 규정에 의하여 상업등기부에 하는 등기를 말한다. 현재 상업등기부로서는 ① 상호, ② 무능력자, ③ 법정대리인, ④ 지배인, ⑤ 합명회사, ⑥ 합자회사, ⑦ 주식회사, ⑧ 유한회사, ⑨ 외국회사의 9종이 있다. 따라서 선박등기나 상호보험회사의 등기는 상업등기가 아니다. 또한 상업등기에 관한 규정은 소상인에게는 적용되지 아니한다(제9조).

상업등기제도는 상인의 영업에 있어서 법률관계의 성립·변경·소멸에 관한 중요사항을 일반대중에게 공시함으로써, 상인의 신용을 유지하고 거래의 안전을 도모하기 위하여 인정된 제도이다. 상업등기는 이해관계인이 많은 회사에서 특히 중요하다. 상업등기사무는 그 전부 또는 일부를 전산정보처리조직에 의하여 처리할 수 있다(제34조의2).

등기할 사항을 등기하지 않으면 이를 알지 못하는 선의의 제3자에게 대항하지 못한다(제37조 1항). 따라서 등기하면 선의의 제3자에게도 대항할 수 있다. 그 밖에 상호의 등기로 상호의 보호가 강화되고, 상호양도의 대항력은 등기하여야 효력이 발생하고, 회사의 설립등기로 회사의 법인격이 취득된다(창설적 효력). 또한 설립등기 후에는 주식인수의 무효와 취소가 제한되며(보완적 효력), 아울러 주권발행과 권리주양도제한이 해제된다(부수적 효력).

한편 상법은 고의 또는 과실로 인하여 사실과 상위한 사항을 등기한 자는 그 상위를 선의의 제3자에게 대항하지 못한다고 규정(제39조)함으로써 상업등기의 공신력을 제한적으로 인정하고 있다.

Ⅶ. 영업양도

영업양도란 계약에 의하여 양도인이 가지는 영업 전체를 그 동일성을 유지하면서 양수인에게 이전하는 것을 말한다. 여기서 영업이라 함은 일정한 영리목적을 위하여 결합된 조직적 재산의 전체를 말한다. 즉 객관적인 존재로서의 영업을 말한다. 이에는 영업에 이용되는 각종의 재산뿐만 아니라, 영업조직, 거래처 등의 사실관계를 포함한다. 따라서 영업양도는 영업재산만의 양도가 아니라 경영자 지위의 이전을 의미하는 것으로 보아야 할 것이다. 영업양도를 인정하는 것은 영업의 해체에 의하여 조직적 재산으로서의 가치를 상실시키는 것은 영업주는 물론 국민경제적으로도 바람직하지 못하기 때문이다. 즉 기업유지의 정신에 입각한 것이다. 영업양도에 의하여 양도인은 영업재산의 이전과 경영자 지위를 양수인에게 이전하여야 한다. 그러나 영업양도는 영업을 이전할 의무를 발생시키는 채권계약이고, 영업을 일체로서 물권적으로 이전하는 방법은 없기 때문에 개별적인 이전절차가 필요하다. 이 점이 포괄적 승계가 이루어지는 합병과 다른 점이다. 따라서 동산은 인도, 부동산과 상호는 등기, 특허권과 상표권은 등록, 지시채권은 배서에 의하여 이전한다. 그밖에 채무인수에 대한 조치, 영업상의 비밀의 전수, 고객소개도 하여야 한다.

영업양도의 실효성을 확보하기 위하여 양도인은 다른 약정이 없으면 동일한 행정구역과 인접행정구역에서 10년간 동종영업을 하지 못한다(제41조, 경업피지의무). 경업피지의무를 특약으로 면제・경감하거나 강화할 수 있다. 그러나 강화하는 경우에는 20년을 초과하지 못한다.

영업양도로 영업주체의 변동이 있더라도 영업은 동일성을 잃지 않고 존재하므로 제3자에 대한 관계가 문제된다. 양수인이 양도인의 상호를 속용하는 경우에는 양수인도 양도인의 채무에 대하여 변제할 책임이 있다(제42조 1항). 양수인이 부담할 채무는 영업상의 활동과 관련하여 발생한 채무이므로 발생원인은 채무불이행・불법행위・부당이득의 경우를 모두 포함한다. 영업양도시 채무의 변제기의 도래여부나, 양수인이 채무의 존재를 알았는가를 묻지 않는다. 다만 양수인이 지체 없이 책임이 없음을 등기한 경우나, 양도인과 양수인이 그 뜻을 제3자에게 통지한 경우는 책임을 부담하지 않는다. 또한 양도인의 채무자가 양수인에 대하여 채무를 변제한 경우에는 선의이며 중대한 과실이 없는 한 그 변제는 유효하다(제43조).

상호를 속용하지 않는 경우는 양수인은 책임이 없음이 원칙이나, 채무인수를 광고한 경우는 책임을 부담한다(제44조). 양도인의 채무자는 채무이전의 대항요건이 구비된 경우에는 당연히 양수인에게 변제하고, 그렇지 않은 경우에는 양도인에게 변제하여야 한다.

양수인만이 책임을 지는 경우는, 양도인의 책임은 영업양도 후 또는 광고 후 2년이 경과하면 소멸하게 되므로(제45조), 이 경우에는 양수인만이 책임을 지게 되는 것이다.

제3절 상행위법

Ⅰ. 상행위법의 개념

1. 상행위의 의의

상행위는 실질적으로는 상인의 영리행위(기업활동)를 말하고 형식적으로는 상법 및 특별법에서 상행위로 규정된 행위를 말한다. 그런데 앞에서 살펴본 바와 같이 입법상 상행위개념을 정함에 있어서 행위의 주체가 누구임을 묻지 않고 먼저 행위의 객관적인 성질에 따라 상행위를 정하는 상행위법주의(객관주의・실질주의), 먼저 일정한 조직 또는 설비(점포) 등의 형식적 기준에 따라 상인의 개념을 정하고 그 상인의 영업상의 행위를 상행위로 보는 상인법주의(주관주의, 형식주의), 그리고 이 두 주의를 병용하는 절충주의 등의 세 가지 입법주의가 있다. 현행 상법은 제4조에서 당연상인의 개념을 정하는 데 있어서 상행위를 전제로 하고 있고 제5조에서는 상행위와는 관계없이 의제상인을 인정하고 있는 것을 볼 때 절충주의 입법에 속하고, 절대적 상행위를 인정하지 않는다는 점에서 볼 때 형식주의적 절충주의를 채택하였다고 볼 수 있다.

2. 상행위의 종류

(1) 기본적 상행위

제4조의 당연상인의 개념을 정하는 데 기초가 되는 상행위이다. 상법 제46조는 기본적 상행위로서 매매・임대차・도급・금융거래 등 22종의 행위를 한정적으로 열거하고 있다. 22종의 행위는 '영업으로' 할 때에 상행위로 인정되므로 영업적 상행위라고 한다. 1995년 개정된 상법은 우리나라에 도입된 기업활동이 다양화하고 국제화함에 따라 영미에서 발전되어 온 새로운 영업형태인 리스・펙토링・프랜차이즈의 3가지를 영업적 상행위로 추가하였다. 그리고 2010년 개정된 상법에는 신용카드 등을 이용한 지급결제업무의 인수를 상행위로 신설하였다.

(2) 보조적 상행위

기본적 상행위를 하지 않더라도, 예컨대 매매업을 목적으로 하는 상인의 차금행위나 사무실임대차계약은 영업을 위하여 하는 행위로서 상행위로서 인정된다. 이를 부속적 상행위라고 한다. 상인의 행위는 일단영업을 위하여 하는 것으로 추정한다(제47조 2항).

(3) 준 상행위

의제상인이 영업으로 하는 행위를 말한다(제66조). 상법 제5조에 의한 의제상인의 영업행위에는 상행위에 관한 규정이 준용된다. 의제상인은 상행위 이외의 영업행위를 하는 상인이지만 그 행위의 종류가 법률에 의하여 특정될 수 없을 뿐 그 행위는 실질적 상행위성을 가지고 있기 때문이다.

(4) 쌍방적 상행위와 일방적 상행위

소매상과 도매상과의 거래와 같이 당사자 쌍방에게 상행위가 되는 행위를 쌍방적 상행위라 하고, 소매상과 일반인의 거래와 같이 당사자 일방에게만 상행위가 되는 행위를 일방적 상행위라고 한다. 쌍방적 상행위는 물론 일방적 상행위에 대하여서도 상법이 적용된다(제3조).

3. 상행위법의 의의와 특성

형식적 의의의 상행위법은 상법전 제2편 '상행위'에 관한 규정을 말한다. 제2편은 제1장 통칙, 제2장 상사매매, 제3장 상호계산, 제4장 익명조합(특수한 계약적 기업형태), 제5장 대리상, 제6장 중개업, 제7장 위탁매매업, 제8장 운송주선업, 제9장 운송업, 제10장 공중접객업, 제11장 창고업, 제12장 금융리스업, 제13장 가맹업, 제14장 채권매입업에 관하여 규정하고 있다. 상법 제2편은 실질적 의의의 상행위 모두를 규정하고 있다. 또한 기업거래형태의 발달로 새로운 상행위가 계속적으로 출현하고 있다.

상행위법은 자유로운 기업활동에 관한 법이므로 광범위하게 당사자의 사적자치(계약체결자유, 방식과 내용결정의 자유)가 인정되는 부분으로서 대부분 임의규정의 성격을 갖고 있다. 그러나 기업의 횡포로부터 소비자를 보호하기 위하여 약관규제법과 독점규제법에서는 계약자유의 원리의 수정과 제한을 하고 있으며, 또한 상법의 일부 규정은 강행규정(예: 운송인의 책임에 관한 제148조, 공중접객업자의 책임에 관한 제152조 등)으로 하고 있다.

Ⅱ. 상행위법 총칙

1. 상행위 일반에 관한 특칙

상법은 상거래의 특수성(영리성·집단성·신속성·반복성·개성상실성 등)에 따라 민법의 일반원칙에 대하여 많은 특칙을 두고 있다. 그 중요한 것을 들면 다음과 같다. 우선 소멸시효에 있어서 일반민사채권이 10년인 것을, 다른 법령에서 단기의 시효기간의 정함이 있는 경우를 제외하고는 5년으로 단축하였다. 법정이율에 있어서도 민법상 연 5분의 법정이율을 년 6분으로 인상하였다. 상사대리의 방식에 있어서 민법은 현명주의를 취하고 있는 데(민법 제114조, 제115조 참조) 반하여 비현명주의(익명주의, 상법 제48조)를 취하고 있다. 이는 상행위의 신속성을 위한 대리형식의 간략화이다. 또한 민법에 의하면 본인의 사망으로 대리권이 소멸됨이 원칙이나 상사대리에 있어서는 이 경우에도 대리권이 존속하는 것으로 규정하였다. 민법의 원칙에 의하는 경우 거래의 원활과 편의를 해치게 될 뿐만 아니라 본인 자신보다도 본인의 영업을 믿고 대리인과 거래한 상대방에게 불측의 손해를 끼쳐 거래의 안전을 해하기 때문이다.

상인간의 상행위로 인한 채권이 변제기에 있는 때에 채권자는 변제를 받을 때까지 그 채무자에 대한 상행위로 인하여 자기가 점유하고 있는 채무자소유의 물건 또는 유가증권을 유치하는 권리를 상사유치권이라고 하는데, 목적물과 피담보물채권의 견련성을 요구하고 있지 않아 민법의 유치권보다 강화하였다(제58조). 질권에 있어서도 상거래에 있어서는 유질계약이 허용된다(제59조).

다수당사자간의 채무에 있어서 민법은 분할책임을 원칙으로 하나, 상법은 수인이 그 1인 또는 전원에게 상행위가 되는 행위로 인하여 채무를 부담한 때에는 연대하여 책임을 부담한다고 규정하고 있다(제57조). 또한 보증인이 있는 경우에, 보증이 상행위이거나(예: 은행의 지급보증), 주채무가 상행위로 인한 것인 때에는(상인의 영업자금의 차용) 주채무자와 보증인은 연대책임을 부담한다. 따라서 상사보증인은 최고·검색의 항변권이 없다.

2. 상사매매

상인의 행위 중에서 매매가 가장 중요한 것이지만 민법에도 매매에 관한 규정이 있으므로 상법은 매도인을 보호하기 위한 5개 조문만을 두고 있다. 상사매매는 당사자 쌍방이 상인이며 그 쌍방에게 상행위로 되는 매매이다. 따라서 상사매매에 관한 규정은 상인과 비상인의 매매, 예컨대 가사에 사용하기 위하여 전자제품을 구입하는 경우에는 적용되지 않는다.

민법의 매매에 관한 규정은 주로 매수인의 보호에 중점이 있으나, 상사매매에 관한 규정은 주로 매도인의 보호규정이다. 이를 위하여 상법은 ① 매수인이 목적물의 수령을 거부하거나 이를 수령할 수 없는 때에는(채권자지체), 매도인은 그 물건을 공탁하거나 상당한 기간을 정하여 최고한 후 경매할 수 있다고(제67조, 매도인의 공탁권과 경매권) 규정하고 있다. 이는 매매목적물의 가격이 하락하여(농산물 등) 매수인이 목적물의 인도를 받지 않은 경우(채권자지체)에 실익이 있다. ② 매매의 성질 또는 당사자의 의사표시에 의하여 일정한 일시 또는 일정한 기간 내에 이행하지 아니하면 계약의 목적을 달성할 수 없는 경우(정기행위)에 민법의 경우는 이행의 최고를 하지 않더라도 계약의 해제의 의사표시를 할 수 있다(민법 제545조). 그러나 상법은 한 걸음 더 나아가 해제의 의사표시를 하지 않더라도 계약이 해제된 것으로 본다(제68조). ③ 매수인이 목적물을 수령한 때에는 지체 없이 이를 검사하여야 하고, 이를 게을리 한 경우 매수인은 대금감액청구, 계약해제 또는 손해배상청구를 할 수 없는 것으로 하였다(제69조). ④ 격지간의 매매에 있어서 매수인이 매매목적물의 하자 또는 수량부족을 이유로 매수인이 계약을 해제한 때에도 매도인의 비용으로 매매의 목적물을 보관 또는 공탁하여야 한다(제70조). 이는 불필요한 반송을 막아 반송의 비용을 덜고, 물건의 소재지에서 가급적 전매하도록 하여 영업을 할 기회를 상실하지 않기 위함이다. 또한 매수인은 목적물이 멸실·훼손될 염려가 있는 경우에는 법원의 허가를 얻어 경매하여 그 대가를 보관 또는 공탁하여야 한다(긴급매각권).

3. 상호계산

상호계산은 상인간 또는 상인과 비상인 간에 상시 거래관계가 있는 경우에 일정기간 내의 거래에서 발생하는 채권, 채무의 총액에 관하여 상계하고 그 잔액만을 지급할 것을 약정하는 계약이다(제72조). 예컨대 운송업자 상호간이나, 증권회사와 그 고객간에 이루어지는 결제방법 등을 들 수 있다. 상호계산의 당사자는 일방이 상인(소상인 포함)이어야 한다.

상호계산은 대차결제의 기술적 수단으로서 금전지급에 따르는 비용과 불편·위험을 방지하고, 자금의 비생산적 고정화를 방지하는 기능을 갖는다. 상호계산에 계입될 수 있는 채권·채무(상호계산능력)는 거래관계에서 일정기간내에 발생한 일체의 변제기가 도래한 채무이고, 거래 종류는 불문하나 원칙적으로 금전채권에 한한다. 상호계산에 계입된 각 채권은 독립성을 상실하고 개별적 행사가 정지되어 이행청구나 양도를 할 수 없게 된다(상호계산불가분의 원칙). 상호계산에 계입된 채권은 상호계산기간이 경과 후 일방당사자의 계산서의 제출과 상대방의 승인으로 잔액이 확정된다. 계산서 승인 후에는 각 항목에 대한 이의를 제기하지 못한다(제75조 본문).

4. 익명조합

익명조합은 당사자의 일방(익명조합원)이 상대방(영업자)의 영업을 위하여 출자하고 상대방은 그 영업으로 인한 이익을 분배할 것을 약정하는 계약이다(제78조). 익명조합원의 자격에는 제한이 없으나, 영업자는 성질상 상인이어야 한다. 익명조합은 자본가와 재능 있는 기업가의 결합에 의한 공동기업의 형태이다. 그러나 익명조합은 법률상으로는 영업자의 단독기업으로서 영업상의 권리와 의무는 영업자에게만 귀속한다는 데에 그 특색이 있다.

5. 합자조합

2011년 개정상법은 새로운 기업형태로 업무집행조합원과 유한책임조합원으로 구성되는 합자조합제도를 도입하였다. 그러나 합자조합은 모든 조합원이 조합의 채무에 대하여 무한책임을 지는 민법상 조합과 다르다. 이 제도는 주식회사와 조합의 장점을 살릴 수 있는 새로운 기업형태로 합자회사와 유사한 형태지만 합자회사는 법인이고 유한책임사원은 원칙적으로 기업경영에 참여할 수 없는 것에 반해, 합자조합은 조합으로서 사적 자치가 광범위하게 인정되어 유한책임조합원도 기업경영에 참여가 가능하다.

Ⅲ. 상행위법 각칙

1. 대 리 상

대리상이란 상업사용인이 아니면서 일정한 상인을 위하여 상시 그 영업부류에 속하는 거래의 대리 또는 중개를 영업으로 하는 자를 말한다(제87조). 상인이 대리상제도를 활용하면 지역사정에 정통하고 전문적 지식을 가진 자에 의한 기업활동의 지역적 범위가 확충된다. 또한 국내에서는 특약점·지점의 신설이나 상업사용인의 고용, 해외에서는 자회사·현지법인의 설치에 따른 단점(비용, 업무감독의 공백)을 해소할 수 있다. 상품판매·보험·운송·여행사의 경우 대리상 계약을 많이 볼 수 있다.

대리상은 독립된 상인이므로 특정영업주에게 종속되는 상업사용인과 다르다. 또한 특정상인을 위하여 활동하므로 불특정다수인을 위하여 상행위의 중개 또는 주선행위를 하는 중개인이나 위탁매매인·운송주선인과 구별된다.

대리상의 종류에는 체약대리상과 중개대리상의 두 종류가 있다. 체약대리상은 상인을 위하여 거래의 대리를 하고, 중개대리상은 거래의 중개를 한다. 중개대리상은 상인을 위한 대리권이 없으므로 상인에게 법률효과를 귀속시키지 못한다. 그러나 1인의 대리상이 체약대리상과 중개대리상의 역할을 겸할 수 있다.

대리상과 영업주와의 관계는 위임이므로 대리상은 선량한 관리자의 주의의무를 부담한다. 또한 대리상은 거래의 대리 또는 중개를 한 때에는 본인의 청구를 기다리지 않고 지체 없이 통지를 발송하여야 한다(제88조). 대리상은 보수 이외에도, 대리상의 활동으로 본인이 새로운 고객을 획득하거나 영업상의 거래가 현저하게 증가하고 이로 인하여 계약의 종료 후에도 본인이 이익을 얻고 있는 경우에는 본인에 대하여 상당한 보상을 청구할 수 있다(제92조의2). 대리상은 경업피지의무(제89조의 1항)와 영업비밀준수의무(제92조의3)를 부담한다.

2. 중 개 업

중개업이란 타인간의 상행위의 중개를 영업으로 하는 것이며, 이러한 영업을 하는 독립된 상인이 중개인이다(제93조). 중개인은 시장의 상황, 상대방의 신용상태, 상품의 감정 등 전문적 자료를 준비하여 의뢰자에게 조언함으로써 거래를 원활하게 하는 기능을 담당한다. 중개인은 상품과 유가증권의 매매, 보험, 어음할인, 관광업, 금전대차, 선박임대차, 용선계약 등에서 활약하고 있다.

'중개'라 함은 타인간의 법률행위를 성립시키기 위하여 진력하는 사실행위이다. 따라서 중개인은 계약체결을 위한 대리권이 없으므로 위탁매매인이나 운송주선인과 다르다. 또한 중개인은 상행위를 중개하는 점에서 상행위 이외의 행위(복덕방·결혼중매)를 중개하는 민사중개인과 구별된다.

중개계약의 법률상 성질은 일종의 위임이므로 중개인은 선량한 관리자의 주의의무를 부담한다. 따라서 중개인은 특히 쌍방적 중개의 경우 양 당사자의 이익을 공평하게 보호하여야 한다. 중개인의 의무로서는 견품보관의무(제95조), 계약서교부위무(제96조 1항, 2항, 3항), 장부작성과 등본교부의무, 성명과 상호묵비의무(제98조) 등이 있다. 중개인이 당사자 일방의 성명 또는 상호를 묵비한 경우에는 이행담보책임이 있다(제99조). 이를 중개인의 개입의무라고도 한다. 중개인은 계약이 성립하지 못하면 보수인 중개료를 청구할 수 없음이 원칙이다. 중개료는 쌍방이 균등하게 분담하며, 중개인은 특약이 없는 한 별도의 비용상환청구권을 갖지 않는다.

3. 위탁매매업

위탁매매업은 자기명의로써 타인(위탁자)의 계산으로 물건 또는 유가증권의 매매를 영업으로 하는 것을 말하며, 이러한 영업을 하는 자를 위탁매매인이라 한다. 위탁매매는 저점설치에 따른 비용지출이나 대리상의 권한남용의 우려를 배제할 수 있고, 위탁매매인의 전문적 지식과 경험을 활용할 수 있는 장점이 있다. 오늘날은 증권회사나 농수산물시장의 중매인, 중고차거래, 골동품거래에 있어서 활약하고 있다.

위탁매매인이 '자기명의'로 매매한다는 것은 매매계약에 있어서 권리의무의 주체가 된다는 뜻이며, '타인의 계산으로' 한다는 것은 경제적효과가 타인(위탁자)에게 귀속됨을 의미한다. 이 점이 위탁매매의 특색이며, 이를 주선행위라고 한다. 물건 또는 유가증권의 매매는 위탁자에게는 반드시 상행위가 되는 것은 아니나, 위탁매매인에게는 보조적 상행위가 된다(위탁매매인의 영업은 주선을 인수하는 것).

위탁매매인과 위탁자와의 관계에 있어서 위탁매매인은 지정가액 준수의무가 있다. 판매위탁의 경우는 최저가격을 지정함이 보통이다. 그러나 매매가 지정가액보다 유리하게 성립한 때, 즉 지정가액보다 고가로 매도하거나, 저가로 매수한 경우에는 모두 위탁자의 이익으로 한다(제106조 2항). 그 밖에 위탁매매인은 위탁물의 하자통지의무 및 처분행위, 계약요령통지의무 및 계산서제출의무, 이행담보책임 등이 있다. 위탁매매인이 거래소의 시세 있는 물건의 매매를 위탁받은 때에는 직접 매도인이나 또는 매수인이 될 수 있다.

위탁매매인이 위탁자로부터 받은 물건 또는 유가증권이나 위탁매매로 인하여 취득한 물건, 유가증권 또는 채권은 위탁자와 위탁매매인 또는 위탁매매인의 채권자 사이에서는 위탁자의 소유로 본다. 이 규정은 위탁매매에 있어서 법률적 효과의 귀속주체와 경제적 효과의 분리로 인한 모순을 해결하고, 위탁자를 보호하기 위함이다. 위탁자와 위탁매매의 상대방과는 아무런 법률관계가 없음이 원칙이다.

4. 운 송 업

운송업은 육상 또는 호천・항만에서 물건 또는 여객의 운송을 영업으로 하는 것을 말한다(제125조). 운송업은 재화의 공간적 이동을 담당한다. 육상운송에 대하여는 상법 제2편에서 규정하고 있고, 해상운송에 대하여는 제5편에서 규정하고 있으나, 항공운송에 관하여는 상법에 규정이 없으므로 국제항공운송조약 내지 문제의 성질에 따라 해상운송과 육상운송에 관한 규정을 유추적용하여야 할 것이다.

육상운송인의 의무는 운송물 운송의무, 화물상환증 교부의무 등이 있고, 의무를 위반한 경우에는 엄격한 손해배상책임을 부담한다. 상법은 운송인의 손해배상책임에 관하여 원칙적으로 과실책임주의를 채택하고 있다. 즉 책임원인에 있어서 운송인 자신 또는 운송주선인이나 사용인이 운송물의 수령・인도・보관과 운송에 관하여 주의의무를 위반하여 운송물의 멸실・훼손 또는 연착으로 인한 손해가 발생하였어야 한다. 그러나 과실의 입증책임이 전환되어 운송인은 자기 또는 이행보조자가 운송물의 수령・보관・운송・인도에 관하여 주의를 해태하지 아니하였음을 증명하여야 한다. 따라서 무과실의 입증책임은 운송인에게 있다.

운송인의 책임의 범위는 정액보상주의를 취하여 손해배상의 일반원칙(완전배상주의)을 완화하여 이를 경감・정형화하고 있다. 즉 ① 운송물이 전부 멸실 또는 연착된 경우는 인도할 날의 도착지의 가격에 의하고, ② 일부 멸실 또는 훼손된 경우에는 인도한 날의 도착지의 가격에 의하여 손해를 산정한다(제137조). 다만 화폐, 유가증권 기타의 고가물에 대하여는 송하인이 운송을 위탁할 때에 그 종류와 가액을 명시한 경우에 한하여 운송인이 손해를 배상할 책임이 있다. 운송인의 책임은 수하인 또는 화물상환증 소지인이 운송물을 수령한 날로부터 1년을 경과하면 소멸시효가 완성한다.

5. 운송주선업

운송주선업이라 함은 자기명의로 물건운송의 주선을 영업으로 하는 것을 말하며 이러한 영업을 하는 자를 운송주선인이라 한다. 운송주선업은 물건운송의 주선에 국한하나, 물건운송인 한 육상・해상・항공운송을 포함한다. 운송주선인의 영업은 운송계약의 체결뿐만 아니라 운송을 위한 부수행위, 포장, 계량, 수령, 보험계약의 체결, 통관사무 등도 포함함이 일반적이다. 운송주선인은 주선의 목적이 물건운송이라는 점을 제외하고는 위탁매매인에 관한 규정이 준용된다(제123조).

6. 공중접객업

공중접객업은 극장・호텔・음식점・목욕탕 그 밖의 공중이 이용하는 시설에 의하여 거래하는 영업을 말하며 이러한 영업을 하는 자를 공중접객업자라 한다. 상법은 공중접객업자의 책임을 엄격하게 규정하고 있다. 즉 공중접객업자는 자기 또는 그 사용인이 고객으로부터 임치를 받은 물건의 보관에 관하여 주의를 게을리하지 아니하였음을 증명하지 아니하면 그 물건의 멸실 또는 훼손으로 인한 손해를 배상할 책임이 있다(제152조 1항). 고객으로부터 임치를 받지 않은 물건의 멸실 또는 훼손에 대하여는 자기 또는 사용인의 과실이 있으면 손해배상책임을 부담하며, 고객의 휴대물에 대하여 책임이 없음을 알린 경우에도 위의 책임을 면하지 못한다(제152조 2항, 3항). 단, 화폐・유가증권 기타의 고가물에 대하여는 고객이 그 종류과 가액을 명시하여 임치하지 아니하면 공중접객업자는 그 물건의 멸실 또는 훼손으로 인한 손해를 배상할 책임이 없다(제153조).

사례 甲은 乙이 경영하는 여관에 투숙하면서 그 여관의 정면 건너편에 있는 주차장에 승용차를 주차하여 두었다가 도난당하였다. 동 주차장은 乙이 여관의 부대시설로서 설치하고 있는 것으로서 그 입구에 동 여관 전용의 주차장임을 알리는 간판이 있고 여관 계산대에서 출입구를 마주 볼 수 있는 위치에 있기는 하나 경비하는 종업원을 따로 두지는 않았고 도난방지를 위한 특별한 시설을 설치한 것도 아니었다. 甲이 투숙할 때에 여관의 주인이나 종업원에게 주차사실을 고지하지도 않았다면 이 경우 甲은 乙에게 차량의 도난으로 인한 손해의 배상을 청구할 수 있는가?

〈해설〉

甲은 乙 또는 그 사용인의 과실을 입증하여 乙의 책임을 물을 수 있다.

상법 제152조 제1항은 공중접객업자가 객의 임치물에 대해 지는 책임을 규정하고 있고 동조 제2항은 객의 휴대물에 대한 과실책임을 규정한다. 즉 "공중접객업자는 고객으로부터 임치를 받지 아니한 경우에도 그 시설 내에 휴대한 물건이 자기 또는 그 사용인의 과실로 인하여 멸실 또는 훼손된 때에는 그 손해를 배상할 책임이 있다." 설문으로 보아 이 사례에서는 우선 甲이 자동차를 乙에게 묵시적으로 임치한 것으로 볼 수 있는지 그리고 임치관계를 인정할 수 있다면 乙이 고객으로부터 임치받은 물건의 보관에 관하여 주의를 게을리하지 아니하였음을 증명할 수 있는지의 여부가 문제된다. 다음으로 甲과 乙 간의 임치관계가 성립하지 않는다면 상법 제152조 제2항의 휴대물에 대한 책임을 물을 수 있는지의 여부가 문제된다.

이 사례에 있어 甲이 자동차를 주차함에 있어서 乙이나 그 종업원에게 고지하거나 차량열쇠를 맡기지도 않았고 주차장을 관리하는 종업원도 따로 없어서 乙이 주차한 사실조차 몰랐다면 甲과 乙 사이에 임치계약이 (묵시적인 것도) 성립했다고 볼 수는 없다. 따라서 乙이 임치물에 대한 책임을 질 수는 없고(대판 1992.2.11. 91다21800) 임치받은 물건의 보관에 관하여 주의를 게을리했는지의 여부도 따질 필요가 없다.

다음 제152조 제2항에 근거한 휴대물에 대한 책임의 성립 여부에 관해 판단한다면 乙이 주차장을 경비하는 종업원을 따로 두지도 않았고 도난방지를 위한 특별한 시설도 설치한 것도 아니었으며 甲의 자동차가 乙의 시설 내에 있었다는 것도 분명하므로 乙의 주차장에 주차한 승용차가 도난당한 것은 다른 사정이 없는 한 乙 또는 그 사용인의 과실에 기인한 것으로 볼 수 있을 것이다.

사례 甲은 목욕탕에서 옷장에 넣어둔 옷과 책가방, 현금을 도난당하여 목욕탕 주인 乙에게 그로 인한 손해의 배상을 요구했지만 乙은 도난당한 휴대품에 대하여 업소에서는 책임을 지지 않는다는 주의표지를 보지 못하였느냐고 하면서 책임질 수 없다고 항변하였다. 이 경우 甲은 어떤 권리를 갖는가?

〈해설〉

(1) 주의표지 유무와 상관없이 옷과 책가방의 분실에 관해 乙의 과실이 인정된다면 손해배상책임을 물을 수 있다. 그러나 현금 기타 귀중품은 甲이 그 종류와 가액을 명시하여 임치하였어야만 乙이 책임을 진다.

이 사례에서는 甲의 분실물이 임치물인지 아니면 휴대물인지가 우선 가려야 할 문제이다. 여기에 관해 다른 견해도 있을 수 있지만 분실물에 대한 점유가 고객 또는 업자 어느 쪽에 있는지의 기준에 따르는 것이 옳을 것이다. 목욕탕의 옷장은 업자가 제공하는 것이지만 그 열쇠는 고객이 소지하는 통례에 비추어 본다면 업자에게 임치된 물건은 아니라고 판단된다.

(2) 고객이 임치하지 않은 휴대물에 대해서는 제152조 제2항에 따라 “그 시설 내에 휴대한 물건이 자기 또는 그 사용인의 과실로 인하여 멸실 또는 훼손된 때에는” 공중접객업자가 그 손해를 배상할 책임이 있음을 이미 설명한 바 있다. 문제는 乙측의 과실 유무에 달려 있다. 설문과 같은 경우 열쇠를 고객이 소지하고 있는 것이 통례이지만 과연 그러했는가의 여부, 주인이나 그 종업원의 탈의장 상주 및 도난감시 여부, 자물쇠와 열쇠 및 옷장의 관리상태 등을 종합적으로 고려하여 주인측의 과실 유무를 판단하여야 할 것이다.

그렇지만 위 설문과 같은 목욕탕 주인의 항변은 잘못된 것이다. 즉 고객과 접객업자간의 특약으로 위의 책임을 감면할 수는 있지만 업소의 책임이 없다는 것을 알린 것만으로는 책임을 면하지 못한다(제152조 3항). 다만 상법은 “화폐, 유가증권 그 밖의 고가물에 대하여는 고객이 그 종류와 가액을 명시하여 임치하지 아니하면 공중접객업자는 그 물건의 멸실 또는 훼손으로 인한 손해를 배상할 책임이 없다”고 규정한다(제153조). 이는 고가물임을 알렸더라면 더 깊은 주의를 기울였을 것이라는 것을 고려한 것이다.

7. 창 고 업

창고업은 타인(임치인)을 위하여 물건을 창고에 보관함을 영업으로 하는 자를 말한다(제155조). 창고업의 경제적 기능은 상품유통에 있어서 경비·시간 및 위험을 경감하고, 운송과 통관 등을 위한 장소를 제공하며 대량거래를 원활·신속하게 실현하여 주는 작용을 한다. 특히 이것은 증권제도와 결합하여, 보관 중의 상품에 대한 금융의 길을 열어 주고, 상품유통을 간이화하는 구실도 한다. 보관이라 함은 물건의 점유를 이전받아 그 멸실·훼손을 방지하여 현상을 유지하는 것을 말한다.

창고업자의 의무는 주된 의무로서 임치물 보관의무, 임치물 반환의무, 창고증권교부의무, 임치물의 훼손·하자 등의 통지의무 등이 있다. 그러나 임치물의 가격하락에 대한 통지의무는 없다. 창고업자가 의무를 위반한 경우에는 손해배상책임(제160조)이 생기는데, 상법은 과실책임주의를 원칙으로 하면서 과실의 입증책임을 창고업자에게 전환시키고 있다. 그러나 손해배상액에 대하여는 물건운송인의 경우와 같은 특칙이 없으므로 민법상의 일반원칙으로 돌아가서 상당인과관계가 있는 모든 손해를 배상하여야 한다. 임치물의 멸실 또는 훼손으로 인하여 생긴 창고업자의 책임은 임치물을 출고한 날로부터 1년이 경과하면 소멸시효가 완성한다(제166조 1항).

8. 금융리스 · 가맹업 · 채권매입업

(1) 금융리스

현재의 기업현실을 보면 금융리스 거래가 활발히 이루어지고 있음에도 불구하고 이에 관한 명확한 법률관계가 상법에 규정된 바 없어, 약관이나 공법 규정에 따라 금융리스의 법률관계 해석을 의존하여 왔다. 리스는 크게 운용리스(operating lease)와 금융리스(finance lease)로 나눌 수 있는데, 운용리스는 주로 임대차의 규정이 준용되므로 개정 상법은 금융거래로서의 성격이 분명한 금융리스에 대하여만 규정을 신설하였다. 즉, 총칙 · 상행위편에 금융리스업자, 금융리스이용자, 물건공급자 등 금융리스를 둘러싼 3자간의 기본적인 법률관계와 금융리스 계약이 해지된 경우 상호 정산관계에 대하여 규정하여, 금융리스업자와 금융리스이용자 간의 계약관계가 정당하고 공평하도록 규율하였다.

1) 금융리스이용자의 중도 해지를 허용 현재 대부분의 금융리스 약관에 의하면 금융리스이용자는 리스계약의 중도해지가 불가능하였지만, 개정 상법은 금융리스이용자에게 금융리스물건을 계속 사용할 수 없는 중대한 사정변경이 발생한 경우 손해를 배상하고 중도해지를 허용하였다.

2) 금융리스 계약 해지 후 손해정산방법 수정 현재까지의 판례에 의하면 금융리스이용자의 책임 있는 사유로 금융리스 계약이 해지된 경우, 이용자는 남은 리스료를 모두 지급함은 물론 리스물건도 반환한 뒤 손해를 정산하여야 했으나, 개정 상법은 남은 리스료 또는 리스물건 반환 중 하나만 청구하도록 규정하여 리스이용자에게 가혹하였던 손해정산방법을 균형 있게 수정하였다.

(2) 가맹업(프랜차이즈)

가맹업은 이미 우리 유통업계의 총아로 성장하였음에도 상법에 아무런 규정이 없이 당사자 자치의 영역으로 방치되어 왔다. 이에 따라 개정 상법은 가맹업자와 가맹상의 의무를 명확히 규정하여 분쟁을 예방하고, 가맹상과 가맹업자는 부득이한 사정이 있는 때에는 가맹계약의 해지가 가능하도록 하여 가맹업의 상호 자율성을 제고하였다.

1) 가맹업자와 가맹상의 의무 규정 가맹업자는 가맹상의 영업을 위하여 필요한 지원을 하여야 하고(영업지원 의무), 가맹상의 영업지역 내에 동일 또는 유사한 업종의 가맹계약을 체결할 수 없는 의무(경업금지 의무)를 부담하도록

하였다. 이에 대응하여 가맹상은 가맹업자의 영업에 관한 권리가 침해되지 않도록 하고(영업권 침해 금지 의무), 계약 종료 후에도 가맹업자의 영업상의 비밀을 준수할 의무(영업비밀 준수 의무)를 부담하도록 하였다.

2) 가맹상의 영업양도 확대　　가맹상은 가맹업자의 동의를 얻어 영업을 양도할 수 있도록 하되, 가맹업자에게 특별한 사유가 없는 한 영업양도에 동의할 의무를 부과하여, 가맹상이 투자자본을 회수할 수 있는 가능성을 확대하였다.

3) 가맹계약의 해지　　가맹계약상의 존속기간이 만료되기 전이라도 부득이한 사정이 있으면 가맹업자 또는 가맹상의 가맹계약 해지를 허용하였다.

(3) 채권매입업(팩토링)

채권매입업은 기업들의 외상매출금 등을 담보로 금융을 제공하는 수단으로 활용되는 것임에도, 법적 뒷받침 부족으로 인해 거래관계의 불확실성이 지적되어 왔다. 이에 따라 채권매입업의 의의를 명확히 하고, 거래 현실을 반영하여 부진정팩토링(제3채무자가 채무를 이행하지 않는 경우 채권매입업자가 거래 상대방에게 채권액의 상환청구 가능)을 채권매입업의 원칙적인 형태로 규정하여 채권매입업의 발전 기반을 마련하였다.

9. 신용카드 등을 이용한 지급결제업무 인수를 상행위로 신설

신용카드·전자화폐 등을 이용한 전자상거래 발전에 따라 인터넷 상점, 소비자, 은행 등 3자 사이의 지급결제 업무를 인수하여 중개하는 영업을 상행위로 규정할 필요가 높아지게 되었다. 이에 따라 신용카드 등 지급결제업무 인수 행위에 적용되는 법률관계는 상법에 따라야 함을 명확히 하였다.

제4절 회　　사

Ⅰ. 회사법 통칙

1. 회사의 의의

회사는 상행위 기타 영리를 목적으로 설립된 법인이다(제169조·제171조 1

항). 주식회사에 있어서는 1인회사가 인정된다. 상법상 회사는 모두 법인이므로 ① 그 명의로 계약을 체결하고, 권리를 취득하고 의무를 부담하며, ② 또한 그 권리의무를 위하여 소송당사자가 되며, ③ 가장 중요한 것으로 회사에 제공된 재산이 구성원 개인재산으로부터 구별되며, ④ 모든 회사는 외부관계에 있어서 상호와 영업소를 가진다. 회사의 법인격이 남용된 경우 우리나라의 학설과 판례는 법인격부인이론 혹은 실체파악이론을 적용하고 있다. 법인격부인이론은 회사의 법인격 자체를 영구적으로 박탈하지 않고, 그 법인격이 남용된 특정한 경우에 한하여 그 회사의 독립적인 법인격을 제한함으로써 주식회사형태의 남용에서 생기는 폐단을 교정하고자 하는 이론이다. 법인격부인이론은 미국의 판례법에서 가장 먼저 발달한 것이지만 경제적 기반은 동일하기 때문에 독일(실체파악이론), 프랑스 등 각국에서도 발전된 이론이다. 회사는 영리법인이므로 그 활동에 의하여 얻은 이익을 그 구성원인 사원에게 분배하여야 한다. 따라서 재단법인은 분배가 없으므로 영리법인으로 인정할 수 없고, 국가나 지방자치단체도 마찬가지이다.

2. 회사의 종류

상법은 회사의 종류로서 합명회사, 합자회사, 유한책임회사, 주식회사, 유한회사의 5종의 회사를 규정하고 있다. 또한 학설은 사원의 개성, 신용 등의 인격적 요소가 회사의 대내적·대외적 관계에서 반영되는 정도에 따라서 인적 회사와 물적 회사로 구분한다. 인적 회사는 사원의 개인적 결합의 색채가 농후하여 사원의 개성이 중시되며 또한 사원 개인의 신용이 곧 회사의 대외적 신용의 기초가 되는 회사이다. 합명회사가 대표적이며 합자회사도 이에 속한다. 물적 회사는 자본결합의 회사로서 사원의 개성이 무시되며 또한 회사재산이 회사의 대외적 신용의 기초가 되는 회사이다. 주식회사가 그 대표적인 예이며, 유한회사도 소규모의 물적 회사이다. 그 밖에도 회사는 ① 개인주의적 회사와 단체주의적 회사, ② 모회사와 자회사, ③ 지배회사와 종속회사, ④ 상장회사와 비상장회사, ⑤ 공개회사와 폐쇄회사 등으로 구분할 수 있다.

3. 회사의 능력

회사는 법인화된 가장 전형적인 영리조직형태로서 본래의 목적인 이윤추구를 위하여 다수의 권리주체와 무수한 형태의 거래를 맺기 때문에 회사의 권리능력은 중요한 문제이다. 회사의 능력이 있음을 전제로 하여 기관의 권한 여부가 논의된다. 회사도 자연인과 마찬가지로 권리능력이 인정된다. 그러나 개별적 권리능력에 있어서는 성질상의 제한, 법률상의 제한을 받는다. 예컨대 회사는 다른 회사의 무한책임사원이 되지 못한다(제173조).

4. 회사의 설립

회사의 설립은 회사라는 법인을 창설하는 절차를 말한다. 통상 정관작성에서 시작하여 실체형성(사원, 출자, 기관구성)이 이루어지며 설립등기에 의하여 종료한다. 인적 회사의 설립절차는 간단하나 물적 회사는 복잡하고(공모), 설립에 엄격한 책임이 따른다. 우리나라는 회사설립에 있어서 준칙주의를 취하면서도 회사설립자인 발기인에게 엄격한 책임을 부담시키고 있다. 회사의 설립행위에 하자가 있는 경우 회사설립의 무효와 취소제도가 인정된다. 그러나 회사설립의 하자에 있어서는 단체적인 법률관계와 거래안전을 고려하여 무효와 취소에 관한 법의 일반원칙을 수정하여, 회사의 설립의 무효와 취소는 소(訴)만으로 주장할 수 있으며, 제소권자(提訴權者)·제소기간(提訴期間)에 대하여 특별규정을 두고 있다. 주식회사에서는 설립의 취소제도가 없다. 승소판결의 효과도 제3자적 효력과 불소급효가 인정된다.

5. 회사의 합병과 조직변경

회사의 합병이란 2개 이상의 회사가 법정 절차에 따라서 한 회사로 합병하는 것을 말한다. 상법상 신설합병과 흡수합병의 두 가지 형태가 있다. 합병은 경제적으로는 경쟁회피·기업확장·경영합리화·도산회사구제·국제경쟁력 강화라는, 그리고 법적으로는 소멸회사가 청산을 거치지 않는다는 장점이 있다. 인적 회사와 물적 회사 모두가 합병이 가능하나 주로 주식회사에서 이용된다. 단, 당사자의 일방 또는 쌍방이 주식회사 또는 유한회사인 경우에는 존속·신설회사는 주식회사 또는 유한회사이어야 한다(제174조 2항). 인적 회사의 경우는 총사원의 동의, 물적 회사의 경우는 사원의 특별결의(제522조 3항 2/3, 제598조 3/4)를 요한다.

회사의 조직변경은 회사가 그 인격의 동일성을 유지하면서 그 법률상의 조직을 변경하여 다른 종류의 회사로 되는 것을 말한다. 인적 회사 상호간 또는 물적 회사 상호간에만 인정된다.

6. 회사의 해산과 청산

회사의 해산은 회사의 법인격 소멸의 원인이 되는 법률사실(사원의 동의, 존립기간의 만료, 합병, 파산, 해산명령, 해산판결)이다. 해산은 회사의 소멸 자체를 가져오는 법률요건은 아니므로 회사는 해산된 후에도 청산의 목적의 범위 내에서 존속한다. 청산 중의 회사도 청산의 목적의 범위 내에서 권리능력을 가지나 청산사무를 종료하고 청산종결의 등기를 함으로써 법인격이 소멸한다.

Ⅱ. 합명회사

합명회사는 2인 이상의 무한책임사원만으로 구성되는 회사이며, 자본의 결합보다는 노동력의 결합에 중점이 있다. 즉 회사채권자에게 회사채무에 대하여 직접·연대·무한의 책임을 부담하는 사원만으로 구성된 회사이다. 합명회사의 사원은 이와 같이 책임이 엄중하므로 정관에 다른 규정이 없는 한 사원 각자가 회사의 업무를 집행할 권한과 회사를 대표할 권한을 갖는다. 이 회사는 자본의 집중보다는 인력을 결합·보충하는 데에 중점이 있으며 각 사원이 갖고 있는 모든 재물과 노력을 투입한 전력투구형의 공동기업형태라고 할 수 있다. 따라서 합명회사는 사원의 개성이나 신용 등의 인적 신뢰를 바탕으로 성립되어 개인기업의 장점이 어느 정도 보존될 수 있고 임기응변의 활동에 편리한 기구로 되어 있다. 그러므로 합명회사는 법률상 형식적으로는 사단이지만 그 실질에 있어서는 조합이므로 내부관계에 대하여는 그 정관이나 상법에 다른 규정이 없으면 민법의 조합규정을 준용한다(제195조).

Ⅲ. 합자회사

합자회사는 합명회사와 마찬가지의 책임을 부담하는 무한책임사원과 유한책임사원으로 구성된 2원적 조직의 회사이다(제268조). 유한책임사원은 회사채권자에 대하여 정관에서 정한 출자액의 한도 내에서만 책임을 부담한다. 무한책임사원의 지위는 합명회사와 같으나, 유한책임사원은 회사의 업무집행이나 회사대표권이 없으며 업무감독권이 있을 따름이다. 유한책임사원은 재산출자만을 할 수 있으며, 지분의 양도도 비교적 자유로워 무한책임사원만의 동의를 필요로 하고 지분의 상속도 허용된다. 합자회사도 소수의 사원으로 구성되고 인적 신뢰를 바탕으로 하는 점에서 합명회사와 유사하다. 따라서 합자회사에는 다른 규정이 없는 한 합명회사의 규정을 준용한다(제269조).

Ⅳ. 주식회사

1. 주식회사의 개념

주식회사는 사원인 주주의 출자로써 구성되는 자본을 가지고, 자본은 주식으로 균일하게 분할되며, 주주는 그가 인수한 주식가액을 한도로 하여 출자의무를 부담할 뿐 회사의 채무에 대하여는 아무런 책임을 지지 않는 회사이다. 따라서 주식회사 개념의 3대 요소는 ① 자본, ② 주식, ③ 주주의 유한책임제도이다.

자본은 "회사가 보유하여야 할 순재산액의 기준"으로서, 즉 "발행주식의 액면총액"을 말한다. 상법상의 자본개념은 원칙적으로 불변적인 계산상의 수액으로서 추상적·규범적인 개념이다. 회사채권자가 중시하는 것은 현실의 자산이며 이에 대한 회사자본을 확보하기 위한 기준으로서 '자본' 개념을 사용하는 것이다. 이와 같이 회사채권자의 입장에서 볼 때 자본금은 중요하므로 대차대조표상 자본의 부에 게기되어 손익계산의 기초가 되며, 등기에 의하여 공시된다. 따라서 자본은 회사가 현실적으로 보유하고 있는 재산의 총체인 가변적·구체적인 회사재산과는 구별된다.

상법은 주식회사에 있어서 최저자본제도를 폐지하였고, 영미회사법의 수권자본제도를 도입하고 있다. 수권자본제도는 주식회사가 발행할 수 있는 주식 중 일정부분만을 회사설립시에 발행하고, 잔여부분의 신주발행권을 이사회에 위임(수권)하는 제도(창립주의)이다. 상법은 설립시에 발행하는 주식의 총수를 발행예정주식의 4분의 1 이상으로 하도록 되어 있었으나 이 규정은 2011년 개정상법에서 삭제되었고, 전액납입주의를 채택하여(제303조), 회사의 재산적 기초의 공고화를 기하며, 한편 주식의 할인발행(제417조)이라는 보완책을 강구하여 수권자본제도의 실효성을 확보하고 있다.

주식회사는 회사재산만이 채권자를 위한 담보가 되고, 자본이 신용의 기준이 되므로 자본개념의 중요성으로부터 자본의 3원칙이 도출된다. 자본확정의 원칙, 자본충실의 원칙, 자본불변의 원칙이 그것이다. 특히 자본충실의 원칙을 관철하기 위하여 상법은 주식할인발행의 제한(제330조), 현물출자 기타 변태설립사항 등에 관한 조사(제299조, 제310조, 제313조, 제314조, 제422조), 발기인의 주식인수·납입담보책임(자본충실책임)(제321조), 주금납입에 있어서 상계금지(제334조), 자기주식취득·질취의 제한(제341조, 제341조의2), 자회사에 의한 모회사주식의 취득금지(제342조의2), 주식의 상호보유제한(제369조 3항), 법정준비금(제458조, 제459조), 이익배당의 제한(제462조) 등을 규정하고 있다.

주주의 유한책임은 합자회사의 유한책임(직접·연대의 유한책임)과 다르다. 현행법은 전액납입주의를 취하므로 주주는 자기가 인수한 가액을 한도로 책임을 진다는 의미이다(간접유한책임). 따라서 주주는 회사채권자에 대하여는 직접 아무런 책임을 부담하지 않는다.

사례 甲은 乙이 대표이사로 있는 丙주식회사에 물품을 공급해 온 영세업자인데 회사의 경영이 악화되자 乙은 부도를 내고 잠적하고 말았다. 丙회사는 乙의 동생과 처남이 명목상 이사로 선임 등기되어 있지만 사실상 주주는 乙 한 사람뿐인 개인회사로서 사무실에 간단한 집기만 있을 뿐 회사재산이 따로 없으나 乙 개인소유의 재산은 상당히 있는 것으로 알려져 있다. 甲은 丙회사에 대한 채권으로 乙의 개인재산에 강제집행할 수 있는가?

〈해설〉

불가능하다. 주식회사의 채권자에게는 회사재산만이 유일한 담보재산이다.

주식회사나 유한회사는 주주나 사원이 출자의무를 이행한 이상 회사채무에 대해 전혀 책임을 지지 않는 회사이다. 또한 대표이사가 회사를 대표하여 법률행위를 했다고 하더라도 개인적으로 그 법률행위에 책임을 지는 것도 아니다. 따라서 丙회사에 대한 채권으로 乙개인재산에 강제 집행할 수는 없다.

2. 주식회사의 설립

주식회사의 설립에는 발기설립과 모집설립의 두 가지가 있다. 즉 발기인만이 주식전부를 인수하여 회사를 설립하는 발기설립(단순설립 · 동시설립)과 발기인이 주식 일부만을 인수하고 그 나머지에 대하여는 주주를 모집하여 회사를 설립하는 모집설립(복잡설립 · 점차설립)의 방법이 있다. 종래 발기설립의 경우에는 법원의 설립경과 조사가 의무화되었었기 때문에 이를 피하기 위하여 소수인에 의한 회사설립임에도 불구하고 실제로는 모집설립의 방법이 많이 이용되어 왔다. 그러나 1995년의 개정상법에서는 발기설립절차를 간편하게 고쳤으므로 앞으로는 발기설립방법도 많이 이용될 것이다.

발기설립은 발기인이 정관을 작성하고 주식총수를 인수하여 회사를 설립하는 것을 말한다. 이 경우 주식의 인수가 끝나면 발기인은 지체 없이 인수가액 전액에 대하여 납입하여야 한다(제295조 1항). 현물출자를 하는 주식인수인도 납입기일에 출자의 목적인 재산을 인도하여야 한다. 출자의 이행이 끝나면 발기인은 지체 없이 의결권의 과반수로 이사와 감사를 선임하여야 한다(제296조 1항). 발기설립의 경우는 창립총회가 없다. 선임된 이사와 감사는 취임 후 지체 없이 회사의 설립에 관한 모든 사항이 법령 또는 정관의 규정에 위반되지 아니하는지의 여부를 조사하여 발기인에게 보고하여야 한다. 변태설립사항(제290조)이 있는 경우에는 이사는 이에 관한 조사를 위하여 검사인의 선임을 법원에 청구하여야 하며(제298조 4항), 검사인의 조사 · 보고절차가 끝나면 본점소재지에서 등기함으로써 회사가 성립한다.

모집설립에는 1인 이상의 발기인이 정관을 작성하여 발행주식의 일부를 인수하고 주주를 모집한다. 주주모집은 공모이든 연고모집이든 그 방법에는 제한이 없다. 주주의 청약에 대한 배정이 있으면 주식의 인수가 성립하며, 발기인은 지체 없이 주식인수인에 대하여 인수가액의 전액을 납입시켜야 한다(제305조 1항). 출자의 이행 즉 납입이 끝나면 발기인은 지체 없이 창립총회를 소집한다(제308조 1항). 창립총회는 주식인수인으로 구성되는 설립 중의 회사의 의결기관이며, 주주총회의 전신이다. 창립총회의 소집 · 결의는 대체로 주주총회에 관한 규정이 준용되나(제308조 2항), 그 결의방법은 엄격하여 출석한 주식인수인의 의결권의 3분의 2 이상이며, 동시에 인수된 주식총수의 과반수에 해당하는 다수로 하여야 한다(제309조). 창립총회에서 이사와 감사를 선임하고, 본점소재지에서 등기함으로써 회사는 성립한다.

주식회사의 설립절차는 복잡하기 때문에 설립절차 중에 과오와 부정이 생기기 쉽고, 처음부터 사기의 목적으로 회사를 설립하는 경우도 적지 않다. 또한 주식회사의 부실한 설립은 다수의 이해관계인에게 커다란 손해를 야기하기 때문에, 상법은 이를 방지하기 위하여 형사책임(제622조의 특별배임죄, 제626조의 부실보고죄, 제631조의 주식인수인의 수뢰죄 등 참조)과 행정벌인 과태료의 제재 이외에도 발기인, 이사, 감사, 검사인, 유사발기인, 납입금보관자 등 설립관여자에게 엄격한 민사책임을 규정하고 있다.

3. 주 식

주식은 자본의 구성단위로서의 뜻과 주주의 회사에 대한 지위(주주권)의 두 가지 뜻이 있다. 주식은 액면가 100원 이상으로 균일하여야 하며 2011년 개정상법은 액면주식과 함께 무액면주식제도를 도입하였다. 주식의 귀속자로서 주주 간에는 주식평등의 원칙이 적용된다.

회사는 이익배당·잔여재산분배에 관한 재산적 내용이 다른 주식(보통주, 우선주, 후배주, 혼합주), 의결권 내용이 다른 주식(의결권 배제·제한에 관한 종류주식), 상환 또는 전환이 가능한 주식(상환주식·전환주식) 등을 발행할 수 있다. 2011년 개정상법에서는 이를 종류주식이라 한다(제344조~제351조). 이러한 종류주식을 조합하여 발행목적 및 필요에 따라 다양한 종류주식을 선택할 수 있다. 즉 다양한 종류주식의 발행은 기업의 자금조달을 보다 용이하게 하고, 경영권방어를 위해서 설계될 수도 있다.

주주권을 표창하는 유가증권이 주권(株券)인데, 주권에 의하여 주주권의 유통이 촉진된다. 주식은 주권의 교부에 의하여 양도할 수 있다. 다만 주식의 양도는 정관이 정하는 바에 따라 이사회의 승인을 얻도록 할 수 있다(제335조). 주식인수인으로서의 지위(권리주)의 양도는 회사와의 관계에 있어서 효력이 발생하지 않는다. 또한 회사의 성립 후 또는 신주발행의 효력발생 후라도 주권발행 전에 한 주식의 양도는 회사에 대하여 효력이 없다. 그러나 회사성립 후 또는 신주의 납입기일 후 6월이 경과한 때에는 그러하지 아니하다(제335조 3항). 회사가 발행한 주식(자기주식)을 회사가 취득하는 것은 원칙적으로 금지되며(제341조), 모자회사 간의 주식 상호보유도 법의 엄격한 제재를 받는다(제342조의2).

4. 주식회사의 기관

주식회사는 그 자본이 일반대중으로부터 조달된 것이어서 복잡한 경영이 예상되고 전문경영인에 의한 회사운영을 위하여 소유와 경영이 분리되어 있다. 주식회사의 필요적 상설기관으로는 주주총회·이사회·대표이사·감사가 있다.

주주총회는 상법 또는 정관에서 정한 사항을 의결하는 회사 최고의 의사결정기관이다. 각 주주는 1주에 하나의 의결권을 갖는다. 총회의 결의사항은 보통결의사항(출석한 주주의 의결권의 과반수와 발행주식총수의 4분의 1 이상)과 특별결의사항(출석한 주주의 의결권의 3분의 2 이상과 발행주식총수의 3분의 1 이상), 특수결의사항(주주 전원의 동의)이 있다. 주주총회의 소집은 이사회가 결정하여, 대표이사가 소집절차를 실행하며, 2주 전 서면으로 목적사항, 의안의 요령을 기재한 서면으로 통지하여야 한다. 의결권의 행사방법은 본인 또는 대리인에 의한다. 의결권의 불통일행사도 인정된다(제368조의2).

주주는 정관이 정한 바에 따라 총회에 출석하지 아니하고 서면에 의하여 의결권을 행사할 수 있다(제368조의3).

주주총회결의의 절차상 혹은 내용상의 하자가 있는 경우 결의취소의 소, 결의무효확인의 소, 결의부존재확인의 소, 부당결의취소·변경의 소가 인정되는데 다른 회사법상의 소(訴)와 마찬가지로 소제기, 판결의 효력 등에 특수성이 인정되고 있다.

이사는 주주총회에서 선임하며 그 수는 3인 이상이어야 하고, 임기는 3년을 초과하지 못하며 그 자격에는 제한이 없다(제382조, 제383조). 이사는 이사회를 통하여 회사의 업무집행에 관한 의사결정에 참여하고, 대표이사의 업무집행을 감독할 수 있으나 회사의 기관은 아니다. 이사와 회사와의 관계는 위임이다.

이사회는 이사 전원으로 구성되어 업무집행에 관한 회사의 의사결정과 대표이사를 감독하는 필요상설기관이다. 이사회의 소집은 각 이사가 한다. 회의를 소집함에는 소집권자가 회일의 1주간 전에 각 이사 및 감사에 대하여 통지를 발송하여야 한다. 이 기간은 정관으로 단축할 수 있다(제390조 3항).

대표이사는 정관에서 다른 규정이 없는 한 이사회에서 선임되며 대외적으로 회사를 대표하고 대내적으로 업무집행을 담당하는 주식회사의 필요·상설기관이다. 대표이사는 회사의 영업에 관하여 재판상 또는 재판 외의 모든 행위를 할 수 있는 포괄적·획일적 권한이 있다. 정관, 이사회규칙, 이사회의 결의 등을 통하여 대표권을 제한하여도 그 제한을 모르는 선의의 제3자에게 대항할 수 없다. 대표이사의 불법행위로 인하여 업무집행에 있어서 타인에 손해를 끼친 경우에는 회사는 대표이사와 연대책임을 부담한다.

또한 2011년 개정상법에서는 이사회의 감독기능을 강화하고 회사의 업무집행의 효율성을 제고하기 위하여 이사회의 업무집행 기능을 분리하여 이를 전담하는 집행기관인 집행임원제도를 도입하였다. 이 제도의 도입여부는 개별회사가 자율적으로 선택할 수 있다(제408조의9). 집행임원이나 대표집행임원은 회사의 기관으로서 집행임원제도를 도입하지 않은 회사의 업무담당이사이나 대표이사와 유사하지만 이사가 아니라도 될 수 있다는 점이 다르다.

이사의 의무로서는 선관주의의무, 경업금지의무, 자기거래의 제한(제398조) 등이 있다. 이를 위반한 이사는 회사에 대하여 손해배상책임을 부담하고, 임무해태에 대한 고의 또는 중대한 과실이 있으면 주주 및 채권자에 대하여도 손해배상책임이 있다(제399조, 제401조). 또한 이사는 신주발행으로 인한 변경등기 후 미인수주식이 있거나 납입이 흠결된 경우에는 자본충실의 책임을 부담한다. 이는 무과실책임이고, 총주주의 동의로도 면제가 불가능하다. 회사가 이사의 책임을 추궁하지 않는 경우에는 소수주주는 대표소송을 제기할 수 있다.

감사는 주주총회에서 선임되며, 업무감사와 회계감사를 담당하는 필요・상설기관이다. 감사는 회사 및 자회사의 이사 또는 지배인 기타의 사용인의 직무를 겸하지 못한다(제411조). 감사의 수는 1인 이상이어야 하며, 임기는 취임 후 3년 내의 최종의 결산기에 관한 주주총회 종결시까지이다(제410조). 감사는 중립적인 지위에서 공정한 감사를 하여야 하므로 감사의 선임에 있어서 의결권 없는 주식을 제외한 발행주식총수의 100분의 3을 초과하는 수의 주식을 가진 주주는 그 초과하는 주식에 대하여 그 의결권을 행사하지 못한다(제409조 2항). 감사의 이사에 대한 직무집행 감사의 효율성을 보장하기 위하여 영업보고요구권, 재산상태조사권, 이사회 출석・의견진술권, 이사와 회사 간의 소에 관한 회사대표권, 이사의 위법행위에 대한 유지청구권, 임시주주총회소집청구권이 감사에게 인정되어 있다(제409조 내지 415조).

한편 2011년 개정상법에서는 자산규모 등을 고려하여 대통령령이 정하는 상장회사는 법령을 준수하고 회사 경영을 적정하게 하기 위하여 임직원이 그 직무를 수행할 때 따라야 할 준법통제에 관한 기준 및 절차를 마련하고(제542조의 13 제1항), 상장회사는 준법통제기준의 준수에 관한 업무를 담당하는 사람(준법지원인)을 1인 이상 두어야 한다(동조 2항). 대통령령이 정하는 상장회사란 최근 사업연도 말 현재 자산총액이 5천억원 이상인 회사를 말한다.

사례

甲주식회사의 경리담당상무 乙은 이 회사 대표이사 명의로 어음을 발행하고 배서하는 등의 방법으로 자금조달을 해 왔고 이를 알고 있는 丙은 乙로부터 액면 2천5백만원의 약속어음을 발행받아 보관하고 있다가 만기에 甲회사에 지급제시했지만 甲회사는 乙이 대표이사라는 명칭을 임의로 사용하였고 사실은 경리담당 상무이사에 불과하다는 이유로 어음금지급을 거절하고 있다. 甲회사의 주장은 정당한가?

〈해설〉

甲회사의 주장은 부당하고 어음금을 지급해야 한다. 대표이사로 선임되지 않은 이사의 행위에 대해 회사가 책임을 지지 않는 것이 원칙이다. 그러나 실제에 있어서는 사장, 부사장, 전무, 또는 상무 등의 명칭을 가진 이사는 대표이사인 경우가 많으며 대표이사가 아닌 경우라도 이러한 명칭의 이사를 대표이사로 신뢰하는 경우가 많다. 상법은 제3자의 이러한 신뢰를 보호하고 거래의 안전을 도모하기 위해 "사장, 부사장, 전무, 상무 기타 회사를 대표할 권한이 있는 것으로 인정될 만한 명칭을 사용한 이사의 행위에 대하여는 그 이사가 회사를 대표할 권한이 없는 경우에도 회사는 선의의 제3자에 대하여 그 책임을 진다"라고 규정하고 있다(제395조). 이러한 표현대표이사제도가 외관이론에 입각하고 있음은 물론이다.

표현대표이사의 행위에 대한 회사의 책임은 표현대표이사가 자기 명칭을 사용하여 법률행위를 한 경우는 물론이고 자기의 명칭을 사용하지 아니하고 다른 대표이사의 명칭을 사용하여 행위를 한 경우에도 적용된다고 보는 것이 판례의 입장이다(대판 1988.10.25. 86다카1228).

설문의 경우를 본다면 乙의 행위는 객관적으로 대표이사의 권한 범위 안에 속하고(외관의 존재) 乙이 전부터 대표이사 명의로 어음을 발행하고 배서하는 방법으로 자금을 조달하여 오던 것을 甲회사가 묵인하여 왔으며(귀책사유의 존재) 丙은 이상과 같은 외관을 믿고 거래한 것이므로(보호사유의 존재) 丙이 甲회사에게 어음금을 청구한다면 甲회사가 지급해야 한다.

5. 신주발행

신주발행이라 함은 회사의 설립 후 자금조달을 위하여 미발행주식 중에서 주식을 발행하여 회사의 자본을 증가시키는 것을 의미한다. 현행 상법은 수권자본제도를 채택하여 신주발행을 이사회의 권한사항으로 하고 있다. 통상의 신주발행으로 회사는 자금조달을 할 수 있고, 회사의 물적 규모는 확대된다. 신주를 발행하는 경우에 그 신주를 우선적으로 인수하는 권리는 원칙적으로 주주에게 있다. 따라서 이사회는 신주배정일을 지정・공고하여야 한다(제418조). 신주발행의 효력발생시기는 주금납입기일의 다음 날이며, 이 때 자본이 증가한다.

주주의 신주인수권에 있어서도 주주평등의 원칙이 적용된다. 신주인수권의 대상이 되는 주식은 회사가 발행하는 장래의 모든 주식이며, 예외적으로 실권주, 현물출자, 준비금의 자본전입, 전환주식・전환사채, 주식배당, 주식병합, 회사합병, 신주인수권부사채, 정리회사, 종업원지주회사 등에 의한 신주발행의 경우는 제외된다. 주주의 신주인수권이 침해된 경우에는 신주발행유지청구권(新株發行留止請求權, 제424조)이 인정되고, 이사의 회사 또는 주주에 대한 손해배상책임이 인정된다.

6. 정관의 변경

정관변경은 회사의 조직과 활동에 관한 근본규칙인 실질적 의의의 정관의 내용을 변경(수정・폐지・신설)하는 것을 말한다. 이 규칙을 기재한 서면인 형식적 의의의 정관을 변경하는 것은 포함되지 않는다. 정관을 변경하더라도 회사의 동일성에는 아무런 영향이 없다. 정관변경의 범위에는 특별한 제한이 없으므로 정관의 절대적 기재사항, 상대적 기재사항, 임의적 기재사항 등 모든 것이 정관변경의 대상이 된다. 다만 변경된 정관의 내용이 법의 강행규정 또는 주식회사의 본질, 주주평등의 원칙, 주주의 고유권 등을 침해해서는 안 된다. 회사의 설립시에 작성하는 원시정관은 공증인의 인증을 받아야 그 효력이 발생하나(제292조, 공증인법 제62조), 개정 정관은 주주총회의 특별결의로 효력을 발생한다.

7. 자본의 감소

자본의 감소에는 실질상의 자본감소와 명의상(형식상)의 자본감소가 있다. 전자는 회사재산이 사업에 비하여 과잉인 때 과잉재산을 주주에게 반환하기 위하여 이루어지며, 자본감소에 따라 회사재산이 감소한다. 후자는 자본의 결손이 생긴 경우 이익배당을 가능하게 하기 위하여 이루어진다. 자본감소라 함은 통상 후자를 말한다. 자본감소의 방법은 주금액의 감소와 주식수의 감소가 있다. 전자는 다시 ① 절기(형식적 감자)와 ② 환급(실질적 감자)으로 나누어지고, 후자는 ① 주식의 소각(임의소각·강제소각·유상소각·무상소각), ② 주식의 병합(명목상의 감자에 이용)의 방법을 취할 수 있다. 어떠한 자본감소의 방법을 취하더라도 주주평등의 원칙을 지켜야 하며, 또한 자본감소로 미발행주식수가 환원증가하는 것은 아니다.

자본감소의 절차는 우선 주주총회의 특별결의를 거쳐야 한다(제438조 1항). 즉 자본감소의 결의는 출석한 주주의 의결권의 3분의 2 이상의 수와 발행주식총수의 3분의 1 이상의 수로써 하여야 한다.

이 결의에서는 자본감소의 방법도 정하여야 한다. 총회의 소집과 공고에는 회의에 목적사항 이외에 의안의 요령을 기재하여야 한다. 자본감소를 이사회에 일임할 수 없다. 자본감소는 회사가 보유하여야 할 기준이 감소되므로 채권자보호절차를 거쳐야 한다(제439조). 주주총회의 결의일로부터 2주간 내에 회사채권자에 대하여 2월 이상의 일정한 기간 내에 이의를 제출할 것을 공고하고, 알고 있는 채권자에 대하여 채무이행기의 도래와 관계 없이 최고하여야 한다. 이의가 있는 채권자에 대하여는 변제하거나 또는 상당한 담보를 제공하여야 한다. 자본감소의 효력발생시기는 채권자보호절차와 주식에 대한 조치가 종료한 때이다.

자본감소의 무효의 소도 회사설립무효의 소와 마찬가지로 무효의 주장을 제한하고 있고, 법률관계의 획일적 처리를 위하여 원고승소의 경우, 판결의 효과가 제3자에게도 미치는 對世的 효력이 인정된다(제446조, 제190조).

8. 회사의 계산

회사의 계산제도를 진실·적정하게 유지함은 주주뿐만 아니라 회사의 채권자를 보호하기 위해서도 필요하다. 주식회사는 물적 회사로서 회사재산만이 유일하게 채권자의 담보이므로 채권자를 위한 안전장치(safe-guard)로서 정확한 회사자산의 파악이 필요한 것이다. 또한 회사재산의 올바른 파악은 건전한 국민경제의 발전에 있어서도 중요하다.

상법은 주식회사의 계산을 위하여 재무제표를 작성하게 하고 있고, 재무제표로서 대차대조표, 손익계산서, 이익잉여금처분계산서 또는 결손금처리계산서의 세 가지를 규정하고 있었으나, 2011년 개정상법에서는 이익잉여금처분계산서와 결손금처리계산서를 재무제표에서 제외하였다(제447조). 대신 2011년 개정상법에서는 제447조 1항 3호에서 「그 밖에 회사의 재무상태와 경영성과를 표시하는 것으로서 대통령령으로 정하는 서류」를 시행령으로 정하도록 하였는데, 시행령에서는 「자본변동표」를 이에 해당하는 서류로 규정하고 있다. 즉, 2007년 말 국제회계기준을 반영하여 만들어진 '한국채택국제회계기준(2011년 시행)'은 이익잉여금처분계산서 및 결손금처리계산서를 재무제표에서 삭제하고 대신 「자본변동표」를 재무제표에 추가하였는데, 이는 개정상법이 국제회계기준을 반영한 것으로 볼 수 있다.

이사는 정기총회 회일 6주 전에 재무제표를 감사에 제출하고, 감사는 이 날부터 4주간 내에 이에 대한 감사보고서를 이사에 제출하여야 한다. 또한 재무제표는 총회 1주 전에 비치하여야 한다(제448조 1항). 재무제표는 주주총회에 보고하여 승인을 받아야 한다. 주주총회는 보통결의에 의하여 재무제표를 승인하거나 거부할 수도 있고 수정승인할 수도 있다.

또한 상법은 준비금제도를 규정하고 있다. 준비금제도는 회사의 순재산액이 자본액을 초과함에도 불구하고 그 초과액을 이익으로서 주주에게 배당하지 않고 일정한 목적을 위하여 회사 내에 적립해 둔 금액으로서 장래에 있어서 회사의 건전한 존속을 보장하는 기능을 갖고 있다. 법정준비금에는 이익준비금과 자본준비금이 있다. 이익준비금은 이익잉여금을 재원으로 하여 적립하는 준비금으로서 자본의 2분의 1에 달할 때까지 매결산기의 금전에 의한 이익배당액의 10분의 1 이상을 적립하여야 한다(제458조). 자본준비금은 영업이익 이외의 원천에서 생긴 자본의 증가분, 즉 자본잉여금을 재원으로 하여 적립하는 준비금이다. 자본잉여금은 영업과는 관계없이 발생한 것으로서 주주에게 배당할 수 있는 성질의 것이 아니므로 그 전부를 적립하여야 하며 적립의 상한선이 없다. 법정준비금의 사용은 ① 결손전보와 ② 준비금의 자본전입에 사용된다.

9. 사 채

사채라 함은 회사가 일반공중으로부터 비교적 장기의 자금을 집단적·대량적으로 조달하기 위하여 채권이라는 유가증권을 발행하여 부담하는 채무를 말한다. 사채의 발행총액은 최종의 대차대조표에 의하여 회사에 현존하는 순자산액의 4배를 초과하지 못한다(제470조)는 규정은 2011년 개정상법에서 삭제되었다.

사채의 발행은 이사회의 결의에 의한다. 상법은 사채의 발행을 다양하게 하기 위하여 특수한 사채를 발행하고 있다. 특수사채에는 주식으로의 전환권이 인정된 전환사채, 회사의 신주발행시 신주인수권이 부여된 신주인수권부사채, 사채권자가 기채회사의 소유인 주식 기타 상장유가증권과의 교환을 청구할 수 있는 권리가 부여된 교환사채, 사채권자가 그 사채발행회사의 이익배당에 참가할 수 있는 이익참가부사채, 회사가 소유하는 주식이나 그 밖의 유가증권으로 상환할 수 있는 상환사채, 유가증권이나 통화 또는 그 밖에 대통령령이 정하는 자산이나 지표 등의 변동과 연계하여 미리 정하여진 방법에 따라 상환 또는 지급금액이 결정되는 파생결합사채 등이 있다. 특수사채는 주식과 사채의 중간(혼합)형태로서 회사의 자금조달을 원활하게 하는 공통된 기능을 수행하고 있다.

Ⅴ. 유한책임회사

2011년 개정상법에 새로이 도입된 유한책임회사는 조합적 요소에 유한책임을 가미한 회사이다. 미국의 「통일 유한책임회사법」(Uniform Limited Liability Company Act)과 일본의 「합동회사」를 참고로 입법한 것이다. 유한책임회사는 대내관계에서는 조합의 요소(폭 넓은 사적 자치)를 갖고, 대외관계에서는 주식회사의 요소(사원의 간접유한책임)를 갖는 혼합형 회사형태라고 할 수 있다. 유한책임회사에 주식회사의 성격을 반영한 대표적인 것으로서는 자본금이 있고(제287조의 3 제3호), 또한 이를 등기하도록 한 점(제287조의 5), 사원의 책임은 상법에 다른 규정이 없는 한 그 출자금액을 한도로 하는 점(제287조의 7), 사원이 아닌 자를 업무집행자로 정할 수 있도록 한 점(제287조의 12 제1항), 대표소송에 관한 규정이 있는 점(제287조의 22), 회계에 관한 별도의 규정이 있는 점(제287조의 32 내지 제287조의 37), 1인 회사의 설립 및 존속을 인정하는 점(제287조의 2, 제287조의 38 제2호), 유한책임회사를 주식회사로 조직변경하거나 주식회사를 유한책임회사로 조직변경할 수 있도록 한 점(제287조의 43), 임의청산을 배제한 점(제287조의 45) 등이다. 유한책임회사의 사원은 내부적으로는 구성원 간의 자치가 보장되고, 외부적으로는 회사 채무에 대한 책임을 부담하게 된다. 또한 유한책임회사는 인적 회사인지 물적 회사인지 불분명하나 조직변경에 있어서 물적 회사인

주식회사로 하도록 규정하고(제287조의 43 제2항) 있어 물적 회사에 더 가깝다고 볼 수 있다. 이러한 유한책임회사는 조합과 주식회사의 장점을 살린 회사형태로서 인적 요소가 중시되는 소규모 폐쇄기업, 벤처기업 및 투자기업, 금융, 보험, 리스 등의 업종을 비롯하여 법무법인, 회계법인 등 전문서비스 업종에서 이용될 수 있다고 본다.

Ⅵ. 유한회사

유한회사는 사원의 균등액 단위의 출자로 이룩된 자본을 가지고, 사원은 회사에 대하여 원칙적으로 출자의무만을 부담할 뿐, 회사채권자에 대하여는 아무런 책임을 지지 않는 회사이다. 유한회사는 그 사원의 수와 지분의 양도가 제한되는 폐쇄적·비공개적 회사이다. 사원의 책임이 간접·유한이라는 점에서 합명회사와 다르고 주식회사와 유사하나, 지분의 양도가 자유롭지 못한 점에서 주식회사와 다르다. 또한 유한회사는 사채를 발행하지 못한다. 유한회사의 설립은 발기설립에 한하고 이사회제도가 없으며 감사는 임의기관이다. 유한회사의 사원수를 2인~50인으로 제한하고 있었던 규정은 2011년 개정상법에서 삭제되었고, 출자 1좌에 대한 금액은 100원 이상으로 균일하게 하여야 한다(제546조). 유한회사는 소규모 자본회사에 적합한 회사이다.

제5절 보 험

Ⅰ. 보험의 의의

보험이란 동질적인 위험하에 있는 다수인이 우연한 사고의 발생으로 인한 경제적 수요를 충족하기 위하여 통계적 기초에서 산출된 금액(보험료)을 미리 갹출하여 일정한 기금을 마련하고, 사고가 발생한 경우에 일정한 재산적 급여(보험금)를 받음으로써 경제생활의 안정을 도모하기 위한 제도이다. 보험의 경제적 기능은 기업과 개인의 경제적 불안을 제거해 주고, 갹출된 보험료는 투자재원으로 활용되어 국민경제 발전에 이바지하게 된다. 보험의 폐단으로서는 보험금취득을 목적으로 한 보험사고의 유발이 지적되고 있다.

보험계약에 있어서는 윤리성 · 선의성이 강조된다. 이를 위하여 상법은 보험계약자와 피보험자에게 고지의무를 규정하고 있고, 고의로 인한 보험사고에 대한 보험자의 면책(제659조), 사기로 인한 초과보험의 무효(제669조 4항) 등을 규정하고 있다. 또한 보험에 관한 상법규정은 상대적 강행법규(반면적 강행법)의 성질을 갖고 있다. 즉 '보험'편의 규정은 당사자간의 특약으로 보험계약자 또는 피보험자나 보험수익자의 불이익으로 변경하지 못한다(제663조).

보험계약의 법원(法源)으로서는 상법의 규정 이외에도 보통보험약관이 중요하다. 보통보험약관은 보험자가 미리 작성한 보통의 보험계약의 내용이 되는 조항이다. 보험약관은 우선 보험계약자간에 대량으로 신속하게 계약을 체결하기 위하여는 보험계약의 내용을 일정한 표준에 의하여 정형화하는 것이 합리적이다. 또한 보험제도는 사회성을 갖고 국민생활 · 기업활동에 큰 영향을 미치기 때문에 국가도 적극적으로 관여하여 보험기업을 지도 · 감독할 필요가 있고, 이를 위하여는 보험계약의 내용을 정형화하는 것이 필요하다. 그러나 보험약관에 의한 폐해로부터 보험계약자 등을 보호하기 위하여 상법 제663조는 보험법을 반면적 강행규정으로 하고 있고, 또한 약관규제법이 시행되고 있다.

보험계약의 성립은 계약자의 청약과 보험자의 승낙에 의하여 이루어진다. 보험법은 제638조의2에서 보험자가 계약자로부터 청약과 함께 보험료 상당액의 전부 또는 일부를 지급받은 때에는 30일 이내에 낙부통지(諾否通知)를 발송하도록 규정하고 있고, 보험자가 낙부의 통지를 하지 않는 때에는 보험계약의 성립을 의제함으로써 보험계약자를 보호하고 있다. 또한 보험자는 보험계약을 체결할 때에 보험약관을 교부하고 중요한 내용을 알려 주어야 하고, 이를 위반한 때에는 보험계약자는 계약성립 후 1월 내에 계약을 취소할 수 있다(제638조의3).

Ⅱ. 보험의 종류

보험자가 그 구성원 상호의 이익을 위하여 직접 공동위험단체를 만드는 경우와 보험회사에 의하여 공동위험단체가 형성되는 경우가 있는데, 전자를 상호보험이라 하고 후자를 영리보험이라 한다. 또한 보험에는 보험자가 재산상의 손해를 전보할 것을 내용으로 하는 손해보험과 사람의 생명·신체에 관한 보험사고가 생긴 경우 보험자가 재산적 급여를 하는 인보험(人保險)이 있다. 손해보험은 보험자가 보험사고로 인하여 생길 피보험자의 재산상의 손해를 보상하는 것을 목적으로 하는 보험이다(제665조). 상법상 화재보험, 운송보험, 해상보험, 책임보험, 자동차보험이 이에 속하고, 기타 삼림수해·신용·보증보험 등이 있다. 인보험은 사람에 관하여 발생하는 사고에 대한 보험이다. 인보험에는 생명보험(정기, 종신, 생존, 양로, 단체, 신용보험)과 상해보험이 있고, 기타 질병보험·교육보험·의료보험 등이 있다.

Ⅲ. 손해보험

손해보험계약은 손해의 전보를 그 내용으로 하므로, 이에는 사고가 없었더라면 가졌을 이익, 즉 피보험이익이 있어야 한다. 피보험이익은 피보험자와 보험의 목적과의 관계에서 보험사고가 발생하면 손해를 받게 될 우려가 있는 이익이다. 손해보험은 손해보상을 목적으로 하므로 피보험이익은 손해보험계약에 있어서 본질적 요소이다. 피보험이익의 주체를 피보험자라고 한다. 피보험이익은 보험의 사행성을 방지하는 역할을 한다. 피보험자와 보험계약자는 보통 일치하나 그렇지 않은 경우에는 타인을 위한 보험으로 된다.

피보험이익은 적법한 이익이어야 하며, 금전으로 산정할 수 있는 이익이어야 한다. 피보험이익은 보험계약의 동일성을 결정하며, 초과보험과 중복보험을 방지하며, 일부보험과 전부보험의 기준이 된다.

Ⅳ. 인 보 험

상법상 인(人)보험에는 생명보험과 상해보험의 두 가지가 있다. 생명보험계약은 당사자의 일방이 상대방이나 제3자의 생명에 관한 보험사고가 생긴 경우에 보험수익자에게 일정한 재산적 급여를 하고 상대방이 일정한 보험료를 지급할 것을 약정하는 계약이다. 이것은 손해의 유무나 다과에 관계 없는 정액보험이다. 손해보험에서는 손해의 전보를 받을 자를 피보험자라 하나, 생명보험에서는 특정인의 생명에 관한 사고가 보험사고로 되는 경우 그 특정인을 피보험자라 한다. 보험계약자가 자기를 피보험자로 하지 않고 제3자를 피보험자로 할 때에 이를 타인의 생명보험이라 한다. 또한 보험계약자가 자기를 보험수익자로 하지 않고 제3자를 보험수익자로 할 때에 이를 타인을 위한 보험이라 한다.

사례 甲은 대학병원에서 종합진단을 받았더니 뜻밖에도 에이즈에 걸린 사실을 알고 고민하던 중 乙보험회사 보험모집인의 권유로 처 丙을 보험수익자로 하고 자신을 피보험자로 하는 생명보험계약을 청약하고 보험의에게 건강에 아무런 이상이 없다고 대답함으로써 신체검사에 합격하였기 때문에 乙보험회사가 甲의 청약을 받아들임으로써 보험계약이 성립되었다. 그러나 甲은 그 후 3년 4개월 만에 에이즈의 발병으로 사망하였다. 丙은 乙에게 보험금을 청구할 수 있는가?

〈해설〉

고지의무위반에 근거한 해지권은 제척기간이 경과하였기 때문에 행사할 수 없지만 甲의 사기에 의한 계약이었으므로 보험계약을 취소할 수 있다.

고지의무위반을 이유로 한 계약해지권은 그 사실을 안 때로부터 1월내에 계약을 체결한 날로부터 3년 내에(생명보험표준약관은 책임개시일로부터 2년 또는 건강진단을 받은 피보험자의 경우에는 1년 내로 규정한다) 한하여 행사할 수 있다(제651조). 따라서 설문과 같은 경우에는 甲의 고지의무위반이 있었더라도 乙이 보험계약을 해지할 수 없다.

그러나 甲이 에이즈에 감염된 사실을 숨기고 보험계약을 청약하고 보험회사가 이에 속아서 승낙한 것은 甲의 사기에 의한 계약이다. 따라서 乙보험회사는 사기계약을 취소할 수 있다. 이 경우의 취소권은 민법상 취소한 때로부터 3년, 계약을 체결한 때로부터 10년 내에 행사할 수 있다.

생명보험표준약관에 따른다면 청약일 이전에 암 또는 에이즈의 진단확정을 받은 후 이를 숨기고 가입하는 등 뚜렷한 사기의사에 의해 계약이 성립되었음을 보험회사가 증명하는 경우에는 5년 이내에 계약을 취소할 수 있다고 규정하고 있어 취소권의 제척기간을 단축하고 있다. 또한 乙이 보험계약을 취소하면 甲이 乙보험회사에 지급한 보험료는 법률상 원인이 없는 부당이득이 되지만 甲이 불법한 원인으로 급여한 재산이므로 그 반환을 청구할 수 없다(민법 제746조).

제6절 해 상

Ⅰ. 해상법의 의의

해상법이란 상법의 일부분으로서 해상기업에 관한 법규 전체를 말한다. 해상기업은 바다를 무대로 선박에 의해 전개되는 기업이다. 해상기업에는 해상운송업·해난구조업·어업·해상예선업 등 여러 가지가 있으나, 이 중 해상운송업이 가장 대표적인 것이다.

따라서 해상법은 해상기업을 중심으로 한 개별 경제주체의 이익조정(법률관계)을 목적으로 한다. 해상기업은 바다를 무대로 하고, 선박을 수단 내지 설비로 이용함으로써 일반기업과는 특수한 성질이 있다. 해상법은 세계경제와 항해기술의 발달로 국제조약 등으로 통일되어 가고 있다.

Ⅱ. 해상기업의 물적 조직(선박)

해상기업의 물적 조직인 선박은 상행위 기타 영리를 목적으로 항해용으로 사용하는 선박이다. 항해란 해상을 항행하는 것이므로 해상이 아닌 호천·항만 등의 내수를 항행하는 선박은 해상법상의 선박이 아니다. 원래 선박은 동산이지만 그 형상·가격·용적이 크므로 부동산과 같이 취급하여 이에 각종의 등기제도를 인정하고 있고, 또 강제집행과 경매에 있어서도 부동산과 같은 취급을 하고 있다.

따라서 선박은 해상법에 있어서 모든 문제의 법적 기초가 된다. 해상기업에 있어서도 그 목적의 달성을 위하여 물적 조직으로서 영업소·차량·창고 등 육상시설이 필요하지만 해상기업의 가장 큰 특징은 그 활동이 선박이라는 특수한 물적 조직에 의하여 전개된다는 점이다.

Ⅲ. 해상기업의 인적 조직

해상기업의 인적 조직은 해상기업주체와 해상기업보조자가 있다.해상기업주체에는 선박소유자・선박공유자・선박임차인・정기용선자 등이 있고, 해상기업보조자에는 선장과 해원이 있다. 기업상의 채무는 무한책임이 원칙이나, 상법은 해상기업의 특수성과 해상기업의 보호를 고려하여, 선박소유자의 유한책임을 규정하고 있다(제769조 이하).

선장은 선박에 승선하여 그 선박을 지휘하고, 또 선박소유자의 대리인으로서 법정의 권한을 가지며, 그 밖에 공법상의 직무권한을 가지는 자이다. 선장의 대리권의 범위는 선적항 내에서는 해원고용・해고권을 가지며(제749조 2항), 선적항 외에서는 선박의 항해에 관한 재판상・재판 외의 모든 행위를 할 권한을 갖는다(제749조 1항).

Ⅳ. 해상운송

해상운송에는 해상운송인이 선박의 전부나 그 일부를 제공하여 물건의 운송을 인수하는 용선계약과 개개의 물건의 운송을 인수하는 개품운송계약 등이 있다. 해상운송인은 선박의 안전항행을 위한 감항능력주의의무, 운송물을 선량한 관리자의 주의로 보관할 의무, 부득이한 경우 이외에 예정항로를 변경하지 아니하고 항행해야 하는 직항의무 등이 있다. 또한 해상운송인은 용선자나 송하인의 청구가 있으면 선하증권을 발행해야 하며, 이 경우에 운송물의 인도 및 처분은 선하증권으로 하여야 한다.

해상운송에 있어서 고도의 위험성, 운임의 저렴성, 해상기업의 정책적 보호와 육성 등을 이유로 상법은 해상운송인의 책임한도를 규정하고 있으며(제770조 이하), 면책사유(제769조)를 규정하고 있다.

V. 해상기업의 위험

1. 공동해손(제865조~제875조)

공동해손이란 선박과 적하의 공동위험을 면하기 위하여 선장이 선박이나 적하에 대한 처분을 하는 경우에 생기는 손해 또는 비용을 말한다. 공동해손은 그 위험을 면한 선박의 가액·적하의 가액·운임의 반액과 공동해손의 액과의 비율에 따라 각 이해관계인이 분담한다(제865조 이하).

2. 선박충돌(제876조~제881조)

선박충돌이란 항해선 상호간 또는 내수(內水)항행선 간에 해상 또는 내수에서 충돌하여 물건이나 사람에 관하여 손해가 발생하는 것을 말한다. 선박충돌이 불가항력으로 발생하거나 충돌원인이 명백하지 않은 때에는 피해자는 그 손해의 배상을 청구하지 못한다. 그러나 충돌이 일방의 선원의 과실로 발생한 때에는 그 선박소유자가 손해를 배상할 책임을 진다. 충돌이 쌍방의 선원의 과실로 인하여 발생한 때에는 쌍방의 과실의 경중에 따라 각 선박소유자가 손해배상책임을 부담한다. 그 과실의 경중을 판정할 수 없는 때에는 손해배상의 책임을 균분하여 부담한다(제879조).

3. 해난구조(제882조~895조)

해난구조란 해난에 조우한 선박 또는 적하를 의무 없이 구조하는 것을 말한다. 이 경우 구조자는 당연히 구조료청구권을 가진다. 구조료에 관해 합의가 있는 경우에는 그에 의하고, 합의가 없는 경우에는 법원이 당사자의 청구에 의해 그 위난정도·구조노력·구조비용·구조효과·환경손해 방지를 위한 노력 등을 참작하여 그 액을 정한다(제883조).

제7절 어음 · 수표

Ⅰ. 어음 · 수표의 의의

어음이나 수표는 다 같이 일정한 금액의 지급을 목적으로 하는 유가증권이다. 어음에는 환어음과 약속어음이 있다. 환어음과 수표는 발행인이 지급인에 대하여 일정한 금액을 수취인 기타 증권의 소지인에게 지급할 것을 위탁하는 지급위탁증권이며, 약속어음은 발행인이 수취인 기타 증권의 소지인에게 일정한 금액을 지급할 것을 약속하는 지급약속증권이다. 환어음과 수표는 그 법률적 성질이 지급위탁증권이라는 점에서 같으나, 그 경제적 기능에 있어 환어음과 약속어음은 신용증권이고 수표는 지급증권이라는 점에서 다르다.

어음 · 수표는 증권상의 권리의 발생 · 행사 · 이전의 전부에 증권의 점유를 요하므로 완전유가증권이고, 금전지급의 채권을 표창하는 증권이므로 금전채권적 증권이고, 지시문구의 유무에 불구하고 증권상에 특정한 자를 권리자로 지정하면 그 지정된 자가 다시 타인을 권리자로 지정할 수 있는 증권이므로 법률상 당연한 지시증권이며, 그 작성은 법정의 방식에 좇아야 하고 그 방식을 결할 때에는 무효가 되는 증권이므로 요식증권이고, 그 권리의 내용은 증권상의 문언에 의해서만 정해지고 당사자간의 특약에는 영향을 받지 않으므로 문언증권이며, 또한 증권수수의 기초가 되는 원인관계의 무효 · 취소에도 증권상의 권리의 효력에는 영향을 미치지 않으므로 무인증권(추상증권)이다. 어음 · 수표는 상인만이 이용하는 것이 아니라 널리 일반인도 이용하므로 이에는 유가증권의 기본이념인 유통성의 확보와 지급의 확실성을 보장하기 위하여 상세한 규정이 마련되어 있다.

Ⅱ. 환 어 음

1. 발　행

환어음의 발행이란 발행인이 환어음에 법정사항을 기재하고 서명 또는 기명날인하여 이를 수취인에게 교부하는 것이다. 법정기재사항(필요적 기재사항)은 환어음임을 표시하는 문자·일정금액의 지급의 위탁·지급인의 명칭·만기의 표시·지급지·발행일·발행지 등의 어음요건과 이자에 관한 기재·인수무담보 문구·배서금지문구 등의 유익적 기재사항이 있다.

2. 배 서

발행인에게 어음을 교부받은 수취인은 어음의 지급을 청구하거나 또는 어음에 배서하여 이를 다른 사람에게 양도할 수 있다. 배서에 의하여 수취인은 그 지위를 다른 사람에게 양도하며(배서의 이전적 효력), 이에 따라 어음은 전전유통하게 된다. 어음의 유통 중에 항변사유가 존재한다고 해도 그 주장은 일정한 경우 제한을 받는다(인적 항변의 절단).

배서는 배서인이 어음의 원본이나 등본 또는 보전에 법정사항을 기재하여 서명 또는 기명날인하고 피배서인에게 교부함으로써 성립한다. 배서를 함에 있어서 피배서인을 지정하는 것이 기명식 배서이고, 피배서인을 지정하지 않은 것이 백지식 배서이며, 피배서인의 지정 없이 단순히 소지인에게 지급하도록 한 것이 소지인출급식 배서이다. 수취인이 자기를 제1배서인으로 하여 배서하고 다시 제1배서인이 제2배서인에게 배서하여 현재의 소지인에 이르기까지 배서가 중단 없이 계속되면, 이를 배서의 연속이라 한다. 배서의 연속이 있는 어음을 소지한 자는 권리자로 추정되며(배서의 자격수여적 효력), 따라서 이러한 어음의 소지인으로부터 배서를 받은 자는 양도인이 무권리자일지라도 그 취득에 있어서 선의이고 중대한 과실이 없는 한 유효하게 어음을 취득한다(선의취득). 배서인은 자기 이후의 모든 피배서인에 대하여 인수와 지급에 관한 담보책임을 진다(배서의 담보적 효력).

사례 어음이나 수표를 발행하거나 배서 또는 보증하는데 다음과 같이 한다면 효력이 있는가?

(1) 도장을 찍지 않고 서명(署名)을 하거나 지장(指章)을 찍은 경우

(2) 법인의 명칭을 기재하고 그 법인의 도장을 찍은 경우

〈해설〉

(1)의 경우 서명에 의한 어음·수표행위는 기명날인(記名捺印)에 의한 것과 마찬가

지로 유효하지만 지장을 찍은 어음행위는 무효이며 (2)의 경우 역시 무효이다(대판 1964.10.30, 63다1168.).

어음법 및 수표법은 모든 어음행위와 수표행위에 대해 최소한의 형식적 요건으로서 기명날인 또는 서명에 의해 이루어지도록 규정하고 있다. 따라서 지장을 찍은 즉 무인(拇印)에 의한 경우는 무효이다.

법인은 원래 스스로 의사를 결정하고 표시할 수 없으므로 누구인가 자연인(自然人)이 그 기관(예컨대 주식회사의 경우에는 대표이사 또는 대리인(예컨대 상업사용인에 해당하는 지점장)이 법률행위를 하여야 하고 어음·수표행위는 엄격한 요식성이 요구되기 때문에 법인의 명칭과 대표(대리)관계를 표시하고 대표자(대리인)가 기명날인 또는 서명해야 한다. 그렇지만 언제나 완벽한 방식을 요구함은 어음이나 수표의 유통성을 해칠 수 있다. 따라서 회사명칭과 대표자의 명칭이 기재되고 그 기명날인이 있는 어음의 경우 그 법인의 어음행위가 있는 것으로 본다(대판 1079.9.13, 79다15).

사례

甲은 乙에게 외상매입대금채무를 지고 있다. 甲이 현금이 없다면서 丙이 丁을 수취인으로 하여 발행하고 丁이 甲에게 그리고 甲이 乙에게 배서한 약속어음을 교부하겠다고 제의하였다. 甲은 丁이 재력가이니 걱정말라고 하지만 乙은 丙이나 丁이라는 사람을 직접 모르기 때문에 甲의 채무를 며칠간 유예해주는 것이 차라리 낫지 않을까 망설이고 있다. 어느 쪽이 유리한가?

〈해설〉

어음을 받는 것이 유리하다. 丙이 어음금을 지급하지 않더라도 甲은 물론 재력 있는 丁에게 소구권을 행사할 수 있어(배서의 담보적 효력) 지급의 확실성을 기대할 수 있으며 어음을 받더라도 특약이 없는 한 甲에 대한 원인채권(외상매출채권)이 소멸하는 것은 아니다(다만 자기앞수표나 은행이 지급보증한 당좌수표를 받는 것은 원인채무의 이행에 갈음한 것이 된다).

어음수표법은 어음수표의 유통성을 강화하기 위해 그 전형적 양도방법인 배서에 특별한 효력을 부여하고 있는데 권리이전적 효력, 담보적 효력, 자격수여적 효력이 그것이다.

권리이전적 효력이라 함은 채권양도의 통지나 채무자의 승낙 없이도 배서만으로 어음에 결합된 모든 권리가 이전됨을 가리키는데 특히 배서에 의한 양도는 인적 항변을 절단하고 선의취득의 요건이 된다.

담보적 효력이란 배서인이 당연히 피배서인 및 그 후자 전원에 대해 어음금의 지급을 담보하고 지급이 없는 경우 어음금액을 주로 하는 상환의무를 부담하는 것을 말한다. 따라서 배서인이 많은 어음·수표일수록 지급의 확실성이 강화된다.

자격수여적 효력이란 외관상 연속된 배서의 피배서인 또는 최후의 배서가 백지식인 경우의 어음·수표 소지인은 그것만으로 어음·수표의 정당한 권리자로 추정되고 어음·수표채무자가 이를 다투기 위해서는 피배서인 또는 소지인의 무권리를 입증할 책임을 지게 되는 것을 말한다. 또한 어음·수표채무자도 이러한 피배서인 또는 소지인에게 선의이며 중과실 없이 어음금을 지급하면 그 자가 무권리자일지라도 책임을 면하게 된다.

3. 인　수

지급인은 단순히 어음상의 지급인으로 기재되어 있는 것만으로 어음상의 채무를 부담하는 것이 아니고, 어음상의 인수라는 문구를 기재해서 기명날인하여야 비로소 어음의 주채무자로 되는 것이다. 어음소지인은 어음발행시부터 만기에 이르기까지 언제든지, 또 일람후정기출급어음에 있어서는 발행일로부터 1년 내에 지급인에게 인수를 위하여 어음을 제시하여야 한다(인수제시).

4. 지　급

어음소지인은 지급을 할 날 또는 이에 이은 2거래일 내에, 또 일람출급어음의 경우에는 발행일로부터 1년 내에, 인수인이나 지급인에게 어음금액의 지급을 위하여 어음을 제시해야 한다(지급제시). 이 경우 어음금액을 지급한 자는 배서가 연속되어 있는 한 그 어음소지인이 무권리자일지라도 책임을 면한다.

사례 甲은 발행인 乙, 수취인 丙으로 기재된 약속어음을 丁으로부터 납품대금조로 수취하였다. 만기일에 甲이 乙에게 지급제시 하였지만 을은 이 어음이 도난당한 어음이라고 하여 지급을 거절하였다. 甲이 丁으로부터 어음을 받을 때 이 사실을 몰랐었다고 하더라도 乙이 어음금을 지급할 책임이 없는가?

〈해설〉

甲이 선의취득을 주장한다면 乙은 甲의 악의(惡意) 또는 중과실(重過失)을 입증하지 못하는 한 어음금을 지급할 책임이 있다.

어음·수표의 선의취득(善意取得)이라 함은 어음·수표의 양도인이 무권리자(無權利者)라고 할지라도 배서가 연속되어 있는 어음을 배서·교부에 의하여 양수한 자는 양수할 때에 양도인의 무권리에 관해 선의이며 중대한 과실이 없었음을 진정한 권리자가 입증하지 못하는 한, 어음상의 권리를 취득하는 것을 말한다. 그 결과 어음을 분실하거나 도난당한 자에게 반환할 필요가 없고 만기에 어음금을 청구할 수 있게 되는 것이다. 민법이 인정하는 동산의 선의취득과 비교할 때 경과실(經過失)이 있더라도 선의취득이 성립하고 도품・유실물(盜品・遺失物)의 특례가 없어 어음의 유통성을 강화하고 있다. 아래에서 선의취득의 요건을 살펴본다.

첫째, 배서가 연속되어 있는 어음・수표를 취득하여야 한다. 배서의 연속이란 수취인으로부터 최후의 소지인에 이르기까지 배서가 중단됨이 없이 외관상 연속되어 있는 것을 말한다. 무기명식으로 발행된 수표나 최후의 배서가 백지식인 어음을 소지인으로부터 취득할 경우에도 선의취득이 성립한다.

둘째, 유효한 어음・수표를 어음법적 유통방법에 의해 취득하여야 한다. 어음법적 유통방법이란 배서금지어음을 제외한 모든 어음 및 기명식・지시식 수표의 경우에는 배서・교부, 백지식 배서가 있는 어음・수표 및 소지인출급식 수표에서는 단순한 교부에 의한 취득을 말한다.

셋째, 취득자가 어음・수표를 취득할 때 양도인이 무권리자임에 관해 악의나 중대한 과실이 없었어야 한다. 그리고 일단 외관상 배서의 연속이 존재하면 소지인에게 선의취득이 인정되지 않는다는 사실은 이를 주장하는 자가 입증해야 한다. 또한 일단 선의취득이 성립하면 그 후의 취득자는 악의중과실의 유무에 상관없이 전자(前者)의 권리를 승계취득한다.

5. 소 구(상환청구)

인수가 거절되거나 지급이 거절되는 경우에 어음소지인은 인수거절증서 또는 지급거절증서를 작성하여 그 전자(前者)에게 어음금액 기타 비용의 변제를 청구할 수 있다. 이를 소구 또는 상환청구라 한다.

Ⅲ. 약속어음

약속어음은 신용증권이라는 점에서 환어음과 유사하므로 다른 규정이 없는 한 환어음에 관한 규정이 준용된다. 약속어음은 발행인 자신이 일정금액의 지급을 약속하는 증권이므로, 이에는 지급인이 없고 발행인과 수취인의 두 당사자만 있다. 따라서 약속어음에는 인수제도도 없고, 또 인수거절로 인한 소구의 문제도 없다. 약속어음은 국내결제에서 주로 이용된다.

Ⅳ. 수 표

수표는 발행인이 지급인인 은행에 대하여 수취인 기타 정당한 소지인에게 일정한 금액을 지급할 것을 위탁하는 지급위탁증권이다. 따라서 수표에는 다른 규정이 없는 한 환어음에 관한 규정이 준용된다. 그러나 수표는 지급증권인 점에서 신용증권인 어음과는 많은 다른 특색을 지니고 있다.

수표는 지급증권이므로 법률상 당연히 일람출급증권으로 하였고, 또한 신속한 결제를 요하는 증권이므로 10일 내에 이의 지급제시를 하도록 하였다. 수표는 단기결제를 목적으로 하므로 인수제도가 없다.

수표의 지급인은 은행에 한한다. 발행인은 당좌예금계약・당좌대월계약 등의 자기의 수표자금에서 지급할 것을 위탁하는 수표계약을 은행과 체결하고, 은행은 수표계약에 기하여 지급사무를 담당한다.

Ⅴ. 어음・수표의 경제적인 분류

1. 어음의 종류

어음이 발행되는 경제적 목적에 따라 어음이 사용되는 경제적 관계와 관련하여, 다음과 같이 여러 가지 명칭으로 불리기도 한다. 그러나 어음으로서의 법률적 성질은 변하지 아니한다.

(1) 위탁어음

위탁어음이란 발행인이 타인(위탁자)의 계산으로 발행한 어음이다.

(2) 연기어음

연기어음이란 이미 발행된 어음의 만기가 도래하였을 때, 당사자의 합의하에 그 지급을 연기하기 위하여 발행한 어음이다. 개서(Prolongations - wechsel)라고도 한다. 그리고 이러한 행위를 어음의 개서라고 한다.

(3) 대부어음

대부어음이란 금전소비대차에 있어 그 지급을 확보하고 또 차용증서로 대용하기 위하여 차주가 대주에게 교부하는 어음이다.

(4) 상업어음(Handelswechsel)

상업어음이란 실제 상거래가 원인이 되어 발행되는 어음이다. 진정어음 또는 실어음이라고도 하는데, 그 배후에 상품의 수수가 있으므로 '상품어음'(Warenwechsel)이라고도 한다. 이것은 융통어음에 대응하는 명칭이다.

(5) 단명어음

단명어음이란 어음상의 채무자의 수가 한명뿐인 어음이며, 보통 어음대부의 경우처럼 담보 없이 자금을 융통하는 수단으로 이용된다. 약속어음의 경우는 발행인 한 사람만이 어음채무자이고 수취인은 은행이며 배서가 없는 경우를 가리키고, 환어음의 경우는 발행인이 동시에 지급인이면서 인수인인 어음으로서 은행이 수취인인 경우이다. 이에 대하여 어음채무자가 다수인 어음을 복명어음이라 한다.

(6) 담보어음(Kautionswechsel od. Depotwechsel)

담보어음이란 현재의 채무 또는 장래 발생할지도 모르는 채무의 이행을 담보하기 위하여 발행되는 어음이며, 공탁어음이라고도 한다. 보통 배서금지의 기재를 하고 수취인에게 교부한다. 이것과 어음금지급을 확보하기 위하여 물적 담보가 있는 '담보부어음'은 구별하여야 한다.

(7) 화환어음

화환어음이란 운송 중의 화물을 담보로 하여 발행된 어음으로서 일종의 담보부어음이다. 이에 대하여 물적 담보 없는 어음을 clean bill이라고 하여 화환어음과 구별한다. 이것은 격지자 사이의 매매거래에 있어서 매도인이 신속하게 자금을 회수할 수 있기 때문에 많이 이용되고 있다. 화환어음에는 화물을 대표하는 서류만이 첨부된 것과, 이것에 상업신용장과 같은 인적 담보를 부여하는 증권이 첨부된 것의 두 가지가 있다.

(8) 부도어음

부도어음이란 환어음의 인수인, 지급인 또는 약속어음의 발행인이 지급을 거절한 어음이다.

(9) 융통어음

융통어음이란 상업어음에 대한 관념으로서, 아무런 현실적 거래가 없이 발행된 어음이다. 구채를 메우기 위하여 또는 자금의 일시 융통을 위하여 이러한 어음이 발행되는 일이 많다. 이것을 재정어음이라고도 하고, '빈어음'·'대어음'·'차어음'이라고 부르기도 한다.

또 타인에게 신용을 줄 목적으로 발행·배서·인수 등의 행위를 한 경우, 예컨대 은행이나 친족·친지 등이 호의인수(Gefälligkeitsakzept)·호의배서를 하거나 위탁어음을 발행하는 경우, 이 어음을 신용어음(Kreditwechsel)이라고 부르기도 하는데, 이것도 융통어음이다.

(10) 할인어음

할인어음이란 할인받은 어음이다. 할인이라 함은 만기미도래어음의 소지인이 어음금액에서 할인료를 공제한 금액을 지급받고 그 권리를 양도하는 거래를 말한다. 양수인은 보통 은행이 된다. 일단 할인한 어음을 다시 할인하는 경우, 이 어음을 '재할인어음'이라고 하며, 중앙은행에 의하여 재할인받을 수 있는 어음을 '적격어음'이라고 한다.

(11) 예금어음

예금어음은 어음이라는 문자를 사용하고 있기는 하나, 어음법상의 어음은 아니다. 주로 은행에서 예금을 찾아 그 현금을 타인에게 교부하고자 할 때, 이에 따르는 위험과 번잡을 덜기 위하여, 예금상당금액의 증서를 받는데 이를 예금어음이라 한다.

(12) CP어음(commercial paper)

CP어음이란 기업자금의 조달을 위하여 발행되는 약속어음으로서 상거래의 뒷받침이 없는 융통어음이기 때문에 상업어음이라 하지 않고, 속칭 기업어음 또는 신종기업어음이라 한다. 이것은 단자회사에서 기업의 신용을 조사하여 우량적격업체로 선정된 기업의 어음을 매입하여 고객에게 매출한 것이기 때문에 단자회사의 신용으로 유통된다고 볼 수 있다. 그러나 단자회사가 무담보배서를 한 경우에는 부도가 나도 단자회사의 책임은 없으므로 주의할 필요가 있다. 신종기업어음은 액면이 3천만원 이상, 지급기일이 91일 이상 180일 이내, 중도해약불가조건하에 연 4할의 범위 내에서 실세금리에 따른 선이자 및 제세금을 공제한 가격으로 매출한다는 특색이 있다.

(13) 양도성예금증서

양도성예금증서(certificate of deposit: C.D.)는 금융통화운영위원회가 제정한 "양도성예금증서 발행업무와 수신이율 및 부대조건"에 의거하여 발행되는데, 최고이율은 각 금융기관이 자율적으로 정할 수 있고, 만기는 90일 이상 270일 이내이며(금융기관에 대한 발행은 30일 이상 270일 이내) 최저발행금액은 5천만원, 발행형식은 무기명 할인식이다. 양도성예금증서는 권리의 이전·행사에 증서가 필요하고, 은행이 지급을 약속한 증서로서 약속어음과 유사한 유가증권이다.

2. 수표의 종류

(1) 위탁수표

위탁수표란 발행인이 제3자의 계산으로 발행한 수표이다.

(2) 연 수 표

연수표란 실제 발행된 일자보다 후의 날을 발행일자로 한 수표이다. 선일자수표라고도 하며, 수표에는 만기의 표시를 하지 못하므로 그 불편을 덜기 위하여 거래상 많이 이용되기는 하나 수표를 신용증권화할 위험성도 있다. 선일자수표라도 기재된 발행일자의 도래 전에 지급을 위한 제시를 한 경우 지급인은 이를 지급하여야 한다.

(3) 당좌수표

당좌수표란 개인수표라고도 하며 자기앞수표, 즉 속칭 보증수표에 대한 말이다. 은행과 당좌거래가 있는 사람이 은행에 예탁한 수표자금의 범위 내에서 은행에서 교부된 수표용지에 발행인으로 기명날인 또는 서명을 한다.

(4) 보증수표

보증수표란 '자기앞수표'를 말하는데, 발행인 자신을 지급인으로 하여 발행한 수표이다. 은행이 발행인과 지급인을 겸하고 있어 지급이 확실하기 때문에 이러한 명칭이 생긴 것이다. '보수(保手)'라고 약칭하기도 한다.

(5) 송금수표

송금수표란 은행이 그 본·지점간 또는 그 거래은행을 상대로 발행하는 수표이다. 송금의 구실을 하기 때문에 이러한 명칭이 생겼으나, 이것은 법률상의 용어는 아니다. 보증수표와 송금수표는 은행이 발행하는 것이므로 '은행발행수표'라고도 한다.

(6) 가계수표

가계수표란 은행에 가계종합예금구좌를 개설하고 있는 개인이 발행하는 수표로서, 당좌예금을 하고 있는 자가 발행하는 당좌수표와 흡사하다. 다만 개인이 발행하고 수표금액에 제한이 있으며, 은행이 일정한 금액까지 지급을 보증하는 점에 그 특색이 있다.

(7) 우편대체수표(Postscheck)

우편대체수표란 우편대체계좌의 가입자가 지급행위로서 발행하는 수표를 말하며, 우편대체법에 규정된 것을 제외하고는 수표법의 규정이 적용되기는 하나(우편대체법 제14조 4항), 수표법에 의한 수표는 아니다. 그러나 그 성질은 일반수표와 같으므로 수표의 일종으로 보아야 할 것이다.

(8) 쿠퐁(coupont)

쿠퐁이란 소액의 정액 자기앞수표를 한 묶음으로 한 수표철을 말한다. 이것 자체가 수표의 종류는 아니다.

(9) 여행자수표(traveller's check, Reisescheck)

여행자수표는 해외여행자들이 외국에서 현금 휴대에 따른 도난·분실 등의 위험을 덜기 위하여 이용하는 수표인데, 그 법률적 성질이 수표인가 약속어음인가 또는 환어음인가에 대하여는 의견이 갈리고 있다. 그러나 부서를 통해서 신원이 확인되는 한 일종의 수표라고 보아야 할 것이다.

(10) 국고수표(Schatzscheck)

국고수표란 정부재정지출의 방법으로서 한국은행이 발행한 자기앞수표이다.

5 형 법

제1절 서 론

Ⅰ. 형법의 의의

형법(Strafrecht)이란 어떠한 행위가 범죄이고 이에 대하여 어떠한 형벌 및 보안처분을 과할 것인가를 규정하는 법규범을 말한다. 과거에는 범죄란 법을 위반하여 형벌을 부과하는 행위이고 이러한 위법행위에 대하여 형벌이라는 제재를 가한다는 점에서 범죄와 형벌은 완전한 대응관계를 이루고 있었던 것이 일반적이었다. 그러나 형사정책의 발달로 말미암아 현대에는 형벌 이외에 보안처분제도가 새로운 형사제재로 도입됨으로써 범죄와 형벌의 대응관계도 변화하게 되었고, 형법에도 형벌 이외에 보안처분을 그 내용의 일부로 포함하게 되었다.

법을 크게 둘로 나누어 공법과 사법으로 분류할 수 있음은 앞에서 이미 설명한 바 있거니와 공법 중에서도 대표적이라고 할 수 있는 형법(刑法)은 일상생활에서의 인간의 행위를 대상으로 하는 것으로서, 인간이 사회생활을 함에 있어서는 필연적으로 사회평화를 교란하는 각종의 범죄행위가 발생할 것인데, 형법은 범죄에 대하여 형벌이나 보안처분 등을 부과함으로써 사회공공의 질서유지에 공헌하는 것이다. 민법과는 달리 형법의 법원(法源)은 죄형법정주의를 원칙으로 하므로 반드시 성문법이어야 한다.

형법은 좁은 의미로는 1953년 9월 18일 법률 제293호로 공포된 형법전(刑法典)만을 말하나, 넓은 의미로는 좁은 의미의 형법전을 포함하여 국가보안법·군형법·폭력행위 등 처벌에 관한 법률 등의 단행법규와 관세법이나 독점규제 및 공정거래에 관한 법률, 도로교통법 그리고 노동조합 및 노동관계조정법 등의 행정법규나 소비자기본법·회사법·부정수표단속법 등 민사법규 속에 규정되어 있는 형벌과 보안처분 등 형사제재를 규정하고 있는 규정들을 포함한다. 이러한 형법과 함께 형법의 목적을 구체적으로 실현하기 위하여 마련된 절차법인 형사소송법과 확정된 형벌을 집행하기 위하여 규정된 법인 「형의 집행 및 수용자의 처우에 관한 법률」을 포함하여 형사법이라고 한다. 또한 범죄발생의 원인에 대한 연구와 그에 기인한 국가의 형사정책 및 형벌을 집행하는 행형법에 관하여 연구하여 국가의 정책에 반영하고자 하는 학문을 형사정책학이라고 한다.

형법이 어떠한 기능을 수행하느냐 하는 점에 있어서는 다양한 견해가 제시될 수 있으나, 대체로 사회의 해악요소인 범죄를 제거함으로써 사회질서를 안정시키고 국민이 보다 안전한 생활을 영위할 수 있도록 하는 범죄방지기능을 제일 먼저 꼽으며, 사회에 해악을 끼치는 행위를 일정하게 유형화하여 범죄로 하고 그에 대응하는 형벌과 보안처분을 명문화함으로써 범죄행위에 대한 국가의 법적 평가를 명백히 함으로써 사회질서유지를 위한 사회통제를 가능케 하는 규범적 기능, 국가의 자의적인 형벌권의 남용을 제한함으로써 공권력의 남용으로부터 국민의 권리와 자유를 보장하는 보장적 기능, 인간이 공동생활을 영위함에 있어서 반드시 필요한 사회질서의 근본법익과 사회 윤리적 가치를 보호하는 보호적 기능 등을 열거하는 것이 일반적이다.

Ⅱ. 형법이론

형법을 통하여 국가가 실현하고자 하는 목적이 무엇이냐 하는 문제, 즉 타인의 생명이나 신체의 자유 그리고 재산 등을 박탈하거나 제한하는 행위가 위법한 행위를 한 범죄자에 대하여는 허용되는 이유는 무엇인가. 그리고 인간의 많은 행위 중에 특별히 어떠한 행위에 대하여 형법은 이를 범죄라고 규정하고 이러한 제재를 과하는 것인가 하는 문제 등은 민법에서와 달리 인간의 정치적·사회적·문화적 가치관에 따라 그 견해가 다를 수 있으므로 여러 학설이 난립하고 있다. 이와 같이 형법의 목적이 무엇이냐 하는 문제를 중심으로 하여 제기된 학설을 형법이론이라고 하는데 대표적으로 다음과 같은 것들이 있다.

1. 응보형설과 목적형설

범죄에 대하여 왜 타인의 생명이나 신체의 자유 그리고 재산 등을 박탈하거나 제한하는 형벌을 부과하는 것이 허용되느냐 하는 것에 관하여 응보형설과 목적형설이 대립되어 있다.

응보형설은 회고적인 것으로서, 이 설에 의하면 형벌의 목적은 과거의 사실인 범죄에 대하여 응보를 하는 데 있다고 한다. 즉 형법의 본질은 응보에 있으므로 형벌은 다른 목적을 가지고 부과되는 것이 아니라 그 자체가 목적이라는 견해이다. 형벌의 본질은 범죄자에 대한 응징이고 국가는 응징 그 자체를 목적으로 하여 형벌을 과한다는 의미에서 이것을 절대주의라고도 하는데, 최근에는 응보형설의 견해를 취하면서도 형벌이 응보라는 것만으로 정당화될 수 있는 것은 아니고 형벌의 부과에 따른 일반인에 대한 범죄억제효과도 고려하여 일반예방론을 포함하는 상대적 응보형설이 주장되기도 한다.

목적형설은 국가가 위법한 행위를 한 범죄자에게 형벌을 부과하는 것은 앞으로 범죄가 행하여지지 않도록 하기 위함이라고 한다. 형벌의 목적이 범죄에 대한 응징이라는 형벌 그 자체에 있는 것이 아니고 형벌은 일반인의 범죄방지를 위한 일종의 예방수단이라고 한다. 따라서 형벌은 그 목적에 대하여 상대적으로 고찰된다는 의미에서 이를 상대주의라고도 한다. 이러한 목적형설은 일반인에게 그러한 범죄행위를 하지 않도록 예방하기 위하여 일반사회인에게 경고를 줌으로써 일반사회인이 그러한 범죄행위를 하지 않도록 예방하기 위함이라고 강조하는 일반예방형설과 그 범인 자신이 다시는 범죄행위를 하지 않도록 하기 위함이라고 주장하는 특별예방형설로 나눌 수 있다.

응보형설은 형벌의 본질을 다른 사람에 대한 해악으로 이해하여 범죄자의 책임범위 안에서의 형벌을 강조하게 됨으로써 형벌의 상한을 제한하는 기능을 하고, 목적형설은 형벌의 상한을 제한하는 기능은 약하나 범죄방지의 효과가 없는 형벌을 인정하지 않는다는 점에서 범죄의 처벌범위를 한정하는 장점을 갖는다. 그러므로 응보형설에 따른 범죄에 대한 처벌의 상한을 정하고 목적형설을 고려하여 처벌의 범위를 정하는 것이 바람직하다.

2. 객관주의와 주관주의

형벌의 대상을 어디에 둘 것인가, 즉 범죄자의 행위(범죄)인가 또는 행위자(범죄자)인가에 관하여 객관주의와 주관주의의 대립이 있다.

객관주의에 의하면 처벌의 기초를 외부에 나타난 범죄자의 행위와 그 행위로 야기된 객관적 해악의 정도에 두어야 한다는 것이다. 범죄는 행위자의 자유의사에 의한 타인의 법익에 대한 침해이며 자유의사는 누구든지 평등하게 갖고 있으므로 각 개인이 가지고 있는 자유의사에 따라서 중대한 죄를 범할 수도 있고 가벼운 죄를 범할 수도 있다. 그러므로 형벌은 행위와 그 행위가 야기한 해악의 정도에 따라서 부과하여야 한다는 것이다. 이를 범죄주의, 사실주의, 행위주의라고도 한다.

주관주의는 범죄자에 대한 처벌의 기초를 범인의 반사회적 성격에 두고 있다. 즉 형벌은 어디까지나 행위자인 범인의 반사회적 성격 내지 반사회적 위험성을 대상으로 하여야 하며, 따라서 형벌은 범죄를 행한 자의 행위로 야기된 해악의 정도에 따라서 부과하여야 하는 것이 아니고 범인의 악성(惡性)의 정도에 따라서 부과하여야 한다는 것이다.

객관주의는 인간의 자유의사의 존재를 전제로 처벌의 기초를 객관적인 해악의 정도에 둠으로써 국가형벌권행사의 제한을 통하여 개인의 자유와 권리를 보장하려는 데 장점이 있고, 주관주의는 범죄는 범인의 반사회적 성격의 표현에 지나지 않는다고 파악하여 범죄에 대한 사회방위의 차원에서 처벌을 가함으로 사회방위와 함께 범인의 내심의 의사도 고려한다는 장점이 있다. 객관주의를 엄격히 적용하면 범인의 주관적 측면이 전혀 고려되지 않아 결과적으로 인권침해의 가능성도 있는 만큼 객관주의와 주관주의를 합리적으로 조화시켜야 할 것이다.

3. 형법에서의 구파와 신파

형법에서는 근본이론을 달리하는 두 학파인 구파와 신파가 대립하고 있다.

구파는 18세기 말에서 19세기에 걸쳐 자유주의사상을 배경으로 한 형법이론을 전개하여 응보형설과 객관주의를 주장하고 있다. 논리적 방법에 의하여 형법에 체계를 주었으며, 범죄를 분석하여 여러 제도에 대하여 정의와 그 구별을 명확히 함으로써 형법의 발전에 크게 공헌하였다.

신파는 19세기 말에서 20세기에 이르는 과학발달의 결과를 배경으로 하여 사회본위를 기초로 하면서 인간을 인류학적 또는 심리학적으로 취급하는 형법 이론을 전개하여 목적형설과 주관주의를 주장하고 있다. 이 신파의 공적은 범죄의 실증과학적 성질을 분명히 함으로써 형사정책의 발전에 공헌한 점에 있다.

그러나 오늘날에는 이전에 있어서와 같은 학파의 항쟁은 별다른 의미가 없으므로, 위에서 말한 학파의 논쟁을 통하여 제기된 형법상의 여러 문제를 종합하여 옳은 해결을 모색하도록 노력하여야 할 것이다.

Ⅲ. 죄형법정주의

1. 죄형법정주의의 의의

죄형법정주의라는 것은 "법률 없이는 형벌이 없다"는 형법의 기본원리로서, 개인의 자유와 권리를 보호하기 위하여 범죄행위를 처벌하기 위하여는 어떠한 행위가 범죄로 되고 이에 대하여 어떠한 형벌을 부과할 것인가를 미리 성문법인 법률로써 규정하여 놓아야 한다는 것을 말한다. 이 죄형법정주의는 근대형법이 거의 예외 없이 채택하고 있는 원리로서, 우리 헌법 제12조 1항도 이와 같은 죄형법정주의의 원리를 명시하고 있다.

2. 죄형법정주의의 파생원칙

죄형법정주의로부터 파생된 원칙으로 다음과 같은 원칙들이 있다

(1) 관습형법의 배척

이를 법률주의라고도 하는데, 관습형법을 배척하고 성문형법에 의하여만 재판하여야 한다는 것이 죄형법정주의의 요청이다. 관습법이라는 것은 합리적 이성에 근거하여 성문의 법으로 제정된 것이 아니므로 그 내용과 범위가 불명확하고 합리성이 결여되어 있어 이를 근거로 처벌하는 것은 범죄와 형벌의 관계가 사전에 법에 의하여 명시되어야 한다는 죄형법정주의의 원리에 반하기 때문이다. 그러나 다음에 설명하는 바와 같이 행위의 위법성을 결정하는 데 있어서

는 성문규정이 없으므로 대개는 관습법에 의하는 것이 일반화되어 있다.

(2) 형법효력불소급의 원칙

형벌법규는 그것이 공포되기 전에 한 행위에 대하여는 그 효력이 미치지 않고, 공포된 이후에 한 행위만을 규율한다는 원칙을 말한다. 만약 행위시에 적법한 행위가 나중에 제정된 법에 의하여 처벌되거나 행위자가 예측하지 못한 불이익을 받게 된다면 국민의 행동의 자유와 권리가 보장될 수 없을 것이다. 따라서 이 원칙은 인권을 보장하는 데 있어서 절대로 확보하여야 하는 것이며, 오늘날 모든 문명국가가 고수하고 있는 원칙이다. 그러나 소급하여 적용하는 편이 범인에게 유리할 때에는 인권침해의 염려가 없으므로 우리 형법은 구법에 의하여 범죄가 되던 행위가 신법에 의하면 범죄가 되지 않을 때나, 신법에 의하는 편이 구법에 의한 경우보다 형이 가벼운 경우에는 소급하여 신법에 의하도록 하였다(제1조 2항). 또한 우리나라에서는 8·15해방과 4·19의거 그리고 5·16 이후에 이 불소급의 원칙을 무시한 입법과 재판이 자행된 전례가 있다.

(3) 유추해석금지의 원칙

형법의 조문은 엄격히 해석하여야 하며 법을 집행하고 재판하는 사람의 주관에 의하여 형법에 규정이 없는 사항을 그것과 유사한 성질을 갖는 사항에 관한 규정을 적용하여서는 안 된다는 죄형법정주의의 요청을 말한다. 만약 법을 다루는 사람의 자의적인 유추해석을 허용한다면 형법이 명시하고 있지 않은 행위를 범죄로 취급하게 되고 처벌받게 되어 개인의 권리와 자유를 보호할 수 없게 되기 때문이다. 그러나 피고인에게 유리한 유추해석까지 금지하는 것은 아니며, 유추해석이 논리적인 이상 허용하여야 한다는 견해도 유력하게 대두되고 있다.

(4) 명확성의 원칙

이 원칙은 형벌법규에 범죄와 형벌을 명확하게 명시하여 규정하여야 한다는 죄형법정주의의 요청을 말한다. 범죄와 형벌을 규정하고 있는 형법의 내용이 명확하지 않으면 행위자는 자신의 행위에 대하여 위법한지의 여부를 판단하기 어렵고 법적 안정성이 침해될 염려가 있다. 따라서 입법단계에서뿐만 아니라 법관이 판단하는 단계에도 명확한 근거를 요구함으로써 인권의 보호기능을 하고 있으며, 구성요건의 명확성, 형사재판의 명확성, 절대적 부정기형의 금지 등을 그 내용으로 하고 있다.

(5) 적정성의 원칙

이 원칙은 형벌법규의 내용이 인간의 존엄과 가치의 존중과 보호라는 형법의 목적과 헌법이 요구하는 실질적 정의에 부합하여야 한다는 죄형법정주의의 파생원칙이다. 형벌법규가 그 형식에서는 적법한 절차에 의하여 입법되었다고 하더라도 그 내용이 불합리하고 국민의 자유와 권리를 부당하게 침해하는 경우에는 죄형법정주의를 통하여 보장하려는 인간의 자유와 권리의 공정한 보호가 이루어질 수 없으므로 법률내용이 적정할 것이 요구된다. 그 주된 내용은 형사처벌의 필요성과 형벌의 균형의 추구이다.

제2절 범 죄 론

Ⅰ. 범죄의 성립

1. 서　　설

범죄의 의의는 실질적 의의의 범죄와 형식적 의의의 범죄로 구분하여 설명하는 것이 일반적이다. 실질적 의의의 범죄란 일반사회의 안전과 이익을 해치는 모든 반사회적 행위를 말하는 것으로 형사정책적 범죄개념이라고 할 수 있고, 형식적 의의의 범죄는 형법에 의하여 규정되고 그에 근거하여 형벌을 부과하는 행위를 말하는 것으로 범죄의 법률적 의의를 말한다.

이 장에서 취급하는 것은 법률적 의의의 범죄개념으로서 어떠한 행위가 처벌의 대상이 되려면 ① 행위가 범죄의 구성요건에 해당되어야 하고, ② 행위가 위법하여야 하며, ③ 행위자에게 그러한 행위에 대한 책임을 물을 수 있어야 한다.

사례

A는 여름밤에 자기의 자동차 창문을 열어 놓고 운전하고 가던 중 파리 한 마리가 눈에 날아들었다. 그가 파리를 쫓으려고 하자 자동차는 왼쪽으로 틀어졌고 그래서 중앙선을 넘음으로써 반대차선상에서 마주오던 자동차와 충돌하였다. 그 충돌사고 때문에 상대방 운전자는 부상을 입고 말았다. 업무상 과실치상죄로서 기소된 A는 그것을 결코 행위가 아니었고 단순한 반사동작이었을 뿐이라고 항변하고 있다. 이것은 정당한가?

〈해설〉

범죄란 행위이고 행위 아닌 것은 범죄 아니다. 그러므로 "인간의 행위"가 아닌 것은 이미 범죄성립의 첫 번째 전제조건을 충족시키지 못하기 때문에 구성요건해당성을 검토할 필요도 없이 범죄성립이 없는 것으로 확정되어야 한다. 이미 언급한 것처럼 형법적 심사의 첫 번째 필터에 해당하는 행위개념은 "인간의 의사에 의하여 지배된 외부세계의 변화야기"를 말한다. 그렇기 때문에 인간의 의사에 터 잡아서 행해지지 않은 단순한 육체적 반사동작은 "행위"가 아니며, 따라서 더 이상 범죄성립을 고려할 여지가 없게 된다.

A가 갑자기 눈에 날아든 파리를 쫓으려다가 자동차의 핸들을 왼쪽으로 틀어지게 한 것은 "행위"가 아니라 단순한 반사동작에 불과한가? 독일의 한 고등법원판결에 따르면 "신경시스템에 대한 자극이 인식작용 없이 감각중추로부터 운동중추로 바로 전달됨으로써 동작으로 나타난 경우"만이 "행위"가 아닌 단순한 반사동작이라고 정의하였다. 즉 단순한 반사동작이라고 할 수 있으려면 동작을 만들어 낸 운동신경의 자극이 "정신적인 영향"하에 일어난 것이 아니라 행위조종적인 의사 없이 직접 "육체적, 생리적 자극"을 통해서 일어난 것이어야 한다는 의미이다.

이 견해에 따른다면 손으로 파리를 쫓는 것은 생리적인 자극이 직접 운동중추를 통해서 반응동작으로 전환된 것으로 보기는 어렵다. 즉 행위조종의 의사 없는 단순한 반사동작이 아니라는 것이다. 파리를 쫓으려는 동작은 이미 의사에 터 잡은 행위조종을 포함하고 있다. 왜냐하면 이러한 동작은 급박한 사고위험이 예상될 수 있는 상황에서는 하지 않을 수도 있는 것이기 때문이다. 따라서 파리를 쫓은 것은 결코 "행위"가 아니었다는 A의 항변은 받아들이기 어렵다. A는 업무상과실치사죄의 다른 요건들(구성요건해당성, 위법성, 책임 등)을 충족시키는 한 유죄를 면할 수 없을 것이다.

2. 구성요건해당성

구성요건해당성이란 어떤 사실이 형법 각칙의 개개의 조문에 규정된 구성요건에 들어맞는 것을 말한다. 즉 범죄가 성립되기 위하여는 범죄자의 행위가 우선 형법상에 규정된 구성요건에 해당하여야 한다. 형법 제250조의 "사람을 살해한 자는 사형, 무기 또는 5년 이상의 징역에 처한다"는 살인죄에 관한 예를 들면, 살인죄가 성립되기 위하여는 '사람을 살해한 자'[57]라는 구성요건에 해당되는 사실이 발생하여야 한다. 즉 '사람'을 살해하는 경우에 한하므로 가축이나 태아를 죽이거나 또는 시체를 해치는 행위는 살인행위가 아니다. 뿐만 아니라 사

57) '자'가 주체, '사람'이 객체, '살해'한다는 것이 행위이다.

람을 '살해'하여야 하므로 폭행을 가한다든가 상해를 입히는 정도의 행위는 살인행위가 아니며, 상해가 원인이 되어 피해자가 얼마 후에 죽는 일이 있더라도 상해치사죄는 성립될지언정 살인죄는 성립되지 아니한다. 또 사람을 살해한 '자'는 사람이어야만 되므로, 동물원의 맹수가 우리를 탈출하여 관람객을 물어 죽여도 그것은 살인죄가 되지 아니한다.

3. 위 법 성

(1) 위법성의 의의

위에서 말한 바와 같은 구성요건에 해당하는 행위라고 하더라도 범죄가 성립되기 위하여는 그것은 또한 위법성을 가지고 있어야 한다. 가령 전쟁터에 파견된 군인이 전쟁터에서 적을 사살한 경우라든지, 정당방위인 행위로 사람을 죽이는 경우에는 비록 형법 제250조에 해당하는 행위이지만 위법성이 없기 때문에 살인죄는 성립되지 않는다.

그러면 위법성이란 무엇인가? 위법성이란 어떤 행위가 법의 견지에서 볼 때 허용될 수 없음을 의미한다. 어떠한 행위가 법의 견지에서 볼 때 허용될 수 없느냐 하면, 공서양속(공공의 질서와 선량한 풍속)에 어긋날 때에 허용될 수 없는 것이다. 우리나라 형법 제20조는 '사회상규'로써 위법성판단의 기준을 삼았는데, 이 사회상규나 공서양속은 다 같은 뜻이다.

(2) 위법성조각사유

어떤 행위가 구성요건에 해당하더라도 위법하지 않음으로 인하여 범죄가 성립되지 않는 경우에 이 행위를 위법성이 조각된 행위라고 한다. 형법상 다음과 같은 위법성조각의 사유가 있다.

1) 정당행위　　공무집행행위, 징계행위, 현행범인 체포행위, 정신병자 감호행위 등과 같은 '법령에 의한 행위', 의사의 치료행위와 같은 '정당한 업무에 의한 행위', 군인의 적병 살상행위나 자손행위(自損行爲)와 같은 '사회상규에 위배되지 않는 행위' 등은 정당한 행위로서 위법성이 조각된다.

2) 정당방위　　정당방위란 자기 또는 타인의 법익에 대한 현재의 부당한 침해를 방위하기 위한 행위로서 상당한 이유가 있는 행위를 말한다. 예를 들면 A가 B를 권총으로 사살하려는 순간에 B가 재빨리 A를 쏘아 죽인 경우, B의 행위는 정당방위라고 할 수 있다. 정당방위가 성립되기 위하여는, 우선 그

살해가 '현재'의 것이어야 하므로 과거에 일어난 침해에 대한 복수나 장래 침해를 당할 염려가 있다고 미리 예방조치를 취하는 것 등은 정당방위가 아니며, 또 '부당'한(위법이라는 의미) 침해이어야 하므로 합법적인 침해(예컨대 현행범을 체포하려는 행위 등)에 대하여는 정당방위가 성립되지 않는다. 뿐만 아니라 상당한 이유가 있는 방위[58]이어야 하므로, 단순한 날치기를 뒤쫓으면서 총으로 사상하는 것은 상당한 이유가 있는 행위가 될 수 없다. 정도를 넘은 방위행위(이것을 과잉방위라고 한다)는 다만 그 형을 감경 또는 면제할 수 있을 뿐이다.

3) 긴급피난 자기 또는 타인의 법익에 대한 현재의 위난을 피하기 위한 행위로서 상당한 이유가 있는 행위를 말한다. 예컨대 A가 흉기를 가지고 B를 추격할 경우에 B는 위난을 피하려고 C를 넘어뜨리고 달아남으로써 C가 중상을 입게 된 경우라든지, 이웃집의 도사견이 사람을 물으려고 할 때 그 도사견을 사살하는 경우 등이다.

긴급피난에 있어서는, 피하려 하는 위난은 정당방위에 있어서와는 달리 반드시 부당한 침해임을 요하지 않고, 위법하지 않은 침해에 대하여 일정한 한도내에서 피난하는 것을 법이 허용하는 것이므로 여기서의 '상당성'은 다른 방법이 없고(보충의 원칙), 피난행위로 일어나는 침해가 피하려고 하는 위난보다 크지 않아야 함(법익의 균형)을 뜻한다. 과잉방위에 관한 형법 제21조 2항의 규정은 긴급피난에 준용된다.

4) 자구행위 법정절차에 의하여 청구권을 보전하기 불가능한 경우에 그 청구권의 실행불능 또는 현저한 실행곤란을 피하기 위한 행위로서 상당한 이유가 있는 행위를 말한다.

법치국가의 관념으로는 사권의 구제는 국가의 권력에 의할 것이며 피해자의 자력구제는 허용할 수 없음이 원칙이나, 때에 따라서는 "법은 멀고 주먹은 가깝다"는 말과 같이 시간의 경과를 필요로 하는 법정절차에 의하여는 권리의 보전이 실지로 불가능한 경우가 있으므로 그와 같은 경우에는 피해자로 하여금 공서양속에 반하지 않는 범위 내에서 자력구제를 하도록 하는 것이다. 다만 정도를 넘은 과잉자구행위는 정황에 의하여 형을 감경 또는 면제할 수 있다.

5) 피해자의 승낙 처분할 수 있는 자의 승낙에 의하여 그 법익을 훼

58) 상당성이란 필요성을 뜻함이 아니라 침해를 방위함에 적당함을 뜻한다.

손하는 행위이다. 예를 들면, A가 B에게 수혈하기 위하여 C의 승낙을 얻어 그의 피를 뽑는 행위는 상해죄가 성립되지 않는다. 그러나 피해자의 승낙행위는 법률에 특별한 규정이 없는 경우에 한해서 벌하지 않는 것이므로 피해자의 승낙에 의한 살인행위, 낙태행위 등과 같이 명문으로 그 위법성이 인정되지 않는 경우도 있다.

4. 책　　임

(1) 책임의 의의

끝으로 연구할 것은 행위자의 책임의 문제이다. 어떤 행위가 구성요건에 해당하고 또한 위법성을 구비하더라도 그 행위의 결과에 대한 책임을 행위자에게 귀속시킬 수 없는 경우에는 범죄는 성립되지 않는다. 즉, 범죄가 성립되기 위하여는 책임을 질 수 있는 자의 행위로서 구성요건에 해당하는 위법한 행위임을 요하는 것이다.

그러면 책임이란 무엇을 말하는가? 구성요건에 해당하는 위법한 행위가 사회적으로 비난받을 만한 심리상태에서 행하여진 경우에, 이 사회적 비난의 가능성을 책임이라고 한다. 다시 말하면 행위자에게 책임을 귀속시키기 위하여는 행위자에게 다른 행위를 기대하는 것이 사회통념상 불가능하지 않아야 되므로 다른 행위에 대한 기대가능성이 없는 경우에는 행위자 책임은 조각되는 것이다.

(2) 책임조각사유

현행 형법전은 책임조각의 사유로서 다음과 같은 것을 규정하고 있다.

1) 책임무능력　　행위자의 정신이 건전하게 성숙되어 사물에 대한 식별력이 있고 이에 의하여 행위할 수 있는 능력, 즉 성숙한 사람으로서 신체적으로나 정신적으로 건강하므로 사회적 비난의 대상이 될 수 있는 능력을 '책임능력'이라고 하는데, 이와 같은 책임능력이 전혀 없는 자를 '책임무능력자'라 하고, 책임능력이 제한되어 있는 자를 '한정책임능력자'라 한다. 현행형법에 의하면 책임무능력자에는 14세 미만자와 심신상실자[59]가 있는데 이들의 행위는 벌하지 아니한다. 한정책임능력자란 심신미약자[60]와 농아자를 말하는데, 이들의 행위는 형

59) 심신장애로 인하여 사물을 판별할 능력이 없거나 의사를 결정할 능력이 없는 자.
60) 심신장애로 인하여 사물의 판별능력이나 의사결정능력이 미약한 자.

을 감경한다.

2) 무 과 실 무과실이란 고의도 과실도 없는 경우를 말한다. 범죄는 책임능력이 있는 자의 고의나 과실에 의한 행위에 의하여서만 성립되는 것이며, 고의가 있었을 경우에만 행위자가 책임을 지는 것이 원칙이고 고의는 없었으나 과실이 있었으면 과실범도 처벌한다고 형법상 규정된 경우에 한하여 행위자는 책임을 지지만, 이러한 고의도 과실도 없는 경우에는 위법한 행위를 하였더라도 행위자는 책임을 지지 아니한다.

고의란 '구성요건에 해당하는 사실을 인식하고, 그러한 사실이 결과로서 나타날 것을 의욕하였을 때'에 성립한다. 예를 들면, 칼로 상대방의 앞가슴을 찌르면 상대방이 살해되리라는 것을 알고(인식), 상대방을 죽이기 위하여(의욕) 찔렀다면 고의는 성립된다.

사례

중학교 교사 A는 자기의 제자인 중학생 B를 자신의 아파트에 유인하여 양 손목과 발목을 노끈으로 묶고 입에는 반창고를 두 겹으로 붙인 다음, 양 손목을 묶은 노끈은 창틀에 박힌 시멘트 못에, 양 발목을 묶은 노끈은 방문 손잡이에 잡아매고 얼굴에는 모포를 씌워 감금했다. 며칠 후 A가 그 아파트에 돌아와 보니 B는 이미 탈진상태에 있어 박카스를 먹여보려 해도 입에서 흘러내릴 뿐 마시지 못하기에 얼굴에 모포를 다시 덮어 씌워 놓고 그대로 아파트를 나와 버렸다. 그때 A는 B를 그대로 두면 죽을 것 같은 생각이 들어 병원에 옮기고 자수할 것인가, 아니면 그대로 두어 B가 죽으면 시체를 처리하고 B의 부모에게 돈을 요구하는 범행을 계속할 것인가, 아니면 스스로 자살할 것인가 등 두루 고민하다가 결국 B를 병원에 옮기고 자수할 용기가 생기지 않아 그대로 아파트를 나와 버렸다. 그날 오후에 아파트에 돌아와 보니 B는 이미 죽어 있었다. A는 살인죄로 처벌될 수 있는가?

〈해설〉

형법상 행위는 작위로 이루어질 수도 있지만 부작위로 이루어질 수도 있다. 작위란 금지된 무엇을 행하는 것이고, 부작위란 요구된 무엇을 하지 않는 것이다. A는 자기의 앞선 행위(결박 및 감금행위)로 인하여 B에 대한 생명의 위험을 초래하였기 때문에 이러한 위험으로부터 야기되는 사망결과를 막아야 할 법적 의무가 있었다. 이와 관련하여 형법 제18조는 "위험의 발생을 방지할 의무가 있거나 자기의 행위로 인하여 위험발생의 원인을 야기한 자가 그 위험발생을 방지하지 아니한 때에는 그 발생된 결과에 의하여 처벌한다"고 규정하고 있다. 이러한 법적으로 요구된 의무를 다하지 않고 그대로 B를 방치한 채 아파트를 나오는 것은 부작위에 의한 살인행위이다. 이미 그 시점에서는 A에게 살인의 미필적 고의가 인정된다.

따라서 A는 살인행위(부작위행위)를 통해서 B를 사망에 이르게 하였으므로 살인죄의 기수범이 된다. 다만 이 경우에는 형법 제250조 제1항의 살인죄가 적용되는 것이 아니라, 그 특별법에 해당하는 「특정범죄 가중처벌 등에 관한 법률」 제5조의2 제2항 제2호(미성년자 약취유인 살해)의 살인죄가 적용되어야 한다.

과실이란 부주의를 본질로 하는 것으로서, 사실의 인식이 없고 따라서 사실의 발생에 대한 의욕도 없었지만 부주의 때문에 결과를 발생시켰을 때에 성립되는 것이다. 부주의로 인하여 사실의 인식을 하지 못한 경우를 '인식 없는 과실'이라 하고, 사실은 인식하였으나 부주의로 인하여 결과 발생을 방지하지 못한 경우를 '인식 있는 과실'이라고 한다.

3) 강요된 행위　　저항할 수 없는 폭력이나 자기 또는 친족의 생명이나 신체에 대한 위해를 방어할 방법이 없는 협박에 의하여 강요된 행위는 형법 제12조에 의하여 처벌하지 아니한다. 비록 책임능력이 있는 자가 고의 또는 과실 있는 행위를 하였더라도 그와 같은 경우에는 그러한 행위를 하지 않기를 기대할 수 없으므로 행위자를 비난할 수 없다. 따라서 행위자의 책임이 조각된다.

Ⅱ. 미수범과 불능범

1. 미 수 범

범죄의 실행에 착수하여 행위를 종료하지 못하였거나 결과가 발생하지 아니한 경우에 이를 미수범이라 한다. 미수는 범죄의 실행에 착수하여 구성요건의 내용을 완성한 경우인 기수와 구별되며, 범의(犯意)는 가지고 있으나 아직 실행에 착수하기 전에 준비를 하는 경우인 예비와도 구별된다. 어디까지가 예비이고 어디서부터 착수이냐는 각개의 경우에 따라서 정하여야 할 문제이다.

미수에는 장애미수와 중지미수가 있다. 장애미수란 절도를 하려고 빈집에 들어가 물건을 가지고 나오려는데 그 집 주인이 돌아와서 도망을 하였다는 경우와 같이 의외의 장애로 인하여 범죄가 완성되지 아니한 경우이고, 중지미수란 살의를 가지고 피해자에게 독약을 먹였으나 곧 그 비행(非行)을 깨

닫고 해독제를 써서 피해자를 구명한 경우와 같이 실행에 착수하였으나 행위자 자신이 자기의 의사에 의하여 이를 중지함으로써 범죄가 완성되지 아니한 경우이다.

미수범은 형법 각조에 미수를 처벌한다고 규정된 경우에만 처벌되며, 장애미수는 기수에 비하여 그 형을 감경할 수 있음에 불과하나 중지미수는 그 형을 반드시 감경 또는 면제한다.

사례 A는 어느 여름밤 2시 50분경 자기의 사촌여동생인 X(18세)를 강간할 목적으로 X의 집에 담을 넘어 침입했다. A는 안방으로 들어가, 자고 있던 X의 가슴과 엉덩이를 만지면서 강간하려고 하였으나 X가 "누구야!"하고 고함을 치는 바람에 그 목적을 이루지 못하고 도망치고 말았다. A는 강간미수죄가 되겠는가?

〈해설〉

대법원은 A의 강간미수죄를 인정하지 않았다(대법원판결 1990.5.25. 90도607). "강간죄의 실행의 착수가 있었다고 하려면 강간의 수단으로서 폭행이나 협박을 한 사실이 있어야 할 터인데 A가 강간할 목적으로 X의 집에 침입하였다 하더라도 안방에 들어가 누워 자고 있는 X의 가슴과 엉덩이를 만지면서 간음을 기도하였다는 사실만으로는 강간의 수단으로 피해자의 폭행이나 협박을 개시하였다고 하기에는 어렵다"는 것이 그 이유였다.

강간죄의 보호법익은 여자의 "성적 자기결정의 자유"이다. 그러므로 쉽게 말하자면 여자가 성행위와 관련해서 자유롭게 결정할 수 있도록 보호하자는 것이 강간죄의 보호법익이며, 이를 침해할 때 강간죄가 되고 그 침해의 직접적 위험이 있을 때 강간미수죄가 된다는 것이다. A가 안방에 들어가 누워 자고 있는 X의 가슴과 엉덩이를 만지면서 간음을 기도했다는 것만으로는 X의 "성적 자기결정의 자유"에 대한 공격을 직접적으로 개시하였다고 인정하기는 어렵다. 그러한 공격이 직접적으로 개시되었다고 하기 위해서는 강간죄의 수단인 폭행, 협박이 시작되었어야 하기 때문이다. 따라서 A에게는 강간죄의 실행의 착수가 없으므로 강간미수죄를 인정할 수 없다.

그러나 만일 X가 깨어나서 소리칠 때 A가 강간의 의도하에 폭행, 협박을 개시했다면 그 순간에 실행의 착수가 인정되어야 할 것이다.

2. 불 능 범

불능범이란 실행의 착수 또는 대상의 착오로 인하여 결과의 발생이 불가능하며 위험성이 없는 경우를 말한다. 즉 실행한 범죄행위가 성질상 처음부터 기수에 이르지 못할 경우이다. 예를 들면, 탄환을 장진하지 않은 권총을 발사하였다든가(수단의 착오), 이미 사망한 사람을 산 사람으로 오인하고 칼로 찌르는 경우(대상의 착오) 등이다.

불능범은 처벌하지 않는 것이 원칙이지만 위험성이 있는 경우에는 처벌을 하되 그 형을 감경 또는 면제할 수 있다.

사례 부인 A는 남편을 살해하려고 결심하고 약국에서 쥐약을 구입한 다음 이를 배추국에 타서 남편에게 먹게 하였다. 그러나 남편은 심한 복통을 일으켰을 뿐 사망하지 않았다. 국립과학수사연구소의 감정서에 의하면 그 쥐약은 사람을 사망시키는 효능을 갖지 못하도록 제조된 최신제품이었다. A는 살인미수죄인가? 애당초 사람을 사망시키는 것이 불가능한 수단을 사용한 경우에도 살인미수죄에 해당하는가?

〈해설〉

위 사례와 같은 경우의 미수를 "불능미수"라고 한다. 형법 제27조는 "실행의 수단 또는 대상의 착오로 인하여 결과의 발생이 불가능하더라도 위험성이 있는 때에는 처벌한다. 단 그 형을 감경 또는 면제할 수 있다"고 규정하고 있다. 즉 행위자가 선택한 범행수단 또는 대상으로써는 결과발생이 객관적으로 불가능하더라도 그 행위에 위험성이 있다고 인정되는 경우에는 불능미수로서 처벌한다는 것이다. 예컨대 설탕을 독약으로 잘못 알고 사람을 독살하기 위해서 커피잔에 탔다든가(실행수단의 착오) 또는 이미 10분 전에 사망한 사람을 잠자고 있는 것으로 착각하고 그를 살해하기 위해서 총을 쏘았다든가(실행대상의 착오) 등이 불능미수에 해당한다.

불능미수가 되기 위해서는 미수범의 일반요건 이외에 특히 ① 행위자가 선택한 범행수단 또는 범행대상으로써는 객관적으로 결과발생이 불가능할 것, ② 그 행위에 위험성이 있을 것이 필요하다. 국립과학수사연구소의 감정서에 따르면 A는 애당초 사람의 사망결과를 발생시킬 가능성이 없는 쥐약으로 남편을 살해하려고 했다.

Ⅲ. 공　　범

2인 이상이 협력하여 범죄를 실행함을 공범이라고 한다. 공범에는, 범죄의 구성요건으로서 2인 이상의 협력을 필요로 하는 필요적 공범(예컨대 내란죄, 간통죄, 뇌물수수죄 등과 같은 경우)과 단독으로 성립시킬 수 있는 범죄를 2인 이상의 협력으로서 행하는 임의적 공범이 있다. 필요적 공범은 각론의 영역에 속하고, 총론에서 연구할 공범은 임의적 공범에 한하며 임의적 공범은 공동정범·교사범·종범 등으로 구분된다.

1. 공동정범

2인 이상이 공동으로 동일범죄를 실행하는 것을 공동정범이라 하여 각자를 그 죄의 정범으로 처벌한다. 공동정범자는 전부의 결과에 대하여 각자 독립하여 그 전부의 책임을 지는 것이다.

2. 교 사 범

'교사'라 함은 고의로 타인으로 하여금 범의(犯意)를 발생케 하여 범죄를 실행하게 하는 것을 말한다. 교사범은 실행자와 동일한 형으로 처벌되며 교사를 받은 자가 범죄의 실행을 승낙하고 실행의 착수에 이르지 아니한 때에는 교사자와 피교사자를 음모 또는 예비죄로 처벌한다. 교사를 받은 자가 범죄의 실행을 승낙하지 아니한 때에도 교사자는 음모 또는 예비죄에 준하여 처벌한다.

3. 종 범

종범이란 타인의 범죄를 방조하는 것이다. 정범과 같이 범죄를 실행하는 것이 아니라 그 정범을 원조하여 정범자의 범죄실행을 용이하게 하는 것이다. 원조의 방법은 작위에 의한 적극적 방법뿐만 아니라 부작위에 의한 소극적 방법이라도 무관하다. 종범의 형은 정범의 형보다 감경한다.

사례 A, B, C는 미리 물색해 둔 한 부잣집에 야간에 침입하여 강도하기로 계획을 세웠다. 세부적인 계획에 따라 어느 날 밤 1시경 A와 B는 집안에 들어가서 흉기로 그 집 안의 가족들을 협박하여 저항하지 못하도록 결박하여 놓고 집 안의 재물을 뒤져 집 밖으로 나왔다. 그동안 C는 그 집 앞에서 승용차의 시동을 걸어 놓고 대기한 채 망을 보고 있다가 A, B를 승용차에 태우고 도주하는 데 성공했다. 검사는 세 사람을 모두 특수강도죄의 공동정범으로 기소했다. 검사의 판단은 올바른 것일까?

〈해설〉

사전계획에 따라 C는 A, B가 집 안에서 강도하는 동안 집 밖에서 승용차의 시동을 걸어 놓고 망을 보았다. 이러한 C의 행위는 강도행위시 외부의 방해자(예컨대 경찰관, 행인 등)가 있을 때 이를 집 안의 A, B에게 알리거나, 스스로 이를 격퇴하거나 함으로써 동료들이 안심하고 강도를 끝낼 수 있도록 하는 임무를 담당한 것인 한편, 강도 후 범행현장으로부터의 도주를 쉽게 하려는 것이었다. 이것은 방조행위를 넘는 것이다. 왜냐하면 C의 승용차 대기와 망 보는 행위 없이는 A, B의 강도를 생각할 수 없기 때문이다. 즉 A, B, C는 분업의 원리에 따라 각기 맡은 역할분담부분을 기능적으로 나누어 수행함으로써 공동으로 범행의 여부와 방법을 지배하고 있다는 것이다(기능적 범행지배). 만일 애당초 C의 역할이 없었더라면 범행의 여부와 방법은 달라졌을 것이라는 점을 생각하면 쉽게 이해된다. 따라서 A, B, C는 모두 범행지배자로서 특수강도죄(형법 제334조)의 공동정범이 된다.

Ⅳ. 범죄의 수

어떤 범죄행위를 한 개의 범죄로 취급하느냐 또는 여러 개의 범죄로 취급하느냐, 그리고 처벌은 어떻게 할 것이냐에 관한 문제이다.

1. 경 합 범

경합범이란 판결이 확정되지 않은 여러 개의 죄 또는 판결이 확정된 죄와 그 판결이 확정되기 전에 범한 죄를 말한다.

경합범을 동시에 판결할 경우에는, ① 가장 중한 죄에 정한 형이 사형 또는 무기징역이나 무기금고인 경우에는 가장 중한 죄에 정한 형으로 처벌하고, ② 전항 이외의 동종의 형인 때에는 가장 중한 죄에 정한 형의 장기 또는 다액에 2분의 1까지 가중하되, 각 죄에 대하여 정한 형의 장기 또는 다액을 합산한 장기 또는 액수를 넘을 수 없고, ③ 위의 각 호의 경우에 있어서 징역과 금고는 동종의 형으로 간주하여 징역형으로 처벌한다.

경합범 중 판결을 받은 죄와 아직 판결을 받지 아니한 죄가 있을 때에는 그 판결을 받지 아니한 죄에 대하여 형을 선고한다.

2. 상상적 경합

한 개의 행위가 여러 개의 죄명에 해당되는 경우를 말한다. 예를 들면, 권총을 쏘아 유리창을 깨고 방안에 있는 사람을 살해한 경우이다. 상상적 경합은 그 처벌에 있어서 실재적 경합의 예에 의하지 않고 여러 죄의 형 가운데 가장 무거운 형으로써 처벌한다.

사례 A는 옆집의 개가 밤낮으로 하도 심하게 짖기 때문에 이를 죽여 없앨 계획을 세웠다. 그래서 A는 햄에 독약을 발라 옆집 마당에 던져 놓았다. 그러나 예상 밖으로 그 옆집의 5세 된 어린아이가 이 햄을 주워 먹고 사망하고 말았다. A는 살인죄인가?

〈해설〉

A에게는 살인죄의 고의가 없다. 따라서 살인죄로 처벌될 수 없다. 왜 살인죄의 고의가 없는가? 살인죄의 고의가 있으려면 자기의 행위가 "사람을 살해하는 것"에 해당한다는 사실을 인식하고 있어야만 한다. 즉 앞서 언급한 대로 살인죄의 객관적 구성요건요소에 해당하는 사실에 관해 인식하고 있지 않으면 안 된다. 그러나 A에게는 개를 죽인다는 것에 관한 인식은 있었지만 사람을 살해한다는 인식은 없었다. 따라서 재물손괴죄의 고의(개를 죽이는 것의 인식)만 있고 살인죄의 고의는 인정될 수 없다. 다만 옆집 어린아이의 사망은 과실, 즉 부주의함에서 비롯되었다. 결국 A에게는 재물손괴죄의 미수(개는 죽지 않았기 때문에 재물의 효용을 해하지 않았다)와 과실치사죄의 두 죄가 성립한다. 이 경우는 한 개의 행위로 인하여 수 개의 범죄를 구성하는 경우인 소위 "상상적 경합" 사례에 해당한다. 상상적 경합 관계에 있는 수죄의 경우에는 가장 중한 죄로 처벌하도록 되어 있다(형법 제40조). 과실치사죄(형법 제267조)에 비하여 손괴미수죄(형법 제366조, 제25조)가 무겁기 때문에 A는 손괴미수죄에 정한 형으로 처벌될 것이다.

3. 누 범

누범(累犯)이란 금고 이상의 형을 받고 그 집행을 종료하거나 또는 그 집행을 면제받은 날로부터 3년 이내에 다시 금고 이상에 해당하는 죄를 범한 경우를 말한다. 즉 재범, 3범 이상의 죄 전부를 누범이라고 부른다. 누범과 경합범은 모두 2개 이상의 죄를 범한 점에서는 같지만, 경합범은 여러 죄가 전부 확정판결을 받기 전에 범한 것이고 누범은 확정재판을 받은 후에 다시 죄를 범한 경우이다. 누범의 경우에는 행위자에 대한 도의적인 비난과 사회적인 위험성이 크기 때문에 누범은 그 죄에 정한 형의 장기의 2배까지 가중처벌한다.

제3절 형 벌 론

Ⅰ. 형벌의 의의

형벌이란 범죄에 대한 국가의 제재로서 사인의 법익을 박탈하는 것을 말한다. 즉 형벌은, 첫째로 국가가 부과하는 것이므로 사인 간의 위약금을 청구하는 것과 같은 것은 형벌이 아니고, 둘째로 범죄에 대한 제재로서 부과하는 것이므로 행정법상의 의무위반에 대한 제재인 행정벌과 같은 것은 형벌이 아니며, 셋째로 범인의 법익[61]을 박탈하는 것이므로 집회의 해산 같은 경찰권의 발동과도 다르다.

Ⅱ. 형벌의 종류

형벌은 독립하여 부과할 수 있는 주형(主刑)과 이에 부수하여야만 부과할 수 있는 부가형(附加刑)으로 구별할 수 있는데, 현행 형법은 사형·징역·금고·자격상실·자격정지·벌금·구류·과료 등을 주형으로 하고, 몰수를 부가형으로 하고 있는데, 사형은 생명을, 자유형인 징역·금고·구류는 자유를, 명예형인 자격상실과 자격정지는 일정한 자격을, 재산형인 벌금·과료·몰수는 재산을 박탈하는 것이다. 행위자에게 유죄의 재판을 하지 아니할 때에도 몰수의 요건이 있는 때에는 몰수만을 선고할 수 있다. 형벌은 기본적으로 범죄자의 인권을 침해하는 것을 기본으로 하고 있어 그 폐단도 적지 않다. 따라서 형벌은 형벌 이외의 다른 수단으로는 사회질서 유지의 효과를 기대할 수 없고 범죄방지와 범죄자의 정상적인 사회활동의 재참여를 위한 최소한의 필요악으로서 사용되어야 할 것이다.

---

61) 법률로써 보호받고 있는 이익인 사람의 생명, 신체, 자유, 재산 등.

Ⅲ. 형의 선고유예

형의 선고유예제도란 범인에 대하여 일정한 기간 동안 형의 선고를 유예하였다가 그 기간을 무사히 경과하면 그 죄를 불문에 붙이는 제도이다.

현행형법에 의하면, ① 1년 이하의 징역이나 금고·자격정지 또는 벌금의 형을 선고할 경우(법정형이 아니고 선고형을 표준으로 함)이고, ② 범인의 연령·성행·지능과 환경, 피해자에 대한 관계, 범행의 동기, 수단과 결과, 범행 후의 정황 등을 참작하여, ③ 개전의 정이 현저하고, ④ 자격정지 이상의 전과가 없는 자일 때에는 형의 선고를 유예할 수 있다. 그리고 개정 형법은 선고유예의 경우에 법원이 보호관찰을 명할 수 있다(형법 제59조의2)고 규정하고 있다.

형의 선고를 받은 날로부터 2년을 무사히 경과한 때에는 면소된 것으로 간주한다. 그러나 형의 선고유예를 받은 자가 유예기간 중 자격정지 이상의 형에 처한 판결이 확정되거나, 자격정지 이상의 형에 처한 전과가 발견된 때에는 유예한 형을 선고한다.

Ⅳ. 형의 집행유예

형의 집행유예제도는 경미한 죄로 인하여 형의 선고를 받은 자에 대하여 일정한 기간 그 집행을 유예함으로써 단기자유형의 폐해를 제거하고 범인의 자성에 의하여 집행한 것과 동일한 효과를 얻기 위한 제도이다.

현행 형법은 ① 3년 이하의 징역이나 금고 또는 500만원 이하의 벌금의 형을 선고할 경우에, ② 선고유예의 경우와 같은 사항을 참작하여 그 정상에 참작할 만한 사유가 있고, ③ 과거에 금고 이상의 형에 처함이 없거나, 과거에 금고 이상의 형에 처함이 있지만 그 집행을 종료하거나 집행을 면제받은 날로부터 3년을 경과한 자일 때에, 재판확정의 날로부터 1년 이상 5년 이하의 기간 형의 집행을 유예할 수 있다고 규정하고 있다. 뿐만 아니라 형의 집행유예를 선고하는 경우에 법원은 보호관찰을 명할 수 있으며 사회봉사 또는 수강을 명할 수 있도록 하고 있다(형법 제62조의2).

유예기간을 무사히 경과하였을 때에는 제도상 두 가지 형식이 있는데, 그 하나는 형의 선고가 전혀 없었던 것으로 되는 형식이고, 다른 하나는 형의 집행만을 면제하는 형식인데, 현행 우리 형법은 전자를 택하고 있다. 그러나 집행유예의 선고를 받은 자가 유예기간 중에 금고 이상의 형의 선고를 받아 그 판결이 확정된 때에는 집행유예는 효력을 잃고, 집행유예의 선고를 받은 후 형법 제62조 1항 단서의 사유[62]가 발각된 때에는 집행유예의 선고를 취소한다.

V. 가 석 방

가석방이란 재판에 의하여 선고된 자유형의 집행이 종료되지 않았으나 집행을 계속할 필요가 없을 때에 그 집행을 일단 정지하고 그 후 일정한 기간을 무사히 경과할 때에는 형의 집행이 끝난 것으로 간주하는 제도이다.

현행 형법상 가석방을 하기 위하여는, ① 징역 또는 금고형의 집행 중에 있는 자가 행형상태가 양호하고 개전의 정이 현저하며, ② 무기에 있어서는 20년, 유기에 있어서는 형기의 3분의 1을 경과하여야 한다. 가석방의 경우에도 법원은 보호관찰을 명할 수 있도록 하고 있다(형법 제73조의2).

가석방 중 금고 이상의 형의 선고를 받아 그 판결이 확정된 때에는 가석방은 그 효력을 잃고, 가석방을 받은 자가 감시에 관한 규칙에 위반된 때에는 가석방처분을 취소할 수 있다.

제4절 각종의 죄

형법각론상에는 각종의 범죄에 대한 구성요건과 형벌의 종류 및 범위에 관하여 규정하고 있는데, 보호법익을 표준으로 하여 분류되고 있다.

---

62) 금고 이상의 형의 선고를 받아 집행을 종료한 후 또는 집행이 면제된 후로부터 3년을 경과하지 아니한 자라는 사유.

Ⅰ. 개인의 법익에 대한 죄

개인의 법익에 대한 죄는 생명·신체에 대한 죄, 자유와 안전에 대한 죄, 명예·신용·비밀에 대한 죄, 재산에 대한 죄 등으로 다시 분류할 수 있다.

1. 생명·신체에 대한 죄

(1) 살인의 죄

사람을 살해하는 죄이다. 객체인 사람은 타인에 한하고, 살해란 생명을 끊는 것을 말하며, 그 수단과 방법은 불문한다.

(2) 상해와 폭행의 죄

상해죄란 사람의 신체를 상해하는 죄이다. 이 죄의 보호법익은 신체의 안전성이며, 상해란 신체의 생리적 기능에 장해를 일으키는 것을 말한다. 상해의 결과 후에 죽었을 때에는 상해치사죄가 된다. 폭행죄는 타인의 신체에 대하여 폭행을 가함으로써 성립되며, 폭행이란 사람의 신체의 건재를 해할 유형력의 행사를 뜻한다. 폭행에 의하여 사람을 사상에 이르게 하면 폭행치사상죄가 된다.

사례 A는 옆집의 B와 주차시비 끝에 몸싸움을 벌였다. A는 B의 멱살을 잡고 벽에 밀어붙이기는 했지만 주먹이나 발로 가격한 기억은 없었다. 그런데 며칠 후 관할 경찰서에서 폭행죄로 조사할 것이 있으니 출두하라는 통지가 왔다. 알고 보니 B가 폭행죄로 자기를 고소한 것이었다. A는 폭행죄에 해당하는가?

〈해설〉

폭행죄(형법 제260조 1항)는 사람의 신체에 대하여 폭행함으로써 성립하는 범죄이다. 여기서의 폭행이란 사람의 신체에 대해 유형력을 행사하는 것을 말한다. 유형력은 사람의 신체에 향한 것이면 족하기 때문에 사람의 신체에 명중하지 않은 유형력 행사도 폭행에 해당한다. 그러므로 뺨을 때리거나 주먹으로 가격하는 것은 물론이고, 의복을 잡아 끄는 것 또는 빗나간 돌팔매질도 폭행이다.

A는 B의 멱살을 잡고 벽으로 밀어붙였기 때문에 B의 신체에 대해서 유형력을 행사하였다. 그러므로 폭행죄에 해당한다. 다만 폭행죄는 피해자의 명시된 의사에 반해서는 처벌될 수 없는 범죄, 즉 반의사불벌죄이다(형법 제260조 3항). 따라서 A가 폭

행죄로 인한 처벌을 면하려면 피해자 B와 합의하여 처벌을 원하지 않는다는 서면(합의서)을 수사기관에 제출하여야 할 것이다.

(3) 과실사상의 죄

과실로 인하여 신체를 상해하거나 치사케 함으로써 성립된다. 업무상 과실이나 또는 중과실의 경우에는 형이 가중된다.

(4) 낙태의 죄

태아를 자연의 분만시기 이전에 인위적으로 모체 밖으로 배출함으로써 성립된다. 보호법익은 태아의 생명・신체의 안전이다.

(5) 유기(遺棄)의 죄

노령・유아・질병 기타의 사정으로 인하여 도움을 필요로 하는 자를 보호할 법률상 또는 계약상 의무가 있는 자가 유기하는 죄를 말하는데, 유기란 도움을 줄 자가 보호를 거부함으로써 보호받지 못하는 상태에 두는 것을 말한다.

2. 자유와 안전에 대한 죄

(1) 체포와 감금의 죄

타인을 불법하게 체포 또는 감금하는 죄이다. 체포란 사람의 신체에 대하여 직접적이고 현실적인 구속을 가함으로써 활동의 자유를 박탈하는 것이고, 감금이란 일정한 구획된 장소에서 벗어나지 못하게 하는 상태에 두는 것을 뜻한다.

(2) 협박의 죄

사람을 협박하는 죄이다. 협박이란 해악을 고지함으로써 상대방에게 공포심을 일으키게 하는 것을 말한다.

(3) 약취와 유인의 죄

사람을 약취 또는 유인하는 죄이다. 약취・유인이라 함은 타인을 현재 보호받고 있는 생활환경에서 이탈시켜 자기 또는 제3자의 실력적 지배 내에 두는 것을 의미하는데, 폭행・협박을 수단으로 하는 경우가 약취이고 기망이나 유혹을 수단으로 하는 경우가 유인이다.

(4) 정조에 관한 죄

개인의 성적 자유를 해하는 죄를 말한다. 강간죄, 준강간죄, 강제추행죄,

유년자추행죄, 강간강제추행치사상죄, 피감호부녀간음죄, 음행비상습부녀간음죄 등이 이에 속한다.

사례

남학생 A는 여학생 B를 간음할 계획을 세웠다. A는 B를 만나 몰래 B의 커피잔에 수면제를 타서 먹게 함으로써 잠들게 한 다음 여관으로 업고 가서 간음했다. A에게 강간죄가 성립하는가?

〈해설〉

A는 B가 모르게 수면제를 먹게 함으로써 피해자 B의 신체에 대하여 유형력을 행사했다. 즉 B를 폭행한 것이다. 왜냐하면 수면제의 신체생리적인 작용이 바로 신체에 대한 유형력의 행사, 즉 폭행에 해당하기 때문이다. 그리고 그러한 폭행은 피해자인 B의 반항을 완전히 제압하거나 현저하게 곤란하게 할 정도의 것이었다. 또 A는 이렇게 항거불능의 상태 속에 있는 B를 간음했다. 따라서 A에게는 강간죄가 성립한다.

(5) 주거침입의 죄

사람의 주거, 간수하는 저택·건조물이나 선박 또는 점유하는 방실에 침입하는 죄이다. 단체 또는 다수의 위력을 보이거나 위험한 물건을 휴대하고 침입하였을 때(특수주거침입)에는 형이 가중된다.

(6) 권리행사를 방해하는 죄

타인의 점유 또는 권리의 목적이 된 자기의 물건에 대하여 타인이 재산권을 행사하는 것을 방해하거나, 또는 강제집행을 면할 목적으로 채권자를 해하였을 때 성립되는 죄이다.

3. 명예·신용·비밀에 대한 죄

(1) 명예에 관한 죄

명예에 관한 죄에는 공연히 사실을 적시하여 사람의 명예를 훼손하는 명예훼손죄와 사실을 적시하지 않고 공연히 사람을 모욕하는 모욕죄가 있다.

사례

가정주부인 甲은 방문판매원인 乙에게 가전제품에 대한 할부계약을 체결하였다. 그런데 이 제품에 조그만 흠이 있어 계약을 취소하려고 하는데 乙은 막무가내이다. 이 과정에서 화가 난 甲은 많은 사람들 앞에서 乙에게 '사기꾼 같은 놈'이라고 했더니 乙은 자신의 명예를 훼손했다면서 명예훼손으로 고소하려고 한다. 乙의 고소는 가능한가?

〈해설〉

형법 제307조에 의하면 '공연히 사실(또는 허위의 사실)을 적시하여 사람의 명예를 훼손한 자'라고 규정되어 있는데, 여기서의 '공연히'라는 의미는 불특정 또는 다수인이 인식할 수 있는 상태에 있음을 의미하고 반드시 인식할 것을 요하지는 않는다. 판례에 의하면 개별적으로 한 사람에게 사실을 유포하였다고 하더라도 불특정 또는 다수인에게 전파될 가능성이 있으면 공연성의 요건을 충족한다고 한다.

한편 '사실의 적시'란 사람의 사회적 가치 내지 평가를 저하시키는 데 충분한 사실을 지적하는 것을 말하고 반드시 악한 행위, 추행을 지적할 것을 요하지 않고 널리 사회적 가치를 해할 만한 사실이면 되지만 경제적 가치를 저하시키는 것은 신용훼손죄가 성립된다. 특정인의 가치가 침해될 주장이 될 수 있을 정도로 구체적일 것이 요구되고 또한 피해자가 특정될 것이 필요하다. 따라서 단순한 모욕적인 추상적인 가치판단은 모욕죄를 구성할 따름이다.

사기꾼이라는 말이 가치판단인 동시에 사실의 주장이 될 수도 있어 명예훼손죄를 구성할 수도 있지만, 본 사례의 경우처럼 단순히 사기꾼이라고 한 것은 명예훼손이라기보다는 모욕죄에 해당한다고 볼 수 있다.

(2) 신용・업무와 경매에 관한 죄

사람의 경제적 생활활동을 침해하는 죄이다. 이에는 허위사실을 유포하거나 기타 위계로써 타인의 신용을 훼손하는 신용훼손죄와 업무방해죄,[63] 그리고 경매입찰방해죄[64] 등이 있다.

(3) 비밀침해의 죄

이에는 봉함, 기타 비밀장치한 타인의 편지・문서 또는 도화(圖畵)를 개봉한 경우의 비밀침해죄와 업무상의 비밀을 누설한 경우에 성립되는 업무상 비밀누설죄가 있다.

4. 재산에 대한 죄

(1) 절도와 강도의 죄

절도죄란 타인의 재물을 그 의사에 반하여 탈취함으로써 성립되는 죄이고, 강도죄란 폭행 또는 협박으로써 타인의 재물을 강취하거나 기타 재산상의 이익

---

63) 허위사실을 유포하거나 또는 위계나 위력으로써 타인의 업무를 방해한 죄.
64) 위계 또는 위력 기타 방법으로 경매 또는 입찰의 공정을 해한 죄.

을 취득하거나 제3자로 하여금 이를 취득하게 하는 죄이다.

(2) 사기와 공갈의 죄

사기죄란 사람을 기만하여 재물 또는 재산상의 이익을 자기가 얻거나 또는 이를 제3자로 하여금 얻게 하는 죄이고, 공갈죄는 타인을 공갈하여 재물 또는 재산상의 이익을 제공하게 하는 죄이다. 공갈이란 협박을 수반하는데, 강도죄의 경우의 협박과는 달리 상대방의 반항을 억압하지 않는 정도의 것을 의미한다.

사례 생일을 맞은 A는 우울했다. 여자친구도 없고 수중에 가진 돈도 없었기 때문에 쓸쓸한 생일이 될 것이 분명했기 때문이다. 그래서 A는 수중에 돈이 없음을 알면서도 고급레스토랑에 들어가 값비싼 양식을 주문해 먹었다. 그 레스토랑의 뒷문으로 도망치던 A는 종업원들에게 발각되어 경찰관에게 인계되었다. A는 어떤 죄에 해당할까?

〈해설〉

사기죄(형법 제347조)는 사람을 기망하여 재물을 교부받거나 재산상의 이익을 취득함으로써 성립한다. 그러므로 사기죄가 성립하기 위해서는 논리적으로 다음과 같은 요건을 구비하지 않으면 안 된다. ① 행위자가 고의로 기망행위를 했을 것, ② 그 기망행위에 의해서 기망당한 사람이 착오에 빠졌을 것, ③ 기망당한 사람이 그 착오로 말미암아 재물 또는 재산상의 이익을 처분했을 것, ④ 이러한 처분행위로 인하여 피해자는 손해를 입었고 행위자는 재물 또는 이익을 얻었을 것 등이다. 이러한 요건은 순차적으로 인과관련 속에서 충족되지 않으면 안 된다.

위 사례에서 A는 수중에 돈이 없음을 알면서도 레스토랑에 들어가서 음식을 주문했다. 이러한 행위는 음식대금의 지불능력이 없음에도 불구하고 이를 태도로써 기망하는 행위이다. 즉 이렇게 음식을 주문하는 행위가 바로 스스로의 지불능력 있음을 상대방에게 속이는 기망행위에 해당한다(①). 그리고 A의 이러한 태도적 기망행위에 의해서 음식점 종업원은 A에게 음식대금의 지불능력 및 지불의사가 있는 것으로 믿었다. 즉 A의 기망행위에 의하여 그 상대방이 착오에 빠진 것이다(②). 그래서 기망당한 종업원이 음식물을 A에게 교부했다. 그 종업원은 착오로 말미암아 음식물(재물)을 A에게 교부하는 처분행위를 한 것이다(③). 그럼으로써 그 레스토랑의 주인은 손해를 입었고 행위자 A는 재물을 취득했다. 여기서 기망당한 사람은 종업원이고 피해자는 그 레스토랑의 주인이기 때문에 피기망자와 피해자가 동일인이 아니지만, 그래도 사기죄의 성립에 영향이 없다. 그 종업원은 레스토랑 주인의 재물에 관하여 처분할 수 있는 지위에 있기 때문이다. 또한 A는 음식물을 위장 속에 넣었기 때문에 재물을 취득한 것이다. 그러므로 종업원의 처분행위로 인하여 피해자(레스토랑 주인)는 손해를 입었고 행위자 A는 재물 또는 재산상의 이익을 얻었다고 할 수 있다(④).

따라서 A에게는 사기죄가 성립할 수 있다.

(3) 횡령과 배임의 죄

횡령죄란 타인의 재물을 보관하는 자가 그 재물을 횡령하거나 반환을 거부하는 죄이고, 배임죄는 타인의 사무를 처리하는 자가 그 임무에 위배되는 행위로써 재산상의 이득을 취득하거나 제3자로 하여금 이를 취득케 하여 본인에게 손해를 가하는 죄이다.

사례 A는 모 가전제품 대리점에서 12개월 할부조건으로 냉장고를 구입했다. 그러나 호주로 이민을 떠나는 친척으로부터 대형냉장고 1대를 선사받았기 때문에 새로 구입한 냉장고는 쓸모가 없어졌다. 그래서 A는 할부기간이 끝나기 전에 그 냉장고를 중고품점에 내다 팔았다. 그리고 3개월분의 할부대금 납입을 연체하자 대리점 직원이 A의 집을 방문하여 연체할부대금의 납입을 독촉하다가 냉장고를 팔아버린 것을 알고 횡령죄로 고소하겠다고 했다. A는 정말 횡령죄를 범한 것일까? 그 대리점 직원의 말에 따르면 A가 할부대금 잔액을 모두 변제하더라도 횡령죄를 면치 못할 것이라고 하는데, 이 말이 사실일까?

〈해설〉

횡령죄(형법 제355조 1항)는 타인의 재물을 보관하는 사람이 그 재물을 횡령하거나 그 반환을 거부함으로써 성립하는 범죄이다. 여기서 알 수 있듯이 횡령죄의 대상은 "행위자가 보관하는 타인의 재물"이다. 좀더 정확히 말하면 횡령죄의 대상은 "타인의 소유에 속하고 현재 행위자가 보관하고 있는 재물"이다.

사례에서의 냉장고는 행위자 A가 보관하고 있는 재물임에는 의심의 여지가 없다. 문제는 그 냉장고가 "타인의 소유에 속하는 재물"인가이다.

할부매매된 물건이 할부대금의 완납시까지 누구의 소유에 속하는지는 할부매매약관에 의해서 정해진다. A는 이러한 약관이 붙은 할부매매계약서에 도장을 찍었을 것이다. 그런데 가전제품의 할부매매약관에는 할부대금의 완납시까지 매도인(대리점 주인)이 소유권을 가지고 있다가 할부대금의 완납과 동시에 그 소유권이 매수인(A)에게 넘어가는 것으로 정하고 있는 것이 보통이다.

그러므로 보통의 경우라면 할부매매약관에 따라 할부대금의 완납시까지는 대리점 주인이 그 냉장고의 소유자이다. A는 할부대금의 완납 전에 "타인의 소유에 속하는 자기가 보관하는 재물"을 처분함으로써 그 매각대금을 영득했다. A는 횡령죄를 면치 못한다. 그리고 대리점 직원의 말처럼 이제 A가 할부대금 잔액을 모두 변제하더라도 횡령죄가 성립함에는 영향이 없다. 이미 성립한 범죄에 있어서는 범죄 후의 사정변화에 따라 그 범죄성립 자체가 달라질 수 없기 때문이다.

(4) 장물에 관한 죄

장물을 취득·양도·운반 또는 보관하거나 이러한 행위를 알선하는 죄인데, 장물이란 재산죄인 범죄행위에 의하여 영득(領得)된 재물로서 피해자가 법률상 반환청구를 할 수 있는 것을 말한다.

(5) 손괴(損壞)의 죄

타인의 재물 또는 문서의 효력을 해하는 죄이다. 불법영득의 의사가 없는 점에서 절도·사기·공갈·횡령 등과 구별된다.

사례

A는 B로부터 2천만원을 꾸면서 차용증서를 써 주었다. 며칠 후 A는 B를 찾아와 며칠 전에 써 준 차용증서에 오류가 있는 것 같으니 잠깐 보자고 청했다. B로부터 그 차용증서를 넘겨받은 A는 B가 한눈파는 사이에 차용금액 표기 가운데 "만"자를 지워 버린 다음 B에게 되돌려주었다. 이제 그 차용증서는 "2천원"짜리가 되어 있었다. A는 어떤 죄에 해당할까?

〈해설〉

A의 행위에서는 재물손괴죄가 문제된다. 재물손괴죄(형법 제366조)는 타인의 재물, 문서 또는 전자기록 등 특수매체기록을 손괴하거나 은닉하는 등의 방법으로 그 효용을 해함으로써 성립한다. 특히 문서의 효용을 해하는 죄를 "문서손괴죄"라고 부른다. 어쨌든 타인의 소유에 속하는 재물, 문서 또는 전자기록 등 특수매체기록의 효용을 해치는 방법이면 모두 재물손괴에 해당하게 된다. 여기서 "전자기록 등 특수매체기록"이란 컴퓨터의 하드디스크 또는 디스켓에 있는 전자기록, CD의 전자기록, 기타 컴퓨터 등 정보처리장치에 의한 정보처리를 위해 사용되는 전기적, 전자적, 광학적 기록들을 의미한다.

그러므로 타인의 소유에 속하는 재물, 문서 또는 특수매체기록을 물리적으로 파괴하는 행위는 물론이고, 기타 여러 방법에 의해서 고의로 그 효용을 해치는 행위는 모두 재물손괴죄에 해당한다. 예컨대 타이어의 바람을 빼는 것, 냉장고의 문을 열어 놓아 얼음을 녹이거나 음식물을 상하게 하는 것, 새장의 문을 열어 새를 날아가게 만드는 것, 진품인 명화에 덧칠하는 것, 컴퓨터 바이러스를 침투시켜 하드디스크의 기록을 쓸 수 없게 만드는 것 등도 재물손괴죄에 속하게 된다.

A는 B의 소유에 속하는 차용증서의 차용금액을 고쳤다. 그럼으로써 그 문서의 효

용을 해쳤다. 왜냐하면 차용금액이 "2천원"으로 고쳐진 차용증서는 더 이상 "2천만원" 짜리 금전차용의 증거물인 서류로서 이용가치가 없기 때문이다. 따라서 A는 재물손괴죄에 해당한다.

Ⅱ. 사회적 법익에 대한 죄

사회적 법익에 대한 죄는 공공위험에 대한 죄, 공중의 위생에 대한 죄, 사회도덕에 대한 죄, 공공의 신용에 대한 죄 등으로 나눌 수 있다.

1. 공공위험에 대한 죄

(1) 공안을 해하는 죄

사회생활이 안전·평온하게 행하여지는 것을 해하는 죄로서 범죄단체조직죄, 소요(騷擾)죄, 다중불해산죄, 전시공수계약불이행죄, 공무원자격사칭죄 등이 있다.

(2) 폭발물에 관한 죄

폭발물을 사용하여 사람의 생명·신체 또는 재산을 해하거나 기타 공안을 문란케 하는 폭발물사용죄와 전쟁 또는 사변에 있어서 정당한 이유 없이 폭발물을 제조·수출·수수 또는 소지하는 죄를 말한다.

(3) 방화와 실화의 죄

방화죄는 불을 놓아 목적물을 소훼(燒毁)하는 죄이고, 실화죄는 과실로 인하여 건조물·기차·전차·자동차·선박·항공기·광갱(鑛坑) 기타 물건을 소훼함으로써 성립된다.

(4) 일수(溢水)와 수리에 관한 죄

일수죄는 고의로 일수시켜 법률에 정한 물건을 침해함으로써 성립되고, 수리방해죄는 제방이나 수문을 파괴하거나 기타의 방법으로 타인의 수리권을 방해하는 죄이다.

(5) 교통방해의 죄

교통시설의 손괴 기타 다른 방법으로 교통을 방해하는 죄를 말한다.

2. 공중의 위생에 대한 죄

(1) 음용수에 대한 죄

음용수에 오물을 혼입하는 죄, 독물 기타 건강을 해할 물건을 혼입하는 죄, 수도를 파괴하거나 막히게 하여 공공의 위험을 일으키게 하는 죄를 말한다. 음용수에 관한 죄는 환경보전법과 밀접한 관련을 맺고 있다.

(2) 아편에 관한 죄

아편·몰핀 또는 그 화합물을 제조·수입·판매 또는 판매할 목적으로 소지하거나 기타 이에 관련되는 행위를 내용으로 하는 죄로서, 마약법 및 마약관련 국제조약과 밀접한 관련을 맺고 있다.

3. 사회도덕에 관한 죄

(1) 신앙에 관한 죄

종교적 감정을 해하는 죄이다. 장식방해(葬式妨害)죄, 사체모욕죄, 분묘발굴죄, 사체영득죄 등이 있고, 변사자검시방해죄도 이에 속한다.

(2) 풍속을 해하는 죄

국민의 성도덕에 관한 선량한 풍속을 해하는 죄이다. 음행매개죄, 음란물건반포죄, 음란물건제조죄, 공연음란죄 등이 있다.

(3) 도박과 복표에 관한 죄

우연한 사실로 인하여 재물의 득실을 결정케 하는 행위를 내용으로 하는 죄로서 단순도박죄, 상습도박죄, 복표발매죄 등이 이에 속한다.

4. 공공의 신용에 대한 죄

(1) 통화에 관한 죄

통화의 위조·변조·행사·수입·수출 또는 위조·변조한 통화의 취득을 내용으로 하는 범죄를 말한다.

(2) 유가증권·우표와 인지에 관한 죄

행사할 목적으로 대한민국 또는 외국의 공채증권 기타 유가증권과 우표 및 인지를 위조·변조하거나 또는 허위기재를 하는 경우와, 그와 같은 유가증권·우표 또는 인지를 행사·취득·수입·수출하는 경우 등에 성립되는 죄이다.

(3) 문서에 관한 죄

명의가 진정하지 않거나 내용이 진실하지 않은 문서나 도서를 만들거나 행사하는 경우와, 진정·진실한 문서나 도서를 부정행사하는 경우에 성립되는 죄이다.

(4) 인장에 관한 죄

행사할 목적으로 인장·서명·기명 또는 기호를 위조하거나 부정사용하는 경우와 위조 또는 부정사용한 인장·서명·기명 또는 기호를 행사하는 경우에 성립되는 죄이다.

Ⅲ. 국가적 법익에 대한 죄

국가적 법익에 대한 죄는 국가존립에 대한 죄와 국가의 권력·권위·기능에 대한 죄로 나눌 수 있다.

1. 국가존립에 대한 죄

(1) 내란의 죄

국토를 참절(僭竊)하거나 국헌을 문란할 목적으로 폭동 또는 살인을 하는 죄를 말한다. 국토의 참절이란 영토권의 일부 또는 전부를 배제하는 것을 말하고, 국헌문란이란 헌법이나 법률에 정한 절차에 의하지 아니하고 헌법 또는 법률의 기능을 소멸시키거나, 헌법에 의하여 설치된 국가기관을 강압에 의하여 전복 또는 그 기능행사를 불가능하게 하는 것이다.

(2) 외환의 죄

국가의 대외적 지위를 침해하는 죄를 말한다. 외환유치죄, 여적죄, 모병이적죄, 시설제공이적죄, 시설파괴이적죄, 물건제공이적죄, 간첩죄, 일반이적죄, 전시군수계약불이행죄 등이 있다.

(3) 국교에 관한 죄

대한민국에 온 외국의 원수나 외교사절에 대하여 폭행·협박·모욕 또는 명예를 훼손하거나, 외국을 모욕할 목적으로 그 나라의 공용에 쓰이는 국기나 국장(國章)을 손상·제거 또는 모욕하거나, 외국에 대하여 사전(私戰)하거나, 외국간의 교전시 중립에 관한 명령에 위반하거나, 외교상의 기밀을 누설하는 등의 죄이다.

2. 국가의 권력 · 권위 · 기능에 대한 죄

(1) 국기에 대한 죄

대한민국을 모욕할 목적으로 국기나 국장을 손상 · 제거 · 모욕하거나 비방하는 죄를 말한다.

(2) 공무원의 직무에 관한 죄

공무원이 직무를 유기하거나, 그 직권을 남용하거나 청렴하여야 할 의무에 위반하거나 또는 피의사실을 공표하는 행위 등을 내용으로 하는 죄를 말한다.

(3) 공무방해에 관한 죄

공무원의 직무집행행위를 방해하는 것, 공무원이 실시한 봉인 · 압류 기타 강제처분의 표시 또는 공무소 사용물의 사실상의 효용을 침해하는 것을 내용으로 하는 죄를 말한다.

(4) 도주와 범인은닉에 관한 죄

도주의 죄는 피구금자가 스스로 도주하는 경우와 피구금자를 탈취하거나 도주하게 하는 것 등을 내용으로 하고 범인은닉죄는 벌금 이상의 형에 해당하는 죄를 범한 자를 은닉하거나, 도피하게 하는 것을 내용으로 한다.

(5) 위증과 증거인멸의 죄

위증죄는 법률에 의하여 선서한 증인 · 감정인 · 통역인 · 번역인이 허위의 증언 · 감정 · 통역 · 번역을 하는 것을 내용으로 하고, 증거인멸죄는 타인의 형사사건 또는 징계사건에 관한 증거를 인멸 · 은닉 · 위조 또는 변조하거나 증인을 은닉 또는 도피하게 하는 것 등을 내용으로 한다.

(6) 무고(誣告)의 죄

타인으로 하여금 형사처분 또는 징계처분을 받게 할 목적으로 공무소나 공무원에 대하여 허위의 사실을 신고하는 죄를 말한다.

사례 중장비 대여업자 A와 B는 서로 동업할 것을 약속했다. 다만 동업상 필요에 의한 입출금은 B명의의 은행통장구좌를 이용하고 그 입출금 사무는 B가 관리하되, 그 은행구좌에서 인출할 때에는 A, B 두 사람의 합의가 있어야 한다고 약정했다. 그런데 B는 A의 동의를 얻지 않고 단독으로 3차례에 걸쳐 1천 5백만원을 인출해서 이를 개인적인 용도에 사용했다. 이를 알게 된 A는 B를 횡령죄로 관할경찰서에 고소하였다. 그러나 B는 "A가 3차례의 인출에 모두 동의하고도 동업의 이익을 혼자 차지하기 위해서 나를 고소했다"고 주장하면서 A를 무고죄로 맞고소했다. A는 무고죄에 해당할 것인가?

〈해설〉

횡령죄란 타인의 재물을 보관하는 사람이 그 재물을 횡령하거나 반환을 거부하는 범죄이다. B가 보관, 관리하고 있는 예금채권은 동업의 성격을 고려할 때 A. B의 공동소유에 속하는 것이기 때문에 B에게는 자기의 재물이면서 동시에 "타인의 재물"이기도 하다. 따라서 B가 동업계약에 정한 대로 A의 동의를 얻지 않고 단독으로 예금인출하여 이를 개인적인 용도로 사용함으로써 이 재물을 영득한 때에는 횡령죄 또는 업무상횡령죄를 면치 못할 것이다.

한편 무고죄(형법 제156조)란 타인으로 하여금 형사처분 또는 징계처분을 받게 할 목적으로 공무소 또는 공무원에 대하여 허위사실을 신고하는 죄이다. A에게 무고죄가 성립하기 위해서는 A가 관할경찰서(공무소 또는 공무원)에 고소한 내용이 "허위사실", 즉 객관적 진실에 반하는 사실이었어야 한다. 따라서 사례에서와 같이 B의 횡령사실이 진실한 것이었다면 A에게 무고죄가 성립될 수 없는 것이다.

다만 문제는 사적 거래관계에서 일어나는 분쟁에 있어서는 무엇이 객관적 진실인지 입증하는 것이 곤란할 때가 많다는 점이다. 즉 사례에서처럼 B의 주장대로 "A가 3차례의 예금인출에 모두 동의하였다"는 객관적 사실의 입증이 곤란할 경우가 많다는 것이다. 그렇기 때문에 범죄의 고소와 이에 대응한 무고죄의 맞고소가 행해지고 "객관적 진실"을 둘러싼 이전투구의 양상이 벌어질 가능성이 있게 된다. 검사나 사법경찰관들도 이러한 고소, 고발사건의 수사과정에서 양 당사자의 서로 다른 주장에 휘말려 곤혹스럽게 될 수 있다. 나아가 어느 한쪽에게 유리한 수사결과가 나오게 되면 이에 승복하지 않고 수없이 고소, 고발, 진정, 언론기관에의 탄원 등 바람직하지 않은 행위를 계속함으로써 또다시 새로운 범죄(예컨대 무고죄)로 처벌되는 사람들도 적지 않다.

그러나 분명한 것은 "객관적 진실"이란 이미 존재하는 것이고 그것이 수사 및 형사재판 과정에서 드러날 것임을 의심치 않는 한, 거짓된 쪽은 처벌을 면치 못하게 될 것이라는 점이다. 그러므로 사회생활상의 거래관계에서는 모든 것을 분명하게 처리하고 인적, 물적 증거를 확보하는 습관을 가질 필요가 있다.

Ⅳ. 컴퓨터와 범죄

1. 컴퓨터의 보급과 형법의 변화

컴퓨터의 대량보급으로 현대사회는 사회의 모든 분야에서 컴퓨터가 광범위하게 쓰이고 있다. 그래서 문서화된 기존의 각종 서류 등이 컴퓨터로 대체되고 은행업무를 비롯한 많은 거래방식이나 결제수단이 전자자금거래로 대체되는 등 변화하고 있다. 이러한 사회의 변화는 범죄의 수단이나 방법도 변화시키고 있는데, 과거와는 전혀 다른 양상으로 컴퓨터의 단말기를 교묘하게 조작하여 부정한 이득을 취하고 개인의 신상에 관한 비밀스러운 기록 등을 대량으로 손쉽게 유출시켜 개인의 법익뿐만 아니라 사회의 상거래질서도 문란하게 할 위험이 상존하고 있다. 현대의 고도화한 정보화사회에서 컴퓨터나 다른 정보화기기를 이용한 기술과 업무의 변화는 전통적인 형법의 규정으로는 해결할 수 없는 많은 문제점을 발생시켰을 뿐만 아니라 이러한 문제점들은 새로운 범죄의 신설을 가져왔다.

이러한 컴퓨터의 보급에 따른 사회상의 변화에 부응하여 개정된 현행 형법은 컴퓨터 등을 이용한 전자기록을 행위객체로 추가하여, 총칙에서는 몰수대상과 추징(형법 제48조), 그리고 각칙의 공무상 비밀표시무효죄(형법 제140조), 공용서류 등의 무효·공용물의 파괴죄(형법 제141조), 공정증서원본 등의 부실기재죄(형법 제228조), 위조 등 공문서행사죄(형법 제229조) 등을 추가하였다. 또한 정보화사회로의 변화에 부응하여 공전자기록위작·변작죄(형법 제227조의2), 사전자기록위작·변작죄(형법 제232조의2), 전자기록 등 손괴 등에 의한 업무방해죄(형법 제314조 2항), 전자기록 등 특수매체기록의 비밀침해죄(형법 제316조 2항), 컴퓨터 등 사용 사기죄(형법 제347조의2) 등을 신설하였다.

2. 컴퓨터와 범죄의 변화

타인 또는 공무원 및 공무소의 전자기록 등 특수한 매체를 사용하여 기록한 것을 위작하거나 변작하여 사무처리를 그르치게 하는 등의 행위는 타인의 법익이나 사회의 질서에 심대한 영향을 끼침에도 불구하고 전통적인 형법의 이론으로는 그 처벌이 어려웠다. 컴퓨터 등에 수록된 전자기록의 경우 그것을 직접 눈으로 보거나 읽을 수 없으므로 문서의 개념에 포함하는 것은 유추해석으로 볼 여지가 많았다. 이러한 이유에서 정당한 처벌이 현실적으로 어려웠으므로 형법은 사회상의 변화를 법에 반영하여 전자기록도 문서에 관한 죄의 객체로 인정하여 처벌하도록 하고 있고, 컴퓨터 본체나 디스크 등 하드웨어를 물리적으로 파손하는 행위뿐만 아니라 단말기 등을 통한 거짓 정보의 입력 등의 방법으로 그 작동을 저해하거나 잘못된 결과를 출력하도록 하는 것도 업무방해의 수단의 하나로 인정하게 되었다.

또한 개정형법은 해커(hacker) 등 정당하게 기록을 열람할 권한이 없는 자가 부정한 방법으로 비밀장치한 공무상 및 개인의 전자기록 등 특수매체에 의한 기록이 부정하게 사용되는 것을 처벌하기 위하여 형법에 반영하였고, 전자장치 등을 이용한 불법적인 재산상의 이득을 얻거나 제3자로 하여금 취득하게 한 경우에도 컴퓨터 등 사용 사기죄로 처벌할 수 있도록 하였다.

6 사 회 법

제1절 자본주의의 성립과 그 수정

Ⅰ. 자유주의와 자본주의

1. 개인주의

산업혁명에 의해 이룩된 근대국가의 법적 지도원리는 자유와 평등을 토대로 한 개인주의사상에서 출발하였다. 개인주의는 개인의 자각으로부터 비롯된다. 전근대사회의 속박으로부터 해방된 근대시민의 자아의 실현은 곧 자유로운 인격의 자각을 의미하였다. 그것은 인간의 사회생활관계에서 천부인권설을 기초로 자유로운 인격자로서 존엄한 가치를 향유한다는 자각이었으며, 동시에 그 가치는 어느 누구도 이를 침해할 수 없고 또 존중하여야 한다는 평등의 자각이 될 수밖에 없었다.

이와 같이 개인주의는 자유와 평등을 근저로 한다. 나아가서 이러한 개인주의는 사회의 여러 제도 내에서 개인은 자유로이 생활을 영위하고 간섭 없이 각자의 행복을 추구할 수 있는 기회의 평등을 의미한다. 기회의 평등은 신분과 계급의 제약을 넘어서 자유와 평등을 이념으로 하는 개인주의 세계관 속에 전근대적인 여러 제약요소를 제거하고 모든 개인에 대하여 능력에 따라 각자의 재능을 발휘케 하며, 또한 행복을 추구할 수 있도록 보장하려는 데 최선의 노력을 바쳐 왔다.

2. 개인적 자유권의 보장

근대국가의 이념은 개인주의와 자유를 그 기본원리로 하고 있다. 따라서 근대자본주의의 배경하에서 근대국가의 법적 원리는 국민주권의 원칙에 의해 개인의 자유권을 보장하고 나아가 개인의 자유를 국가권력에 결부하는 데 정치적으로는 대의제(代議制)를 제도화하였다.

일반적으로 근대 여러 나라는 성문헌법을 채택하여 주권의 소재와 모습, 그 행사방법 등을 명시하고 동시에 국민의 기본권을 보장함으로써 법 앞에서 국민의 권리와 의무의 평등을 인정하였다. 물론 근대 이전에도 개인의 자유가 반드시 인정되지 않은 것은 아니지만 성문법을 통하여 그것이 보장된 점은 바로 근대국가의 특질이 아닐 수 없다. 이와 같이 국민의 기본권이라 하면 자유평등권을 의미한다고 생각되었고, 그중에서도 특히 사유재산제를 원칙으로 하는 경제적 자유가 강조되었다. 그리하여 그 결과 경제적 약자의 지위에 있는 국민층에 인정된 인간의 존엄 내지 자유·평등은 유명무실하게 되기 쉽다. 이와 같이 개인의 자유권을 성문법에 규정하였다고 하여 그것이 곧 법적·경제적으로 완전히 보장된다는 것을 의미한다고 보기는 어렵다.

3. 자유경쟁

이와 같은 법률적 보장에도 불구하고 모든 국민은 왜 균등한 기회와 평등한 생활조건을 누리지 못하는가?

여기에 법체계를 중심으로 한 인간고유의 능력과 성향이 문제된다. 인간의 능력과 성향에는 본질적으로 차별이 있다. 그래서 모든 국민에게 비록 평등한 자유의 기회가 보장된다고 할지라도 그 사회적 활동의 결과에는 많은 차이가 나타나게 마련이다. 즉 인간능력의 우열은 자본주의체제하의 사회생활, 특히 경제생활 면에서 필연적으로 자유경쟁을 수반하게 된다. 따라서 자유와 결합된 기회균등의 평등은 생존경쟁의 출발점에서의 평등에 지나지 않는다. 정치적·경제적으로 개인주의원칙하에 자유와 평등이 적극적으로 보장된다고 하더라도 인간자체의 인격에 높낮이가 있고 근성과 개성이 엄연히 존재하는 이상 모든 인간에 대하여 균등한 성과를 보장하고 동일한 지위와 경제적 평준화를 기하기는 어렵다.

이때 인간의 능력과 활동에 따라 보상되는 배분적 정의의 합리성을 인정하지 않을 수 없다. 따라서 모든 인간의 기본적 생활조건만을 균등하게 하고서 각자의 자유경쟁의 결과에 의하여 발생되는 우열승패의 차이는 그대로 인정하지 않을 수 없다. 개인주의사상은 이렇게 함으로써 자유와 평등의 양자를 조화시킬 수 있는 것으로 간주되었다.

뿐만 아니라 모든 시민은 자유경쟁을 통하여 각자의 주어진 능력이 사회생활에서 효율적으로 발휘될 때 그에 비례하여 수익을 거두게 되는 것이므로 모든 개인은 자연히 그 능력을 부단히 연마하고 소기의 목표를 향하여 정진하게 된다. 특히 경제적 생활에서는 최소의 비용으로 최대의 효과라는 경제원칙에 따라 수행되기 마련이다. 이와 같은 자유경쟁은 생산자뿐만 아니라 일반소비자에게까지도 이익을 준다. 이리하여 국가의 경제는 번성하고 사회복리는 증진되게 된다. 그러므로 균등한 조건으로부터 출발하는 경제상의 자유경쟁은 인간의 능력에 따라 각자에게 그의 것을 배분하는 것이 될 뿐만 아니라 경제활동의 전반에 걸쳐 활발한 성장을 하게 하고 나아가 사회복지를 향상시킴에 있어서 가장 적당한 것으로 여겨 온 것이 근대국가의 개인주의사상의 신념이었다.

Ⅱ. 자본주의 경제사회

1. 그 특징과 법적 지주

자본주의는 경제적 개인주의를 배경으로 한다. 그리고 개인주의의 핵심을 이루는 개인의 욕망은 공공의 이익과 합치되어야 한다는 전제하에 자유경쟁에 의한 생산활동은 '보이지 않는 손'에 의하여 조화 내지 자율되고 나아가 사회발전에 기여할 것이라는 신조에 근거를 두고 있다. 이러한 영리추구와 자유경쟁의 기본적인 조건으로서 재산의 사유가 인정되는 것이다. 따라서 자본주의 경제조직의 본질적 특징은 사유재산제도 · 영리주의 · 자유경쟁을 원칙으로 함에 있다. 그중에서 사유재산제도는 자유경쟁, 계약자유의 원칙과 아울러 자본주의 경제의 법적 지주를 이루고 있다.

근대국가의 사법(私法)은 재산을 인간생활의 기초로 하며 또 평등하게 존중한다. 따라서 재산소유권자는 자기소유재산을 자유로이 사용·수익·처분할 수 있는 권리를 향유한다. 이리하여 사유재산제도는 기업의 발전을 촉진시키고 계약자유의 원칙은 자유교환경제의 범위를 확장케 하는 지주가 되었다.

2. 자본의 편중과 그 병폐

자본주의경제 아래에서는 개인주의적 자유주의의 원칙에 따라 다수의 기업가가 난립하여 시장지배를 목적으로 치열한 경쟁을 하게 된다. 이때 각 기업가는 새로운 기술의 채택, 새로운 경영방법 및 새로운 생산방법 등을 도입하여 생산비를 절감하여 시장가격을 저렴하게 하지 않으면 자유경쟁에서 승리할 수 없다. 경쟁이 격렬해지면 중소기업은 도저히 그 경쟁에서 발생하는 과대한 부담을 감당할 수 없게 되어 자멸하거나 공존을 위해 타 기업과 카르텔(Kartel), 트러스트(Trust), 콘체른(Konzern) 등의 상호협정이나 기업합동의 방법을 통하여 시장지배를 기도하게 된다.

자유경쟁에서 승리한 기업은 이제 그 규모가 점점 확대되어 대기업으로 성장하고 나아가 시장을 독점하게 된다. 일단 독점을 하게 되면 이제 무리하게 생산비를 낮추고 가격을 저렴하게 할 필요가 없게 되고 도리어 대규모 생산을 행함으로써 생산비를 절약할 수 있게 되므로 어느 정도 저렴한 시장가격으로 상품을 판매하더라도 많은 이윤을 얻을 수 있게 된다. 따라서 자본은 일방적으로 독점기업가의 수중에 집중하게 된다. 이제 독점기업가는 대자본가로서 경제적 실권을 장악하고 실력자로서 군림하게 된다. 그러나 이와 같은 자본가의 영광스러운 승리의 배후에는 수많은 무산노동자가 있음을 주의하지 않으면 안 된다. 즉 노동자는 기업가에게 고용되어 노무를 제공하고 그 대가로서 임금을 받아 생계를 유지한다.

이러한 관계를 법적으로는 고용계약이라 칭한다. 물론 여기에도 계약자유라는 일반원칙이 지배한다. 고용도 계약인 이상 계약당사자 쌍방의 자유로운 합의에 의하여 성립하지 않으면 안 된다. 따라서 근로자는 그 근로조건이 만족스럽지 못할 때에는 보다 좋은 근로조건을 제공할 수 있는 사용자를 구할 수 있다. 그러나 현실에서 당일의 생계에 위협을 받게 되는 근로자에게는 그러한 여유가 없는 경우가 대부분이다. 그리하여 대다수의 근로자는 설령 사용자가 제시하는 근로조건이 만족스럽지 못한 경우일지라도 취업할 수밖에 없는 상황이 된다. 여기에 자본주의 경제의 화려한 번성의 배후에는 자본의 지나친 편중과 무산노동대중의 격증이라는 두 가지의 병폐가 도사리고 있음을 쉽게 알 수 있다.

원래 개인주의는 출발점의 조건만은 평등하게 주어지나 그 실제적인 성과에서는 각자의 능력과 근면과 태만이라는 성격상 차이에 따라 수익을 받게 된다는 배분적 정의의 합리성은 전술한 바와 같다. 그러나 이와 같은 이념의 산물인 자본주의경제도 자유경쟁의 원리하에 발전하여 온 과정에서 독점자본가에로의 자본의 집중과 무산노동대중의 격증이라는 병폐 때문에 능력은 충분하나 이를 발휘하지 못하고, 아무리 근면할지라도 어떠한 성과를 얻지 못하는 하나의 고착된 제도로서 변해 버리고 말았다. 그래서 자유와 평등을 양립시킬 수 있었던 것으로 믿었던 개인주의적 자유주의사상은 결국 커다란 시련에 봉착하게 된 것이다. 그러면 이러한 개인주의적 자유주의와 자본주의는 어떻게 해서 시정, 조화되도록 할 것인가의 문제가 제기된다.

3. 자본주의의 수정

자본주의의 병폐에 관하여는 여러 가지 해결방안이 제시되어 왔으나 그 어느 방안도 초기개인주의가 인정한 것과 같은 경제활동의 자유는 어느 정도 제한되어야 한다는 점에서 그 의견이 일치하고 있다. 그러나 그 제한의 한계에 관해서는 의견이 각기 다르다.

자본주의경제체제하에서는 사적 재산소유권의 원칙에 따라 자본가는 생산수단을 자유로이 소유하고 기업을 경영할 수 있다. 이 점에서 생산수단의 사유를 금하고 자본주의의 근본원리를 변혁시킴으로써 모든 산업을 국가통제하에 두고 공기업으로 운영하려고 하는 사회주의 내지 공산주의와 다르다.

사회주의나 공산주의에서는 소유권절대의 원칙 및 계약자유의 원칙을 철저히 부인하고 생산수단의 사유를 금지하는 것을 그 경제원리로 삼고 있다. 따라서 그러한 사회에서는 사유재산권이란 의미가 없게 된다. 그러면 재산의 사적인 소유를 인정하고 있는 자본주의사회에서는 어떠한가.

앞에서 자본주의에 관하여 고찰한 바와 같이 자본주의에도 소수의 자본가에 의한 자본의 과대한 편중현상과 무산노동대중의 격증이라는 두 가지의 커다란 병폐가 있음은 이미 관찰된 사실이다. 따라서 성숙해 가는 자본주의경제체제는 개인주의의 자유와 평등의 원칙은 무너지고 다른 한편 사회적 동요가 일어나게 된다. 이러한 상황에서 자본주의경제체제를 운용하고 있는 현대국가는 그 사회의 안정과 질서유지를 위해 그러한 자본주의의 병폐를 치유하지 않으면 안된다. 그러므로 자본주의에 대한 수정은 불가피하며 현재 각국에서는 여러 형태로 그 해결책을 법제화하고 있는 실정이다. 우리 헌법도 이러한 면에서 같은 특색을 지닌 헌법이라고 할 수 있다.

제2절 근대시민법원리와 사회법의 필요성

Ⅰ. 근대시민법원리

1. 근대국가와 시민사회

근대시민사회는 중세의 신분적 구속으로부터 해방되어 자유로운 시민의 자각적 의사에 의하여 형성되고, 그 본질적인 사회관계는 개인의 자유와 평등을 기초로 한 자본주의경제를 수립함에 그 특질이 있다.

자본주의경제는 자유경쟁을 통한 교환경제로 나타난다. 이 교환경제의 인적 구성은 대체로 생산을 담당하는 자본가군과 자본가에게 상품화된 노동력을 제공하는 노동자군으로 나눌 수 있다. 이 두 집단은 다 같이 국가의 구성원으로서 그들이 소속된 국가에 대하여는 조세를 납부하고 국가의 명령에는 복종하는 등 공적 의무를 지는 반면에 또 한편 사회생활영역에서 각인은 국가권력의 간섭을 받지 않는 자유로운 시민사회의 구성원으로서의 지위에 있다. 따라서 시민사회의 구성원으로서의 개인은 자유로이 가정생활을 즐기고, 자유로이 종교를 신봉할 수 있으며, 나아가 자유로이 기업을 경영하여 자유경쟁에 의한 생활을 유지하고 직업선택의 자유까지도 누릴 수 있는 것이다. 이는 곧 국가와 시민사회의 이원성을 인정하는 것이요, 국가의 구성원으로서의 생활영역과 일반시민·사회인으로서의 생활영역의 분리를 의미하는 것이다.

그러나 한편 전술한 두 사회집단은 동일 사회 내에 존재하는 대립적 이질집단인 것인 한, 자본가군은 노동자군에 대하여 우월한 지위에 놓이게 된다. 여기에 동일 사회 내에 공존하는 이 두 개의 대립집단체가 시민사회 내에서 균형을 이룰 수 있는 새로운 사회질서의 확립이 요청되는 것이다.

2. 시민사회법

전술한 바와 같이 개인이 소속하고 있는 두 개의 생활영역, 즉 국가구성원으로서의 생활영역과 사회구성원으로서의 생활영역을 구분하기 위하여는 일정한 한계선을 법제화할 필요가 있다. 그 이유는 우월한 지위에 있는 국가권력이 그 한계를 초월하여 임의로 자유인으로서의 개인의 생활영역에 개입함을 저지하기 위해서이다. 나아가 그러한 법은 시민사회 내에서의 자유인의 생활영역의 한계를 깨뜨리고 타인의 자유를 침해하였을 경우에 국가권력에 대하여 그 구제를 요구하기 위한 기준으로서도 필요하기 때문이다.

이와 같은 역할을 담당하는 것이 곧 사법(私法)이요, 이는 시민사회의 생활관계를 국가로부터 분리시키는 동시에 국가로 하여금 시민사회질서를 원활히 유지하게 하기 위한 소이(所以)인 것이다.

3. 시민법의 공법화경향

독점자본주의의 두 가지 병폐는 단지 경제분야에서뿐만 아니라 법질서의 수정까지도 요구하게 된다. 자본집중에 의한 자본가의 영향력은 법과 정치분야에도 미쳐 사법자치의 원칙은 수정되지 않을 수 없게 된다. 그 이유는 국가질서의 수정 없이는 독점자본의 압력을 제거하기가 어렵기 때문이다. 만약 독점기업이 그 압력을 과시하려고 하여도 국가의 법으로써 이를 금지 내지 제한한다면 기업은 종래처럼 자유롭지 못하게 될 것이다. 그렇게 되면 비록 자기의 재산일지라도 임의로 사용·처분을 못하게 되고, 타면 공익의 견지에서도 권리의 남용은 금지될 것이다. 한편 권리에 의무성을 부여하면 소유권의 자유도 그 절대성을 주장할 수 없게 될 것이다. 따라서 광물 기타 중요한 자연자원과 운수, 교통, 전기, 금융 기타 국가의 기간산업을 국영화한다면 기업가의 활동범위는 대폭적으로 제한받지 않을 수 없다. 즉 근로자의 고용에 공적 기준을 두고, 시장을 통한 상품의 매매에 있어서는 가격 및 유통과정 등에 대하여 제한을 가한다면 계약자유의 원칙도 무조건 인정되지는 않게 될 것이다. 따라서 시민사회의 생활관계는 국가적 입법이 개입하지 않을 수 없게 되고 사법의 순수성은 공법에 의해 침해당하게 된다.

이러한 현상을 한마디로 자본주의사회에서의 사법의 공법화경향이라 한다. 따라서 시민사회의 생활영역은 축소되는 한편 그만큼 국가생활영역으로 흡수되어 자유경제는 통제경제로 이행하게 된다.

Ⅱ. 사회법의 등장

이와 같이 시민법, 곧 사법의 공법화경향은 점차로 사법자치의 원칙이 지배하는 순수한 사법의 영역을 축소시킨다. 우리는 여기에서 새로운 인간생활의 영역을 상정하지 않을 수 없다. 즉 원래는 시민사회에 기초한 사법적 생활영역이 공법의 지배를 받는 생활영역으로서 순수한 국가생활이 되는 것이 아니고, 오직 시민사회에 그 뿌리를 박고 있는 생활이다. 자본주의를 근본적으로 변혁하여 사회주의나 공산주의로 전환하지 않는 한 순수한 시민생활에도 속하지 않고 동시에 순수한 국가생활에도 속하지 않는 중간형태의 인간생활이 존재하게 된다.

이러한 생활영역은 사법의 관할분야도 될 수 없고 공법의 전담분야도 될 수 없는 사법과 공법이 공존하여 규율하는 생활영역인 것이다. 사법의 공법화경향에 따라서 새로이 발생하는 이러한 신법분야를 사회법이라고 한다.

제3절 노 동 법

Ⅰ. 노동법의 개념

1. 의의와 성격

노동법(勞動法)이란 자본주의사회에서 사용자(자본가)의 지배 아래 행해지는 노동(이를 종속노동이라 한다)의 여러 관계를 규율하는 법을 말한다. 그러나 법체계 중에서의 그 지위에 대해서는 아직도 많은 문제점이 있다. 그것은 노동법이라는 개념 자체가 20세기에 이르러서 발생한 것이며, 또한 노동법과 경제법, 사회보장법 등이 시민법의 원리에 근거하면서도 이념적인 특이성을 각각 지니고 있고, 또 깊은 연관성을 맺고 있으면서도 이것을 정리・체계화하기 위한 개념이 아직 충분히 성숙하지 못한 점에 있다.

그러나 이러한 성격을 지닌 노동법과 경제법, 사회보장법은 상호 유사한 점을 지니고 있으나 노동법은 어디까지나 근로자라는 법률상의 주체를 중심으로 구성된 점에서 경제법과 구별된다. 그리고 근로관계를 매개로 근로자의 생존을 확보하기 위한 법이라는 점에서 일반인에게 닥칠 수 있는 생활의 위험을 해결하기 위한 사회보장법과도 구별된다. 노동법은 법이념면에서 볼 때는 근로자의 생존・보호를 목적으로 하는 법이다. 그러므로 노동법은 첫째 자본주의사회를 전제로 하는 법이며, 둘째 사용자와 근로자간의 관계(종속노동관계)를 규율하는 법이고, 셋째 이러한 근로자의 생존문제를 해결하고자 하는 법이다.

2. 노동문제

자본주의경제하에서는 자본가는 이윤을 얻기 위하여 자본을 생산수단이나 노임에 투하하며, 한편 근로자는 생활수단으로서의 노임을 얻기 위하여 노동력을 자본가에게 매도함으로써 생산활동이 행하여진다. 그러나 이 결합관계는 그 내부에 있어서는 대립관계로 나타나고 있다. 즉 일반적으로 자본가의 이윤증대는 근로자에게 노임의 감소를, 반대로 노임의 증대는 자본가에게 이윤감소를 초래하기 때문이다. 다시 말하면 자본가와 근로자의 이해관계는 상호대립관계에 놓여 있다.

이처럼 자본주의사회의 생산관계는 자본가와 근로자의 상호결합 및 대립관계라고 규정지을 수 있으나 그 내용에 있어서는 자본이 노동을 지배하는 관계임을 부인할 수 없다. 따라서 근로자는 분명히 인간임에도 불구하고 자본가의 입장에서 볼 때는 생산의 일익을 담당하는 노동력으로만 의의를 가질 뿐이다. 이는 자유와 평등을 토대로 형성된 근대시민사회에서 불평등의 중대한 전제가 된다.

따라서 노동력 이외에는 아무런 생활수단이 없는 근로자는 고립무원의 상태에서 자기의 노동력을 자본가에게 일개 상품으로 제공하고 그 대가로서 받는 임금은 유일한 생활의 수단이 되지 않을 수 없게 된다. 따라서 자본가에게는 이때 근로자의 노동력은 상품의 의미를 지닐 뿐이다. 더욱 오늘날과 같이 인구가 급증하고 어느 때라도 자본가의 임의대로 대체가능한 예비노동력(실업 중에 있으나 언제라도 자본가의 취업요구에 응할 수 있는 노동력을 가리킴)이 풍부한 사회에서는 노동관계는 더욱 많은 위협을 받게 된다.

3. 노동문제의 해결책

이러한 상태는 국가법질서와 사회적 안정을 위해서도 그대로 방치될 수 없는 것이다. 초기자본주의는 모든 개인에게 법적으로 자유·평등한 생활조건만을 보장해 준다면 각인의 행복추구는 '보이지 않는 손'에 의하여 자연히 조화가 이루어질 것으로 믿었다. 그러나 현실에서 법적 평등이라는 형식은 각인의 능력과 성격상의 차이 때문에 당초의 기대와는 전혀 다른 결과를 초래했을 뿐만 아니라 또 한편으로는 자본주의의 급격한 성장과 생산수단의 기계화로 인해 생산과정에 일대변혁을 초래하여 노동문제는 심각한 사회문제로 등장하게 되었다. 이러한 노동문제는 근로자들이 자기들의 생존권을 옹호하기 위하여 서로 단결하여 근로조건의 개선을 목표로 자본가와 투쟁하는 데까지는 좋으나 만일 극단적인 상황에까지 이르면 사회적 기본조직에까지 영향을 미칠 우려가 크게 된다. 이는 명백한 사회적 병폐가 아닐 수 없으므로 이러한 치명적 병폐는 사회질서의 유지를 위해 근본적으로 치유되지 않으면 안 된다.

이러한 병폐를 치유하기 위하여 현대 자본주의국가는 기본적으로 근로자들이 사회적 세력자인 사용자들과 대등하게 사회·경제질서를 형성할 수 있도록 근로자와 사용자의 사적인 관계에도 적극적으로 개입한다. 뿐만 아니라 개인주의를 기본으로 하는 시민법의 원리를 수정하여 근로자들이 단결체를 형성하고 집단의 단결된 힘으로 그들의 권리와 생존을 확보할 수 있도록 법으로써 보장하고 있다.

이와 같이 노동문제를 해결하기 위하여 국가가 입법으로 근로자를 보호하기 위한 것이 곧 노동법이다. 오늘날 각국이 이와 같은 노동문제를 해결하기 위하여 노동법을 규정하고 있으며 그 내용은 일반적으로 다음과 같이 세 분야로 나누어져 있다.

첫째 근로자의 기본적인 권리에 관한 법규, 둘째 개별근로자의 보호에 관한 법규, 셋째 집단적 노사관계에 관한 법규 등이다.

Ⅱ. 노동법의 내용

노동법은 근로자에게 그들이 스스로 생존을 확보할 수 있도록 보장하는 복지국가를 지향하는 근로자의 기본적 권리에 관한 부분과 근로자와 사용자 간의 개별적인 근로조건이나 근로계약 등의 사적인 영역에 국가가 적극적으로 개입·감독하는 개별적 근로관계에 관한 법(이에는 근로기준법, 산업안전보건법, 고용보험법, 직업교육훈련촉진법, 산업재해보상보험법 등이 있다) 그리고 형식적이 아니라 실질적으로 근로자들이 사용자와 대등한 지위에서 근로관계에 관한 협상을 할 수 있도록 하기 위한 집단적 노사관계법(이에는 노동조합 및 노동관계조정법, 노동위원회법, 근로자참여 및 협력증진에 관한 법률 등이 있다) 등을 그 내용으로 하고 있다.

1. 근로자의 기본적인 권리에 관한 법규

근로조건을 결정함에 있어서 자본가와 근로자가 자유로이 결정을 하게 되는 경우 근로자가 일방적으로 불리한 위치에 놓이게 되는 폐단을 고려하여 국가가 그 객관적인 기준을 법제화함으로써 그 균형을 기하기 위하여 근로자에게 기본적인 권리를 인정할 필요가 있게 된다. 이는 근대시민법의 3대원칙의 하나인 계약자유의 원칙에 대하여 중대한 제한을 가하는 것이 되나 이렇게 함으로써 자본가가 우월한 위치에서 근로자에게 끼치는 지배적 압력을 제거할 수 있게 된다.

이를 위하여 헌법은 먼저 제32조에서 근로의 권리와 의무성, 근로조건의 법률화를 규정하고 있다. 여기에서 규정하고 있는 근로권은 헌법에 보장된 근로기본권(노동기본권이라고도 함)의 일종으로서 근로할 능력과 근로할 의사가 있는 국민은 사회에 대하여 근로의 기회를 요구할 수 있는 권리를 말한다. 그러나 이것은 헌법상의 조항을 근거로 국민이 이러한 조건이 충족되지 못하였을 경우 국가에 대하여 소송으로 요구할 수 있는 구체적인 권리로 볼 수는 없다는 것이 현재의 다수의 견해이다. 왜냐 하면 근로권을 국민이 갖는 구체적인 법적 권리로 인정하게 되면 실업 중에 있는 근로자의 경우 국가가 그에 대한 직업의 보장과 함께 생활대책의 공급도 보장하여야 하나 현실적으로 막대한 재정이 소요되어 많은 어려움이 따르기 때문이다. 그러므로 이것은 입법에 의하여 구체화되는 추상적인 권리로 해석해야 한다는 것이다. 헌법상의 이러한 규정을 근거로 하여 1953년에 제정된 법이 근로기준법이다. 근로기준법은 근로계약, 임금, 근로시간과 휴식, 여자와 소년의 근로에 관한 규정, 안전과 보건, 취업규칙, 감독 등의 일반적 조건에 관한 대원칙만을 규정하고 있다.

뿐만 아니라 헌법 제33조 제1항은 "근로자는 근로조건의 향상을 위하여 자주적인 단결권, 단체교섭권 및 단체행동권을 가진다"고 규정하고 있다. 이 단결권・단체교섭권・단체행동권을 근로3권 또는 노동3권이라 한다. 단결권은 근로자가 사용자와 대등한 지위에서 근로조건의 유지나 사회적・경제적 지위의 향상을 위하여 협상하는 전제조건으로 서로 단결하여 자유롭게 단결체(가장 대표적인 것이 노동조합이다)를 형성하거나 그에 가입할 수 있는 권리를 말하고, 단체교섭권은 이러한 단결체의 단결된 힘을 배경으로 근로조건이나 근로자의 지위 문제 등에 관하여 사용자와 평화적으로 교섭할 수 있는 권리이며, 단체행동권은 평화적인 방법으로 근로자의 의사가 관철되지 않을 경우 근로자들이 집단의 단결된 힘을 결집하여 실력행사로 사용자에 대하여 파업 등의 집단행동을 할 수 있는 권리를 말한다. 그리고 이러한 권리는 노동조합이라는 근로자단결체를 통하여 구체적으로 실현되는 것이 일반적이다. 다만 공무원의 근로3권에 대하여는 헌법 제33조 2항의 규정에 의하여 법률로 인정된 자에 한하여 단결권・단체교섭권・단체행동권을 가지도록 하고 있고, 법률이 정하는 주요 방위산업체에 종사하는 근로자의 경우는 단체행동권을 법률이 정하는 바에 의하여 제한하거나 인정하지 아니할 수 있도록 되어 있다.

헌법이 이와 같이 노동3권을 규정하고 보장하는 이유는 근로자들에게 자유와 평등을 실질적으로 확보시키고자 하는 데 있다. 따라서 헌법상에 노동3권이 보장되고 있는 한 비록 국가라 할지라도 법률, 명령, 경찰권의 발동 기타 행정처분 등을 통하여 이를 침해하지 못한다. 뿐만 아니라 근로자들이 정당한 절차에 의하여 근로3권을 행사하는 한 국가나 사용자는 근로자에 대하여 민・형사상의 책임을 추궁할 수 없다. 근로자들의 단결이나 집단행동은 헌법에서 보장한 근로자들의 정당한 권리의 행사이기 때문이다. 그러나 이와 같이 근로기본권이 법적으로 보장되어 있다고 하더라도 사회의 공익의 관점에서 쟁의행위는 일정한 제약을 받지 않을 수 없다. 따라서 정당한 쟁의권을 갖고 있는 근로자라 하더라도 국가의 안전보장, 사회질서의 유지, 공공의 복리라는 이유로 그 기본권이 제한될 수 있는 것이다.

2. 개별적 근로관계법

근로자란 직업의 종류를 불문하고 임금, 급료, 기타 이에 준하는 수입에 의하여 생활하는 자를 말한다. 사회적 약자인 근로자의 생존을 보장하기 위하여 근로자를 보호하는 방법은 크게 2가지로 나눌 수 있다. 첫째는 근로자는 사용자에게 근로를 제공하고 사용자는 근로자의 근로에 대하여 임금이나 보수 등을 지급함을 목적으로 하는 계약에 의하여 성립하는 근로자와 사용자 간의 법률관계를 근로관계라 하는데 이러한 근로관계의 당사자인 사용자의 행위를 규제하고 감독함으로써 개별 근로자를 직접적으로 보호하는 방법(근로기준법, 산업안전보건법, 산업재해보상보험법 등)이 있고, 둘째로 근로자들이 단결체를 구성하여 스스로 도울 수 있는 수단을 보장함으로써 근로자를 집단적으로 보호하는 방법이 그것이다.

(1) 근로기준법

근로기준법은 개별적 근로관계를 보호하는 법률 중에서 가장 중요하고 기본적인 법률이라고 할 수 있다. 이 법은 근로자에게 인간다운 생활을 보장하기 위하여 사용자의 일방적인 권력의 남용을 규제하고 근로자들의 권리포기를 제한하고 있다. 근로자들에게 인간다운 생활을 보장하기 위하여 근로기준법에서 규정하고 있는 근로조건에 미달하는 근로계약은 무효로 하고 있으며, 이러한 사항을 위반하는 사용자에 대하여는 벌칙을 부과하고, 설령 근로자라도 이를 포기할 수 없도록 강제하고 있다. 뿐만 아니라 사용자의 근로기준법의 준수를 강제하기 위하여 근로감독관제도를 두어 시행하고 있다. 또한 근로기준법은 근로조건의 최저기준을 마련하고 근로자의 인간다운 삶을 보장하기 위하여 8가지의 기본원칙을 채택하고 있다.

1) 근로자의 최저생활보장 헌법 제32조에 의거하여 근로기준법은 근로자의 기본적 생활을 보장·향상시키기 위하여 근로기준을 규정하고 이는 최저기준으로서 이를 이유로 근로자들의 근로조건을 낮출 수 없도록 제3조에서 규정하고 있다.

2) 근로조건의 대등결정 근로기준법은 제4조에서 근로조건을 결정할 때에는 근로자와 사용자가 자유의사에 의거하여 대등한 지위에서 결정하도록 규정하고 있다. 그러므로 사용자와 근로자는 실질적으로 대등한 지위에서 근로조건을 결정할 의무를 부담하며 이 규정은 이러한 이념을 표명한 것이다.

3) 성실한 준수·이행　　근로기준법은 제5조에서 근로자와 사용자가 단체협약·취업규칙과 근로계약을 준수하여야 하며 각자가 이를 성실히 이행하여야 한다고 규정하고 있다. 근로자의 보호라는 측면에서 볼 때 근로계약이나 단체협약이 근로계약당사자에 의하여 성실히 준수되어야 한다는 것은 당연한 일일 것이다. 그러나 사용자에 의하여 일방적으로 작성된 취업규칙에까지 근로자에게 당연히 준수의무가 있는가에 관하여는 의문점이 없지 않다.

4) 근로자에 대한 균등대우　　근로기준법 제6조는 사용자는 근로자에 대하여 남녀의 차별적 대우를 하지 못하며 국적·신앙 또는 사회적 신분을 이유로 근로조건에 대한 차별적 처우를 하지 못하도록 규정하고 있다. 헌법 제11조의 법 앞에 평등이 국가와 국민 사이의 관계에서의 평등취급을 의미하는 국민평등주의를 천명한 것이라면, 이 조항은 사용자와 근로자 사이의 근로관계에서 균등대우를 구체적으로 실현하고자 하는 것이다.

5) 강제근로의 금지　　사용자는 폭행·협박·감금 기타 정신상·신체상의 자유를 부당하게 구속하는 수단으로써 근로자의 자유의사에 어긋나는 근로를 강요하지 못한다고 근로기준법은 규정하고 있다. 이것은 근로자의 근로와 관련된 인격의 존중이라는 점에서 당연한 일이며 헌법 제12조 1항의 강제노역을 받지 않을 권리에 대한 규정이 근로관계에 구체화한 것으로 볼 수 있다. 여기에서 금지의 대상이 되는 근로의 강제라 함은 근로의 실행뿐만 아니라 근로자의 의사에 반한 강제근로의 준비단계의 실현도 포함된다고 넓게 해석해야 할 것이다.

6) 폭행금지　　지배와 복종이 일반화된 사회나 작업장에서는 전근대적인 행위가 자행될 가능성이 항상 존재한다. 그래서 근로기준법은 제8조에서 사용자는 사고발생 기타 여하한 이유로도 근로자에게 폭행을 하지 못한다고 명문화하고 있다.

7) 중간착취의 배제　　근로기준법 제9조는 누구든지 법률에 의하지 아니하고는 영리로 다른 사람의 취업에 개입하거나 중간인으로서 이득을 취득하지 못한다고 규정하고 있다. 경제적 약자인 근로자는 생활자료를 구하기 위하여 불리한 취업상태를 감수하는 경우가 많다. 이러한 문제점을 시정하기 위하여 근로기준법은 근로자의 취직시나 취직 후에 사용자와 근로자의 중간에 개입하여 중간에서 근로자를 착취하는 행위를 금지하고 있는 것이다.

8) 공민권행사의 보장　　근로기준법은 제10조에서 사용자는 근로자가

근로시간 중에 선거권 기타 공민권의 행사 또는 공의 직무를 집행하기 위하여 필요한 시간을 청구하는 경우에는 이를 거부하지 못하도록 규정하고 있다. 국가의 존립의 기반은 그 구성원들이 성실하게 각자의 공적인 직무를 이행하는 데 있다. 따라서 근로자인 국민에게도 그러한 권리를 행사할 수 있도록 보장되어야 하며, 이러한 이유에서 근로기준법은 근로자가 공민권의 행사 또는 공의 직무집행을 위하여 직장을 떠날 수 있도록 보장하고 그에 대한 사용자의 방해를 금지하고 있는 것이다. 다만 사용자는 근로자의 공민권의 행사나 공의 직무를 집행함에 지장이 없는 한 그 청구한 시각을 변경할 수 있을 뿐이다.

근로자를 보호하기 위한 이러한 기본원칙 외에도 근로기준법은 탄력적인 노동공급을 유지할 수 있도록 2주 단위의 48시간까지 허용하는 변형근로시간제와 긴박한 경영상의 필요가 있을 때 일시에 근로자를 대량으로 해고할 수 있는 정리해고제를 채택하고 있다. 경제의 국제경쟁력을 높이고 사용자의 경영효율을 높이기 위하여 도입되었으나 근로자의 지위를 불안하게 만들 여지가 있다.

사례 甲은 A주식회사에 일(日)고용으로 채용되었으나 임금은 월별로 지급받고 있다. 甲은 2개월마다 2-3일씩 해고된 후 다시 채용하는 방법으로 5년간 계속해서 A주식회사에 다니고 있다. 그런데 甲이 퇴직하게 되자 A주식회사는 甲이 일고용으로 채용되었으므로 근로연수가 1년이 되지 않아 퇴직금을 지급할 수 없다고 했다. 甲은 근로기준법상 퇴직금을 받을 수 있는 근로자에 해당하지 않는가?

〈해설〉

근로기준법 제34조에 의한 퇴직금의 지급은 근로연수가 1년 이상인 경우에만 해당되지만, 이때의 근로연수란 계약상의 근로기간이 아니라 사실상 계속 근로기간을 기준으로 판단한다. 따라서 이 경우 甲은 근로계약상의 근로기간은 2개월로 되어 있지만 사실상 계속근로한 경우이므로 퇴직금을 받을 수 있다.

마찬가지로 근로계약상 일용근로자로 되어 매년 1회씩 해고시키고 바로 그 다음 날 다시 채용한 경우, 1개월에 4-5일에서 15일까지 근무했지만 수년을 계속 근무한 경우 등은 모두 근로기준법의 적용대상이 되는 근로자이며 퇴직금을 받을 수 있다.

사례 甲은 A주식회사에 다니고 있는데, 취업규칙에 의해 징계처분을 받은 자에게는 임금인상 조정의 혜택을 주지 않는다고 되어 있다. 甲은 임금인상의 혜택을 받을 수 없는가?

〈해설〉

근로기준법 제6조는 사용자는 근로자에 대해 남녀의 차별적 대우를 하지 못하며 국적, 신앙 또는 사회적 신분을 이유로 근로조건에 대한 차별적 처우를 하지 못한다. 이때 차별대우란 임금뿐 아니라 승진, 여자의 낮은 정년제, 결혼 후 퇴직 등 모든 근로조건에 관한 차별을 말한다. 위 사례는 이 중 임금에 관한 차별처우가 정당한가 하는 문제이다.

임금은 근로의 대가로 지급하는 것으로 임금결정 요인은 물가지수와 생계비지수 등에 의하고 전 사원을 적용대상으로 임금인상 조정이 이루어진다. 따라서 징계처분을 받은 자에게는 임금인상조정의 혜택을 주지 않는다는 위 취업규칙의 규정은 동일노동가치에 대해서 동일임금을 지급한다는 근로기준법 제6조의 균등처우의 입법정신에 비추어 부당한 처사이다. 따라서 위 취업규칙은 무효이며 甲은 임금인상 조정의 혜택을 받을 수 있다.

(2) 산업안전보건법

근로자의 안전과 보건에 관하여 과거에는 근로기준법 제6장에서 여러 규정을 두고, 이와 별도로 산업안전보건법을 제정하여 함께 시행하였었다. 그러나 1990년 1월 13일의 근로기준법 및 산업안전보건법의 개정에 의하여 근로자의 안전과 보건에 관하여는 산업안전보건법에 의하도록 규정되어 동법이 근로자와 사용자 사이의 근로관계를 직접 규율하게 되었다. 개별적 근로관계를 규율하는 법에 근로자의 안전과 보건에 관한 규정을 둔 이유는 사용자의 배려의무와 근로자의 준수의무를 법률상의 의무로 강화함으로써 근로자의 보호에 이바지하고자 하는 데 있다. 이러한 목적을 달성하기 위하여 산업안전보건법은 노사의 의무 외에도 정부의 책무를 규정하고 있고, 산업재해예방을 효율적으로 실시하기 위하여 일정한 규모 이상의 사업장에는 안전보건관리규정을 작성・시행하도록 하였으며, 유해・위험예방조치와 근로자의 보건관리에 힘쓰도록 하는 등 여러 방안을 강구・실행하고 있다.

3. 집단적 노사관계법

근로자 개인의 권리의무관계는 개별적 근로관계를 중심으로 구체적으로 보호되고 있으나 근대적인 의미의 근로자의 생활관계는 개별적 근로관계의 보호 및 근로조건의 최저기준의 확보만으로 만족되지 않는다. 즉 근로자집단의 힘을 배경으로 근로자와 사용자의 실질적 평등을 실현함으로써 근로자의 경제적・사회적 지위향상을 추구하고 자주적인 노사관계 형성의 기반을 구축하고 있는 것이다. 이러한 의미에서 오늘날의 노동문제를 해결하기 위한 여러 활동은 주로 집단적 노사관계를 중심으로 이루어진다고 볼 수 있다. 개별적 근로관계법이 근로자 개인과 사용자 사이의 개별적 근로관계를 그 규율대상으로 한다면, 집단적 노사관계법은 다수의 근로자가 참여하는 노동조합 등의 근로자단결체와 그 활동 및 이와 관련된 집단적 현상(노동쟁의 및 조정)과 경영 내의 여러 가지 문제들을 해결하기 위하여 근로자단결체 또는 종업원대표가 사용자대표와 행하는 협의를 그 규율대상으로 한다.

(1) 노동조합 및 노동관계조정법

여기에서 말하는 '노동조합'이라 함은 근로자가 주체가 되어 자주적으로 단결하여 근로조건의 유지・개선과 근로자의 복지증진 기타 근로자의 경제적・사회적 지위의 향상을 도모함을 목적으로 조직된 단체 혹은 그 연합단체를 말한다. 다만 근로자의 단결체가 ① 사용자 또는 항상 그의 이익을 대표하여 행동하는 자의 참가를 허용하거나, ② 경비의 주된 부분을 사용자로부터 원조받는 경우, ③ 공제(共濟)・수양 기타 복리사업만을 목적으로 하는 경우, ④ 근로자가 아닌 자의 가입을 허용하는 경우, ⑤ 주로 정치운동을 목적으로 하는 경우 등은 노동조합이 아니다. 그리고 근로자가 노동조합을 조직하고자 할 때에는 노동조합 및 노동관계조정법 제10조 내지 제13조에 의거한 설립행위 및 관계기관에 설립신고를 하여야 한다.

노동조합 및 노동관계조정법은 근로자의 지위향상을 위한 여러 권리에 대하여 특별규정을 두고 있다. 먼저 근로자는 자유로이 노동조합을 조직하거나 이에 가입할 수 있으며, 다만 공무원과 교원에 대하여는 따로 법률로 정하도록 하고 있다. 그리고 적법절차에 의하여 설립된 근로자단체가 아니면 노동조합이라는 명칭을 쓰지 못하도록 하고 있고, 노동조합에 대하여는 그 사업체를 제외하고는 세법의 규정에 따라 세금을 부과하지 않도록 하고 있다. 그리고 노동조합과 그 대표자는 사용자 또는 사용자단체와 신의에 따라 성실히 교섭하고 단체협약을 체결할 권리와 의무를 부여받고 있으며, 특히 사용자에 대하여 첫째 근로자가 노동조합에 가입 또는 가입하려고 하였거나 노동조합을 조직하려고 하였거나 기타 노동조합의 업무를 위한 정당한 행위를 한 것을 이유로 그 근로자를 해고하거나 그 근로자에게 불이익을 주는 행위를 하거나, 둘째 근로자가 어느 노동조합에 가입하지 아니할 것 또는 탈퇴할 것을 고용조건으로 하거나 특정한 노동조합의 조합원이 될 것을 고용조건으로 하는 행위를 하거나,[65] 셋째 노동조합의 대표자 또는 노동조합으로부터 위임을 받은 자와의 단체협약체결 기타의 단체교섭을 정당한 이유 없이 거부 또는 해태하거나, 넷째 근로자가 노동조합을 조직 또는 운영하는 것을 지배하거나 이에 개입하는 행위와 노동조합의 전임자에게 급여를 지원하거나 노동조합의 운영비를 원조하거나,[66] 다섯째 근로자가 정당한 단체행위에 참가한 것을 이유로 하거나 또는 노동위원회에 대하여 사용자가 위반한 것을 신고하거나 그에 관한 증언을 하거나 기타 행정관청에 증거를 제출한 것을 이유로 그 근로자를 해고하거나 그 근로자에게 불이익을 주는 행위는 부당노동행위로서 금지하고 있다.

노동관계 당사자, 즉 노동조합과 사용자 또는 사용자단체 간에 임금·근로시간·복지·해고 기타 대우 등 근로조건의 결정에 관한 주장의 불일치로 인하여 발생한 분쟁상태를 노동쟁의라 한다. 이와 같은 분쟁은 쌍방의 대립관계에서 발생하는 이해상충에 의한 자생적 현상이나 자주적인 해결을 기하기는 어렵다. 노동쟁의는 단순한 노사 간의 의견의 불일치에서 비롯되나 그 영향이 사회의 여러 분야에 미치는 효과는 대단히 크므로 이의 합리적 조정을 기하고 균형 있는 노사관계의 조정이 필요하여 마련된 법이 노동조합 및 노동관계조정법과 노동위원회법이다.

구체적으로 노동조합 및 노동관계조정법은 근로자의 경제적·사회적 지위의 향상뿐만 아니라 노동관계를 공정하게 조정하여 노동쟁의를 예방·해결함으로써 산업평화의 유지와 국민경제발전에 기여함을 그 목적으로 하고 있다. 이와 같은 목적을 달성하기 위하여 여러 가지 조정과 제한을 하고 있다.

이 법의 적용을 받는 쟁의행위는 분쟁상태에 있는 노사문제의 당사자들이

---

65) 다만 노동조합이 당해 사업장에 종사하는 근로자의 3분의 2 이상을 대표하고 있을 때에는 근로자가 그 노동조합의 조합원이 될 것을 고용조건으로 하는 단체협약의 체결은 예외로 하며, 이 경우 사용자는 근로자가 당해 노동조합에서 제명된 것을 이유로 신분상 불이익한 행위를 할 수 없다.

66) 그러나 근로자가 근로시간 중에 사용자와 협의 또는 교섭하는 것을 사용자가 허용함은 무방하며, 근로자의 후생자금 또는 경제상의 불행 기타 재해의 방지와 구제 등을 위한 기금의 기부와 최소한의 규모의 노동조합사무소의 제공은 예외로 하고 있다.

행하는 행위로서 동맹파업, 태업, 직장폐쇄, 기타 노동관계 당사자가 그 주장을 관철할 목적으로 행하는 행위와 이에 대항하는 행위로서 업무의 정상적인 운영을 저해하는 행위를 말한다. 이러한 쟁의행위의 보장은 헌법에서 보장하고 있는 단체행동권에 그 근거를 둔 것으로 정당한 쟁의행위에 대하여 사용자는 노동조합 및 근로자에 대하여 손해배상을 청구할 수 없고, 국가도 쟁의행위기간 중에는 현행범이 아닌 한 이 법 위반을 이유로 근로자를 구속할 수 없도록 하고 있다. 그러나 근로자의 쟁의행위는 기업체 및 국가경제에 커다란 영향을 끼치므로 일정한 요건을 갖추도록 하고 있는데, ① 쟁의행위는 그 목적·방법 및 절차에 있어서 법령 기타 사회질서에 위반되어서는 안 되며, ② 조합원은 노동조합에 의하여 주도되지 아니한 쟁의행위(이른바 와일드 캣 스트라이크)에 가담하여서는 아니 되며, ③ 쟁의행위는 폭행·협박 기타 위력을 사용하거나 그 쟁의행위와 관계없는 자 또는 근로를 제공하고자 하는 자의 출입·조업 기타 정상적인 업무를 방해하는 방법으로 행하여져서는 아니 되도록 하고 있고, ④ 노동관계 당사자는 단체교섭 또는 쟁의행위와 관련하여 지원받을 수 있는 자의 범위를 제한하고 있고, ⑤ 쟁의행위는 그 조합원의 직접·비밀·무기명투표에 의한 조합원 과반수의 찬성을 요하도록 하고 있고, ⑥ 방위사업법에 의하여 지정된 주요방위산업체에 종사하는 근로자 중 전력, 용수 및 주로 방산물자를 생산하는 업무에 종사하는 자는 쟁의행위를 할 수 없도록 하고 있으며, ⑦ 쟁의행위기간 중에는 사용자는 쟁의행위에 참가하여 노무를 제공하지 아니한 근로자에 대하여는 그 기간에 대한 임금을 지급할 의무가 없고, 노동조합은 그 기간에 대한 임금의 지급을 요구하거나 이를 관철할 목적으로 쟁의행위를 할 수 없도록 하고 있다.

이와 같은 노동쟁의의 해결방법으로서는 조정, 중재 및 긴급조정이 있다. 노동관계 당사자는 노동쟁의가 발생한 때에는 어느 일방이 이를 상대방에게 서면으로 통보하여야 한다. 그리고 노동관계자 쌍방의 합의나 단체협약이 정하는 바에 따라 노동쟁의의 사적 조정이나 중재를 할 수 있는데 이 경우에는 이를 노동위원회에 신고하여야 한다. 사적 노동쟁의의 조정이나 중재의 방법이 마련되어 있지 않을 때에는 노동위원회는 노동쟁의의 당사자 중 어느 일방이 조정을 신청한 때에는 지체 없이 조정을 개시하여야 하며 관계당사자 쌍방은 성실히 이에 임하여야 하고, 노동위원회는 일반사업의 경우는 10일, 그리고 공익사업의 경우는 15일 이내에 이를 종료하여야 한다.

현행 노동조합 및 노동관계조정법은 조정전치주의(調整前置主義)를 취하고 있으므로 조정이나 중재가 법에 정한 기한 내에 성립되지 않은 경우에만 쟁의행위를 할 수 있다. 조정위원회의 구성은 당해 노동위원회의 위원 중에서 사용자를 대표하는 자, 근로자를 대표하는 자 및 공익을 대표하는 자 각 1인을 그 노동위원회의 위원장이 지명하되, 근로자를 대표하는 조정위원은 사용자가, 사용자를 대표하는 조정위원은 노동조합이 각각 추천하는 노동위원회의 위원 중에서 지명하는 교차지명제를 채택하고 있다. 노동위원회는 쌍방의 신청이 있거나 쌍방의 동의를 얻은 경우에는 조정위원회에 갈음하여 단독조정인에게 조정을 행하게 할 수 있다.

조정위원회나 단독조정인은 기일을 정하여 관계 당사자 쌍방을 출석하게 하여 주장의 요점을 확인하고 조정안을 작성하여 이를 관계 당사자에게 제시하고 그 수락을 권고한다. 관계 당사자가 조정안의 수락을 거부하여 더 이상 조정이 이루어질 여지가 없다고 판단되는 경우에는 조정의 종료를 결정하고 이를 관계 당사자 쌍방에 통보하여야 하나, 조정안이 관계 당사자 쌍방에 의하여 수락된 때에는 그것은 단체협약과 동일한 효력을 갖는다. 그리고 공익사업 등의 조정에 관하여는 특별조정위원회를 별도로 구성하여 조정을 시도하고, 조정이 성립할 가망이 없는 경우에는 특별조정위원회가 노동위원회에 중재회부를 권고할 수 있도록 하고 있다.

반면 관계 당사자의 쌍방이 함께 중재를 신청한 때나 관계 당사자의 일방이 단체협약에 의하여 중재를 신청한 때에는 노동위원회는 중재를 행하게 된다. 중재에 회부된 경우에는 그 날로부터 15일간은 쟁의행위를 할 수 없으며, 중재위원회는 중재위원 3인으로 구성한다. 중재위원회는 기일을 정하여 관계 당사자 쌍방 또는 일방을 중재위원회에 출석하게 하여 주장의 요점을 확인하고 중재재정을 서면으로 작성하여 효력발생기일을 명시한다.

관계 당사자는 지방노동위원회 또는 특별노동위원회의 중재재정이 위법이거나 월권에 의한 것이라고 인정하는 경우에는 그 중재재정서의 송달을 받은 날부터 10일 이내에 중앙노동위원회에 그 재심을 신청할 수 있으며, 중앙노동위원회의 중재재정이나 재심결정이 위법이거나 월권에 의한 것이라고 인정하는 경우에는 그 중재재정서 또는 재심결정서를 송달받은 날부터 15일 이내에 행정소송을 제기할 수 있다. 중재재정이나 재심결정이 확정된 때에는 당사자는 이에 따라야 하며 그 내용은 단체협약과 동일한 효력을 갖는다.

그리고 노동부장관은 쟁의행위가 공익사업에 관한 것이거나 그 규모가 크거나 그 성질이 특별한 것으로서 현저히 국민경제를 해하거나 국민의 일상생활을 위태롭게 할 위험이 현존하는 때에는 중앙노동위원회 위원장의 의견을 들어 긴급조정의 결정을 할 수 있다. 노동부장관이 긴급조정의 결정을 하고 그 이유를 붙여 이를 공표하면 관계 당사자는 즉시 쟁의행위를 중지하여야 하며, 공표일부터 30일이 경과하지 아니하면 쟁의행위를 재개할 수 없다. 이 기간에 중앙노동위원회는 조정과 중재를 하고 통상의 절차에 의하여 노동쟁의의 조정을 한다.

(2) 노동위원회법

노동위원회법은 노동관계에 있어서 판정 및 조정업무의 신속·공정한 수행을 위하여 노동위원회를 설치하고 그 운영에 관한 사항을 규정함으로써 노동관계의 안정과 발전에 이바지함을 목적으로 제정된 법이며, 이를 집행하기 위한 기구가 곧 노동위원회이다. 노동위원회는 중앙노동위원회, 지방노동위원회 및 특별노동위원회가 있으며 노동위원회의 위원구성은 근로자를 대표하는 근로자위원과 사용자를 대표하는 사용자위원은 각 10인 이상 50인 이하, 공익을 대표하는 공익위원은 10인 이상 70인 이하의 범위 안에서 각 노동위원회의 업무량을 감안하여 대통령령으로 정하며, 이 경우 근로자위원과 사용자위원은 동수로 한다. 노동위원회의 근로자위원은 노동조합에서 추천한 자 중에서, 사용자위원은 사용자단체에서 추천한 자 중에서 선출한다.

공익위원은 해당 노동위원회 위원장·노동조합 및 사용자단체가 각각 추천한 자 중에서 노동조합과 사용자단체가 순차적으로 배제하고 남은 사람 중에서, 중앙노동위원회의 공익위원은 대통령이, 지방노동위원회의 공익위원은 중앙노동위원회 위원장이 각각 위촉한다. 이와 같은 노동위원회는 법령에 의하여 그 권한에 속하는 사항을 독립하여 수행하고 그 업무집행을 위하여 필요하다고 인정할 때에는 관계 행정기관에 협조를 요청할 수 있으며 협조를 요청받은 관계 행정기관은 특별한 사유가 없는 한 이에 응하여야 하고, 관계 행정기관으로 하여금 근로조건의 개선에 관하여 필요한 조치를 하도록 권고할 수 있다.

뿐만 아니라 노동위원회는 그 사무집행을 위하여 필요하다고 인정할 때에는 근로자 · 노동조합 · 사용자 · 사용자단체 기타 관계인에 대하여 출석 · 보고 · 진술 또는 필요한 서류의 제출을 요구하거나 위원장 또는 부문별위원회 위원장이 지명한 위원 또는 조사관으로 하여금 사업 또는 사업장의 업무상황 · 서류 기타 물건을, 그 권한을 표시하는 증표를 관계인에게 제시하고 조사하게 할 수 있다.

중앙노동위원회는 지방노동위원회 및 특별노동위원회의 처분에 대한 재심사건과 2 이상의 지방노동위원회의 관할구역에 걸친 노동쟁의의 조정사건 그리고 다른 법률에 의하여 그 권한에 속하는 것으로 규정된 사건을 관장하고, 지방노동위원회는 해당 관할구역에서 발생하는 사건을 관장하되 2 이상의 관할구역에 걸친 사건은 주된 사업장의 소재지를 관할하는 지방노동위원회에서 관장하며, 특별노동위원회는 관계 법률이 정하는 바에 따라 그 설치목적으로 규정된 특정사항에 관한 사건을 관장하여 처리한다.

제4절 경 제 법

Ⅰ. 독점자본주의와 사회조직

1. 현대사회의 특질

자본주의경제가 자유자본주의로부터 독점경제단계에 이르러 카르텔, 트러스트, 콘체른 등의 기업합동 내지 기업결합방법에 의하여 기업자체의 통제가 행하여지면 기업독점의 폐해는 현저하게 국민경제에 영향을 미치게 된다. 이와 같은 독점기업의 횡포와 폐해를 방지하기 위하여는 국가가 직접 산업조직에 적극적으로 관여하여 이를 통제 · 조정할 필요가 생기게 된다. 그리하여 경제법은 종래 개인의 사적 자치의 원칙에 따라 자유의사에 맡겨져 있던 것을 자본주의의 팽창으로 인한 독점경제하에서는 자연적 질서가 유지될 수 없게 되므로 국가가 사회적 입장에서 그의 자각적 의사에 의하여 그것을 통제하려고 한다.

그리하여 경제법(Wirtschaftsrecht)의 목적은 현실적인 공법의 사법에 대한 간섭과 시민사회와 정치사회의 대립을 배격하고 공법·사법의 대립적 영역 중에도 포섭되지 않고 그 독자적인 법익을 형성하려는 데 있다.

20세기에 들어와서 총력전 성격을 띤 두 차례의 대전을 치르는 중에서 전시통제를 통하여 각국에서는 경제통제가 급진적으로 진행되었다. 그러한 경제통제 입법은 언제나 국민경제를 토대로 가장 효율적인 통제를 통하여 전략상 취해진 조치였다. 그러나 전후에는 사정변경에 의하여 경제통제의 목적도 달라지지 않을 수 없게 되었다.

2. 경제법의 본질과 법체계상의 지위

국가가 경제통제를 수행하는 목적은 경우에 따라서 달라질 수 있겠으나, 기본적으로는 크게 3가지로 대별할 수 있을 것이다. 첫째로 수요와 공급을 결정하던 '보이지 않는 손'에 의하여 조정되던 가격의 자동적 조절작용이 독과점 현상의 확대로 인하여 그 작용을 하지 못하게 되었으므로 이를 회복하기 위한 것이다. 둘째로 대기업의 거대화와 조직화에 따른 경제적 약자나 대기업의 지배를 받는 대상의 권리를 보호하기 위한 것이다. 셋째로 시민사회 법질서의 전제조건이 되었던 계약당사자의 평등한 지위가 형식상으로는 유지되고 있으나 사실상 붕괴되었기 때문에 이를 보호·유지하기 위한 것이다. 이러한 의미에서 경제법은 사회적 정의의 구현을 위하여 개인의 자유와 사회적 요청 사이의 긴장관계를 해결하기 위한 법이라고 할 수 있으며, 이러한 비민주적 경제질서 내지 긴장관계에 대하여 민주적 시장경제질서를 만드는 것이 경제법의 본질이라고 할 수 있다.

이러한 경제법은 국가와 시민사회의 2원성을 전제로 하여 볼 때 공법도 아니고 사법도 아닌 제3의 법역인 사회법의 일부분을 구성한다고 보는 것이 다수의 견해이다. 그리고 헌법은 국가의 기본법이자 최고규범으로서 한 나라의 이념과 사회제도를 결정한다. 그러므로 경제법도 헌법의 기본원리에 따르고, 헌법의 테두리 안에서 그 성립과 효력이 인정되며, 헌법에 의하여 규정된 사회제도는 한 나라의 경제법의 성격 자체를 결정하게 된다. 또한 국가의 권력적 작용이라는 점에서 공통점을 갖는 경제법과 행정법은 전자가 국민경제의 균형 있는 발전과 민주적 시장경제질서의 확립을 목적으로 경제에 대한 국가의 간섭을 내용으로 하는 것임에 반하여, 후자는 국가 행정권의 조직 및 작용에 관한 법이고 국가활동 전체에 미치는 것이라는 점에서 차이점을 갖는다. 경제법이 경제에 간섭하는 것을 전제로 하는 것임에 비하여, 민법은 개인주의에 입각하여 국가의 간섭을 배제한 자유주의를 기본원리로 한다는 점에서 차이가 있다. 기업에 관한 법이라는 점에서 공통점을 갖는 상법과 경제법은 전자가 시민법으로서 계약의 자유를 인정하고 영리성을 그 바탕으로 하는 데 반하여, 후자는 국가 공익적 견지에서 그 사회성 · 공공성을 중요시한다는 점에서 차이가 있다.

3. 경제법의 대상

경제가 본래의 기능을 제대로 발휘할 수 있도록 하고, 올바른 시장경제질서가 형성될 수 있도록 하는 것을 추구하는 경제법은 좁은 의미로는 경제조직법 및 경제활동법 그리고 독점금지법을 의미하나 넓은 의미로는 아래와 같은 것을 그 대상으로 포함한다.

(1) 경제헌법

자본주의적 사회제도와 경제질서의 기본원칙을 규정하고 있는 헌법도 넓은 의미에서 경제법의 한 대상이다.

(2) 경제사법

사기업조직의 형태와 운영, 사기업에 의하여 지배되고 있는 재화와 용역에 대한 사항, 사기업의 다른 사기업 및 소비자에 대한 관계를 규율하는 것 등도 그 대상의 일부분을 이룬다.

(3) 경제행정법

공권력이 과거에는 자유방임상태로 방치하였던 경제질서의 사법적 영역에 간섭하거나 공권력 자체가 일방당사자가 되어 경제활동을 하는 경우 이에 관련된 법규정도 경제법의 한 대상으로 볼 수 있다.

(4) 경제형법

경제법의 실효성을 확보하기 위하여 국가가 경제법규에 대한 위반행위를 처벌하기 위한 법규로서 이것도 넓은 의미의 경제법의 한 분야이다.

(5) 경제절차법

일정한 경제법적 문제에 관한 다툼을 해결하기 위한 법절차로서 그 형태는 행정소송 · 형사소송 · 민사소송 등 여러 가지가 있을 수 있다.

(6) 국제경제법

국제거래를 가능·촉진시키며 공정한 국제거래가 형성되도록 할 것을 목적으로 입법하고 규율하는 법의 영역으로 국내법과 국제법을 포함한다. 이에는 경제관련 조약·대외무역법·외국환관리법 등이 있다.

4. 경제법의 규제

경제활동에 국가가 간섭하는 방법은 권력적인 국가의 간섭을 의미하는 통제뿐만 아니라 비권력적인 간섭도 있다. 또한 적극적인 내용(보호·조성)뿐만 아니라 소극적인 내용(제한)을 갖는 경우도 있다. 이러한 것을 통틀어 규제라고 한다. 경제법에서 규제의 주체는 원칙적으로 국가이며, 그 대상은 경제생활이고, 객체는 주체의 규제를 받는 개인·단체·기업이다.

규제의 방법은 여러 가지가 있으나 크게 나누어 국가의 권력적·강제적 규제와 비권력적 규제로 구분할 수 있다. 경제법은 시민법에 의한 자유경제를 수정하는 것이므로 그 규제는 권력적·강제적인 경우가 많으며, 이러한 권력적 규제는 가장 직접적이고 효과적인 규제방법이지만 법률에 그 근거를 가지고 있어야 한다. 구체적으로는 일정한 행위를 일률적으로 명령하거나 금지할 필요가 있을 때에 법령에 의하여 직접 경제에 규제를 가하는 법률에 의한 직접적 강제, 경제에 대한 규제를 법령에 기한 행정청의 행정처분으로 행하는 행정청에 의한 규제, 특정한 경제정책을 시행하기 위하여 입법으로 간접적 강제를 하는 입법에 의한 사법관계에 대한 간접적 강제 등이 있다.

법률에 의한 직접적 강제에는 일정한 요건을 충족하는 자에게 작위·부작위·급부·수인의 의무를 과하는 것(예컨대 양곡을 정부에 매도하도록 의무지우는 것 등)과 사인 간의 경제거래관계에 개입하는 것(예컨대 고시가격을 초과한 거래의 금지, 부당한 공동행위의 금지 및 불공정거래행위의 제한, 이자의 제한 등) 등이 있다. 오늘날 경제에 대한 규제는 행정권에 의한 규제가 일반적인데 이는 경제법의 규제의 대상인 경제활동의 범위가 극히 유동적이고 다양하며 고도의 전문성을 요하는 것이 많으므로 행정청의 탄력 있는 처분에 맡기는 것이 바람직하기 때문이다.

행정권에 의한 규제는 국민에게 작위·부작위·급부·수인 등의 의무를 과하거나 의무를 면제하는 명령적 행위나 특허나 인가와 같이 형성적 행위로서 행하여진다.

비권력적 규제는 국가나 공공단체가 비권력적·사법적 수단에 의하여 경제에 개입하고 이를 규제하거나 사인에 대한 행정지도 등을 통하여 국민의 경제생활을 일정한 방향으로 유도하는 것이다. 구체적으로는 특수기업의 형태 등으로 국가가 경제생활의 주체가 되는 경우나 국가가 보조금지급이나 손실보상 등의 방법으로 사경제에 경제적 지원을 하는 방법 등이 있다. 국가가 사경제주체에 대하여 권고나 고시, 조언, 요망 등의 방법으로 비권력적인 행정지도를 통하여 규제하는 경우도 있다.

Ⅱ. 우리나라의 경제법

우리나라 헌법은 제9장 경제편에서 아주 이상적인 특징을 지닌 조항을 규정하고 있다. 경제질서의 기본원칙으로 개인의 경제상의 자유와 창의를 존중하며, 국가는 균형 있는 국민경제의 성장 및 안정과 적정한 소득의 분배를 유지하고, 시장의 지배와 경제력의 남용을 방지하며, 경제주체 간의 조화를 통한 경제의 민주화를 위하여 경제에 관한 규제와 조정을 할 수 있도록 하고 있다(헌법 제119조). 또한 국가는 광물 기타 중요한 지하자원·수산자원·수력과 경제상 이용할 수 있는 자연력은 법률이 정하는 바에 의하여 일정한 기간 그 채취·개발 또는 이용을 특허할 수 있으며, 국토와 자원을 보호하고 그 균형 있는 개발과 이용을 위하여 필요한 계획을 수립하도록 하고 있다(헌법 제120조).

뿐만 아니라 원칙적으로 소작제도는 금지되며 국가는 농지에 관하여 경자유전의 원칙이 달성될 수 있도록 노력하도록 하고 있으면서도 농업생산성의 제고와 농지의 합리적인 이용을 위하거나 불가피한 사정으로 발생하는 농지의 임대차와 위탁경영은 법에 의하여 인정할 수 있도록 하고 있다(헌법 제121조). 나아가 농지와 산지 기타 국토의 효율적인 이용·개발과 보전을 위하여 법률에 정하는 바에 의하여 그에 관한 필요한 제한과 의무를 과할 수 있도록 하고(헌법 제122조), 농업 및 어업을 보호·육성하기 위하여 농·어촌종합개발과 그 지원 등 필요한 계획을 수립·시행하도록 하고 있다(헌법 제123조 1항). 또한 국가는 지역 간의 균형 있는 발전을 위하여 지역경제를 육성할 의무를 지고(헌법 제123

조 2항), 중소기업을 보호・육성하여야 하며(헌법 제123조 3항), 농수산물의 수급균형과 유통구조의 개선에 노력하여 물가안정을 도모함으로써 농어민의 이익보호(헌법 제123조 4항)와 함께 농・어민과 중소기업의 자조조직을 육성하여야 하고 그 자율적 활동과 발전을 보장한다(헌법 제123조 5항).

그리고 국가는 건전한 소비행위를 계도하고 생산품의 품질향상을 촉구하기 위한 소비자보호운동을 법률이 정하는 바에 의하여 보장한다(헌법 제124조). 나아가 대외무역을 육성하며, 이를 규제・조정할 수 있으나(헌법 제125조), 국방상 또는 국민경제상 긴급한 필요로 인하여 법률이 정하는 경우를 제외하고는 사영기업을 국유 또는 공유로 이전하거나 그 경영을 통제 또는 관리할 수 없도록 하여(헌법 제126조) 사인의 경제활동의 자유를 최대한 보호하고 있다. 또한 국가는 과학기술의 혁신과 정보 및 인력의 개발을 통하여 국민경제의 발전에 노력하여야 하도록 규정하고 있다(헌법 제127조 1항). 이러한 헌법상의 경제관련조항을 근거로 하여 많은 경제관련법규가 입법되고 있으나, 가능한 한 헌법정신에 일치하도록 사인의 경제활동의 자유를 보장하고 그 규제는 필요한 최소한으로 그쳐야 할 것이다.

제5절 사회보장법

Ⅰ. 사회보장법의 의의

1. 사회보장법의 성립

자본주의의 발달은 생산수단의 거대화와 독점화를 가져온다. 이러한 생산수단을 매개로 하여 충분한 생존의 안정을 갖지 못하는 사람을 보호하기 위하여 존재하는 법의 영역이 노동법이라는 것은 이미 전술한 바이다. 그러나 현재 인간다운 생활을 영위하고 있는 국민이라고 하더라도 질병이나 재해, 노령 등으로 그 생존에 위협을 받을 가능성은 항상 존재한다. 특히 그들이 자본주의사회에서 생활을 영위하고 있는 무산자라면 그 생존에 대한 위협은 절박한 것이며, 그 개인 혼자의 힘으로 그러한 위협에 대처하기를 기대한다는 것은 현실적으로 어려운 일이다. 물론 이러한 생활상의 위험에 대하여 개인의 자유와 스스로에 대한 책임을 강조했던 시민법질서하에서는 국가나 사회는 그 구성원의 그러한 위험에 대하여 아무런 책임을 지지 않는 것이 원칙이었다.

그러나 그러한 국가의 자유방임이 생존의 기회를 부여받지 못한 무산자와 자본을 독점하고 있는 유산자의 공정한 경쟁을 확보하기에는 역부족이었음이 점차로 드러나게 되었다. 이러한 사실에 대한 반성에서 출발하여 그 사회구성원의 생활상의 위험을 제거하고 생존권을 확보하여 줌으로써 인간다운 생활을 영위할 수 있도록 정책적으로 입법함으로써 일반적으로 사회보장법이라고 부르는 법의 한 영역이 성립하게 된 것이다.

사회구성원의 인간다운 생활을 보장할 수 있는 법적 근거를 마련하기 위하여 헌법은 제34조에서 "① 모든 국민은 인간다운 생활을 할 권리를 가진다. ② 국가는 사회보장·사회복지의 증진에 노력할 의무를 진다"고 규정하고 있다. 이러한 헌법의 규정을 근거로 성립된 사회보장적 성격을 지닌 법들이 국민연금법·국민건강보험법·아동복지법·노인복지법·국민기초생활보장법 등의 사회보장법이다.

2. 사회보장법의 영역

사회구성원의 생존에 대한 위험을 제거하는 방법은 여러 가지가 있을 수 있으며 경우에 따라서는 같은 대상을 두고 서로 다른 방향에서 보호할 수 있으므로 사회보장법의 영역도 다른 사회법의 영역과 마찬가지로 일률적으로 확연히 구분할 수 있는 것은 아니다. 따라서 동일한 법규를 대상으로 서로 다른 법의 영역에서 논할 수 있는 것이므로, 여기에서는 다른 법의 영역과 중복되는 것은 제외하기로 한다.

먼저 들 수 있는 것이 사회보험법이다. 사회구성원 전체를 대상으로 하여 강제적으로 사회적 부양성을 갖는 법의 영역이 이 부류에 속한다. 국민건강보험법·공무원연금법·군인연금법·국민연금법이나 차량의 책임보험 등을 들 수 있다. 그리고 공적 부조법도 사회보장법의 일부분을 이룬다. 공적 부조법은 사회 전체의 책임으로 사회구성원에게 일정한 수준 이상의 인간다운 생활을 보장해 준다는 점에서 그 특징이 있다. 즉 사회구성원의 최소한의 생활을 보장하기 위한 것이라는 점에서 사회보험과 공통점을 가지나, 사회구성원의 생활을 위협하는 일정한 위험에 대응하는 것이 아니라 일정한 최저수준의 생활에 미달하는 사회구성원에게 그 소득을 확보해 주려고 하는 점에서 차이점이 있다. 이러한 공적 부조법의 예로는 국민기초생활보장법이나 의료급여법 등을 들 수 있을 것이다.

이 밖에도 사회적 약자에게 공적 서비스를 제공하는 사회복지법이나 국민 전체의 질병예방을 목적으로 하는 공중위생에 관한 법규도 넓은 의미의 사회보장법의 영역에 포함된다고 할 수 있다. 전자의 예로는 아동복지법·모자보건법·노인복지법 등을 들 수 있고, 후자의 예로는 공중위생관리법 등을 들 수 있다.

Ⅱ. 우리나라의 사회보장법

헌법 제34조 이하의 규정을 근거로 우리나라는 여러 가지 형태의 사회보장입법이 이루어졌다. 그러나 우리나라의 경우 사회보장입법이 경제적·사회적 여건이 충분히 성숙하지 못한 상태에서 행정부가 일방적으로 성안한 것이 많은 실정이다. 그 결과 사회보장의 입법내용도 관주도형의 성격이 강하게 나타나고 있다. 우리나라의 사회보장관계법은 민간이 적극 참여하여 사회구성원의 생존을 보다 실질적으로 보장할 수 있는 방향으로 정립되어야 함과 동시에 실업문제 등 사회구성원의 생존을 심각하게 위협할 수 있는 분야에 대하여도 더 많은 사회보장법의 입법이 있어야 되리라고 본다.

7 소 송 법

제1절 총　　설

Ⅰ. 소송과 소송법

소송이라는 것은 법원에 의한 법규의 적용·실현, 즉 공권력에 의한 판단으로써 구체적인 법률상태를 확정하거나, 공권력에 의하여 이에 대응하는 사실상태를 강제적으로 실현함을 목적으로 하고, 이에 관하여 이해관계가 대립되는 주체(소송당사자)를 관여시키는 법률절차를 말한다. 소송법은 이와 같은 소송을 규율하는 법을 총칭하는 말인데, 소송의 종류에 따라서 민사소송법, 형사소송법, 행정소송법, 군법회의법 등으로 구별된다. 소송법은 국가재판권의 행사에 관한 법이기 때문에 총론에서 설명한 바와 같이 공법이고, 또 민법·형법·상법 등이 실체법인 데 반하여 소송법은 절차법이다.

Ⅱ. 법　　원

법원의 조직과 구성에 관하여는 법원조직법에 규정되어 있는데, 법원에는 최고법원인 대법원과 하급법원인 고등법원·특허법원·지방법원·가정법원·행정법원 및 회생법원의 7종류가 있고, 지방법원과 가정법원의 사무의 일부를 처리하기 위하여 그 관할구역 내에 지원을 두고 있다.

대법원의 심판은 대법관 전원의 3분의 2 이상의 합의체에서 행하고, 고등법원·특허법원 및 행정법원의 심판은 판사 3인으로써 구성된 합의부에서 행한다. 지방법원·가정법원·회생법원과 지방법원지원 및 가정법원지원의 심판은 단독판사가 행하는 것이 원칙이지만, 합의심판을 요할 때에는 판사 3인으로 구성되는 합의부에서 행한다.

이와 같이 법원에 등급을 두는 것은, 법관도 인간인 이상 인간인 법관이 하는 심판에도 잘못이 있을 수 있으므로 하급법원의 심판에 불복일 경우에는 상급법원의 심판을 다시 받을 수 있는 길을 터놓음으로써 잘못된 심판을 피하고자 함이다.

민사사건과 형사사건은 3심제로 되어 있는데, 제1심은 지방법원이나 또는 지방법원지원이 관할하며, 제1심판결에 대한 상소인 항소심은 그 판결이 단독판사에 의한 경우에는 지방법원 본원 합의부가 관할하고, 지방법원 합의부에 의한 경우에는 고등법원이 관할한다. 제2심인 항소심의 판결에 대한 상소인 상고심은 대법원의 관할로 되어 있다.

그리고 공법상의 권리관계에 관한 쟁송을 그 대상으로 하고 있는 행정소송도 3심제로 하고 있으나 그 특수성에 비추어 ① 임의적 전치주의(예컨대 국세·지방세 등 조세쟁송에서 다단계의 전치절차를 거쳐 행정소송을 제기토록 하는 것 등), ② 처분청으로의 피고적격의 한정, ③ 지방법원과 동급의 행정법원을 제1심으로 하는 3심제(행정법원은 행정소송법 중 개정법률에 의하여 1998년 3월 1일부터 설치·운영됨), ④ 집행정지제도, ⑤ 관련청구의 병합, ⑥ 직권탐지주의, ⑦ 재량에 의한 청구기각(사정판결), ⑧ 확정판결의 기속력 등 몇 가지 절차상의 특례를 규정하고 있다. 그러나 그 밖에는 민사소송법의 절차를 준용하고 있으므로 행정소송은 특별민사소송절차라고도 할 수 있다.

Ⅲ. 소송당사자

소송에서 법원에 대하여 자기에 대한 재판권의 행사를 요구하는 자 및 그 상대방으로서 이에 대한 재판권의 행사를 요구받은 자를 소송당사자라고 하는

데, 재판권의 행사를 공정히 하기 위하여 대립되는 이해관계인을 당사자로 관여시키는 소송구조가 채용되므로 소송에는 반드시 이와 같이 대립되는 당사자가 있어야 한다. 민사소송·선거소송·행정소송 등에 있어서의 원고와 피고, 형사소송에서의 검사와 피고인이 이에 해당한다.

이와 같은 소송당사자가 될 수 있는 소송법상의 능력을 '당사자능력'이라고 한다. 다시 말하면 민사소송법상에서는 원고로서 소송하고 또 피고로서 소송당하는 능력을 말하는데, 민사소송법은 당사자능력을 원칙적으로 사법상의 권리능력에 준거시키고 있으므로 자연인과 법인은 모두 당사자능력을 갖는다. 형사소송법상으로도 마찬가지이므로 검사와 피고인에 관하여 논의되어야 할 것이나, 검사는 법정자격을 갖추어 채용되므로 문제될 것이 없다. 따라서 형사소송법상에서는 당사자능력은 피고인이 될 수 있는 능력을 말하게 되는데 자연인은 물론 법인도 당사자능력을 갖는다.

그러나 당사자능력이 있는 자 전부가 '소송능력'을 갖는 것은 아니다. 소송능력이란, 단독으로 유효한 소송행위를 할 수 있는 능력으로서 말하자면 소송법상의 행위능력인데 민사소송법은 소송능력의 유무를 민법상의 행위능력의 유무에 준거시키고 있으므로 행위능력자는 소송능력자라 할 수 있다. 형사소송법상에서는 이때에도 검사의 경우는 문제되지 않으므로 피고인으로서 유효하게 소송행위를 할 수 있는 능력을 말하는데 명문은 없지만 소송능력은 의사능력이라고 해석된다.

제2절 민사소송

민사소송의 진행단계는 양 당사자가 다투고 있는 문제에 대하여 법원이 해결을 내리는 '판결절차'와 판결에 의하여 확정된 권리·의무관계를 피고가 자발적으로 이행하지 않을 때에 국가권력으로 원고의 권리를 실현하여 주는 '강제집행절차'로 크게 나눌 수 있으며, 소의 제기로부터 시작되어 판결이 확정됨으로써 끝나는 판결절차에 관하여 설명하면 다음과 같다.

Ⅰ. 소의 제기

재판에 의하여 권리를 보호받고자 하는 원고의 신청을 소(訴)라고 하는데 소송은 이와 같은 소의 제기에 의하여 개시되며, 그 절차로는 소장을 법원에 제출함으로써 시작된다. 따라서 사생활관계에 대하여는 국가가 간섭하지 아니하는 것이 원칙이므로 아무리 억울한 일이 발생하여도 법원에 호소하여 오지 않는 한, 법원이 스스로 분쟁에 가담하지는 않는다. 억울한 당사자가 법원에 호소하는 것을 소의 제기라고 하고 이러한 소를 제기함에는 원칙적으로 소장이라는 서면을 제1심법원에 제출할 것을 요한다. 다만 예외로서 ① 소송가액이 3000만원 이하의 소액사건에 관하여는 구술에 의한 소의 제기를 할 수 있으며, ② 소액사건에서는 양 당사자가 법원에 임의출석하여 변론함으로써 간편하게 제소할 수 있는 임의출석제를 인정하고 있고, ③ 독촉절차에 의한 지급명령에 대하여 채무자의 이의가 있는 경우나, ④ 제소전화해의 불성립으로 제소신청이 있는 경우, ⑤ 그리고 조정이 성립되지 아니하거나 조정에 갈음한 결정에 이의신청을 한 때 등에는 지급명령·화해·조정신청서가 소장에 갈음하여 소송절차로 이행되므로 소장을 필요로 하지 않는다. 그런데 소장에는 당사자, 법정대리인, 청구의 취지, 청구의 원인 등 소송에 필요한 사항을 기재하여야 한다.

소장에 기재할 사항은 당사자 및 법정대리인의 표시·청구의 취지·청구의 원인 등의 필요적 기재사항과 기재하지 아니하여도 소장각하명령을 받지 않을 사항이나 뒤에 원고가 자기의 주장을 증명하기 위하여 제출하여야 될 ① 관할원인 등 소송요건에 기초가 될 사실, ② 청구를 이유 있게 할 사실상의 주장(넓은 의미의 청구원인), ③ 청구원인사실에 대응하는 구체적 증거방법 등의 임의적 기재사항 등을 기재한다. 청구의 취지라 함은 "피고는 원고에 대하여 금 몇 만원을 지급하라는 판결을 구한다"라든가, "어떠한 물건은 원고의 소유임을 확인한다라는 판결을 구한다"라든지, 또는 "원고와 피고는 이혼하라는 판결을 구한다"라고 하는 것처럼 어떠한 범위 또는 형태의 판결을 구하는가를 표시하는 소의 결론에 해당하는 부분이다.

그리고 청구의 원인이라 함은 그러한 주장을 하는 기초가 되는 권리관계 내지는 그 권리를 발생시킬 원인인 사실을 말한다. 예컨대 점유침탈을 이유로 침탈물의 반환을 청구할 경우에는 원고에게 점유권이 있다는 사실과 피고가 원고의 점유권을 부당하게 침탈하였다는 사실 등을 들 수 있을 것이다.

Ⅱ. 소의 종류

원고가 소를 제기할 때 선택할 소의 종류는 청구의 성질이나 내용에 따라서 분류하면 확인의 소·이행의 소·형성의 소로 구분할 수 있고, 제소의 모습과 시기에 의하여 분류하면 ① 단일의 소(1인의 원고가 1인의 피고를 상대방으로 하여 1개의 청구를 하는 가장 단순한 소)와 병합의 소(단일의 소가 물적 또는 인적으로 수 개 결합된 것), ② 독립의 소(다른 소송절차와 관계 없이 그 제기에 의하여 비로소 새로 재판절차를 개시시키는 소)와 소송 중의 소(이미 계속 중인 소송절차를 이용하여 그 당사자나 제3자가 이와 병합심리를 구하려 제기하는 소로 청구의 변경·중간확인의 소·반소·소송인수·공동소송인의 추가·독립당사자참가·공동소송참가·참가승계 등)가 있다.

1. 확인의 소

이는 특정의 권리 또는 법률관계의 존재·부존재의 확정을 요구하는 소송을 말한다. 물건에 대한 소유권의 확인과 같은 권리관계의 존재의 확정을 목적으로 하는 소를 적극적 확인의 소라고 하고, 상대방에 대하여 채무가 없음을 확인하여 달라고 청구하는 것과 같은 부존재의 확정을 목적으로 하는 소를 소극적 확인의 소라고 한다. 이러한 확인의 소는 원칙적으로 특정한 권리나 법률관계의 존부에 국한되므로 사실의 유무(예컨대 과실의 유무)나 추상적인 법률문제(예컨대 특정한 법률의 위헌여부 등) 등은 그 목적으로 할 수 없다. 다만 증서진부확인의 소는 서면이 작성명의자에 의하여 작성되었는가 또는 위조·변조되었는가를 확정하는 사실관계의 확인이지만 예외적으로 인정된다(대법원 1991.12.10 선고, 91다15317 판결 등).

확인의 소가 다른 종류의 소와 다른 점은 ① 청구권만이 대상이 되는 이행의 소와 달리 소유권·상속권 등의 절대권 자체나, 임대차관계·고용관계 등의 포괄적인 권리관계 등 모든 권리관계를 소의 대상으로 할 수 있다는 것, ② 청구권의 액수를 확정할 수 없어 이행의 소를 제기할 수 없는 경우에 시효중단을 위하여 청구권의 존재라도 판단을 받아 둘 필요가 있을 때 그 역할을 할 수 있다는 것, ③ 소극적 확인의 소에 의하여 법률관계의 명확화와 동시에 상대방에 대한 선제공격으로 사전에 분쟁예방을 할 수 있다는 것 등에서 이행의 소와 구별되고, 현재 존재하고 있는 권리를 공권적으로 선언해 줄 것을 요구한다는 점에서 새로운 권리관계의 창설을 구하는 형성의 소와 구별된다.

2. 이행의 소

이행의 소는 사법상 청구권의 존재와 이에 의한 피고의 현재나 또는 장래에 이행명령을 해 달라고 요구하는 소송이다. 그러므로 이 소송은 다툼이 있거나 불확실한 청구권을 확정받는 한편 피고에 대한 이행명령의 선고를 받아 강제집행의 방법으로 청구권을 실현시키려는 것이다. 이러한 이행의 소에 있어서는 사법상의 청구권뿐만 아니라 공법상의 청구권이라도 민사소송사항이라면 무방하며 채권에 기하든 물권에 기하든 불문하나 실체법상의 청구권이 그 바탕이 되어야 한다. 변론종결시를 기점으로 이행의무의 이행기가 현존하는 것을 주장하는 것을 현존의 이행의 소라고 하고, 이행기가 도래하지 않은 청구권에 대하여 장래의 이행의무를 주장하는 것을 장래의 이행의 소라고 한다.

이행의 소는 법원으로부터 상대방에 대한 이행명령을 받는 데 주된 목적이 있다. 그러므로 이행의 소에 의한 이행판결은 집행권원이 되고 이에 근거하여 강제집행을 할 수 있다. 이행판결이 확정되면 이행청구권의 존재를 확정하는 효력인 기판력뿐만 아니라 피고를 상대로 강제집행할 수 있는 집행력이 생긴다. 따라서 이행판결은 확인판결 이상의 의미가 있을 수 있으나, 이행의 소를 기각하는 판결은 청구권의 부존재를 확정하는 확인판결에 지나지 않는다.

3. 형성의 소

기존의 법률관계의 변동 또는 새로운 법률관계의 발생을 청구하는 소를 형성의 소라고 하는데 '창설의 소' 또는 '권리변경의 소'라고도 부른다. 이러한 형성의 소는 창설적 효과를 목적으로 한다는 점에서 기존의 법률관계를 확정・실현시키는 선언적 효과를 목적으로 하는 확인의 소나 이행의 소와 구별된다. 형성의 소에는 실체법상의 법률관계의 변동을 구하는 것(예컨대 가사소송, 회사관계

소송, 행정처분의 취소나 변경을 목적으로 하는 항고소송, 선거무효나 당선무효의 소, 위헌제청, 헌법소원 등), 소송법상의 법률관계의 변동을 목적으로 하는 것(예컨대 재심의 소, 준재심의 소, 중재판정취소의 소, 제권판결에 대한 불복의 소, 청구이의의 소, 집행문부여에 관한 이의의 소, 제3자 이의의 소 등), 소송사건이지만 실질은 비소송사건인 것(소송의 기준이 되는 법규가 없는 것. 예컨대 경계확정소송・부(父)를 정하는 소・공유물분할청구의 소 등) 등이 있다.

형성의 소에 대한 청구기각의 판결은 단지 형성요건의 부존재를 확정하는 확인판결에 지나지 않으나, 원고승소판결은 그것이 형식적으로 확정되면 형성요건에 대한 기판력이 발생하는 동시에 법률관계를 발생・변경・소멸시키는 형성력이 생겨 제3자에게도 그 효력이 미친다. 형성의 소의 대상인 법률관계는 형성판결의 확정에 의해서만 변동의 효과가 생기므로 판결이 확정되기 전에는 원칙적으로 그 법률관계를 존중하여야 한다. 따라서 형성판결이 확정되기 전에는 아무리 혼인취소사유나 이혼사유가 있다고 하더라도 혼인취소 또는 이혼판결을 받지 않고는 혼인관계가 해소되었음을 전제로 하는 위자료청구를 할 수는 없다.

Ⅲ. 소송의 심리

1. 변론의 의의와 종류

민사소송에서 핵심이 되는 것은 변론으로서 소송을 심리하려면 변론을 거쳐야 한다. 변론이란 좁은 의미로는 소송을 제기받은 법원의 변론기일에 당사자가 구술로서 신청 및 공격방어방법에 관하여 진술하는 것을 의미하고, 넓은 의미로는 당사자의 소송행위 이외에 법원의 소송지휘・증거조사 및 재판의 선고도 포함하는 절차를 말한다. 구민사소송법에서는 구술변론이라는 용어를 사용하였는데 현행법은 변론이라는 용어로 대치하였다. 그런데 이와 같은 변론에는 필요적 변론과 임의적 변론의 두 가지가 있다. 상고심 판결절차를 제외한 판결절차는 원칙적으로 변론을 거쳐야 하는데, 이와 같이 그 경유를 절대로 필요로 하는 변론을 필요적 변론이라고 하고, 결정절차에서는 변론의 경유여부를 법원의 자유재량에 맡기고 있는데 이와 같은 경우의 변론이 임의적 변론이다.

2. 변론에 관한 여러 원칙

변론에서는 여러 원칙이 적용된다. 소송의 심판, 즉 변론과 재판을 일반공중이 방청할 수 있는 상태에서 하는 '공개심리주의'(비밀심리주의에 대응하는 개념), 당사자 양쪽에게 소송자료를 제출할 기회를 평등하게 주는 '쌍방심리주의'(일방심리주의에 대응하는 개념), 청구의 신청이나 소송자료의 제출 그리고 심문 등 당사자와 법원의 행위를 모두 구술로 하는 '구술심리주의'(서면심리주의에 대응하는 개념), 변론의 청취 및 증거조사를 소송을 제기받은 법원이 스스로 직접 행하는 '직접심리주의'(간접심리주의에 대응하는 개념), 소송의 개시와 종결을 모두 당사자의 의사에 맡기는 '당사자처분권주의'(직권진행주의에 대응하는 개념), 소송자료 즉 사실과 증거의 수집·제출의 책임을 당사자에게 맡기고 당사자가 수집·제출한 소송자료만을 재판의 기초로 삼아야 한다는 '변론주의'(제출주의라고도 하며 직권탐지주의에 대응하는 개념), 당사자가 변론종결에 이르기까지 어느 때라도 자유롭게 공격·방어법을 제출할 수 있고 어느 것을 먼저 제출하여야 한다는 제출순서를 정해 놓고 있지 않은 '수시제출주의'(동시제출주의 또는 법정순서주의와 대립하는 개념), 법원이 증거자료에 의하여 사실을 인정할 때 그 범위나 신빙성의 정도에 관하여 법률상 구속을 받지 않고 자유로 판단할 수 있는 '자유심증주의'(법정증거주의에 대응하는 개념) 등 여러 원칙이 있다.

3. 준비절차

변론은 민사소송에서 핵심이 되는데 합의부사건에서는 변론에서의 심리를 집중적·능률적으로 추진하기 위하여 필요할 때에는 이와 같은 변론에 앞서 법원은 합의체의 일원인 수명법관(受命法官)으로 하여금 변론의 예행절차를 주재하도록 함으로써 당사자를 소환하고 소송의 일부나 전부 또는 특정한 쟁점에 관하여 예비심사를 하게 할 수 있다. 소송에서 변론에 앞서 행해지는 이러한 절차를 준비절차라고 한다.

그런데 이와 같은 준비절차를 합의부사건에 관하여만 인정하는 것은 내용이 복잡한 사건을 합의체의 일원인 수명법관에게 맡겨서 미리 쟁점의 확정과 증거의 정리를 하여 변론에 상정시킴으로써, 심리의 집중과 능률을 기하고 합의부의 단점인 재판인력의 낭비를 보완하고 노력도 절약할 수 있기 때문이다. 준비절차는 합의부원 중에서 지정된 수명법관의 주재하에 실시하고, 수명법관은 준비절차기일을 지정하게 된다.

이러한 준비절차는 재판에서 변론의 예행으로서 행해지는 것이나 그 절차 및 수명법관의 권한에 대하여는 대체로 변론 및 재판장의 권한에 관한 규정을 준용한다. 그러나 구술주의가 적용되지 않음이 원칙이며, 공개된 법정에서 열 의무가 있는 것도 아니다. 이러한 준비절차의 목적은 쟁점의 확정과 증거의 정리 기타 효율적이고 신속한 변론진행을 위한 준비를 갖추는 데 있으므로 수명법관은 소송지휘권에 의하여 당사자로 하여금 변론에서 주장 또는 제출하고자 하는 일체의 공격·방어방법 특히 증거신청을 명확하게 하고 상대방에 대한 응답을 완전히 하여 쟁점의 부각에 노력하여야 한다. 준비절차에서 쟁점과 증거가 정리되어 변론의 준비가 마쳐진 것으로 인정되는 때에는 이를 종결하여야 하며 당사자의 불출석이나 수명법관이 정한 기일 내에 준비서면의 불제출로 준비절차의 목적을 달성할 수 없는 경우에도 준비절차를 종결할 수 있다. 종결된 준비절차라도 필요하다면 변론의 개시 전까지 재개를 명할 수 있다.

Ⅳ. 판　　결

법원은 원칙적으로 변론을 경유하여 재판을 내릴 수 있는 단계에 도달하면 법정의 방식을 구비한 서면을 작성하고 이에 의하여 판결을 선고하게 된다. 판결은 변론에 관여한 법관이 행하며 당사자가 본안의 신청에 의하여 심판을 요구한 사항(청구)에 관하여만 하여야 한다. 그런데 판결은 소 또는 상소에 의한 소송사건의 전부 또는 일부에 대하여 그 심급을 완결하는 '종국판결'과 종국판결을 하는 준비로서 실체법상 또는 소송법상의 부분적인 쟁의에 관하여 내리는 중간판결로 구별되는데, 전자에 대해서는 2주 이내에 항소를 제기할 수 있으나 후자에 대해서는 독립하여 항소하지 못한다.

판결에 대한 상소수단은 항소·상고이며 결정·명령에 대한 이의 또는 항고와 구별되는데, 판결은 상소를 불허하는 경우에는 선고와 동시에, 상소를 허용하는 경우에는 상소기간의 경과 또는 상소권을 포기하면 상소기간이 만료된 때에 확정된다. 판결이 확정되면 기판력·집행력·형성력이 생기는데 동일사항이 다시 소송이 되면 동일법원은 물론이려니와 다른 법원도 그 내용인 판단에 어긋나는 판단을 할 수 없고, 당사자도 이와 반대되는 내용을 주장·답변할 수 없는 효력이 발생한다. 이것을 기판력(또는 실체적 확정력)이라 하고, 판결내용을 국가의 강제력에 의하여 실현하는 힘을 집행력이라 하며, 형성판결이 확정된 때에 그에 의하여 법률관계의 발생·변경·소멸을 가져오는 효력을 형성력이라고 한다.

제3절 형사소송

형사소송이란 좁은 의미로는 검사의 공소의 제기로부터 재판의 확정에 이르기까지의 절차를 말하며, 넓은 의미로는 좁은 의미의 형사소송과 이에 전후하여 존재하는 절차를 포함하여 수사절차·공판절차 및 집행절차의 전부를 의미한다.

Ⅰ. 형사소송의 목적과 그 구조

형사소송은 진실과 정의에 기초한 판결을 통하여 객관적 진실을 발견하고 사안의 진상을 명백히 함으로써 죄 있는 자와 죄 없는 자를 구별하여 죄 있는 자를 처벌하고 죄 없는 자를 벌하지 않는 데 주안점을 두고 있다. 우리나라 형사소송법은 이러한 목적을 달성하기 위하여 재판기관과 소추기관을 분리하여 소추기관의 공소제기에 의하여 법원이 소송절차를 개시하는 국가소추주의에 의한 탄핵주의 소송구조를 가지고 있는데, 소송의 주도적 지위를 누가 담당하느냐에 따라 당사자주의와 직권주의로 구분된다. 전자는 형사소송의 당사자인 검사와 피고인에게 소송의 주도적 지위를 인정하고 당사자의 공격과 방어에 의하여 심리가 진행되고 법원은 중립적 위치에서 양 당사자의 주장과 입증을 판단하는 소송구조를 말하며, 후자는 법원이 소송의 주도권을 장악하고 적극적으로 사건의 심리에 관여하는 소송구조를 말한다.

당사자주의는 당사자의 공방이 지루하게 계속되어 소송의 신속한 처리를 지연시킬 우려가 있고, 직권주의는 법원의 독단에 대한 염려와 피고인의 방어권이 침해될 우려가 있다. 그래서 현행 형사소송은 당사자주의와 직권주의를 결합시킨 소송체계를 가지고 있다.

Ⅱ. 수 사

수사란 형사사건에 관하여 공소를 제기하고 이를 수행하기 위하여 수사기관이 범인 및 증거를 발견·확보하고 수집·보전하는 절차를 말한다.

1. 수사기관

수사의 임무를 맡고 있는 수사기관으로는 검사와 사법경찰관리가 있는데, 검사는 수사의 주재자로서 각자가 단독제의 관청이며 자기의 이름으로 검찰사무를 행할 권한을 갖는다. 다만 검사동일체의 원칙에 의하여 검사는 상명하복의 관계에 서며, 검찰총장과 검사장 또는 지청장은 소속검사의 직무를 자신이 처리할 수 있고, 자신의 권한에 속하는 직무의 일부 또는 소속검사의 직무를 다른 소속검사로 하여금 처리케 할 수 있으나, 직무상으로는 상사의 보조자가 아니며, 각자가 국가기관으로서 의사를 결정·표시하는 것이다.

사법경찰관리란 사법경찰관과 사법경찰리를 말하는데, 이들은 범죄수사에서 검사의 보조기관으로서 검사의 지휘·감독을 받는다. 사법경찰관은 수사관·경무관·총경·경정·경감·경위이며, 사법경찰리는 경사·경장·순경이고, 그 외에도 법률로써 사법경찰관리를 정할 수 있다. 또 삼림·해사·전매·세무·군수사기관 기타 특별한 사항에 관하여 사법경찰관리의 직무를 행하는 특별사법경찰관리도 법률로써 정한다.

2. 수사의 개시

수사는 수사기관이 범죄의 혐의가 있다고 느낄 때에 개시되는데, 그 원인으로서 형사소송법이 규정하고 있는 중요한 것으로는 현행범·고소·고발·자수 등이 있다. ① 현행범이라 함은 현재 범죄행위를 행하고 있거나 범죄행위가 막 끝났을 때에 발각된 범죄를 말하고, ② 고소란 범죄로 인한 피해자, 기타 일정한 고소권자가 수사기관에 대하여 범죄사실을 신고하여 그 수사와 소추를 구하는 의사표시이며, ③ 고발이라 함은 범인이나 또는 고소권자 이외의 다른 사람이 수사기관에 대하여 범죄사실을 신고하고 그 수사와 소추를 구하는 의사표시를 말하고, ④ 자수라 함은 죄를 범한 자가 수사책임이 있는 관서에 대하여 자발적으로 자기의 범죄사실을 신고하고 그 처분을 구하는 것이다.

3. 수사의 실행

수사에는 강제력을 행사하지 않고 수사를 받는 상대방의 승낙이나 동의를 받아서 하는 임의수사와 수사를 받는 상대방의 의사여하에 상관없이 강제적으로 행하는 강제수사가 있다. 검사 또는 사법경찰관은 수사상 필요한 때에는 임의수사로서 피의자의 출석을 요구하여 진술을 들을 수 있고 감정이나 통역 또는 번역을 위촉할 수 있으며 당사자의 동의를 얻은 경우에는 거짓말탐지기에 의한 검사도 할 수 있다. 또한 당사자의 의사에 반하여 압수·수색 등의 강제처분을 할 수 있다. 뿐만 아니라 피의자가 죄를 범하였다고 의심할 만한 상당한 이유가 있고, 피의자가 ① 일정한 주거가 없거나, ② 증거를 인멸할 염려가 있는 때, ③ 도망하거나 도망할 염려가 있는 때에는 검사는 관할지방법원판사의 구속영장을 받아 피의자를 구속[67]할 수 있고, 사법경찰관은 검사에게 청구하여 관할지방법원판사의 구속영장을 받아 피의자를 체포·구속할 수 있다. 그러나 이러한 강제처분은 피의자의 인권을 침해할 가능성이 높으므로 사법경찰관이 피의자를 구속할 때에는 원칙적으로 사전에 법관의 영장을 발부받도록 하고, 다만 예외적으로 긴급한 경우에만 사후에 영장을 신청할 수 있도록 하고 있다.

1997년부터 시행된 개정형사소송법 제201조의 2에서는 피의자의 구속의 신중을 통하여 인권을 보장할 수 있도록 하기 위하여 사전에 판사가 피의자를 심문한 후 구속영장을 발부하도록 하는 구속전 피의자심문제도를 두고 있다. 또한 제200조의 2에서 과거의 수사관행에서 자주 남용되었던 임의동행 및 보호실유치 등 인권침해적 탈법행위를 막기 위해 체포영장제도를 도입하였다. 수사기관은 피의자가 죄를 범하였다고 의심할 만한 상당한 이유가 있는 경우에는 사전에 판사로부터 체포영장을 발부받아 체포하도록 하고 있다. 이 경우 체포한 후 48시간 이내에 구속영장을 청구하지 아니하면 즉시 석방하도록 하여 피의자의

67) 구인과 구금을 합하여 구속이라고 한다.

인권보호에 노력하도록 하고 있다.

이러한 수사는 범인의 발견과 증거수집이 완료되었을 때에 종결하게 된다. 수사의 종결은 검사만이 할 수 있으며 공소제기·불기소처분·송치 등과 같은 처분으로 종결한다.

사례 A는 늦은 밤 귀갓길에 뺑소니 교통사고를 당해 현장에서 사망하고 말았다. A의 가족들은 경찰의 수사결과를 기다렸으나 뺑소니 운전자를 밝혀내지 못하는 등 수사가 지지부진하자 직접 나서서 뺑소니 운전자를 밝혀내기로 했다. 그래서 A의 가족들은 뺑소니 교통사고현장 부근의 거주자들 가운데 목격자가 있는지를 조사하는 한편, 뺑소니 교통사고를 목격한 사람이 제보해 주면 사례하겠다는 내용의 현수막을 걸었다. A의 가족들은 "수사"를 하고 있는 것일까?

〈해설〉

수사란 범죄사실을 조사하고 범인을 체포하며 증거를 발견, 수집하는 수사기관의 활동을 말한다. 수사는 수사기관이 행하는 것이다. 따라서 수사기관이 아닌 A의 가족들이 사실상의 수사활동을 벌이더라도 이것을 "수사"라고 할 수 없다.

수사기관으로서는 검사와 사법경찰관리가 있다. 모든 수사의 주재자인 동시에 최종책임자는 검사이다. 그리고 사법경찰관리는 검사의 지휘감독을 받아 수사를 행한다. 사법경찰관리에는 일반형사사건을 취급하는 일반사법경찰관리와 철도공안, 산림, 소방, 전매, 세무, 해사, 군수사 등 특별한 영역 또는 사항만 수사할 수 있는 특별사법경찰관리가 있다. 특별사법경찰관리의 권한과 직무범위는 영역적, 사항적으로 제한되는 특징을 가지고 있는 이외에는 일반사법경찰관리와 다를 것이 없다. 이러한 수사기관의 범죄조사, 범인체포, 증거의 발견과 수집 등 수사활동만을 "수사"라고 할 수 있는 것이다.

4. 기 소

수사가 끝나면 검사는 기소 또는 불기소의 처분을 하게 되는데, 기소라 함은 검사가 형사사건에 관하여 법원의 재판을 요구하는 행위를 말하며 공소의 제기와 같은 의미이다. 우리 형사소송법은 제246조에서 "공소는 검사가 제기하여 수행한다"고 규정함으로써 공소권의 행사를 검사에게 독점시키는 기소독점주의를 채택하고 있다.

그러나 수사결과 기소를 함에 충분한 범죄의 혐의가 있더라도 ① 범인의 연령·성행·지능과 환경, ② 피해자에 대한 관계, ③ 범행의 동기·수단과 결과, ④ 범행후의 정황 등을 참작하여 검사는 기소를 하지 아니할 수 있다. 이것을 기소편의주의라고 한다. 검사에게 기소독점주의와 함께 기소편의주의를 인정한 것은 공소권행사의 적정성을 기하고 형사사법의 탄력적인 운용을 통하여 구체적 정의를 실현한다는 점에 그 장점이 있다. 반면 공소권의 행사가 검사의 자의와 독단에 흐르거나 정치적 영향에 좌우되어 법 앞에 평등한 정의의 실행이 어려워질 위험도 동시에 가지고 있다.

고소 또는 고발이 있었던 사건에 대하여 검사가 불기소처분을 한 경우에는 검사로부터 공소를 제기하지 아니한다는 통지를 받은 고소인 또는 고발인은 그 검사소속의 고등검찰청에 대응한 고등법원에 그 당부에 대한 재정을 신청할 수 있으며, 신청이 이유 있는 때에는 고등법원은 그 사건을 관할지방법원의 심판에 회부하고, 공소의 제기가 있는 것으로 간주할 수 있다. 이와 같은 경우에는 변호사 가운데 검사의 직무를 대리할 자를 지정하게 되는데, 이것을 준기소(準起訴)라 한다.

Ⅲ. 심 판

공소가 제기되면 법원은 그 사건에 대하여 심리·판결을 하게 된다. 이러한 절차를 공판절차라고 하는데, 좁은 의미로는 공판기일에서의 심판절차만을 의미하나 넓은 의미로는 공소제기 이후 종국판결의 확정에 의하여 소송절차가 완전히 종결되기까지 공판법원에 의하여 행해진 모든 절차를 의미한다. 이러한 공판절차에서의 법률관계가 공정성을 유지하기 위하여 공판절차에도 여러 가지 원칙이 적용되고 있다. 일반국민에게 심리의 방청이 허용되는 공개주의, 법원이 당사자의 구술에 의한 공격·방어를 근거로 하여 심리·재판하는 구두변론주의, 공판정에서 직접 조사한 증거에 한하여 재판의 기초로 할 수 있는 직접주의, 심리에 2일 이상을 소요하는 사건은 연일 계속하여 심리하여야 한다는 집중심리주의가 그것이다.

1. 제1심 공판절차

공판절차가 형사소송에서 중심단계를 이루고 있는데, 공판절차의 일반적 순서는 모두절차·증거수사·변론·판결 등의 단계로 나누어진다. 즉 재판장이 먼저 피고인에 대하여 그 성명・연령・등록기준지・주거와 직업을 물어 피고인에 틀림없음을 확인하는 인정신문을 한 다음에 검사가 공소장에 의하여 공소사실・죄명 및 적용법조를 낭독하는 모두진술을 하고, 피고인은 공소사실의 인정 여부를 진술한다. 검사와 변호인은 순차로 피고인에 대하여 공소사실과 정상에 관한 필요사항을 직접 신문(訊問)한다. 이러한 신문이 끝난 뒤에 재판장이 신문을 하는데, 합의부원도 재판장에게 고하고 신문할 수 있다. 피고인에 대한 신문이 끝나면 증거조사를 하게 되는데, 재판장은 검사・변호인 또는 피고인에게 증거물을 제시하고 증거물이 서류인 때에는 그 요지를 고지하여야 한다. 증거조사가 끝난 다음에는 검사가 사실과 법률적용에 관해 의견을 진술하는 논고를 하고 피고인과 변호인이 의견을 진술할 수 있다. 이와 같은 단계를 거쳐서 법원은 판결을 선고한다.

2. 상소절차

상소에는 항소・상고 및 항고가 있는데, 이와 같은 상소는 피고인도 할 수 있고 검사도 할 수 있다.

항소는 제1심판결에 대한 제2심법원에의 상소를 말한다. 제1심판결에 대하여 불복이 있는 경우에 지방법원 단독판사가 선고한 것은 지방법원 본원 합의부에 항소할 수 있고, 지방법원 합의부가 선고한 것은 고등법원에 항소할 수 있다. 항소의 제기기간은 7일이며, 항소를 제기하려면 항소장을 원심법원에 제출하여야 한다.

상고는 제2심판결에 대한 상소를 말하는데, 제2심판결에 불복이 있는 경우에는 대법원에 상고할 수 있다. 상고의 제기기간도 항소의 경우와 같이 7일이며, 상고를 함에는 상고장을 원심법원에 제출하여야 한다. 상고도 상소의 일종이므로 당사자의 구제를 목적으로 하지만, 그 밖에도 하급법원의 법령해석・적용의 오류를 시정함으로써 법령의 해석을 통일하려는 것도 목적의 하나로 하고 있다.

항고라 함은 법원의 결정에 대하여 불복이 있는 때에 할 수 있는 상소를 말하는데, 항고를 하는 경우에도 항고장을 원심법원에 제출하여야 한다. 그런데 판결은 중요한 재판이기 때문에 모두 상소를 허용할 필요가 있는 것과는 달리, 결정의 경우에는 특별히 필요하다고 인정되는 일정한 경우에만 항고를 인정하고 있고 그 절차도 간편하게 되어 있다.

8 국제사법

제1절 서　　론

Ⅰ. 국제사법의 의의

국제사법이란 섭외적 사법관계에 적용할 사법을 지정하는 법을 말한다. 고대에는 모든 법률관계는 다만 국내에 있어서의 내국인 간의 관계에 불과하였던 것과는 달리 오늘날에는 인간의 생활관계는 국경을 넘어서 영위되는 경우가 많아져 가고 있다. 예를 들면 한국인과 독일인이 혼인하는 경우, 또는 영국인이 한국에 재산을 남겨 두고 사망한 경우 등이 그 예이다. 그런데 이와 같은 경우 각국의 사법이 실질적으로 상이한 결과로서 소위 '법률의 저촉'이 생긴다. 즉 한국인과 독일인이 혼인을 하려면 한국법과 독일법 또는 제3국법 중 어느 법을 적용할 것이며, 영국인이 한국에 재산을 남겨 두고 사망한 경우에는 어느 나라 법에 의해서 상속문제를 처리할 것이냐 하는 것이 문제된다. 이러한 법률의 저촉을 해결하기 위하여 여러 가지 섭외적 사법관계에 대하여 각각 준거법을 지정하는 법률이 국제사법으로서, 개개의 섭외적 사안에 가장 관계가 깊은 나라의 법률을 지정해서 그 법률관계를 간접으로 규제하려는 것이니, 섭외적 사법관계에 대해서는 외국법을 적용하게 되는 경우도 많다. 따라서 내외사법의 적용범위를 정하는 법률이 국제사법이라고도 할 수 있다.

Ⅱ. 국제사법의 본질

1. 국제법설과 국내법설

국제사법은 국제법이냐 또는 국내법이냐 하는 데 관해서 의견이 대립되고 있는데, 이에 관한 논리적 근거 제시는 학자에 따라서 다르다. 대표적인 두 견해 중 국제법설에 의하면 국제사법은 사법관계에 대한 국가간의 입법관할을 배분하는 법이므로 국제법이라 하고, 국내법설에 의하면 국제사법은 국가의 개인에 대한 명령이라는 것과 법률정립의 형식·당사자·구제방법 등에 있어서의 차이를 근거로 하고 있다. 오늘날에 있어서는 국내법설이 지배적이다.

2. 공법설과 사법설

국제사법은 국내법으로서 공법이냐 또는 사법이냐 하는 것이 문제된다. 국제사법은 입법권의 행동범위를 정하는 법이라는 것을 이유로 또는 법관에 대한 법률적용의 명령이라는 이유로 공법설을 주장하는 사람이 있는가 하면, 국제사법상의 법률관계의 주체는 사인이라는 이유에서 또는 간접적으로 사인 간의 법률관계를 정하는 법률이라는 이유에서 사법설을 주장하는 사람도 있다. 그러나 오늘날에 있어서는 사법설이 일반적이다.

Ⅲ. 국제사법의 명칭

국제사법의 명칭에 관해서는 통일된 것이 없으며 학자와 국가에 따라서 상이하다. 국제사법이란 표현은 아주 오래전부터 사용되고 있는 말은 아니며, 미국인 스토리(Story)가 1834년에 발행한 그의 저서 *Commentaries on the Conflict of Laws*에서 private international law란 말을 사용한 데서 유래하며, 독일에서 쉐프너(Schäffner)가 1841년에 발행한 자기의 저서 제목으로 *Internationales Privatrecht*란 말을 쓴 후 이 말은 유럽 여러 나라에서 사용하게 되었다(droit international privé, dirito internazionale privato). 영국과 미국에서도 법률충돌법(law of the conflict of laws)이란 말 이외에 국제사법이란 말이 많이 사용되고 있다. 그러나 국제사법은 국제법이 아니라 국내법이며, 실질적이 아니라 다만 섭외적 사법관계에 적용할 사법을 지정하는 법에 불과하므로 국제사법이란 명칭은 적합한 표현이라고 할 수 없다.

이 밖에도 치텔만(Zitelmann)에 의한 사간법(Zwischenprivatrecht), 프랑켄슈타인(Frankenstein)에 의한 한계법(Grenzrecht), 그리고 슈니처(Schnitzer)에 의한 섭외사법(Außenprivatrecht) 등 여러 가지 명칭이 있으나 그 모두가 완전히 적합한 표현이라고는 볼 수 없다.

Ⅳ. 국제사법의 법원

우리나라의 국제사법은 성문법, 관습법, 조리 등의 형태로 존재한다.

1. 성 문 법

국제사법의 성문법으로서는 국제사법이 있는데, 전문 9장 62조와 부칙으로 되어 있고, 그 내용은 제1장 총칙, 제2장 사람, 제3장 법률행위, 제4장 물권, 제5장 채권, 제6장 친족, 제7장 상속, 제8장 어음·수표, 제9장 해상으로 되어 있다. 이 국제사법은 1898년부터 일본에서 시행되어 온 법례를 개정하여 1962년 「섭외사법」이라는 명칭으로 제정되어 시행되어 오다가, 2001년 4월 7일 전면개정되면서 명칭도 「국제사법」으로 변경되었다.

2. 관 습 법

영국과 미국과 같이 불문법주의를 택하고 있는 국가에서 대부분의 국제사법원칙이 판례로서 성립되어 있는 것과는 달리 독일·프랑스와 같은 성문법주의를 택하고 있는 국가에서는 성문법규가 제1차적인 법원의 역할을 하지만, 그것만으로는 불완전하기 때문에 관습법의 보충이 필요하다. 특히 우리나라의 현행 국제사법은 시대에 뒤떨어진 법률일 뿐 아니라 미비한 점이 많기 때문에 판례를 통한 관습법으로서 보충되지 않으면 안 된다.

3. 조 리

조리에 국제사법상 법원성을 부여할 것이냐 하는 것은 문제가 되나, 성문법도 없고 관습법도 없는 경우에는 조리에 법원성을 부여하지 아니할 수 없다. 성문법규가 불완전한 국제사법상에서는 조리는 중요한 법원의 역할을 하며 구체적으로는 학설이 그 내용을 이루게 된다.

제2절 총론적 과제

섭외적 사안을 해결하기 위해서는 법률관계의 성질결정, 연결점의 확정, 준거법의 적용이라는 세 절차를 밟게 된다.

Ⅰ. 법률관계의 성질결정

법률관계의 성질결정이란, 문제되어 있는 섭외적 법률관계가 국제사법상 어떠한 성질을 가지는가를 결정하는 것이다. 따라서 섭외적 법률관계가 법정에서 문제되면 법관은 먼저 그것이 어떠한 성질의 것인가를 결정하지 않으면 안 된다. 예를 들면 국제사법 제19조 1항은 “동산 및 부동산에 관한 물권 또는 등기하여야 하는 권리는 그 목적물의 소재지법에 의한다”고 규정하고 있는데, 동일한 법률관계가 각국의 입법여하에 따라서 물권이 되는 수도 있고 채권이 되는 수도 있기 때문에 동 조문을 적용하기 위해서는 법정에서 문제된 법률관계가 물권에 관한 것인가, 아닌가를 우선 결정하지 않으면 안 된다.

이와 같은 문제해결에 관해서는 여러 가지 견해가 대립되고 있다. 법률관계의 성질은 법정지의 실질법에 의해서 결정하여야 한다는 법정지법설, 그 법률관계에 적용될 법률에 의하여야 한다는 준거법설, 그리고 국제사법 자체의 입장에서 행해져야 한다는 국제사법자체설 등이 있다. 그러나 국제사법규정에 대한 관계에서는 법정지실질법과 외국실질법은 동등한 지위에 놓여 있는 것이므로 법정지법설에 의하는 경우에는 왜 법정지법에 의하여야 할 것인가 그 이유가

분명치 않고, 법률관계에 적용될 실질법인 준거법은 법률관계의 성질이 결정된 후라야 알 수 있는 것이므로 준거법설은 논리적으로 전혀 불가능하다. 따라서 법률관계의 성질결정은 국제사법 자체의 입장에서 해결하여야 하며, 이 국제사법자체설이 오늘날 제일 유력하다.

Ⅱ. 연결점의 확정

국제사법규정이 법률관계의 준거법을 지정함에 있어서는 내국법을 지정하는 경우[68] 이외에는 영국법이라든가 일본법이라든가 하는 식으로 특정한 나라의 법률을 구체적으로는 지정하지 않고 본국법 또는 주소지법 등의 식으로 국적이나 주소 등의 어떤 요소를 매개로 하여 지정하게 되는데, 이와 같이 국제사법상 준거법을 선정함에 있어서 그 표준이 되는 법률관계의 요소를 연결점이라고 한다. 예를 들면 "동산 및 부동산에 관한 물권 또는 등기해야 하는 권리는 목적물의 소재지법에 의한다"는 규정을 적용함에 있어서 문제된 법률관계가 물권에 관한 것이라고 법률관계의 성질이 결정되면, 그 법률관계는 목적물의 소재지법에 의하도록 되어 있는 한, 그 목적물의 소재지가 어디인가를 확정하여야만 소재지법을 지정할 수 있다. 목적물의 소재지가 도쿄이면 일본의 물권법이 소재지법이 되고, 소재지가 뮌헨일 때에는 독일의 물권법이 소재지법이 되는데, 이와 같은 경우에 있어서 목적물의 소재지인 도쿄나 뮌헨은 소재지법으로서의 일본법 또는 독일법과 당해 법률관계를 연결시키는 거점이 되므로 이것을 연결점이라고 한다.

이와 같은 연결점은 법률관계의 종류에 따라서 상이하지만, 현행 우리나라 국제사법 속에 명시적으로 제시되고 있는 것으로서는 본국법(제3조 1항 등), 상거소지법(제4조), 가장 밀접한 관련이 있는 지역의 법(제3조 3항 , 제26조, 제37조 등), 거소지법(제4조), 목적물의 소재지법(제19조), 행위지법(제17조 2항), 침해지법(제24조), 사실의 발생지법(제30조 내지 제32조), 혼인거행지법(제

---

68) 예를 들면 국제사법 제12조: 법원은 외국인의 생사가 분명하지 아니한 경우에 대한민국에 그의 재산이 있거나 대한민국법에 의하여야 하는 법률관계가 있는 때, 그 밖에 정당한 사유가 있는 때에는 대한민국법에 의하여 실종선고를 할 수 있다.

36조 2항) 등이 있다.

Ⅲ. 준거법의 적용

국제사법에 의하여 섭외적 법률관계에 적용될 내외국의 실질법을 준거법이라고 하는데, 이 준거법은 각 실제문제에 대하여 법률효과의 존부를 판정하는 법률이기 때문에 이것을 효과법이라고도 한다. 우리나라 국제사법상에서 쓰이는 준거법으로는 본국법 · 주소지법 · 상거소지법 · 거소지법 · 행위지법 · 소재지법 · 사실발생지법 · 계약지법 · 혼인거행지법 · 서명지법 · 이행지법 · 불법행위지법 · 법정지법 등이 있다.

현행 우리나라 국제사법은 각 법률관계에 대해서 대개 다음과 같이 준거법을 적용하도록 하고 있다.

국제사법상에는 권리능력에 관해서는 아무런 규정이 없으나 원칙적으로 당사자의 본국의 법률에 따라야 할 것이며, 행위능력의 유무도 당사자의 주소지법에 의하도록 하는 영법계와 행위지법에 의하도록 하는 미국과는 달리, 독일 · 프랑스 등 대륙법계의 입법례를 따라 당사자의 본국법에 의하도록 하고 있다(국제사법 제11조).

법률행위의 방식은 그 행위의 준거법에 의한다. 다만 행위지법에 의한 법률행위의 방식은 그 유효성이 인정된다(동법 제17조 1항, 2항).

동산 및 부동산에 관한 물권은 세계적인 입법례에 따라 그 목적물의 소재지법에 의한다(동법 제19조).

사무관리 · 부당이득 또는 불법행위로 인한 법정채권의 성립 및 효력은 그 원인이 된 사실이 발생한 곳의 법, 즉, 원인사실발생지법에 의하게 하고 있다(동법 제30조 1항, 제31조, 제32조 1항).

친족 · 상속 등 당사자의 신분에 관해서 영법계통에서는 당사자의 주소지법을 따르도록 하고 있으나, 우리나라에서는 대륙법계통의 입법례를 따라서 혼인의 성립요건과 효력, 부부재산제, 이혼, 친자관계, 입양 및 파양, 부양의무, 후견, 상속, 유언 등에 관해서 본국법주의를 원칙으로 하고 있다(동법 제36조 내지 제50조).

Ⅳ. 공서법과 반정법

1. 공 서 법

국제사법의 일반원칙에 의하여 외국법을 적용하여야 할 경우에 있어서 그 외국법을 적용한 결과가 내국의 공서양속을 해치는 경우에는 그 외국법의 적용이 배척되는데, 이와 같이 외국법의 적용을 배척하는 내국법을 공서법 또는 금지법이라 하고, 외국법의 적용을 배척하는 경우를 인정하고 있는 국제사법상의 규정을 유보조항 또는 배척조항이라 한다. 예를 들면 혼인의 성립요건은 각 당사자에 관하여 그 본국법에 의하여야 하는데(동법 제36조 1항), 만약 일부다처제를 인정하고 있는 나라에서 온 남자가 한국에서 제2의 혼인을 하려 한다면, 비록 본국법에 있어서는 합법적이라 하더라도 우리 입장에서는 허용될 수 없는 일이므로 그와 같은 때에는 본국법을 적용할 수 없게 된다. 현행 국제사법 제10조는 "외국법에 의하여야 하는 경우에 그 규정의 적용이 대한민국의 선량한 풍속 그 밖의 사회질서에 명백히 위반되는 때에는 이를 적용하지 아니한다"고 규정하여 이 원칙을 채택하고 있다.

2. 반 정 법

오늘날 각국의 국제사법이 통일되어 있지 않으므로 A국의 국제사법에 의하면 B국의 법률을 적용하도록 되어 있는데 B국의 국제사법에 의하면 동일한 문제에 관해서 오히려 A국의 법률이나 또는 제3국의 법률을 적용하도록 되어 있는 경우가 있다. 예를 들면 한국에 주소를 가진 덴마크인이 한국에서 혼인을 하는 경우, 혼인의 실질적 성립요건에 관해서 한국의 국제사법은 본국법을 적용하도록 되어 있으므로 덴마크법을 적용하여야 할 것이나, 그곳의 국제사법은 주소지법을 적용하도록 되어 있으므로 이 경우에 한국법을 적용하도록 되어 있는 것이며, 만약에 일본에 주소를 가지고 있는 덴마크인이라면 그곳의 국제사법은 일본법을 적용할 것을 요구하는 것이다.

이와 같이 섭외적 법률관계에 관하여 외국법을 적용하여야 할 경우에 그 외국법소속국의 국제사법에 의하면 그 문제에 관하여 오히려 법정지법 또는 제3국법을 적용하도록 되어 있을 때, 법정지법 또는 제3국법을 적용하는 국제사법상의 원칙을 (광의의) 반정이라 한다. 법정지법을 적용하는 경우를 특히 협의의 반정이라 하고 제3국법을 적용하는 경우를 전정이라 한다. 우리나라 국제사법은 제9조 1항에서 "이 법에 의하여 외국법이 준거법으로 지정된 경우에 그 국가의 법에 의하여 대한민국법이 적용되어야 하는 때에는 대한민국의 법에 의한다"고 규정함으로써 반정을 인정하였고, 전정은 원칙적으로 인정하지 않고 있으나, 어음・수표에 관한 행위능력에 있어서는 전정도 인정하고 있다(동법 제51조 1항).

9 국 제 법

제1절 국제법의 개념

Ⅰ. 국제법의 의의

국제법의 개념에 대하여 다양한 견해가 제시될 수 있으나 원래 국가간의 관계를 정한 법이라고 하고 있었다. 그러나 최근 세계의 사정이 많이 변화하였으므로 새롭게 정립할 필요성이 대두되었다. 즉 제1차 세계대전과 제2차 세계대전을 계기로 국제연맹과 국제연합 같은 국제기구가 설립되었으며 국제법은 이러한 국제기구의 조직과 기능 그리고 이들 국제기구와 각국과의 관계에 대하여도 규정하게 되었다. 뿐만 아니라 개인도 제2차 세계대전 이후 전범자 처벌과 개인의 기본적 인권에 대한 국제적인 보장을 통하여 국제법상 권리・의무의 주체가 됨으로써 국제법의 규율대상이 되고 있는 실정이다.

이와 같이 국제법은 국가・국제기구・개인에 관하여 규정하고 있는 것이므로 국제법이란 국제사회의 법으로서 주로 국가간의 상호관계를 규정하고, 국제기구 그 자체와 개인에 관해서도 규정하는 법이라고 말할 수 있다.

Ⅱ. 국제법의 법적 성질

국제법이 법으로서의 성질을 가지느냐에 관하여는 오래전부터 의견이 대립되어 왔다. 오늘날에는 일반적으로 그 법적 성질을 인정하고 있다. 국제법의 법적 성질을 부인하는 논거로는 궁극적으로 법의 목적을 실현할 수 있는 법적 강제가 법의 본질적 요소인데 국제법에는 강제가 없다는 데 그 근거를 두고 있다. 물론 국제법에는 국내법에서와 같이 강력한 강제성이 없는 것은 사실이다. 그러나 불완전한 점이 있을지라도 강제성이 전혀 없는 것은 아니다. 즉 국제법상에는 보복과 전쟁이 일반적인 강제로서 긍정되고 있다.

예를 들면 전시국제법상 독가스의 사용이 금지되어 있는데 만약에 A국의 군대가 이를 어기고 B국의 군대에 대하여 독가스 공격을 가한 경우에는 B국도 독가스 공격을 함으로써 보복할 수가 있다. 침략전쟁이 국제법상 금지되어 있음에도 불구하고 만약에 갑이라는 나라가 을이라는 나라를 침략하는 경우에는 을나라도 동맹국과 함께 전쟁의 수단을 써서 갑이라는 나라를 제압할 수 있다. 보복과 전쟁은 비록 그 방법에서 아직 자력구제의 수준을 넘지 못하고 있으나, 국제법 위반에 대한 법적 구제가 기대될 수 있는 한 국제법도 하나의 법이 될 수밖에 없다. 특히 제1차 세계대전 이후에 집단적 안전보장체제가 새롭게 등장하여 평화유지군과 같은 새로운 국제조직에 의한 집단적 제재가 인정됨으로써 국제법의 법규범성은 한층 더 분명해졌다.

Ⅲ. 국제법의 법원

국제법의 법원으로 다음과 같은 것이 있다.

1. 국제관습

국제관습이란 일반적으로 승인된 국제관행을 말한다. 국제관습은 보편적·일반적·특수적인 것으로 구별된다. 보편적인 국제관습이란 국제사회에서 예외없이 행하여지는 관습이며, 일반적인 국제관습이란 주요 국가를 포함한 대다수의 국가에 의하여 행하여지는 관습이다. 특수한 국제관습이란 좁은 범위의 관습, 즉 소수국가에 의하여 행하여지는 관습이다. 통일적 입법기관이 없는 한 국제사회에서 국제관습은 국제법의 중요한 법원(法源)의 역할을 계속하게 될 것이다.

2. 조 약

조약이란 서로 일정한 작위의무를 부담하거나 하지 않을 부작위의무를 부담할 것을 내용으로 하는 국가(또는 국제기구)간의 문서에 의한 합의를 말한다. 그런데 조약에는 그 당사자의 다소에 따라 보편적인 것과 일반적인 것, 그리고 특수적인 것 등이 있다. 이 중에서 모든 국가에 개방되고 모든 국가가 가입할 수 있는 조약, 즉 보편적이고 일반적인 것만이 국제법의 법원이 된다는 논의가 있다. 그러나 특수한 것, 즉 2국간 조약이라 할지라도 당사자 간에는 하나의 규범을 설정한 것이므로 국제법의 법원이 된다고 보아야 한다.

3. 법의 일반원칙

국제사법재판소규정 제38조 1항을 보면 재판소에 제기되는 분쟁의 해결을 위한 재판의 준칙으로서 조약과 국제관습 이외에 "문명국가에 의하여 승인된 법의 일반원칙"을 들고 있다. 법의 일반원칙은 국내법의 일반원칙으로 국제관계에도 적용가능한 법원칙이다. 이는 국제법규의 흠결로 인하여 재판불능에 빠지는 것을 방지하고, 재판관의 자의적 판단을 방지하는 역할을 한다. 법의 일반원칙은 조약과 국제관습 다음 순위로 적용되는 보충적 법원이 된다.

Ⅳ. 국제법과 국내법

국제법과 국내법은 어떠한 관계에 있는 것인가에 관한 학설로서 2원론과 1원론을 들 수 있다.

2원론은 법의 연원에 있어서나, 그 주체나 그 적용에 있어서도 국제법과 국내법은 서로 상이하므로 전체적으로 각기 독립된 법체계를 이루고 있다는 견해이다. 즉 법의 연원에서 본다면, 국내법은 국가의 제정(성문법의 경우)이나 승인(관습법의 경우)에 의해서 성립되므로 그 기초가 되는 것은 국가의 단독의사이다. 이에 반하여 국제법은 여러 나라의 명시적 합의(조약의 경우)나 묵시적 합의(국제관습법의 경우)에 의하므로 그 성립의 기초가 되는 것은 각국 간의 공동의사이다. 법주체면에서 보면 국내법에서는 국가와 그것에 포함된 개인이 주체가 되는데 국제법에서는 국가·국제기구·개인 등이 모두 주체가 될 수 있다. 법의 적용면에서 보면 국내법에서는 국내의 기관(특히 법원)에 의하여 해석 적용되며 그 판결에 따라 법을 집행하는 특별집행기관이 있는데, 국제법상에서 분쟁이 있으면 외교교섭이나 국제재판 등의 방법으로 해결하고, 법을 집행하는 특별한 집행기관도 존재하지 않는다는 것이다. 이와 같이 국제법과 국내법은 근본적인 점에서 상이하므로 별개의 법체계라는 것이다.

1원론에 의하면 국제법과 국내법은 통일적인 하나의 법체계를 형성하는 것으로서, 양자는 다만 상대적인 구별이 있음에 불과하다고 하는데, 국내법이 상위를 점하고 국제법이 하위에 위치한다는 견해와 국제법이 상위를 점하고 국내법이 하위에 위치한다는 견해가 있다. 일반적으로 서로 독립하고 대립하는 법체계에서는 쌍방이 상이한 내용을 갖는 것은 당연하고 비록 그것들이 저촉되어도 이를 조화할 필요는 생기지 않는다. 그러나 국제법과 국내법의 관계를 볼 때 그들은 서로 조화하는 것을 원칙으로 하고, 만약에 저촉되는 점이 있으면 이를 조화시켜야 하는 것이다. 따라서 2원론보다는 1원론이 이론상 타당하다. 그리고 1원론 중에서도 국제단체가 고도로 발달한 현재에는 국내법상위론보다는 국제법이 국내법보다 상위에 속하는 것으로 해석함이 타당하다 할 것이다.

제2절 국제법의 주체

국제법의 주체로서는 국가·개인 및 국제기구를 들 수 있다.

Ⅰ. 국 가

국가는 국제법상의 주체로서 가장 중요한 지위를 차지한다. 그런데 국가라 할지라도 어느 정도 차이는 있다. 대다수의 국가는 타국과 아무런 종속적인 관계가 없이 국제법상 완전한 능력을 갖고 있으며, 일체의 권리와 의무를 가지고 있다. 국제법상 이와 같은 국가를 독립국 또는 주권국이라 한다. 이와는 달리 소수이기는 하지만 다른 나라에 대하여 어느 정도 종속적인 관계를 가지면서 불완전한 주체로서 국제법상의 능력이 제한되어 있는 국가를 비독립국 또는 반주권국이라 한다.

새로운 국가가 성립하여 국제법상 주체가 되기 위해서는 다른 나라에 의하여 국가로서 승인받는 것이 필요하다. 승인을 받기 위해서는 승인을 받는 국가가 국가로서의 요건을 구비하고 국제법을 준수할 능력과 의사를 가지는 것이 필요하다. 승인을 하는 방법에는 명시적 승인과 묵시적 승인이 있는데, 명시적 승인이란 승인하는 것을 분명히 밝히는 경우이며, 묵시적 승인이란 외교사절의 파견, 조약의 체결 등과 같이 승인이 간접적으로 추측되는 경우이다. 승인은 경우에 따라서는 사실상의 승인으로서 행하여질 수도 있는데, 이것은 법률상의 승인이 있기 전에 임시로 잠정적으로 승인을 하는 것이다. 승인을 하면 승인을 받은 국가는 승인을 한 국가와의 관계에서 국제법상의 주체가 된다.

또한 국가는 합병과 같이 2개 이상의 국가가 결합하여 한 나라가 되거나, 병합과 같이 한 나라가 다른 나라를 자기 나라의 일부로 하는 경우, 그리고 분열과 같이 한 나라가 2개 이상의 나라로 나누어지는 경우, 또 분할과 같이 한 나라의 영토의 각각의 부분이 2개 이상의 나라에 복속되는 경우, 또는 할양과 같이 한 나라의 영토의 일부가 다른 나라에 양도되는 경우도 있다.

Ⅱ. 개 인

종래 개인은 국제법상 권리도 의무도 지지 않고, 아무런 지위도 향유하지 않는다고 하였다. 즉 개인의 국제법상에서의 주체성을 부인하였다.

그러나 근래의 학설은 국제법상 개인은 국가를 통해서가 아니라 개인으로서 직접 국제법상의 권리·의무를 갖는 이상 개인의 국제법상의 주체성을 인정하여야 한다고 주장하고 있다. 즉 개인에게 주어진 권리로서는 1908년부터 1918년까지 존재한 중미사법재판소(中美司法裁判所)에서 중미 여러 나라의 국민에게 개인자격으로 소송권을 인정한 경우와 같은 국제소송권이라든가 또는 국제기구에 대한 소원권(訴願權)을 그 예로 들 수 있다. 특히 제2차 세계대전 이후에는 국제연합헌장을 비롯한 많은 조약을 통하여 개인의 기본적 인권이 국제적으로 보장됨으로써 개인의 국제적 지위는 점점 커지고 있다. 그리고 의무로서는 해적행위를 하여서는 안 될 의무,[69] 전쟁에 관한 국제법의 규칙을 지킬 의무 등 많은 의무를 지고 있다.

Ⅲ. 국제기구

오늘날 국제법의 주체로서 날로 그 중요성이 높아지고 있는 것이 국제기구이다. 많은 국제기구가 설립되어 있는데 제1차 세계대전 이후 국제연맹이 설립되어 많은 나라들이 가입하였으나 미국이 처음부터 이에 가입하지 않았고, 독일・이탈리아・일본 등의 탈퇴로 더욱 약화된 채, 제2차 세계대전의 발발로 사실상 붕괴되었다가 2차 세계대전 이후 국제연합(The United Nations)이 새로이 등장하였으며 이 국제연합이 국제법의 주체가 되는 대표적인 국제기구이다. 대표적인 국제기구인 국제연합에 관하여 간단히 설명하기로 한다.

1. 국제연합의 설립

국제연합은 국제연합헌장(The Charter of the United Nations)에 기초를 두고 설립되었다. 국제연합헌장은 국제연합의 기본적 조직과 기본적 활동의 원칙을 정한 것인데 헌장의 원안은 덤바톤 오크스(Dumbarton Oaks)에서 1944년 8월부터 10월까지 미국・영국・소련・중국의 4개국 회의가 개최되어 여기에서 작성되었고, 그 후 1945년 4월부터 6월에 걸쳐 개최된 샌프란시스코회의에 제출되어 약간의 수정을 받은 후 채용되었다. 그 후 필요한 비준을 받아 정식으로 성립한 것은 1945년 10월 24일이었고, 정식으로 활동을 개시한 것은 1946년 1월 10일이었다.

2. 국제연합의 목적과 원칙

국제연합의 목적으로 헌장은 제1조에서 ① 국제평화와 안전의 유지, ② 국

69) 이 행위를 한 개인은 어느 나라에 의하여서든지 처벌될 수 있다.

제간의 우호관계의 촉진, ③ 경제 · 사회 · 문화 · 인도(人道) 등 여러 문제에 관한 국제협력의 달성, ④ 이와 같은 공동목적을 성취하도록 국제연합이 세계 각국의 행동을 조정하는 중심기관이 되는 것 등을 들고 있다.

이와 같은 목적을 달성하기 위하여 지켜야 할 기본 원칙을 헌장 제2조에 열거하고 있는데 ① 주권평등의 원칙, ② 헌장에 기한 의무를 충실히 실행할 것, ③ 분쟁을 평화적으로 처리할 것, ④ 무력행사의 제한, ⑤ 국제연합의 행동에 대한 원조, ⑥ 비회원국의 협력 확보, ⑦ 각국의 국내문제에 간섭하지 않을 것 등이다.

3. 국제연합의 기관

국제연합의 주요기관으로 총회, 안전보장이사회, 경제사회이사회, 신탁통치이사회, 국제사법재판소, 사무국이 있다.

(1) 총 회

총회는 형식상으로 국제연합의 최고 기관이며, 모든 회원국의 대표자로 구성된다. 1년에 1회 정기회의를 개최하고, 필요하다면 임시로 특별회의를 할 수 있다. 총회는 국제연합의 행동범위에 속하는 모든 문제에 관해서 토의를 행하고 권고할 수 있으나, 구속력 있는 결정이나 집행의 권능은 안전보장이사회가 갖고 있다. 의결의 방법으로는 각국이 1개의 표결권을 가지며, 중요한 문제에 관한 결정은 회의에 출석하고 투표한 국가의 3분의 2의 다수결에 의하고, 그 외의 문제에 대한 결정은 출석투표국의 다수결에 의한다.

(2) 안전보장이사회

안전보장이사회는 실질적으로는 국제연합의 가장 중요한 기관이다. 미국 · 영국 · 프랑스 · 소련 · 중국의 5개 상임이사국과 10개의 비상임이사국으로 구성되며, 비상임이사국은 임기 2년으로 총회에서 선출되나 매년 5개국씩 교체된다. 안전보장이사회의 직무 또는 권능은 주로 평화와 안전의 유지이며, 이를 위한 제1차적인 책임이 이 이사회에 있다. 세계 평화와 안전의 유지에 관하여 이사국은 국제연합회원국의 대리로서 행동하고, 모든 회원국이 행한 것과 같은 의미를 가지므로 모든 회원국은 이사회의 결정을 승인하고 실시하여야 한다. 의결방법은 절차의 사항에 관하여는 15개 이사국 중 9개국의 찬성으로써 행하고, 그 이외의 실질적 사항에 관하여는 5개 상임이사국을 포함한 9개 이사국의 찬성을 요하는데, 이 경우 5개 상임이사국 중 단 한 나라라도 반대하면 이사회의 결의가 성립되지 아니한다.[70] 단 분쟁의 평화적 해결에 관한 결의를 할 때는 분쟁당사국은 상임・비상임을 막론하고 투표권이 없다.

(3) 경제사회이사회

경제적・사회적・문화적・인도적인 국제문제의 처리를 맡은 기관으로서 총회나 안전보장이사회에 비하면 그 중요성이 적은 제2급의 주요기관이다. 총회에서 3년 임기로 선출되는 27개 나라로 구성된다.

(4) 신탁통치이사회

신탁통치에 관한 문제를 처리하는 기관으로 경제사회이사회와 마찬가지로 제2급의 주요기관이다. 이 이사회는 ① 모든 신탁통치국, ② 신탁통치를 하지 않는 안전보장이사회의 상임이사국, ③ 3년 임기로 총회에서 선출되는 회원국으로 구성되는데, 신탁통치국과 비신탁통치국은 그 수가 동일하여야 한다.

(5) 국제사법재판소

국제연합의 주요한 사법기관이다. 그 구성, 권한, 절차에 관하여는 국제사법재판소규정이 있어서 이에 따라 운용된다. 모든 회원국은 당연히 동 규정의 당사자가 되며 자기 나라가 소송의 당사국이 된 경우에는 재판소의 결정에 복종하여야 한다.

(6) 사 무 국

국제연합의 일체의 사무적 준비와 집행을 하는 기관으로 사무총장과 필요한 직원으로 구성된다.

제3절 국제교섭기관

Ⅰ. 외교사절

외교사절이란 국가간의 외교교섭 및 기타의 직능을 수행하기 위하여 외국에 파견되는 사절을 말한다.

---

70) 상임이사국이 갖는 이 특권을 거부권이라고 한다.

외교사절에는 외국에 계속적으로 주재하는 상주외교사절과 임시외교사절로서 특정 사항에 관하여 외교교섭이나 국제회의 등에 참석하는 전권대표(全權代表)가 있다.

외교사절의 계급으로서는 본래 ① 특명전권대사, ② 특명전권공사, ③ 변리공사, ④ 대리공사가 있는데, 현재는 변리공사와 대리공사는 거의 없고, 특명전권공사도 적어져서, 사실상 특명전권대사의 파견만이 행하여져 가는 경향이 있다. 특명전권대사는 최고계급의 사절로서, 그 서로간의 서열을 임지에 부임한 정식일자의 순서에 의하고, 특명전권공사는 제2의 계급이며, 변리공사는 제3의 계급이고 대리공사는 제4의 계급에 해당하는 사절이다. 그 특권과 직무는 어느 것이나 동일하고, 어느 계급의 사절을 파견하느냐는 파견국과 접수국의 합의에 의하여 정하여진다.

특정인을 특정 국가에 대한 사절로서 임명하기 전에 관례상 그 국가에 이의여부를 문의한다. 이에 대하여 이의가 없다는 회답을 하는데 이를 아그레망(agrément)이라고 한다. 사절이 접수국에 도착하면 신임장을 제출하고, 그것이 수리된 때에 비로소 정식으로 접수된 것이다.

사절의 주요한 직무는 첫째로 외교교섭이고, 둘째로 관찰과 보고, 즉 자기나라의 이해에 관계되는 사항을 관찰하고 이를 본국에 보고하는 일이며, 셋째로 접수국에 있는 자국민의 보호와 감독이다.

사절은 위엄을 유지하고, 직무를 유효히 집행하기 위하여 주재국에서 많은 특권을 갖는데, 외교사절의 특권은 불가침권과 치외법권으로 구별된다. 불가침권은 사절의 신체·명예·문서·통신 및 관저를 그의 의사에 반하여 침해받지 않는 권리를 말하고, 치외법권이란 주재국의 재판권·경찰권·과세권 등으로부터 면제되는 특권을 말한다. 본국정부의 임명으로 사절을 수행하는 관원도 이와 같은 특권을 갖는다.

Ⅱ. 영 사

외국에서 자국의 통상과 국민의 보호를 담당하는 공무원을 영사라고 한다. 영사에는 직무영사(또는 파견영사라고도 함)와 명예영사(또는 선임영사라고도 함)가 있는데, 직무영사란 타국에 파견되어 전적으로 영사의 사무에 종사하며 봉급을 받는 자이고, 명예영사란 타국에 거주하는 사람 중에서 선임되어 영사의 사무를 위임받은 자를 말한다.

영사의 계급은 현재로는 국제법상 일정하지 않으며, 각국의 국내법에 의하여 정해지는데, 대개 총영사 · 영사 · 부영사 등의 계급이 있다.

영사의 파견과 접수는 파견국과 접수국 간의 합의에 따라서 행하여지는데, 파견국이 어느 특정인을 영사로 임명한다는 문서인 위임장이 접수국에 수리되고 이에 대하여 인가장이 부여된 때에 영사는 정식으로 접수된다.

영사의 직무는 첫째로 관찰과 보고, 즉 주로 통상이나 항해에 관한 사항에 대하여 본국과 관계 있는 사실을 관찰하고 이를 보고하는 일이고, 둘째로 자국민의 보호와 감독, 특히 선박과 선원의 보호이다. 그런데 자국민을 보호함에 있어서 영사는 직접 접수국의 정부와 교섭하는 것은 아니고, 지방관헌과 교섭하며, 정부와 교섭할 필요가 있는 때에는 자국의 외교사절을 통한다.

영사의 특권은 일반 국제법상 확립된 것은 없으나, 영사의 직무수행을 위하여 영사도 어느 정도의 특권을 가진다. 일반적으로 불가침권은 인정되지 아니하고, 원칙적으로 접수국의 재판권과 경찰권에도 복종하는데, 과세권으로부터는 면제된다.

제4절 조 약

국제법 주체 간의 문서에 의한 합의인 조약[71]에 관하여 살펴보기로 한다.

Ⅰ. 조약의 체결

조약은 보통 교섭 · 서명 · 비준 · 비준서의 교환 또는 기탁 · 등록 · 공표 등

---

71) 협정, 협약, 헌장, 규약 등 여러 가지 명칭이 있다.

의 과정을 거쳐서 체결된다.

교섭은 조약체결권자가 직접 행하는 경우도 있으나, 대개는 조약체결권자가 임명한 전권위원이 행한다.

서명은 기명 또는 조인이라고도 하는데, 전권위원이 조약내용에 대하여 합의를 증명하는 행위를 말한다. 조약의 내용은 서명에 의하여 확정되고 그 후에는 변경하지 못한다.

조약은 서명된 후 조약당사국에 의하여 비준되는 수가 많은데, 비준이란 전권위원이 서명한 조약을 헌법상의 조약체결권자(대개는 국가원수)가 최종적으로 확인하는 행위를 말한다. 조약에 따라서는 서명만으로 그 성립이 인정되는 경우도 있으나, 보통은 서명만으로는 성립되지 않고 비준에 의하여 확정적으로 성립된다. 성립된 조약이 그 효력을 발생하기 위하여는 비준서를 교환 또는 기탁하여야 하는데, 2국간의 조약에서는 교환되고 다수국 간의 조약에서는 일정한 장소(보통 조약체결국 외무부 또는 국제기관 사무국)에 기탁한다. 그리고 국제연합 회원국이 체결한 모든 조약과 국제협정은 국제연합사무국에 등록되고 동 사무국에 의하여 공표되어야 하며, 등록된 조약은 국제연합기관에서 원용할 수 있으나, 등록되지 않은 조약은 국제연합 외에서밖에 원용하지 못한다.

Ⅱ. 조약의 종류

조약은 여러 가지 표준에 의하여 여러 종류로 구별할 수 있는데 그중에서 비교적 중요한 것은 다음과 같다.

1. 동맹조약

동맹조약이란 제3국에 대한 공격이나 방어 기타 군사적 이유로 원조하는 것을 약속하는 조약이다. 이와 같은 동맹조약은 제3국에게 위협을 주며 국제평화와 안전을 위하여 해로운 것이므로 국제연합헌장에 의하여 금지되어 있다.

2. 안전보장조약

안전보장조약이란 국가의 안전을 보장하는 것을 내용으로 한다. 즉 조약의 당사국이 서로 타방의 영토보전과 정치적 독립을 존중하고, 침략에 대해 서로 원조할 것을 약정하는 조약이다. 동맹조약과 같이 제3국에 대하여 위협을 주는 것이 아니므로 국제평화와 안전을 위하여도 해롭지 않다. 국제연합헌장도 이러한 종류의 조약은 허용하고 있다.

3. 재판조정조약

재판조정조약이란 국제분쟁을 재판이나 조정에 의하여 평화적으로 해결할 것을 약정하는 조약이다. 이와 같은 조약은 국제평화유지상 중요하므로 20세기 이후부터 많이 체결되었다.

4. 통상조약

통상조약은 주로 통상과 항해에 관한 조약이나, 동시에 국민의 입국과 거주, 영사의 교환 등도 규정하는 일이 많으며 대개의 경우 최혜국민대우조항을 포함한다. 최혜국민대우조항이란 제3국 국민에게 부여하는 것과 같은 권리와 이익을 조약당사국의 국민에게도 부여할 것을 규정하는 조항이다. 최근에는 통상관계에 여러 국가가 관련되는 경우가 많으므로 다자간 협정과 같은 형태로 성립되는 경우가 늘고 있다.

Ⅲ. 조약의 효력

유효하게 성립한 조약은 조약체결당사국을 구속한다. 따라서 조약당사국 중 어느 일방이 다른 당사국과의 합의 없이 일방적으로 조약을 폐지하면 국제의무불이행에 대한 국가책임의 문제가 발생한다.

그러나 조약은 당사국이 아닌 제3국에 대해서는 효력이 미치지 않는 것이 원칙이므로, 제3국에게 의무를 부여하거나 권리를 제한하는 조약은 원칙적으로 무효가 된다. 제3국에 이익이 되는 조약도 단순한 반사적 이익으로 간주됨에 불과하다.

Ⅳ. 조약의 소멸

조약이 소멸되는 원인은 여러 가지가 있다. 즉 ① 유효기간의 만료, ② 해제조건의 성취, ③ 전조약과 저촉되는 신조약을 체결하거나, 명시적인 조약폐지의 합의 등, 당사국 간에 새로운 합의를 하였을 때, ④ 일방당사국의 채무불이행에 대하여 다른 당사국이 조약의 폐기권을 행사한 경우, ⑤ 불가항력에 의하여 조약의 이행이 불가능하게 된 경우, ⑥ 조약당사국이 소멸되었을 때 등 여러 경우가 있다.

제5절 국제분쟁의 해결

Ⅰ. 분쟁의 평화적 해결

국가간의 분쟁을 평화적으로 해결하는 것은 국제평화의 확보를 위하여 불가결의 것인데 그 방법으로는 직접교섭, 주선, 중개, 조정, 재판 등이 있다.

1. 직접교섭

분쟁의 당사국이 직접적인 외교교섭에 의하여 평화적으로 분쟁을 해결하는 방법이다. 이 방법은 제1차적인 분쟁해결방법이며, 분쟁을 기타의 평화적 해결방식에 부탁하기 전에 필요한 예비적 방식으로서의 역할도 한다.

2. 주선과 중개

주선이란 제3국이 당사국에 대하여 직접교섭할 것을 권유하고, 당사국이 이에 응하면 회의장의 설비와 통신의 편의 등 사무적 원조를 함으로써 당사국이 직접교섭을 하도록 편의를 제공하는 것이다. 그러나 제3국이 교섭의 내용에 개입하지는 않는다.

중개는 거중조정(居中調整)이라고도 하는데, 당사국의 일방 또는 쌍방에 양보를 권하거나 자기 스스로 해결안을 제의함으로써 제3국이 직접 교섭의 내용에 개입하여 그 주장의 조화에 노력하는 것을 말한다.

3. 국제조정

국제조정이란 제3자가 분쟁사건의 사실을 심사하고, 분쟁당사국의 타협을 위하여 노력함으로써 분쟁을 평화적으로 해결하려는 행위를 말한다.

조정자의 결정은 구속력이 있는 것은 아니고, 다만 권고로서의 성질을 가질 뿐이므로 당사국은 그것에 복종할 의무는 없다. 따라서 양측이 모두 그 해결안에 동의한 경우에는 분쟁은 해결되나 동의하지 않으면 분쟁은 해결되지 아니한다.

조정의 기관으로서 중요한 것으로는 국제심사위원회, 국제조정위원회, 국제연합 등이 있다. 국제심사위원회는 분쟁의 사실을 심사하고 그것을 명백히 하는 것을 목적으로 하며, 국제조정위원회는 사건의 심사후 적당한 해결안을 당사국에 제시하여 권고한다. 국제연합의 경우 안전보장이사회와 총회에 의한 분쟁의 심사는 조정의 일종이다.

4. 국제재판

국제재판이란 독립의 제3자가 국제법에 의거하여[72] 국제분쟁을 해결하는 절차를 말한다.

재판의 결정(판결)은 구속력을 가지므로 당사국은 그것을 수락하고 이행하지 않으면 안 된다. 따라서 국제재판은 분쟁을 평화적으로 해결하는 중요한 방법 중의 하나이다.

국제재판에는 중재재판과 사법재판이 있는데, 중재재판은 상설중재재판소와 개별중재재판소가 하는 재판이며, 사법재판은 국제사법재판소가 하는 재판이다. 중재재판의 경우에는 분쟁발생시마다 분쟁당사국의 합의에 의해서 재판관을 선임하는 데 반하여 사법재판의 경우에는 재판관의 선임・재판소의 구성 등이 당사국의 의사에 의해서가 아니라 다수 국가간의 조약에 의하게 되므로 판결의 공평을 기할 수 있다.

---

72) 예외적으로 형평과 선에 의하기도 한다.

Ⅱ. 분쟁의 강제적 해결

분쟁을 강제적으로 해결하는 방법으로는 보복·복수·전쟁 등을 들 수 있다.

보복이란(반보라고도 한다) 국가간에 한 나라의 부당한 행위에 대하여 다른 나라가 똑같은 부당한 행위를 하는 것을 말한다. 이 경우 부당한 행위란 법적으로 위법인 행위는 아니고, 도덕적이나 정치적으로 비난할 만한 행위이다. 가령 다른 국가가 자기 나라의 화물에 대하여 특히 과중한 과세를 할 때, 피해를 입은 그 나라도 그와 같은 행위를 하는 것이 그 예이다.

복수는 특정한 나라가 다른 나라에 대하여 국제법상 위법인 행위를 하였을 때, 그 중지 또는 시정을 위하여, 피해를 입은 당사국이 그것과 대등한 행위를 하는 것을 말한다. 복수로서 행하여지는 행위는 국제법상의 위법한 행위지만 복수로서 행하여질 때에는 적법한 행위로 인정되며, 복수의 요건을 충족시키는 한 여하한 행위라도 무방하다.

전쟁이란 무력을 중심으로 한 국가간의 투쟁을 말하는데, 종래에는 국가분쟁의 강제적 해결방법의 하나로 취급되어 왔다. 그러나 최근에 와서는 전쟁이나 병력의 행사는 일반적으로 금지되어 있으므로, 현재에는 국제법상에서 분쟁해결의 방법으로 인정되지 않을 뿐만 아니라, 제2차 세계대전 이후 전쟁범죄자를 처벌한 데서 그 예를 찾아볼 수 있듯이, 전쟁이나 기타 무력의 행사는 자위의 경우 이외에는 국제사회에 대한 범죄로 취급된다.

제6절 전쟁법규

전쟁법규라 함은 전쟁을 행함에 있어서 준수하여야 할 법규를 말한다. 전쟁이 금지되고 범죄로 규정된 오늘날 전쟁법규를 정하는 것은 이론적으로 모순일지 모르나, 전쟁이 일어날 가능성이 존재하는 한 전쟁을 벌이는 당사국들이 준수하여야 할 법규는 있어야 할 것이다. 그런데 여기에서 설명하려 하는 전쟁법규는 전쟁이 금지되기 전에 정해진 것으로 앞으로 전쟁이 있다고 가정할 때이 법규가 그대로 적용될지는 의문이다. 새로운 법규가 없으므로 참고상 이 법규에 관해서 설명하고자 한다.

Ⅰ. 전쟁의 개시

전쟁은 전쟁선언, 최후통첩 또는 적대행위를 함으로써 개시된다. 전쟁선언이란 전쟁을 행한다는 뜻의 의사표시이고, 최후통첩은 최후의 요구를 제출하고 일정한 시간 내에 수락되지 않으면 자위행동을 취한다는 뜻의 통고이다. 적대행위란 적에 대한 가해행위를 의미한다.

개전의 효과로서 중요한 것으로는 ① 외교관계의 단절, ② 조약의 실효 또는 정지, ③ 통상의 금지, ④ 적대국의 재산에 대한 조치 등을 들 수 있다.

Ⅱ. 육전・해전・공중전

병력은 전투를 주된 임무로 하는 전투원과 그 이외의 자인 비전투원으로 나눌 수 있고, 또 정규병력과 비정규병력으로 구별할 수 있는데, 정규병력이란 국가의 정규의 육군・해군・공군을 말하고, 비정규병력이란 육상의 것으로는 민병・의용병・군민병 등이 있다.

전투에서의 공격・방어의 수단, 즉 가해수단의 경우에도 독가스의 사용이 금지되는 예와 같이 병기・살상방법 등에서 제한 내지 금지규정이 있다.

포로는 그 수용국가 정부의 권한에 속하며, 포로의 대우로서는 일반적으로 인도적인 취급, 특히 폭행・모욕・공중의 호기심으로부터의 보호가 요구된다.

Ⅲ. 전투법규위반의 제재

전투는 전투법규에 의거하여 행하여져야 하며, 법규위반에 대하여는 다음과 같은 제재가 가하여진다. 전쟁을 수행하는 자 중 일방이 전투법규를 위반하였을 때, 현재 행하여지고 있는 위반행위를 중지시키기 위하여 상대방은 전투법규에 반하는 그와 대등한 행위를 할 수 있다. 이것을 전시복수라고 한다.

전쟁범죄는 이제까지는 전시범죄 또는 전시중죄(戰時重罪)라고 하여 전투법규에 위반한 행위자를 상대방의 교전국이 잡았을 때, 이를 처벌할 수 있었는데, 제2차 세계대전을 계기로 하여 여기에 평화에 대한 죄와 인도(人道)에 대한 죄가 추가되었다. 평화에 대한 죄란 침략적 전쟁이나 국제법위반의 전쟁을 일으킴으로써 평화를 파괴한 죄를 말한다. 인도에 대한 죄란 전쟁 전 또는 전쟁 중에 일반국민에 대하여 행하여진 살해, 적대적인 대량살인, 노예화, 강제적 이동, 기타의 비인도적 행위, 범죄가 행하여진 국가의 국내법의 위반여부에 상관없이 평화에 대한 죄의 실행을 위하여 또는 이에 관련하여 행하여진 정치상・인종상 또는 종교상의 이유에 기인한 박해를 가리키는 말이다. 전쟁범죄는 사형에까지 처할 수 있다.

Ⅳ. 전쟁의 종료

전쟁의 종료는 대개 강화에 의해서 행하여지는데, 처음에 휴전이 행하여지고 다음에 강화가 체결된다. 휴전이란 군사행동을 중지하는 것이며, 강화란 전쟁을 종결시키고 평화를 회복하며 전쟁 후의 문제처리를 위한 전쟁당사국 간의 합의를 말한다. 휴전에 의하여 군사행동은 중지되었으므로 전투는 행하여지지 않는다 하더라도 강화조약이 성립될 때까지는 일반적으로 전쟁상태가 계속되는 것으로 본다.

제7절 중 립

Ⅰ. 중립의 의의

중립이란 전쟁에 참가하지 않을 뿐만 아니라 교전국 쌍방에 대하여 공평과 무원조의 태도를 취하는 제3국의 국제법상의 지위를 말한다. 그런데 이와 같은 중립은 국제기구가 충분히 발달하지 못했던 시대의 제도이며 전쟁과 같이 국제안전보장에 커다란 영향을 미치는 사건은 국제기구가 발달한 시대에는 모든 국가에게 이해관계가 있는 것이므로, 모든 국가가 그 방지를 위하여 노력하여야 한다. 즉, 오늘날과 같은 국제연합의 안전보장제도하에서는 이론상으로는 중립이 존재할 여지가 없게 되었다.

Ⅱ. 중립국의 권리와 의무

중립국은 교전국으로부터 침해를 받지 아니할 권리와 교전국과 자유로이 교통할 수 있는 권리를 갖는다.

의무로서는 방지의 의무, 회피의 의무, 묵인의 의무 등을 들 수 있다. 방지의 의무란 교전국의 군대가 중립국 영역 내에서 적대행위를 하거나 전투상의 이익을 얻기 위하여 중립국 영역을 사용하는 것과 같이 자국의 영역을 전쟁목적에 이용하는 것을 방지하여야 할 의무이다. 회피의 의무란 병력·무기 등의 공급과 같은 전쟁수행에 관계있는 직접 또는 간접의 원조를 교전당사국에 대하여 하지 아니할 의무이다.

묵인의 의무란 중립국의 국민이 교전당사국에 의해서 불이익을 받은 경우에 그 교전국의 행위가 전쟁법규에 의하여 인정되는 것인 한 그것을 묵인하여야 할 의무이다. 예를 들면 중립국의 국민이 전시금지제품수송이나 봉쇄돌파 또는 군사적 원조를 하는 경우, 교전당사국이 방지적인 목적이나 제재적인 목적의 수단을 취하면, 중립국은 그것을 묵인하여야 한다.

찾 아 보 기

[ㅅ]

[ㅇ]

[ㅊ]

[ㅋ]

[ㅌ]

최완진(崔完鎭)

한국외국어대학교 법학과 졸업(법학사)
고려대학교 대학원 법학과, 석사과정 수료(법학석사)
고려대학교 대학원 법학과, 박사과정 수료(법학박사)
국립 강원대학교 법대 교수 · 비교법학연구소장
미국 Univ. of Washington, Law School 교환교수
미국 Univ. of Pittsburgh, Law School 교환교수
일본 규슈대학 법학부 초빙교수
Lee International IP & LAW GROUP 법률고문
사법시험 · 군법무관시험 · 외무고시 · 입법고시 · 세무사시험 위원 역임
한국상사법학회 회장
한국경영법률학회 회장
대한상사중재원 중재인
한국외국어대학교 대학원 교학처장
한국외국어대학교 대외협력본부장
한국외국어대학교 법학연구소장
한국외국어대학교 법과대학 학장
한국외국어대학교 교수협의회 회장
한국외국어대학교 법학전문대학원 원장
현 한국외국어대학교 법학전문대학원 명예교수

[주요 저서]

『신상법총론』, 한국외국어대학교 출판부
『신회사법요론』, 한국외국어대학교 출판부
『기업지배구조법강의』, 한국외국어대학교 출판부
『상법판례강의』, 법문사
『상법학강의』, 법문사
『상법사례연습』, 박영사
『상법사례연구』, 한국외국어대학교 출판부
『기업법으로 세상을 보다』, 한국외대 지식출판원
『주석상법(IV, V, VI)』, 한국사법행정학회(공저)
『주식회사법 대계(I, II, III)』, 법문사(공저)

제3판 新법학통론

저 자 최 완 진
발행인 이 방 원
발행처 세창출판사
서울 서대문구 경기대로 88 냉천빌딩 4층
Tel. 723-8660 Fax. 720-4579
e-mail: edit@sechangpub.co.kr
hompage: http://www.sechangpub.co.kr
등록 제300-1990-63호

2013년 8월 20일 초 판 발행
2019년 8월 15일 제3판 발행

ISBN 978-89-8411-896-6 93360